本書係復旦大學人文社會學科傳世之作學術精品研究項目"西北中國疆域化的歷史進程"（編號 2020CSZZ002）階段性成果，並由上海高校高峰高原學科建設經費資助出版。

二十四史校訂研究叢刊

《金史》叢考

陳曉偉 著

中華書局

圖書在版編目(CIP)數據

《金史》叢考/陳曉偉著. —北京:中華書局,2022.11(2024.5重印)
(二十四史校訂研究叢刊)
ISBN 978-7-101-15966-0

Ⅰ.金… Ⅱ.陳… Ⅲ.①中國歷史-金代-紀傳體②《金史》
-研究 Ⅳ.K246.404.2

中國版本圖書館 CIP 數據核字(2022)第 198285 號

書　　名	《金史》叢考
著　　者	陳曉偉
叢 書 名	二十四史校訂研究叢刊
責任編輯	胡　珂
責任印製	管　斌
出版發行	中華書局
	(北京市豐臺區太平橋西里 38 號　100073)
	http://www.zhbc.com.cn
	E-mail:zhbc@zhbc.com.cn
印　　刷	三河市博文印刷有限公司
版　　次	2022 年 11 月第 1 版
	2024 年 5 月第 2 次印刷
規　　格	開本/850×1168 毫米　1/32
	印張 20⅝　插頁 2　字數 517 千字
印　　數	2001-2900 册
國際書號	ISBN 978-7-101-15966-0
定　　價	88.00 元

序　言

縱觀《金史》文獻研究的學術史，自錢大昕《廿二史考異》開始系統考訂史文，到施國祁耗廿年之功著成《金史詳校》，是爲校勘學經典傑作，及至張元濟百衲本《金史校勘記》再度提升其品質。中華書局原點校本和修訂本遵循現代古籍整理規範，集中吸收上述成果，參考相關史料全面校正此書，形成當代最可信賴的《金史》通行本，對遼金史研究起到巨大的促進作用。學界一直對《金史》原點校本評價很高，但由於該書過度依賴施國祁《金史詳校》（大概有七成校勘記因襲於此），我們發現存在着諸多問題，譬如理校失當、漏校、誤校等等。以上種種疏漏，其實在修訂本《金史》中並未得到徹底解決。就目前《金史》整理工作而言，至少有兩大問題值得反思。

第一，最基礎的版本問題。百衲本《金史》是以至正初刻本殘卷配補洪武覆刻本，堪稱最善之本，故點校本《金史》選擇此版本作爲底本。不過張元濟曾對影印本描潤，這種做法存在相當大的隱患，我們若將百衲本《金史》與其所據底本覆核比勘，問題便隨之暴露出來。然而點校本《金史》並未注意到以上細節。這就要求我們整理《金史》時，必須以張元濟《金史校勘記》爲線索，將百衲本全書與現存至正初刻本殘卷及洪武覆刻本徹底覆核一過，這樣才能夯實校勘工作的基礎,做到正本清源。

根據《金史》版本單向流傳的主線,即至正初刻本、洪武覆刻本、南監本、北監本、殿本諸本依次據前一種本子翻刻,其中洪武覆刻本後期板片損壞,後來印本有補版,南監本的底本爲夾雜"補版葉"的洪武覆刻本,並在刊刻過程中改動甚大。與至正初刻本、洪武覆刻本相比,南監本及以後諸本訛誤越來越多,實際上已屬版本系統中流傳脈絡之末端。傅樂焕《〈金史〉校點工作進行情況與問題》就版本校明確提出:"乾隆殿本集南監、北監的優點,又爲過去最通用之本,故用以通校。……明南、北監本可視爲元本的間接翻刻本,參校價值不大。"原點校本很好地貫徹了傅樂焕先生確立的總原則,處理殿本與百衲本之間的異文較爲謹慎。修訂本依統一規範增補完善版本,根據南監本及後期衍生的北監本、殿本、江蘇書局本出校頗多,然而從版本流傳線索看,諸多版本校臚列後期版刻過程中產生的異文似無多少必要。

第二,《金史》整理是一項綜合立體工程,作爲核心議題的史源、纂修、校勘相互聯動,缺一不可。可惜原點校本和修訂本限於工作目標,未充分關注整部書的纂修和史源問題,導致很多校勘將文獻時間、層次擾亂、雜糅,而忽略制度變化的時代性。

我們須把握《金史》的整體文獻構架,最重要一項當要摸清紀、傳、表、志的史源構成情況,以及諸文本間內在的同源關係。由於以往對諸志、諸表,甚至是列傳文本的生成過程認識不到位,結果導致種種誤校。所以關注點應該是,如何發掘"同源文本"及其文獻價值。面對史文齟齬不合,傳統的校勘思路通常做非此即彼的惟一選擇,或者形成所謂的"異同校",其實問題真正的解決之道在於,歧異原因的探索與解釋。要之,我們要開啓顯微鏡模式剖析《金史》文本及其來源,此乃正史史源研究的必經之途,同時以源流爲視角審視全書,這必然有助於《金史》點校質量的提升。

　　本書以《金史》校勘問題爲探討對象,在中華書局原點校本和修訂本的基礎上,檢討這兩次文獻整理工作的得與失,試圖從諸條校勘案例中總結經驗方法,爲使《金史》點校質量精益求精再做努力。

　　針對點校本《金史》的具體商榷情況,全書共分爲版本再審、新本獻疑、史文輯證、拾遺補闕、舊本正誤、結語六章。第一章"版本再審",主要以修訂本《金史》所涉南監本與百衲本異文校爲線索,通過舉證典型案例重新評判南監本的版本價值。此外,本章還討論了百衲本影印八葉洪武覆刻本"補版葉"以及全書修潤兩大問題。第二章"新本獻疑",本書所稱"新本"指修訂本《金史》。我們通盤梳理全書,逐條檢討校勘記,擇要舉例辨析,提出質疑。這一章係本書主體內容。第三章"史文輯證",原點校本及修訂本《金史》若干條校勘記的判斷儘管正確,但論證環節和史料引用尚有不周之處,本章舉證關鍵材料補充論述。第四章"拾遺補闕",根據兩種點校本《金史》的漏校情況,本書進一步補充完善。第五章"舊本正誤","舊本"即原點校本《金史》,該章是筆者在整理施國祁《金史詳校》和閱讀修訂本《金史》送審稿過程中發現的一些問題,其中部分意見已爲修訂本所吸收,今再做增補修改一併收入本書。第六章是爲全書"結語",通過《金史》校勘實踐,綜合史源、纂修諸問題進行討論,總結指出:我們在處理正史文本時,要牢固樹立文獻源流意識,這樣能有助於把握校勘的尺度和徹底揭示問題的癥結所在。

　　就中國古代史學科而言,我們習慣於將"遼金史"作爲一個整體研究領域來看待,實際上,"遼史"、"金史"發展並不平衡,學者相對偏重遼史,而金史積澱不足。僅以最基本的文獻整理爲例,陳述先生編撰《遼史補注》和《全遼文》總攬有遼一代文獻，可謂是窮盡史料的典範，此外還有向南編《遼代石刻文編》等書，這樣既有傳世文獻與出土文獻互證，亦有豐富的契丹語文研究資料（如劉鳳翥《契丹文字研究類編》等）作爲輔助支撐，既而構成《遼史》點校工作的基礎。相比較之下，金代文獻整理進度和總體水平則十分尷尬，儘管張金吾《金文最》曾有所貢獻，但很遺憾始終沒有像陳述那樣做“摸清家底”的工作。坦率講，對於史料不算豐富的金史來說，若能把石刻材料和同時期傳世文獻充分運用到相關研究中去，並對佔據統攝地位的《金史》花大力氣整理，該領域研究現狀勢必會有所突破。

《金史》作爲我們探索金源一朝歷史問題最核心、最權威的史書，關於其文獻學研究則構成整個金史領域的根基與前提。故而，金史研究必須經歷由乾嘉時代到現代學術體系這個探索過程，方能逐步縮短與其他斷代史領域的差距。欲求進步，需要堅持不懈，敢於探索，積跬步至千里。

目　録

第一章　版本再審

　　本章提要：整理一部文獻，版本異文對校的尺度和標準主要取決於版本系統情況。大體可分爲兩種情況：一種是版本存在多元系統而非同源祖本；一種是"祖本"即初刻本，其後衍生諸多版本與其並存。後者總體是一種單線流程，那麽就要充分尊重初刻本或最早期版本，而對後期諸本的利用務必謹慎，道理很簡單，因爲版本流傳過程多一道環節便會衍生出一些錯誤，並且決非一般性校勘所能解決。論及《金史》版本脈絡，主要由至正初刻本、南監本、北監本及乾隆殿本構成，後一本即以前一本爲底本刊刻。這種單線傳遞形式，便決定了校勘《金史》時須最大力度遵從祖本原貌和糾正版本流傳過程中産生的訛誤，而關於各種衍生版本與初刻本間所見異文則要審慎對待。最關鍵之處，在於搞清至正初刻本與南監本之親緣關係，這是因爲：南監本作爲《金史》版本流傳脈絡中的關鍵一環，不僅是其後諸版本翻刻所據之底本，而且是當時影響極大的通行本。本章即以修訂本《金史》所涉南監本與校勘底本百衲本異文校爲線索，舉證典型案例詳加分析，通過探討細節諸問題揭示南監本的版本生成過程。

　　一併附錄《修訂本引據南監本覆檢表》，以重新評判南監本的版本價值。

最後,我們利用百衲本須注意:一是,其所採洪武覆刻本中夾雜着八葉補版葉,與現存洪武覆刻本多有歧異;二是,張元濟爲解決底本漫漶不清的問題採取描潤辦法,我們若將百衲本《金史》與其所據底本覆核比勘,裏面隱藏的問題便隨之暴露出來。點校本《金史》校勘時選用百衲本作爲底本,可惜並未注意到以上兩個細節,所以也就没有抓住百衲本與諸參校本間所見異文的癥結所在。

南監本《金史》翻刻底本及其版本價值審議

版本選擇及其對校乃是文獻整理工作之根基,實爲決定整部書學術質量成敗之關津,首要前提是,必須熟知版本系統及釐清諸本源流關係。論及《金史》版本脈絡,主要由至正初刻本、南監本、北監本及乾隆殿本構成,諸者流傳線索相對簡單,後一本即以前一本爲底本刊刻。①《金史》這種單線傳遞形式,便決定了校勘此書時須最大力度遵從祖本原貌和糾正版本流傳過程中産生的訛誤,而關於各種衍生版本與初刻本間所見異文則要審慎對待。具體言之,只有搞清楚至正初刻本到南監本中間傳承的各環節,才能正確評估南監本以及北監本、殿本的版本價值,從而把握好版本校的尺度和標準。

南監本《金史》刊刻緣起及付梓,據《南廱志·經籍考》"梓刻本末"記述説:嘉靖七年(1528),"錦衣衛間住千户沈麟奏准校勘史書,禮部議以祭酒張邦奇、司業江汝璧博學有聞,才猷亦裕,行文使逐一考對修補,以備傳布。於順天府收貯變賣菴寺銀取七百

① 參見任文彪《〈金史〉版本源流考》,《國家圖書館館刊》(臺北)2016年第1期。

兩發本監,將原板刊補。其廣東布政司原刻《宋史》,差人取付該監
一體校,遼、金二史原無板者,購求善本翻刻,以成全史,完日通印
進呈,以驗勞績。制曰可。……又於吳下購得遼、金二史,亦行刊
刻"。① 林文俊《進二十史疏》也提到:"遼、金二史原無板者,購求
善本翻刻。"②可知《金史》至正五年(1345)初刻板片到嘉靖時期盡
毀,於是需採購某種印本進行翻刻。那麼,南廱刻書所據者究竟是
哪種本子? 在當時,除至正初刻本尚存外,還有洪武二十三年
(1390)福建書坊所仿刻《金史》。目前學界就上述問題分歧甚大,
尾崎康根據上引《梓刻本末》《進二十史疏》推測說,南監從吳下
(蘇州)購得的《金史》當爲元刻本。③ 2016 年,魏影考述南監本刊
刻問題,從信尾崎康說法,認爲此次所雕南監本《金史》,"以吳下本
爲底本,即以元代至正年間的刻本爲底本"。④ 以上論點最大問題
是並未調查核實版本内容,不過是一個有待驗證的假說而已。傅
樂焕先生最早提出,"明南、北監本可視爲元本的間接翻刻本"。⑤
"間接"具體指什麼? 可惜置而未論。任文彪系統梳理《金史》版本
源流,將不同版本《金史》卷五《海陵紀》、卷六五《始祖以下諸子
傳》兩卷分别與至正初刻本對校,得出的結論是"南監本的底本應
該是有若干補版頁的洪武覆刻本,但其補版情況當與鐵琴銅劍樓本

① 黄佐《南廱志》卷一八《經籍考下篇·梓刻本末》,民國二十年江蘇省立國學圖書館
影印嘉靖二十三年刻本,第 1 頁 b—2 頁 a。
② 林文俊《方齋存稿》卷二《進二十史疏》,臺灣商務印書館影印《文淵閣四庫全書》
本,集部第 1271 册,第 692 頁下欄。
③ (日)尾崎康著《以正史爲中心的宋元版本研究》,陳捷譯,北京大學出版社,1993
年,第 80—81 頁。尾崎康著《正史宋元版之研究》,喬秀岩、王鏗編譯,中華書局,
2018 年,第 172 頁。
④ 魏影《明代〈金史〉南北監本刊刻考述》,《古籍整理研究學刊》2016 年第 4 期。
⑤ 傅樂焕《〈金史〉校點工作進行情況與問題》,王芳軍整理,《書品》2011 年第 5 期。
此文寫於 1964 年 10 月 25 日。

不同。更詳細的情況雖然不能確定，但似乎可以說，南監本的異文大部分是雕刊時新出現的，而非源自其底本”。① 從而揭曉，洪武覆刻本乃是從至正初刻本到南監本流傳過程中至關重要的一條線索。

以上兩種論爭實際決定了校勘《金史》採納何種對校本以及處理版本異文的原則。最初，傅樂焕先生制定點校《金史》方案一律不採南監本，然而此次修訂本《金史》雜糅諸説，稱“此本以元刻本或明覆刻本爲底本”，②於是將南監本、北監本乃至江蘇書局本增補爲參校本（前文作者魏影爲修訂組成員）。據筆者粗略統計，修訂本全書根據南監本及其衍生版本校改者或具列諸版本異文的校勘記，數目多達 350 餘條。南監本作爲《金史》版本流傳脈絡中的關鍵一環，不僅是其後諸版本翻刻所據之底本，而且也是當時影響極大的通行本。本文即以修訂本所涉南監本與校勘底本百衲本異文校爲線索，舉證典型案例詳加分析，實際是通過探討細節諸問題揭示該版本的生成過程，重審其學術價值。

一

本文採用中國國家圖書館所藏明洪武年間仿刻至正本《金史》（統稱“洪武覆刻本”）比勘，具體分爲兩大類：第一，“國圖甲本”（索書號 03391）原爲鐵琴銅劍樓藏書，“國圖乙本”（索書號 02085）鈐印“碧雲仙館”，這兩部刻本屬於後印本，由於原板片有些損壞，夾雜着大量的補版葉，本文擬稱“洪武覆刻本補版葉”；第二，涵芬樓原藏“國圖丙本”（索書號 07368），百衲本即以此本配補至正初

---

① 任文彪《〈金史〉版本源流考》。
② 點校本《金史》修訂組《點校本金史修訂前言》，修訂本《金史》，中華書局，2020 年，第 1 册，第 17 頁。全書簡稱“修訂本”。

刻本殘卷影印,①"國圖丁本"(索書號 A00804)殘存四十卷,鈐"敬德堂圖書印",知其源自晉府藏書,兩者相同,皆爲洪武覆刻本初貌。筆者分析思路如下:本文所舉證諸例優先主至正初刻本,若遇有亡佚卷帙則據最接近祖本原貌的洪武覆刻本,並參酌洪武覆刻本補版葉,充分利用《金史》本證和他者文獻,系統考察南監本翻刻底本之根據,探究引發刊刻錯訛的根源所在,在此一併辨析修訂本版本校及其校勘記問題。

(一)南監本源出洪武補版葉本而與至正初刻本歧異者

這種情況無疑是判斷南監本所據底本來源的最直接證據,能從根子上抓住上述爭論的癥結所在。

例一,卷三《太宗紀》天會六年(1128)九月謂:"辛丑,繩果等敗宋兵于蒲城。甲申,又破敵於同州。乙丑,取丹州。"原點校本舊校第五條云:"按天會六年九月壬午朔,辛丑後無甲申,此'甲申'當有誤字。"(第 1 册第 59、67 頁)修訂本新校第七條改動如下:"'甲辰',原作'甲申',據南監本、北監本、殿本、局本改。按,天會六年九月壬午朔,辛丑後無甲申。"(第 74 頁)修訂本據此將底本正文"甲申"校改作"甲辰"。經核查,該卷有至正初刻本,寫作"甲申",而國圖甲乙丙三本均改作"甲辰",是爲南監本源出於洪武覆刻本的證據。

例二,卷五《海陵紀》正隆三年(1158)九月辛巳云:"遷中都屯軍二猛安於南京,遣吏部尚書李惇等分地安置。"(第 1 册第 109頁)修訂本新校第二十六條:"'二',南監本、北監本、殿本、局本並作'一'。"(第 134 頁)該卷至正初刻本即作"二猛安",國圖丙本與此同,該葉刻工爲"景中"。國圖甲乙本並無刻工名,當係補版葉,

① 參見任文彪《〈金史〉版本源流考》。

皆作“一猛安”，南監本同後者。從“二”到“一”的微小分歧中，以上各版本流傳線索則清晰可見。

　　例三，卷二四《地理志上》中都路雄州容城條記述隸屬變化説：“泰和八年割隸安州，貞祐二年隸安肅州。”（第 2 册第 577 頁）修訂本新校第七十六條：“‘二年’，南監本、北監本、殿本、局本作‘三年’。”（第 628 頁）該卷至正初刻本作“貞祐二年”，國圖甲乙丙三本均作“貞祐三年”，南監本從之。結合洪武十七年明朝官修《大明清類天文分野之書·燕分野》保定府條容城“金貞祐二年改屬安肅州”記載，①當可判斷“貞祐二年”正確，洪武覆刻本作“三”字因形近而誤刻。

　　例四，卷二九《禮志二·朝日夕月儀》敘述天眷二年（1139）定朔望朝日儀説：“宣徽使奏導皇帝至位，南向，再拜，上香，又再拜。閤門皆相應贊，殿門外臣僚陪拜如常儀。”（第 3 册第 722 頁）修訂本新校第二十四條：“‘閤門’，南監本、北監本、殿本、局本並作‘各門’。秦蕙田《通考》卷三四《日月》、《續文獻通考》卷七一《郊社·考拜日儀》記此事亦作‘各門’。”（第 776 頁）該卷至正初刻本作“閤門”，這在上下文語境中作爲禮制常識決無疑問，國圖丙本同此，有刻工名作“周壽”；國圖甲本、乙本無刻工，補版葉已作“各門”，蓋即緣於“閤”下半部“合”字形致誤。

　　例五，卷五五《百官志一》謂尚書省户部設員：“郎中三員，從五品。”（第 4 册第 1232 頁）修訂本新校第十四條：“‘三員’，南監本、北監本、殿本、局本並作‘二員’。”（第 1334 頁）至正初刻本與國圖丙本同作“三員”，而國圖甲本、乙本補版葉卻改作“二員”，南監本同後者。

　　第六，卷一一一《强伸傳》謂天興二年（1233）六月强伸被蒙古

①　《大明清類天文分野之書》卷二三《燕分野·保定府》，國家圖書館藏洪武刻本，第21頁 b。

兵俘獲，"因好語誘之曰：'汝能北面一屈膝，吾貸汝命。'伸不從，左
右力持使北面，伸拗頭南向，遂殺之"。（第 7 冊第 2451 頁）新校第
九條增補原點校本舊校："'拗'，原作'扬'，據南監本、北監本、殿
本、局本改。"（第 2602 頁）按國圖甲乙本補版葉作"拗"，南監本據
此。國圖丙本洪武覆刻本與至正初刻本相同，仔細辨析版刻**扬**，似
作"扬"而非"扬"，蓋即"揚"字俗體。

　　以上舉證六個案例所見南監本與至正初刻本異文，我們有幸
從洪武覆刻本中發現了演變軌迹，其中例二《海陵紀》、例四《禮
志》、例五《百官志》及例六《强伸傳》在國圖所藏三種洪武覆刻本
中仍有所分歧，南監本實與國圖甲本、乙本完全相同，其各葉書口
均無刻工名，任文彪判定此爲"補版葉"，乃是由於洪武覆刻本損壞
而後來陸續補刻的。

　　那我們再看一下今無至正初刻本者所見異文情況：卷一一《章
宗紀三》泰和元年八月（1201）庚辰云："初命戶絕者田宅以三分之
一付其女及女孫。"（第 1 冊第 256 頁）修訂本新校第十八條："'三
分之一'，南監本、北監本、殿本、局本並作'二分之一'。"（第 288
頁）國圖丁本與百衲本影印所據國圖丙本同，兩者見有刻工吳福，
而甲本、乙本補版葉改作"二分之一"。卷一五《宣宗紀中》興定二
年（1218）十二月甲寅條曰："紅襖賊攻彭城之胡材寨，徐州兵討敗
之。"（第 1 冊第 341 頁）修訂本新校第十二條："'胡材寨'，南監
本、北監本、殿本、局本作'胡村寨'。"（第 379 頁）國圖丙本該葉刻
工爲虞厚，甲乙本改刻作"胡村寨"。卷七一《斡魯傳》云："斡魯，
韓國公劾者第三子。"（第 5 冊第 1631 頁）修訂本新校第一條：
"'三'，南監本、北監本、殿本、局本作'二'。"（第 1749 頁）國圖丁
本與丙本同作"三"，有刻工名薛和尚，而甲乙本後續補版改刻作
"二"。綜上所見，國圖丙本和所涉丁本殘卷的每葉書口均署刻工

姓名,如"景中"、"周壽"、"范彥"、"吳福"、"虞厚"、"薛和尚"、"付彥成"等等,這些人都是明洪武初年刻工,①説明此本即洪武覆刻本,而南監本翻刻的是洪武覆刻補版葉本。

以上修訂本《金史》三卷所指出的南監本與百衲本異文"三""二"、"材""村"、"第三子""第二子",其中必有一誤,何者正確?我們實際上比較的乃是洪武覆刻本系統中的原刻本與後來補版葉哪種可信度更高,或者説誰最接近至正初刻本,這同時也直接決定南監本的版本價值,下文主要討論這個問題。

(二)從至正初刻本看洪武覆刻本訛誤到南監本妄改文字

通過比勘可見洪武補版葉本與南監本文字相同,既而證實任文彪"南監本的底本應該是有若干補版頁的洪武覆刻本"的結論可信。筆者新發現,最初由洪武覆刻本橫生出訛文,復經南監本校改,結果便與至正初刻本原貌相差懸殊。從這個思路分析諸版本異文,據此則可以評判出作爲《金史》版本系統中間傳承環節的南監本的價值。這才是本文關注的核心問題。

例一,卷六一《交聘表中》西夏欄謂大定十二年(1172)十二月癸亥:"夏殿前太尉罔榮忠、樞密直學士嚴立本等謝橫賜。"(第5册第1430—1431頁)修訂本新校第十九條:"罔榮忠,南監本、北監本、殿本、局本、《西夏書事》卷三八並作'周榮忠'。"(第1544頁)今檢此卷百衲本影印至正初刻本"罔"字版刻極清晰,國圖丙本洪武覆刻本罔仍能辨認一二,再到補版葉甲本罔、乙本罔,可見該字字形已模糊不堪,南監本依據後者翻刻,結果卻辨識作"周"。按"罔"乃係西夏常見姓氏,檢本書《交聘表》夏欄大定二十年三月癸丑條"罔進忠"及十二月丙午條"罔永德"、明昌三年八月丁卯條"罔敦

① 參見(日)尾崎康著《正史宋元版之研究》,喬秀岩、王鏗編譯,第152—161頁。

信"、泰和六年正月乙丑條"罔佐執中"均可參證。①

例二，卷六五《璋附傳》敘述大定初年金宋戰事云："習尼列亦
整兵與戰，奮擊之，大破良輔軍，斬首萬餘級，墜壕死者不可勝數，
鎖足行馬者盡殪之，獲甲二萬餘，器仗稱是。良輔亦中兩創脫去。"
（第 5 冊第 1549 頁）修訂本新校第九條："'二'，南監本、北監本、殿
本、局本並作'矢'。"（第 1655 頁）實際上，國圖四種覆刻本均將至正
初刻本"獲甲二萬餘"訛刻作"獲甲午萬餘"，由於"甲午"於上下文中
殊不可解，南監本便臆改"午"爲"矢"，即作"獲甲矢萬餘"（見圖一）。
由此引發的後果是，南監本疏通文義之後卻背離了祖本原貌。

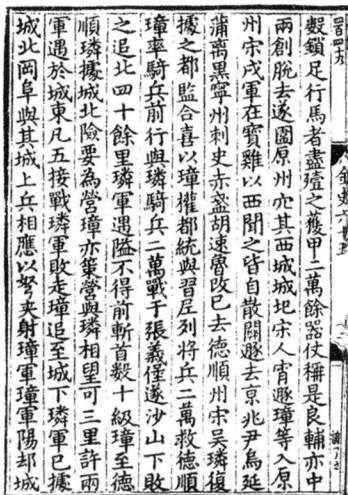

a 百衲本影印至正初刻本　　　　b 洪武覆刻本（國圖藏 02085）

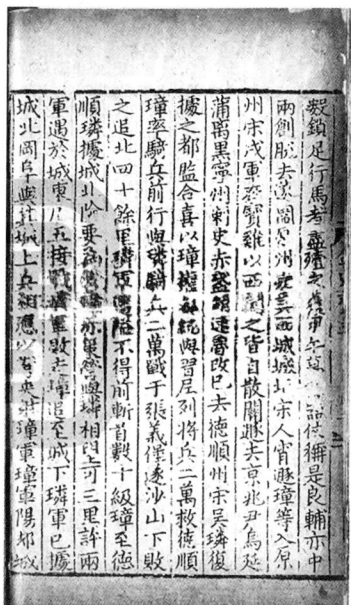

①　參見佟建榮《西夏姓氏輯考》，寧夏人民出版社，2013 年，第 223 頁。

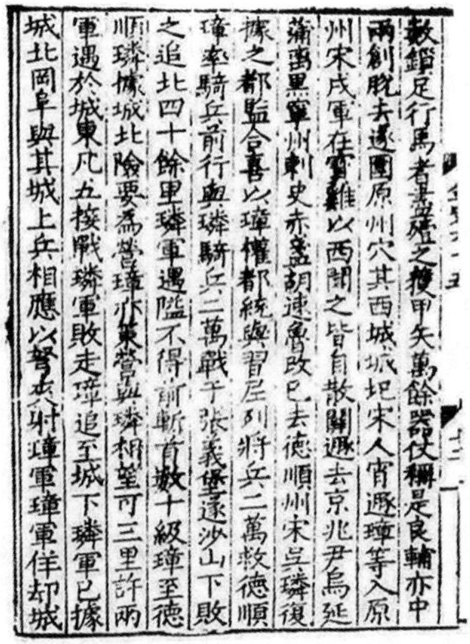
數錯足行馬者盡殪之獲甲矢萬餘器仗稱是良輔亦中
兩創脫去遂圍原州穴其西城城圮宋人宵遁璋等入原
州宋戍軍在寶雞以西聞之皆自散關遁去京兆尹烏延
蒲离黑單州刺史赤盞胡速魯改已去德順州宋吳璘復
據之都監合喜以璋權都統與習尼列將兵二萬救德順
璋率騎兵前行與璘騎兵二萬戰于張義堡遂沙山下敗
之追北四十餘里璘軍邀隘不得前斬首數十級璋至德
順璘據城北險要爲營璋亦築營與璘相望可三里許兩
軍遇於城東凡五接戰璘軍敗走璋追至城下璘軍已據
城北岡阜與其城上兵相應以弩矢射璋軍璋軍佯却城

c 南監本

圖一

例三,卷七五《李三錫傳》曰:"宗望伐宋,三錫領行軍猛安,敗郭藥師軍於白河。進官安州防禦使。再克汴京,三錫從闍母護宋二主北歸。"(第5册第1719頁)修訂本新校第四條:"'安州',南監本、北監本、殿本、局本作'汝州'。按,本書卷二四《地理志上》,中都路,"安州,下,刺史",非防禦。又卷二五《地理志中》,南京路,'汝州,上,刺史','貞祐三年八月升爲防禦'。疑'安州'爲'汝州'之誤。"(第1836頁)此爲臆解。據筆者考證,李三錫擔任安州防禦使時間是在天會三年十二月至五年四月間,可是中都路"安州"天會七年才入金始升州,又"賽里下汝州"時間爲天會五年十二月己卯,①兩

① 《金史》卷三《太宗紀》,中華書局,1975年,第1册,第58頁。全書引文均據此版本。簡稱"原點校本"。

者其實均與本卷《李三錫傳》"安州"無涉,此當指遼朝舊州,是於皇
統三年(1143)廢州改爲縣。據此可見,至正初刻本作"安州"正確
無疑,今檢國圖甲乙本該字已脫掉"宀",刻作"女",南監本則妄改
作"汝"。

例四,卷九八《完顏匡傳》云:"宋主相韓侂胄。侂胄嘗再爲國
使,頗知朝廷虛實。"(第 7 册第 2167 頁)修訂本新校第五條:
"'頗',南監本、北監本、殿本、局本並作'窺'。"(第 2314 頁)單從
字義來看,"窺"於句中亦可通,不過經覆核版本後筆者認爲該字並
不成立。本卷至正初刻本作"頗",國圖丙本洪武覆刻本顜有所殘
損,到國圖甲、丙本補版葉中卻訛刻作"湏",勢必於上文無解,南監
本據此改刻作"窺"。由此看來,至正以後諸本都是圍繞該字右半
邊"頁"而校改。

由上可見,至正初刻本與南監本分歧甚大,從上文所舉《交聘
表》"罔榮忠""周榮忠"、《璋附傳》"獲甲二萬餘""獲甲矢萬餘"、
《李三錫傳》"安州""汝州"以及《完顏匡傳》"頗知""窺知"即知,
若我們簡單機械地對校這兩種版本,無論如何都看不出這些異文
是怎樣流變、產生的,遑論辨析兩者正誤,惟有藉助洪武覆刻本及
其補版葉所見訛文方能洞察其中之端倪,最終通過這條線索揭櫫
南監本致誤之由。

(三)據《金史》本校論證南監本以洪武覆刻本補版葉爲基礎
　　校改文字

以上討論的四例所在各卷皆有至正初刻本核查可據,相對比
較容易解決爭議,最棘手的問題則是,對於其餘無祖本者如何定奪
南監本根據洪武覆刻本補版葉字形變異而衍生出的異文。

第一,卷九《章宗紀一》敘述大定二十五年六月事曰:"顯宗崩,
世宗遣滕王府長史臺、御院通進訔來護視。"(第 1 册第 208 頁)修

訂本新校第一條:"'臺',南監本、北監本、殿本、局本並作'臺'。"
(第 246 頁)今考本書卷六六《暜傳》亦記此事:"會皇太子守國薨,
世宗以暜親密可委,特命與滕王府長史臺馳驛往護喪。"①"皇太
子"即顯宗允恭,知《暜傳》與《章宗紀一》相合,護喪者皆稱用漢語
名"臺"。今檢國圖丙丁覆刻本作"臺",甲乙本與以上兩個本子決
非同一塊板片,是後續補版葉,別作臺,南監本即從後者改作"臺"。
據筆者對金朝宗室漢語名字進行分析,發現其行輩派字十分嚴謹
規範,臺應爲太祖孫輩,同輩行者有暜、充、兗、襄、袞、齊、京、文、
亨、褒等等,從中可見他們漢語名都以偏旁"亠"起首。② 其名"臺"
亦同此理,那麼,南監本"臺"字從吉而非從亠,當誤。

　　第二,卷九《章宗紀一》大定二十九年十一月戊辰曰:"諭尚書
省,自今五品以上官各舉所知,歲限所舉之數,如不舉者坐以蔽賢
之罪。仍依唐制,内五品以上官到任即舉自代,並從提刑司採訪
之。"(第 1 册第 212 頁)原點校本未出校。修訂本新校第六條:
"'内五品',南監本、北監本、殿本、局本並作'凡五品'。"(第 246
頁)百衲本所據國圖丙本、丁本兩種洪武覆刻本作"内",刻工爲吳
原禮,而國圖甲、乙本該葉係補版葉無刻工,則改作"凡",南監本亦
從後者正其字。那試問"内"、"凡"孰是孰非? 其實《金史·選舉
志》舉薦條對此事有着詳細記載,謂章宗大定二十九年"上以選舉
十事,命奉御合魯諭尚書省定擬",其中第六條有云:"今擬内外官
五品以上到任,須舉所知才行官一員以自代。"③所謂"内外官五
品"即爲章宗聖諭和尚書省定擬原意,"内"當指隨朝官,"外"蓋即
外路官。據此可知,《章宗紀一》大定二十九年十一月戊辰條"内五

①　《金史》卷六六《暜傳》,第 5 册,第 1568 頁。
②　參見《金史》卷五九《宗室表》,第 5 册,第 1364—1371 頁。
③　《金史》卷五四《選舉志》,第 4 册,第 1206—1207 頁。

品以上官”,大概是本紀節取《章宗實錄》有失,導致奪一“外”字。
百衲本所據者洪武覆刻本總還算遵循至正初刻本原貌,其後諸本
中作“凡五品”者無疑是根據字形妄改。

第三,原點校本卷四七《食貨志二·租賦》曰:“明昌二年二月,
敕自今民有訴水旱災傷者,即委官按視其實,申所屬州府,移報提
刑司,同所屬檢畢,始令翻耕。”舊校第十四條:“‘二’字原文殘缺似
‘一’字,今據殿本校正。”(第4冊第1060、1066頁)修訂本新校第
十四條補充説:“‘二年’,原作‘一年’,據南監本、北監本、殿本、局
本改。”(第1142頁)按此條上文有云:“四月,上封事者乞薄民之租
税,恐廩粟積久腐敗。……十一月,尚書省奏,‘河南荒閑官地,許
人計丁請佃,願仍爲官者免租八年,願爲己業者免税三年’。詔從
之。”原點校本和修訂本均於“四月”上校補“明昌元年”。不過今
檢本卷《食貨志二·田制》有謂章宗大定二十九年十一月:“尚書省
奏:‘民驗丁佃河南荒閑官地者,如願作官地則免租八年,願爲己業
則免税三年,並不許貿易典賣。若豪强及公吏輩有冒佃者,限兩
月陳首,免罪而全給之,其税則視其鄰地定之,以三分爲率減一
分,限外許諸人告詣給之。’制可。”(第1049頁)以上租賦門與田
制門所述内容相同,知均係大定二十九年事。由此可見,點校本
《金史》校補後所謂“明昌元年四月”及“六月”非,而下文隨之校
改作“明昌二年”亦誤。今覆核版本,百衲本所據國圖丙本,以及
甲乙本同作“明昌一年”,其中“一”字下無殘缺痕迹。這種年號
稱法確實奇怪,但仍可以理解:或“一”字下失下半部“兀”偏旁,即
爲“元”字誤書。無論怎麽説,“二月敕自今民有訴水旱災傷者”云
云繫於明昌元年正確,南監本不過是據“一”字改刻作“二”,並無任
何證據。

第四,卷四七《食貨志二·牛頭税》記述大定二十三年八月“尚

書省奏，推排定猛安謀克户口、田畝、牛具之數”："迭剌、唐古二部五糺，户五千五百八十五，口一十三萬七千五百四十四”。該句下有注文云："内正口十一萬九千四百六十三，奴婢口一萬八千八十一。”（第4册第1063—1064頁）原點校本未出校，修訂本新校第二十三條："‘六十三’，南監本、北監本、殿本、局本並作‘六十二’。”（第1143頁）國圖藏洪武覆刻本版刻相同，均作“三”，不過該字已有殘損迹象，丙本保存尚好，甲本磨損作二，到乙本中壞字二第一筆已嚴重模糊，南監本據後兩者翻刻作“二”。其實這就是一道不費腦筋的算術題，我們只要將注文中正口119463與奴婢口18081相加，其結果爲137544，與正文總人口數相合。此外，本書卷四六《食貨志一·户口》同樣載有大定二十三年八月“奏猛安謀克户口、墾地、牛具之數”，其中“迭剌、唐古二部五糺，户五千五百八十五，口十三萬七千五百四十四”與上引《食貨志二·牛頭税》同，均摘自《世宗實録》。只不過該注文“内正口十【一】萬九千四百六十三，奴婢口一萬八千八十一”前一句的“十萬”二字間脱“一”（第1034頁，參舊校第三條，第1042頁），但仍能夠證實上文所記正口尾數乃爲“六十三”。

　　第五，卷七〇《完顔思敬傳》敘述大定初年履歷説："拜右副元帥，經略南邊，駐山東。罷爲北京留守。復拜右副元帥，仍經略山東。”（第5册第1625—1626頁）修訂本新校第二十五條："‘北京’，南監本、北監本、殿本、局本作‘西京’。”（第1731頁）國圖藏四種洪武覆刻本存有分歧，百衲本所據者國圖丙本及丁本同作“北京”，刻工爲薛和尚，甲乙本該葉係補版葉，均改作“西京”。今考《金史·世宗紀》所載思敬歷官情況，大定二年九月壬子“以元帥右都監完顔思敬爲右副元帥”，戊午“詔思敬經略南邊”；三年四月辛酉“右副元帥完顔思敬罷”。此與本卷《完顔思敬傳》吻

合。又《世宗紀上》大定三年五月乙卯條"以北京留守完顏思敬
復爲右副元帥"，①即指本傳"罷爲北京留守復拜右副元帥"，據此
可知，"北京"當是。

　　以上五卷均無至正初刻本，國圖所藏四種洪武覆刻本，其中丙
本和丁本殘卷都是洪武覆刻本原版，而甲本、乙本中則夾雜大量補
版葉，常常與前兩者存有差異，南監本根據這種本子翻刻，因此與
百衲本影印本多有不同。通過分析五個案例，我們可以看出洪武
覆刻本經過《金史》本校驗證後正確，説明其最大程度地保留了至
正初刻本原貌，然而在補版葉重新雕刻時出現不少訛誤造成若干
異文，加之輾轉流傳中字迹愈加模糊，南監本不僅把這些問題全部
因襲下來甚至還擬測字形而改刻，結果便與祖本原來面目漸行漸
遠了。

二

　　上文指出，南監本除沿襲所據底本洪武覆刻本補版葉版刻訛
誤外，並且凡遇文字不通者或不曉其義者大都要進行改動，經過這
番大肆改造後的結果是可想而知的。筆者根據修訂本《金史》提供
的線索，對全書所見異文做系統整理（參見附録《修訂本引據南監
本覆檢表》），將南監本所謂"校改"洪武覆刻本的手法歸納如下：
一、補苴空闕；二、因字形相近而擅改；三、增損文字以求文從字順；
四、肆意揣度史文。下文擬結合具體範例帶着大家充分領略一下
這部南監本。

　　（一）補苴空闕

　　至正初刻本由於種種原因出現文字空闕，單從文本內容看確

---

① 　《金史》卷六《世宗紀上》，第 1 册，第 129—131 頁。

實不知其字爲何，洪武覆刻本追求高度仿真，大體維持祖本原貌，與此同時補版葉新增闕文，南監本則不然，在無任何證據的前提下，卻將這些闕文悉數補全。

第一，卷五《海陵紀》天德二年（1150）四月戊午條記述海陵大肆殺戮宗室："周宋國王宗翰子孫三十餘人。"（第 1 册第 94—95 頁）至正初刻本及國圖丙本覆刻本謂"周宋國王"，宗翰死後追封此王號，①國圖甲乙本該葉爲補版，作"周□國王"，南監本則將空闕之處徑補"本"字，稱作"周本國王"。②

第二，修訂本卷一七《哀宗紀上》謂天興元年（1232）八月："辛亥，完顔思烈遇大元兵于京水，遂潰，武仙退保留山，思烈走御寨，壬子，中京元帥左監軍任守貞死之。合喜棄輜重奔至鄭門，聚兵乃入。"修訂本新校第二十八條："‘壬子’原脱，南監本、北監本、殿本補入‘軍’字之下。按，上文稱‘八月己酉朔’，‘壬子’爲第四日。本書卷一一三《赤盞合喜傳》，‘八月己酉朔，駐於近郊，候益兵乃進屯中牟古城。凡三日，聞思烈軍潰，即夜棄輜重馳還，黎明至鄭門，聚軍乃入’。知合喜‘棄輜重奔至鄭門’的時間正好是第四日‘壬子’。據此，‘壬子’二字當補於‘中京’上。"（第 2 册第 421、425 頁）原點校本正文無"壬子"，這條校勘記直接録抄筆者的審稿意見。在此須承認，由於我當時對南監本價值缺乏整體認知且未核查洪武覆刻本，指出"壬子"這條異文可取。③今檢百衲本所據國圖丙本該卷第 16 葉 A 面第 1 行作"帥左監軍任守貞死之合喜棄輜

①　《金史》卷七四《宗翰傳》，第 5 册，第 1699 頁。

②　此條釋例見任文彪《〈金史〉版本源流考》。

③　審讀報告提交時間爲 2017 年 4 月 6 日。本條經整理潤色後已發表，參見陳曉偉《〈金史〉本紀校讀劄記》，《西北民族論叢》第 17 輯，社科文獻出版社，2018 年，第 363 頁。

重奔至鄭門聚兵乃入",每行22字,係正常行款;甲乙本補版葉同樣作"帥左監軍□□任守貞死之合喜棄輜重奔至鄭門聚兵乃入",文字内容儘管與原版相同,但"任守貞"上卻無端空出二字格,使得整行十分侷促,實際應計作24個字(見圖二)。南監本遂將空闕兩格徑補作"壬子",恐怕這就是靠推測上下干支所爲。

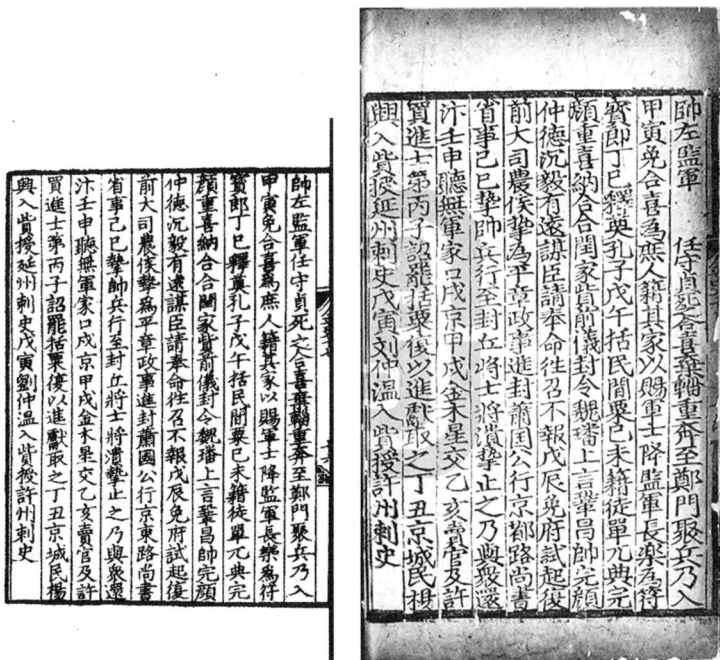

圖二

a 百衲本《金史》影印洪武覆刻本　　b 洪武覆刻本補版葉(國圖藏02085)

　　第三,卷二四《地理志上》中都路條敘述燕京宫闕制度説:"大安殿之東北爲東宫,正北列三門,中曰粹英,爲壽康宫,母后所居也。"(第2册第572頁)原點校本正文據殿本補"粹"字,修訂本新校第六十三條改動作:"'粹'字原脱,據南監本、北監本、殿本、局本補。"（第 627 頁）今覆核至正初刻本及洪武覆刻本，"英"字上均空作一字格，説明祖本早已有闕文，絶非版本流傳過程中產生的問題。筆者將范成大《攬轡録》與《金史·地理志》中都路條通盤比較後，結果發現後者"應天門十一楹"至"應天門舊名通天門"二百九十餘字與前者内容幾近一致，僅個別語句和文字有所調整。據此可知，元朝史官編纂《地理志》時將《攬轡録》改編到中都路條下。按《攬轡録》原文作"中曰集英門，云是故壽康殿母后所居"。此外，樓鑰《北行日録》與此相印證，乾道五年（1169）十二月二十九日紀事有云："敷德後爲集英門，兩門左右各又有門，集英之右曰會通，其東偏爲東宫，西有長廊。"①以上兩書係作者大定時期出使金時親歷燕京宫闕，均稱"集英門"，可見南監本"粹"字純屬臆補。②

　　第四，卷二六《地理志下》河東北路寧化州條云："户六千□百。"（第 2 册第 633 頁）修訂本新校第十四條："'百'上原作一字空格，南監本、北監本、殿本、局本户數並作'六千一百'。"（第 704 頁）百衲本影印至正初刻本、國圖藏甲乙種洪武覆刻本此句皆有闕文空格，"一"字爲南監本臆補，其實並没有什麼證據。

　　第五，卷六二《交聘表下》宋欄泰和元年正月壬子朔謂："宋寶謨閣學士林楠、利州觀察使王康成賀正旦。"（第 5 册第 1469 頁）修訂本新校第二十五條補充原校勘記説："'寶'字原爲一字空格，據南監本、北監本、殿本、局本補。"（第 1585 頁）該卷至正初刻本現已亡佚，國圖藏甲乙丙三種洪武覆刻本皆闕一字，即作"□謨閣學士"。南監本翻刻時竟然補作"寶謨閣學士"。須知該館閣職的始

---

① 樓鑰《攻媿先生文集》卷一一九《北行日録上》，中華再造善本影印北京大學圖書館藏宋四明樓氏家刻本，北京圖書館出版社，2005 年，第 36 頁 b。
② 范成大《攬轡録》，孔凡禮點校《范成大筆記六種》，中華書局，2002 年，第 15 頁。參見該書"點校説明"，第 4 頁。

置年代,據《宋會要輯稿》方域三之八寶謨閣條云:"嘉泰元年十一
月十二日,詔曰:其閣恭以'寶謨'爲名,置學士、直學士、待制、直
閣,以待鴻儒,以昭燕翼。著於甲令,副在有司。"①又《宋史·寧宗
紀》嘉泰二年(1202)八月癸未云:"建寶謨閣以藏光宗御集。"②嘉
泰元年即泰和元年,由此可見,南監本《金史》是年正月作"寶謨閣"
與史實相悖。按《宋史全文》卷二九寧宗嘉泰元年九月辛未條云:
"遣樞密院檢詳諸房文字林楒賀金主正旦。"③據此可知林楒的官
銜,金朝文獻稱則此人爲"□謨閣學士",今檢《宋史·職官志》諸閣
學士條有"顯謨閣學士",④建中靖國元年(1101)二月九日以熙明
閣學士爲名,不久仍改爲顯謨閣,即以顯謨閣學士爲職稱,其時不
遲於崇寧元年(1102)十一月十七日。⑤ 本卷《交聘表》上文林楒蓋
即"顯謨閣學士"。

　　第六,卷六三《后妃傳上》敘述内官制度説:"諸妃視正一品,比
三夫人。昭儀、昭容、昭媛、修儀、修容、修媛、充儀、充容、充媛視正
二品,比九嬪。婕妤九人視正三品,美人九人視正四品,才人九人
視正五品,比二十七世婦。寶林二十七人視正六品,御女二十七人
視正七品,采女二十七人視正八品,比八十一御妻。"(第 5 册第
1498 頁)修訂本新校第三條:"'比三夫人''比九嬪''比二十七世
婦'。三處'比'字原均爲一字空格,據南監本、北監本、殿本、局本
補。"(第 1611 頁)國圖藏甲丁洪武覆刻本與百衲本影印丙本同,三
處皆有空闕。南監本於此補"比"字乃根據"比八十一御妻"一句及

① 　徐松輯《宋會要輯稿》,中華書局影印本,1957 年,第 8 册,第 7347 頁。
② 　《宋史》卷三八《寧宗紀二》,中華書局,1977 年,第 2 册,第 732 頁。
③ 　汪聖鐸點校《宋史全文》卷二九下《宋寧宗二》,中華書局,2016 年,第 8 册,第 2491 頁。
④ 　《宋史》卷一六二《職官志二》,第 12 册,第 3820 頁。
⑤ 　參見龔延明編著《宋代官制辭典》,中華書局,1997 年,第 142 頁。

上下文義推測,很難説有過硬證據。上文實爲編纂《后妃傳》的元朝史官撰寫的序文,所據者可參見今本《金史·百官志》内命婦品條:"元妃、貴妃、淑妃、德妃、賢妃,正一品。昭儀、昭容、昭媛、修儀、修容、修媛、充儀、充容、充媛曰九嬪,正二品。婕妤,正三品。美人,正四品。才人,正五品。各九員,曰二十七世婦。寶林,正六品。御女,正七品。采女,正八品。各二十七員,曰八十一御妻。"①此《百官志》"曰九嬪"、"曰二十七世婦"、"曰八十一御妻"云云才是較爲原始的文獻記載,本卷《后妃傳》闕文若要補正,據《金史》本校最爲妥當,而不是南監本臆測之文。

(二)因字形相近而擅改

上文分析表明,洪武覆刻本補版葉質量欠佳,本來多有魯魚亥豕之訛,南監本未加辨析便隨意改動,這種情況絶不在少數。

例一,卷三《太宗紀》天會十年閏四月辛卯:"詔分遣鶻沙虎等十三人閱諸路丁壯,調赴軍。"(第1册第64頁)修訂本新校第十四條:"'十三',南監本、北監本、殿本、局本作'十二'。"(第75頁)該卷至正初刻本作"十三",國圖藏甲乙丙三種洪武覆刻本同,南監本改作"十二"没有任何道理,不過由於字形相近而已。

例二,卷五《海陵紀》天德二年十一月癸未曰:"尚書右丞相劉筈罷。"(第1册第96頁)修訂本新校第十條:"'右丞相',南監本、北監本、殿本、局本並作'左丞相'。"(第132頁)至正初刻本作"右丞相",國圖丙本**右**,國圖甲乙本補版葉**右**仍同,然而字形已有所變化,南監本徑改作"左"。參酌本卷《海陵紀》天德二年四月辛酉條載尚書省執掌官員除授曰:"右丞相烏帶爲司空、左丞相兼侍中,平章政事劉筈爲尚書右丞相兼中書令。"據此可知,烏帶罷右丞相

① 《金史》卷五七《百官志三》,第4册,第1295—1296頁。

後,由劉筈接任,至天德二年十一月卸任,任職時間大半年。又本
書《劉筈傳》敘述其履歷説:天德二年,"拜尚書右丞相兼中書令,進
封鄭王。未幾,以疾求解政務,授燕京留守,進封曹王"。① 此與
《海陵紀》亦正相合,皆稱劉筈天德二年授官尚書右丞相,絶不是南
監本所稱的"左丞相"。

　　例三,卷五《海陵紀》正隆五年十二月戊辰云:"禁朝官飲酒,犯
者死,三國人使燕飲者非。"舊校第十四條:"'非'殿本作'罪'。"
(第 1 册第 112、120 頁)修訂本新校第三十條增加版本根據:
"'非',南監本、北監本、殿本、局本並作'罪'。"(第 134 頁)今核國
圖甲乙丙三種覆刻本一致作"非",南監本及衍生版本別作"罪",雖
一字之差,文義卻截然相反。所幸筆者從《金史·逆臣傳·徒單
貞》檢到有一條證據可以辨別版本異文是非,該傳明確説:"海陵將
伐宋,詔朝官除三國人使宴飲,其餘飲酒者死。"②這條禁酒令,即指
《海陵紀》正隆五年十二月戊辰條。據此可知,三國人使因涉外接
伴交聘事宜,並不在禁酒官員名單之列,故稱作"非"。南監本翻刻
洪武補版葉時,粗讀"非"字在句中語義頗爲晦澀,認爲該字可能闕
損"罒",結果試圖還原爲"罪"字。

　　例四,卷八《世宗紀下》大定二十一年五月戊子曰:"西北路招
討使完顏守能以贓罪,杖二百,除名。"(第 1 册第 181 頁)修訂本新
校第一條:"'二百',南監本、北監本、殿本、局本並作'一百'。"(第
223 頁)"杖二百"、"杖一百"孰是孰非? 幸運的是,本書《守能傳》
對此事原委有着明確記載,謂大定十九年守能爲西北路招討使,
"貪冒狼籍","尚書省奏,守能兩贓俱不至五十貫,抵罪。奚沙阿補

────────────

① 《金史》卷七八《劉筈傳》,第 6 册,第 1772 頁。
② 《金史》卷一三二《逆臣傳·徒單貞》,第 8 册,第 2826—2827 頁。

解見居官,并解世襲謀克。上曰:'此舊制之誤。居官犯除名者,與世襲并罷之,非犯除名者勿罷。'遂著于令。特詔守能杖二百,除名"。① 完顏守能本傳與《世宗紀下》相合,同作"杖二百"。本卷《世宗紀下》今無至正初刻本,筆者檢國圖藏洪武覆刻本皆作"二",不過甲乙本此葉經過補修,"二"字首筆"一"緊挨着上文"杖"字(見圖三),結果不幸被南監本誤讀爲"杖一百"。

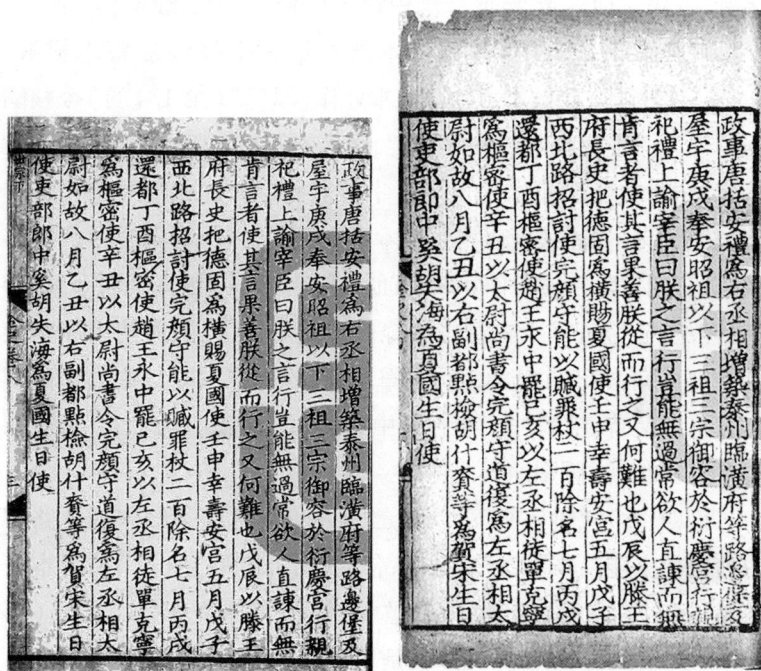

圖三

a 洪武覆刻本(國圖藏 A00804)　　b 洪武覆刻本補版葉(國圖藏 02085)

　　例五,卷一〇《章宗紀二》明昌四年(1193)正月丙申云:"東京

---

① 《金史》卷七三《守能傳》,第 5 册,第 1691—1692 頁。

路副使三勝進鷹。”舊校第一條：“‘三勝’殿本作‘王勝’。”（第 1 册
第 228、244 頁）修訂本新校第一條：“‘三勝’，南監本、北監本、殿
本、局本並作‘王勝’。”（第 266 頁）今覆核南監本所據原底本洪武
覆刻本，國圖藏甲乙丙丁本皆作“三勝”，説明“王”爲訛字。

　　例六，卷一二《章宗紀四》謂泰和六年四月癸亥尚書省奏：“以
張真、張勝爲鄉導，俱授統領官，故不敢無備。”（第 1 册第 274 頁）
新校第十二條：“‘張真’，南監本、北監本、殿本、局本並作‘張
貞’。”（第 312 頁）國圖藏甲乙丙本洪武覆刻本皆作“張真”，可見
南監本並未遵從底本，而是改作“張貞”。

　　例七，卷一二《章宗紀四》泰和七年五月己卯云：“幸束園射
柳。”舊校第十二條：“‘束園’殿本作‘東園’。”（第 1 册第 281、287
頁）修訂本新校第十九條：“‘束園’，南監本、北監本、殿本、局本作
‘東園’。”（第 313 頁）按百衲本所據國圖丙本，以及甲乙本補版葉
皆作“束園”，説明南監本據字形擅改作“東園”。

　　例八，卷三六《禮志九·肆赦儀》謂大定七年正月十一日，上尊
册禮畢。十四日，應天門頒赦：“又設捧制書木鶴仙人一，以紅繩貫
之，引以轆轤，置於御前欄干上。”（第 3 册第 843 頁）修訂本新校第
十九條：“‘欄干’，南監本、北監本、殿本、局本作‘欄子’。《集禮》
卷二四《赦詔御樓宣赦》作‘欄干’。然本書除此處外，僅卷三七一
處‘欄干’（《集禮》仍作‘欄子’），其餘均作‘欄子’，似作‘欄子’
爲是。”（第 903 頁）核對此卷至正初刻本作“欄干”，國圖藏甲乙本
覆刻本亦同。該條“肆赦儀”與《大金集禮·赦詔》御樓宣赦條同，
本就寫作“御前欄干”，①其義爲應天門御座前的欄杆。本書卷三

---

①　任文彪點校《大金集禮》卷二四《赦詔》，浙江大學出版社，2019 年，第 239 頁。原書
　　不著撰人姓氏，四庫館臣考訂爲張暐，當誤。

七《禮志十·册皇后儀》謂天德二年十月九日册妃徒單氏爲皇后"在西階欄干外"，①此文與《大金集禮·皇太后皇后》天德二年册徒單氏條内容同。② 百衲本影印至正初刻本作"欄干"，國圖甲乙丙洪武覆刻本同，南監本同樣擅自改"干"爲"子"。

例九，卷四五《刑志》大定二十三年條謂："武器署丞奕、直長骨赦坐受草畔子財，奕杖八十，骨赦笞二十，監察御史梁襄等坐失糾察罰俸一月。"（第 3 册第 1019 頁）新校第五條："'草畔子財'，南監本、北監本、殿本、局本並作'草畔卒財'。王圻《續文獻通考》卷一六七《刑考·刑制上》作'草𠫑卒財'。"（第 1098 頁）至正初刻本及洪武覆刻本作"子"，到了補版葉該字 二 已殘，南監本遂據壞體字形改作"卒"。此外，《續文獻通考》成書於萬曆三十一年（1603）前後，所引據《金史》版本當是南監本，又進一步改動"畔"爲"𠫑"，恐不足爲據。

例十，卷四五《刑志》詳細敘述明昌五年正月"復令鈎校制、律，即付詳定所"事，謂"大理丞麻安上爲校定官"。（第 3 册第 1022 頁）修訂本新校第九條："'麻安上'，南監本、北監本、殿本、局本並作'麻安止'。"（第 1099 頁）該卷至正初刻本作"麻安上"，國圖甲乙丙三種洪武覆刻本同。據本書《路鐸傳》云："承安二年，召爲翰林修撰，同看讀陳言文字。上召禮部尚書張暐、大理卿麻安上及鐸，問趙晏所言十事，因問董師中、張萬公優劣。"③從同書中承安二年（1197）所見"大理卿麻安上"，知初刻本及覆刻本正確無疑，南監本作"麻安止"是因"上"字形近而致誤。

例十一，修訂本卷七三《守貞傳》云"守貞本名左靨"。新校第

---

① 《金史》卷三七《禮志十》，第 3 册，第 851 頁。
② 任文彪點校《大金集禮》卷五《皇太后皇后》，第 87 頁。
③ 《金史》卷一〇〇《路鐸傳》，第 7 册，第 2207 頁。

十五條:"'左黶',原作'左黶',據南監本、北監本、殿本及本卷傳
目改。"(第5册第1791、1798頁)按洪武覆刻本守貞本傳正文皆作
"左黶",而本卷卷目則作"本名左黶",南監本據此改本傳。此外,
今核對至正初刻《金史目録》總卷目同作"本名左黶",此與本卷卷
目相同。筆者通檢全書發現諸列傳卷目小注所列傳主人名經常與
傳文發生歧異,如卷九一本傳"敬嗣輝字唐臣",該卷目及《金史目
録》總卷目作"敬嗣暉",這説明有人專門負責編纂卷目,最後並未
與本傳統稿。從史料正常傳抄邏輯設想,傳文中的傳主名諱當爲
本,而卷目則爲流,在無任何旁證情況下,修訂本《守貞傳》這種本
末倒置的校改方法極爲不妥。

　　例十二,卷一〇九《陳規傳》正大二年(1225)十一月謂:"上召
完顏素蘭及規入見,面諭曰:'宋人輕犯邊界,我以輕騎襲之,冀其
懲創告和,以息吾民耳。宋果行成,尚欲用兵乎。卿等當識此意。'
規進曰:'帝王之兵貴於萬全,昔光武中興,所征必克,猶言"每一出
兵,頭須爲白"。兵不妄動如此。'上善之。"(第7册第2410頁)修
訂本新校第五條:"'貴',南監本、北監本、殿本並作'責'。"(第
2557頁)國圖藏四種洪武覆刻本皆作"貴",其中甲乙本爲補版葉
作責,該字稍微有點模糊,南監本以後諸本改刻爲"責"。這一改動
其實未審文義,純屬臆斷。揆諸文義,陳規希迎上意主張與南宋罷
兵和解,並引光武故事論證其言有史爲據,該典故源自建武八年
(32)劉秀敕岑彭書曰:"兩城若下,便可將兵南擊蜀虜。人苦不知
足,既平隴,復望蜀。每一發兵,頭鬚爲白。"[1]意謂國家不宜苦心於
軍事,陳規言"帝王之兵貴於萬全"表達的正是這層含義。此外,
《金史·移剌益傳》益與章宗論邊鄙息兵謂:"守爲便。天子之兵當

<hr>

①　《後漢書》卷一七《岑彭列傳》,中華書局,1965年,第3册,第660頁。

取萬全,若王師輕出,少有不利,非惟損大國之威,恐啓敵人侵玩之心。"①《宋史·史浩傳》云:"帝王之兵,當出萬全,豈可嘗試以圖僥倖。"②孟祺代伯顔擬《賀平宋表》曰:"帝王之兵出萬全,蠻夷敢天威之抗。"③以上案例均與本卷《陳規傳》"帝王之兵貴於萬全"同義,知"貴"字爲是,而"責"當係據字形臆改。

例十三,卷一三一《方伎傳·李慶嗣》載傳主論著:"所著《傷寒纂類》四卷、《改證活人書》三卷、《傷寒論》三卷、《針經》一卷,傳於世。"(第 8 册第 2811 頁)修訂本改正文作"《改證活人書》二卷"。新校第三條:"'二',原作'三',據南監本、北監本、殿本、局本改。按《金史詳校》卷一〇稱,《傷寒纂類》四卷、《改證活人書》二卷,'並見世善堂書目'。此書亦見嘉靖《廣平府志》卷一二、《續通志》卷五八四、錢大昕《元史藝文志》卷三,皆作二卷。"(第 2968、2973 頁)按國圖甲乙丙本爲洪武初刻版印本,均有刻工署名"連彦",前兩者與丙本有所不同,該"三"字首筆已經磨損作"二"(見下圖四),南監本從之。至於修訂者所舉證的旁證文獻,經覆核,陳第《世善堂藏書目録》著録李慶嗣論著三種皆取資《金史》本傳,④施國祁其實並不採陳第書爲證,理由是"疑僞。案諸家書目每好妄列亡書,以誇收藏之富,未足盡信"。(《金史詳校》卷一〇方伎傳李慶嗣)⑤而嘉靖《廣平府志》成書於嘉靖二十九年(1550),該書卷一二《賢行志》金李慶嗣條已注明引自《金史》。修訂本引述明清文獻所傳二卷本《改證活人書》實際上皆引據南監本《金史》,這種校改思

---

① 　《金史》卷九七《移剌益傳》,第 7 册,第 2160 頁。
② 　《宋史》卷三九六《史浩傳》,第 29 册,第 12066—12067 頁。
③ 　蘇天爵編《國朝文類》卷一六,《四部叢刊》本,第 2 頁 b。
④ 　陳第《世善堂藏書目録》卷下,《知不足齋叢書》本,第 44 頁 a。
⑤ 　本書引施國祁《金史詳校》皆據陳曉偉整理本,中華書局,2021 年。

路完全是捨本求末。

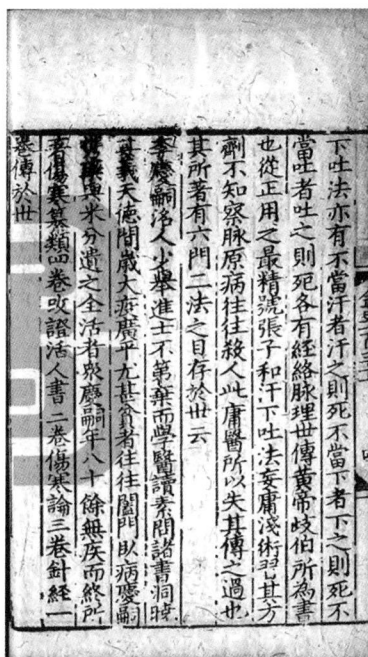

圖四

洪武覆刻本（國圖藏 02085）

（三）增損文字以求文從字順

至正初刻本《金史》問題自然不少，在無其他旁證的前提下，也只能根據上下文辨別，或者存疑。但是到南監本翻刻洪武覆刻本時，凡遇語義不順者，多採用徑改的辦法加以處置。

第一，卷四四《兵志》敍述禁軍之制説：“本於合扎謀克。合扎者，言親軍也，以近親所領，故以名焉。貞元遷都，更以太祖、遼王宗幹、秦王宗翰之軍爲合扎猛安，謂之侍衛親軍，故立侍衛親軍司以統之。”（第 3 册第 1001 頁）修訂本新校第二十條採納原點校本校勘記:"'宗翰之軍'下原衍一'軍'字,四字作小字注文。南監本、北監本、殿本、局本並作'宗翰軍',爲大字正文。今據删衍字'軍'並改爲大字正文。"(第1083頁)這種做法其實是爲彌合罅隙而雜糅至正初刻本和南監本之文。總之,有一點毋庸置疑,至正初刻本作爲祖本,我們須謹慎對待其中的任何一條文字。今檢該卷原文作"太祖、遼王宗幹、秦王(宗翰之軍)軍爲合扎猛安",通觀上下乃是一種敘述語境,於此處"秦王"二字下出現注文"宗翰之軍"頗爲奇怪,不過從版刻角度仍可以解釋此事。如果説"遼王宗幹、秦王宗翰之軍"所據史官編纂原稿及付梓寫樣如此,本卷這段話上文元朝史官敘語亦云"貞元遷都,遂徙上京路太祖、遼王宗幹、秦王宗翰之猛安,併爲合扎猛安"(第993頁),根據這條證據,筆者推測刻工最初雕版時應爲"秦王□□軍",然後來覆查發現此句奪"宗翰"一名,然而由於整葉版式行款已定,於是挖改□□作"宗翰之軍",結果卻造成其下文重複"軍"字。洪武覆刻本均與至正初刻本同,南監本删小注"之軍"而改作正文大字"宗翰"(圖五),其實是在試圖疏通文字。

　　第二,卷九三《宗浩傳》載泰和七年宗浩復張巖書曰:欽奉聖訓:"況彼國嘗自言,叔父姪子與君臣父子略不相遠,如能依應稱臣,即許以江、淮之間取中爲界。"(第6册第2079頁)修訂本新校第二十條:"'應',南監本、北監本、殿本、局本作'舊'。"(第2209頁)今檢國圖四種洪武覆刻本,均與該卷至正初刻本同作"應",南監本揣測文義,而妄改作"舊"。

　　第三,卷九五《粘割斡特剌傳》敘述大定十年履歷:"賜衣馬車牛弓矢器仗。"(第6册第2108頁)修訂本將正文"器仗"改爲"鎧仗",新校第十一條:"'鎧仗',原作'器伏',據南監本、北監本、殿本、局本改。"(第2236、2250頁)按至正初刻本後一字刻寫作**伏**,即

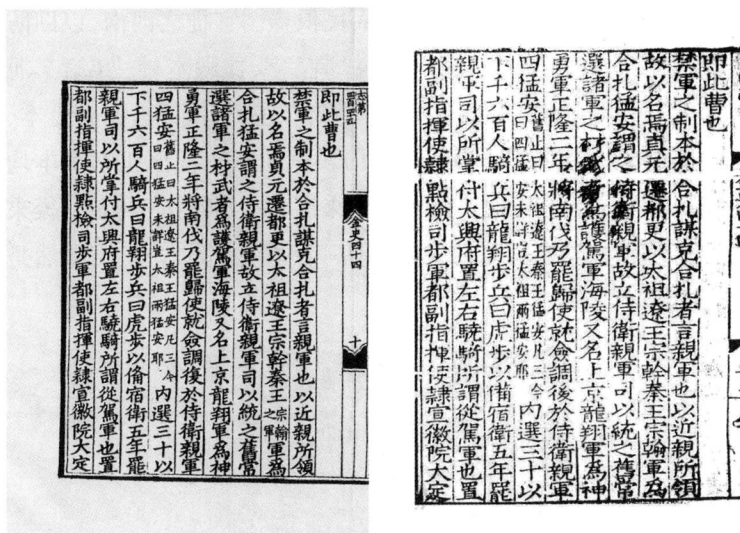

圖五

a 中華再造善本影印至正初刻本　　　　　　b 南監本

異體字仗，百衲本據此影印，原點校本録寫作"仗"，而修訂本卻認爲作"伏"。今參照同卷《張萬公傳》"端俏杖七十"加以對比，至正初刻本圖版中**杖**字右半"丈"上多出一點，但並不影響識讀，再看"伏望聖聰省察"的"伏"字則是刻作**伏**。再看本書卷三《太宗紀》天會三年九月癸巳條"有罪伏誅"，①至正初刻本寫法是**伏**。由此可見，至正初刻本版刻中"丈"、"犬"字形明顯差異，本卷《粘割斡特剌傳》作"器仗"無疑。洪武覆刻本與至正初刻本同，南監本卻不知何故將"器"改作"鎧"。

第四，卷一〇二《蒙古綱傳》云："綱奏請移軍於河南，詔百官議，御史大夫紇石烈胡失門以下皆曰：'金城湯池，非粟不守。東平

————————

① 《金史》卷三《太宗紀》，第1册，第53頁。

孤城，四無應援，萬一失之，則官吏兵民俱盡。宜徙之河南，以助防
秋。”原點校本舊校第十二條：“原脱‘宜’字，據殿本補。”（第7册
第2259、2264頁）修訂本新校第十三條：“‘宜’字原脱，據南監本、
北監本、殿本、局本補。”（第2399頁）洪武覆刻本同至正初刻本均
無“宜”，上下文義亦可通。南監本原來從底本應刻作“俱盡”，後來
將“盡”字挖改作“盡宜”，此二字共佔一字格（見圖六）。這顯然是
根據自己理解臆補文字。

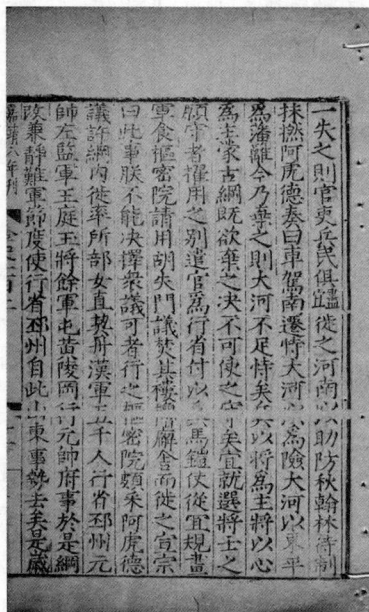

圖六
南監本

　　第五，卷一二〇《世戚傳·忽覩》有謂：“在崇義，諷寺僧設齋而
受其施。”（第8册第2615頁）修訂本新校第三條根據原點校本校
勘記云：“‘齋’字原脱，南監本、北監本、殿本、局本並有‘齋’字，脱

'而'字。今據補'齋'字。"(第2773頁)此卷至正初刻本已亡佚,
無法知曉其原貌,洪武覆刻本均作"諷寺僧設而","而"字於義不
通,南監本遂據字形改作"齋",或有道理。不過若真校改底本,在
正文中,"齋"、"而"只能取其一,但是由於《金史》點校者並不清楚
南監本翻刻洪武覆刻本之路數,上述校改及正文乃合併洪武覆刻
本和南監本兩種版本,不妥。

　　第六,卷一二八《循吏傳·王浩》總結敘述金後期選官任吏説:
"初,辟舉法行,縣官甚多得人,如咸寧令張天綱、長安令李獻甫、洛
陽令張特立三人有傳。餘如興平師夔、臨潼武天禎、氾水党君玉、
偃師王登庸、高陵宋九嘉、登封薛居中、長社李天翼、河津孫鼎
臣……皆清慎才敏,極一時之選,而能扶持百年將傾之祚者,亦曰
吏得其人故也。"(第8册第2775頁)原點本徑改底本原文,未出
校。修訂本新校第十三條:"'孫鼎臣',原作'縣鼎臣',據南監本、
殿本、局本改。"(第2929頁)此卷至正初刻本作"河津縣鼎臣",國
圖藏四種洪武覆刻本與此同。從上下文列舉人物全部爲縣令+人
名這種組合方式分析,此"河津縣鼎臣"當理解作河津+縣鼎臣。按
縣姓,聖門弟子有"縣成子祺",元末明初陶宗儀注釋説"縣音
玄"。[1] 然而因縣姓向來是一個罕見姓氏,[2]南監本不識,認爲該字
於上下文中無解,遂臆改作"孫"。

　　附帶指出一下,筆者通檢南監本時發現一個頗爲有趣的現象,
即挖版校補文字。上文第四例卷一〇二《蒙古綱傳》"盡宜"當即如

---

[1]　陶宗儀《南村輟耕録》卷二二《聖門弟子》,中華書局標點本,1959年,第264、265頁。
[2]　參見林寶《元和姓纂》卷五《一先·縣》,岑仲勉校記,中華書局,1994年,第544頁。
　　鄭樵《氏族略第三·以邑爲氏·諸國邑》,《通志二十略》,王樹民點校,中華書局,
　　1995年,上册,第94頁。徐鐵生編著《中華姓氏源流大辭典》,中華書局,2014年,
　　第630頁。

此。此外還有，卷二〇《天文志》貞元二年（1154）謂"三月辛巳，食"（第 2 册第 426 頁）。百衲本影印洪武覆刻本，南監本改作"三月辛巳日食"，其中"巳日"共佔據一字格。由此可見，南監本原來當從底本刻作"辛巳食"，後來將"巳"挖改作"巳日"兩個小字。按此條乃係"月五星凌犯及星變"內容，補作"日食"當誤，北監本於是改作"月食"，殿本同此。卷七四《宗望傳》云："都統杲使阿鄰護送得【里】底、和尚、雅里斯等入京師。"（第 5 册第 1707 頁）洪武覆刻本脱"里"字，南監本作"得里底"，然而後二字共佔一格，即原當刻作"得底"，後來則挖改"底"字。卷一〇二《僕散安貞傳》興定三年閏月謂："胡魯剌進一階。久之，安貞燕見，奏曰：'泚水之捷，胡魯【剌】功第一。'"（第 7 册第 2246 頁）至正初刻本及洪武覆刻本皆無"剌"字，南監本"剌功"二字共佔一格，即根據上文挖版所致。

（四）肆意揣度史文。

當數這種做法最爲拙劣，坑害讀者。通過版本比勘，我們發現，南監本在翻刻洪武覆刻本過程中，對底本"校勘"的力度非常之大，但是有很多内容都是表面上故作高明，實際結果卻完全乖離史實。

例一，卷二二《曆志下》渾象條追述前代開元中更造渾天儀："仍置木櫃以爲地平，令象半在地上，半在地下，又立二木偶人於地平之前，置鍾鼓使木人自然撞擊以報辰刻，命之曰《水運渾天俯視圖》。"（第 2 册第 522 頁）新校第八十條："'報'，原作'使'，據南監本、北監本、殿本改。"（第 572 頁）按此卷今無至正初刻本，洪武覆刻本及補版葉皆作"使"，其義難通。據筆者考證，本卷渾象條所載內容除"金既取汴，皆輦致于燕"這段外均非金朝天文制度，其泰半篇什是在討論歷代及宋朝渾象舊制，全部抄自蘇頌《紹聖新儀象法要》。該書蘇頌《進儀象狀》云："仍置木櫃以爲地平，令儀半在地上，又立二木偶人於地平之，前置鐘鼓使木人自然撞擊，以候辰刻。"①蘇頌原書謂"以候辰刻"，再參酌《舊唐書·天文志》有云"又立二木人於地平之上，前置鐘鼓以候辰刻"，②可知《金史》本卷"地平之"下當脱"上"字，"前"當從下文，"使"當爲"候"字形訛。由此可見，南監本作"報"，顯然是根據字面意思所改。

例二，總覽《金史》全書，南監本對三卷《地理志》改動最爲大膽，主要根據上下文内容增補或修改府、州、縣所轄鎮、堡數目，以致面目全非。例如，卷二四《地理志上》北京路條"寨一"，原點校本舊校第十五條："按殿本下有'堡五十六'四字。"僅出校不補（第 2 册第 557、581 頁）。修訂本正文中校補作"堡五十六"。新校第二十七條："'堡五十六'原脱，據南監本、北監本、殿本、局本補。"（第 598、623 頁）今核至正初刻本和洪武覆刻本皆無"堡五十六"四字，試問南監本依據何在？請看本卷下文北京路臨潢府條有謂"堡三十七"，小注云"大定間二十四，後增"。以及泰州條有"堡十九"。實際情況是，南監本將兩者條目下"三十七"、"十九"相加之和增補爲北京路條"堡五十六"。然而筆者注意到，本卷《地理志上》附錄邊堡條詳細敍述金朝北境防禦設置：大定二十一年三月，"世宗以東北路招討司十九堡在泰州之境，及臨潢路舊設二十四堡障參差不齊，遣大理司直蒲察張家奴等往視其處置"。省議："臨潢路二十四堡，堡置户三十，共爲七百二十，若營建畢，官給一歲之食。"（第 562—563 頁）據此可知，上文所謂"大定間"指二十一年臨潢路舊有二十四堡，最終數目後來增至三十七，時間不詳，泰州條"堡十九"亦源出於大定二十一年。足可見南監本邊堡數目乃

---

① 蘇頌《紹聖新儀象法要》卷上，國家圖書館藏乾隆四十年影宋鈔本，原書無頁碼。
② 《舊唐書》卷三五《天文志上》，中華書局，1975 年，第 4 册，第 1296 頁。

是據文獻所見不同時期邊堡數字機械累加的結果，不是同一時期制度。

　　例三，卷二五《地理志中》河北東路條"鎮三十五"，修訂本新校第三十條："南監本、北監本、殿本、局本並作'鎮三十八'。"實際上改動關節點在於，該路冀州條"鎮三"（第 2 冊第 599、600 頁）。新校第三十三條："南監本、北監本、殿本、局本並作'鎮六'。"（第 666 頁）洪武覆刻本與至正初刻本同，南監本改刻"鎮三十八"、"鎮六"的理由其實非常簡單：按冀州轄五縣：其中衡水無鎮；信都"鎮一，來遠，後廢"；南宮"鎮三，唐陽，後增寧化、七公二鎮"；武邑"鎮一觀津，後廢"；棗強"鎮一廣川，後廢"。這樣算下來，冀州四縣條目下所記鎮數相加結果即"鎮六"，上文河北東路條總數則相應改作"鎮三十八"。但是，"信都"、"武邑"、"棗強"條皆明確注明其下鎮"後廢"，此敘歷史沿革，其數目並不在當時《地理志》統計範圍之內，所謂冀州"鎮三"當是指南宮縣唐陽鎮以及後來增加的寧化鎮、七公鎮。此外，《江北郡縣》與《金史·地理志》有着同源關係，[1]該書河北東路冀州條有信都、南宮、棗強、武邑、衡水五縣，"三鎮"。[2] 此與本卷《地理志中》相合，説明至正初刻本正確。

　　例四，卷三八《禮志十一·外國使入見儀》云："小起居畢，宰執上殿，其餘臣僚分班出。"（第 3 冊第 865 頁）新校第二條："'畢'，南監本、北監本、殿本、局本作'引'。"（第 935 頁）至正初刻本及洪武覆刻本作"畢"。此條並見於《大金集禮》卷三九《朝會上·人使

①　參見周立志《事林廣記〈江北郡縣〉與金朝行政區劃研究》，劉寧、齊偉編《遼金史論集》第 15 輯，科學出版社，2017 年，第 201—218 頁。

②　《重編群書類要事林廣記》乙集卷三《江北郡縣》，長澤規矩也編《和刻本類書集成》第 1 輯，上海古籍出版社，1990 年，第 224 頁上欄。

辭見儀》，寫作“小起居訖，宰執上殿”。① “畢”與“訖”同義，此字
是，知南監本作“引”誤。

例五，卷五五《百官志一》樞密院條云：“經歷一員，從五品。興
定三年見。”（第 4 册第 1240 頁）修訂本新校第二〇條：“‘見’，南監
本、北監本、殿本、局本作‘置’。”（第 1335 頁）檢今本《宣宗紀中》
興定元年六月丙辰云：“詔樞密院遣經歷官分諭行院，嚴兵利器以
守衝要，仍禁飲宴，違以軍律論。”②此謂“樞密院遣經歷官”則早於
三年。南監本僅據表面詞義改作“置”，於史不符。按本卷《百官志
一》上文都元帥府條：“經歷一員，都事一員，知事一員（見興定三
年），正七品。”（第 1238 頁）樞密院，戰時改稱“都元帥府”，兩條
“經歷一員”小注中的“見”字，意指史官所見史文。這是因爲，元修
《百官志》參考過實録，史官從中檢到有關條目便補入其中或作爲
小注。

例六，原點校本卷五六《百官志二》内侍局條有謂“福寧殿，都
監、同監。三。”舊校第五條：“‘福寧’原作‘寧福’。按本書卷二五
《地理志》，南京路注記南京宫殿，‘純和之次曰福寧殿’。《大金國
志》卷三三《汴京制度》，‘一殿曰福寧’。今據改。”（第 4 册第
1265、1291 頁）修訂本恢復底本原文作“寧福殿”，新校第七條：
“‘寧福殿’，南監本、北監本、局本作‘福寧殿’。按，本書卷二五
《地理志中》，南京路注記南京宫殿，‘純和之次曰福寧殿’；《大金

----

① 任文彪點校《大金集禮》卷三九《朝會上·人使辭見儀》，第 392 頁。按修訂本謂：
“《集禮》卷三九《朝會上·人使辭見儀》亦作‘引’。本志下文朝辭儀有‘引宰執上
殿’之語，又在熙宗時夏使入見一節，稱‘俟殿前班及臣僚小起居畢，宰執升殿’。此
處‘畢’或可作‘引’。下同，不另出校。”據該書參考文獻所列《大金集禮》版本爲廣
雅書局刻本（第 8 册第 3072 頁），今覆核實作“小起居訖”。

② 《金史》卷一五《宣宗紀中》，第 2 册，第 330 頁。

國志》卷三三《汴京制度》，‘一殿曰福寧’。然白珽《湛淵静語》卷二、蘇天爵《國朝文類》卷二七楊奐《汴故宫記》則均載有‘寧福殿’。”（第1378頁）要解決至正初刻本與南監本異文争端，須討論《百官志》、《地理志》所載殿名孰是孰非，最關鍵之處在於釐清文獻傳抄源流關係。按上引《大金國志·汴京制度》所涉“福寧”一段文字，乃抄自宋人鄒伸之《使轓日録》。① 據王岩考證，此書或已亡佚，所幸白珽《湛淵静語》有大篇幅引述。該殿名凡三見，皆作“寧福”。② 再經過進一步比對，《金史·地理志》上文鈔撮元初楊奐《汴故宫記》，此係作者己亥年（1239）三月遊歷汴京所作，其謂“寧福殿，寧福之後曰苑門”。③ 此外，楊奐《録汴梁宫人語》收録金朝汴京宫詞十九首，第十三首云“傷心寧福位”。④“寧福位”蓋即“寧福殿”，妃嬪寢居之所。綜上所述，《金史·地理志》之史源楊奐《汴故宫記》，以及鄒伸之《使轓日録》皆作“寧福”，⑤這與至正初刻本《百官志》相合。洪武覆刻本同，南監本改作“福寧”殊誤。

　　例七，卷一〇三《完顔仲元傳》曰：“興定元年，復爲單州經略使，敗宋人二千于龜山，復敗步騎千餘于盱眙，敗紅襖于白里港，獲老幼萬餘人，皆縱遣之。宋人圍海州，仲元軍高橋，令提控兀顔阿隣領騎繞出其後夾擊之。宋兵解去。賜金帶，優詔獎諭。”（第7冊第2267頁）原點校本徑改“兀顔”爲“完顔”，並未出校。修訂本恢

---

① 崔文印校證《大金國志校證》卷三三《汴京制度》，中華書局，2011年修訂本，下册，第472、478頁。參見崔文印《大金國志校證》“重印弁言”，上册，第4頁。

② 白珽《湛淵静語》卷二，國家圖書館藏繡谷亭續藏鈔本，第8頁b、第9頁b。此書題作《使燕日録》。

③ 蘇天爵編《國朝文類》卷二七楊奐《汴故宫記》，第3頁a—b。王岩《鄒伸之〈使轓日録〉抉微》，余太山、李錦繡主編《絲瓷之路 VIII——古代中外關係史研究》，商務印書館，2021年，第87—142頁。

④ 蘇天爵編《國朝文類》卷八楊奐《録汴梁宫人語》，第2頁a。

⑤ 王岩《鄒伸之〈使轓日録〉抉微》。

復底本,新校第一條:"'兀顏',南監本、北監本、殿本、局本並作'完
顏'。"(第 2420 頁)筆者覆核百衲本及其所據底本至正初刻本皆作
"兀顏",國圖甲乙丙三種洪武覆刻本亦同。南監本作"完顏",顯然
是根據本卷"完顏阿隣"所改。然而"兀顏阿隣"與"完顏阿隣"決
非一人。首先,根據"敗紅襖于白里港獲老幼萬餘人"這條線索,今
見《金史·宣宗紀》興定二年六月壬子條有云"紅襖賊犯沂州,官軍
敗之,追至白里港",①再結合兀顏阿隣敗宋軍一事繫於《完顏仲元
傳》"敗紅襖于白里港"之後,推知時間當在二年六月以後,而"主將
完顏阿鄰戰没"發生在此前是年三月癸巳與宋兵的皂郊堡戰役中。
其次,《完顏仲元傳》稱兀顏阿隣軍職爲"提控",而同卷《完顏阿隣
傳》則謂阿隣"興定元年,遷元帥右都監",②可見兩者地位相差懸
殊。據此可知,南監本校改"兀顏"是毫無依據的。

以上所論都是南監本妄改其所據洪武覆刻補版葉底本的重要
證據。通過分析三十二個典型案例,我們足以摸透南監本所謂"校
改"《金史》的慣用伎倆,種種濫改何談具有什麼版本價值。總之,
只有徹底系統地揭示南監本翻刻過程中的諸環節以及該本與覆刻
本之差異,據此判定版本異文是非,我們校勘《金史》時才不會誣枉
百衲本影印者——至正初刻本及洪武覆刻本。

三

根據《金史》版本流傳主線,結合上文論述我們可以進一步細
化復原其傳承關係:至正初刻本→洪武覆刻本→南監本,其中南監
本根據洪武覆刻本的後印本翻刻。這條線索至爲關鍵,既可以解

① 《金史》卷一五《宣宗紀中》,第 2 册,第 338 頁。
② 《金史》卷一〇三《完顏阿隣傳》,第 7 册,第 2269 頁。

釋修訂本《金史》臚列諸條版本異文產生之緣由，又能從整個版本
流傳脈絡中對南監本及以後諸本的學術價值做出判斷。其實，南
監本粗製濫造，歷來就遭人詬病，張元濟《校史隨筆》指摘《北齊書》
"因刊誤而愈誤"曾說："余聞人言，舊本諸史訛字較殿本爲多。按
殿本從監本出，明人刻書，每喜竄易，遇舊本不可解者，即臆改之，
使其文從字順。"①本文例舉《金史》近六十餘條所涉史文，南監本
妄下雌黃，徹頭徹尾證實張氏所論中的。

　　整理一部文獻，版本異文對校的尺度和標準主要取決於版本
系統情況。大體可分兩種情況：一種是版本存在多元系統而非同
源祖本，在堅持底本原則的前提下，互校諸本異文後雖然要取文字
最優者，但是他本訛字仍有參考價值，這能夠體現版本流傳線索和
分化系統之軌迹；一種是"祖本"即初刻本，其後衍諸多版本與其並
存，總體上是一種單線流程，那麼，我們就要充分尊重初刻本或最
早期版本，而對後期諸本的利用務必謹慎，②這是因爲版本流傳及
翻刻過程多一道環節便會多出一些訛誤，並且決非一般性校勘所
能解決。《金史》一書版本，當今最善之本數張元濟百衲本，從本文
分析結論來看，該書除影印至正初刻本殘卷外，其所補配的涵芬樓
藏洪武覆刻本最接近祖本本來面目。至於其他版本，從南監本到
乾隆殿本，等等，實際上已屬版本系統中流傳脈絡之末端，隨之而
來的問題自然越來越多，兹舉三例：

---

① 張元濟《校史隨筆》，商務印書館，1990 年影印本，第 50 頁 a。
② 唐雯以《舊唐書》、《新五代史》爲例，指出古籍整理在版本的選擇上必須"佞古"，即
　在有宋元舊本的情況下，盡量不要用同一版本系統下晚出的明清刻本，除非它們有
　獨一無二的古本源頭。經過校勘的文本，必然會對底本作一些改動，這些改動可能
　改正了原文存在的錯誤，但也往往因誤解而改錯。(唐雯《從兩〈五代史〉、〈舊唐
　書〉的修訂說新時代的古籍整理》，《隋唐遼宋金元史論叢》第 8 輯，上海古籍出版
　社，2018 年，第 250—263 頁)

第一，卷六《世宗紀上》大定元年十一月己卯條云："阿瑣、璋殺
同知中都留守事沙离只，阿瑣自稱中都留守，璋自稱同知留守事，
使石家奴等來上表賀。"原點校本舊校第二條："'石'原作'后'。
按本書卷六五《斡者附孫璋傳》、卷六九《阿瑣傳》記此事皆作'石
家奴'，今據改。"（第 1 册第 123、151 頁）今覆核百衲本所據洪武覆
刻本版刻作后，國圖甲乙本補版葉后字形有所變化，實際均爲異體
字"后"，但到乾隆殿本則作"後家奴"。其中關鍵一環，就在於南監
本將其底本"后"識作"后"，從而改爲"後"，結果被北監本、殿本所
沿襲（參施國祁《金史詳校》卷一世宗紀上條）。

第二，卷一二《章宗紀四》泰和六年七月丁亥曰："敕翰林直學
士陳大任妨本職專修遼史。"（第 1 册第 277 頁）修訂本新校第十四
條："'妨'，北監本、殿本、局本作'以'。"（第 312 頁）循此線索，筆
者檢南監本，其從洪武覆刻本作"妨本職"無異，正與"專修"語義相
諧，而北監本徑改"妨"作"以"，使得這句話的意思截然相反。

第三，卷一一七《李喜住附傳》謂天興二年："是時，太赤圍亳步
騎十萬。"（第 8 册第 2560 頁）諸種洪武覆刻本皆作"太赤"，此係蒙
古將領名，蓋即塔察兒，南監本改作"大赤"，以致北監本不曉其義，
結果改作"大兵"，意指蒙古軍，最後爲乾隆殿本所沿襲。我們通過
上述三個案例用以展示從南監本到殿本流傳中以訛傳訛的線索，
至於最後一個江蘇書局本，據任文彪評價說，該本子"只是將道光
殿本重新刊刻，今日已無多大版本價值"。①

那麼，我們如何利用《金史》南監本及其衍生版本呢？1961 年
12 月 7 日，中華書局《遼金元三史校點工作座談紀要》提出"版本
對校"："用殿本與百衲本通校，把殿本作爲前人的考訂成果看待，

① 參見任文彪《〈金史〉版本源流考》。

只採取其長處，殿本的錯誤不出校記。監本，只查對有疑問的地方，不通校。"①傅樂煥起草《〈金史〉校點工作進行情況與問題》具體明確如下："乾隆殿本集南監、北監的優點（如改正了元刻本中的一些明顯誤字），又爲過去最通用之本，故用以通校。百衲、殿本相較，則殿本錯誤甚多。大體兩本十條歧異中，殿本誤者居七八。殿本既繼承了南、北監中的錯誤，又增加了一些新的錯字。明南、北監本可視爲元本的間接翻刻本，參校價值不大。"②傅樂煥先生罹難後，繼由張政烺先生主持點校完成《金史》，原點校本儘管問題不少，所幸版本校仍然很好地貫徹傅樂煥先生確立的總原則，謹慎處理殿本與百衲本之間的異文。修訂本依統一規範增補完善版本，根據南監本及後期衍生的北監本、殿本、江蘇書局本出校頗多，約350條，然而從版本流傳線索看，諸多版本校臚列後期版刻過程中產生的異文似無多少必要。

　　詳參本文附錄《修訂本引據南監本覆檢表》。

---

① 　《遼金元三史校點工作座談紀要》，樊玉蘭整理，《書品》2011 年第 2 期。

② 　傅樂煥《〈金史〉校點工作進行情況與問題》，王芳軍整理。

修訂本引據南監本覆檢表

說明:1. 洪武覆刻本凡有補版葉者皆一一列出。

2. 符號示意:○表示無此字;□代表闕文;? 爲有疑問之處。

3. 備注一欄旨在說明筆者對修訂本新校的商榷意見,或做補充討論。

4. 本表所列條目皆出自修訂本《金史》校勘記,並標註編號,總計 256 條。

修訂本版本校條目	南監本	洪武補版葉	洪武覆刻本	至正初刻本	備注
1　卷一　〔一四〕卜灰來降	卜		上		
2　卷三　〔一一〕翼簡皇后孥懶氏	孥	孥	孥	孥	
3　卷三　〔七〕甲辰又破敵於同州	甲辰	甲辰	甲辰	甲申	按南監本據洪武覆刻本補版葉作"甲辰",參本章。
4　〔一四〕詔分遣鶻沙虎等十三人閱諸路丁壯	十二		十三	十三	此條當刪,參本章。
5　卷五　〔一〇〕尚書右丞相劉筈罷	左	右	右	右	此條當刪,參本章。
6　〔二六〕遷中都屯軍二猛安於南京	一	一	二	二	此條當刪,參本章。

續表

序號	卷	版本　校條目	南監本	洪武補版葉	洪武覆刻本	至正初刻本	備　注
7		[三〇]三國人使燕飲者非	罪	非	非	非	此條當刪,參本章。
8		[二]使石家奴等來上表賀	後	后	后		此條當刪。按覆刻本后,爲"石"字異體,補版葉后,南監本據此改作後,參本章。
9	卷六	[七]咸平濟州軍二萬人屯京師	三	二	二		此條當刪。按南監本應本作"三"。
10		[二五]又顧謂左宣徽使敬嗣暉	暉		輝		出校不改。按本書卷九一本傳主名"敬嗣輝",參本章。
11		[三一]隋王永功曹王	隋	隨	隨		恢復底本,此條當刪。
12		[一一]禁衛扈從蹂踐民田	蹂	蹂	蹂		恢復底本。按南監本據補版葉補版葉作"蹂",此條當刪。
13	卷七	[一三]杖百五十除名而復用也	復		後		恢復底本,此條當刪。
14		[一五]詔凡犯罪被問之官	有		月		出校不改作"凡"。按"月"字疑誤。

續表

序號	卷	修訂本版本校條目	南監本	洪武補版葉	洪武覆刻本	至正初刻本	備注
15	卷八	〔(一)杖二百〕	一	二	二		此條當刪，參本章。
16		〔(一)世宗遣滕王府長史壼〕	壼	壺	壺		此條當刪。按補版葉誤作"壺"，南監本再補"壼"，參本章。
17	卷九	〔(六)內五品以上官到任即舉自代〕	凡	凡	內		此條當刪。按"內"下當脫"外"字，參本章。
18		〔(一二)服修葉〕	素	紫	紫		此條當刪。
19		〔(一四)授登仕郎〕	授	特	特		出校不改。"特"字下或有脫文。
20	卷十	〔(一)東京路副使三勝進膺〕	王		三		此條當刪，參本章。
21		〔(一)未主以祖母喪〕	母		無		此條當刪。
22	卷十一	〔(八)初命戶絕者田宅以三分之一付其女及女孫〕	二	二	三		此條當刪。按南監本據補版葉作"二"。
23		〔(二二)蔡王從葬母充等大師卒詔有司定喪禮葬儀事載從葬傳〕	大	大	大		此條當刪。按南監本改作"大"字。

續表

	卷	修訂本版本校條目	南監本	洪武補版葉	洪武覆刻本	至正初刻本	備　注
24	卷十二	[一二]以張為真張勝為鄉導	真		真		此條當刪。按南監本據字形改作"真",參本章。
25	卷十三	[一九]革束園射柳	東	東	東		此條當刪。按南監本據字形改作"東",參本章。
26	卷十四	[一九]烏古論鼏升出為集慶軍節度使兼亳州管內觀察使	義	義	義		此條當刪。修訂本:"集慶軍",原作'集義軍',據南監本、北監本、殿本、局本改。按今覆核南監本、北監本、殿本皆作"集義軍"。
27	卷十五	[二一]紅襖賊攻彭城之胡材寨	村	村	村		此條當刪。按南監本據補版葉作"村",參本章。
28		[八]今亦宜預為攷蒭之法	今	?	今		補版葉今模糊,南監本作"今"。
29	卷十六	[一五]林懷路行元帥府事惟良削官兩階	兩	西	西		
30		[八]章宗秋還	還	□	□		南監本逕補"還"字,存疑。

續表

修訂本版本校條目	版　本	南監本	洪武補版葉	洪武覆刻本	至正初刻本	備　注
31	卷十七 [一七]京兆鳳翔府司竹監進竹	進	退	退		
32	[二八]王子元帥左監軍任守貞死之合喜棄輜重奔至鄭門聚兵乃入	王子	○	○		恢復底本，此條當刪。南監本徑補"王子"，參本章。
33	卷十九 [四]今捷攤定江北	今	今	今		恢復底本，此條當刪。
34	[三]北方徵有赤氣	徵		徵		
35	卷二十 [一〇]三月辛巳食	辛巳日食		辛巳食		此條當刪。南監本臆補"日"字誤。參本章。
36	[一八]熒惑順行犯太微西藩上將	徵	徵	徵		此條當刪。按"徼"爲"徵"異體。

修訂本版本校條目	版　本	南監本	洪武補版葉	洪武覆刻本	至正初刻本	備　注
37	〔二二〕中天有流星大如日	日	十	斗		按百衲本據補版葉影印作"十"，覆刻本作"斗"，應據此校改。修訂本："日"，原作"十"，據南監本、北監本、殿本、局本，按，古代天象記錄中，屢有記星體，甚至流星如日者，此説誤，當刪。
38	〔二三〕一云自東北至西北而墜其光如塔狀	西南	西北	西北		此條當刪。
39	〔二三〕一云自東北至西北而墜其光如塔狀	先	先	光		修訂本："光"，原作"先"，據北監本、殿本、局本改。按百衲本影印補版葉作"先"，覆刻本作"光"，應據此校改。
卷二十一 40	〔八〕二萬三千二百七十六	二萬三千二百一十六	二萬三千二百一十六	二萬三千二百七十六		南監本與補版葉同。

續表

修訂本版本校條目	南監本	洪武補版葉	洪武覆刻本	至正初刻本	備　注
41　[一五]七十二	七十二	七十二	七十三		南監本與補版葉同。
42　[二六]四千五百七十	四千五百七十	四十五百七十	四十五百七十		
43　[三五]六十二	六十一	六十一	六十一		修訂本："原作'六十一'，據南監本、殿本、局本改。"今檢南監本同覆刻本，亦作"六十一"。
44　[五九]用減冬至地中晷影常數	常		當		
卷二十三　45　[七二]餘爲增減差	餘爲增減之差		餘爲增減之差		恢復底本，此條當刪。今覆核南監本同覆刻本，亦有"之"字，修訂本誤引。
卷二十三　46　[八〇]置鐘鼓使木人自然撞擊以報辰刻	報	使	使		南監本臆改"報"字，修訂本據此校改當誤。按"使"即"候"之訛，蓋即"候"之訛，參本章。

續表

修訂本版本校條目		版　本	南監本	洪武補版葉	洪武覆刻本	至正初刻本	備　注
47		[一八] 東京路府一	府一		〇	〇	此條當刪。
48		[二七] 葉一堡五十六	堡五十六		〇	〇	此條當刪，參本章。
49	卷二十四	[五一] 縣三十九	四十		三十九	三十九	此條當刪。
50		[六一] 刺郡郡九	刺郡		刺史郡	刺史郡	恢復底本，此條當刪。
51		[六二] 縣四十九 鎮七	鎮七		〇	〇	恢復底本，此條當刪。
52		[六三] 中曰粹英	粹		〇	〇	修訂本據南監本臆補"粹"字誤。此當補"集"字，參本章。
53		[七六] 貞祐二年 隸安肅州	三		三	二	此條當刪。
54	卷二十五	[一] 縣一百五鎮 九十八	縣一百八 鎮九十八	縣一百五〇	縣一百五 〇	縣一百五 〇	此條當刪。
55		[三〇] 鎮三十五	鎮三十八		鎮三十五	鎮三十五	此條當刪，參本章。

續表

修訂本版本校條目	版本	南監本	洪武補版葉	洪武覆刻本	至正初刻本	備注
56	[三三]鎮三	鎮六		鎮三	鎮三	此條當刪，參本章。
57	[三六]領節鎮二防禦二刺郡五縣六十一鎮三十三	節鎮二防禦二刺郡五縣六十一鎮三十三		鎮二防禦二刺郡五縣六十一○	鎮二防禦二刺郡五縣六十一○	此條當刪。
58	[四三]縣四	縣五		縣四	縣四	此條當刪。
59	[五二]鎮三	鎮三		鎮三	鎮三	此條當刪。
60	[五七]刺郡五縣二十七鎮四十八	縣三十七鎮四十八		○	○	恢復底本，此條當刪。修訂本："縣二十七鎮四十八"八字原脱，據南監本、北監本、殿本"局本補。"筆者覆核南監本作"縣三十七"，今檢山東東西路諸州條下所記縣數，合計正爲三十七。北監本、殿本作"縣二十七"。修訂本誤引。
61	[五九]鎮九	鎮十		鎮九	鎮九	

續表

修訂本版本校條目	版本	南監本	洪武補版葉	洪武覆刻本	至正初刻本	備注
62	[六〇]有承注山	城山		承山	承山	此修版本校當刪。修訂本:'注'字原脫,南監本、北監本、殿本並作'城注山'。筆者覆校南監本、北監本、殿本皆無'注'字,作'城山'。修訂本誤引本。
63	[一四]戶六千口百	一	○	○	○	此條當刪。
64	[一八]縣六十八鎮二十九	縣六十九鎮三十	縣六十八鎮二十九	縣六十八鎮二十九	縣六十八鎮二十九	此條當刪。
65	[二六]鎮一	一		二	二	恢復底本,此條當刪。
66	[三四]洰河	洰		洰	洰	
67	[四五]寨十四鎮十五	寨十六鎮十六		寨十四鎮十五	寨十四鎮十五	此條當刪。
68	[五九]鄜延路府一	府一		○	○	恢復底本,此條當刪。

卷二十六

續表

修訂本版本校條目	卷	版　本	南監本	洪武補版葉	洪武覆刻本	至正初刻本	備　注
69		[六〇]萊四堡一鎮	鎮一萊五堡二		萊四堡一鎮一	萊四堡一鎮一	此條當刪。
70		[六九]縣十八	縣十九		縣十八	縣十八	此條當刪。
71		[七〇]萊二十三	萊十六		萊二十三	萊二十三	此條當刪。
72		[七九]縣二十三鎮六城六	縣二十五鎮六城七		縣二十三鎮六城六	縣二十三鎮六城六	此條當刪。
73	卷二十八	[八〇]西關	關		開	開	
74	卷二十九	[二三]代脇二凡十一體	一		一	一二	
75		[二四]閤門皆相應贊	各門	各門	閤門	閤門	此條當刪，參本章。
76	卷三十	[四]太廟增作十二室	增		贈		
77		[五]若特升世宗顯宗即係九世	升		非		

續表

修訂本版本校條目		版本　校條目	南監本	洪武補版葉	洪武覆刻本	至正初刻本	備　注
78		[六]繡戾以紙	繡		戴		恢復底本，此條當刪。
79		[九]俱還齋所	還		逯		
80		[一六]遍視滌灌	視		親		
81	卷三十一	[二九]共三十五面	三十五		二十五		
82	卷三十二	[二]歸者益眔	益		蓋		恢復底本，此條當刪。按《大金集禮》卷三《追加謚號上·天會十四年奉上祖宗謚號》作"歸者蓋眔"。並參該書注三。
83	卷三十四	[三]大官令二	二		二	二	此條當刪。修訂本："二"，殿本、局本並作"三"，南監本、北監本，筆者覆校南監本作"二"，北監本改作"三"，殿本誤引。
84		[四]郊社令拳其屬	率		率	率	

續表

修訂本版本校條目	版本	南監本	洪武補版葉	洪武覆刻本	至正初刻本	備注
85	卷三十六 [一九]置於御前欄干上	欄子	欄干	欄干	欄干	此條當刪，參本章。
86	[二]分班東西相向立	立	位	位	位	恢復底本，此條當刪。按《大金集禮》卷五《皇太后皇后·天德二年冊徒單皇氏》作"分班徒單東西相向位"。
87	卷三十七 [五]在西階欄干外	欄子		欄干	欄干	此條當刪，參本章。
88	[一〇]兩宮冊寶齊上	寶	寶	寶	寶	
89	[二]小起居畢宰執上殿	引		畢	畢	此條當刪，參本章。
90	卷三十八 [五]再拜副使鞠躬	使副		副使	副使	
91	[一五]使跪奉表	奉		捧	捧	恢復底本，此條當刪。

續表

修訂本版本校條目	版本	南監本	洪武補版葉	洪武覆刻本	至正初刻本	備　注
92	[七]錦騰蛇	騰		滕	滕	
93　卷四十一	[一三]並錦帽	並		正	正	
94	[一六]絲鞭	絲		糸	糸	此條當刪。按"糸"同"絲"。
95	[一七]緋鸞衫	緋		排	排	
96	[三]銀褐大口袴	銀褐		銀合	銀合	
97	[四]行滕	滕		滕	滕	
98　卷四十二	[五]第三節	三		二	二	
99	[六]横刀	儀刀		横刀	横刀	此條當刪。
100	[二〇]内執藤棒二對	三		三	二	此條當刪。
101　卷四十三	[二〇]秦王宗翰之軍爲合扎猛安	秦王宗翰軍		秦王(宗翰之軍)軍	秦王(宗翰之軍)軍	恢復底本，此條當刪，參本章。按"宗翰之軍"爲小字注。
102	[二四]今子孫相繼	令		令	令	恢復底本，此條當刪。

續表

修訂本版本校條目	版　本	南監本	洪武補版葉	洪武覆刻本	至正初刻本	備　注
103　卷四十五	[五]直長胄被坐受草畔子財	卒	?	子	子	此條當刪。按覆刻本非補版葉，然南監本所據底本殘字損作"二"，徑改作"卒"，參本章。
104	[九]大理丞麻安上為校定官	麻安止		麻安上	麻安上	此條當刪，參本章。
105	[一四]明昌二年二月	二年		一年		恢復底本，此條當刪，參本章。
106　卷四十七	[一九]三年令逃戶復業者但輸本租	輸	輸	輪		
107	[二三]內正口十一萬九千四百六十三奴婢口一萬八千八十一	六十二	六十三	六十三		此條版本校當刪。按"三"字，國圖甲本補版葉磨損作"二"，乙本壞作"二"，參本章。
108　卷四十九	[四]寶坻及徬縣多闕食	坻		池	池	

續表

編號	卷	修訂本版本校條目	南監本	洪武補版棄	洪武覆刻本	至正初刻本	備注
109		〔一三〕則盡以申官	申		中	中	
110		〔一四〕請以贖論	請		論	論	恢復底本，此條當刪。
111		〔一九〕中都稅使司歲獲十六萬四千四百四十餘貫	十六萬		千六萬	千六萬	
112	卷五十一	〔三〕餘官之兄弟子孫經府薦者	子	曾	曾	曾	
113		〔四〕史記用裴駰註	裴駰	崔駰	崔駰	崔駰	
114	卷五十二	〔四〕已十年者與闕外差使	十	下	下	下	
115		〔七〕正七品	七		十	十	
116	卷五十三	〔一二〕大定十一年又名妃奉職	妃		名	名	
117		〔一五〕章宗大定二十九年	年		○	○	

續表

修訂本版本校條目		版　本	南監本	洪武補版葉	洪武覆刻本	至正初刻本	備　注
118		[一四]郎中三員	二	二	三	三	此條當刪，參本章。
119	卷五十五	[一六]以二部主事兼	工		工	工	百衲本影印至正初刻本作"二"，該字似經描潤。據底本校改爲"工"即可。
120		[二〇]經歷一員從五品興定三年見	置		見	見	此條當刪。按本書卷一五《宣宗紀中》興定元年六月丙辰作"詔樞密院遣經歷官分諭行院"，"見"蓋指此文，參本章。
121		[七]寧福殿都監	福寧		寧福	寧福	此條當刪，參本章。
122	卷五十六	[八]以崇妃薨罷	○		○	○	修訂本："罷"字原脫，據南監本、北監本補。筆者覆核南監本、北監本皆無"罷"字。修訂本誤引。
123		[一八]女直漢人各一員	○		○	○	修訂本："員"字原脫，據南監本、北監本補。北監本、殿本無"員"，今覆核南監本"員"，北監本無"員"，修訂本經補此字。

續表

修訂本版本校條目　　版　本	南監本	洪武補版葉	洪武覆刻本	至正初刻本	備　注
124　[二四]永豐倉	永豐倉儲		永豐廣儲倉	永豐廣儲倉	恢復底本，此條當刪。南監本改"廣"爲"倉"。按"永豐廣儲倉"或誤爲一倉，不誤。
125　卷五十七　[二四]按察所部	按	披	披	披	
126　卷五十八　[三六]司吏二人	二	三	三	三	此條版本校當刪。按百衲本影印至正初刻本作"三"，似經描潤。當據底本校改爲"三"。
127　卷五十八　[三二]各依上官品地里減半給之	皆里		各理	各理	南監本"皆"字係臆改，不足爲據。
128　卷五十九　[八]什古稱昭祖曾孫	什古	付古	付古	什古	此條當刪。修訂本："什古"原作"付古"，據南監本、北監本、殿本、局本改。"筆者按：當據至正初刻本作付，當即"什"字。
129　卷六十　[七]宋復遣趙良嗣以書來議燕京西京之地	嗣		暉	暉	

續表

版本　修訂本版本校條目	南監本	洪武補版葉	洪武覆刻本	至正初刻本	備注
卷六十一 130 [一九]闞榮忠	周		闞	闞	此條當刪，參本章。
131 [三]宣德郎張思義賀正旦	郎		○		
132 [七]遣殿前都點檢僕散端等爲賀來生辰使	賀		○		
133 [八]宣德郎史從禮賀正旦	宣		○		
卷六十二 134 [二二]遣殿前右副點檢紇石烈忠定等爲賀來正旦使	賀		○		
135 [二五]朱賓讀謀閣學士林楠	賓		□		此條當刪。南監本"賓"字係膺補，參本章。
136 [二七]遣右宣徽使徒單懷忠等爲賀來生辰使	賀		○		

續表

修訂本版本校條目	版　本					備　注
		南監本	洪武補版葉	洪武覆刻本	至正初刻本	
137	[三九]遣殿前右副都點檢烏林答毅等為賀宋正旦使	賀		○		
138	[五四]正月丁丑朔	正月		□□		
139	卷六十三 [三]"比三夫人""比九嬪""比二十七世婦"	比　比　比		□　□　□		按南監本"比"字係應補，參本章。
140	[九]天會十五年追謚	謚		贈		
141	[一]子謨都本	本		○	○	
142	卷六十五 [二]本名吾都補	吾		吳	吳	
143	[五]遣訥根涅字董以其兵往洽	根		粮	粮	恢復底本，此條當刪。

續表

修訂本版本校條目	版本	南監本	洪武補版葉	洪武覆刻本	至正初刻本	備注
144	[九]獲甲二萬餘	矢	午	二	二	此條當刪。按補版葉誤"二"為"午",南監本改作"矢",參本章。
145 卷六十六	[六]功最	功		攻	攻	
146 卷六十七	[二]桓顏等縱火焚之	縱	從	從	從	
147	[三]穆宗	宗	宴	宴		
148 卷六十八	[五]撫定諸郡	郡	都	都		恢復底本,此條當刪。按"都"義通。修訂本:"'郡',原作'都',據元刻本,南監本、北監本、殿本、局本改,此卷今存元刻本?"
149 卷六十九	[三]未閑政事	閑		閒	閒	

續表

修訂本版本校條目	卷	版本	南監本	洪武補版葉	洪武覆刻本	至正初刻本	備注
150	卷七十	[八] 今國家造有大慶	今	令	令		百衲本影印補版葉。
151		[一六] 吾欲舉兵杖義而西	杖義	扶義	扶義		恢復底本，此條當刪。按"扶義"義通。百衲本影印補版葉。
152		[二一] 以捕宗磐宗雋功	捕	補	補		
153		[二五] 罷北京留守復拜右副元帥仍經略山東	西京	西京	北京		此條當刪。南監本據補版葉，參本章。
154	卷七十一	[一] 斡魯韓國公幼者第三子	二	三	三		此條當刪，參本章。
155		[九] 興中平	興	興	興		百衲本影印補版葉作"與"，據覆刻本校正。
156		[一三] 正隆初	初	幼	幼		
157		[一四] 契丹撒八反	契丹	契丹	契丹		此條宜出校不改。

續表

修訂本版本校條目	版本	南監本	洪武補版葉	洪武覆刻本	至正初刻本	備注
158　卷七十二	[三〇]習古廼馬為都統	習古廼	習古廼	習古廼	習古廼	
159　卷七十三	[一]阿离合懣	离		里		恢復底本,此條當刪。
160	[一五]守貞本名左靨	靨		靨		恢復底本,此條當刪,參本章。
161	[一〇]而照里特末	未	未	未		
162　卷七十四	[一六]都統㝏使阿鄰護送得里底和尚雅里斯等人京師	里	○	○		南監本原當刻作"得底",後將"底"挖改作"里底",此二字共佔一格。按本書卷二《大祖紀》:"先是,獲遼樞密使得里底,節度使和尚、雅里斯、余里野等,都統㝏使阿鄰護送赴闕。得里底道亡,阿鄰坐誅。"與《宗望傳》同。當據此補正。

續表

修訂本版本校條目		南監本	洪武補版葉	洪武覆刻本	至正初刻本	備　注
163	卷七十五 [四]進官安州防禦使	汝	女		安	此條當刪。按補版葉作"女",南監本改作"汝",參本章。按覆刻本藏涵芬樓國圖丙本闕此葉。
164	卷七十六 [七]遷樞密副都承旨	承		丞	丞	
165	卷七十七 [一]宗磐	磐	盤	盤	盤	
166	卷七十七 [九]二將由此必不和	和		知	知	此條可刪,恢復底本。義通。
167	卷七十七 [三]幹魯上其功	幹		幹		
168	卷八十一 [一一]進破孔彦舟郿鄠瓊稟三萬於洺州	洺		?		覆刻本作"洺",蓋即"洺"字。
169	卷八十一 [一三]擊敗岳飛劉立諸路尚等兵	兵		岳		

續表

修訂本版本校條目	版本校條目	南監本	洪武補版版葉	洪武覆刻本	至正初刻本	備　注
170　卷八十三	〔一〕元壽	元壽		○		恢復底本,此條當刪。按《金史》目錄,此條子條當刪。按《金史目錄》海陵諸子條作：光英,對目思阿補、廣陽。卷八二分卷目錄與此同。檢傳文謂"元壽",天德元年封崇王。三年,薨"云云,並非單立傳,故目錄均無"元壽"。
171　卷八十四	〔一〕撒离喝	离	里	里	里	恢復底本,此條當刪。
172　卷八十五	〔二〕御史中丞孫即康鞫問	問		門		
173　卷九十一	〔三〕其苗裔曰董氈	董	董	董		恢復底本,此條當刪。覆刻本董,並非"董"字,實乃"重"的異體。
174　卷九十一	〔四〕隴通	隴通	通隴	通隴		
175	〔一四〕敬嗣暉字唐臣	暉		輝		當恢復底本作"輝",出校不改。

續表

版　本 修訂本版本校條目	南監本	洪武補版葉	洪武覆刻本	至正初刻本	備　注
176	〔一一〕今京師積錢止五百萬貫	止		正		
177	〔一二〕卿若思念鄉土	卿若思念鄉土		鄉若思念卿土	鄉若思念卿土	
178 卷九十二	〔一三〕瀘溝河決久不能塞	決		法		南監本"決"字當係臆改。按《大金集禮》卷三八《河神》作"瀘溝河水勢泛漲",《金史》卷三五《禮志八》瀘溝河條作"瀘溝河水勢泛決",覆刻本"法",蓋即"泛"之形訛。
179	〔一四〕許除六品以下官	許		許		國圖丙本許闕筆,百衲本據此本影印並描潤作許。丁本許最為清晰,作"許",當據此校改。
180 卷九十三	〔二〇〕如能依應稱臣	舊		應	應	此條當刪,參本章。
181 卷九十五	〔一一〕賜衣馬車牛弓矢鎧仗	鎧仗		器仗	器仗	此條當刪,參本章。

續表

修訂本版本校條目	版本	南監本	洪武補版葉	洪武覆刻本	至正初刻本	備注
卷九十六 182	[五]今行宮之所非有高殿黃宇城池之固	非		亦	亦	
183	[六]陛下監其如此	其	其	其	其?	至正初刻本**某**或爲"其",並非"某"。此條當據覆刻本改。
184	[五]頗知朝廷虛實	覭	湏	頗	頗	此條當刪。按補版葉作"湏",南監本改作"覭",參本章。
卷九十八 185	[一五]是以特加改命	特		時	時	恢復底本,此條當刪。按"時"義通。
186	[一六]皆敗之	之		○	○	
卷九十九 187	[一九]復撤兵	撤	撤	撤	撤	
188	[一○]大理寺議宜准僞造御寶	僞造		僞學	僞學	
189	[一一]今用筆描成青龍二字	今		今	令	此條當據覆刻本校改。

續表

修訂本版本校條目	版本	南監本	洪武補版葉	洪武覆刻本	至正初刻本	備注
190 卷一百	[一〇]户部員外郎張煒	煒		暐	暐	
191	[一九]歲終會計	終		給	給	恢復底本，此條當刪。按“給”義通。
192	[四]行元帥府于保州	于		為	為	
193 卷一百一	[一五]大抵宣宗既遷則中都必不能守	□□		則中	則中	此條當刪。修訂本：“‘則’，南監本，北監本，殿本，局本並作‘汴’。”筆者覆核南監本作“大抵宣宗既遷□□都必不能守”，北監本經補作“汴中”。
194 卷一百一	[二]耿格史源立皆降	耿格		耿格	耿略	此條當據覆刻本校改。
195 卷一百二	[六]胡魯剌功第一	胡魯剌		○	○	南監本原當刻作“胡魯功”，後將“功”挖改作“剌功”，二字共佔一字格。

續表

修訂本版本校條目	版　　本	南監本	洪武補版葉	洪武覆刻本	至正初刻本	備　注
196	〔七〕安貞遣輕兵分為左右軍潛登	濟		澄	澄	
197	〔一三〕則官吏兵民俱盡徒之河南			○	○	恢復底本，此條當刪。南監本原當刻作"俱盡"，後將"盡"挖改作"盡官"，二字共佔一字格。
198	〔一〕今提控兀顏阿鄰領騎繞出其後來擊之	完顏		兀顏	兀顏	此條當刪，參本章。
199 卷一百三	〔六〕坐受沁南軍節度使茶王永成名馬玉帶	受		授	授	恢復底本，此條當刪。按"授"通"受"。
200	〔一九〕故將遺老往往在焉	焉	焉	焉	焉	
201 卷一百四	〔一〇〕鼎已籍者忠孝再括之	忠孝		忠存		

續表

修訂本版本校條目	版　本	南監本	洪武補版案	洪武覆刻本	至正初刻本	備　注
202 卷一百五	[一五]伯雄諾之而不往他日	他		也		
203	[一六]除大興少尹	興	與	與		
204 卷一百六	[六]詔書中行之	中書	書中	書中		此修當刪。
205 卷一百八	[四]與王謙規措西北路軍籍以代張煒	王説		王説	王説	此修版本校當刪。修訂本："王説,原作'王謙',據南監本改。"筆者覆核南監本作"王説",與至正初刻本、覆刻本同。修訂本誤引。
206	[二]伏願遴選學術該博	該		詠		原點校本舊校第一條:"按,詠殿本作'該'。疑當作'詇'。"按此説可取。
207 卷一百九	[三]使初遷時去留從其所願	時		將		
208	[五]帝王之兵貴於萬全	貴	貴	貴		此修當刪,參本章。

續表

修訂本版本校條目	卷	版本校條目	南監本	洪武補版葉	洪武覆刻本	至正初刻本	備注
209	卷一百十	[七]吾復何恥	復		□		恢復底本,此條當刪。
210	卷一百十	[一三]比蹤馮雷	縱		縱	縱	恢復底本,此條當刪。按"縱"義通。
211	卷一百十一	[九]伸拗頭南向	拗	拗	扬	扬	恢復底本,此條當刪。按至正初刻本**扬**,蓋即"揚"異體,參本章。
212	卷一百十一	[一〇]頗漸恨	漸		漸	漸	恢復底本,此條當刪。按"漸"義通。
213	卷一百十三	[一七]汴城之役舉措煩擾	措		措	措	百衲本影印覆刻本作"揩"。此條當據元刻本校改。
214	卷一百十三	[六]其目有三	目		日	日	百衲本影印覆刻本作"日"。此條當據元刻本校改。
215	卷一百十四	[九]聚集軍士於大慶殿諭以此意	大		大	大	百衲本影印覆刻本國圖丙本作"木",乙本覆刻本作"大"。此條當據元刻本校改。
216		[一〇]聖主不可親出	聖主		聖旨	聖旨	

續表

修訂本版本校條目	版本	南監本	洪武補版葉	洪武覆刻本	至正初刻本	備注
217	[一一] 止可命將	止		正	正	
218	[一六] 我未嘗奢侈	奢侈	奢侈	奢侈	奢侈	百衲本影印覆刻本作"奢侈"。此條當據元刻本校改。
卷一百十五 219	[一〇] 祁字京叔			祁	祁	百衲本影印覆刻本本作柘,經描潤作祁,不誤。南監本柘,缺損。
220	[四] 王茂殺北城遷夲	?		此	核	恢復底本,此條當刪。南監本沿襲覆刻本作此。今覆核。
卷一百十六 221	[九] 實以柳炭	炭	灰	灰		恢復底本,此條當刪。
222	[一一] 而內框柱無所有	框		惟		恢復底本,此條當刪。
卷一百十七 223	[八] 具彩輿儀衛出城五里奉迎	具		目		恢復底本,此條當刪。
卷一百十八 224	[一一] 道潤與賈全賈瑀互相攻擊	賈全		賈全		

續表

	卷	修訂本版本校條目	南監本	洪武補版葉	洪武覆刻本	至正初刻本	備注
225	卷一百十九	〔三〕行省遺人奏中渡店之捷	捷		楚		
226		〔一〇〕阿里不奏無守禦之策	阿里不		阿不里		
227	卷一百二十	〔三〕諷寺僧設齋而受其施	齋		而		南監本改"而"爲"齋"，參本章。
228		〔五〕百官致祭賻銀綠絹	賻		**賻**		
229		〔一〇〕比及廷授	廷	莛	庭		補版葉莛，南監本據此作"廷"。
230	卷一百二十一	〔九〕歷嵩塚	塚		塚	塚	
231		〔一三〕迨夜乃遁去	迨		殆	殆	
232		〔一五〕改沁南軍	沁		泌	泌	

續表

修訂本版本校條目	版　本	南監本	洪武補版葉	洪武覆刻本	至正初刻本	備　注
233　卷一百二十三	[一七]歷金安武勝軍	全安		全安	全安	按此條版本校當刪。修訂本："金安"，原作"全安"，據元刻本、南監本、北監本、殿本、局本改。" 按今覆核南監本、北監本、殿本皆作"全安"。修訂本誤引。
234　卷一百二十三	[一一]楊沃衍	沃		兀	兀	恢復底本，此條當刪。
235	[二]陀滿胡土門	陀		駝	駝	恢復底本，此條當刪。
236　卷一百二十五	[四]初平真定西山羣盜	鎮定		鎮定		恢復底本。參李燁東《〈金史〉校勘商榷三則》。修訂本："真定"，原作"鎮定"，據南監本、北監本、殿本、局本改。按，上文亦作"真定"，今覆核南監本、北監本、殿本皆作"鎮定"，無誤。
237	[一六]官業亦佳	官	官	官		恢復底本，此條當刪。

續表

修訂本版本校條目	版 本	南監本	洪武補版葉	洪武覆刻本	至正初刻本	備 注
238	卷一百二十六 [一一]徑詣河中問敗軍之由	徑		經		
239	卷一百二十七 [五]弟子班忱貧不能朝夕	忱		忱		大定二十五年黨英撰《大金故醴王德王先生墓表》作"門人班忱"。（見《山左金石志》卷一九）
240	卷一百二十七 [七]其畏慎皆此類	慎		甚		
241	[八]或言曰仲振嘗遇異人教以養生術	曰		日		《中州集》卷九高仲振小傳云："張，王說正之嘗遇異人，教之養生。"此即《金史·高仲振傳》之史源，蓋節錄失當。
242	卷一百二十八 [六]慎微率衆迎戰	率		卒	卒	
243	[一三]河津孫鼎臣	孫		縣	縣	恢復底本，此條當刪，參本章。

續表

版本／修訂本版本校條目	卷		南監本	洪武補版葉	洪武覆刻本	至正初刻本	備　注
244	卷二百三十九	[二]宰相以爲悴理	悴	情	情	情	恢復底本,此條當刪。
245		[三]朝士惴惴莫克自保	惴惴	喘喘	喘喘	喘喘	恢復底本,此條當刪。
246		[四]雜以俳優談諧語爲業	談	談	談	談	此條當刪。
247	卷二百四十	[一]興亡盛衰之所由	衰		襄		
248		[一]秦人至以周易列之卜筮	至		致		恢復底本,此條當刪。
249	卷二百四十一	[三]改證活人書二卷	二		三		恢復底本,此條當刪,參本章。
250		[四]精於其技	技		技		
251		[五]平素治病不用古方	元		平		此條當刪。

續表

	卷	修訂本版本校條目	南監本	洪武補版葉	洪武覆刻本	至正初刻本	備注
252		〔七〕末帝周旦	末	末	末		此條當刪。修訂本："末帝"，南監本、北監本作"末帝"，殿本作"哀帝"，局本作"哀帝"。今覆核南監本"末"，此即"末"字。
253	卷二百三十二	〔一〕唐括辯	辯	辨	辨	辨	
254	卷二百三十二	〔六〕扼干夜河	干		干		此條當刪。
255	國語	〔二〕無賴之名	無	尤	尤	尤	此條當刪，恢復底本原文。
255	解	〔三〕紇石烈曰高	絃	乞	乞	乞	此條當刪，恢復底本原文。

本表釋例

第148欄"修訂本版本校條目"：卷六十八《阿魯補附傳》"撫定諸郡"。校勘記正："郡"，原作"都"，據元刻本、南監本、北監本、殿本、局本改。"（第5冊第1707頁）

今核洪武覆刻本作"都"，補版葉亦同，南監本作"郡"。按，南監本係據洪武覆刻本，"都""郡"字義通，當恢復底本，此條校勘記當刪。又，該卷百衲本影印洪武覆刻本，據任文彪《傳世彰〈金史〉版本源流考》載《金史〉一覽表》統計，確無卷六十八，故而對修訂本所謂"據元刻本"的說法存疑。

百衲本《金史》影印洪武覆刻本補版葉及描潤問題

一

　　百衲本《金史》是以至正初刻本配補洪武覆刻本,堪稱當今最善之本,不過仍有兩大問題需要我們謹慎對待:第一個是,百衲本影印洪武覆刻本中夾雜着補版葉。按,洪武二十三年(1390),福建書坊覆刻《金史》,後來由於板片損壞而陸續補刻,據張元濟描述説"字體板滯,版心上下有闊黑口,余定爲再覆本"。① 該書影印所據底本,除至正初刻本殘卷以外,"則以涵芬樓藏元初覆本及再覆本配補"。② 所謂"元初覆本"實則爲洪武覆刻本,今存國家圖書館(索書號07368),"再覆本"乃係雜有補版葉的洪武覆刻本(下文簡稱"補版葉")。後經學者檢查,百衲本卷一六第二葉,卷二〇第十三葉、第十六葉、第十八葉,卷六八第四葉,卷七〇第六葉、第十葉,卷七一第十一葉共計八葉採用所謂補版的"再覆本",其中卷一六第二葉是因爲百衲本所據涵芬樓藏洪武覆刻本空白闕葉,不得不採用補版葉頂替,其餘七葉原書版書葉實際上尚好無損。③ 那麼,以上這七葉補版葉與洪武覆刻本間的史文差異值得我們注意。第二個是,百衲本用描潤來解決漫漶的辦法是否留有隱患。按,張元濟《記影印描潤始末》(1933 年 12 月)專門討論了這套《百衲本二

---

① 張元濟《校史隨筆》,第 106 頁 a。
② 《〈金史校勘記〉整理説明》,張元濟著《百衲本二十四史校勘記·金史校勘記·新五代史校勘記》,王紹曾等整理,商務印書館,2004 年,第 1 頁。
③ 尾崎康著《正史宋元版之研究》,喬秀岩、王鏗編譯,中華書局,2018 年,第 696 頁。任文彪《〈金史〉版本源流考》,《國家圖書館館刊》(臺北)2016 年第 1 期。

十四史》描潤情況,其中提到"前歲已印之前後《漢書》、《三國志》、《五代史記》版刻較多,《遼》《金》二史去今未遠,所選本亦稍完善,有待描潤者鮮"。[①]　儘管數目不多,但筆者仍然發現《金史》有若干條線索,需要結合相關版本審查討論。然而令人遺憾的是,中華書局點校整理《金史》時選用百衲本作爲工作底本,並未注意到以上兩項細節,因此没有抓住百衲本與諸參校本間所見版本異文的癥結所在。

二

論及《金史》諸本版本價值,張元濟百衲本《金史》跋文有一總體論斷:"元初刻本又遠勝於覆本,初覆本又遠勝於他覆本。"[②]據考察,《金史》版本系統是一種單線流傳,即至正初刻本—洪武覆刻本—南監本—北監本—乾隆殿本,其中初刻的至正本最善,自南監本以後諸版本越翻刻越糟。具體比較這條脈絡中間版本洪武覆刻本與補版葉之優劣,以及對南監本的影響,筆者已有詳細論證,指出洪武覆刻本最大程度地保留了至正初刻本原貌,然而在補版重新雕刻時卻横生出不少訛誤。例如,本書卷九八《完顏匡傳》云:"宋主相韓侂冑。侂冑嘗再爲國使,頗知朝廷虚實。"本卷至正初刻本作"頗",洪武覆刻本 頗 有所殘損,[③]但是到補版葉中卻訛刻作"湏",南監本則改作"窺"。今無至正初刻本者,卷九《章宗紀一》敘述大定二十五年(1185)六月事云:"顯宗崩,世宗遣滕王府長史臺、御院通進詟來護視。"今檢洪武覆刻本作"臺"準確無誤,補版葉

---

①　張元濟著《張元濟全集》第 10 卷《古籍研究著作》,商務印書館,2010 年,第 267 頁。

②　百衲本二十四史《金史》附録,臺灣商務印書館,1988 年(臺第六版)。本文引文皆據此版本。

③　見洪武覆刻本《金史》,國家圖書館藏,索書號 07368。

卻因字形相近而訛作臺,南監本據此再誤作"臺"。① 卷七〇《完顏思敬傳》載大定初年履歷説:"拜右副元帥,經略南邊,駐山東。罷爲北京留守,復拜右副元帥,仍經略山東。"百衲本所據者洪武覆刻本作"北京",而補版卻徑改作"西京",南監本同作"西京"。以上三個案例揭示,至正初刻本經洪武覆刻本到南監本文字逐步變異過程。

　　從諸版本比較結果來看,我們當然要盡最大限度尊重至正初刻本殘卷以及洪武覆刻本,對待補版葉則要慎之又慎。論者儘管指出百衲本影印本中攙進了八葉補版葉,可惜並沒有結合《金史》版本及正文内容加以辨析。下文將全面論述這個問題。

　　第一,百衲本影印補版葉卷二〇第十三葉 A 面。此爲《天文志·月五星凌犯及星變》,有謂"(大定)二十七年五月壬子,月犯心大星"。"十二月丁丑,月掩邿"。"二十八年正月己未,歲星留於房"。據常識判斷,"邿"當誤,洪武覆刻本作"昴"正確,但該本卻將"二十七年"、"二十八年"訛刻作"三十七年"、"三十八年"。通過以上三例對此可見,晚出的補版葉較之洪武覆刻本倒是似勝一籌。

　　第二,卷二〇第十六葉 A 面。《天文志·月五星凌犯及星變》謂貞祐四年(1216):"正月乙卯夜,中天有流星大如十,色赤長丈餘,墜於西南,其聲如雷。"原點校本《金史》出校不改,第二十三條校勘記指出:"'十'殿本作'日'。疑是'斗'字之誤。"②修訂本改動正文作"中天有流星大如日",第二十二條校勘記給出的理由是:"'日',原作'十',據南監本、北監本、殿本、局本改。按,古代天象

① 見洪武覆刻本補版葉《金史》,國家圖書館藏,索書號02085。
② 《金史》卷二〇《天文志》,第 2 册,第 438 頁。

記錄中,屢有記星體,甚至流星如日者。”①今覆核洪武覆刻本,結果
發現該字寫作“斗”。由此可見,補版葉“十”原本爲“斗”字之形
訛,亦知原點校本推斷方向正確。

第三,卷二〇第十六葉 A 面。《天文志·月五星凌犯及星變》
興定元年(1217)八月戊申曰:“歲星晝見於昴,大十有七日伏。”補
版葉作“大”文義不通,原點校本和修訂本正文均徑改作“六”,②並
未説明校改理由。今檢洪武覆刻本作“六”,當是。

第四,卷二〇第十六葉 B 面。《天文志·月五星凌犯及星變》
興定二年八月壬戌云:“有流星大如杯,尾長丈餘,其光燭地,起建
星没尾中。一云自東北至西北而墜,其先如塔狀,先有聲如風,後
若雷者三,牕紙皆震。”補版葉“其先如塔伏”作“先”明顯有誤,原
點校本徑改作“光”。③ 修訂本新校第二十三條指出:“‘光’,原作
‘先’,據北監本、殿本、局本改。”④按,南監本據洪武覆刻本補版葉
翻刻,從其底本作“先”,其後的北監本、殿本作“光”,當爲翻刻時校
改。今檢洪武覆刻本原本就寫作“其光如塔狀”,這才是校正史文
的最佳版本根據。

第五,卷七〇第六葉 A 面。《習不失傳》云:“習不失聞其私語
昵昵,若將執己者,一躍下樓,傍出藩籬之外,棄馬而歸,其勇趫如
此。”原點校本舊校第五條:“按‘棄’《永樂大典》卷六七六四作
‘乘’。”⑤修訂本同。其實,今檢洪武覆刻本作“乘馬而歸”,當據此

①　修訂本《金史》卷二〇《天文志》,第 2 冊,第 471、477 頁。
②　《金史》卷二〇《天文志》,第 2 冊,第 433 頁。修訂本《金史》卷二〇《天文志》,第 2
　　冊,第 472 頁。
③　《金史》卷二〇《天文志》,第 2 冊,第 434 頁。
④　修訂本《金史》卷二〇《天文志》,第 2 冊,第 477 頁。
⑤　《金史》卷七〇《習不失傳》,第 5 冊,第 1628 頁。

校改正文。

第六，卷七〇第六葉 A 面。《習不失傳》云："盃乃約烏眷舉兵，世祖至蘇素海春與烏春遇。"原點校本正文徑改"眷"爲"春"，同時校改作"蘇素海甸"，第六條校勘記指出："'甸'原作'春'。按本書卷一《世紀》，'盃乃誘烏春兵度嶺，世祖與遇于蘇素海甸'。又卷六七《烏春傳》，'烏春舉兵度嶺，世祖……進至蘇素海甸'。又《永樂大典》卷六七六四亦作'蘇素海甸'。今據改。"[1]以上校改有《金史》本校和《永樂大典》引《習不失傳》版本爲據，頗費周折，殊不知洪武覆刻本原來即作"甸"，無誤。此外，補版葉前一"烏眷"，洪武覆刻本原作"烏春"，是。

第七，卷七〇第十葉 B 面。《完顏忠傳》云："太祖器重之，將舉兵伐遼，而未決也，欲與迪古乃計事，於是宗翰、宗幹、完顏希尹皆從。"原點校本和修訂本皆從百衲本影印補版葉，由於此句文義通暢，並未出校。筆者覆核洪武覆刻本，"而未決也"原文實作"尚未決也"，再核《永樂大典》卷六七六五陽字目王字韻金源郡王條下引《完顏忠傳》，同樣作"尚"。[2]"尚未決也"最符合上下文義，據此知"而"當爲"尚"之誤。

第八，卷七〇第十葉 B 面。《完顏忠傳》曰："太祖與迪古乃憑肩而語曰：'我此來豈徒然也，有謀於汝，汝爲我決之。遼名爲大國，其實空虛，主驕而士怯，戰陣無勇，可取也。吾欲舉兵，扶義而西，君以爲如何？'迪古乃曰：'以王公英武，士衆樂爲用。遼帝荒於畋獵，政令無常，易與也。'太祖然之。"原點校本改正文"王"爲"主"，第十六條校勘記指出："'主'原作'王'，據《永樂大典》卷六

---

① 《金史》卷七〇《習不失傳》，第 5 冊，第 1628 頁。
② 《永樂大典》卷六七六五，中華書局，1986 年，第 3 冊，第 2741 頁下欄。

七六五改。"①修訂本同。今見洪武覆刻本作"主",《永樂大典》引
《完顏忠傳》與此同,說明補版葉"王"由於字形相近致誤。

　　第九,卷七一第十一葉 A 面。《闍母傳》云:"興中府宜州復叛,
闍母討之,並下詔招諭,詔闍母曰:'遼之土地皆爲我有,彼雖復叛,
終皆吾民,可縱其耕稼,毋得侵掠。'勃菫蒙刮、斜缽、吾撻等獲契丹
九斤,與中平。""與中"于此文無解,原點校本改作"興中",第六條
校勘記指出:"'興'原作'與',據《永樂大典》卷六七六四改。"②修
訂本同。從版本流傳線索看,洪武覆刻本其實作"興",後來到補版
葉中則因字形相近錯書作"與"。

　　第十,卷七一第十一葉 A 面。《闍母傳》敘述説:"張覺據平州
叛,入于宋,闍母自錦州往討之。覺將以兵脅遷、來、潤、濕四州之
民,闍母至潤州,擊走張覺軍,逐北至榆關,遣俘持書招之。"按遼代
無濕州,原點校本正文改作"隰",第七條校勘記云:"'隰'原作
'濕',據《永樂大典》卷六七六四改。"③今核查洪武覆刻本實際已
作"隰",此外《金史·太宗紀》天會元年十一月己巳云:"徙遷、潤、
來、隰四州之民于瀋州。"④《闍母傳》所記即此事,作"隰"當是。

　　以上所舉十個案例,從文字正誤數量對比結果來看,洪武覆刻
本卷二〇《天文志》第一三葉"三十七年"、"三十八年"僅有兩處明
顯訛誤,其餘都正確;卷二〇《天文志》第十三葉"邠"、第十六葉
"十""大""先"、卷七〇《習不失傳》第六葉"棄""春"、卷七〇《完
顏忠傳》第十葉"而""王"、卷七一《闍母傳》第十一葉"與""濕"共
計十處,經筆者考證,它們均係補版葉訛文,結果不幸全部被百衲

①　《金史》卷七〇《完顏忠傳》,第 5 册,第 1622、1629 頁。
②　《金史》卷七一《闍母傳》,第 5 册,第 1641、1647 頁。
③　《金史》卷七一《闍母傳》,第 5 册,第 1641、1647 頁。
④　《金史》卷三《太宗紀》,第 1 册,第 48 頁。

本因襲下來。原點校本和修訂本《金史》儘管有所校正，但並未揭示內在的版本流傳線索，更沒有認清問題產生之根源。還需要追問，《永樂大典》抄錄的《金史》是何種版本？該書卷六七六四引卷七〇《習不失傳》作"乘"、"春"，卷六七六五引卷七〇《完顏忠傳》作"尚"、"主"，卷六七六四引《闍母傳》作"興"、"隰"，均與洪武覆刻本相合。根據這種迹象，筆者推斷當時編纂《永樂大典》所采據《金史》版本，有可能是洪武二十三年十二月福建布政使司進獻的這部覆刻本。

三

我們再討論一下百衲本《金史》描潤問題。按照張元濟《修潤古書程序》，第一條爲"遇有斷筆、缺筆、花筆、欠周到之筆，均須朱筆描修"。① 據王紹曾先生回憶，張元濟對描潤這道工序頗爲重視，以期解決底本漫漶不清的弊端，"元刊本《金史》，'書法圓潤，爲元代刻本'（初版有八十卷），無需要描潤，其中用覆元本配補的五十五卷，刻印模糊，就需要描潤"。② 從實踐結果來看，這種做法其實存在着相當大的隱患，我們若將百衲本《金史》影印本與其所據底本覆核比勘，問題便隨之暴露出來。

茲將筆者發現的若干條線索臚列如下：

第一，卷五五《百官志一》工部條曰："覆實司，管勾一員，從七品，隸戶、工部，掌覆實營造材物、工匠價直等事。"小注："大安元年，隸三司、工部，罷同管勾。貞祐五年併罷之，以二部主事兼。"原點校本未出校，修訂本新校第十六條指出："'二部'，元刻本、南監

---

① 張元濟著《張元濟全集》第 10 卷《古籍研究著作》，第 268 頁。
② 王紹曾《商務印書館校史處的回憶》，原刊《商務印書館館史資料》第 32、33 輯，收入氏著《目錄版本校勘學論集》，上海古籍出版社，2005 年，第 744 頁。

本、北監本、殿本、局本並作'工部'。"①然而沒有任何判斷。百衲
本此卷影印自至正初刻本，今覆核底本實作"工部"，洪武覆刻本亦
同。按本卷上文有謂工部員外郎"貞祐五年，兼覆實司官"爲證，即
是年廢罷覆實司管勾，繼由工部員外郎兼任。由此證明"以工部主
事兼"一語無誤，實係百衲本影印時修描致誤。

　　第二，卷九二《徒單克寧傳》謂大定二十八年（1188）十二月甲
申，克寧率宰執入問起居，……克寧奏曰："陛下幸上京時，宣孝太
子守國，許除六品以下官，今可權行也。"原點校本第十一條校勘記
云："'許'原訛作'詐'，據殿本改。"②修訂同。該卷至正初刻本
已佚，百衲本影印洪武覆刻本，此即今存國家圖書館的涵芬樓舊
藏，今核該字作詐，明顯有闕筆。若按照張元濟《修潤古書程序》
第二條操作規則："描朱筆劃須與各該字原有未修之筆劃姿勢相
仿。粗細、疏密、潤澀，凡此筆與彼筆（如連橫、連直之類）、此旁與
彼旁、此字與彼字宜求相稱。"③於是百衲本將這個殘字根據字形走
勢修潤作詐，即"詐"。筆者覆核國家圖書館藏另外一部洪武覆刻
本殘卷（索書號 A00804）作許，最爲清晰準確。"許"字符合文義，
足可見百衲本誤改底本。

　　第三，任文彪指出，當時京師圖書館實有至正本《金史》共八十
一卷，但並沒有被百衲本全部採用，其中卷一一三至一一五，採用
的則是洪武覆刻本。其中之原因，大概是至正本這三卷頗有汙損，
並且多處有缺字情況。④ 最大隱患是，百衲本影印這三卷時沒有與

①　修訂本《金史》卷五五《百官志一》，第 4 冊，第 1335 頁。
②　《金史》卷九二《徒單克寧傳》，第 6 冊，第 2051、2054 頁。
③　張元濟著《張元濟全集》第 10 卷《古籍研究著作》，第 268 頁。
④　任文彪《〈金史〉版本源流考》。

至正初刻本對校,①並且對殘字描潤。卷一一四《白華傳》云:"國制,凡樞密院上下所倚任者名奏事官,其日有三,一曰承受聖旨,二曰奏事,三曰省院議事,皆以一人主之。"百衲本刻作日,檢其影印底本涵芬樓舊藏洪武覆刻本作日,説明"日"字末筆顯然經過描補。但是,今核查至正初刻本,該字實作"目"。又,卷一一五《完顔奴申傳》附録云:"祚字京叔,渾源人。"今覆核百衲本影印所據洪武覆刻本,該字祚雖稍有模糊,當是"祁"無疑,此與至正初刻本相同,然而百衲本卻改書作祚。

以上舉證百衲本卷五五《百官志一》"二部"、卷九二《徒單克寧傳》"詐"、卷一一四《白華傳》"日"及卷一一五《完顔奴申傳》"祚"四例,可確認均非所據底本的本字,而是經描潤過的。張元濟《修潤要則》第三條即稱"忌露出修過痕迹",②可見這種做法相當隱蔽,若不經過覆核各卷所據底本,難以發現其中的改動。

四

本文需要解釋一下百衲本校勘記所稱"誤修""已修"問題,即涉及百衲本、張元濟校勘工作與影印所據底本之關係,並且絶大數案例與補版葉有關。張元濟主持全面校勘百衲本,據《〈金史校勘記〉整理説明》統計,③"誤修者四條",具體詳細如下:

百衲本卷一四《宣宗紀上》貞祐四年十月庚午條"河南行

---

① 如卷一一三史臣論曰:"汴城之役舉揣煩擾。"至正初刻本作"揣",當是。卷一一四《白華傳》:"明日,制旨京城食盡,今擬親出,聚集軍士于木慶殿諭以此意。"今核涵芬樓舊藏洪武覆刻本即作"木"。至正初刻本作"大","大慶殿"是。

② 張元濟著《張元濟全集》第10卷《古籍研究著作》,第269頁。

③ 《〈金史校勘記〉整理説明》,張元濟著《百衲本二十四史校勘記·金史校勘記·新五代史校勘記》,王紹曾等整理,第3頁。

省胥鼎"。元本：河東行省胥鼎（校），殿本作"南"。備注：殿
誤，當作"東"，見列傳四十六。原批"已修南"，誤修。

　　百衲本卷一六《宣宗紀下》興定四年五月癸巳條"紅襖賊
寇樂陵、監山"。元本：紅襖賊寇樂陵鹽山（校），殿本作"監"。
備注："已修"，"監"誤，當作"鹽"，見《王福傳》。

　　百衲本卷七〇《習不失傳》云："世祖至蘇素海春。"元本：
世祖至蘇素海旬，殿本作"春"。備注：殿誤，見本紀一。誤修
"春"。

　　百衲本卷七一《闍母傳》曰："覺將以兵脅遷、來、潤、濕四
州之民。"元本：覺將以兵脅遷來潤隰四州之民，殿本作"濕"。
備注：殿誤，當作"隰"，誤修"濕"。①

百衲本《宣宗紀上》作"南"、《宣宗紀下》作"監"、《習不失傳》作
"春"、《闍母傳》作"濕"，今核檢原文即如此。這四卷所據之底本，
《宣宗紀上》係洪武覆刻本，其餘三者皆爲補版葉。筆者覆核的結
果也是，百衲本與其所據底本一致。不過《金史校勘記》"元本"一
欄書作"東""鹽""旬""隰"，均爲正確文字。按，此稱"元本"，源
于張元濟認爲"元刊有三本"，即"至正五年原刊"、"初覆本"、"再
覆本"，②後兩者實乃洪武覆刻本及補版葉。這裏，《金史校勘記》
"元本"具體指覆刻本、補版葉，但比勘結果卻與面世的百衲本實際
訛誤情況大不相符。

　　須知，百衲本二十四史影印出版與其配套的"校勘記"最後形
成並非同步一致。自百衲本正式發售預約後，然善本時有發現，必

①　張元濟著《百衲本二十四史校勘記·金史校勘記·新五代史校勘記》，王紹曾等整
理，第26、28、97、99頁。參《誤修字表》，第168頁。
②　張元濟《校史隨筆》，第106頁a。

須反覆校勘，1930 年 7 月，張元濟成立校史處負責此事。1931 年《金史》已印行，①而《金史校勘記》初稿則形成於 1936 年，最後核定時間更晚至 1958 年。② 結合這一背景，可知《金史校勘記》所稱元本作"東"、"鹽"分別是根據同書《胥鼎傳》、《王福傳》本校修改後的文字，非原文，《宣宗紀》"河東行省胥鼎"、"紅襖賊寇樂陵鹽山"兩條所注"校"字即爲此意；元本作"甸"、"隰"，應是商務印書館校史者採納洪武覆刻本核校，指出的百衲本影印補版葉訛文。以上四例，均爲校史者針對現行百衲本訛字而擬定的校改意見，故稱原本"誤修"。

　　《天文志・月五星凌犯及星變》"二十七年五月壬子"、"二十八年正月己未"兩條"已修"相較於上述"誤修"情況稍顯複雜，但道理則是一樣的。按，《金史校勘記》謂：元本"三十七年五月壬子"，殿本作"二"。備注："殿是，按世宗大定止二十九年。未批修，已修。"元本"三十八年正月己未"，殿本作"二"。備注："殿是，是月丁酉朔，見本紀八。未批修，已修。"③上文指出，該卷此葉係補版葉，今核查原版確實作"二十七年"、"二十八年"（百衲本與此同），④南監本據洪武覆刻補版葉翻刻仍相同，北監本、殿本沿襲之，均分別作"二"。《金史校勘記》所稱殿本均作"二"就是這條版本線索，所謂作"三"的"元本"，今核對涵芬樓舊藏洪武覆刻本即分別

---

① 參見王紹曾《百衲本二十四史校勘記整理緣起》，張元濟著《百衲本二十四史校勘記・金史校勘記・新五代史校勘記》，王紹曾等整理，第 1 頁。王紹曾《近代出版家張元濟（增訂本）》，商務印書館，1995 年，第 169 頁。

② 《〈金史校勘記〉整理説明》，張元濟著《百衲本二十四史校勘記・金史校勘記・新五代史校勘記》，王紹曾等整理，第 2 頁。

③ 張元濟著《百衲本二十四史校勘記・金史校勘記・新五代史校勘記》，王紹曾等整理，第 36 頁。

④ 《金史》卷二〇《天文志》，國家圖書館藏覆洪武刻本補版葉（索書號 02085），第十三葉 A 面。

作"三十七年"、"三十八年",當指此本。換而言之,校史者於此處
重拾洪武覆刻本覆校,而百衲本影印補版葉實際已作"二十七年"、
"二十八年",故稱"已修"。①

　　以上"誤修"四條、"已修"兩條,均針對百衲本實際文字正誤情
況判定,以及給出的相應處理意見。據《百衲本二十四史校勘記整
理緣起》說明,張元濟"之所以加批'漏修'、'誤修',意在重印《衲
史》時逐一改正,漏修者補修,誤修者回改"。然一九五八年商務重
印精裝縮印本時,張元濟已經病重,無力顧及。②《金史》"誤修"四
條等並未落實到百衲本中進行校改,"已修"兩條所涉該葉雖據洪
武覆刻本覆核,仍採納補版葉並未更替。

　　綜上所述,本文將百衲本影印補版葉與洪武覆刻本重新比勘,
發現其中七葉錯誤較多。通過覆核影印本所據底本,參酌其他版
本,重新檢討百衲本描潤問題,若干條證據表明張元濟這種做法確
實存在着不小隱患,需要注意。這兩項信息提示我們,整理《金史》
將百衲本作爲底本,必須以《金史校勘記》爲線索,與現存至正初刻
本與洪武覆刻本徹底認真地覆核一過,這樣才能夯實校勘工作基
礎,釐正版本源流關係,做到正本清源。

---

① 又如,百衲本卷七〇《習不失傳》作"恐太祖感動而疾轉甚"。此影印補版葉,今核查
其底本即作"感",而洪武覆刻本作**或**。《金史校勘記》謂元本"恐太祖**或**動而
疾轉甚"(第164頁),備注"已修"。知"元本"指覆刻本。

② 王紹曾《百衲本二十四史校勘記整理緣起》,張元濟著《百衲本二十四史校勘記·金
史校勘記·新五代史校勘記》,王紹曾等整理,第9頁。

第二章　新本獻疑

本章提要:筆者通盤梳理修訂本《金史》全書校勘記,並與原點校本對比,擇要舉例辨析,撰寫出 115 則札記,提出個人淺見。

太祖紀

一

卷二《太祖紀》敘述阿骨打幼時經歷云:"幼時與群兒戲,力兼數輩,舉止端重,世祖尤愛之。世祖與臘醅、麻產戰於野鵲水,世祖被四創,疾困,坐太祖于膝,循其髮而撫之,曰:'此兒長大,吾復何憂。'十歲,好弓矢。甫成童,即善射。"(第 1 冊第 19 頁)據施國祁《金史詳校》卷一太祖紀條考證:"世祖與臘醅麻產戰於野鵲水世祖被四創疾困。當作'景祖與謝野孛菫戰於拔里邁濼,旋師至部,疾困'。案《世紀》,世祖野鵲被創,在遼道宗大安六年庚午,太祖生於戊申,計年已二十有三,安得有下文'坐太祖于膝,循其髮而撫之曰"此兒長大,吾復何憂"。十歲,好弓矢。甫成童,即善射'等語,決爲景祖甲寅年事,乃遼咸雍十年,時太祖方七歲,始合。"邱靖嘉《〈金史〉卷二〈太祖紀〉校注》也推測説:"據本書卷一《世紀》,世祖擊臘醅、麻産事在大安七年（1091），時太祖年已二十有餘，似不當有‘坐太祖于膝，循其髪而撫之’，且曰‘此兒長大，吾復何憂’等事。”①修訂本該卷新校第二條亦謂：“疑此處記事有誤。”（第1册第45頁）以上論述皆失當，筆者認爲此條不當出校。

今檢《金史·世紀·世祖》有謂：

> 臘醅、麻産侵掠野居女直，略來流水牧馬。世祖擊之，中四創，久之疾愈。臘醅等復略穆宗牧馬，交結諸部。世祖復伐之，臘醅等給降，乃旋。臘醅得姑里甸兵百十有七人，據暮稜水守險，石顯子婆諸刊亦在其中。世祖圍而克之，盡獲姑里甸兵。麻産遁去。遂擒臘醅及婆諸刊，皆獻之遼。②

此條紀事因載於本卷“桓赧、散達自此不能復聚，未幾，各以其屬來降，遼大安七年也”文後，故論者認爲野鵲水之戰當在此時，實則不然。揆諸文義，《世紀》敘事明顯分爲不同時間段，“略來流水牧馬”，“復略穆宗牧馬”而“世祖復伐之”，以及“據暮稜水”等等。本書卷六七《臘醅附麻産傳》詳細記述此事如下：

> 臘醅、麻産驅掠來流水牧馬。世祖至混同江，與穆宗分軍。世祖自妳骨魯津倍道兼行，馬多乏，皆留之路傍，從五六十騎，遇臘醅于野鵲水。日已曛，臘醅兵衆，世祖兵少，歡都鏖戰，出入數四，馬中創，死者十數。世祖突陣力戰，中四創，不能軍。穆宗自庵吐渾津度江，遇敵于蒲蘆買水。敵問爲誰，應之曰：“歡都。”問者射穆宗，矢著于弓籤。是歲，臘醅、麻産使其徒舊賊禿罕及馳朵剝取户魯不灤牧馬四百，及富者粘罕之

---

① 邱靖嘉《〈金史〉纂修考》，中華書局，2017年，第292、303頁。
② 《金史》卷一《世紀》，第1册，第9頁。

馬合七百餘匹,過青嶺東,與烏春、窩謀罕交結。

　　世祖自將伐之,臘醅等僞降,還軍。臘醅復求助於烏春、窩謀罕。窩謀罕以姑里甸兵百有十七人助之。臘醅據暮稜水,保固險阻,石顯子婆諸刊亦往從之。世祖率兵圍之,克其軍,麻産遁去,遂擒臘醅及婆諸刊,皆獻之遼。盡獲其兵,使其卒長斡善、斡脱招撫其衆,使斜鉢撫定之。①

該傳主要敘述四個事件:一是掠來流水牧馬引發野鵲水戰役,結果世祖兵敗;二是臘醅、麻産過青嶺東結構烏春、窩謀罕;三是世祖復討臘醅,窩謀罕,以姑里甸兵一百十七人援助;四是暮稜水之戰擒臘醅。此與《世紀·世祖》相合。臘醅、麻産叛服無常,以上一系列戰事絕非發生在同一年,而是與桓赧、散達、烏春、窩謀罕等作難勾連在一起,以此敘述世祖艱難創業的各種經歷。

　　除上引《世紀·世祖》及《臘醅附麻産傳》外,筆者還見到本書卷六七《烏春傳》有記載説:"紇石烈臘醅、麻産與世祖戰於野鵲水。世祖中四創,軍敗。臘醅使舊賊禿罕等過青嶺,見烏春,略諸部與之交結。臘醅、麻産求助於烏春,烏春以姑里甸兵百十七人助之。世祖擒臘醅獻于遼主,并言烏春助兵之狀,仍以不修鷹道罪之。"②同卷《歡都傳》亦曰:"臘醅、麻産與世祖遇于野鵲水。日已曛,惟從五六十騎,歡都入敵陣麾擊之,左右出入者數四,世祖中創乃止。"③以上諸傳均是以《世紀·世祖》爲核心紀事,取資於《祖宗實録》,但這部實録主要根據口述而成,並非嚴格地編年繫事。《世紀·世祖》所見臘醅、麻産種種事迹,是按時間順序編排的一個完整敘

①　《金史》卷六七《臘醅附麻産傳》,第 5 册,第 1581—1582 頁。
②　《金史》卷六七《烏春傳》,第 5 册,第 1579 頁。
③　《金史》卷六八《歡都傳》,第 5 册,第 1592 頁。

事,並不拘泥具體年份,其中"世祖擊之,中四創,久之疾愈"實際
與上文"遼大安七年也"並無關係。若從這個角度分析,我認爲
《太祖紀》稱十歲前"世祖被四創,疾困,坐太祖于膝"反倒符合敍
述邏輯。

　　附帶指出一點,本書卷一二〇《世戚傳·唐括德溫》云:"唐
括德溫本名阿里,上京率河人也。曾祖石古,從太祖平臘醅麻産,
領謀克。"①原點校本和修訂本(第8册第2760頁)均標點作"臘醅
麻産",意謂此爲一人。按臘醅、麻産爲兄弟,中間應該標點爲
頓號。

二

　　卷二《太祖紀》謂天輔四年(1120)九月,"燭隈水部實里古達
等殺字董酬斡、僕忽得以叛"(第1册第34頁)。施國祁《金史詳
校》卷一太祖紀條指出這段史文與《忠義傳》僕忽得事迹紀年有歧
異:"'九月燭隈水部至以叛'。二十一字當改入五年七月'帥師而
西'文下。案《忠義傳》,酬斡、僕忽得二人往鼇古河籍軍,被殺,乃
謀取中京耳。《紀》上方取上京回,安得即有籍軍事,必在五年,余
睹既降,決議親征之後。"原點校本不採納此説。邱靖嘉《〈金史〉卷
二〈太祖紀〉校注》第三十八條則指出:本書卷一二一《僕忽得傳》
繫此事於天輔五年九月,與此異。② 然未有判斷。修訂本新校第十
九條引據《金史詳校》,謂"今疑此處繫年或是'五年'之誤"。(第
49頁)並於《忠義傳·僕忽得》"天輔五年九月"條增補一條校勘記
云:"本書卷二《太祖紀》記此事繫於天輔四年九月,與此異。"(第8

---

① 　《金史》卷一二〇《世戚傳·唐括德溫》,第8册,第2618頁。
② 　邱靖嘉《〈金史〉纂修考》,第297頁。

册第 2799 頁）從中可見，同一書中這兩條校勘記的意見其實並不統一，前者懷疑《太祖紀》"天輔四年"誤，而後者則作爲異同校，僅僅指明本紀、列傳記述此事的繫年有別而已。

　　具體真相如何，讓我們通過史源學分析方法探究一二。按《金史》卷一二一至一二四設立《忠義傳》四卷，序文敘述其由來云："聖元詔修《遼》《金》《宋史》，史臣議凡例，凡前代之忠於所事者請書之無諱，朝廷從之，烏虖，仁哉聖元之爲政也。司馬遷記豫讓對趙襄子之言曰：'人主不掩人之美，而忠臣有成名之義。'至哉斯言，聖元之爲政足爲萬世訓矣。作《忠義傳》。"①可知此《忠義傳》乃係新創篇什，完全出自至正史官之手。今檢本書《忠義傳一》中列有僕忽得、酬斡二人傳記，據邱靖嘉《〈金史〉纂修考》推測説，"疑皆源出諸帝實録、《國史》"。② 但我認爲該卷《僕忽得傳》、《酬斡傳》原本並沒有獨立本傳，而是與卷七一《斡魯傳》有着直接關係。兹將這三篇傳文表列如下：

今本《斡魯傳》③	今本《忠義傳一·酬斡》
燭偎水部實里古達，殺酬斡、僕忽得，斡魯分胡剌古、烏蠱之兵討之。酬斡宗室子，魁偉善戰，年十五，隸軍中，多見任用。以兵五百，敗室韋，獲其民衆。 （酬斡）及招降燭偎水部，以功爲謀克。	酬斡，亦宗室子也。年十五隸軍，從太祖伐遼，率濤温路兵招撫三坦、石里很、跋苦三水鱉古城邑，皆降之。敗室韋五百于阿良葛城，獲其民衆。至是死焉。
	今本《忠義傳一·僕忽得》
	僕忽得，宗室子。初事國相撒改，伐蕭海里有功。與酬斡俱，招降燭偎水部

①　《金史》卷一二一《忠義傳一》，第 8 册，第 2634 頁。
②　邱靖嘉《〈金史〉纂修考》，第 297 頁。
③　《金史》卷七一《斡魯傳》，第 5 册，第 1633—1634 頁。

僕忽得初事撒改,從討蕭海里,降燭偎水部,領行軍千户。從破黄龍府,戰達魯古城,皆有功。其破寧江州,渤海乙塞補叛去,僕忽得追復之。至是,與酬斡同被害。	族,酬斡爲謀克,僕忽得領行軍千户。從破黄龍府,戰于達魯古城,皆有功。寧江州渤海乙塞補叛,僕忽得追復之。天輔五年九月,酬斡、僕忽得往蹔古河籍軍馬,燭偎水部實里古達等七人殺酬斡、僕忽得,投其尸水中,俱年四十三。太祖悼惜,遣使弔賻加等。
斡魯至石里罕河,實里古達遁去,追及于合撻剌山,誅其首惡四人,撫定餘衆。詔曰:"汝討平叛亂,不勞師衆,朕甚嘉之。酬斡等死於國事,聞其尸棄于河,俟冰釋,必求以葬。其民可三百户爲一謀克,以衆所推服者領之,仍以其子弟等爲質。"斡魯乃還。天眷中,酬斡贈奉國上將軍,僕忽得贈昭義大將軍。	六年正月,斡魯伐實里古達于石里罕河,追及於合撻剌山,殺四人,撫定餘衆。詔斡魯求酬斡、僕忽得尸以葬。天眷中,贈酬斡奉國上將軍、僕忽得昭義大將軍。

　　《斡魯傳》載斡魯之平叛功績,其中敘述實里古達叛亂之始末,酬斡、僕忽得事迹遂附麗於此。根據上表比較可見,《忠義傳·酬斡·僕忽得》均不出今本《斡魯傳》範圍之內,兩者內容幾近一致,詳略稍微有別,並且前者還收錄了太祖詔書。據此推測,元朝史官通過裁剪拼接舊本《斡魯傳》的內容而形成元修《忠義傳》中的兩篇傳記。按照纂修體例,元修《金史》中既已有《忠義傳》,今本《斡魯傳》理當删削或簡化其中的酬斡、僕忽得事,但由於主持編修《金史》總裁官統稿粗疏,便呈現上述結果,我們亦可判定爲"複文"。

　　惟有以上述結論作爲基礎,我們才能徹底釐清《太祖紀》、《忠義傳·僕忽得》紀年歧異問題的根本原因。現將相關史文排比如下:

　　　《太祖紀》天輔四年九月:燭偎水部實里古達等殺孛董酬斡、僕忽得以叛。

　　《斡魯傳》：燭偎水部實里古達，殺酬斡、僕忽得，斡魯分胡
剌古、烏蠢之兵討之。

　　《忠義傳·僕忽得》：天輔五年九月，酬斡、僕忽得往鼇古
河籍軍馬，燭偎水部實里古達等七人殺酬斡、僕忽得。

　　筆者認爲，《忠義傳一·僕忽得》與《斡魯傳》舊文同源，故與今
本《斡魯傳》詳略參差互見，最大差別在於溢出"天輔五年九月"。
另外，《忠義傳一·僕忽得》"斡魯伐實里古達于石里罕河，追及於
合撻剌山，殺四人，撫定餘衆"史文前亦見"六年正月"。關於此事，
今本《斡魯傳》則無紀年（見上表引文），而《太祖紀》天輔五年正月
則曰："斡魯敗實里古達於合撻剌山，誅首惡四人，餘悉撫定。"邱靖
嘉《〈金史〉卷二〈太祖紀〉校注》第三十九條指出繫年歧異，修訂本
因襲是説，於《忠義傳·僕忽得》新校第三條中引《太祖紀》謂"所
記時間與此異"（第 8 册第 2799 頁）。顯而易見，《忠義傳一·僕忽
得》"天輔五年九月"、"六年正月"與《太祖紀》"天輔四年九月"、
"五年正月"恰好相差一年，這絶非偶然，而是有規律可循的。從今
本《斡魯傳》整體敘述來看，對斡魯平叛實里古達諸事迹的記述似
乎並無具體繫年，這點倒符合列傳敘事體例。若果真根據舊本《斡
魯傳》改纂成《忠義傳一·僕忽得》，那麼該傳文"天輔五年九月"、
"六年正月"兩處紀年就極有可能是元朝史官私自添加的。

　　值得注意的一條關鍵史料是，本卷《太祖紀》天輔四年十月戊
寅曰"命斡魯分胡剌古、烏春之兵以討實里古達"（第 1 册第 35
頁）。首先，這條材料與上文"天輔四年九月"條及下文"五年正
月"條相協，由此構成一條完整的敘述脈絡，從而證明本紀記載具
有權威性。其次，《太祖紀》上述三條與《斡魯傳》亦正相合，説明兩
者取資實録便如此，而《忠義傳·僕忽得》經過輾轉剪裁未必可信。

綜上所述,從《太祖紀》和《忠義傳一‧僕忽得》兩例繫年牴牾看出,元朝史官創設《忠義傳》,取材方式多種多樣,其中有一種方式是内部二次剪裁,例如卷一三三《叛臣傳‧移剌窩斡》云:"迪斡群牧使徒單賽里、耶魯瓦群牧使鶴壽等皆遇害,語在《鶴壽傳》中。"①今本《昂傳》謂:"子鄭家、鶴壽。鶴壽累官耶魯瓦群牧使,死于契丹撒八之難,語在《忠義傳》。"②從該傳有鄭家附傳可見,《鶴壽傳》亦當附麗於《昂傳》之後,上文"語在《鶴壽傳》中"蓋指舊本出處,元朝史官後將此内容編入《忠義傳一‧鶴壽》,③傳文"鶴壽,郪王昂子,本名吾都不"就是從舊本《昂傳》中節取而敘述失當。本文所論,酬斡、僕忽得小傳也是從舊本《斡魯傳》中直接節取的。由於《斡魯傳》原文並未諸條繫年,元朝史官便私自增補,結果正好相差一年。這才是問題的癥結所在。

附識

根據筆者最新研究思路,《斡魯傳》主幹内容鈔撮實録相關條文。從《太祖紀》天輔四年九月"爆隈水部實里古達等殺孛堇酬斡、僕忽得以叛"和五年正月"斡魯敗實里古達於合撻剌山,誅首惡四人,餘悉撫定"兩條記載可知,《斡魯傳》和《忠義傳一》僕忽得、酬斡履歷共同取資《太祖實録》,此二人小傳原本附麗於實録天輔四年九月條。

①　《金史》卷一三三《叛臣傳‧移剌窩斡》,第8冊,第2849頁。
②　《金史》卷六五《昂傳》,第5冊,第1553頁。
③　《金史》卷一二一《忠義傳一》,第8冊,第2639頁。

太宗紀

三

　　卷三《太宗紀》天會三年十月甲辰曰："詔諸將伐宋。以諳班勃
極烈杲兼領都元帥,移賫勃極烈宗翰兼左副元帥先鋒,經略使完顔
希尹爲元帥右監軍,左金吾上將軍耶律余睹爲元帥右都監,自西京
入太原。"(第 1 册第 53 頁)本卷原點校本無校勘記,修訂本新校第
四條(第 1 册第 73 頁)指出:

　　　　左金吾上將軍耶律余睹爲元帥右都監。"左金吾上將
　　軍",本書卷一三三《叛臣·耶律余睹傳》作"金吾衞大將軍"。

按本書《叛臣傳·耶律余睹》敘述傳主履歷云:"耶律余睹,遼宗室
子也,遼主近族,父祖仕遼,具載《遼史》。初,太祖起兵,遼人來拒,
余睹請自效,以功累遷金吾衞大將軍,爲東路都統。"①修訂本新校
第二條(第 8 册第 3018—3019 頁)云:

　　　　以功累遷金吾衞大將軍。本書卷三《太宗紀》:"左金吾上
　　將軍耶律余睹爲元帥右都監。"與此異。

修訂本認爲《金史》所載耶律余睹官階存在着歧異,故於兩卷各出
一條異同校加以説明。其實,《太宗紀》"左金吾上將軍"、《叛臣
傳·耶律余睹》"金吾衞大將軍"並非同一時間内的官號,決不可做
簡單比較。揆諸《叛臣傳·耶律余睹》之文義,"金吾衞大將軍"乃
余睹仕遼擔任東路都統討伐女真時的授官。據本書《太祖紀》天輔

---

①　《金史》卷一三三《叛臣傳·耶律余睹》,第 8 册,第 2846 頁。

五年五月云“遼都統耶律余覩等詣咸州降”，①此外《叛臣傳·耶律余睹》亦載天輔五年降金，而本卷《太宗紀》“左金吾上將軍”實則爲天會三年耶律余睹效力金朝時擔任的官職。以上兩種官職行用時間相差四年，而且還是分屬兩個敵對政權的任官。

　　有證據表明，余睹雖然投降金朝，但宋廷仍試圖拉攏示好，靖康元年（1126）四月遣使送有《黃絹間牒結構書》，《大金弔伐録》今收録此件文書全文，②《建炎以來繫年要録》卷一謂“都管趙倫懼不得歸，始告倞以元帥府右都監耶律余覩貳於金人，願歸大國”，亦載此結構書云：“《靖康要盟録》有黃絹詔本云：‘比者使人蕭仲恭、趙倫之來’云云。蓋仲恭乃使命，而倫其都管也。《宣和録》脱仲恭名。今載詔書全文於後，以補實録諸書之闕焉。”③該書首題“大宋皇帝致書于左金吾衞上將軍元帥、右都監耶律太師”。此“耶律太師”即余睹，其官稱與《太宗紀》天會三年十月甲辰條相合，既而再次確認“左金吾上將軍”可信。

　　金初制度草創，余覩所任者“金吾衞大將軍”、“左金吾上將軍”承襲遼制，這在遼代石刻文獻中尤其常見，論及兩者之關係，由於遼朝文獻不載系統制度，無法做出比較，不過可追溯制度淵源作爲旁證，以上兩者都沿用唐朝十六衞名號，《新唐書·百官志》十六衞條左右衞有：“上將軍各一人，從二品；大將軍各一人，正三品；將軍各二人，從三品。”金吾衞同此。④　宋朝則演變爲環衞官系統，如《宋史·職官志》稱：“左、右金吾衞上將軍，大將軍。”⑤據此可見，

①　《金史》卷二《太祖紀》，第 1 册，第 35 頁。
②　佚名編《大金弔伐録》卷上《黃絹間牒結構書》，《四部叢刊》三編本，第 54 頁 a—55 頁 b。
③　李心傳《建炎以來繫年要録》卷一，胡坤點校，中華書局，2013 年，第 1 册，第 14 頁。
④　《新唐書》卷四九上《百官志四上》，中華書局，1975 年，第 4 册，第 1279 頁。
⑤　《宋史》卷一六六《職官志六》，第 12 册，第 3931 頁。

"左金吾上將軍"要高於"金吾衛大將軍",即知耶律余覩降金後或許抬升了官職。

四

卷二《太宗紀》謂天會"十三年正月丙午朔,日有食之"(第1冊第66頁)。原點校本未出校,修訂本新校第十六條(第75頁)認爲:

> 《宋史》卷二八《高宗紀五》記載,紹興"五年春正月乙巳朔,日有食之",《會編》卷一六六、《要錄》卷八四所載朔日相同,與此"丙午朔"相差一日。《金史詳校》卷一:"案宋高紀紹興五年作正月乙巳朔,日食不合。宋金兩史所載日食互失者有之,並《金源雜興・大明曆詩注》。不同月者有之,不同朔者止此年。"劉次沅《考證》:"疑原文只是'正月朔日食',後來加注干支時差了一天。"

此條日食記錄見於卷二〇《天文志・日薄食煇珥雲氣》,亦作"十三年正月丙午朔,日食"。[1] 原點校本有校勘,修訂本新校第一條(第2冊第474頁)稍作修改云:

> 按,是年即宋紹興五年。《宋史》卷二八《高宗紀五》作"正月乙巳朔,日有食之",同書卷五二《天文志五・日食》同。據劉次沅《考證》,作"乙巳"是。

常磊《〈金史・天文志〉校注》(未刊稿)並不讚同劉次沅將文獻所見金宋曆法差異統一於技術驗算的辦法,指出當時曆法因不够精密,推算朔日往往差一日,上引《太宗紀》、《天文志》所記十三年正月丙午朔實際上可能反映了當時曆法的原貌。

---

① 《金史》卷二〇《天文志・日薄食煇珥雲氣》,第2冊,第420頁。

　　遼金北朝曆法與宋朝南朝曆法乃是兩個不同的系統,並不完全一致。元朝史官《金史·天文志》序文已指出:"金、宋角立,兩國置曆,法有差殊,而日官之選亦有精粗之異。今奉詔作《金史》,於志天文,各因其舊,特以《春秋》爲準云。"①元朝史官所談曆法差異問題,明清學者也有所關注,黃鳳翔《讀遼金史説》指出:"曆象之法,五代曆三變,宋曆八變,遼曆始終再變,金曆一變,自大定以後,則專用趙知微曆,定朔置閏時有不同,治曆明時者所必稽焉。"②錢大昕《跋秦九韶數學九章》亦有所論及:"蓋元初承用金趙知微術,置朔與宋朔不盡合,而前人未有考及此者。予方葺四史朔閏考,喜而録之。"③具體證據,可參陳垣《二十史朔閏表》,其中列舉金朝、宋朝置朔日往往歧異,相差一日,如本條天會十三年金正月丙午朔,即晚於宋正月乙巳朔。④ 施國祁《金史詳校》卷一世宗紀中大定十八年十月庚寅朔條對此詳細考證:

　　　　宋《曆志》,淳熙五年,"金遣使來朝賀會慶節,《表》,正使張九思,副使宗室崇蕭。妄稱其國曆九月庚寅晦爲己丑晦,接伴使檢詳丘崈辨之,使者詞窮"。《丘崈傳》同。案《太宗紀》天會十三年正月丙午朔,宋作乙巳朔。《昭德后傳》,大定十九年十一月甲寅,宋作乙卯朔。此兩朔難詳也。《世宗紀》,大定七年十一月乙丑,此宋依金朔。十五年正月甲申,此金同宋朔。至《太祖紀》天輔元年十二月,《遼考》甲寅朔,宋作戊申,非。《哀紀》天興二年九月癸卯朔,宋作壬寅,是。此兩《紀》互有刊訛,皆與此不同。

①　《金史》卷二〇《天文志》,第 2 册,第 420 頁。
②　黃鳳翔《田亭草》卷一〇,萬曆三十九年刻本,第 29 頁 b。
③　錢大昕《潛研堂文集》卷三〇《題跋四·跋秦九韶數學九章》,陳文和主編,鳳凰出版社,2016 年,第 482—483 頁。
④　陳垣《二十史朔閏表》,中華書局,1962 年,第 134—145 頁。

考是年，《宋孝紀》十月辛卯朔下仍書辛亥金使賀生辰。夫辛亥乃金朔之二十二日。校宋朔先一日自爲會慶正節，宋辛卯朔，以壬子爲正節。則金使仍不改金朔矣。《宋史》志、傳未免夸詞。又考《能改齋漫錄》云：“神宗元豐元年戊午，閏正月，而遼國閏在十二月，議者以兩朝賀正爲疑。臺臣言正朔爲大，賀正爲小。兩閏不同，不過本朝之使先期賀正于彼，彼國之使後期賀正于此。料彼必不肯改以就此，則本朝亦豈得改而就彼乎。”據此則知，兩國使人各用本國閏朔，固舊例也。又考《玉海》云：“淳熙五年，推九月庚寅晦，北使來賀會慶節者，仍己丑晦也。”即此。

上文論證南北曆法系統之差異，宋朝文獻中的具體案例還有，鄒浩撰《故觀文殿大學士蘇公行狀》敘述熙寧十年（1077）蘇頌出使契丹：“在虜中遇冬至，本朝曆先北朝一日，北人問公孰是，公曰：‘曆家算術小異，遲速不同。謂如亥時，節氣當交則猶是今夕；若踰數刻，即屬子時，爲明日矣。或先或後，各從本朝之曆可也。’虜人深以爲然。遂各以其日爲節慶賀。”[1]

以上舉證各種例子，説明宋金各行用本朝曆法，《金史》原點校本和修訂本天會十三年正月丙午朔條推測種種，都忽略了這點常識，故所出校勘記當刪。

熙宗紀

五

卷四《熙宗紀》天會十五年十一月丙午曰：“廢齊國，降封劉豫

---

[1]　蘇頌《蘇魏公文集》附錄二《故觀文殿大學士蘇公行狀》，王同策等點校，中華書局，1988年，下冊，第1210頁。

爲蜀王,詔中外。置行臺尚書省于汴。"(第 1 冊第 72 頁)原點校本
無校勘,修訂本新校第六條(第 1 冊第 97 頁)曰:

> 置行臺尚書省于汴。本書卷八六《李石傳》:"天眷元年,
> 置行臺省於汴,石爲汴京都巡檢使",繫年與此異。

按本書《李石傳》旨在敘述李石除授汴京都巡檢使的履歷,非汴京
行臺創設時間,故繫於天眷元年。此條校勘記當删。

從各種文獻所見,汴京行臺尚書省設立於天會十五年。邱靖
嘉發現編纂於元大德七年(1302)的數術文獻《太乙統宗寳鑑》抄取
金實録,該書云:"(天會)十五年十月,詔廢齊國,降劉豫爲蜀王,於
是置行臺尚書省於汴,除去廢齊弊政,人悦。改元天眷。"①該文謂
置行臺時間"天會十五年"與《金史·熙宗紀》相合。據《金史·百
官志》載行臺之制云:"熙宗天會十五年,罷劉豫,置行臺尚書省於
汴。天眷元年,以河南地與宋,遂改燕京樞密爲行臺尚書省。"②這
與《熙宗紀》天會十五年十一月丙午條相合。本書《劉豫傳》亦記述
廢國降封及其以後置行臺之事:

> 天會十五年,詔廢齊國,降封豫爲蜀王。豫稱大號凡八
> 年。於是,置行臺尚書省於汴,除去豫弊政,人情大悦。以故
> 齊宰相張孝純權行臺左丞相,遂遷豫家屬於臨潢府。③

可知以汴京行臺這個機構接管原來的僞齊政權。楊堯弼《僞齊録》
收録原始的詔書,該書卷下《金虜廢劉豫詔》首行云"敕行臺尚書
省",此即汴京行臺,頒詔時間署"天會十五年十一月□日"。又《金

① 邱靖嘉《〈太乙統宗寳鑑〉所見金朝史料校注》,見氏著《〈金史〉纂修考》,第 250 頁。
② 《金史》卷五五《百官志一》,第 4 冊,第 1219 頁。
③ 《金史》卷七七《劉豫傳》,第 6 冊,第 1761 頁。

虜廢僞齊指揮》第一條規定即云：“廢齊國尚書省，設置行臺尚書省”。此公文末署“天會十五年十一月□日”。此外，《金虜廢齊後差除》明確任命行臺尚書省的宰執成員：“一張孝純與銀青光禄大夫太子太傅開國公權行臺尚書省左丞相。一契丹蕭保壽奴行臺右丞相。一女真温敦師中行臺左丞。一燕人張通古行臺右丞。”①

《僞齊録》所載三件金朝政府文書的頒布時間與《金史·熙宗紀》、《百官志》及《劉豫傳》一一吻合，以上贅述種種，其實汴京行臺尚書省創設於天會十五年無需辨證。

六

《熙宗紀》天眷元年十月癸酉曰：“以東京留守宗雋爲尚書左丞相兼侍中，封陳王。”（第1册第73頁）原點校本無校勘記，修訂本新校第九條（第1册第97頁）曰：

> 以東京留守宗雋爲尚書左丞相兼侍中。本書卷七六《太宗諸子·宗磐傳》：“宗雋遂爲右丞相”，與此異。

據下文考證，天眷元年十月至二年正月，宗雋爲尚書左丞相無疑，錯在《宗磐傳》。此條校勘記當删。

據本卷《熙宗紀》記載説，天眷元年七月壬寅，“左丞相希尹罷”（第73頁）。既而由宗雋接任，例如，是年十月癸酉云：“以東京留守宗雋爲尚書左丞相兼侍中，封陳王。”二年正月戊戌，“以左丞相宗雋爲太保、領三省事，進封兖國王。興中尹完顔希尹復爲尚書左丞相兼侍中”（第73頁）。從諸條史料可見，天眷初年左丞相一職除授線索清晰。今檢本書卷六九《宗雋傳》云：“天會十四年，爲東

---

① 楊堯弼《僞齊録》卷下，藕香零拾本，第1頁a—第4頁a。

京留守。天眷元年，入朝，與左副元帥撻懶建議，以河南、陝西地與宋。俄爲尚書左丞相，加開府儀同三司，兼侍中，封陳王。二年，拜太保，領三省事，進封兖國王，既而以謀反，誅。"①此文與《熙宗紀》所敘宗雋履歷完全相合，皆稱"尚書左丞相"。此外，本書卷七九《王倫傳》亦載此事，謂"天眷元年，撻懶與東京留守宗雋俱入朝，熙宗以宗雋爲左丞相"。②

　　以上證明宗雋確實爲尚書左丞相。那麼仍需要追問，這期間右丞相由誰擔任呢？據本書《韓企先傳》記述："（天會）十二年，以企先爲尚書右丞相，召至上京。"③結合《熙宗紀》皇統六年二月丙寅條曰："右丞相韓企先薨。"知韓企先於天會十二年至皇統六年二月任右丞相，去世後，四月庚子由宗固繼任（第82頁）。據此判斷，《金史·宗磐傳》"而宗雋遂爲右丞相"當誤，應作"左丞相"。

　　又本書卷五九《宗室表》謂："宗雋右丞相、陳王。"④原點校本和修訂本均未出校。此"右丞相"當作"左丞相"。

七

　　《熙宗紀》皇統元年六月甲午曰："衛王宗强薨，上親臨、輟朝如宗幹喪。"（第1冊第77頁）原點校本舊校第八條（第88頁）曰：

　　　　衛王宗强薨。"衛"原作"紀"。按本書卷五九《宗室表》作"衛王"，又卷六九《宗强傳》亦作"衛王"。蓋"衛""紀"草書形近致誤，今改正。

① 《金史》卷六九《宗雋傳》，第5冊，第1604頁。
② 《金史》卷七九《王倫傳》，第6冊，第1793頁。
③ 《金史》卷七九《韓企先傳》，第6冊，第1777頁。
④ 《金史》卷五九《宗室表》，第5冊，第1369頁。

修訂本校勘記第十六條在原來基礎上有所改動(第 1 册第 98 頁)：

> 衞王宗强薨。“衞王”，原作“紀王”，據殿本改。按，本書
> 卷五九《宗室表》、卷六九《太祖諸子·宗强傳》亦作“衞王”。
> 另，宗强去世時間，此作皇統元年六月甲午，卷六九《太祖諸
> 子·宗强傳》繫於皇統二年十月，與此異。

今檢《金史》全書中稱“衞王宗强”者凡三見，按《宗强傳》記載説：
“宗强，本名阿魯。天眷元年，封紀王。三年，代宗固爲燕京留守，
封衞王，太師。皇統二年十月，薨，輟朝七日。喪至上京，上親臨哭
之慟，仍親視喪事。”此外，該卷卷首敘述太祖諸子總況曰“衞王宗
强”，①以及卷五九《宗室表》稱宗强“衞王”，②其實兩者並没有獨
立的史源，皆本諸於《宗强傳》。

宗强本傳稱天眷元年，封紀王，此事在本書《熙宗紀》天眷元年
十月丙寅條有明確記載。③ 按苗耀《神麓記》敘述熙宗誅殺兀室
(希尹)之經過：

> 兀尤遂行，后具以語白東昏。使兀尤親弟燕京留守紀王
> 阿魯追兀尤至良鄉，及之，回，兀尤至，密奏。帝曰：“朕欲誅老
> 賊久矣，奈秦國王方便援之至此。凡山後沿路險阻處令朕居
> 止，善好處自作捺鉢，以我骨肉不附己者，必誣而去之，自任其
> 腹心於要務之權，此姦狀之萌，惟尊叔自裁之。”是夜，詐稱有
> 密詔，入兀室所居宅第，執而數之，賜死。④

---

① 《金史》卷六九《宗强傳》，第 5 册，第 1603、1604 頁。

② 《金史》卷五九《宗室表》，第 5 册，第 1369 頁。

③ 《金史》卷四《熙宗紀》，第 1 册，第 73 頁。

④ 徐夢莘《三朝北盟會編》卷一九七引《神麓記》，上海古籍出版社影印許涵度刻本
（以下簡稱許刻本），2008 年第 2 版，下册，第 1418 頁下欄。“阿魯”原作“阿普”，
“凡”原作“自”，今據明鈔本校改。

此文云"燕京留守紀王阿魯",即指宗强,此與《金史·宗强傳》"天眷元年,封紀王。三年,代宗固爲燕京留守"的記載亦正相合。再考《熙宗紀》,天眷三年九月癸亥"殺左丞相完顏希尹",①結合《神麓記》可知天眷三年宗强仍稱"紀王"。

宗强"衛王"封號時間,《熙宗紀》不載,恐非天眷三年事,並且還存有疑點。據《大金集禮·輟朝》記載説,"皇統二年,太師宗幹薨,薛王宗强薨,並輟朝七日;平章昂薨,輟朝三日"。任文彪指出,此文宗强薨與《熙宗紀》皇統元年六月甲午條的時間齟齬不合,卻與《宗强傳》"皇統二年十月,薨,輟朝七日"相符。② 最爲矛盾的一點是宗强最終所封王號,《熙宗紀》作"紀王"、《宗强傳》作"衛王",《大金集禮》則作"薛王",三者均不同。金朝於天眷元年十月"定封國制",《大金集禮·親王》詳細記述這項制度:

> 天眷元年,定到國封等第:
>
> 大國二十:遼、燕、梁、宋、秦、晉、漢、齊、魏、趙、越、許、楚、魯、冀、豫、御名(雍)、兖、陳、曹。
>
> 次國三十:蜀、隋、鄭、衛、吳、韓、潞、鹵、瀋、岐、代、虞、徐、滕、薛、紀、原、邢、翼、豐、畢、鄧、郳、霍、蔡、瀛、沂、滎、英、温。
>
> 小國三十:濮、濟、道、定、景、申、崇、宿、息、莒、鄴、邶、舒、淄、郕、宗、郳、譚、應、向、鄆、密、胙、任、戴、鞏、葛、蕭、莘、芮。③

據孫紅梅研究,金代不僅大、次、小三等國號之間具有等級差別,每一等級內的國號也依據其排序先後存在高下之別。④ 結合《大金集

---

① 《金史》卷四《熙宗紀》,第 1 册,第 76 頁。

② 任文彪點校《大金集禮》卷三二《輟朝》,第 326 頁。

③ 任文彪點校《大金集禮》卷九《親王》,第 151 頁。

④ 孫紅梅《金代封國之號與國號王爵類型》,《史學月刊》2015 年第 5 期。

禮・親王》上文可見,次國三十種國號中,依低到高有紀王、薛王、衞王,這樣便有一種可能,即天眷三年宗强由紀王改稱薛王,到皇統初年再封爲衞王。不過短短一年内如此頻繁地改封王號,似乎不符合常理。若從文獻角度斟酌,《宗强傳》"衞王"、《大金集禮》"薛王",兩者因字形相近或有一誤。宗强由紀王改爲衞王、薛王其中一者,由於缺乏足够的證據,孰是孰非確實難以判斷。在這種情況下,點校者將《熙宗紀》皇統元年六月甲午條"紀王"根據《宗强傳》校改作"衞王"顯然過於鲁莽,列出上述三條史料供讀者參考已經足矣,不能妄下斷語。

海陵紀

八

卷五《海陵紀》天德二年十一月癸未曰:"尚書右丞相劉筈罷。"(第1册第96頁)原點校本未有校勘記,修訂本新校第十條(第132頁)曰:

> 尚書右丞相劉筈罷。"右丞相",南監本、北監本、殿本、局本並作"左丞相"。

此卷百衲本影印至正初刻本,今檢明初洪武覆刻本亦作"右丞相",而南監本改作"左丞相"。對於上述版本異文,我們完全可以根據《金史》本證做出明確判斷。

據本卷《海陵紀》天德二年四月辛酉條記載尚書官員除授:"右丞相烏帶爲司空、左丞相兼侍中,平章政事劉筈爲尚書右丞相兼中書令。"(第95頁)據此可知,烏帶罷右丞相後,由劉筈接任,至天德二年十一月卸任,任職時間大半年。本書卷七八《劉筈傳》敘述筈履歷云:"(天德)二年,拜尚書右丞相兼中書令,進封鄭王。未幾,以疾求解政務,授燕京留守,進封曹王。"①本傳紀事與《海陵紀》亦正相合,皆稱天德二年授官尚書右丞相。更爲關鍵的是,上文天德二年四月辛酉條明言烏帶新任左丞相,又見《海陵紀》是年七月己丑曰:"司空、左丞相兼侍中烏帶罷,以平章政事温都思忠爲左丞相。"(第95頁)據此説明,天德二年烏帶、温都思忠先後任左丞相。

版刻中"右"、"左"二字極易混淆,根據上述結論,可知南監本根據洪武覆刻本翻刻時將"右丞相"辨識作"左丞相",以致後來諸版本沿襲此誤。所幸審讀《金史》上下文稍作辨析便能判斷這個問題。

九

《海陵紀》貞元二年二月甲申曰:"以平章政事張浩爲尚書右丞相兼中書令。"(第1册第102頁)本書卷八三《張浩傳》記述張浩履歷説:"貞元元年,海陵定都燕京,改燕京爲中都,改析津府爲大興府。浩進拜平章政事,賜金帶玉帶各一,賜宴于魚藻池。浩請凡四方之民欲居中都者,給復十年,以實京城,從之。拜尚書右丞相兼侍中,封潞王,賜其子汝霖進士及第。"原點校本舊校第一條指出張浩"兼侍中"與《海陵紀》上文"兼中書令"有歧異,②意謂本傳記載疑誤。修訂本《海陵紀》新校第十六條(第1册第133頁):

> 以平章政事張浩爲尚書右丞相兼中書令。本書卷八三《張浩傳》作"拜尚書右丞相兼侍中",與此異。

修訂本《張浩傳》新校第一條(第6册第1994頁):

① 《金史》卷七八《劉筈傳》,第6册,第1772頁。
② 《金史》卷八三《張浩傳》,第6册,第1863、1875頁。

　　　　拜尚書右丞相兼侍中。按,本書卷五《海陵紀》,貞元二年
　　　"二月甲申朔,以平章政事張浩爲尚書右丞相兼中書令"。

修訂本分別在《海陵紀》、《張浩傳》兩卷出有異同校,這種做法看似
穩妥,實則未有判斷,未能真正地解決問題。

　　從《金史》中所見,貞元二年張浩授右丞相兼任者"中書令"、
"侍中"必有一誤,惟有考察金初尚書省及中央機構之設置才能解
決這一爭議。按《金史·百官志》云:"天會四年,建尚書省,遂有三
省之制。"此當爲元朝史官序文,旨在總括金源一代官制歷史沿革。
此謂"三省之制",按今本《海陵紀》正隆元年正月乙丑條謂"罷中
書門下省"云云(第 1 册第 106 頁),故稱自此以後"止置尚書
省"。① 不過我們通過檢討金朝文獻,結果卻發現金初天會至正
隆間並未見有"中書省"、"門下省"兩機構實際設置,所謂"三省
制"不過徒有虛名而已。真實情況應則是:《韓企先傳》云:"天會
四年,始定官制,立尚書省以下諸司府寺。"②又《張通古傳》亦提
及此事:"天會四年,初建尚書省,除工部侍郎,兼六部事。"③天會
四年大概只是實設尚書省作爲漢地行政權力機構,可惜金朝文獻
語焉不詳。

　　幸運的是,熊克《中興小曆》詳細記載金初官制體系:

　　　　金虜主亶升所居曰會寧府,建爲上京,仍改官制。初奉使
　　宇文虛中留其國,至是授虜官,爲之參定其制。以太師、太傅、
　　太保爲三師,太尉、司徒、司空爲三公,尚書省置令,次左右丞
　　相,皆平章事,左右丞,皆參知政事。侍中、中書令皆居丞相

① 《金史》卷五五《百官志一》,第 4 册,第 1216 頁。
② 《金史》卷七八《韓企先傳》,第 6 册,第 1777 頁。
③ 《金史》卷八三《張通古傳》,第 6 册,第 1859 頁。

下,仍爲兼職。①

由此可知,天眷制度主要出自宇文虛中之手,繼承和完善了天會年間施行的漢地官僚體制。其中最重要的是,建立尚書省,並未見設有門下省和中書省,只創設名義上的首腦"侍中"、"中書令",兩者分別由尚書省左丞相和右丞相兼任。洪皓《又跋金國文具録劄子》亦記述金初官制説:"左右丞相以見有人,故以侍中、中令居其下,仍爲兼職。兩省侍郎亦虚位,以左右丞皆有見任,仍列其上。"②上述記載爲作者所親歷,同樣稱"侍中"、"中書令"乃作爲兼職存在,而非獨立設置。從《金史》記載分析結果看,尚書省左丞相兼侍中、右丞相兼中書令,最早者《熙宗紀》分別爲天會十三年十一月己卯條"以元帥左監軍完顏希尹爲尚書左丞相兼侍中",以及皇統六年四月庚子條"以同判大宗正事宗固爲太保、右丞相兼中書令",③直至正隆元年正月"罷中書門下省",④皆如此制。

我們將《中興小曆》、《金國文具録》與《金史》記載相發明,從而可判斷《海陵紀》貞元二年二月甲申條"張浩爲尚書右丞相兼中書令"記載正確,而《張浩傳》作"兼侍中"當誤。按本卷《海陵紀》貞元三年二月壬午條有謂"右丞相張浩爲左丞相兼侍中"(第103頁),即指《張浩傳》下文"未幾,改封蜀王,進拜左丞相"(第1863

---

① 見熊克《皇朝中興紀事本末》卷三二紹興五年三月乙亥條,國家圖書館藏清鈔本(索書號13447),第10册,第11頁b。

② 洪皓《鄱陽集》卷四《又跋金國文具録劄子》,臺灣商務印書館影印《文淵閣四庫全書》本,集部第1133册,第420頁下欄。亦見徐夢莘《三朝北盟會編》卷二二一引《文具録》,下册,第1595頁上欄。

③ 《金史》卷四《熙宗紀》,第1册,第70、82頁。

④ 參見三上次男《金代政治制度の研究》,《金史研究》二,中央公論美術出版,1970年,第181—184頁。

頁），那麼“兼侍中”蓋承此句。

同樣道理，根據上述結論亦能判斷《熙宗紀》載秉德所任宰相職位。按該卷皇統九年九月戊戌條曰：“平章政事秉德爲尚書左丞相兼中書令。”（第 1 册第 86 頁）修訂本新校第三十五條（第 101 頁）曰：

> 平章政事秉德爲尚書左丞相兼中書令。“左丞相”，疑當作“右丞相”。按，本書卷一三二《逆臣·言傳》，“右丞相秉德、左丞唐括辯謀廢立”。又同卷《秉德傳》，弒熙宗後，“忽土奉海陵坐，秉德等皆拜稱萬歲。殺曹國王宗敏、左丞相宗賢”，時左丞相爲宗賢。海陵既立，“以秉德爲左丞相，兼侍中”。

修訂者謂《熙宗紀》作“左丞相”疑誤，是正確的，不過僅根據史料多寡對比而做出的上述判斷。

首先，須弄清楚皇統九年任左丞相者究竟是誰？本書《熙宗紀》和《海陵紀》均詳細記述皇統九年海陵弒君奪位過程，《熙宗紀》十二月丁巳條曰：“左丞相秉德等遂奉亮坐，羅拜呼萬歲，立以爲帝”（第 87 頁）；《海陵紀》謂十二月丁巳，“乃奉海陵坐，皆拜，稱萬歲。詐以熙宗欲議立后，召大臣，遂殺曹國王宗敏，左丞相宗賢。是日，以秉德爲左丞相兼侍中、左副元帥、辯爲右丞相兼中書令”（第 93 頁）。以上兩條史料同源，不過前者稱“左丞相秉德”，與該卷皇統九年九月戊戌條同，後者則作“左丞相宗賢”而後來秉德爲左丞相，歧異如此。根據《海陵紀》上文敍述，秉德繼任宗賢左丞相位。

讓我們來詳細梳理一下宗賢的履歷，按《熙宗紀》皇統八年十一月庚戌曰：“左副元帥宗賢復爲太保，左丞相、左副元帥如故。”十二月乙亥曰：“以左丞相宗賢爲太師、領三省事兼都元帥。”（第 85

頁)此係宗賢第二次擔任尚書左丞相。九年正月丙午，"南京留守宗賢爲左副元帥兼西京留守"。己酉，"宗賢復爲太保、領三省事"。此後宗賢任官，《熙宗紀》是年六月己未條僅言"左丞相宗賢兼都元帥"(第86頁)，未載第三次除授左丞相時間。檢本書卷七〇《宗賢傳》與上文諸條史料相合，謂"復爲左副元帥，兼西京留守。再爲太保，領三省事。復爲左丞相，兼都元帥"。①《海陵紀》和《宗賢傳》皆稱宗賢於皇統九年十二月在左丞相任上被殺，知皇統九年九月左丞相爲宗賢無疑，決非秉德。

其次，上文指出，文獻版刻中"左"、"右"兩字易混或誤識，但是"中書令"、"侍中"則極難誤刻。這樣，皇統九年九月戊戌秉德"兼中書令"是爲一條關鍵線索。上文指出，在天會至正隆的官僚系統中，尚書省左丞相兼侍中、右丞相兼中書令。由此，"中書令"這一兼職例由右丞相擔任，亦即秉德。覆檢《熙宗紀》皇統九年三月辛丑"以司空宗本爲尚書右丞相兼中書令"，及九月戊戌"以右丞相宗本爲太保、領三省事"(第85—86頁)，據此可知，秉德接任的是宗本職位。可惜《秉德傳》未載任右丞相仕履，不過傳文皇統九年十二月九日"以秉德爲左丞相，兼侍中、左副元帥，封蕭王"云云，②此與《海陵紀》記載一致，即知秉德由右丞相換左丞相。

上文通過考證皇統九年九月任左丞相者，以及秉德"兼中書令"，結論最終得以坐實。

十

《海陵紀》正隆三年七月甲申曰："以右丞相蕭玉爲司徒，尚書

---

① 《金史》卷七〇《宗賢傳》，第5册，第1620頁。
② 《金史》卷一三二《逆臣傳·秉德》，第8册，第2818頁。

左丞蔡松年爲右丞相,右丞耶律安禮爲左丞,參知政事紇石烈良弼爲右丞,左宣徽使敬嗣暉、吏部尚書李通爲參知政事。"(第 1 册第 109 頁)原點校本舊校第十條(第 119—120 頁)云:

> 吏部尚書李通爲參知政事。"吏部"原作"户部"。按本書卷一二九《佞幸·李通傳》云,"累官右司郎中,遷吏部尚書,……渤海、漢人仕進者必賴吏部尚書李通、户部尚書許霖爲之先容,……頃之,拜參知政事"。知此當是"吏部"之誤,今據改。

上引《李通傳》"必賴吏部尚書李通、户部尚書許霖爲之先容"云云,係正隆二年正月乙酉海陵語,①一是此文明確稱李通爲吏部尚書,頃之拜參知政事,乃與"正隆三年七月"時間相吻合;二是許霖時任户部尚書。修訂本新校第二十五條對舊本上述校勘意見改動很大(第 134 頁):

> 户部尚書李通爲參知政事。按,本書卷一二九《佞幸·李通傳》:"累官右司郎中,遷吏部尚書,(中略)渤海、漢人仕進者,必賴吏部尚書李通、户部尚書許霖爲之先容,(中略)頃之,拜參知政事",皆作"吏部尚書",與此異。

據此恢復底本原文作"户部尚書李通"。與此同時,修訂本《李通傳》新校第七條(第 8 册第 2950 頁)云:

> 吏部尚書李通。本書卷五《海陵紀》作"户部尚書",與此異。

修訂本分别在兩卷出異同校,未作任何傾向性判斷。

今見《三朝北盟會編》卷二四二引張棣《正隆事迹》對李通及其

---

① 《金史》卷一二九《佞幸傳·李通》,第 8 册,第 2783 頁。

履歷有着詳細的記載：

> 正隆丁丑春二月，御武德殿，吏部尚書李通、刑部尚書胡勵、翰林直學士蕭廉賜坐。
>
> 戊寅夏五月，亮御薰風殿，宣吏部尚書李通、翰林承旨翟永固、宣徽使敬嗣暉、翰林直學士韓汝嘉四子及庭，首問吏部尚書李通：“朕欲遷都汴京，將宮室重修，加兵江左，使海內一統，卿意如何？”通以阿諛面從，惟佞是務，對以正知天時，人事不可失也。亮深悦之。……明日，拜李通爲右丞，敬嗣暉爲參知政事。①

丁丑即正隆二年，上文是年二月稱“吏部尚書李通”，與《金史》本傳正隆二年正月乙酉事相合。戊寅即三年，是年五月海陵王在薰風殿集合臣僚討論征伐南宋，仍書作“吏部尚書李通”。《海陵紀》未載此事，《李通傳》有謂：

> 海陵恃累世强盛，欲大肆征伐，以一天下，嘗曰：“天下一家，然後可以爲正統。”通揣知其意。遂與張仲軻、馬欽、宦者梁珫近習群小輩，盛談江南富庶，子女玉帛之多，逢其意而先道之。海陵信其言，以通爲謀主，遂議興兵伐江南。四年二月，海陵諭宰相曰……②

李通阿諛附和海陵之議，《李通傳》“以一天下”、“天下一家”之語與《正隆事迹》所記内容相合，知此即正隆三年五月事。該傳文“遂與張仲軻”云云，參酌《太乙統宗寶鑑》有謂“召諫議大夫張仲軻、右補

---

① 徐夢莘《三朝北盟會編》卷二四二引《正隆事迹》，下册，第 1740 頁上欄—第 1741 頁上欄。

② 《金史》卷一二九《佞幸傳·李通》，第 8 册，第 2783 頁。

缺馬欽、校書郎田與信、張習寶入宮,議南伐",①可知此係三年十二月事。《正隆事迹》稱李通遂由吏部尚書拜右丞,《李通傳》記述先吏部尚書後拜參知政事,雖有參差,但並不與《金史》所載李通仕履違和。

論及張棣《正隆事迹》敘述正隆二、三年所見"吏部尚書李通"及史料之準確性,除上文與《金史·李通傳》印證外,我們亦可通過同時所載"刑部尚書胡勵"、"翰林直學士蕭廉"、"宣徽使敬嗣暉"、"翰林承旨翟永固"、"翰林直學士韓汝嘉"諸條線索作爲有力輔證。今檢《族帳部曲録》記載海陵朝官員履歷,其中有:

> 胡勵字元化,山東密州人。……亮時爲刑部尚書。
>
> 蕭廉字和丹,契丹人,右丞慶之弟,宣特賜及第。亮時爲翰林直學士。②
>
> 敬嗣暉,易州人,石琚榜下及第。亮時爲宣徽使,尋除參知政事。③

又《金史·翟永固傳》有謂:"正隆二年,例降二品以上官爵,永固階光禄大夫不降,以寵異之。遷翰林學士承旨,與直學士韓汝嘉俱召至內殿,問以將親伐宋事"云云。④ 根據《族帳部曲録》和《金史》所載"胡勵"、"蕭廉"、"敬嗣暉"、"翟永固"及"韓汝嘉"官職,證明《正隆事迹》記載是可信無疑的。

綜上所述,張棣《正隆事迹》及《金史·李通傳》皆稱李通乃由"吏部尚書"拜相,本卷《海陵紀》正隆三年七月甲申條作"户部尚

---

① 邱靖嘉《〈太乙統宗寶鑑〉所見金朝史料校注》,氏著《〈金史〉纂修考》,第252—253頁。
② "翰林直學士"上原衍"右"字,今據明鈔本刪改。
③ 徐夢莘《三朝北盟會編》卷二四五引《族帳部曲録》,下冊,第1764頁上欄—第1765頁下欄。
④ 《金史》卷八九《翟永固傳》,第6冊,第1975—1976頁。

書”當誤。

十一

《海陵紀》正隆五年十二月戊辰云：“禁朝官飲酒，犯者死，三國人使燕飲者非。”（第 1 册第 112 頁）原點校本第十四條校勘記（第120 頁）指出：

> 三國人使燕飲者非。“非”殿本作“罪”。

修訂本新校第三十條因襲此條校勘記，並增補南監本、北監本及局本皆作“罪”（第 1 册第 134 頁）。按“非”、“罪”雖然一字之差，但上下文義則截然相反，更重要的是關乎史實判斷。①

幸運的是，《金史·徒單貞傳》有一條證據可以辨别版本是非，該傳有謂：

> （正隆）六年正月四日立春節，益都尹京、安武節度使爽、金吾上將軍阿速飲於貞第。海陵使周福兒賜土牛至貞第，見之以告，海陵召貞詰之曰：“戎事方殷，禁百官飲酒，卿等知之乎？”貞等伏地請死。……於是杖貞七十，京等三人各杖一百，降貞爲安武軍節度使，京爲瀠州刺史，爽歸化州刺史。

本卷《海陵紀》正隆六年正月丁丑條亦載此事（第 112 頁）。徒單貞飲酒“伏地請死”及京、爽被責罰的原因，這在本書《逆臣傳·徒單貞》中有明確交代：“海陵將伐宋，詔朝官除三國人使宴飲，其餘飲酒者死。”②這條禁酒的規定，亦即上文《海陵紀》正隆五年十二月

---

① 例如，沈家本《歷代刑法考》律令七禁酒條引《海陵紀》正隆五年十二月即云：“禁朝官飲酒，犯者死，三國人使燕飲者罪。”鄧經元、駢宇騫點校《歷代刑法考》，中華書局，1985 年，第 2 册，第 1049 頁。

② 《金史》卷一三二《逆臣傳·徒單貞》，第 8 册，第 2826—2827 頁。

戊辰條事。從中可見，由於三國人使涉及接伴交聘事宜，並不在禁酒官員之列。根據《徒單貞傳》，可知《海陵紀》正隆五年十二月戊辰條"三國人使燕飲者非"的"非"字當無疑問。今檢《金史》洪武覆刻本，與百衲本影印至正初刻本同，無不寫作"非"，南監本"罪"根據字形當係臆改致誤。

世宗紀

十二

卷六《世宗紀上》大定二年正月甲午條曰："咸平、濟州軍二萬入屯京師。"（第1冊第125頁）原點校本舊校第四條（第151頁）云：

> "二"字似"三"字缺上畫，殿本作"三"。

修訂本新校第七條（第1冊第168頁）云：

> 咸平濟州軍二萬入屯京師。"二萬"，南監本、北監本、殿本、局本並作"三萬"。

經過覆核《金史》版本，殿本根據北監本，而北監本源自南監本，諸本皆作"三萬"。至正初刻本本卷《世宗紀上》已佚，百衲本影印洪武覆刻本，以及南監本所據底本洪武覆刻本補版葉皆作"二萬"（第5葉第9行）但是"二萬"寫法有明顯差異，其中補版葉或有誤辨認爲"三"的可能（見圖七）。這說明，南監本作"三萬"是對底本辨識有誤。

值得注意的是，《金史·叛臣傳·移剌窩斡》有一條與上文有關的線索。該傳云："窩斡既敗，謀衍不復追討，駐軍白灤。窩斡攻懿州不克，遂殘破川州，將遁于山西，而北京亦不邀擊之。於是，發

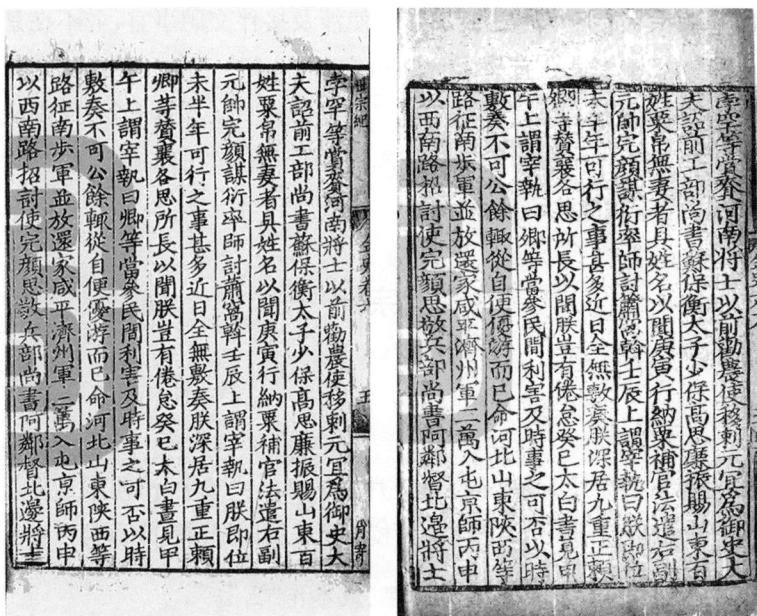

圖七

　a 洪武覆刻本（國圖藏 A00804）　　　b 洪武覆刻本補版葉（國圖藏 02085）

驍騎軍二千、曷懶路留屯京師軍三千，號稱二萬，會寧濟州軍六千亦號二萬。”①本書《世宗紀上》大定二年七月壬戌條云“詔發濟州會寧府軍在京師者，以五千人赴北京都統府”（第 128 頁），此與《叛臣傳·移剌窩斡》相合。據此可知，大定初年窩斡叛命，金朝從各地調撥軍隊鎮壓，其中一支會寧濟州軍，蓋即大定二年正月甲午屯京師者，此實際人數爲六千，號稱“二萬”。以上論述不作爲證據，僅供參考。

① 《金史》卷一三三《叛臣傳·移剌窩斡》，第 8 冊，第 2855 頁。

十三

《世宗紀上》大定二年二月庚子曰:"詔前戶部尚書梁銶、戶部郎中耶律道安撫山東百姓。"(第 1 册第 126 頁)原點校本舊校第五條(第 151 頁)云:

> 戶部尚書梁銶。"銶"原作"球"。按本書卷八八《移刺道傳》、卷九一《石抹榮傳》記此事皆作"梁銶",今據改。

修訂本有所改動,新校第八條(第 1 册第 168 頁)云:

> 詔前戶部尚書梁球。"梁球",本書卷八八《移刺道傳》、卷九一《石抹榮傳》記此事皆"梁銶",與此異。

即回改底本作"梁球"。梁氏名諱用字究竟作"銶",還是"球",可惜《金史》點校者均未窮盡文獻加以討論。

點校者指出《金史》一書中並見"梁銶"、"梁球",本文謹梳理如下:上文大定二年二月庚子條謂戶部尚書梁球等安撫山東。按卷八八《移刺道傳》云:"大定二年,復爲戶部郎中,與梁銶安撫山東,招諭盜賊。"[1]卷九一《石抹榮傳》云:"大定初,還鎮東平,與戶部尚書梁銶按治山東盜賊。"[2]又卷八六《李石傳》有謂大定三年"戶部尚書梁銶上言"云云。[3] 以上三傳皆作"梁銶"。

此外,梁氏曾任右司郎中一職。據《金史·郭安國附傳》記載說:"貞元三年,南京大内火,海陵使右司郎中梁銶、同知安武軍節度事王全按問失火狀。"[4]正隆元年十一月己巳朔,金朝派遣

---

[1] 《金史》卷八八《移刺道傳》,第 6 册,第 1967 頁。

[2] 《金史》卷九一《石抹榮傳》,第 6 册,第 2027 頁。

[3] 《金史》卷八六《李石傳》,第 6 册,第 1912 頁。

[4] 《金史》卷八二《郭安國附傳》,第 6 册,第 1834 頁。

賀宋正旦使者，《海陵紀》和《交聘表》皆作“右司郎中梁銶”。① 今
檢《建炎以來繫年要録》卷一七五紹興二十六年十二月甲子曰：“金
國賀正旦使中奉大夫、祕書監兼右諫議大夫梁球。”②與《金史》相
合，然其名作“梁球”。另外《金史·蕭玉附傳》亦謂正隆初，“（海
陵）顧謂左司郎中吾帶、右司郎中梁球曰”（原點校本校改作
“銶”）。③

　　《金史》中“梁銶”、“梁球”互見，未知孰是。所幸《族帳部曲
録》載有此人的簡要履歷云：“侍從梁球，廣寧府人，石琚榜下及第。
亮時爲户部尚書。葛王立，復爲户部尚書，極有才。”④此謂“梁
球”，其仕官情況與《金史》合。又據張棣《正隆事迹》云：正隆五年
八月，“委户部尚書梁球先計女真、契丹、奚家三色之軍不限丁而盡
役之”。⑤ 上引《建炎以來繫年要録》亦作“梁球”。綜上史料所見，
我認爲梁氏名“球”是，而“銶”字似爲版刻之誤。

十四

　　《世宗紀上》大定二年閏二月乙未曰：“尚書兵部侍郎温敦术突
剌等與窩斡戰，敗于勝州。”（第 1 册第 126 頁）原點校本舊校第六
條（第 151 頁）認爲：

　　　　按本書卷二四《地理志》，西京路有東勝州，此外並無“勝

---

① 　《金史》卷五《海陵紀》，第 1 册，第 107 頁。卷六〇《交聘表上》，第 5 册，第 1409 頁。

② 　李心傳《建炎以來繫年要録》卷一七五，胡坤點校，第 7 册，第 3363 頁。

③ 　《金史》卷七六《蕭玉附傳》，第 5 册，第 1735 頁。

④ 　徐夢莘《三朝北盟會編》卷二四五引《族帳部曲録》，下册，第 1764 頁下欄。諸明鈔
本作“梁球”。

⑤ 　徐夢莘《三朝北盟會編》卷二四二引《正隆事迹》，下册，第 1741 頁下欄。諸明鈔本
作“梁球”。

州”,疑此處脫“東”字。

修訂本新校第十一條(第 1 冊第 169 頁)云:

> 敗于勝州。“勝州”,按,本書卷二四《地理志上》,西京路
> 有東勝州,此外並無“勝州”。

此條因襲施國祁《金史詳校》卷一世宗紀上條:“‘勝’上當加‘東’。
案東勝州,地近西夏,(术)突剌此兵以防契丹兵西突耳,與思敬屯
駐同,故《窩斡傳》不載。”以上諸家校勘意見均是否定金代“勝州”
之存在,應作“東勝州”,實在謬以千里。

按,金鑫考察移剌窩斡反叛金朝之始末,指出義軍的主攻方向
是在臨潢路、咸平路、北京路等金境内東部地區,即今内蒙古東部、
吉林和遼寧西部一帶。其用意明顯是想乘金廷内亂之機,奪回這
些契丹故土。很難想像,以復國為己任的窩斡,此時會突然率部出
現於西部的金夏邊境。《遼史·地理志》記載東京道塍州,此處“勝
州”似當為“塍州”之誤。① 上述質疑十分正確,從而指出校勘記失
誤。不過“勝州”、“塍州”孰是孰非,仍需要深入討論。

賈敬顔《〈許亢宗行程録〉疏證稿》中檢到《松漠記聞》有作“勝
州鋪”者,指出“‘勝州’,《百官志》作‘塍’字,即在威州南百里,而
威州位於劉家附近,則勝州必當今懷德鎮東北約十里之處也。《紀
聞》疑誤”。② 余蔚考證遼代政區建置沿革,判斷“勝州”正確,諸如
《遼史·百官志》南面方州官條東京道三十七州列“勝”,《松漠記
聞》、《金虜圖經》及《雲麓漫鈔》卷八《御寨行程》亦有“勝州”之記

---

① 金鑫《正隆大定之交契丹人起義若干細節問題的再思考》,《大連民族學院學報》
2009 年第 4 期。
② 賈敬顔著《五代宋金元人邊疆行記十三種疏證稿》,中華書局,2004 年,第 247—
248 頁。

載,遼代石刻《高爲裘墓誌》、《高澤墓誌》及《亡遼録》、《契丹國志》皆載"勝州"。① 按《遼史・地理志》東京道下記載:"朥州,昌永軍,刺史。"中華書局原點校本於此處無校勘記,②同書卷四八《百官志》"南面方州官"條東京道列"勝",有校勘記曰:《地理志》'勝州'作'朥州'"。③修訂本删《百官志》校勘記,反則校勘《地理志》曰:"本書卷四八《百官志四》南面方州官條及《蕭僅墓誌》、《高爲裘墓誌》、《高澤墓誌》均作'勝州'。"④意謂《遼史・地理志》"朥州"疑誤。據此可見,遼有勝州,《金史・世宗紀》大定二年閏二月乙未條作"勝州"毫無嫌疑。

再考大定二年窩斡與金朝諸將作戰地點,確實與上述判斷完全相符。據本書《謀衍傳》記載:"二年正月,謀衍率諸軍討窩斡,會兵於濟州,合甲士萬三千人,過泰州,至术虎崖,乃捨輜重,持數日糧,輕騎追之。是時窩斡新敗于泰州,將走濟州。謀衍兵至長灤南。……而都統志寧、克寧等,已敗敵衆二萬餘於長灤,追殺甚衆,敵遂西遁。志寧軍先追及於霧靈河,急擊敗之。"⑤按本卷《世宗紀上》大定二年正月庚寅條曰:"遣右副元帥完顔謀衍率師討蕭窩斡。"⑥四月己巳曰:"右副元帥完顔謀衍等敗窩斡于長灤"。乙亥條曰:"右副元帥完顔謀衍復敗窩斡於霧靈河。"⑦以上均與《謀衍傳》内容相合。由此可知,大定二年窩斡從臨潢經過泰州,盤旋於

① 余蔚《中國行政區劃通史・遼金卷》,復旦大學出版社,2012年,第201—202頁。

② 《遼史》卷三八《地理志二》,中華書局,1974年,第2册,第474頁。

③ 《遼史》卷四八《百官志四》,第3册,第820、830頁。

④ 修訂本《遼史》卷三八《地理志二》東京道條,中華書局,2017年,第2册,第536、543頁。

⑤ 《金史》卷七二《謀衍傳》,第5册,第1654—1655頁。

⑥ "蕭窩斡","蕭"當作"移剌"。

⑦ 《金史》卷六《世宗紀上》,第1册,第125、127頁。

濟州及長灤、霧霖河一帶,此外《內族襄傳》稱"肇州之長灤"。① 根據洪皓《松漠記聞》記載説,金上京至燕京驛路,濟州"四十里至勝州鋪,五十里至小寺鋪,五十里至威州,四十里至信州北"。② 結合《金史·地理志》記載,肇州、隆州、信州相互毗鄰(參見圖八)。③《世宗紀上》大定二年閏二月乙未條"勝州",根據賈敬顏先生考證結論,該州地望正好在上述各州之間。

圖八

改編自《中國歷史地圖集》第六冊《宋遼金時期》

"上京路·咸平路·東京路圖"(柴寶惠繪製)

十五

《世宗紀上》記載大定四年事云:"十月癸丑朔,獵于密雲縣。

---

① 《金史》卷九四《內族襄傳》,第 6 冊,第 2086 頁。

② 洪皓《松漠記聞》卷下,陽山顧氏文房本,第 6 頁 b。

③ 《金史》卷二四《地理志上》,第 2 冊,第 551—552 頁。

丙寅,還都。己卯,命泰寧軍節度使張弘信等二十四人分路通檢諸
路物力。"(第 1 册第 135 頁)原點校本舊校第十二條(第 152 頁)
指出:

> 十月癸丑朔。"癸丑"原作"癸亥"。按上文九月癸未朔,
> 則十月當爲癸丑朔,今據改。

修訂本新校第十八條因襲上述意見(第 1 册第 170 頁),然而改動
較大:

> 十月癸丑朔。"癸丑",原作"癸亥",據局本改。殿本《考
> 證》:"原文訛'癸亥'。案是年八月甲寅朔,小盡,九月癸未朔,
> 大盡,則十月朔當爲癸丑,若癸亥,則多衍一旬矣。"

諸家皆根據"朔"字將原文"癸亥"改作"癸丑",這僅僅爲一種校勘
思路。我認爲還存在另外一種可能:按十月癸丑朔,癸亥"狩獵"爲
十一日,丙寅"還都"乃爲十四日,最後一條己卯則爲二十七日,這
樣紀事時間先後有次。則不排除"朔"字爲衍文的嫌疑。

十六

《世宗紀上》大定五年二月戊申曰:"萬春節,宋、高麗、夏遣使
來賀。"原點校本舊校第十四條認爲:

> 戊申萬春節。"戊申"上原有"三月"二字。按是年正月辛
> 亥朔,戊申當在二月末,"三月"二字應在下文"壬申"之上。今
> 乙正。

同卷六年二月壬寅條曰:"萬春節,宋、高麗、夏遣使來賀。""三月甲
寅,上如西京。"(第 1 册第 136—137 頁)舊校第十五條(第 152—
153 頁)認爲:

壬寅萬春節。“壬寅”上原有“三月”二字。按是年三月甲辰朔，壬寅當在二月末，“三月”二字應在下文“甲寅”之上。今乙正。

修訂本新校第二十條、二十二條同（第 1 册第 170 頁）。以上兩條均出自施國祁《金史詳校》卷一世宗紀上條：“三月戊申萬春節，‘三月’當削，案此亦賀使到闕日也。上文正月辛亥朔，則戊申尚屬二月。”以及“‘甲寅’，此上當加‘三月’”。這種校改雖然理順干支紀日問題，但是調整後史文謂“戊申萬春節”及“壬寅萬春節”云云，則與《金史》記載大定年間賀萬春節編撰敘事慣例相悖。

據《大金集禮·聖節》記載説：“大定元年十二月二十六日，御前批劄，三月一日爲萬春節。”① 筆者將《金史》全書通盤梳理，可知大定四年高麗、夏開始遣使，次年宋開始遣使，至二十八年，皆於三月朔日條下繫三國使節賀萬春節事，本書《世宗紀》按慣例寫作：“三月□□朔，萬春節，宋、高麗、夏遣使來賀。”同時《交聘表》詳細記述三國賀生辰正副使者的名字。施國祁認爲大定五年二月戊申和六年二月壬寅賀使到闕日，本卷《世宗紀上》大定三年二月庚寅條確實有一條如此，謂“高麗、夏遣使來賀萬春節”（第 130 頁）。本書《交聘表》大定三年則云：“三月壬辰朔，夏武功大夫訛留元智、宣德郎程公濟賀萬春節。”“三月壬辰朔，高麗衛尉少卿李公老賀萬春節。”② 此文記載朔日稱賀。

---

① 任文彪點校《大金集禮》卷二三《聖節》，第 237 頁。

② 《金史》卷六一《交聘表中》，第 5 册，第 1419 頁。修訂本《交聘表中》新校第一條校勘記認爲：“三月壬辰朔夏武功大夫訛留元智宣德郎程公濟賀萬春節。本書卷六《世宗紀上》繫高麗、夏遣使來賀萬春節事於二月庚寅。下高麗欄同。”（第 5 册第 1541—1542 頁）按庚寅日到闕，相隔一日即三月壬辰朔，兩國使節賀萬春節。《交聘表》、《世宗紀》紀事不矛盾，此條校勘記當删。

結合以上分析,我們再看經過校正後的大定五年二月戊申條和六年二月壬寅條,皆作"萬春節,宋、高麗、夏遣使來賀",這顯然不是使者到闕日的寫法,實際倒與《世宗紀》三月朔日稱賀符合。換句話説,這兩條意在記録三月朔日賀萬春節。今檢《交聘表中》大定五年欄記載:

> 三月庚戌,宋禮部尚書洪适、崇信軍承宣使龍大淵賀萬春節。
>
> 三月庚戌,夏使賀萬春節。
>
> 三月庚戌,高麗殿中少監陳力升進奉使,祕書少監元頤冲賀萬春節。①

及大定六年欄記載:

> 三月甲辰朔,宋吏部尚書王曦、利州觀察使魏仲昌賀萬春節。
>
> 三月甲辰朔,夏武功大夫曹公達、宣德郎孟伯達、押進知中興府趙衍賀萬春節。
>
> 三月甲辰朔,高麗國子司業趙仁貴進奉使,祕書少監李復基等賀萬春節。②

大定五年三月庚戌朔、六年三月甲辰朔爲萬春節。若根據目前校改方案,"戊申,萬春節,宋、高麗、夏遣使來賀"及"壬寅,萬春節,

---

① 修訂本《交聘表中》第五條校勘記指出:"三月庚戌宋禮部尚書洪适崇信軍承宣使龍大淵賀萬春節。本書卷六《世宗紀上》繫宋、高麗、夏遣使來賀萬春節事於二月戊申。下夏、高麗欄同。"(第5册第1542頁)

② 《金史》卷六一《交聘表中》,第5册,1422—1423頁。修訂本《交聘表中》第六條校勘記指出:"三月甲辰朔宋吏部尚書王曦利州觀察使魏仲昌賀萬春節。本書卷六《世宗紀上》繫宋、高麗、夏遣使來賀萬春節事於二月壬寅。下夏、高麗欄同。"(第5册第1542頁)

宋、高麗、夏遣使來賀”,但若置於整個《世宗紀》體例中,便會讓人誤認爲是上述兩日爲萬春節。鑒於此,宜根據底本恢復史文如下:

> 三月戊申,萬春節,宋、高麗、夏遣使來賀。
> 三月壬寅,萬春節,宋、高麗、夏遣使來賀。

再引《交聘表中》大定五年和大定六年欄相關條目,並且指出“戊申”、“壬寅”爲二月干支即可。我認爲這種出校不改原文的做法最爲穩妥。①

十七

《世宗紀上》大定八年五月甲子云:“北望淀大震、風、雨雹,廣十里,長六十里。”(第 1 册第 142 頁)本書卷二三《五行志》謂大定八年五月甲子:“北望淀大風,雨雹,廣十里,長六十里。”②修訂本新校第二十七條指出(第 1 册第 171 頁):

> 本書卷二三《五行志》無“震”字。

同時於《五行志》出了一條異同校(新校第九條,第 2 册第 587 頁),未有判斷。

此條災害記録,《世宗紀》與《五行志》同源於《世宗實録》大定八年五月甲子條,故内容相同,然而《五行志》編寫粗疏遺漏“震”字。按,“震”非指地震,而是應作“大震風”,意謂破壞力極大的疾風,下文“廣十里,長六十里”與此意契合。據此分析,《世宗紀上》史文當標點作:“北望淀大震風、雨雹,廣十里,長六十里。”這樣便能删掉修訂本的兩條校勘記。

---

① 參見李輝《中華書局點校本〈金史〉正誤二則》,《中國史研究》2006 年第 4 期。
② 《金史》卷二三《五行志》,第 2 册,第 537 頁。

十八

《世宗紀上》大定十一年十二月乙丑云："趙王永中、曹王永功俱授猛安，仍命永功親治事，以習爲政。"（第 1 册第 150—151 頁）原點校本未有校勘記，修訂本新校第三十二條（第 172 頁）認爲：

> 趙王永中曹王永功俱授猛安。本書卷八五《世宗諸子·永功傳》"十七年，授活活土世襲猛安"，繫年與此異。

按本書《永功傳》謂大定十七年"授活活土世襲猛安"。原點校本舊校第三條云：

> 十七年授活活土世襲猛安。按本書卷六《世宗紀》作大定十一年十二月，"趙王永中、曹王永功俱授猛安"。①

修訂本新校第四條從之（第 6 册第 2029 頁）。也就是説，修訂本將原來《永功傳》一條校勘記改爲卷八五《永功傳》和卷六《世宗紀上》兩邊同時出校。

我認爲以上校勘意見並不能成立。前引《世宗紀上》所載永功授猛安爲大定十一年十二月事，而《永功傳》授活活土世襲猛安則繫於十七年，兩者恐非一事，這是因爲，我們應該考慮到永功改授世襲猛安的可能性很大。例如，《永功傳》下文謂在章宗即位後："改授山東西路把魯古世襲猛安。"②那麼，結合《世宗紀上》、《永功傳》，我們可以認爲永功應三次改授猛安。這種現象並非孤例，據本書卷八五《永成傳》云："（大定）十六年，判祕書監。明年，授世襲山東東路把魯古猛安，判大睦親府事。既而改中都路胡土靄哥

---

① 《金史》卷八五《永功傳》，第 6 册，第 1902、1909 頁。
② 《金史》卷八五《永功傳》，第 6 册，第 1904 頁。

蠻猛安。……明昌元年,改山東西路盆買必剌猛安。"①據此可見,永成就有三次這樣的經歷。

十九

卷七《世宗紀中》大定十四年四月戊子曰:"以樞密副使徒單克寧兼大興尹。"(第 1 册第 161 頁)原點校本未有校勘記,修訂本新校第三條(第 1 册第 195 頁)云:

> 以樞密副使徒單克寧兼大興尹。本書卷九二《徒單克寧傳》繫此事於大定十二年,與此異。

本書卷九二《徒單克寧傳》敘述克寧履歷云:"(大定)十一年,從丞相志寧北伐,還師。十一月皇太子生日,世宗置酒東宫,賜克寧金帶。明年,遷樞密副使,兼知大興府事,改太子太保,樞密副使如故。拜平章政事,封密國公。"原點校本舊校第六條指出:

> 明年遷樞密副使兼知大興府事。按"明年"承上"十一年"即"十二年"。本書卷七《世宗紀》大定十四年四月"戊子,以樞密副使徒單克寧兼大興尹"。與此不同。②

修訂本《徒單克寧傳》新校第七條與此同(第 6 册第 2178 頁)。修訂本認爲《世宗紀中》、《徒單克寧傳》所述"徒單克寧兼大興尹"的任職時間有所歧異,但並未有考證。

兹將《徒單克寧傳》所載諸條史事加以分析梳理。據本書《紇石烈志寧傳》記載:

> (大定)十一年,代宗敍北征。既還,遣使者迎勞,賜以弓

---

① 《金史》卷八五《永成傳》,第 6 册,第 1906 頁。
② 《金史》卷九二《徒單克寧傳》,第 6 册,第 2046—2047、2053 頁。

矢、玉吐鶻。入見，上慰勞良久。是日，封廣平郡王，復遣使就第慰勞之。皇太子生日，宴羣臣於東宮，以玉帶賜志寧，上曰："此梁王宗弼所服者，故以賜卿。"郊祀覃恩，從征護衛，皆有賜，進封金源郡王。①

《徒單克寧傳》謂克寧從征有功，亦受賜金帶。按《世宗紀中》大定十一年十一月戊寅"幸東宮"（第 150 頁），十一月辛未朔，戊寅爲八日，以及《紇石烈志寧傳》謂是年"十一月八日皇太子生日"相同，據此可知《徒單克寧傳》記述"賜克寧金帶"係十一年十一月事。該傳下文云"明年遷樞密副使"，與《世宗紀中》大定十二年十二月辛亥條"以殿前都點檢徒單克寧爲樞密副使"相合（第 158 頁）。本傳接着敘述"兼知大興府事"、"拜平章政事"，本卷《世宗紀中》分别繫於大定十四年四月戊子、十二月戊寅（第 161、162 頁），克寧履歷敘述時序合理，其實並不矛盾。根據史書列傳編纂體例，大體以敘述傳主生平事迹爲主線，一般不拘細節時間，只要敘事時間不前後顛倒紊亂，就不宜出校。

二十

《世宗紀中》大定十七年正月戊申曰："詔於衍慶宫聖武殿西建世祖神御殿，東建太宗、睿宗神御殿。"（第 1 册第 166 頁）原點校本未有校勘記，修訂本新校第六條（第 195 頁）曰：

> 東建太宗睿宗神御殿。按，本書卷三三《禮志六·原廟》，大定十六年正月，"乃敕於聖武殿東西興建世祖、太宗、睿宗殿位"，時間與此異。

---

① 《金史》卷八七《紇石烈志寧傳》，第 6 册，第 1934 頁。

同時於本書卷三三《禮志六》新增第二條校勘記（第 3 冊第 857
頁）曰：

> "十六年正月"至"乃敕於聖武殿東西興建世祖太宗睿宗
> 殿位"。本書卷七《世宗紀中》稱"十七年正月（中略）戊申，詔
> 於衍慶宮聖武殿西建世祖神御殿，東建太宗、睿宗神御殿"。
> 繫年與此異。

修訂本意謂《世宗紀中》與《禮志六》記述建世祖太宗睿宗殿位時間
歧異，故於兩卷各出校記。實際上，《金史》修訂者並未審明《禮志》
上下文義及檢索該文之來源。

兹將《金史·禮志六·原廟》引述如下：

> （大定）十六年正月，有司奏："奉敕議世祖皇帝御容當於
> 何處安置。臣等參詳衍慶宮即漢之原廟，每遇太祖皇帝忌辰，
> 百官朝拜。今世祖皇帝擇地修建殿位，庶可副嚴奉之意。"從
> 之。乃敕於聖武殿東西興建世祖、太宗、睿宗殿位。①

此謂有司奏請修建殿位安置世祖御容，時間爲大定十六年正月。
該奏議獲准後，"乃敕於聖武殿東西興建世祖、太宗、睿宗殿位"，這
句話雖承上文，但繫年不明，下文將考證此事。

自從施國祁《金史詳校》及原點校本《金史》根據《大金集禮》
校勘《金史·禮志》，從而揭示，兩者源流關係密切，經過任文彪全
面考察，確認《大金集禮》是《金史·禮志》之史源。② 按《大金集
禮·原廟上》奉安條曰：

> （大定）十六年正月七日，奏劄："近奉敕旨，世祖皇帝御容

---

① 《金史》卷三三《禮志六》，第 3 冊，第 790 頁。
② 任文彪《〈大金集禮〉研究》，見任文彪點校《大金集禮》附錄四，第 547—579 頁。

當於何處奉安。檢討到，無奉安容像典故。參詳衍慶宮即漢之原廟，伏見每遇太祖皇帝忌辰，百官朝拜。所有世祖皇帝御容，若擇地修建殿位奉安，庶可以仰副國家嚴奉祖宗之意。"從之。續奉敕旨：仰於聖武殿東西起建世祖、太宗、睿宗殿位。又聖武殿東殿閤兩位比聖武殿閤制度小着。又太宗殿位欲別擇地起蓋。

十七年正月十七日，擬定世祖、太宗、睿宗殿位制度，並依太祖殿位一體營建。外，太宗殿位，踏逐到車輅院并歸仁館兩處皆是國音利方，參詳車輅院係今起蓋殿位之後，恐有窒礙，兼山陵内太祖、太宗、睿宗共一兆域，及太廟内世祖、太祖、太宗、睿宗亦同堂異室。今來歸仁館若擬起蓋太宗殿位，恐與山陵、太廟制度不同。奏奉敕旨，依進呈四位圖本起。建各殿七間、閤五間、内三門五間。[①]

《金史·禮志六·原廟》上文即源出於此，其中"乃敕於聖武殿東西興建世祖、太宗、睿宗殿位"，就是《大金集禮》"續奉敕旨"的内容，皆爲大定十六年有司與世宗議論。根據《大金集禮》原始記載："（大定）十七年正月十七日，擬定世祖、太宗、睿宗殿位制度，並依太祖殿位一體營建。"《金史》删削此句，直接説"既而復欲擇地建太宗殿于歸仁館"。[②] 本卷《世宗紀中》大定十七年正月戊申條曰："詔於衍慶宮聖武殿西建世祖神御殿，東建太宗、睿宗神御殿。"按正月壬寅朔，戊申即七日，此與《大金集禮》上文頒旨時間相差十天，不過内容意思一致。

綜上所論，根據《大金集禮·原廟》奉安條所載興建世祖、太

---

① 任文彪點校《大金集禮》卷二〇《原廟上》，第204—205頁。
② 《金史》卷三三《禮志六》，第3册，第790頁。

宗、睿宗殿位事，可知《金史·禮志》大定十六年是有司議事和奉敕時間，而《世宗紀》大定十七年正月乃爲世宗正式頒詔時間，兩者不相矛盾。修訂本上述兩條校勘記當删。

二十一

卷八《世宗紀下》大定二十一年五月戊子曰："西北路招討使完顔守能以贓罪，杖二百，除名。"（第 1 册第 181 頁）原點校本未出校，修訂本新校第一條（第 1 册第 223 頁）指出：

> 杖二百。"二百"，南監本、北監本、殿本、局本並作"一百"。

通過版本校揭示異文，固然可取，但仍需辨明是非。至正初刻本《金史》該卷已佚，今核對洪武覆刻本及補版葉皆作"二"，但是兩者仍有所不同，補版葉"二"、"百"兩字間隔較大，其中"二"首筆"一"緊挨"杖"字，若稍不注意便會誤讀爲"一百"。"二百"、"一百"孰是孰非，須舉證《金史》本校。

筆者注意到，本書七三《守能傳》對此事有着明確記載：

> 大定十九年，爲西北路招討使。是時，詔徙窩斡餘黨于臨潢、泰州。押剌民列嘗從窩斡，其弟闡敵也當徙，僞稱身亡，以馬賂守能，固匿不遣。及受賕補賽也蕃部通事，事覺。是時，烏古里石壘部族節度副使奚沙阿補杖殺無罪鎮邊猛安，尚書省俱奏其事。上曰："守能由刺史超擢至此，敢恣貪墨。向者招討司官多進良馬、橐駝、鷹鶻等物，蓋假此以率斂爾，自今並罷之。"因責其兄守道曰："守能自刺史躐遷招討，外官之尊，無以踰此。前招討哲典以貪墨伏誅，守能豈不知，乃敢如此，其意安在。爾之親弟，何不先訓戒之也。"上謂宰臣曰："監察專

任糾彈。宗州節度使阿思懣初之官，途中侵擾百姓，到官舉動皆違法度。完顏守能爲招討使，貪冒狼籍。凡達官貴人，皆未嘗舉劾。斡睹只群牧副使僕散那也取部人毬杖兩枝，即便彈奏。自今，監察御史職事修舉，然後遷除。不舉職者，大則降罰，小則決責，仍不得去職。"尚書省奏，守能兩贓俱不至五十貫，抵罪。奚沙阿補解見居官，并解世襲謀克。上曰："此舊制之誤。居官犯除名者，與世襲併罷之，非犯除名者勿罷。"遂著于令。特詔守能杖二百，除名。①

守能本傳詳細記述其貪贓及世宗處罰的具體經過。此外本卷《世宗紀下》大定二十一年三月乙丑條上謂宰臣曰："通州刺史完顏守能既與招討職事，猶不守廉。"（第180頁）此與《守能傳》相合。最終結果爲"特詔守能杖二百，除名"，大定二十一年五月戊子條與此相同。

二十二

《世宗紀下》大定二十三年五月庚午云："縣令大雛訛只等十人以不任職罷歸。六十以上者進官兩階，六十以下者進官一階，並給半俸。"（第1冊第184頁）原點校本舊校第三條（第204頁）認爲：

> 以不任職罷歸。此與下文文義不屬，當有闕文。施國祁云當加"詔致仕官，年"等字。

修訂本新校第四條從之（第223頁）。以上援引施國祁《金史詳校》卷一世宗紀下條的校勘意見實難成立。

筆者認爲，"縣令大雛訛只等十人以不任職罷歸"應與下文相

---

① 《金史》卷七三《守能傳》，第5冊，第1691—1692頁。

屬。所謂"罷歸"，實際上就是"勒令致仕"，參酌本書卷一〇六《張暐傳》稱"致仕，例給半俸"。① 例如，大定初，曹望之上書論便宜事的第二條："年六十以上者，終更赴調，有司察其視聽精力，老疾不堪釐務，給以半禄罷遣。"②本書卷八《世宗紀下》大定二十八年三月戊申條云："應赴部求仕人，老病昏昧者，勒令致仕，止給半俸，更不遷官。"（第200頁）結合以上兩條旁證看，上文意謂罷歸的十人中，凡年逾六十者進官兩階，六十以下者進官一階，均給半俸待遇。此文應標點作："縣令大雛訛只等十人以不任職罷歸，六十以上者進官兩階，六十以下者進官一階，並給半俸。"③

二十三

卷八《世宗紀下》大定二十八年三月戊申云："命隨朝六品、外路五品以上職事官，舉進士已在仕、才可居翰苑者，試制詔等文字三道，取文理優贍者補充學士院職任。"（第1冊第200頁）原點校本舊校第十條（第205頁）指出：

外路五品以上職事官。原脱"上"字，據文義補。

修訂本新校第十四條（第1冊第224頁）云：

外路五品以上職事官。"上"字原脱。《金史詳校》卷一："'以'下當加'上'。今據補。"

---

① 《金史》卷一〇六《張暐傳》，第7冊，第2329頁。
② 《金史》卷九二《曹望之傳》，第6冊，第2038頁。
③ 據《大金國志·雜色儀制》致仕遷官半俸儀條記載："官職不拘品從，七十以上告致仕者遷兩官，六十以上遷一官，給半俸。外不及六十，未至衰老，止是疾病難任職事者，止合給半俸，更不在遷官之列。（已上公田非）。"可資參考。（崔文印校證《大金國志校證》，下冊，第502—503頁）

以上諸家都不過是根據上下文義猜測。筆者從《金史·選舉志》中檢出一條與此同源的史料，該卷試學士院官條云："大定二十八年，敕設科取士爲學士院官。禮部下太常，按唐典，初入學士院例先試，今若於進士已仕者，以隨朝六品、外路五品職事官薦，試制詔誥等文字三道，取文理優者充應奉。由是翰苑之選爲精。"①此文敘翰苑選拔已仕進士之法。參酌此條，可知本卷《世宗紀下》大定二十八年三月戊申條節取實録失當，點校者補"上"字雖文從字順，但未必符合史文本義。

章宗紀

二十四

卷九《章宗紀一》追述大定二十五年六月事曰："顯宗崩，世宗遣滕王府長史臺、御院通進膏來護視。"（第 1 册第 208 頁）原點校本舊校第一條（第 225 頁）曰：

> 世宗遣滕王府長史臺御院通進膏來護視。按本書卷一九《世紀補》，臺作"再興"，膏作"阿里剌"。

此條據施國祁《金史詳校》卷二章宗紀一條而來。修訂本根據上述意見亦有所改動，新校第一條（第 246 頁）認爲：

> 世宗遣滕王府長史臺御院通進膏來護視。"臺"，南監本、北監本、殿本、局本並作"臺"。按，本書卷一九《世紀補·顯宗紀》，"臺"作"再興"，"膏"作"阿里剌"。

---

① 《金史》卷五一《選舉志一》，第 4 册，第 1152 頁。

筆者認爲,上述大定二十五年六月條不宜出校,下文擬從《金史》本證與版本兩方面略作辨析。

今覆檢《金史·世紀補·顯宗》記載謂:大定二十五年六月甲寅,"帝不豫。庚申,崩于承華殿。……世宗以豳王永成爲中都留守,來護喪,遣滕王府長史再興、御院通進阿里剌來保護金源郡王"。① 本卷《章宗紀一》與上文相合,根據兩者所載官職,知臺與再興同爲一人,皆當爲此人漢名,分別爲名、字;臺爲漢名,阿里剌係其女真語名。以上這一判斷根據《金史》可證屬實。按本書卷六六《臺傳》云:

> 臺,本名阿里剌,隸上京司屬司。大定十年,以皇家近親,收充東宮護衞。轉十人長,授御院通進,從世宗幸上京。會皇太子守國蒐,世宗以臺親密可委,特命與滕王府長史臺馳驛往護喪。時章宗爲金源郡王,亦留中都,且命臺等保護,諭之曰:"郡王遭此家難,哀哭當以禮節之,飲食尤宜謹視。"世宗還都,遷符寶郎,除吏部郎中。②

《臺傳》與《章宗紀一》、《世紀補·顯宗》相互印證,即知"臺本名阿里剌"。

上文《臺傳》亦稱"滕王府長史臺","臺"寫法與《章宗紀一》完全相同,亦證明其不誤。雖然臺(再興)的事迹於《金史》中無徵,但通過這個名字及其護喪一事分析,此人身份應該爲完顏氏宗室。須知金朝宗室凡屬籍者取用漢語名的用字都比較講究,尤其是要嚴格遵循行輩派字。不妨從元朝史官編纂的《金史·宗室表》中略作總結,謹擇例如下:世祖、穆宗爲兄弟,世宗子太祖諱旻、太宗諱

---

① 　《金史》卷一九《世紀補·顯宗》,第 2 册,第 415 頁。
② 　《金史》卷六六《臺傳》,第 5 册,第 1568 頁。

晟、杲及昂；穆宗子勗，即太祖一輩的漢名皆爲單名，均從“日”字。再下一代人均採“宗”字，例如杲子名宗義，勗子名宗秀，等等。太祖孫輩，諸如充、兖、襄、衮、齊、京、文、亨、褒等等，這些人漢名用字的規律非常明顯，均以偏旁“宀”起首。① 此外《金史》卷六六設有宗室傳，今見本卷有謂：“衷，本名醜漢，中都司屬司人，世祖曾孫。”“齊，本名掃合，穆宗曾孫。”“卞，本名吾母，上京司屬司人。”“弈，本名三寶，隸梅堅塞吾司屬司。”以及上引“霅，本名阿里剌，隸上京司屬司。”②以上皆爲宗室同輩成員無疑，其中世系明確者衷、齊亦即太祖孫輩，此二人與上述充、兖等人的取名用字方式完全一致。那麽，“臺”亦同此理。

　　修訂者指出，“‘臺’，南監本、北監本、殿本、局本並作‘臺’”。據上文考證，可見該字從“吉”當誤。我們可通過對比國家圖書館藏洪武覆刻本《金史》解釋致誤緣由。百衲本影印洪武覆本作“臺”（第 1 葉 B 第六行），正確無疑。最關鍵的一條線索是，筆者看到在洪武覆刻本補版葉中該字則刻寫作臺，從吉從堂，雖然已經發生訛誤，但仍對原字面貌有所保留。在版本傳鈔和重刻中，結果再到南監本中就變成了“臺”字（見圖九），以後諸版本因襲於此。

二十五

　　卷九《章宗紀一》大定二十九年十一月戊辰曰：“諭尚書省，自今五品以上官各舉所知，歲限所舉之數，如不舉者坐以蔽賢之罪。仍依唐制，內五品以上官到任即舉自代，並從提刑司採訪之。”（第 1 册第 212 頁）原點校本未出校，修訂本新校第六條（第 246 頁）云：

---

① 《金史》卷五九《宗室表》，第 5 册，第 1364—1371 頁。
② 《金史》卷六六《宗室傳》，第 5 册，第 1563—1569 頁。

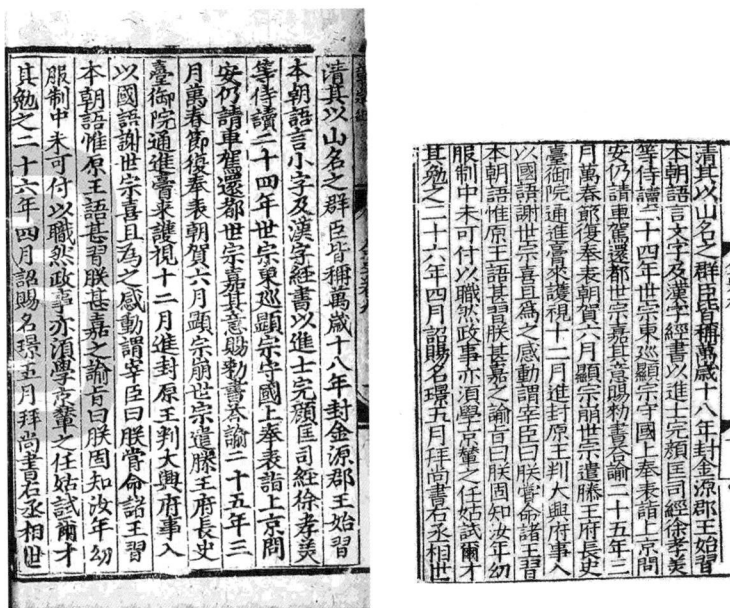

圖九

a 洪武覆刻本補版葉（國圖藏 02085）　　　　b 南監本

内五品以上官到任即舉自代。"内五品"，南監本、北監本、殿本、局本並作"凡五品"。

《金史》諸版本異文，"内五品"與"凡五品"原本是版刻歧異，但具體落實到文義則有明顯差異，故須認真辨析，是否採用這種出校方案尤其需要加以斟酌。今檢明初洪武覆刻本，即百衲本所據底本作"内五品"，而補版葉作"几"，南監本作"凡"，即根據後者翻刻。

今檢《金史·選舉志四·舉薦》有與之相關的記載，據此可解決上述版本歧異問題。

章宗大定二十九年，上以選舉十事，命奉御合魯諭尚書省定擬。

其五曰："舊時，臣下雖知親友有可用者，皆欲遠嫌而不引薦。古者舉賢不避親讎，如祁奚舉讎，仁傑舉子，崔祐甫除吏八百皆親故也。其令五品以上官，各舉所知幾人，違者加以蔽賢之罪。"吏部議，內外五品以上職事官，每歲保廉能官一人。外路五品、隨朝六品願舉者聽。若不如所舉者，各約量降罰。今擬賢而不舉者，亦當約量降罰。

其六曰："前代官到任之後，即舉可自代者，其令自今五品以上官，舉自代以備交承。"吏部按《唐會要》，建中元年赦文，文武常參官外，節度、觀察、防禦、軍使、刺史、赤令、畿令、并七品以上清官、大理司直評事，受命之三日，於四方館上表，讓一人以自代，外官則馳驛奏聞。表付中書門下，每官闕即以所舉多者量授。今擬內外官五品以上到任，須舉所知才行官一員以自代。太傅、丞相、平章謂，"自古人材難得，若令舉以自代，恐濫而不得實材"。參政謂，"自代非謂即令代其人也，止類姓名，取所舉多者約量授之爾，此蓋舜官相讓，《周官》推賢之遺意。"上以參政所言與吏部同，從之。

其七曰："隨朝、外路長官，一任之內足知僚屬之能否，每任可令舉幾人。"吏部擬，今內外五品以上職事官長，於僚屬內須舉才能官一人，數外舉者聽。

其八曰："人才隨色有之，監臨諸物料及草澤隱逸之士，不無人材，宜薦舉用之。"吏部擬，監臨諸物料內，以外路五品、隨朝六品以上，舉廉能者，直言所長，移文轉申省，差官察訪得實，隨材任使。草澤隱逸，當遍下司縣，以提刑司察訪呈省。隨色人材，令內外五品以上職官薦之。

其十曰："內外官所薦人材，即依所舉試之，委提刑司採訪虛實，若果能稱職，更加遷擢，如或碌碌，即送常調。古者進賢受上賞,進不肖有罰,其立定賞罰條格,庶使人不敢徇私也。"
省臣議,隨款各欲舉人,則一人内所舉不下五七人。自古知人
爲難,人材亦自難得,限數多則猥避責罰、務苟簡,不副聖主求
賢之意。擬以前項各款,隨色能舉一人,即充歲舉之數。如此
則不濫,而實材得矣。每歲貢人數,尚書省覆察相同,則置簿
籍之,如有闕則當隨材奏擬。①

《選舉志四》上文詳載世宗提議薦舉十條以及尚書省吏部議擬,經
筆者比對,其中五條、第六條、第十條爲本卷《章宗紀一》大定二十
九年十一月戊辰條之所據。

按照大定二年薦舉規定,"隨朝六品、外路五品以上官,各舉廉
能官一員"。② 二十九年這次針對舉主的品級和權責有着具體規
定,本卷《章宗紀一》"自今五品以上官各舉所知,歲限所舉之數,如
不舉者坐以蔽賢之罪"乃章宗擬議内容,吏部參酌《唐會要》建中元
年敕文將"五品以上官"具體改作"内外五品以上職事官"任内必須
薦舉人材,從最終討論結果看,如第五條"内外五品以上職事官";
第六條"今擬内外官五品以上到任,須舉所知才行官一員以自代",
第七條"今内外五品以上職事官長";以及第八條"隨色人材,令内
外五品以上職官薦之"。上述尚書省所議薦舉新規正式頒布,見於
本卷《章宗紀一》明昌元年三月癸酉條云:"詔内外五品以上,歲舉
廉能官一員,不舉者坐蔽賢罪。"(第214頁)亦即施行《選舉志四·
舉薦》第五條。本卷《章宗紀一》是年五月戊寅條云:"命内外官五
品以上,任内舉所知才能官一員以自代。"(第215頁)當爲《選舉志
四·舉薦》第六條。經過逐條比較,可見《章宗紀一》與《選舉志

---

① 《金史》卷五四《選舉志四·舉薦》,第4册,第1206—1209頁。
② 《金史》卷五四《選舉志四·舉薦》,第4册,第1205頁。

四·舉薦》若合符契。

所謂"内外官五品"，乃是針對大定二年"隨朝六品、外路五品"的改革，那麼，"内"當指隨朝官，"外"蓋即外路官。根據上述分析，我們再看《章宗紀一》大定二十九年十一月戊辰條"内五品以上官"，其語義不通的原因是節取《章宗實錄》有失，而脱掉了"外"字。百衲本影印洪武覆刻本基本遵從原貌，補版葉因不諳金源薦舉制度，遂根據上文"今五品以上"妄改作"凡五品以上"，南監本、北監本、殿本延續此誤。

二十六

卷一〇《章宗紀二》明昌四年三月丙子曰："特賜有司孔端甫及第，授小學教授，尋以年老，命食主簿半俸致事。"①（第 1 册第 228 頁）原點校本舊校第二條指出其語義費解（第 1 册第 244 頁）：

> 特賜有司孔端甫及第。按下文"六月癸丑，賜有司所舉德行才能之士安州崔秉仁……並同進士出身"，此處"有司"下似有脱文。

修訂本新校第二條因襲舊校（第 266 頁）。以上意見可備一説，但終究還是憑藉上下文義猜測，尚無任何證據。本文擬通過考索其史源爲上述問題提供解決方案。

筆者提倡《金史》校勘要牢固樹立史源觀念，盡最大努力探尋同源文獻，考證史料源流及其編纂過程。謹以本書《章宗紀二》明昌四年三月丙子條爲例，其所涉孔端甫在《金史》卷一〇五列有一篇附傳：

---

① 原點校本校改"致事"爲"致仕"，今回改。

四十八代端甫者，明昌初，學士党懷英薦其年德俱高，讀書樂道，該通古學。召至京師，特賜王澤榜及第，除將仕郎、小學教授，以主簿奉致仕。

今檢討構成《孔端甫附傳》的諸條史料，均見於今本《金史·章宗紀》，除上文明昌四年三月丙子條外，還有三年十一月庚午條有謂："尚書省奏：'翰林侍講學士党懷英舉孔子四十八代孫端甫，年德俱高，該通古學。……'敕魏汝翼特賜進士及第，劉震亨等同進士出身，並附王澤榜。孔端甫俟春暖召之。"①根據這條材料，可知四年三月丙子當即孔端甫赴闕而獲賜王澤榜及第、授官。由此可見，《孔端甫附傳》內容不出《章宗紀》明昌三年十一月庚午及四年三月丙子條。這條線索非常關鍵。

若想徹底釐清《孔端甫附傳》與今本《章宗紀》是何種關係，即探明前者的史源，須整體分析《金史》同卷一〇五中所列孔氏諸人（即孔璠、孔拯、孔總及元措）傳文編纂情況，以及史料取材途徑。②筆者曾分析《孔璠傳》史文，指出除"天會十五年，齊國廢。熙宗即位，興制度禮樂，立孔子廟於上京"一句今無考外，其餘皆見於今本《熙宗紀》、《孔氏祖庭廣記·世次》孔璠條。③ 根據這一思路，我們再看一下《孔拯傳》：

拯字元濟。天德二年，定襲封衍聖公俸格，有加于常品。是歲立國子監，久之，加拯承直郎。大定元年，卒。弟總襲封，加文林郎。④

① 《金史》卷九《章宗紀一》，第 1 冊，第 224—225 頁。
② 《金史》卷一〇五，第 7 冊，第 2311—2312 頁。
③ 陳曉偉《〈金史〉衍聖公家族事迹叢考》，《文史》2018 年第 2 期。
④ 《金史》卷一〇五《孔拯傳》，第 415 頁。

按《孔氏祖庭廣記・世次》孔拯條有謂:"五十代拯,字元濟,璠之長子也。……時年七歲,補文林郎,襲封衍聖公,管勾祀事,終承直郎。大定元年卒,年二十六。在祖墓西南,無嗣,弟摠繼世。"①該條即《金史・孔拯傳》所敘傳主履歷主線,此外別出者"天德二年,定襲封衍聖公俸格,有加于常品。是歲立國子監"云云,今見《金史・海陵紀》天德二年十二月丙午條"初定襲封衍聖公俸格",②及三年正月甲午條"初置國子監",亦知上文"是歲立國子監"爲天德三年事。總之,《孔拯傳》乃雜糅《孔氏祖庭廣記》及今本《海陵紀》所據史料而成。

第三位人物是孔摠。此名在《金史》中皆作"總",當誤。該本傳云:

> 總字元會。大定二十年,召總至京師,欲與之官。尚書省奏:"總主先聖祀事,若加任使,守奉有闕。"上曰:"然。"乃授曲阜縣令。明昌元年,卒。子元措襲封,加文林郎。③

據《孔氏祖庭廣記・世次》孔摠條記載説:"摠,字元會。大定三年七月,補文林郎,襲封衍聖公,管勾祀事。至二十一年十一月,世宗召赴闕下,欲留任用,力辭,請專祀事,於是特授曲阜縣令。……明昌元年,卒,五十三,贈光禄大夫,葬祖墓西南。"④党懷英撰《故贈正奉大夫襲封衍聖公孔公墓表》亦記載孔摠履歷。⑤ 經比較後,《金史・孔總附傳》與《孔氏祖庭廣記》相合,惟有不同者,孔摠赴闕

---

① 孔元措編《孔氏祖庭廣記》卷一《世次》,中華再造善本影印蒙古壬寅年刻本,第14頁 a。
② 《金史》卷五《海陵紀》,第 1 册,第 96 頁。
③ 《金史》卷一〇五《孔總附傳》,第 7 册,第 2312 頁。
④ 孔元措編《孔氏祖庭廣記》卷一《世次》,第 14 頁 a—b。
⑤ 孔元措編《孔氏祖庭廣記》卷一二,第 31 頁 a。

時間相差一年,並且本傳引據尚書省奏議原文,此與今本《世宗紀》大定二十年十二月癸卯條"特授襲封衍聖公孔總兗州曲阜令,封爵如故"同出一源。①

最後來分析一下《孔元措附傳》。該傳文如下:

> 元措字夢得。三年四月詔曰:"衍聖公視四品,階止八品,不稱。可超遷中議大夫,永著于令。"四年八月丁未,章宗行釋奠禮,北面再拜,親王、百官、六學生員陪位。承安二年正月,詔元措兼曲阜縣令,仍世襲。元措歷事宣宗、哀宗,後歸大元終焉。②

今檢《孔氏祖庭廣記·世次》孔元措條曰:

> 五十一代元措,字夢得,摠之長子。年十一,章宗明昌二年四月,補文林郎,襲封衍聖公,管勾祀事,特旨令視四品。
>
> ……三年四月,奉特旨襲封衍聖公,孔元措然已令視四品,其散官係八品,仰超授中議大夫,已後襲封並准此例。明年,超授中議大夫,仍賜四品勳封。
>
> ……承安二年二月,敕襲封衍聖公,年及十七,兼曲阜縣令,仍世襲。③

知《孔元措附傳》所載明昌三年四月及承安二年正月的授官詔令,取資《孔氏祖庭廣記》。此外,今本《章宗紀》明昌三年四月壬寅條和承安二年二月條亦有相關記載。④《孔元措附傳》明昌四年八月丁未條,亦見於《孔氏祖庭廣記·學廟親祠》明昌四年八月丁未云:

---

① 《金史》卷七《世宗紀中》,第 1 册,第 176 頁。
② 《金史》卷一〇五《孔元措附傳》,第 7 册,第 2312 頁。
③ 孔元措編《孔氏祖庭廣記》卷一《世次》,第 15 頁 b—第 16 頁 a。
④ 《金史》卷九《章宗紀一》,第 1 册,第 221 頁。卷一〇《章宗紀二》,第 1 册,第 241 頁。

"上詣文宣王廟,行釋奠之禮,北面再拜,親王、百僚及六學生員陪拜,詔從祀官分奠七十二弟子。"①

　　上文將《金史》卷一〇五孔璠、孔拯、孔總及孔元措傳文史源略作分析,探明諸條史料都能從今本《金史》諸帝本紀及《孔氏祖庭廣記》找到相關記載,而《孔氏祖庭廣記》編類檢閱書籍有《大金儀禮纂修雜録》、《國朝集禮》及《國朝續集禮》。據此可知,以上諸篇傳記有別於傳統列傳敘述體例,紀事時間周密,且遺留很多公文痕迹,元朝史官即以《孔氏祖庭廣記·世次》爲主要框架,同時從該書他處或金朝實録中節取有關册封孔廟的各類詔令鈔撮而成。

　　有上述結論作爲基礎,《孔端甫附傳》史源問題便迎刃而解了,即與今本《章宗紀》同出一源,據此可以相互比勘。這樣再審《章宗紀二》明昌四年三月丙子條"特賜有司孔端甫及第,授小學教授,尋以年老,命食主簿半俸致事",參酌《孔端甫附傳》云"特賜王澤榜及第,除將仕郎、小學教授,以主簿奉致仕",證明兩者同出一道詔令無疑,可推知前者"有司"二字蓋即衍文。

　　此外有一點需要補充討論,百衲本影印洪武覆刻本《孔端甫附傳》原文謂"以主簿奉致仕",原點校本據本書卷一〇《章宗紀二》明昌四年三月丙子條"命食主簿半俸致事"將此句校改作"以主簿半俸致仕",修訂本從之(第7册第2461頁),以上論斷成立,但僅爲文字比對,未闡釋理由。

　　不妨再參考一下金朝致仕制度,《金史》卷四《熙宗紀》天眷三年七月丁卯曰:"詔文武官五品以上致仕,給俸禄之半,職三品者仍給傔人。"皇統元年二月戊寅重申説,"詔諸致仕官職俱至三品者,

① 孔元措編《孔氏祖庭廣記》卷四《學廟親祠》,第6頁a—b。

俸禄人力各給其半。"①卷六《世宗紀上》大定十一年正月壬午亦云:"詔職官年七十以上致仕者,不拘官品,並給俸禄之半。"②由上文可知,"半俸"乃是三品以上官或年七十以上致仕者的待遇,孔端甫雖爲小學教授,從九品,但由於衍聖公家族的身份特殊,致仕後仍按照主簿正九品享受半俸待遇。

辨析至此,還有一個重要問題需要指出。筆者注意到,《孔氏祖庭廣記·族孫》記述金朝入仕者謂"端肅":

> 端肅,字肅之,四十八代孫。篤志好學,不樂進仕。翰林侍講党懷英舉:"端肅閑居鄉里,年德俱高,雖不習科舉,其讀書養道,該通古學,堪任國子小學教授。"明昌四年三月十二日,召赴闕,特賜進士及第,補將仕郎,以年老乞歸。③

上文端肅事迹與《金史·孔端甫附傳》和《章宗紀二》"孔端甫"若合符契,"端肅"與"端甫"同爲一人無疑。根據《金史》諸列傳敘述,"孔璠字文老"、"拯字元濟"、"總字元會"、"元措字夢得"均取資《孔氏祖庭廣記·世次》,而止稱"四十八代端甫者",不言其字"肅之",說明元朝史官似不取《族孫》孔端肅小傳,僅僅根據明昌三年十一月庚午和四年三月丙子兩道詔令寫成今本《孔端甫附傳》。

那麼,"端甫"、"端肅"究竟孰是孰非呢? 我們可以通過石刻文獻最終審定。首先,姜孝儀撰《姜氏云亭房題名碑》,明昌四年十月立石,位於泰安縣南申村,署作"特賜進士及第、將仕郎孔端肅篆額"。④

---

① 《金史》卷四《熙宗紀》,第1册,第75—76頁。
② 《金史》卷六《世宗紀上》,第1册,第148頁。
③ 孔元措編《孔氏祖庭廣記》卷六《族孫》,第8頁a。
④ 金榮輯《泰山志》卷一七《金石記》,陶莉、趙鵬點校,山東人民出版社,2019年,下册,第593頁。

此處端肅所書結銜即明昌四年三月赴京師所賜，與《金史》相合。其次，《泰山志》收錄有兩通石刻題名：明昌三年九月，安升卿《遊覽記》曰：“曲阜孔端肅與徂徠石德潤、王賡謁岱嶽觀。”《孔端肅題名》有云：“明昌三年秋九月，肅自闕里之徂徠，訪石君德潤山齋，遊覽名勝。”[1]這位從闕里出發遊歷泰山，題記作者自稱“端肅”，而在《金史》中凡四見，卻均作“端甫”，“甫”顯然是“肅”的形訛。

二十七

卷一〇《章宗紀二》承安二年六月乙卯云：“封皇子爲壽王。”（第1冊第242頁）原點校本未出校，修訂本新校第十八條（第1冊268頁）指出：

> 封皇子爲壽王。“皇子”下疑脱“訛論”二字。按，本書卷九三《章宗諸子·洪輝傳》，“洪輝本名訛論，承安二年五月生，彌月，封壽王”。

其實此處不書皇子姓名亦可，這是因爲，章宗此前生有洪裕、洪靖、洪熙、洪衍皆先後夭折，故其本紀所稱“皇子”指代對象絕對明確。按，洪輝，其事可見本卷《章宗紀二》承安二年五月己丑云：“皇子生”；庚寅，“詔中外，降死罪，釋徒以下”；六月乙卯，“封皇子爲壽王”；十月丁亥，“皇子壽王薨”（第242—243頁）。又如，本書卷一一《章宗紀三》泰和二年八月丁酉云：“還宮。皇子生”；九月庚午，“封皇子爲葛王”。[2] 此“皇子”亦爲章宗此時惟一子嗣，即忒鄰。按《金史·忒鄰傳》云：“忒鄰，泰和二年八月生。上久無皇嗣，祈禱于郊、廟、衍慶宮、亳州太清宮，至是喜甚。彌月，將加封，三等國號

---

① 金榮輯《泰山志》卷一七《金石記》，陶莉、趙鵬點校，下冊，第592—593頁。

② 《金史》卷一一《章宗紀三》，第1冊，第259頁。

無愜上意者,念世宗在位最久,年最高,初封葛王,遂封爲葛王。"①
這樣根據章宗特殊情況及"葛王"案例,我認爲上述校勘記當删。

二十八

卷一二《章宗紀四》泰和六年九月己亥曰:"尚書户部侍郎梁鐺
行六部尚書事於山東。"(第 1 册第 277 頁)崔文印編著《金史人名
索引》將《金史》全書所見"梁鐺"、"梁瑝"合列爲一條,即認作同一
人。② 原點校本未出校,修訂本新校第十五條(第 1 册第 312 頁)
指出:

> 尚書户部侍郎梁鐺行六部尚書事於山東。"梁鐺",本書
> 卷一三《衛紹王紀》、卷四八《食貨志三·錢幣》、卷九九《徒單
> 鎰傳》、卷一〇七《張行信傳》、卷一三二《逆臣·紇石烈執中
> 傳》均作"梁瑝"。

今檢《金史》一書:卷一三《衛紹王紀》大安三年(1211)四月條"户
部尚書梁瑝爲參知政事",九月條"參知政事梁瑝鎮撫京城",及十
一月條"上信梁瑝議";③卷四八《食貨志三·錢幣》泰和四年"太府
監梁瑝";④卷九九《徒單鎰傳》、⑤卷一〇七《張行信傳》"參知政事
梁瑝"、⑥卷一三二《逆臣傳·紇石烈執中》"參知政事瑝",皆作
"瑝"。⑦ 我們需要討論的是,此人名字用字,"鐺"、"瑝"哪一個正

① 《金史》卷九三《忒隣傳》,第 6 册,第 2059 頁。
② 崔文印編《金史人名索引》,中華書局,1980 年,第 219 頁。
③ 《金史》卷一三《衛紹王紀》,第 1 册,第 293—294 頁。
④ 《金史》卷四八《食貨志三·錢幣》,第 4 册,第 1078 頁。
⑤ 《金史》卷九九《徒單鎰傳》,第 7 册,第 2190 頁。
⑥ 《金史》卷一〇七《張行信傳》,第 7 册,第 2368 頁。
⑦ 《金史》卷一三二《逆臣傳·紇石烈執中》,第 8 册,第 2835 頁。

確呢?

　　王慶生《金代文學家年譜》梁瑝條按年代順序臚列相關史料,爲我們解決上述疑問提供了線索。① 據乾隆《潞安府志·名宦志·政績》記載説:"梁鏜,范陽人。明昌間,爲昭義軍節度使、觀察判官。有惠政,民祀之。"②此"梁鏜",與上文《金史·章宗紀》泰和六年九月己亥條同。承安二年,郝長卿撰《梁公畫像碑》,謂"昭義軍觀察判官梁公,自明昌二年到任",末尾附履歷云:"公姓梁,□堂,字國寶,涿州范陽人。"該碑文載張金吾編《金文最》,據拓本録文,這條材料十分關鍵,可惜人名殘缺。③ 有賴元好問《中州集》列有梁參政瑝小傳云:

　　　　瑝字國寶,別字瑩中,范陽人。大定十六年進士,歷州縣,稍遷警巡使,治尚嚴肅,權貴斂迹。朝廷知其才,累試繁劇,由中都路轉運使,拜户部尚書,俄參知政事。資方正,敢言大事,北兵動,立和議,人有笑其懦者,卒如其言。未幾薨于位。虎賊咤曰:"梁瑝在,族矣。"其爲人可知。④

從名字和籍貫判斷,《中州集》所載梁瑝即《梁公畫像碑》"梁公",其仕履與《金史》"户部尚書梁瑝"、"參知政事梁瑝"相合。

　　《中州集》載"梁瑝",石刻文獻亦可輔證。據上文稱,梁瑝任昭義軍觀察判官,"昭義軍"即潞州。《山右石刻叢編》收録明昌四年《五龍廟祈晴記》,樹立於山西長治縣,碑刻題名有"節度使李晏、同

---

① 王慶生《金代文學家年譜》,鳳凰出版社,2005年,下册,第1052—1053頁。
② 乾隆《潞安府志》卷一七《名宦志·政績》,第48頁b。
③ 張金吾編纂《金文最》卷七七《梁公畫像碑》,中華書局,1990年,下册,第1130—1131頁。
④ 元好問《中州集》卷九《梁參政瑝》,蕭和陶點校,華東師範大學出版社,2014年,下册,第582頁。

知唐括贄、節副完顏智、節判蒲察思忠、察判梁瑝"。①"察判梁瑝"
即郝長卿《梁公畫像碑》謂明昌二年後任職者"昭義軍觀察判官梁
公",胡聘之按語據碑文認爲此名從玉爲是。此外,天曆二年
(1329),歐陽玄撰《涿郡歷代名賢之碑》遼金條列:"梁瑭,大定十
六年進士,仕至參知政事。"②王慶生指出,"瑭"當爲"瑝"異寫。

　　上文以辨析梁氏名諱用字爲主線,通過鉤沉其履歷所見各類
文獻,證明"梁瑝"正確,則本卷《章宗紀四》泰和六年九月己亥條
"梁鏜"疑誤。

二十九

　　卷一二《章宗紀四》泰和六年十月庚戌曰:"隴州防禦使完顏璘
以本部兵五千出來遠。"(第 1 册第 278 頁)與此同時,本書卷九三
《承裕傳》有謂泰和六年:"與秦州防禦使完顏璘屯成紀界。"③施國
祁《金史詳校》卷八下承裕傳條指出:"'屯成紀界',案《章紀》,泰
和六年伐宋,作屯隴州、出來遠。"孫建權認爲,《章宗紀》"隴州"係
"秦州"之誤。④ 修訂本《章宗紀》新校第十七條(第 312 頁)云:

　　　　隴州防禦使完顏璘以本部兵五千出來遠。"隴州",本書
　　卷九三《承裕傳》、卷九八《完顏綱傳》皆作"秦州"。

修訂本卷九三《承裕傳》新校第十條(第 6 册第 2208 頁)曰:

　　　　與秦州防禦使完顏璘屯成紀界。"秦州防禦使",本書卷

① 胡聘之編《山右石刻叢編》卷二二《金・五龍廟祈晴記》,光緒二十七年刻本,第 10
　　頁 a—第 11 頁 a。
② 楊衛東、黃涿生主編《涿州貞石錄》,北京燕山出版社,2005 年,第 36—37 頁。
③ 《金史》卷九三《承裕傳》,第 6 册,第 2065 頁。
④ 孫建權《〈金史〉勘誤十二則》,《書品》2010 年第 1 期。

九八《完顏綱傳》同,卷一二《章宗紀四》泰和六年十月作"隴州防禦使"。

修訂本卷九八《完顏綱傳》新校第十三條(第7冊第2315頁)指出:

> 秦州防禦使完顏璘屯成紀界。"秦州防禦使",本書卷九三《承裕傳》所記與此同,卷一二《章宗紀四》泰和六年十月則作"隴州防禦使"。參見卷九三校勘記〔一〇〕。

以上修訂本《章宗紀四》與《承裕傳》、《完顏綱傳》所列屯守地及擔任防禦使州名歧異問題,其實則是論者將泰和六年兩次不同的與南宋交兵事件混爲一談,純屬關公戰秦瓊式校勘。

今覆檢卷一二《章宗紀四》泰和六年十月條云:

> 戊申朔,平章政事僕散揆督諸道兵伐宋。庚戌,揆以行省兵三萬出潁、壽,河南路統軍使紇石烈子仁以兵三萬出渦口,元帥匡以兵二萬五千出唐、鄧,左監軍紇石烈執中以山東兵二萬出清口,右監軍充以關中兵一萬出陳倉,右都監蒲察貞以岐、隴兵一萬出成紀,蜀漢路安撫使完顏綱以漢、蕃步騎一萬出臨潭,臨洮路兵馬都總管石抹仲溫以隴右步騎五千出鹽川,隴州防禦使完顏璘以本部兵五千出來遠。

本書卷九三《僕散揆傳》泰和六年十月紀事與上文相合,曰:"揆總大軍南伐,分兵爲九路進。揆以行省兵三萬出潁、壽,至淮,宋人旅拒于水南。"[①]此次金朝大舉征討,共分兵九路南進,本卷《章宗紀四》載僕散揆總領及出潁、壽,其餘由紇石烈子仁、完顏匡、紇石烈執中、完顏充、蒲察貞、完顏綱、石抹仲溫及完顏璘率領。按本書卷

---

① 《金史》卷九三《僕散揆傳》,第6冊,第2069頁。

九八《完顏綱傳》云："十月，綱以蕃、漢步騎一萬出臨潭，充以關中兵一萬出陳倉，蒲察貞以岐、隴兵一萬出成紀，石抹仲温以隴右步騎五千出鹽川，完顏璘以本部兵五千出來遠。"①該傳記述西北五路軍，此與本卷《章宗紀四》若合符契。據此考證，完顏璘任隴州防禦使以本部兵五千出來遠，時間爲泰和六年十月。

不妨再看一下本書《承裕傳》所載完顏璘事迹之原委：

> 泰和六年，伐宋，遷陝西路統軍副使，俄改通遠軍節度使、陝西兵馬都統副使，與秦州防禦使完顏璘屯成紀界。宋吳曦兵五萬由保岔、姑蘇等谷襲秦州，承裕、璘以騎兵千餘人擊走之，追奔四十里，凡六戰，宋兵大敗，斬首四千餘級。
>
> ……宋吳曦使其將馮興、楊雄、李珪以步騎八千入赤谷，承裕、璘及河州防禦使蒲察秉鉉逆擊破之。②

考本卷《章宗紀四》泰和六年七月甲午條有云："吳曦兵五萬入秦州，陝西路都統副使承裕等敗之"。及九月甲辰條曰："宋吳曦將馮興、楊雄、李珪等入秦州，陝西都統副使承裕等擊破之，斬楊雄、李珪。"（第277頁）由此可見，"秦州防禦使完顏璘屯成紀界"是爲了預防吳曦軍突襲秦州，時間當在泰和六年七月以前。《完顏綱傳》詳細記載泰和六年這次金朝軍事防備部署：

> 六年，與宋連兵，陝西諸將頗相異同，以綱爲蜀漢路安撫使、都大提舉兵馬事，與元帥府參決西事，調羌兵之未附者。於是，知鳳翔府事完顏昱、同知平涼府事蒲察秉鉉分駐鳳翔諸隘，通遠軍節度使承裕、秦州防禦使完顏璘屯成紀界，知臨洮

---

① 《金史》卷九八《完顏綱傳》，第7冊，第2178頁。
② 《金史》卷九三《承裕傳》，第6冊，第2065—2066頁。

府事石抹仲温駐臨洮,同知臨洮府事术虎高琪、彰化軍節度副使把回海備鞏州諸鎮,乾州刺史完顔思忠扼六盤,陝西路都統副使斡勒牙剌、京兆府推官蒲察秉彝戍號華、扼潼關蒲津,陝西都統完顔忠本名裊懶、同知京兆府事烏古論兗州守京兆要害,以鳳翔、臨洮路蕃漢弓箭手及緋翩翅軍散據邊陲。"緋翩翅",軍名也。元帥右監軍充右都監蒲察貞分總其事。

　宋吳曦以兵六千攻鹽川,鞏州戍將完顔王善、隊校僕散六斤、猛安龍延常擊走之,斬首二百級。七月,吳曦兵五萬由保坌、姑蘇等路寇秦州,承裕、璘以騎千餘擊之,曦兵大敗,追奔四十里。①

據本卷《章宗紀四》泰和六年四月丙寅條記載説,"升諸道統軍司爲兵馬都統府,……陝西統軍使充爲陝西五路兵馬都統使,通遠軍節度使胡沙(承裕)、知臨洮府事石抹仲温副之。河南皆聽摽節制如故。盡徵諸道籍兵。"(第275頁)此爲是年陝西五路軍事機構首領任命大概情況,而上文《完顔綱傳》所載內容則是軍事指揮和防禦部署的具體細化,此外,七月承裕、完顔璘於秦州敗吳曦兵等,亦與《承裕傳》吻合。按本書《地理志下》鳳翔路鄜延路條,成紀爲秦州倚廓,②上引《承裕傳》、《完顔綱傳》皆云"秦州防禦使完顔璘屯成紀界",這完全合乎備戰邏輯,亦可知上述事件發生在泰和六年七月以前。

　綜合以上考證結論,完顔璘擔任秦州防禦使屯成紀界的任務是爲了防止宋軍襲擊,其後敗吳曦兵時間在泰和六年七月,而本卷《章宗紀四》所云"隴州防禦使完顔璘以本部兵五千出來遠"則爲泰

---

① 《金史》卷九八《完顔綱傳》,第7冊,第2175頁。
② 《金史》卷二六《地理志下》,第2冊,第647頁。

和六年十月事，乃是全面舉兵反擊，兩者並不是一回事，顯然不宜拿來比較勘同。理由其實很簡單，從七月至十月間，由於金宋戰事屢有變化等緣故，完顏璘任職調整或軍事調防屬正常現象。

三十

卷一二《章宗紀四》泰和七年十一月癸酉云："是日，都統押剌拔鶻嶺關、新道口，副統回海取小湖關、敖倉，進至營口鎮，遂取其城。"（第1册第282頁）原點校本舊校第十四條（第287—288頁）認爲：

> 按本書卷九九《徒單鎰傳》記此事作"十一月，葉禄瓦拔鶻嶺關，摑剌别將攻破燕子關新道口"。葉禄瓦即押剌，而摑剌則副統，記載較此清楚，此處疑有脱文。

修訂本新校第二十一條有所改動（第313頁）：

> 本書卷九九《徒單鎰傳》云："葉禄瓦拔鶻嶺關，摑剌别將攻破燕子關新道口"。葉禄瓦即押剌，别將摑剌本卷下文作"副統"，記載較此清楚，此處疑有脱文。

以上兩書判斷難以成立。

兹將《徒單鎰傳》與《章宗紀》相關史文列表如下：

《徒單鎰傳》①	《章宗紀》
七年，吴曦死，宋安丙分兵出秦、隴間。	泰和七年五月丙申：四川安撫使安丙遣西和州安撫使李孝義率步騎三萬攻秦州，圍皂角堡。

① 《金史》卷九九《徒單鎰傳》，第7册，第2189頁。

續表

《徒單鎰傳》	《章宗紀》
十月,詔鎰出兵金、房以分掣宋人梁、益、漢、沔兵勢。鎰遣行軍都統斡勒葉禄瓦、副統把回海、完顏摑剌以步騎五千出商州。	十月辛未:陝西宣撫使徒單鎰分遣副統把回海攻下蘇嶺關。
十一月,葉禄瓦拔鶻嶺關,摑剌別將攻破燕子關新道口,回海取小湖關敖倉,至營口鎮,破宋兵千餘人,追至上津縣,斬首八百餘級,遂取上津縣。葉禄瓦破宋兵二千于平溪,將趨金州。宋王柟以書乞和,詔鎰召葉禄瓦軍退守鶻嶺關。	十一月癸酉:是日,都統押剌拔鶻嶺關、新道口,副統回海取小湖關、敖倉,進至營口鎮,遂取其城。
八年正月,宋安丙遣景統領由梅子溪、新道口、朱砂谷襲鶻嶺關,回海、摑剌擊走之,斬景統領于陣。是歲,罷兵。	八年正月乙亥,宋安丙遣兵襲鶻嶺關,副統把回海、完顏摑剌擊走之,斬其將景統領。

研究表明,《徒單鎰傳》傳文大量鈔撮《章宗實録》和《宣宗實録》。①上表泰和七年五月丙申、十月辛未、十一月癸酉、八年正月乙亥四條傳、紀相合,即共同取資《章宗實録》。從中可知,徒單鎰所轄行軍都統爲斡勒葉禄瓦、副統爲把回海、完顏摑剌。《徒單鎰傳》總體詳於《章宗紀》,十一月癸酉條"葉禄瓦拔鶻嶺關,摑剌別將攻破燕子關新道口,回海取小湖關敖倉,至營口鎮"更多保留原文,拔鶻嶺關者葉禄瓦,副統摑剌破新道口,本紀則略書"都統押剌拔鶻嶺關、新道口",其實將拔"鶻嶺關"、"新道口"合二爲一,而人名則寫作都統"押剌"。據此,"押剌"並非"葉禄瓦",讀音難以勘同,實爲

---

①　參見陳曉偉《金〈宣宗實録〉考——再議王鶚〈金史稿〉爲元修〈金史〉底本説》,《文史》2022 年第 2 輯。

"摑剌"字訛。總之，以上問題是由史文節略不當和版刻造成的。

衞紹王紀

三十一

卷一三《衞紹王紀》至寧元年（1213）六月云："以户部尚書胥鼎、刑部尚書王維翰爲參知政事。"（第 1 册第 296 頁）原點校本舊校第九條（第 299 頁）指出：

> 刑部尚書王維翰爲參知政事。原脱"翰"字。按本書卷一二一《王維翰傳》云，"改刑部尚書，拜參知政事"。今據補。

修訂本新校第十一條（第 326 頁）云：

> 刑部尚書王維翰爲參知政事。"翰"字原脱。按，本書卷一二一《忠義傳一·王維翰傳》云，大安中，"改刑部尚書，拜參知政事"。今據補。

以上校補"翰"字當然正確，不過新校修改舊校增補"大安中"作爲敘事紀年，則不妥。

今覆檢《金史·王維翰傳》云："大安初，權右諫議大夫，三司欲税間架，維翰諫不聽。轉御史中丞，無何，遷工部尚書、兼大理卿，改刑部尚書，拜參知政事。貞祐初，罷爲定海軍節度使。"[1]顯而易見，修訂者是據傳文中"大安初"推測出"改刑部尚書，拜參知政事"時間乃爲"大安中"。其實，《金史·衞紹王紀》所載至寧元年六月户部尚書胥鼎、刑部尚書王維翰爲參知政事絶無疑問。據元好問

---

① 《金史》卷一二一《王維翰傳》，第 8 册，第 2648 頁。

編《中州集》胥莘公鼎小傳和《金史·胥鼎傳》，皆謂至寧初中都受兵，胥鼎由户部尚書拜參知政事。[1] 衆多周知，正史列傳敘事紀年大多不拘細節，時間跨度很大，具體論及《王維翰傳》"改刑部尚書，拜參知政事"，意謂"大安初"至"貞祐初"間事，其中"刑部尚書王維翰爲參知政事"是在這期間的至寧元年六月。

以上種種，本不煩贅述。

宣宗紀

三十二

卷一六《宣宗紀下》興定四年九月己酉曰："夏人陷西寧州，尚書省都事僕散奴失不坐誅，駙馬都尉徒單壽春奪官一階，杖六十。"（第 2 册第 354 頁）原點校本未出校，修訂本新校第三條（第 401 頁）認爲：

> 尚書省都事僕散奴失不坐誅。本書卷九三《宣宗三子·守純傳》，興定四年九月，"及高琪伏誅，守純劾三人者洩密事，奴失不處死，除名，石魯剌、胡魯各杖七十，勒停"，與此異。

本書卷九三《守純傳》新校第六條（第 6 册第 2206 頁）云：

> 奴失不處死除名。按，本書卷一〇六《術虎高琪傳》，興定三年十二月，"尚書省都事僕散奴失不以英王謀告高琪，論死"，所述奴失不處死原因與此同，但時間有異。本書卷一六

---

① 元好問《中州集》卷九《胥莘公鼎》，蕭和陶點校，下册，第 584 頁。《金史》卷一〇八《胥鼎傳》，第 7 册，第 2373 頁。

《宣宗紀下》，興定四年九月"己酉，夏人陷西寧州，尚書省都事僕散奴失不坐誅"，所述奴失不處死原因與此相異。

《金史》修訂者意謂僕散奴失不坐誅的原因有歧異之處：本卷《宣宗紀下》記作由於西夏陷西寧州兵敗獲罪，而《守純傳》和《术虎高琪傳》卻稱其黨附高琪而洩密，此外兩者時間有異，前作"四年九月"，後作"興定三年十二月"。是故有上述校勘二則。

其實，本卷《宣宗紀下》與《守純傳》、《术虎高琪傳》對於僕散奴失不事件的記載一致，並無任何牴牾之處。按本書卷一〇六《术虎高琪傳》詳細敘述此事之原委：

> 平章政事英王守純欲發其罪，密召右司員外郎王阿里、知案蒲鮮石魯剌、令史蒲察胡魯謀之。石魯剌、胡魯以告尚書省都事僕散奴失不，僕散奴失不以告高琪。英王懼高琪黨與，遂不敢發。頃之，高琪使奴賽不殺其妻，乃歸罪於賽不，送開封府殺之以滅口。開封府畏高琪，不敢發其實，賽不論死。事覺，宣宗久聞高琪姦惡，遂因此事誅之，時興定三年十二月也。尚書省都事僕散奴失不以英王謀告高琪，論死。蒲鮮石魯剌、蒲察胡魯各杖七十，勒停。①

不妨再重述一下上文的意思：由於高琪與高汝礪相唱和，專固權寵，擅作威福，擁兵自重等等，守純身爲平章政事"欲發其罪"，於是與尚書省王阿里、蒲鮮石魯剌和胡魯三人計議，結果後面這兩人私通僕散奴失不洩露這件事，奴失不阿附高琪，遂將守純告發。守純由此與高琪結怨。"興定三年十二月"爲宣宗誅殺高琪時間，此與卷一五《宣宗紀中》興定三年十一月丁巳條"右丞相高琪下獄"及十

---

① 《金史》卷一〇六《术虎高琪》，第7冊，第2346頁。

二月條"誅高琪"吻合。① 高琪死後,宣宗逐步清除其餘黨,既而追究奴失不一案,只不過《朮虎高琪傳》未説明判決時間。據本書《守純傳》記載説:

> （興定）四年九月,守純欲發丞相高琪罪,密召知案蒲鮮石魯剌、令史蒲察胡魯、員外郎王阿里謀之,且屬令勿泄,而石魯剌、胡魯輒以告都事僕散奴失不,奴失不白高琪。及高琪伏誅,守純劾三人者泄密事,奴失不處死,除名,石魯剌、胡魯各杖七十,勒停。②

上述敘述整個告密事件過程與《朮虎高琪傳》大體相同,所謂"四年九月",乃是高琪伏誅後守純揭發奴失不及石魯剌、胡魯三人罪狀及治罪時間,並且同時追敘此事之緣起。修訂本該卷第五條校勘記認爲:"'四年九月守純欲發丞相高琪罪'至'及高琪伏誅'。按,本書卷一五《宣宗紀中》、卷一〇六《朮虎高琪傳》記高琪被誅事在興定三年十二月。當是。"（第6冊第2207—2208頁）據此上文分析,此條新校當删。

　　以上贅述,便是奴失不告密案件之經過和結果,總體看來,《金史》敘事線索非常清晰。本卷《宣宗紀下》興定四年九月己酉條"尚書省都事僕散奴失不坐誅"只不過簡單記述此事而已,其實與《守純傳》、《朮虎高琪傳》詳略互證。而繫於該條下的"夏人陷西寧州",則是另外一件事,參見本書卷一三四《西夏傳》興定四年九月云:"夏人圍綏平寨、安定堡,未幾,陷西寧州,遂攻定西,烏古論長壽擊却之。"③又《烏古論長壽傳》亦載此事説:"夏人已破西寧,乃

---

① 《金史》卷一五《宣宗紀中》,第2冊,第348頁。
② 《金史》卷九三《守純傳》,第6冊,第2062頁。
③ 《金史》卷一三四《西夏傳》,第8冊,第2875頁。

犯定西，長壽擊却之，斬首三百級。既而三萬騎復至，攻城甚急，長壽乘城拒戰，矢石如雨，夏兵死者數千，被創者衆，乃解去。”①可知烏古論長壽才是防禦西夏的主將，儘管有失守西寧州的罪過，但後來在定西州擊退夏人。身爲尚書省都事的僕散奴失不與金夏戰事有何干係呢？何來治罪一説？如此看來，“夏人陷西寧州”、“尚書省都事僕散奴失不坐誅”作爲兩碼事，我建議將兩者間的逗號改爲句號，以避免發生誤會。

最後附帶指出，對於僕散奴失不的最終結局，原點校者則持有異議。前揭《守純傳》云“奴失不處死，除名”，施國祁《金史詳校》卷八下荆王守純傳條認爲此句“‘處’當作‘免’”。據此，原點校本校改正文作“處死”，校勘記第三條云：“‘免’原作‘處’，據文義改。”②這顯然是根據“除名”一語妄改文義。參酌《术虎高琪傳》“僕散奴失不以英王謀告高琪，論死”，以及本卷《宣宗紀下》“僕散奴失不坐誅”，奴失不因告密應該被誅，可知《守純傳》“處死”是正確的。修訂本已恢復底本原文。

哀宗紀

三十三

卷一七《哀宗紀上》正大六年二月丙辰曰：“樞密院判官移剌蒲阿權樞密副使。……以丞相完顏賽不行尚書省事于關中，召平章政事完顏合達還朝。移剌蒲阿率忠孝軍總領完顏陳和尚忠孝軍一

---

① 《金史》卷一〇三《烏古論長壽傳》，第7冊，第2273頁。
② 《金史》卷九三，第6冊，第2081頁。

千騎駐邠州。遣白華馳喻蒲阿以用兵之意。"（第 2 冊第 381 頁）修訂本新校第十八條（第 424 頁）指出：

> 以丞相完顏賽不行尚書省事于關中。本書卷一一三《完顏賽不傳》稱"五年，行尚書省于京兆"。卷一一四《白華傳》稱正大六年"五月，以丞相賽不行尚書省事於關中"。時間與此異。

筆者認爲《完顏賽不傳》和《白華傳》所見内容均非行省設置時間，實際上，本卷《哀宗紀上》正確，故不應於此處出校。

按本書卷一一二《移剌蒲阿傳》詳細敘述關中設立行省之始末：

> （正大）六年二月丙辰，以蒲阿權樞密副使。自去年夏，北軍之在陝西者駸駸至涇州，且阻慶陽糧道。蒲阿奏："陝西設兩行省，本以藩衛河南，今北軍之來三年於兹，行省統軍馬二三十萬，未嘗對壘，亦未嘗得一折箭，何用行省。"院官亦俱奏將來須用密院軍馬勾當，上不語者久之。是後，以丞相賽不行尚書省事於關中，召平章政事合達還朝，白撒亦召至闕，蒲阿率完顏陳和尚忠孝軍一千駐邠州，且令觀北勢。[①]

從上文可見，移剌蒲阿上書言明陝西行省所領軍馬並未有效抵禦蒙古兵南下，意謂主張將軍事權力移交給樞密院。哀宗對此奏議未做表態，反倒是在關中設置尚書省，即於二月丙辰蒲阿權除授樞密副使的同時，任用完顏賽不爲該行省首腦。可見《移剌蒲阿傳》與《哀宗紀上》正大六年二月丙辰條相合。

今檢本書《白華傳》云：

---

① 《金史》卷一一二《移剌蒲阿傳》，第 7 冊，第 2470—2471 頁。

　　（正大六年）五月，以丞相賽不行尚書省事於關中，蒲阿率
　完顏陳和尚忠孝軍一千駐邠州，且令審觀北勢。如是兩月，上
　謂白華曰：“汝往邠州六日可往復否？”華自量日可馳三百，應之
　曰：“可。”上令密諭蒲阿纔候春首，當事慶陽。華如期而還。①

正史列傳體例敘事大多不拘細節，正大六年二月丙辰，完顏賽不行
省事於關中和移剌蒲阿率駐邠州，“如是兩月”後哀宗派白華往邠
州，上文“五月”指“華如期而還”，即追敘二月事。

　　綜上所述，我們可以通過《移剌蒲阿傳》佐證本卷《哀宗紀上》
正大六年二月丙辰條正確，該條下校勘記當刪。

三十四

　　卷一八《哀宗紀下》天興元年十二月丙子朔云：“以事勢危急，
遣近侍即白華問計，華對以紀季以酅入齊之義，遂以爲右司郎中。”
（第 2 冊第 394 頁）原點校本原文如此，未有校勘説明，修訂本新校
第五條（第 439 頁）指出：

　　　　遣近侍即白華問計。“即”，原作“郎”，據北監本、局本改。

首先需要解釋一下，百衲本及南監本均作“郎”，施國祁《金史詳校》
卷二哀宗紀下條判定北監本作“即”，此説當是。不過，筆者覆核修
訂本《金史》所據中華書局藏康熙二十五年（1686）重修北監本刻作
郎，可見該字應有所殘損，經辨識，其右半邊決非“卩”，分明爲
“阝”，整個字形實際與鄰行“右司郎中”的“郎”相同，説明這個字
並非“即”而是“郎”（見圖十）。此外，根據北監本而來的殿本作
“郎”字，亦可證實。儘管諸本皆作“郎”，其實並無版本根據，然而

---

① 《金史》卷一一四《白華傳》，第 7 冊，第 2505—2506 頁。

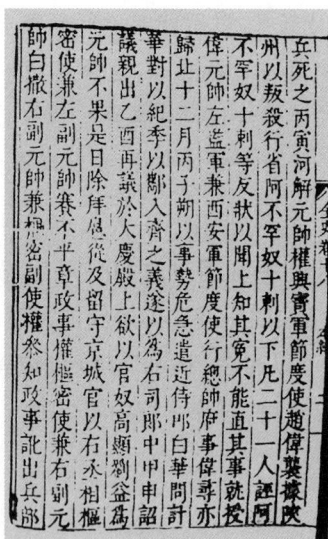

圖十

中華書局藏康熙二十五年重修北監本

原點校本及修訂本校作"即"仍有道理，但需要補充論證，以增强此説的説服力。

今檢《金史·白華傳》叙述天興元年此事原委甚詳：

十二月朔，上遣近侍局提點曳刺粘古即白華所居，問事勢至於此，計將安出。華附奏："今耕稼已廢，糧斛將盡，四外援兵皆不可指擬，車駕當出就外兵，可留皇兄荆王使之監國，任其裁處。聖主既出，遣使告語北朝，我出非他處收整軍馬，止以軍卒擅誅唐慶，和議從此斷絶，京師今付之荆王，乞我一二州以老耳。如此則太后皇族可存，正如《春秋》紀季入齊爲附庸之事，聖主亦得少寬矣。"於是起華爲右司郎中。①

---

① 《金史》卷一一四《白華傳》，第7册，第2510頁。

此文“上遣近侍局提點曳剌粘古即白華所居”與本卷《哀宗紀上》天興元年十二月丙子條“遣近侍郎白華問計”同一所指，所謂“即”字，乃承襲“以事勢危急”文義，當是。總之，《白華傳》是爲最有力的證據。

最爲關鍵的一點是，《哀宗紀上》原作“近侍郎”無法成立，這是因爲金朝絕無此種官職及稱謂，故此處應稱作“近侍”。根據本書《白華傳》“近侍局提點曳剌粘古”提供的線索，今檢該傳下文天興二年三月謂：“崔立以汴京降，右宣徽提點近侍局移剌粘古謀之鄧，上不聽。”①《白撒傳》載天興二年：“白撒收潰兵大橋，得二萬餘人，懼不敢入。上聞，遣近侍局提點移剌粘古、紇石烈阿里合、護衛二人以舟往迎之。”②以及本卷《哀宗紀下》天興二年正月乙亥云：“遣右宣徽提點近侍局事移剌粘古如徐州，相地形，察倉庫虛實。”（第397頁）以上皆稱粘古官職爲近侍局提點或提點近侍局，此與《金史·百官志》敍近侍局所設職事提點及副使、直長亦正相合。③

三十五

卷一八《哀宗紀下》天興二年三月戊辰曰：“以官奴爲樞密副使、權參知政事，左右司郎中張天綱爲戶部侍郎、權參知政事。”（第2册第398頁）原點校本未出校，修訂本新校第十一條（第439頁）認爲：

> 左右司郎中張天綱爲户部侍郎。本書卷一一九《張天綱傳》稱“哀宗東幸，遷左右司郎中，扈從至歸德，改吏部侍郎”，

① 《金史》卷一一四《白華傳》，第7册，第2513頁。
② 《金史》卷一一三《白撒傳》，第7册，第2491頁。
③ 《金史》卷五六《百官志二》，第4册，第1255頁。

與此異。

原點校本《張天綱傳》亦無校勘記，修訂本增補新校第七條（第 8 冊第 2754 頁）云：

> 哀宗東幸遷左右司郎中扈從至歸德改吏部侍郎。按，本書卷一八《哀宗紀下》，天興二年三月戊辰，"左右司郎中張天綱爲户部侍郎"。與此異。

以上兩條校勘記指出《哀宗紀下》、《張天綱傳》所載天綱尚書省官職歧異，可惜未進一步考索判斷是非。

論者指出，《金史・哀宗紀》、《張天綱傳》很大内容取材於王鶚《汝南遺事》。[①] 該書所敍張天綱履歷無疑爲解決上述官職分歧提供關鍵證據。首先須考證《張天綱傳》諸條史料繫年：

> 陞户部郎中，權左右司員外郎。哀宗東幸，遷左右司郎中，扈從至歸德，改吏部侍郎。知元帥官奴有反狀，屢爲上言之，上不從，官奴果變，遂擢天綱權參知政事。及從上遷蔡，留亳州，適軍變，天綱以便宜授作亂者官，州賴之以安。及蔡，轉御史中丞，仍權參政。[②]

今檢《汝南遺事》卷一"參政張天綱以亳州之變，便宜遷授"條云："辛卯，上發自歸德，舟行百餘里。壬辰，至亳。癸巳，南幸，亳有鐵甲百副，有司徵民負行，仍備糧糧以資老幼，留吏部侍郎權參政張天綱、左右司郎中王大濟董其事。"該條下注明天興二年六月十八日，即辛卯，癸巳爲二十日。此即本卷《哀宗紀下》天興二年六月壬辰條"次亳州"及癸巳條"以亳州節度使王進、同知節度使王賓徵民

①　參見任崇岳《王鶚與〈汝南遺事〉》，《駐馬店師專學報》1990 年第 1 期。
②　《金史》卷一一九《張天綱傳》，第 8 冊，第 2603—2604 頁。

丁運鐵甲糗糧，留權參政張天綱董之，就遷有功將士。"（第 398—399 頁）《金史·張天綱傳》"及從上遷蔡"至"州賴之以安"當屬上述事。又《汝南遺事》卷一"烏古論鎬等進職"條云："正奉大夫、尚書吏部侍郎權參知政事張天綱爲御史中丞，仍權參政。"時間爲七月乙巳初三日。[1] 本卷《哀宗紀下》天興二年七月乙巳"以烏古論鎬爲御史大夫，總帥如故，張天綱爲御史中丞，仍權參政"與此同（第 339 頁）。據此可知，《張天綱傳》謂"及蔡，轉御史中丞，仍權參政"，即天興二年七月三日。

　　上文通過結合《汝南遺事》、《哀宗紀》將《張天綱傳》史文剥離後，可見傳中剩餘的"知元帥官奴有反狀，屢爲上言之，上不從，官奴果變，遂擢天綱權參知政事"一語，當即本卷《哀宗紀下》天興二年三月戊辰條"以官奴爲樞密副使、權參知政事，左右司郎中張天綱爲户部侍郎、權參知政事"（第 398 頁）。而《張天綱傳》所稱"遷左右司郎中，扈從至歸德，改吏部侍郎"，上引《汝南遺事》卷一天興二年六月二十日"吏部侍郎，權參政張天綱"及七月三日"尚書吏部侍郎、權參知政事張天綱"均爲有力證據，由此可見《哀宗紀》"户部侍郎"當誤。修訂本本卷第十一條校勘記可删。

世紀補

三十六

　　卷一九《世紀補·顯宗》大定二十四年五月條云："近侍報瑶池

---

[1]　王鶚《汝南遺事》卷一，第 2 頁 a、第 5 頁 b，《中國野史集成》影印《畿輔叢書》本，第 10 册，巴蜀書社，1993 年。

位蓮開，當設宴。帝曰：‘聖上東巡，命我守國，何敢宴遊廢事？採致數花足矣。’”（第 2 册第 414 頁）修訂本《金史》該卷送審稿第十二條校勘記認爲：

> 近侍報瑤池殿位蓮開。原脱“殿”字。今據本書卷二四《地理志》補。①

筆者針對此條提出異議，今略作修改，並補充相關史料，謹陳述如下：

按耶律鑄《雙溪醉隱集·瓊林園賦并序》曰：“瓊林園者，金海陵庶人之所營也，嘗燕其群臣于此。愧其規模迫狹，遂廣燕城，展遼大内，增建宫室，仍起廣樂園于寶昌之西。余遊歷燕都，因與夫鈞盾按行遺址，異其絶古今之制度。披覽圖籍，知其盡人神之壯麗。”該詩正文有“廼翳翔鸞、跨神龍”，其小注曰：“翔鸞位、神龍位，皆遼之大内瑤池位也。”及“方丈瀛蓬”句下小注云：“後改瑤池位曰太液池。”②以上爲作者遊歷燕京的見聞，即稱作“瑤池位”。元人王士點《禁扁》總結歷代宫殿營造，甲篇分作宫、室、苑、囿、園、圃、田、莊、坊、院、落、宅、位、巷、營、場、栅、屯共十八個門類，其中《扁第三》專設“位”一門。③ 據此可知，“位”當爲宫室建築的一種類型。例如，《金史·世宗紀》大定七年十月辛酉云：“敕有司於東宫涼樓前增建殿位。”④又本書《耨盌温敦謙附傳》敍述大定二年閏二月宫人稱心縱火，謂“遂於十六位放火”。⑤《五行志》大定二年閏

---

① 中華書局送審時間爲 2017 年 3 月 13 日。

② 耶律鑄《雙溪醉隱集》卷一《瓊林園賦并序》，臺灣商務印書館影印《文淵閣四庫全書》本，集部第 1199 册，第 367 頁上下欄。

③ 王士點《禁扁》卷首《禁扁凡例》、《禁扁甲·扁第三·位》，康熙棟亭藏書十二種本。

④ 《金史》卷六《世宗紀上》，第 1 册，第 140 頁。

⑤ 《金史》卷八四《耨盌温敦謙附傳》，第 6 册，第 1884 頁。

二月辛卯條亦云“神龍殿、十六位焚”。① 據《三朝北盟會編》卷二四四引張棣《金虜圖經》宮室門記載説：“正中位曰皇帝正位，後曰皇后正位，位之東曰東内，西曰西内，各十六位，乃妃嬪所居之地也。”②可見十六位爲諸妃嬪居所。又《金史・百官志》内侍局管轄有各類殿、位的内務，其中云：“東門都監、同監。諸隨殿位承應都監、同監，掌各位承應及門禁管鑰。”③綜上所述，“位”、“殿”同屬宮闕建築類别，或可並稱“殿位”。

附識

修訂本卷一九《世紀補・顯宗》採納筆者意見未出校，而改爲卷二四《地理志上》新校第六十四條：

瑤池殿位。此處“殿”字或“位”字疑衍。按，本書卷四《熙宗紀》、修訂本卷五《海陵紀》作“瑤池殿”，卷一九《世紀補・顯宗紀》作“瑤池位”。耶律鑄《雙溪醉隱集・瓊林園賦并序》，“乃翳翔鸞、跨神龍”句下小注曰：“翔鸞位、神龍位，皆遼之大内瑤池位也。”“方丈瀛蓬”句下小注曰：“後改瑤池位，曰太液池。”《禁扁》卷一《扁》第三設有“位”一門類。可見“瑤池殿”即“瑤池位”。（第 2 册第 627 頁）

三十七

卷一九《世紀補》贊曰：“遼王杲取中京，宗翰、宗望皆從，景宣别領合扎猛安。合扎猛安者，太祖之猛安也。宗翰請立熙宗，宗幹

---

① 《金史》卷二三《五行志》，第 2 册，第 537 頁。
② 徐夢莘《三朝北盟會編》卷二四四引《金虜圖經》，下册，第 1751 頁上欄。
③ 《金史》卷五六《百官志二》，第 4 册，第 1263 頁。

不敢違,太宗不能拒,其義正,其理直矣。"(第 2 册第 416 頁)原點校本舊校第十二條(第 418 頁)指出:

> 宗幹不敢違。"幹"原作"翰"。按本書卷七四《宗翰傳》,"初,太宗以斜也爲諳班勃極烈,天會八年斜也薨,久虛此位。而熙宗宗竣子,太祖嫡孫,宗幹等不以言太宗,而太宗亦無立熙宗意。宗翰朝京師,謂宗幹曰:'儲嗣虛位頗久,合剌先帝嫡孫當立,……'遂與宗幹、希尹定議,入言於太宗,請之再三。"今據改。

該卷送審稿第十五條校勘記認爲:"宗翰請立熙宗。'宗翰',與下文'宗翰'重,必有誤。今按本卷上文有宗輔與宗翰俱朝京師,立熙宗爲諳版勃極烈'。《金史詳校》卷二,'翰當作輔'。'宗翰'或是'睿宗'之誤。"修訂本新校第十五條(第 2 册第 455 頁)最後修改爲:

> 宗翰請立熙宗宗翰不敢違前後兩處。"宗翰",必有一誤。

即恢復底本原文,而放棄原校勘記後者爲"宗幹"的觀點,不再辨析孰是孰非。

須知,上文"宗翰請立熙宗,宗翰不敢違"作爲元朝史官贊語當是從《金史》中總結,或者是對金朝初期熙宗册立前後政治史的大體認知,此文對景宣皇帝及其子熙宗的評論,可惜本卷《世紀補》並未有與此直接對應的記載。原點校本校勘記所引本書卷七四《宗翰傳》云:"宗翰朝京師,謂宗幹曰:'儲嗣虛位頗久,合剌先帝嫡孫,當立,不早定之,恐授非其人。宗翰日夜未嘗忘此。'遂與宗幹、希尹定議,入言於太宗,請之再三。"[1]本書卷四《熙宗紀》亦有記載説:"天會八年,諳班勃極烈杲薨,太宗意久未決。十年,左副元帥

---

① 《金史》卷七四《宗翰傳》,第 5 册,第 1699 頁。

宗翰、右副元帥宗輔、左監軍完顏希尹入朝,與宗幹議曰:'諳班勃極烈虛位已久,今不早定,恐授非其人。合刺,先帝嫡孫,當立。'相與請於太宗者再三,廼從之。"①此與《宗翰傳》記載大致相同。這顯然是最爲過硬的根據,意謂宗翰極力主張立合刺(熙宗)爲儲嗣,宗幹、希尹均表示支持此事。此外,卷七三《完顏希尹傳》有謂:"後與宗翰俱朝京師,請立熙宗爲儲嗣,太宗遂以熙宗爲諳班勃極烈。"②大定十七年《完顏希尹神道碑》敘述此事始末提到:"先是儲副虛位,宗磐自以爲太宗元子,太傅密令左右元帥與王來朝,相與協心,主建儲口議,援立閔宗,宗磐心不能無動。帝即位,罷宗磐尚書令"。③ 由此可見,天會十年儲嗣之爭非常激烈,其中宗磐憑藉太宗元子的身份最爲活躍和強勢,於是太傅(宗幹)密召左副元帥宗翰和希尹來京師商議,實際是在聯手抵制宗磐的勢力。

值得注意的是,苗耀《神麓記》詳細記載册立亶爲儲的決策過程:

> 吳乞買病,其子宗盤稱是今主之元子,合爲儲嗣。阿孛宗幹稱係是太祖武元長子,合斷元約作嗣君。粘罕(宗翰)稱於兄弟最年長功高,合當其位。吳乞買不能決奪者累日,有楊割太師幼子烏野完顏(勗)受師於本朝主客員外郎范正圖,略通文義,奏太宗曰:"臣請爲籌之,初太祖約稱元謀弟兄輪足,卻令太祖子孫爲君,盟言猶在耳,所有太祖正室慈惠皇后親生男聖果早卒,有嫡孫喝囉,可稱按班孛極烈以爲儲,見年一十五歲矣。"粘罕、悟室利於幼小易制,宗幹係伯父續其母如己子

---

① 《金史》卷四《熙宗紀》,第 1 册,第 69 頁。
② 《金史》卷七三《完顏希尹傳》,第 5 册,第 1685—1686 頁。
③ 見羅福頤輯《滿洲金石志》卷三,《石刻史料新編》第 1 輯,新文豐出版公司,1977年,第 23 册,第 17292 頁下欄。

也,遂共贊成其事。①

洪皓《松漠記聞》記述:"繩果死,其妻爲固䃂所收,故今主養於固䃂家。及吳乞買卒,其子宋國王與固䃂、粘罕争立,以今主爲嫡,遂立之。""固䃂"阿骨打長子"側室所生",②即宗幹。以上兩書揭出金初皇位繼承制度及政治鬥争極爲複雜的一面。金方官修文獻中,《完顔希尹神道碑》雖言及宗磐争奪儲位,但對宗幹、宗翰(粘罕)及希尹(悟室)最初態度皆隱諱不書,而直接扮演作極力擁戴熙宗的功臣,然從《神麓記》可見,宗幹妄圖以太祖庶長子的身份自己來繼承儲位,並且得到了宗翰的有力支持,顯然是没有得到太宗的許可,其實體現了太祖系與太宗系兩派的帝位之争。最終太宗採納范正圖的建議,册立宣(喝囉)不過是各方妥協的結果,有利於各方施展權力。③

由此可見《神麓記》與《金史》相互印證,通過上文論述,再看本卷《世紀補》史官總結"宗翰請立熙宗,宗翰不敢違"云云,其實亦可根據宗翰、宗幹擔任職務和角色判斷。按《金史》敘述天會十年立熙宗爲諳版勃極烈,《太宗紀》"宗翰朝京師"及《世紀補·睿宗》"與宗翰俱朝京師",及《宗翰傳》"宗翰朝京師";天會元年十二月,"宗幹爲國論勃極烈,與斜也同輔政",八年九月斜也死後,宗幹實際已是獨掌朝政。④上文指出宗翰進京獻策,宗幹准許,最後交由太宗定奪。從諸者職位關係看,原點校本校改"宗翰請立熙宗,宗幹不敢違,太宗不能拒"正符合此中語境,於《金史》所述相合。

---

① 《三朝北盟會編》卷一六六引《神麓記》,此據中華再造善本影印明鈔本,參許刻本下册第1196頁上欄。

② 洪皓《松漠記聞》卷上,第3頁a、b。

③ 參見張博泉《宗翰和金初的派系鬥争》,《史學集刊》1982年第3期。

④ 《金史》卷七六《宗幹傳》,第5册,第1742頁。

地理志

三十八

卷二四《地理志上》上京路條云："太廟、社稷,皇統三年建,正隆二年毀。"(第2册第550頁)原點校本無校勘,修訂本第十條(第621頁)爲新增校勘記:

> 太廟社稷皇統三年建。本書卷四《熙宗紀》,皇統八年閏八月"丙寅,太廟成",時間與此異。

修訂者指出的《地理志》與《熙宗紀》載太廟時間歧異問題,其實並不成立。

按本書《熙宗紀》記載説,皇統三年五月甲申"初立太廟、社稷",八年閏八月丙寅"太廟成"。① 卷三〇《禮志三·宗廟》亦敘述營建太廟始末:

> 皇統三年,初立太廟,八年,太廟成,則上京之廟也。貞元初,海陵遷燕,乃增廣舊廟,奉遷祖宗神主于新都,三年十一月丁卯,奉安于太廟。正隆中,營建南京宮室,復立宗廟,南渡因之。②

據此可知,皇統三年開始在上京籌建太廟,直到八年正式竣工,此外卷五五《百官志一》太常寺太廟署條亦稱"皇統八年太廟成,設

---

① 《金史》卷四《熙宗紀》,第1册,第79、84頁。
② 《金史》卷三〇《禮志三》,第3册,第727頁。

署,置令丞"。① 海陵南遷後上京宗廟便遭廢棄,最終於正隆二年被拆除。那麼,《地理志》上京路條記載"皇統三年建",即指《熙宗紀》及《禮志》皇統三年"初立太廟"事,抄自《熙宗實録》,此與下文八年"太廟成"首尾相合,並不牴牾。

三十九

《地理志上》北京路條下曰:"建州,下,保靖軍刺史。遼初名軍曰武寧,後更,金因之。"(第2册第561頁)原點校本舊校二十六條(第581頁)指出:

> 建州下保靖軍刺史。按"保靖"《遼史》卷三九《地理志》作"保静"。

修訂本新校第三十八條對原校勘記(第2册第624頁)有較大調整:

> 保靖軍刺史。"保靖",《遼史》卷三九《地理志三》作"保静"。本書卷一二八《循吏·王政傳》:"天眷元年,遷保静軍節度使。"《遺山集》卷一六《王黄華墓碑》:"政事金朝,官至金吾衛上將軍,建州保静軍節度使。"皆作"保静"。另,"刺史"疑當作"節度使"。

按原點校本《循吏傳·王政》"遷保静軍節度使"句下校勘云:

> 按《遺山文集》卷一六《王黄華墓碑》,"政事金朝,官至金吾衛上將軍、建州保静軍節度使"。又本書卷二四《地理志》,北京路建州作"保靖軍",且爲刺史非節鎮。與此異。②

---

① 《金史》卷五五《百官志一》,第4册,第1248頁。
② 《金史》卷一二八《循吏傳·王政》,第8册,第2775頁。

意謂文獻所見建州性質有"刺史"、"節鎮"之歧異,未作判斷,較爲穩妥。此據施國祁《金史詳校》卷一〇循吏傳王政條。修訂本則删《循吏傳·王政》上述校勘記(第 8 册第 2913 頁),將該意見改寫進本卷《地理志上》,認爲建州"刺史"疑當作"節度使"。

以上諸家結論失當。今檢《金史·術虎高琪傳》云:"大定二十七年充護衛,轉十人長,出職河間都總管判官,召爲武衛軍鈐轄,遷宿直將軍,除建州刺史。"[1]以及《忠義傳一·九住》謂貞祐二年十一月蒙古兵破武州,孛果速陣亡,詔贈"孛果速建州刺史,加鎮國上將軍"。[2]《術虎高琪》、《九住傳》皆作"建州刺史",時間爲金中後期。筆者在此還可以提供更爲有力的證據。大概成書於明昌間的張棣《金虜圖經》,[3]該書記載刺史七十四處,其中就有"建州"。[4]《大金國志》卷三八《京府州軍》稱刺史七十五處,下等三十六處中見有"建州"。[5] 上述舉例均與本卷《地理志上》吻合,金中後葉建州爲刺史州當無疑問。

上文校勘記引述本書《循吏傳·王政》"天眷元年,遷保静軍節度使,致仕卒,年六十六",[6]及元好問撰《王黄華墓碑》王政履歷"事金朝,官至金吾衛上將軍、建州保静軍節度使",[7]均稱建州節度,這其實與《地理志上》北京路建州條"保靖軍刺史"並無牴牾。據余蔚解釋說,建州於天會二年降金,仍相沿遼朝舊制作爲節度

① 　《金史》卷一〇六《術虎高琪傳》,第 7 册,第 2339 頁。
② 　《金史》卷一二一《忠義傳一·九住》,第 8 册,第 2651 頁。
③ 　參見孫建權《關於張棣〈金虜圖經〉的幾個問題》,《文獻》2013 年第 2 期。
④ 　徐夢莘《三朝北盟會編》卷二四四引《金虜圖經》,下册,第 1756 頁上欄。
⑤ 　崔文印校證《大金國志校證》卷三八《京府州軍》,第 542 頁。
⑥ 　《金史》卷一二八《循吏傳·王政》,第 8 册,第 2760—2761 頁。
⑦ 　元好問《遺山先生文集》卷一六《王黄華墓碑》,姚奠中主編、李正民增訂《元好問全集(增訂本)》,山西古籍出版社,2004 年,上册,第 393 頁。

州,《大金弔伐録》即載天會四年"保静軍節度使楊天吉"、"保静軍節度使蕭慶",本文所論天眷二年王政"遷保静軍節度使"亦如此,"疑是熙宗皇統三年東北政區大調整之時,將建州降爲刺史,爲興中之支郡"。① 其説可從,這便解决了《地理志》和《循吏傳·王政》的矛盾。從文獻敘事年代和建置演變考慮,原點校本及修訂本兩卷中校勘記均應删掉。

四十

本卷《地理志上》北京路廣寧府廣寧縣條曰:"舊名山東縣,大定二十九年更名。有遼世宗顯陵。寨二,閭城、兔兒窩。"(第2册第560頁)原點校本舊校第二十二條(第581頁)云:

> 寨二閭城兔兒窩。"寨"上原衍"鎮"字,依文例删。

修訂本新校第三十四條(第2册第624頁)因襲不變。此據施國祁《金史詳校》卷三上地理志上條。

根據上下文可知,廣寧府條書"鎮六",即直轄歡城鎮、遼西鎮,以及望平縣梁漁務鎮、山西店鎮,閭陽縣閭陽鎮、衡家鎮,總數正合。不過筆者從《江北郡縣》檢到廣寧府條書"鎮七",②該書與《金史·地理志》具有同源關係,③但兩者鎮數目不符。那麼,《江北郡縣》總數多出一鎮是否與廣寧縣轄鎮有關? 我們覆核至正初刻本《地理志上》廣寧府廣寧縣條下"鎮",爲該第四行的最後一個字(見圖十一),如果《江北郡縣》"鎮七"爲是,則該字下可能有脱文。

---

① 余蔚《中國行政區劃通史·遼金卷》,第660頁。
② 《重編群書類要事林廣記》乙集卷三《江北郡縣》,長澤規矩也編《和刻本類書集成》第1輯,第225頁上欄。
③ 參見周立志《事林廣記〈江北郡縣〉與金朝行政區劃研究》,劉寧、齊偉編《遼金史論集》第15輯,第201—218頁。

無論是哪種情況，將此該字判定爲衍文的結論須謹慎。

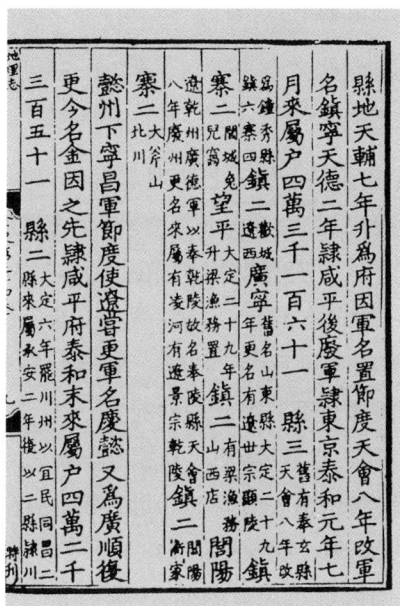

圖十一

中華再造善本影印至正初刻本

四十一

本卷《地理志上》北京路條下曰："全州，下，盤安軍節度使。承安二年置。"該州下轄安豐縣："承安元年十月改豐州鋪爲安豐縣，隸臨潢府，二年置全州盤安軍節度使治。"（第 2 冊第 561 頁）原點校本舊校第二十九條（第 582 頁）指出：

> 二年置全州盤安軍節度使治。"盤"原作"磐"。據殿本改。

修訂本刪此條校勘記，而是據安豐縣條原文作"磐安"者校改其上文作全州條爲"磐安軍節度使"（第 2 册第 602 頁），新校第四十條（第 624 頁）陳述理由如下：

> 磐安軍節度使。"磐安軍"，原作"盤安軍"，下文作"全州磐安軍"。《金史詳校》卷三上："'盤'，元作'磐'，是。"今據改。①

今覆檢施國祁《金史詳校》卷三上地理志上條，如此校改的證據有二：其一云："案《遼志》東京道渌州下豐州，渤海置磐安郡，故縣四，一安豐。名取此。"其二安豐縣條所謂："元作'磐'"。事實上，今檢《遼史》卷三八《地理志》書作"渤海置盤安郡"，②並不支持施國祁的説法，反而構成一則反證，這樣一來惟有安豐縣條作"磐安軍"。那麽，這條證據是否經得起檢驗呢？

最關鍵一條證據，當數《金史·章宗紀》承安二年六月甲寅曰："置全州盤安軍節度使，治安豐縣。"③此文與本卷《地理志上》亦正相合。據本書《忠義傳一·烏古孫兀屯》云："明昌七年，以本兵充萬户，備邊有功，除歸德軍節度副使，改盤安軍，察廉，遷同知速頻路節度使事。"④《循吏傳·孫德淵》亦稱："大安初，遷盤安軍節度使。"⑤以及《酷吏傳·高閭山》曰："遷蒲與路節度使，移臨海軍、盤安軍、寧昌軍。"⑥筆者通檢《金史》全書，結果正如上文所示，除上引《地理志》安豐縣條"磐安軍"外，其餘皆作"盤安軍"。此外，趙秉文撰《姬平叔墓表》有謂："泰和八年冬，十有一月丙辰，盤安軍節度

---

① 需要指出的是，修訂本《金史》全書他處凡涉此軍額者皆寫作"盤安軍"，然並未校改。足見全書未能統一。（第 1 册第 264 頁，第 8 册第 2789 頁、第 2798 頁、第 2918 頁、第 2932 頁）

② 修訂本《遼史》卷三八《地理志二》，第 2 册，第 525 頁。

③ 《金史》卷一〇《章宗紀二》，第 1 册，第 242 頁。

④ 《金史》卷一二一《忠義傳一·烏古孫兀屯》，第 8 册，第 2645 頁。

⑤ 《金史》卷一二八《循吏傳·孫德淵》，第 8 册，第 2766 頁。

⑥ 《金史》卷一二九《酷吏傳·高閭山》，第 8 册，第 2778 頁。

副使姬公平叔,以疾卒於泰州官署之正寢。"其履歷有"授知盤安軍節度副使,俄規措東北路軍儲臨"。① 此人即宗端脩(避諱改姬姓),《金史·忠義傳三·姬汝作》作"全州節度副使端脩之姪孫也"。② 《中州集》宗端脩小傳亦作"全州節度副使"。③ 以上均與《金史·地理志》北京路全州條及《章宗紀二》承安二年六月甲寅條相印證。

據上文考證,筆者認爲,原點校本安豐縣條"磐安軍"校改作"盤安軍"正確,理當徹底恢復。

四十二

本卷《地理志上》中都路條下有小注敘述燕京宫闕制度(第2冊第572頁)云:

> 應天門十一楹,左右有樓,門内有左、右翔龍門,及日華、月華門,前殿曰大安,左、右掖門,内殿東廊曰敷德門。大安殿之東北爲東宫,正北列三門,中曰粹英,爲壽康宫,母后所居也。西曰會通門,門北曰承明門,又北曰昭慶門。東曰集禧門,尚書省在其外,其東西門左、右嘉會門也,門有二樓,大安殿後門之後也。

原點校本舊校第五十條(第584頁)云:

> "英"上原闕一字,今據殿本補"粹"字。

修訂本新校第六十三條(第2冊第627頁)補充版本説:

---

① 趙秉文《閑閑老人滏水文集》卷一一《姬平叔墓表》,見馬振君整理《趙秉文集》,黑龍江大學出版社,2014年,第285、286頁。
② 《金史》卷一二三《忠義傳三·姬汝作》,第8冊,第2689頁。
③ 元好問《中州集》卷八《宗御史端脩》,蕭和陶點校,下册,第522頁。

中曰粹英。“粹”字原脱，據南監本、北監本、殿本、局本補。

今檢此卷至正初刻本及明初洪武覆刻本，“英”字上均空作一字格，當有奪文，我們完全可以肯定最初面貌即如此。然而南監本、北監本及殿本以後諸版本徑補作“粹”字。這一校補影響甚大，其後顧炎武《歷代宅京記》①及繆荃孫《金故宮考》②諸書均引作“粹英”，所據者應該爲南監本以後已經補字的版本。

南監本補作“粹”字的根據是什麽，我們不得而知。不過，我們可參照其他文獻推測至正初刻本所闕者實際爲何字。據《三朝北盟會編》卷二四五引范成大《攬轡錄》有云：“直北面南列三行門，中曰集英門”，③孔凡禮據此指出：“元至正刊本‘□英’乃‘集英’，武英殿本‘□’作‘粹’字，係臆補，非是。今點校本《金史》應據本書改正。”④這一發現至爲關鍵，可惜並未探明《地理志》的文獻源流。

筆者注意到《地理志上》中都路條下小注其實是鈔撮不同文獻而成。首先，“天德三年始圖上燕城宮室制度”至“營建宮室及涼位十六”一段，今見元末熊夢祥編《析津志》佚文云：

> 遼開泰元年，始號爲燕京。海陵貞元元年定都，號爲中都。天德三年，始圖上燕城宮闕制度。三月，命張浩等增廣燕城。城之門制十有二：東曰施仁、宣曜、陽春，南曰景風、豐宜、端禮，西曰麗澤、灝華、彰義，北曰會城、通玄、崇智。改門曰清

---

① 顧炎武《歷代宅京記》卷一八《幽州》，中華書局，1984 年，第 255 頁。
② 繆荃孫《藝風堂文集》卷二，張廷銀、朱玉麒主編《繆荃孫全集·詩文》（1），鳳凰出版社，2014 年，第 56 頁。
③ 徐夢莘《三朝北盟會編》卷二四五引《攬轡錄》，下册，第 1759 頁上欄。
④ 孔凡禮點校《范成大筆記六種》“點校説明”，第 4 頁。

怡,曰光泰。浩等取真定府潭園材木,營造宮室及凉位十六。①

據此可知,元朝史官編纂《金史·地理志》或鈔録《析津志》,或兩者同源於某部文獻,然而不取原書“改門曰清怡,曰光泰”。② 此外,《金史》“顥華”者,《析津志》原文作“灝華”,張棣《金虜圖經》京邑門及王士點《禁扁》卷五《扁第十四·門》金朝條同作“灝華”。③

其次,將《攬轡録》與《金史·地理志》中都路條通盤比較後,結果再次發現後者“應天門十一楹”至“應天門舊名通天門”二百九十餘字與前者內容幾近一致,僅有語句和文字有所改動。兹節引《攬轡録》如下:

> 端門十一間,曰應天之門,舊嘗名通天。……端門之內,有左、右翔龍門,日華、月華門,前殿曰大安殿,使人入左掖門,直北,循大安殿東廊後壁行,入敷德門,自側門入,又東北行直東,有殿宇,門曰東宮,牆內亭觀甚多。直北面南列三行門。中曰集英門,云是故壽康殿母后所居。西曰會通門,自會通東小門,北入承明門,又北則昭慶門。東則集禧門,尚書省在門外。又西則有右嘉會門,四門正相對。入右嘉會門,門有樓,與左嘉會門相對,即大安殿後門之後。④

---

① 于敏中等編纂《日下舊聞考》卷三七《京城總紀》引《析津志》,北京古籍出版社,1985 年,第 586—587 頁。

② 筆者最新觀點認爲:《析津志》此段節鈔《元一統志》,所載“城之門制”亦如此。《金志》與這段文字同樣雷同,四方各三門名稱及順序完全契合。不過《析津志》所抄原書作“改門曰清怡,曰光泰”,《金志》遺漏“清怡”,又將“光泰”列作北面城門,結果改寫成十三門。參見陳曉偉《文獻學視野下的金代政區地理研究——以〈金史·地理志〉纂修問題爲中心》,未刊稿。

③ 徐夢莘《三朝北盟會編》卷二四四引《金虜圖經》,下册,第 1751 頁上欄。王士點《禁扁》卷五《扁第十四》,第 14 頁 b。

④ 范成大《攬轡録》,孔凡禮點校《范成大筆記六種》,第 15 頁。

此與上引《地理志》内容亦正相合。按《攬轡録》係范成大乾道六年（大定十年）出使金國親身經歷，蓋即元朝史官編纂《地理志》時將該書叙述燕京宫闕内容改編到中都路條下。

　　根據上文考證，《地理志上》中都路條史源之一爲《攬轡録》，從而確定《金史》"正北列三門，中曰□英，爲壽康宫，母后所居也"乃抄自"中曰集英門，云是故壽康殿，母后所居"而成文。上文根據《三朝北盟會編》引此書，而王惲《玉堂嘉話》引《攬轡録》則作"書英"，當是"集英"之誤。① 更爲重要的一條證據是，樓鑰《北行日録》與《攬轡録》相印證，樓鑰書中有云："敷德後爲集英門，兩門左右各又有門，集英之右曰會通，其東偏爲東宫，西有長廊。"②這是乾道五年十二月二十九日樓鑰作爲宋朝賀正旦使入燕京時所記述，亦稱"集英門"。

　　綜上所述，《地理志》所據文獻《攬轡録》，以及《北行日録》皆作"集英"，可知南監本"粹英"二字當是翻刻洪武覆刻本《金史》時臆補。

　　四十三

　　卷二五《地理志中》河北東路滄州條："南皮：置河倉。有大、小台山、永濟渠、潔河。鎮一，馬明。"（第 2 册第 602 頁）原點校本舊校第三十四條（第 622 頁）認爲：

　　　　永濟渠。"渠"原作"河"。按下文景州之東光、將陵、吴橋，本書卷二七恩州之歷亭、武城、清河等縣皆作"永濟渠"。今據改。

此據施國祁《金史詳校》卷三上地理志中條謂"河"當作"渠"。修訂本新校第三十五條沿用上述校勘記(第 2 册第 667 頁)。

這一校改過於魯莽。按《文獻通考》有謂:"南皮,漢縣。有大小台山、永濟河、潔河。"①又《元豐九域志》記載南皮縣地理如下:"州西南六十里。六鄉。南皮、馬明、樂延、臨津四鎮。有小天台山、永濟河。"②由此可見,《金史·地理志》上文記述馬明鎮及"大小台山"、"永濟河"與宋朝文獻相合。據此可知,南皮縣確實有"永濟河"。該條河流的具體情況,宋時期"自南皮縣入乾寧軍(清州),今亦呼爲御河"。③ 到後來《元史·河渠志》亦載説:"永濟河在清池縣西三十里,自南皮縣來,入清州,今呼爲御河也。"④今檢康熙《南皮縣志·山川》,稱當時"永濟河,在半壁店北"。⑤ 以上文獻可證,永濟河流經南皮縣。

四十四

卷二五《地理志中》山東東路濱州條云:"霑化:本名招安,明昌六年更。鎮三:永豐、永阜、永科。"(第 2 册第 610 頁)原點校本舊校第四十七條(第 623 頁)認爲:

> 永豐永阜永科。按《嘉慶一統志》卷一七六,武定府永豐鎮注云,"《金志》,霑化縣有永豐、永阜、永利三鎮"。又云,

---

① 馬端臨《文獻通考》卷三一七《輿地考三·古兖州·滄州》,上海師範大學古籍研究所、華東師範大學古籍研究所點校,中華書局,2011 年,第 13 册,第 8620 頁。

② 王存《元豐九域志》卷二《河北路·東路》滄州條,王文楚、魏嵩山點校,中華書局,1984 年,上册,第 65 頁。

③ 樂史《太平寰宇記》卷六五《河北道十四·滄州·清池縣》,王文楚等點校,中華書局,2007 年,第 3 册,第 1326 頁。

④ 《元史》卷六四《河渠志一》,中華書局,1976 年,第 6 册,第 1599—1600 頁。

⑤ 康熙《南皮縣志》卷一《山川》,第 6 頁 b。

"永利場在霑化縣東三十五里"。則"永科"當是"永利"之誤。

修訂本新校第四十九條因襲此條校勘記,未任何有改動(第 2 册第 669 頁)。我認爲上述校勘意見值得商榷。

首先,按嘉慶《大清一統志》所引"金志"當即《金史·地理志》,今檢《金史》該卷正初刻本及諸本皆作"永豐、永阜、永科",可見此書作"永利"並無版本和原始文獻依據。其次,嘉慶《大清一統志》載霑化縣永利場,最初應見於元代,《元典章》卷九《吏部三·場務官·鹽場窠闕處所》山東鹽運司下設濱鹽司七處,有永利場。① 但並不能説明該鹽場與霑化縣有什麽關係。據嘉靖《山東通志·公署》都轉運鹽使司條謂:"永利場,在霑化縣東北七十里。"②不過永利場隸屬霑化縣頂多算是明清時期建置,並不能推測金代已經如此,況且"永利鎮"與"永利場"也不能完全等同。總之,上述校勘記引據嘉慶《大清一統志》證明"'永科'當是'永利'之誤"在文獻版本和地理沿革兩方面均有漏洞,此説難以成立。

值得注意的是,本卷《地理志中》濱州條謂利津縣:"明昌三年十二月以永和鎮升置。"然而據于欽《齊乘·郡邑·濟南路》記載説,濟南路濱州利津縣,"州東六十里。本渤海縣之永利鎮,金明昌三年置爲縣"。③ 此條所敍利津縣創建時間與《金史》吻合,然而"永利"與"永和"相歧異。明初洪武年間官修《大明清類天文分野之書·齊分野》敍述濱州利津縣亦稱:"金明昌三年,改濱州永利鎮

① 陳高華、張帆、劉曉、党寶海點校《元典章》,中華書局、天津古籍出版社,2011 年,第 1 册,第 343 頁。
② 嘉靖《山東通志》卷一五《公署》,第 8 頁 b。
③ 于欽《齊乘校釋》卷三《郡邑》,劉敦願、宋百川、劉伯勤校釋,中華書局,2012 年,第 227 頁。

爲利津縣，蓋以魚鹽之利而得名焉。"①從上述兩條史料看，利津縣確實有可能是源自永利鎮，而該鎮與霑化縣"永科"無涉。此外，《金史·食貨志·鹽》載明昌三年六月孫即康等同鹽司官議，有"濱州渤海縣永和鎮"云云，②可見永和鎮先屬渤海縣，後來改隷利津縣。

四十五

卷二六《地理志下》河東南路平陽府條洪洞縣："有霍山、汾水。"（第 2 册第 634 頁）原點校本舊校第十八條（第 658 頁）云：

> 霍山。"山"原作"水"。按《九域志》卷四，河東路晉州洪洞，有霍山。《元和志》卷一二，河東道晉州洪洞縣，"霍山，在縣東北三十里"。今據改。

修訂本新校第十九條亦讚同此説，將原文"霍水"校改作"霍山"（第 2 册第 680 頁、第 705 頁）。筆者認爲，以上校勘失當。

這是因爲洪洞縣既有霍山，亦有霍水，兩者絶不是一種非此即彼的關係。按馬端臨《文獻通考》敘述晉州洪洞縣地理云："洪洞，晉大夫羊舌肸邑。隋縣。有霍山、霍水。"③此外《太平寰宇記》記述洪洞縣山水的情況更爲詳細，謂："霍山，在縣東北三十里，霍水出焉。""霍水，在縣北三里。《水經注》云：'霍水源出趙城縣東三十八里廣勝寺大郎神，西流至洪洞縣。'"④論及霍山與霍水的地理

① 《大明清類天文分野之書》卷八《齊分野》，《四庫全書存目叢書》，子部第 60 册，齊魯書社，1997 年，第 492 頁上欄。
② 《金史》卷四九《食貨志四》，第 4 册，第 1099 頁。
③ 馬端臨《文獻通考》卷三一六《輿地考二·古冀州·晉州》，上海師範大學古籍研究所、華東師範大學古籍研究所點校，第 13 册，第 8579 頁。
④ 樂史《太平寰宇記》卷四三《河東道四·晉州·洪洞縣》，王文楚等點校，第 2 册，第 901 頁。

位置關係,更爲詳細者當數金朝天眷二年六月《都總管鎮國定兩縣水碑》。該碑稱:"(平陽府)府東北九十餘里有山曰霍山,山陽有泉曰霍泉,涌地以出,派而成河。居民因而導之,分爲兩渠,一名南霍,一名北霍。兩渠游洪洞、趙城縣界而行,其兩縣民皆賴灌溉之利,以治生也。""遂再將陡門内見行水流等,量得趙城縣深一尺四寸,比舊時霍水淺三寸,洪洞縣深五寸,比舊時霍水淺一尺一寸。"①碑文記載洪洞、趙城縣因霍水分流而發生訴訟,趙城有霍水亦可參見本卷《地理志下》平陽府條下文謂"趙城有姑射山、汾水、霍水"。綜上所述,這條霍水流經洪洞縣殆無疑問。

禮志

四十六

據卷二八《禮志一·南北郊》記載説:"南郊壇,在豐宜門外,當闕之巳地。圓壇三成,成十二陛,各按辰位。壇牆三匝,四面各三門。齋宮東北,厨庫在南。壇、壝皆以赤土圬之。"(第3册第693頁)原點校本無校勘,修訂本新校第一條(第756—757頁)認爲:

> 南郊壇在豐宜門外當闕之巳地圓壇三成。"三成",疑當作"四成"。按,本卷下文《南郊·儀注》陳設一節,中官以上神位及祭器分設於壇上、第一等、第二等、第三等,則南郊壇當有四成。又卷三九《樂志上·郊祀樂歌》送神曲辭有"圓壇四成,神安其位"之語。

---

① 汪學文主編《三晉石刻大全·臨汾市洪洞卷》,三晉出版社,2009年,上册,第38—39頁。

修訂者是以南郊神位陳設佈局中的"壇上"、"第一等"、"第二等"、"第三等"作爲圜丘成數的判斷標準,乃是失檢傳統南郊圓壇制度及其演變而做出的錯誤判斷。筆者擬結合學界既有研究成果及相關資料略加辨析。

論者指出,隋唐以前圜丘的層數並沒有定制,不同朝代的圜丘形制都有所變化,大體以三層臺爲主流,隋朝爲容納更多神位新創四層圓臺結構。[①] 唐代沿襲這種制度,據考古發掘資料揭示,唐長安城圜丘遺址主體部分是以黄土夯築而成的圓形高臺式壇體建築。平面呈四重同心圓形,四層圓形夯土臺基疊置而起,圓臺面徑自下往上逐層均匀遞減,第一層爲 52.45~53.15 米,第二層爲 40.04~40.89 米,第三層爲 28.35~28.48 米,第四層爲 19.74~20.59 米。各層臺高也大致相近,第一層爲 1.85~2.1 米,第二層約 1.7~1.85 米,第三層爲 1.45~1.75 米,第三層爲 1.75~2.25 米。環繞每層圓臺,以 30 度夾角均匀設置十二個陛階,陛階寬 1.8~4 米。四層共置四十八個(見圖十二)。[②]
考古發掘所見即圓臺四成規制,與文獻記載吻合。據《舊唐書·禮儀志一》載武德初定令:

> 每歲冬至,祀昊天上帝於圜丘,以景帝配。其壇在京城明德門外道東二里。壇制四成,各高八尺一寸,下成廣二十丈,再成廣十五丈,三成廣十丈,四成廣五丈。每祀則昊天上帝及配帝設位於平座,藉用稾秸,器用陶匏。五方上帝、日月、内官、中官、外官及衆星,並皆從祀。其五方帝及日月七座,在壇

① 參見安家瑶《唐長安城的圜丘及其源流》,中國社會科學院考古研究所編著《21 世紀中國考古學與世界考古學》,中國社會科學出版社,2002 年,第 506—515 頁。
② 中國社會科學院考古研究所西安唐城工作隊《陝西西安唐長安城圜丘遺址的發掘》,《考古》2000 年第 7 期。

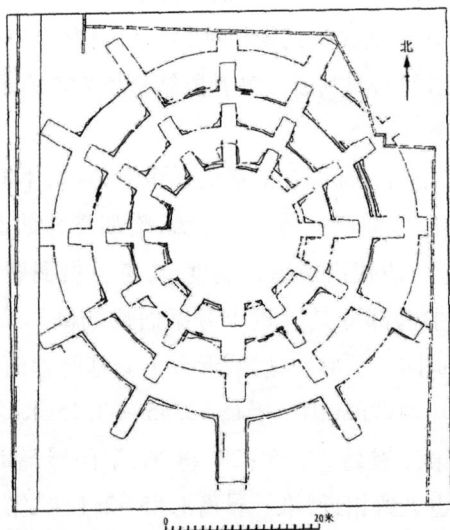

圖十二

圜丘遺址平面實測圖（採自《陝西西安唐長安城圜丘遺址的發掘》）

之第二等；內五星已下官五十五座，在壇之第三等；二十八宿已下中官一百三十五座，在壇之第四等；外官百十二座，在壇下外壝之內；衆星三百六十座，在外壝之外。①

　　將上述考古資料與傳世文獻結合，可知昊天上帝及配位最高層天壇以下依次爲第二等、第三等、第四等，意謂諸等各佔據一層。

　　若依修訂者所言，金源時期南郊壇果爲四成結構，即如唐代圜丘這種四層構造。其實不然，因爲"等"與"層"並非是絶對的匹配關係，僅憑等數無法斷定層數。最關鍵的一點是，我們必須參酌宋

----

① 《舊唐書》卷二一《禮儀志一》，第 3 册，第 819—820 頁。

元時期圜丘制度討論這個問題。按《宋史·禮志二·吉禮二》南郊壇制條謂政和三年(1113)十月,詔有司討論壇壝之制:

> 禮制局言:"壇舊制四成,一成二十丈,再成十五丈,三成十丈,四成五丈,成高八尺一寸;十有二陛,陛十有二級;三壝,二十五步。古所謂地上圜丘、澤中方丘,皆因地形之自然。王者建國,或無自然之丘,則於郊澤吉土以兆壇位。爲壇之制,當用陽數,今定爲壇三成,一成用九九之數,廣八十一丈,再成用六九之數,廣五十四丈,三成用三九之數,廣二十七丈;每成高二十七尺,三成總二百七十有六,乾之策也。爲三壝,壝三十六步,亦乾之策也。成與壝俱三,參天地之數也。"詔行之。[1]

政和三年一改隋唐舊制,遂將圓壇四成改作三成、三壝。遼寧省博物館收藏南宋傳世畫作《孝經圖》,其中《聖治章》繪有圜丘圖像,即爲三層圓臺(見圖十三)。[2]

根據政和三年議禮局進呈《五禮新儀》敘述神位的整體佈局:

> 皇帝祀昊天上帝,太史設神位版,昊天上帝位于壇上北方南向,席以槀秸;太祖位于壇上東方西向,席以蒲越;天皇大帝、五帝、大明、夜明、北極九位于第一龕;北斗、太一、帝坐、五帝内坐、五星、十二辰、河漢等内官神位五十有四于第二龕;二十八宿等中官神位百五十有九于第三龕;外官神位一百有六于内壝之内;衆星三百有六十于内壝之外。第一龕席以槀秸,餘以莞席,皆内向配位。[3]

---

① 《宋史》卷九九《禮志二》,第 8 册,第 2434 頁。

② 原圖版見浙江大學中國古代書畫研究中心編《宋畫全集》第三卷,浙江大學出版社,2009 年,第 2 册,第 32 頁。本文圖版摹本引自安家瑶《唐長安城的圜丘及其源流》。

③ 《宋史》卷九九《禮志二·吉禮二》,第 8 册,第 2436 頁。

a《孝經圖·聖治章》(遼寧省博物館藏)

b《孝經圖·聖治章》傅熹年摹本

圖十三

今存《政和五禮新儀》卷二《序例·神位上》所載更爲詳細，可知"龕"與"等"同義，即天壇及第一龕、第二龕、第三龕陳列於三層臺之上，内壝内外分别爲外官和衆星。

根據上文比較，可見金朝豐宜門外圓壇三成三壝及十二陛階形制大體承襲北宋政和制度。《金史·禮志一·南北郊》儀注"陳設"（第3册第697—698頁）謂：

> 司天監，未後二刻，同郊社令升設昊天上帝、皇地祇神座於壇上北方南向，地祇位在東稍却，席皆以藁秸。太祖配位座於東方西向，席以蒲越。五方帝、日、月、神州地祇、天皇大帝、北極神座於壇上第一等，席皆藁秸。内官五十四座、五神、五官、嶽鎮海瀆二十九座於壇上第二等，中官一百五十有八座、崑崙、山林川澤二十一座於壇上第三等，外官一百六座、丘陵墳衍原隰三十座於内壝之内，衆星三百六十座在内壝之外，席皆以莞。

以上所述，昊天上帝、太祖配位居正中，五方帝爲第一等、内官五十四座爲第二等、中官一百五十有八座爲第三等以及内壝内外分别陳設外官、衆星，這與政和三年《五禮新儀》整體格局完全一致。所不同者，金代於各等中增設神座。

不妨再參看一下蒙元時期的南郊圓丘結構。天曆二年編《太常集禮》對這項制度有着詳細記述，今存於《永樂大典》殘卷中，兹節録如下：

> 武宗皇帝至大三年有旨，用冬至祀南郊，昊天上帝神位一。先是，尚書省奏南郊配位從祀，乞舉行。上若曰："其速行之。"遂奉太祖皇帝侑作主。
>
> 其從祀圓壇。第一等九位。青帝位寅，赤帝位巳，黄帝位

未，白帝位申，黑帝位亥，大明位卯，夜明位酉，北極位丑，天皇
大帝位戌。……

　　第二等内官位五十有四。列于十二次。……

　　第三等中官百五十八位。列于十二次，皆内向。……

　　内壝内外官一百六位。列于十二次，皆内向。……

　　内壝外衆星三百六十位。分列于十二次，皆内向。

以上内容並附有《神位圖》相匹配説明（見圖十四），蓋即至大三年
（1310）太常傅士蔣汝礪所呈《圜丘合祭圖本》。①

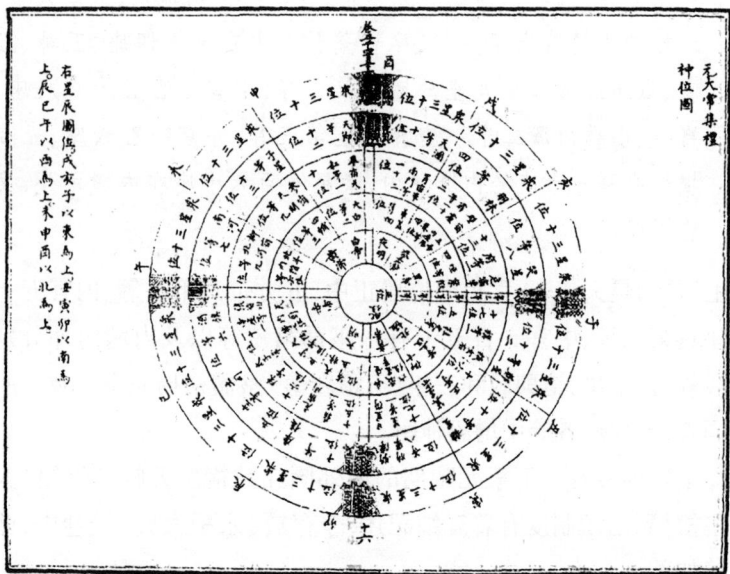

圖十四

《太常集禮》所載神位圖（採自《永樂大典》卷五四五三）

---

① 《永樂大典》卷五四五三爻字韻郊字目"郊祀神位"，第 3 册，第 2502 頁下欄—第 2505
頁下欄。參見馬曉林《蒙漢文化交會之下的元朝郊祀》，《中國史研究》2019 年第 4 期。

該圜丘成數,《元史·祭祀志一·郊祀》記載比較明確,大德九年二月二十四日,右丞相哈剌哈孫祭天的奏議獲准,"於是翰林、集賢、太常禮官皆會中書集議。……按《周禮》,壇壝三成,近代增外四成,以廣天文從祀之位。集議曰:'依《周禮》三成之制。然《周禮疏》云每成一尺,不見縱廣之度。恐壇上陿隘,器物難容,擬四成制內減去一成,以合陽奇之數。每成高八尺一寸,以合乾之九九。上成縱廣五丈,中成十丈,下成十五丈。四陛,陛十有二級。外設二壝,內壝去壇二十五步,外壝去內壝五十四步,壝各四門。壇設於丙巳之地,以就陽位'"。① 據此可知,《太常集禮》上文及《神位圖》皆爲三成圓臺,除"外設二壝"與宋金三壝有所不同外,而第一、二、三等神位陳設乃一脈相承。

論及圓臺層數,無論是隋唐時期四成制還是變成宋金元時期三成制,上面所列神位類型分爲三等大體一致,主要區別在於前者每層即可安置一等座位,而後者就必須有兩等神座同陳列於一層。從《永樂大典》卷五四五三引《太常集禮》所載神位圖可見(圖十五),其中天壇爲最高層,第一等、第二等共享一成,請看圖十五 b 介於"天壇"與第三等所據最底層間的第二層,即有"第一等"、"第二等"文字。

綜上所論,神座等次其實乃是諸神分類標準,以此來推測圓臺成數並不足爲據,從隋唐以降圜丘規制變化來看,金朝南郊壇建制承襲政和之制,而對元朝亦有所影響。今檢本卷《禮志一·南北郊》大定十一年世宗謂"今汝等言依古制築壇,亦宜",亦即遵《周禮》三成之制,實踐落實結果爲"圓壇三成"正確無疑。而修訂本校

_____

① 《元史》卷七二《祭祀志一》,第 6 冊,第 1782 頁。

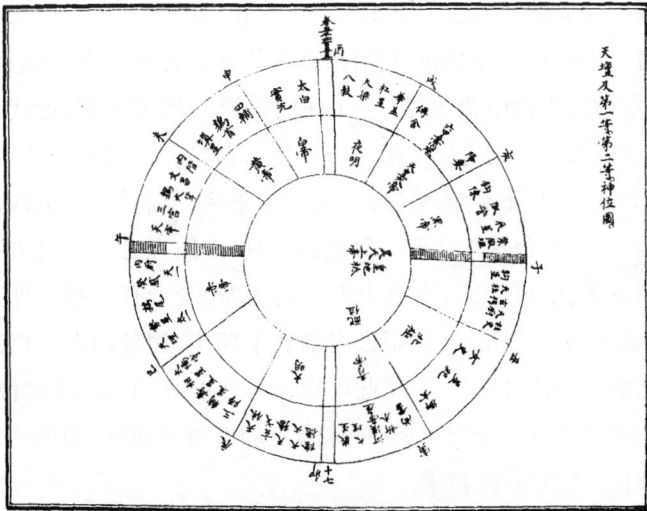

a 神位圖"天壇及第一等、第二等"

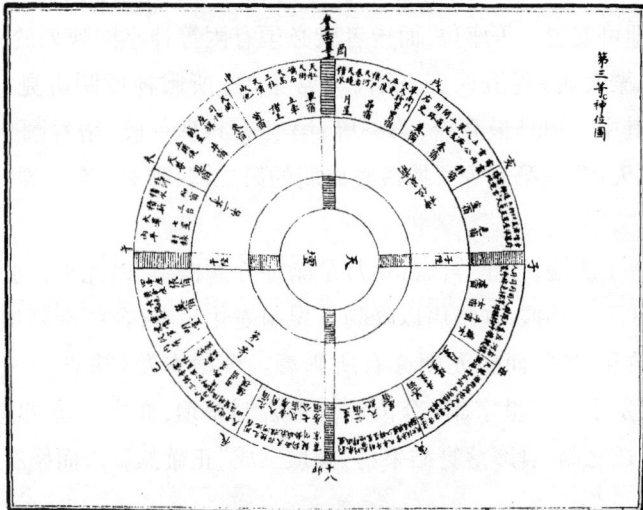

b 神位圖"第三等"

圖十五

勘記所引《樂志》“郊祀樂歌”中的“圜壇四成,神安其位”①不過是《乾寧之曲》的歌詞罷了,虛指而已,豈可爲據。

四十七

卷三一《禮志四·功臣配享》謂大定八年:“上命圖畫功臣於太祖廟,有司第祖宗佐命之臣,勳績之大小、官資之崇卑以次上聞。”其中右廡最後一名列“右丞相金源郡王紇石烈志寧”(第3冊第762頁)。修訂本新校第十七條(第823頁)認爲:

> 右丞相金源郡王紇石烈志寧。按,錢大昕《考異》卷八四:“案《百官志》,紇石烈姓例封廣平郡,《志寧傳》亦云封廣平郡王,此稱金源郡,疑誤。”

施國祁《金史詳校》卷三下禮志四條駁斥錢大昕之説,詳細論證説:

> 非也。考《志寧傳》,十一年,北征還,封廣平郡王。《世宗紀》不書。更考七月宗敍薨,後志寧代征,往返約在十月。又言郊祀覃恩,進封金源郡王,不兩月間,以勢以恩再進封。夫封王,尊之也。廣平改金源,親之也。與程琢以功賜姓夾谷,奏請更賜完顏,見《伯嘉傳》。及移刺衆家奴賜姓完顏,夾谷清臣賜同本朝人同例。

施國祁指出錢大昕失檢《金史·紇石烈志寧傳》有謂大定十一年“進封金源郡王”,②認爲由廣平改封金源,同賜姓完顏一樣,皆爲特殊恩例。事實上,以上包括《金史》修訂者在内的諸家説法皆未考慮到金朝郡王封册制度源流及演變過程。

---

① 《金史》卷三九《樂志上·郊祀樂歌》,第3冊,第895頁。
② 《金史》卷八七《紇石烈志寧傳》,第6冊,第1934頁。

　　須説明一下,該卷下文謂明昌四年始定太祖廟功臣次序,西廊第十二位亦繪畫有"開府儀同三司右丞相金源郡武定王紇石烈志寧"。按紇石烈志寧於大定九年十月拜右丞相及十一年封金源郡王,而上文"功臣配享"大定八年條謂"右丞相金源郡王紇石烈志寧",此官稱當係史官追述。① 紇石烈志寧封"金源郡王",上引《紇石烈志寧傳》有明確記載。金源一代,非完顏氏的女真人封册"金源郡王",並不只有紇石烈志寧一個人,筆者就在《金史》中檢到兩例。第一,大定十八年六月庚午,尚書左丞相紇石烈良弼薨,據本書《紇石烈良弼傳》記載説:"年六十。上悼惜之,遣太府監移剌愓、同知西京留守王佐爲敕葬祭奠使,賻白金、綵幣加等,喪葬皆從官給。追封金源郡王,命翰林待制移剌履勒銘墓碑,謚誠敏。"②第二,本書《章宗紀一》大定二十九年七月丁卯曰:"以太尉、尚書令東平郡王徒單克寧爲太傅,改封金源郡王。"③

　　以上兩個案例中,良弼與志寧同爲紇石烈氏,與徒單克寧一樣對應本書卷五五《百官志一》"白號之姓"中的廣平郡。④ 那麽,如何解釋上述制度規定與實際運作看似矛盾的現象呢?施國祁推測是"廣平改金源親之也"的緣故,其實不然,我認爲須檢討《金史·百官志》所載"白號之姓"、"黑號之姓"形成定制的年代。現將全文引述如下:

　　　　凡白號之姓,完顏、温迪罕、夾谷、陁滿、僕散、术虎、移剌

---

① 《金史》卷六《世宗紀上》大定八年十月乙未條曰:"及命圖畫功臣於太祖廟,其未立碑者立之。"(第1册第143頁)此與本卷《禮志四》所載同爲一事。
② 《金史》卷八八《紇石烈良弼傳》,第6册,第1956頁。
③ 《金史》卷九《章宗紀一》,第1册,第211頁。
④ 《金史》卷五五《百官志一》,第4册,第1230頁。

答、斡勒、斡準、把、阿不罕、卓魯回、①特黑罕、會蘭、沈谷、塞蒲里、吾古孫、石敦、卓陀、阿厮準、匹獨思、潘术古、諳石剌、石古苦、綴罕、光吉剌皆封金源郡；裴滿、徒單、溫敦、兀林答、阿典、紇石烈、納闌、孛术魯、阿勒根、納合、石盞、蒲鮮、古里甲、阿迭、聶摸欒、抹撚、納坦、兀撒惹、阿鮮、把古、溫古孫、耨盌、撒合烈、吾塞、和速嘉、能偃、阿里、班兀里坦、②聶散、蒲速烈皆封廣平郡；吾古論、兀顔、女奚烈、獨吉、黃摑、顔盞、蒲古里、必蘭、斡雷、獨鼎、尼厖窟、窟亦作古。拓特、盍散、撒答牙、阿速、撒劃、準土谷、納謀魯、業速布、安煕烈、愛申、拿可、貴益昆、溫撒、梭罕、霍域皆封隴西郡。

　　黑號之姓，唐括、舊書作同古。蒲察、术甲、蒙古、蒲速、粘割、奧屯、斜卯、準葛、諳蠻、獨虎、术魯、磨輦、益輦、帖暖、蘇孛輦皆封彭城郡。③

《百官志》僅僅敘述白號、黑號兩大類涵蓋姓氏及其所封册的郡望，可惜該制度的具體頒布時間不詳。我們從蒙元時期姚燧撰《布色君神道碑》中找到了最關鍵的一條線索。該碑文稱：

　　金有天下，諸部各以居地爲姓。章廟病其書以華言爲文不同，敕有司定著而一之。凡白姓，金源郡三十有六，廣平郡三十，皆白書；隴西郡二十有八，彭城郡十有六，皆黑書。其等而別者甚嚴。布色氏于金源次居五，其素爲華望之家，不言可喻。④

---

① 原點校本作"卓魯"，"回"字從下文作"回特"，修訂本改作"卓魯回"、"特黑罕"。按《金史》卷一一四《石抹世勣傳》有作"卓魯回蒲乃速"者，可參。（第7册第2518頁）
② 原點校本作"阿里班、兀里坦"，今從修訂本改正。
③ 《金史》卷五五《百官志一》，第4册，第1229—1230頁。
④ 姚燧《牧庵集》卷一七《南京兵馬使贈正議大夫上輕車都尉陳留郡侯布色君神道碑》，查洪德點校《姚燧集》，人民文學出版社，2011年，第276頁。

學者早就注意到這通碑文,指出文中"白書"、"黑書"分別指《百官志一》"白號之姓"、"黑號之姓",①不過並未結合"布色君"的身份進行深入討論。

按《布色君神道碑》詳細敘述祖先世系傳承説:

> 布色氏,始由普爾普以佐命功位司空,生司徒巴爾圖;司徒生太尉和賫,連姻帝室,生世宗母宣獻皇后,與金紫光禄大夫、統軍巴勒;統軍生世宗元妃,與鎮國上將軍布展;鎮國生昭勇大將軍守道;昭勇生君,諱長德。②

姚燧《牧庵集》是四庫館臣從《永樂大典》中輯佚出來的,碑文中的女真人名"布色君"及"普爾普"、"巴爾圖"、"和賫"、"巴勒"、"布展"均已遭清人改譯,儘管如此,我們仍可以還原本面目,並能從金朝文獻中發掘這些人的履歷。細檢《金史·僕散忠義傳》有記載云:

> 僕散忠義本名烏者,上京拔盧古河人,宣獻皇后姪,元妃之兄也。高祖幹魯補。曾祖班覩。祖胡闕。父背魯,國初世襲謀克,婆速路統軍使,致仕。③

《僕散忠義傳》恰好印證《布色君神道碑》,據此可復原出一系列改譯人名,"普爾普"即幹魯補,"巴爾圖"即班覩,"和賫"即胡闕,"巴勒"即背魯,"布展"即烏者(僕散忠義),從中可見諸譯名和血緣關

---

① 參見賈敬顏《女真姓氏》,氏著《民族歷史文化萃要》,吉林教育出版社,1990 年,第74—77 頁。韓世明《遼金時期女真氏族制度新論》,《東北亞論壇》1994 年第 2 期。穆鴻利《金源女真姓氏譜及改漢姓之分類與特點》,《滿族研究》2005 年第 4 期。
② 姚燧《牧庵集》卷一七《南京兵馬使贈正議大夫上輕車都尉陳留郡侯布色君神道碑》,查洪德點校《姚燧集》,第 275 頁。
③ 《金史》卷八七《僕散忠義傳》,第 6 册,第 1935 頁。

係一一吻合,筆者將原女真人名一一訂正後,則確認"布色"改譯自僕散氏,"布色君"即僕散長德。上引《布色君神道碑》云"布色氏于金源次居五",今見《百官志》"白號之姓"金源郡中第五位即列"僕散"。以上討論的白號姓、黑號姓之分類與郡望匹配,實際創立年代及緣起,僕散長德神道碑上文明確説"章廟病其書以華言爲文不同,敕有司定著而一之"。按《金史·章宗紀》明昌二年十一月丙午云"制諸女直人不得以姓氏譯爲漢字",①蓋即上述釐定郡望事。②

以上通過《布色君神道碑》考證出《百官志一》白號、黑號女真諸姓對應金源郡、廣平郡、隴西郡、彭城郡原來是明昌初年的制度,而紇石烈志寧、紇石烈良弼及徒單克寧的金源郡王皆爲世宗大定年間封賜,也就是説,彼時"紇石烈"、"徒單"不一定要册封"廣平郡"。從金朝文獻所見,金初女真人無郡望觀念,直到明昌初年才最終確立,③其中大定期間的具體措施情況,據《大金集禮》記載説,大定七年二月二日,敕旨:"今後封郡王及宗室女封公主者,只於郡名内封,揀十個好名内用。"十三日,奏定下項:"郡名:金源、廣平、平原、南陽、常山、太原、平陽、東平、安定、延安。"④《金史·百官志》載"封王之郡號十"即大定七年政策,"揀十個好名内用"意謂取其美者,紇石烈志寧當然可以封金源郡王,並不像後來章宗時期那樣將姓氏與郡望嚴格對應。⑤

①　《金史》卷九《章宗紀一》,第 2 册,第 219 頁。
②　參見陳述《金史氏族表敘例》,氏著《金史拾補五種》,科學出版社,1960 年,第 4 頁。
③　參見陳曉偉《大金國號金源説與祖先函普傳説——論女真文化本位觀念之演變》,未刊稿。
④　任文彪點校《大金集禮》卷九《公主》,第 155 頁。
⑤　參見孫紅梅《金代金源郡王封爵研究》,《内蒙古社會科學》2020 年第 2 期。

四十八

卷三三《禮志六·原廟》云:"太宗天會二年,立大聖皇帝廟于西京。"(第 3 册第 787 頁)然而關於西京太祖原廟的創建時間,《金史》本身記載卻存在歧異,按本書卷二《太祖紀》謂:"天會三年三月,上尊謚曰武元皇帝,廟號太祖,立原廟于西京。"①以及卷二四《地理志上》西京路條小注亦云:"天會三年建太祖原廟。"②邱靖嘉《〈金史〉卷二〈太祖紀〉校注》根據上述三條史料指出天會二年、三年之差異,兩者孰是孰非,未作判斷。③ 修訂本《禮志六》新校第一條(第 3 册第 857 頁)云:

又,本書卷二《太祖紀》記此事作"三年"。

修訂本《太祖紀》新校第三十一條(第 1 册第 51 頁)云:

另,本書卷三三《禮志六·原廟》稱"太宗天會二年,立大聖皇帝廟于西京",繫年與此異。

筆者從《金史·太宗紀》檢出一條關鍵史文,則可以徹底解決上述爭端。該卷天會三年十月甲辰條云:"詔建太祖廟于西京。"④據此判斷,《太祖紀》"立原廟于西京"與今本《太宗紀》同源,確切爲天會三年十月事,而《禮志》原廟條"天會二年",當爲"三年"之誤。

四十九

《禮志六·别廟》謂大定十七年十月:"祫享太廟,'檢討唐禮,

---

① 《金史》卷二《太祖紀》,第 1 册,第 42 頁。
② 《金史》卷二四《地理志上》,第 2 册,第 564 頁。
③ 邱靖嘉《〈金史〉纂修考》,第 324 頁。
④ 《金史》卷三《太宗紀》,第 1 册,第 53 頁。

孝敬皇帝廟時享用廟舞、宮縣、登歌，讓皇帝廟至禘祫月一祭，只用登歌，其禮制損益不同。今武靈皇帝廟庭與太廟地步不同，難以容設宮縣樂舞，并樂器亦是闕少，看詳恐合依唐讓皇帝祫享典故，樂用登歌，所有牲牢樽俎同太廟一室行禮。'"（第 3 册第 796 頁）原點校本未出校，修訂本新校第十二條（第 3 册第 858 頁）認爲：

> 讓皇帝廟至禘祫月一祭。按，禘祫無"月"之説，頗疑"月"爲"日"字之誤。

筆者核對上引别廟條之原始記載，見《大金集禮・别廟》"大定十七年十月十四日祫享太廟"事亦作"讓皇帝廟該至禘祫月一祭，只用登歌"云云①，當無疑問。

那麽，"禘祫月一祭"一語果真有誤嗎？我認爲修訂本之説難以成立。其中最重要的一條線索，當是《禮志六・别廟》"檢討唐禮孝敬皇帝廟時享"一句，此文即改編自《大金集禮・别廟》"檢討到唐孝敬皇帝廟時享"。通檢《大金集禮》全書，其凡引唐朝禮儀制度作爲參酌規範，文獻依據主要爲《唐會要》、《大唐開元禮》、《通典》、《唐六典》及《大唐郊祀録》等書，②此處大定十七年十月有司援引孝敬皇帝故事應該不出以上諸書。今檢到《唐會要・讓皇帝廟》即有如下記載：

> 開元二十九年十一月辛未，太尉寧王憲，追謚曰讓皇帝，又追贈妃元氏爲恭皇后，立廟于京城啟夏門內立政坊。廟制如德明，四時有司行事。至天寶三載四月，敕："讓皇帝今後四祭，宜爲大祀。"上元二年，禮儀使、太常卿劉晏奏："讓皇帝廟，

---

① 任文彪點校《大金集禮》卷二二《别廟》，第 232 頁。
② 參見任文彪《〈大金集禮〉徵引前代典故一覽表》，《大金集禮》附録四，第 580—585 頁。

請停四時享獻,每至禘祫月,則一祭焉。樂用登歌一部,牲牢樽豆之禮,同太廟一室之儀。"①

該卷《諸太子廟》亦云:"上元二年二月,禮儀使、太常卿杜鴻漸奏議曰:'讓帝、七太子廟等,停四時享獻,每至禘祫之月,則一祭焉。樂用登歌一部,時獻俎樽之禮,同太廟一室之儀。'"②同卷所載同一件事,奏議者則有"劉晏"、"杜鴻漸"之分歧。此外,《通典》卷四七皇太子及皇子宗廟條謂上元二年(761)二月,禮儀使、太常卿杜鴻漸奏:"讓帝七廟等,請停四時享獻。每至禘祫之月,則一祭焉。樂用登歌一部,牲獻鐏俎之禮,同太廟一室之儀。"③以及《大唐郊祀錄·饗禮一》德明皇帝興聖皇帝讓皇帝等廟條記載:寶應二年(763),禮儀使杜鴻漸奏請:"前件廟等停四時享獻,每至禘祫之月,則一祭焉。樂用登歌一,奏牲獻樽俎之禮,同太廟九室之儀。"④諸書載太常卿杜鴻漸謂讓皇帝李憲廟"每至禘祫之月則一祭焉",亦即金人討論武靈皇帝廟祫享儀禮之古典根據。據此可知,《大金集禮》"禘祫月一祭"引述自唐代典志"禘祫月,則一祭"不誤,義爲禘祫之月。

兵志

五十

　　卷四四《兵志·兵制》云:"承安四年,上謂宰臣曰:'人有以

---

① 王溥《唐會要》卷一九《讓皇帝廟》,上海古籍出版社,2006年,上册,第439頁。
② 王溥《唐會要》卷一九《讓皇帝廟》,上册,第444頁。
③ 杜佑《通典》卷四七《禮七·沿革七·吉禮六》,王文錦等點校,中華書局,1988年,第2册,第1324頁。
④ 王涇《大唐郊祀錄》卷九,《適園叢書》本,第16頁a。

《八陣圖》來上者，其圖果何如？朕嘗觀宋白所集《武經》，具載攻守之法，亦多難行。'右丞相清臣曰：'兵書一定之法，難以應變。本朝行兵惟用正奇二軍，臨敵制變，以正爲奇，以奇爲正，故無往不克。'上曰：'自古用兵亦不出奇正二法耳。且學古兵法如學弈棋，未能自得於心，欲用舊陣勢以接敵，疏矣。敵所應與舊勢異，則必不可支。然《武經》所述雖難遵行，然知之猶愈不知。'"（第 3 冊第 997頁）原點校本未有校勘，修訂本新校第十二條（第 1082 頁）認爲：

> 右丞相清臣曰。"右丞相"，疑當作"左丞相"。按，本書卷一○《章宗紀二》，明昌六年四月"庚辰，以尚書右丞相夾谷清臣爲左丞相"。

實際情況則是，修訂者失檢"右丞相清臣"與章宗對答的具體時間及明昌間夾谷清臣的履歷。

本卷《兵志》繫於承安四年的夾谷清臣討論兵法之事，可參見本書卷九四《夾谷清臣傳》如下記載：

> （明昌）二年，拜尚書左丞。頃之，進平章政事，封芮國公，賜同本朝人。四年，遷右丞相，監修國史。

> 時議簽軍戍邊，上問："漢人與夏人孰勇？"清臣曰："漢人勇。"上曰："昔元昊擾邊，宋終不能制，何也？"清臣曰："宋馭軍法不可得知，今西南路人殊勝彼也。"未幾，遷崇進，改封戴。一日，上謂宰臣曰："人有以《八陣圖》來上者，其圖果何如？朕嘗觀宋白所集《武經》，然其載攻守之法亦多難行。"清臣曰："兵書皆定法，難以應變。本朝行兵之術，惟用正奇二軍，臨敵制變，以正爲奇，以奇爲正，故無往不克。"上曰："自古用兵亦不出奇正二法耳。且學古兵法如學弈碁，未能自得於心，而欲用舊陣勢以接敵，亦以疎矣。"

尋上表丐閒,不許。固請,乃賜告省親,諭之曰:"聞卿母老,欲令歸省,故特給假五十日,馳驛以往,至彼可爲一月留也。"五年二月,上御凝和殿,清臣省覲還,謁上。①

由此可見《兵志·兵制》承安四年條紀事與《夾谷清臣傳》敘述完全相合,其中後者謂明昌"四年遷右丞相監修國史"及"五年二月上御凝和殿",清臣論及軍事正奇之法即在這期間。

根據《金史·章宗紀》梳理夾谷清臣仕履,明昌四年正月辛未"以平章政事夾谷清臣爲尚書右丞相,監修國史",六月壬戌"尚書右丞相夾谷清臣進封戴國公",十一月庚午"右丞相清臣、參知政事持國上表丐閑,優詔不許",②諸條見於本卷《夾谷清臣傳》,從而進一步確認上述論兵法事在明昌四年六月"改封戴"與十一月"尋上表丐閒"兩文之間,清臣時任"右丞相",《兵志·兵制》作"右丞相清臣"是,直到六年四月庚辰,"以尚書右丞相夾谷清臣爲左丞相,監修國史,封密國公"。據此考訂,本卷《兵志·兵制》所載清臣官職"右丞相"無誤,真正需要檢討的是"承安四年"繫年問題。

五十一

卷四四《兵志》謂大定二十年三月:"更定群牧官、詳穩脱朶、知把、群牧人滋息損耗賞罰格。"(第 3 册第 1004 頁)原點校本舊校第十八條(第 1012 頁)認爲:

> 更定群牧官詳穩脱朶。按本書卷五七《百官三》"諸群牧所"注云,"又設掃穩脱朶,分掌諸畜,所謂牛馬群子也","詳"作"掃",疑此處誤。

① 《金史》卷九四《夾谷清臣傳》,第 6 册,第 2084 頁。
② 《金史》卷一〇《章宗紀二》,第 1 册,第 227—230 頁。

此據施國祁《金史詳校》卷三下兵志條。修訂本新校第二十六條有所改動，僅指出"詳穩"、"掃穩"相歧異，不再判斷正誤（第 3 册，第 1084 頁）。我認爲，此條不宜出校。"詳穩"一詞最初源自漢語"將軍"，契丹小字 🔣 與其對譯，詞首原字 🔣 音值構擬爲 s，[1]"掃穩"實爲同名異譯。

刑志

五十二

卷四五《刑志》敘述説："（大定）七年，左藏庫夜有盜殺都監郭良臣盜金珠，求盜不得。命點檢司治之，執其可疑者八人鞫之，掠三人死，五人誣伏。上疑之，命同知大興府事移剌道雜治。既而親軍百夫長阿思鉢鬻金於市，事覺，伏誅。上聞之曰：'箠楚之下，何求不得，奈何鞫獄者不以情求之乎。'賜死者錢人二百貫，不死者五十貫。於是禁護衞百夫長、五十夫長非直日不得帶刀入宫。是歲，斷死囚二十人。"（第 3 册第 1015—1016 頁）按本書卷六《世宗紀上》大定七年十二月條有謂"是歲，斷死囚二十人"，[2]與《刑志》相合。原點校本本卷第一條校勘記（第 1025 頁）指出：

> 於是禁護衞百夫長五十夫長非直日不得帶刀入宫。按本書卷六《世宗紀》，大定八年三月"丁丑，命護衞親軍百户、五十户非直日不得帶刀入宫"，當即此事，則當在下文"八年"下。

---

① 參見王弘力《契丹小字墓誌研究》，《民族語文》1986 年第 4 期。

② 《金史》卷六《世宗紀上》，第 1 册，第 141 頁。

修訂本新校第二條略有改動,則是認爲《世宗紀上》大定八年三月丁丑條紀事"繫年與此異"(第3册第1098頁)。邱靖嘉《〈金史〉卷四五〈刑志〉校注》指出:"此句綴於大定七年左藏庫盜案下,係縷述其事件因果顛末,並無不妥。"[1]此説甚是。從這點考慮,原點校本和修訂本上述校勘記均當删。最要緊的是,《刑志》"上疑之命同知大興府事移剌道雜治"一句,原點校本本無校記,修訂本增補第一條校勘記(第1098頁)認爲:

> 上疑之命同知大興府事移剌道雜治。按,本書卷六《世宗紀上》,大定九年三月丁卯,"詔御史中丞移剌道廉問山東、河南"。卷九〇《移剌道傳》,廉職問官殿最還,"道改同知大興尹事"。此處紀年疑誤。

此處竟以《金史》卷九〇傳主移剌道事迹校正《刑志》"同知大興府事移剌道",實在是一大謬誤。

　　治遼金元史者皆知文獻中同名異譯或異人同名現象最爲常見,按,《金史》中有兩位名字稱"移剌道"者,均活動於大定年間,並且本書都設立有列傳。不妨參考一下崔文印編《金史人名索引》,該書分别列移剌道(耶律道、移剌趙三、莘國公)條、移剌道(移剌按)條,此二人履歷及事迹一目了然。[2] 修訂者上文所引"移剌道"即後者,其本名按,該人本傳敘述大定時期仕履云:

> 奉使河南,勸課農桑,密訪吏治得失。累遷御史中丞、同修國史,廉問職官殿最,還奏。上曰:"職官貪汙罪廢,其餘因循以苟歲月。今廉能即與升除,無以慰百姓愛留之意,可就遷

① 邱靖嘉《〈金史〉纂修考》,第339頁。
② 崔文印編《金史人名索引》,第127、128頁。

秩,秩滿升除。"於是,廉能官景州刺史耶律補進一階。……於是,道改同知大興尹事。①

《金史·世宗紀》大定九年三月丁卯曰:"詔御史中丞移剌道廉問山東、河南。"②這與上文移剌按"累遷御史中丞"及"廉問職官殿最還奏"正好吻合。移剌按於大定九年以後改"同知大興尹事",修訂者認爲他在《金史》中的事迹繫年歧異,這是因爲,此移剌道(按)決不是《刑志》"命同知大興府事移剌道雜治"者。

邱靖嘉《〈金史〉卷四五〈刑志〉校注》已指出,《刑志》大定七年條、《世宗紀》大定八年三月丁丑條"禁護衛百夫長、五十夫長非直日不得帶刀入宫"之事,《金史》卷八八《移剌道傳》記載左藏庫盜案始末更爲詳明。③ 兹引述如下:

> 再除同知大興尹。親軍百人長完顏阿思鉢非禁直日帶刀入宫,其夜入左藏庫,殺都監郭良臣,盜取金珠。點檢司執其疑似者八人,掠笞三人死,五人者自誣,其贓不可得。上疑之,命道參問。道持久其獄,既而阿思鉢鬻金事覺,伏誅。上曰:"箠楚之下,何求不得。奈何點檢司不以情求之乎。"賜掠死者錢,人二百貫周其家,不死者人五十貫。詔自今護衛親軍百人長、五十人長,非直日不得帶刀入宫。

這位移剌道"本名趙三,其先乙室部人也"。④ 稍稍翻閱一下《金史》人物列傳上下兩卷,就可知這個趙三才是阿思鉢殺人盜竊金珠案件的偵破者。

---

① 《金史》卷九〇《移剌道傳》,第 6 册,第 1995 頁。
② 《金史》卷六《世宗紀上》,第 1 册,第 144 頁。
③ 邱靖嘉《〈金史〉纂修考》,第 346 頁。
④ 《金史》卷八八《移剌道傳》,第 6 册,第 1966、1968 頁。

食貨志

五十三

　　卷四七《食貨志二·租賦》云："明昌元年四月，上封事者乞薄民之租稅，恐廩粟積久腐敗。省臣奏曰：'臣等議，大定十八年户部尚書曹望之奏，河東及鄜延兩路稅頗重，遂減五十二萬餘石。去年赦十之一，而河東瘠地又減之。今以歲入度支所餘無幾，萬一有水旱之災，既蠲免其所入，復出粟以賑之，非有備不可。若復欲減，將何以待之。如慮腐敗，令諸路以時曝晾，毋令致壞，違者論如律。'制可。十一月，尚書省奏，'河南荒閑官地，許人計丁請佃，願仍爲官者免租八年，願爲己業者免稅三年'。詔從之。明昌二年二月，敕自今民有訴水旱災傷者，即委官按視其實，申所屬州府，移報提刑司，同所屬檢畢，始令翻耕。"（第 4 册第 1059—1060 頁）原點校本舊校第十三條（第 1066 頁）云：

　　　　明昌元年四月。原脱"明昌元年"四字。按上文"大定二十九年赦民租十之一"，而此奏又云"去年赦十之一"，則此"四月"必在明昌元年已明。今據補。

第十四條（第 1066 頁）云：

　　　　明昌二年。"二"字原文殘缺似"一"字，今據殿本校正。

修訂本新校第十三條、第十四條因襲這兩條校勘記（第 4 册第 1142 頁）。以上校改，儘管理順了"四月上封事者乞薄民之租稅，恐廩粟積久腐敗"條、"二月敕自今民有訴水旱災傷者"條繫年，但是仍存有漏洞，在此需要稍加辨析。

按前引本卷"租賦"有謂"十一月尚書省奏，'河南荒閑官地，許人計丁請佃，願仍爲官者免租八年，願爲己業者免稅三年'。詔從之"，若根據《金史》點校者和修訂者校改後的方案，此條乃爲明昌元年事。然而，細檢本卷上文《食貨志·田制》謂章宗大定二十九年十一月"尚書省奏：'民驗丁佃河南荒閑官地者，如願作官地則免租八年，願爲己業則免稅三年，並不許貿易典賣。若豪强及公吏輩有冒佃者，限兩月陳首，免罪而全給之，其稅則視其鄰地定之，以三分爲率減一分，限外許諸人告詣給之。'制可"。其下文爲明昌元年二月事（第 1049 頁）。經對比可知，以上本卷租賦門、田制門記載相同內容，時間明確無疑爲大定二十九年。但是，經校改後租賦門此條繫於明昌元年，如此則牴牾不順。照這樣看來，點校本《金史》妄加"明昌元年"四字風險極大。

此外本卷"明昌二年二月"，原點校者認爲"二"字原文殘缺似"一"字，修訂本新校第十四條（第 1142 頁）謂：

> "二年"，原作"一年"，據南監本、北監本、殿本、局本改。

筆者覆核版本，百衲本所據洪武覆刻本作"明昌一年"，其中"一"字下絲毫無殘缺痕迹。這種年號稱法確實奇怪，但仍可以理解；或"一"字下失下半部"兀"偏旁，蓋即"元"字誤書。若此處紀年不誤，該條下均爲明昌元年事。而上文"四月上封事者乞薄民之租稅，恐廩粟積久腐敗"亦即大定二十九年，該句中"去年赦十之一"或有他指。這似是最佳校改方案。

五十四

卷四九《食貨志四·鹽》謂："（泰和）六年三月，右丞相內族宗浩、參知政事賈鉉言：'國家經費惟賴鹽課，今山東虧五十餘萬貫，蓋以私煮盜販者成黨,鹽司既不能捕,統軍司、按察司亦不爲禁,若止論犯私鹽者之數,罰俸降職,彼將抑而不申,愈難制矣。宜立制,以各官在職時所增虧之實,令鹽司以達省部,以爲陞降。'遂詔諸統軍、招討司,京府州軍官,所部有犯者,兩次則奪半月俸,一歲五次則奏裁,巡捕官但犯則的決,令按察司御史察之。"(第4册第1103頁)原點校本未出校,修訂本新校第十二條(第4册第1191頁)認爲:

> 令按察司御史察之。按,本書卷五七《百官志三》,按察司官職爲使、副使、簽按察司事、判官等,無"御史"。

誠如校勘者所言按察司確無"御史"之設,不過問題癥結在於,上述史文標點有誤,"令按察司御史察之"應改作"令按察司、御史察之",意謂"御史"非隸屬於按察司,而是一種並列關係。按察司和御史臺皆擔負訪問、勘鞫官員之責,這點當無疑問。

選舉志

五十五

卷五三《選舉志三·右職吏員雜選》樞密院令史譯史條曰:"大定二十一年,定元帥府令譯史三十月遷一官,百二十月出職,一考、兩考與八品除授,三考與從七品。"(第4册第1175頁)施國祁《金史詳校》卷四選舉志三條指出:"大定二十一年,'二十一'當作'十一'。"《金史》點校者採信此説,舊校第四條認爲"下文爲'十四年''十六年''十七年',知此'二十一年'數目字有誤,亦或是敘事顛倒"(第1190頁)。修訂本新校第三條(第4册第1272頁)亦同。論者僅從史文繫年表面論斷,未免有些草率。

今檢本卷《選舉志三》"樞密院令史譯史"所列大定十四年、十六年兩條尚無旁證,而十七年條有云:"制試補總麻祖免以上宗室郎君。又定制,三品職事子弟設四人,吏員二人。"(第1176頁)據本書卷五二《選舉志二》宰執子弟省令史條記載説,"大定十七年,定制,以三品職事官之子,試補樞密院令史。遂命吏部定制,宰執之子、并在省宗室郎君,如願就試令譯史,每年一就試,令譯史考試院試補外,總麻祖免宗室郎君密院收補。"①此文規定三品職事官子弟及宗室郎君試補樞密院令史等職位,這與上文條目亦正相合,既而由此確定十四年、十六年紀事亦當爲樞密院令史譯史銓選之規定。再看大定二十一年條,則是敍述隸屬於元帥府下的令史、譯史遷轉辦法。其下文有云"大定二十一年,宗正府、六部、臺、統軍司令史,番部譯史,元帥府通事,皆三十月遷一重,百二十月出職係班,一考、兩考與九品,三考已上與八品除授。"此敍元帥府通事選拔考核,以上內容均屬大定二十一年格無疑。

據《金史·百官志》都元帥府條記述右職吏員構成:"元帥府女直令史十二人,承安二年十六人,漢人令史六人。譯史三人,女直譯史一人,承安二年二人。通事,女直三人,後作六人,承安二年復作三人,漢二人。"②由此可見,元帥府常設令史、譯史,大定二十一年頒布選格沒有什麼疑問。本卷《選舉志》該條寫作"二十一年",並非年份數目字有誤,恐怕也不是敍事顛倒,最有可能是"元帥府令史譯史"紀事摻和進"樞密院令史譯史"條。這是因爲金源一代兩個機構相互更替,極易造成混亂。

下文擬以泰和年間機構變革爲例。據《金史·百官志》樞密院條注釋云:"泰和六年,嘗改爲元帥府。"③按本書《章宗紀四》泰和

----

① 《金史》卷五二《選舉志二》,第4冊,第1170—1171頁。
② 《金史》卷五五《百官志一》,第4冊,第1238頁。
③ 《金史》卷五五《百官志一》,第4冊,第1239頁。

六年五月云："戊子,平章政事僕散揆兼左副元帥,陝西兵馬都統使充爲元帥右監軍,知真定府事烏古論誼爲元帥左都監。辛卯,以征南詔中外"。上述左副元帥、元帥右監軍及左都監等皆爲元帥府首腦,均於此時除授,表明因南征需要而設立了都元帥府,此見泰和七年五月丙申謂："宋知樞密院事張巖復遣方信孺以書至都元帥府,增歲幣乞和。"①本書《百官志一》都元帥府條曰:"泰和八年,復改爲樞密院。"《章宗紀四》謂泰和八年五月己未,"更元帥府爲樞密院"。② 又《完顏匡傳》亦記此事。③ 都元帥府設置原則爲"掌征討之事,兵罷則省"。④ 或亦如《兵志》所云:"樞密院每行兵則更爲元帥府,罷則復爲院。"⑤據《金史》記載,大定二十一年七月丁酉,"樞密使趙王永中罷。己亥,以左丞相徒單克寧爲樞密使"。⑥ 從中可知大定二十一年設置樞密使,並無元帥府。那麼,本卷《選舉志三》樞密院令史譯史條是年"定元帥府令譯史三十月遷一官"云云似與上述記載不符。不過再看本書卷一〇《章宗紀二》承安二年八月庚寅"樞密使唐括貢致仕";壬辰"以左副元帥襄爲樞密使兼平章政事"。⑦ 可見承安二年所設機構實乃係樞密院,但是《選舉志》中卻記載承安二年元帥府設有女直令史十六人,漢人令史六人,女直譯史二人,女直通事三人以及漢人通事二人。這似乎説明,元帥府日常辦事機構仍然運行,其吏員選拔如舊。

值得注意的一條線索,是本卷《選舉志三》列"樞密院令史、譯

① 《金史》卷一二《章宗紀四》,第 1 册,第 275、281 頁。

② 《金史》卷一二《章宗紀四》,第 1 册,第 284 頁。

③ 《金史》卷九八《完顏匡傳》,第 7 册,第 2173 頁。

④ 《金史》卷五五《百官志一》,第 4 册,第 1238 頁。

⑤ 《金史》卷四四《兵志》,第 3 册,第 1003 頁。

⑥ 《金史》卷八《世宗紀下》,第 1 册,第 181 頁。

⑦ 《金史》卷一〇《章宗紀二》,第 1 册,第 242 頁。

史。令史”條目,此處重複“令史”二字,《金史》原點校本舊校第三
條認爲,“‘令史、譯史’之下不應重出‘令史’,上文‘省令史、譯史’
之後有‘省通事’,又本書卷五五《百官志》,樞密院令史、譯史之後
亦有‘通事’,疑下‘令史’二字是‘通事’之誤。”(第1190頁)修訂
本新校第三條同(第1272頁)。參酌上條“御史臺令史、譯史”及下
條“睦親府、宗正府、統軍司令譯史”及“部令史、譯史”,皆無“通
事”,由此可見上述校勘推測成分頗多。

　　根據上文分析,都元帥府、樞密院實爲同一機構而因遇到重大
軍事行動或罷或立,不同時期相繼存在,故兩者令史、譯史雜選相
屬,從“令史”二字推測一種可能,該條目最初有可能爲“樞密院令
史、譯史。都元帥府令史、譯史”。不妨列舉一旁證,該卷下條曰:
“睦親府、宗正府、統軍司令譯史”(第1176頁),按本書《百官志
一》大宗正府條“泰和六年避睿宗諱,改爲大睦親府。”①因此《選舉
志》中仍並列“睦親府、宗正府”。“樞密院令史、譯史。都元帥府令
史、譯史”亦同此理,本卷《選舉志三》所據原始文獻如此,由於元朝
史官編纂時删削不當,結果造成“令史”衍文及“大定二十一年”條
文錯簡。

百官志

五十六

　　卷五五《百官志一》封王條謂:“大國號二十,曰:恒、舊爲遼,明
昌二年以漢、遼、唐、宋、梁、秦、殷、楚之類,皆昔有天下者之號,不宜封臣下,遂

---

① 《金史》卷五五《百官志一》,第4册,第1240頁。

皆改之。邵、舊爲梁。汴、舊爲宋。鎬、舊爲秦。并、舊爲晉。益、舊爲漢。彭、舊爲齊。趙、越、譙、舊爲殷。郢、舊爲楚。魯、冀、豫、絳、舊爲唐。兗、鄂、舊爲吳。夔、舊爲蜀。宛、舊爲陳。曹。"（第4冊第1229頁）原點校本未出校，修訂本新校第七條（第4冊第1334頁）云：

> 譙舊爲殷。按，《集禮》卷九親王條，天眷格大國號有"趙、越、許、楚"，大定格同。大國號中無殷，越下爲許。疑"殷"當作"許"。

經筆者考證，這條校勘記不妥，當刪。

按本卷《百官志一》云："明昌二年以漢、遼、唐、宋、梁、秦、殷、楚之類，皆昔有天下者之號，不宜封臣下，遂皆改之。"（第1229頁）此處即稱國號"殷"。這句話的根據是，本書《章宗紀》明昌二年三月癸亥條"敕有司，國號犯漢、遼、唐、宋等名不得封臣下"。根據這條所述"敕有司"，其下文有謂"有司議，以遼爲恒，宋爲汴，秦爲鎬，晉爲并，漢爲益，梁爲邵，齊爲彭，殷爲譙，唐爲絳，吳爲鄂，蜀爲夔，陳爲宛，隋爲涇，虞爲澤。制可"。[1] 其中最後兩種隋（涇），虞（澤）爲次國號，本卷《百官志一》"澤"下脫小注"舊爲虞"。以上提到十四種改名後的國號，確與《百官志一》亦正相合，其中《百官志》所稱"譙舊爲殷"，亦即《章宗紀》"殷爲譙"。

由上文可知，本卷《百官志一》所載封號是明昌二年制度，其中大國號總計二十。據《大金集禮·親王》記載說，天眷元年，"定到國封等第：大國二十，遼、燕、梁、宋、秦、晉、漢、齊、魏、趙、越、許、楚、魯、冀、豫、御名（雍）、兗、陳、曹"。大定格："大國二十，遼、梁、宋、秦、晉、漢、齊、趙、越、許、楚、魯、冀、豫、唐、兗、吳、蜀、陳、曹"。[2]

---

① 《金史》卷九《章宗紀一》，第1冊，第217頁。
② 任文彪點校《大金集禮》卷九《親王》，第151頁。

通過比較,大定格僅以"唐"、"吳"、"蜀"來易改天眷格的"雍"、"燕"、"魏",其餘不變,仍爲二十個。不過值得注意的是,從天眷到大定間,中間還有一次較大調整,即"皇統五年十二月二十九日,奏定大國從上添唐、殷、商、周爲二十四,餘仍舊"。[①] 孫紅梅指出,《大金集禮》大定格第十位的"許",應爲"殷"。[②] 以上文獻都表明,"殷"國號存在無疑,明昌二年改爲譙。

五十七

卷五五《百官志一》大宗正府條曰:"泰和六年避睿宗諱,改爲大睦親府。"其下設有判大宗正事、同判大宗正事、同簽大宗正事、大宗正丞,皆於泰和六年更名,分別作判大睦親事、同判大睦親事、同簽大睦親事、大睦親丞(第4冊第1241頁)。原點校本未出校,修訂本新校第二十一條(第1336頁)則認爲:

> 泰和六年避睿宗諱改爲大睦親府。按,本書卷九《章宗紀一》,明昌元年八月"己丑,以判大睦親府事宗寧爲平章政事"。卷九《章宗紀一》明昌二年秋七月、卷一〇《章宗紀二》明昌四年秋七月、卷一一《章宗紀三》承安四年三月、五年三月等多處均見"大睦親府",則泰和六年之前已有此稱,疑此處繫年有誤。下文"泰和六年改爲判大睦親事"、"泰和六年改爲同判大睦親事"、"泰和六年改同簽大睦親事"、"泰和六年改爲大睦親丞"之"泰和六年"同。

對於修訂者判斷《百官志》泰和六年繫年有誤的觀點,筆者認爲其

---

① 任文彪點校《大金集禮》卷九《親王》,第151頁。

② 孫紅梅《金代漢制封爵研究》,吉林大學文學院博士學位論文,2014年6月,第43—49頁。

説失檢文獻形成年代,不能成立。

據泰和元年三月辛巳頒布的詔令記載:"敕官司、私文字避始祖以下廟諱小字,犯者論如律。"①有證據表明,金源一朝徹底避睿宗宗堯的"宗"諱就在泰和六年。例如,泰和六年以避睿宗諱,宗州改用唐時舊名瑞州。② 又據《金史·孫即康傳》記載説,泰和六年,上問即康、參知政事賈鉉曰:"太宗廟諱同音字,有讀作'成'字者,既非同音,便不當缺點畫。睿宗廟諱改作'崇'字,其下却有本字全體,不若將'示'字依《蘭亭帖》寫作'未'字。"③例如,宗端脩改其姓氏"宗"爲姬氏。④ 結合以上證據,可知本卷《百官志》大宗正府條"泰和六年避睿宗諱,改爲大睦親府"云云正確無疑。

修訂者指出《章宗紀》明昌、承安間早已見"大睦親府",確實如此,具體原因是什麼呢? 不妨將《金史》全書凡涉及此官職及其任官者全部搜羅一番,大體以時間爲序,謹臚列如下:

　　一、《李晏傳》云:"世宗納其言,於是獲免者六百餘人。故同判大睦親府事謀衍家有民質券,積其息不能償,因没爲奴,屢訴有司不能直,至是,投匭自言。"⑤

　　二、《永成傳》謂:"(大定)十六年,判祕書監。明年,授世襲山東東路把魯古猛安,判大睦親府事。"⑥

　　三、《蒲帶附傳》云:"大定末,累官同簽大睦親府事。"⑦

　　四、《章宗紀一》明昌元年八月己丑曰:"以判大睦親府事

① 《金史》卷一一《章宗紀三》,第 1 册,第 256 頁。
② 《金史》卷二四《地理上》北京路條,第 2 册,第 559 頁。
③ 《金史》卷九九《孫即康傳》,第 7 册,第 2196 頁。
④ 《金史》卷一〇〇《宗端脩傳》,第 7 册,第 2203 頁。
⑤ 《金史》卷九六《李晏傳》,第 6 册,第 2127 頁。
⑥ 《金史》卷八五《永成傳》,第 6 册,第 1906 頁。
⑦ 《金史》卷七三《蒲帶附傳》,第 5 册,第 1681 頁。

宗寧爲平章政事。"①《宗寧傳》亦稱："出知大名府事,徙鎮利涉軍,俄同簽大睦親府事。宗寧多病,世宗欲以涼地處之,俾知咸平,詔以其子符寶郎亩爲韓州刺史,以便養。無幾,入授同判大睦親府事,拜平章政事。"②

五、《章宗紀一》明昌二年七月己巳條曰:"以同僉大睦親府事充等爲賀宋生日使。"③與此同源的《交聘表下》宋欄明昌二年七月己巳條亦作"同簽大睦親府事完顏充"。④

六、《章宗紀二》明昌四年七月己丑曰:"以同判大睦親府事襄爲樞密使。"⑤《內族襄傳》亦稱:"召授同判大睦親府事,進樞密使。"⑥

七、《永中傳》云:"明昌五年,高陀斡坐詛祝誅。上疑事在永中,未有以發也。會鎬王傅尉奏永中第四子阿离合懣因防禁嚴密,語涉不道。詔同簽大睦親府事韓、御史中丞孫即康鞫問,并求得第二子神徒門所撰詞曲有不遜語。"⑦《孫即康傳》亦載此事,稱"詔同簽大睦親府事韓與即康鞫之"。⑧

八、《弈傳》云:"承安二年,改左副都點檢,兼職如舊。俄授同簽大睦親府事,卒。"⑨

九、《章宗紀三》承安四年三月丁酉曰:"同判大睦親府事

---

①　《金史》卷九《章宗紀一》,第1冊,第215頁。

②　《金史》卷七三《宗寧傳》,第5冊,第1677頁。

③　《金史》卷九《章宗紀一》,第1冊,第219頁。

④　《金史》卷六二《交聘表下》,第5冊,第1459頁。

⑤　《金史》卷一〇《章宗紀二》,第1冊,第229頁。

⑥　《金史》卷九四《內族襄傳》,第6冊,第2088頁。

⑦　《金史》卷八五《永中傳》,第6冊,第1899頁。

⑧　《金史》卷九九《孫即康傳》,第7冊,第2195頁。

⑨　《金史》卷六六《弈傳》,第5冊,第1569頁。

宗浩爲樞密使，封崇國公。"①《宗浩傳》云："章宗即位，出爲北京留守，三轉同判大睦親府事。"②《瑤里孛迭傳》亦謂承安三年："從同判大睦親府事宗浩爲左翼都統，戰移密河。"③及《内族襄傳》："時議北討，襄奏遣同判大睦親府事宗浩出軍泰州。"④

　　十、《章宗紀三》承安五年三月庚申有云："大睦親府進重修玉牒。"⑤

　　十一、《衷傳》云："尋爲夏國王李仁孝封册使，歷寧海、蠡州刺史，入爲大睦親府丞。"⑥

上文舉例十一種，所謂"大睦親府"任職者謀衍、永成、蒲帶爲世宗大定時期，宗寧、兗、襄、韓、弈、宗浩爲明昌、承安年間，衷或在章宗時期，此外還有《章宗紀》承安五年三月庚申條"大睦親府進重修玉牒"。諸事繫年皆在泰和六年以前。

　　本卷《百官志一》大宗正府條"泰和六年避睿宗諱，改爲大睦親府"與上述現象的矛盾問題，其實從史料纂修的角度很好解釋。首先，我們看第四、五、六、九、十出自《章宗紀》，而今本《章宗紀》則是根據《章宗實錄》修成的。根據《金史·宣宗紀》記載這部實錄編修始末，興定元年十月甲寅，"命高汝礪、張行簡同修《章宗實錄》"；興定四年九月辛卯，"進《章宗實錄》"。⑦　其次，諸列傳傳主的卒年，

---

① 《金史》卷一一《章宗紀三》，第 1 册，第 250 頁。
② 《金史》卷九三《宗浩傳》，第 6 册，第 2073 頁。
③ 《金史》卷九四《瑤里孛迭傳》，第 6 册，第 2095—2096 頁。
④ 《金史》卷九四《内族襄傳》，第 6 册，第 2090 頁。
⑤ 《金史》卷一一《章宗紀三》，第 1 册，第 253 頁。
⑥ 《金史》卷六六《衷傳》，第 5 册，第 1563 頁。
⑦ 《金史》卷一五《宣宗紀中》，第 2 册，第 332 頁。卷一六《宣宗紀下》，第 2 册，第 354 頁。

《李晏傳》"承安二年"、《永成傳》"泰和四年"、《蒲帶傳》"明昌以後"、《宗寧傳》"明昌二年六月"、《内族襄傳》"泰和二年"、《永中傳》"明昌六年五月"、《孫即康傳》"大安三年"、《弈傳》"承安二年以後"、《宗浩傳》"泰和七年九月"、《瑶里孛迭傳》"泰和六年"、《夔傳》"泰和六年以後",他們都是在章宗朝去世的,以及《交聘表下》宋欄明昌二年七月己巳條,全部取資《章宗實録》。泰和六年推行避諱後,到興定年間編修《章宗實録》時,全部統一將此前行用的"大宗正府"改爲"大睦親府"。

《金史》本紀及諸列傳所見泰和六年"大睦親府"當係宣宗時期史官追改,筆者在此可以舉出兩個例子證明。

第一,前引《李晏傳》云:"故同判大睦親府事謀衍家有民質券。"成化《山西通志》收録許安仁《李文簡公神道碑銘》,即李晏神道碑,該碑文敘此事云"又没衍同判宗室之近屬也"。[1]"没衍"、"謀衍"同名異譯,所謂"同判宗室"即同判大宗正事,此碑文應寫於承安二年李晏去世後不久,可見仍不避諱"宗"字。

第二,《章宗紀》、《交聘表》明昌二年七月己巳載同簽大睦親府事充爲賀宋生日使。此次金朝賀光宗重明節,宋方擔任館伴者爲倪思,其所著《重明節館伴語録》謂紹熙二年(金明昌二年)七月,"金國遣使鎮國上將軍、同簽大宗正事、上護軍、金源郡開國侯、食邑一千户、食實封壹百户完顔充,副使中議大夫、太常少卿、上騎都尉、陳留縣開國子、食邑五百户路伯達,來賀重明聖節"。[2]宋朝文獻就保留了完顔充當時官稱"同簽大宗正事"。據此可見,《金史·

---

[1]　成化《山西通志》卷一五《李文簡公神道碑銘》,成化十年(1474)刻本,北圖甲庫舊藏,第72頁a。
[2]　《永樂大典》卷一一三一二罕字韻館字目下引《重明節館伴語録序》,第5册,第4811頁。

李晏傳》"同判大睦親府事"和《章宗紀》、《交聘表》"同簽大睦親府事"都不是當時用法，而是宣宗時期因避諱追改的結果。

五十八

卷五八《百官志四·百官俸給》云："（貞祐）三年，詔損宮中諸位歲給有差。監察御史田迥秀言：'國家調度，行纔數月，已後停滯，所患在支太多、收太少，若隨時裁損所支，而增其收，庶可久也。'因條五事，'一曰朝官及令譯史、諸司吏員、諸局承應人，太冗濫宜省併之。隨處屯軍皆設寄治官，徒費俸給，不若令有司兼總之。且沿河亭障各駐鄉兵，彼皆白徒，皆不可用，不若以此軍代之，以省其出'。"（第4册第1354頁）修訂本新校第三十六條（第1448頁）認爲：

> "三年"至"監察御史田迥秀言"。按，本書卷四八《食貨志三·錢幣》，貞祐四年"正月，監察御史田迥秀言：'國家調度皆資寶券，行才數月，又復壅滯，非約束不嚴、奉行不謹也。夫錢幣欲流通，必輕重相權、散斂有術而後可。今之患在出太多、入太少爾。若隨時裁損所支，而增其所收，庶乎或可也。'因條五事"。卷一四《宣宗紀上》，貞祐四年"春正月癸亥，監察御史田迥秀條陳五事"。則"三年"當爲"四年"之誤。

修訂者根據《食貨志三》和《宣宗紀上》監察御史田迥秀條陳指出本卷《百官志》貞祐三年紀年有誤，實際未能理解元朝史官纂修體例和内在邏輯，而做出錯誤案斷。

整體通觀本卷《百官志四》之篇幅構成，分成符制、印制、鐵券、官誥、百官俸給五大門類，作爲專題詳細敘述制度，性質屬於典志體，其中史源可考者有印制百官之印條，其全部内容見於《大金集禮·輿服》印條，最關鍵是篇首曰"禮部自來鑄印方寸制度下項"，小字注明"依正隆元年有批"，並且記載天德二年八月、大定十九年、大定二十四年二月制度損益情況。① 根據這條線索，我認爲，本卷其他門類的"符制"、"鐵券"、"官誥"、"百官俸給"諸條的主幹材料來源亦應如此，同樣取資金朝官修典志文獻。

　　不過這篇《百官志四·百官俸給》卷末從貞祐元年十二月條至興定二年正月條則是按時間諸條記錄，其敘事體例、紀事風格與前文有着明顯不同。雖然貞祐元年十二月、二年八月、興定二年正月三條尚無線索，所幸這段内容中間的貞祐三年條及是年四月條則有迹可循。兹臚列如下：

　　　　一、"三年，詔損宫中諸位歲給有差。"此見《金史·宣宗紀》貞祐三年七月己卯條曰："裁損宫中歲給有差。"

　　　　二、"（貞祐三年）四月，以調度不及，罷隨朝六品以下官及承應人從己人力輸傭錢。減修内司所役軍夫之半。經兵處，州、府、司吏減半，司、縣三分減一，其餘除開封府、南京轉運司外，例減三分之一。有禄官吏而不出境者，並罷給券，出境者給其半。"此見《宣宗紀上》貞祐三年四月丙午曰："以調度不給，凡隨朝六品以下官及承應人，罷其從己人力輸傭錢。經兵州、府其吏減半，司、縣吏減三之一。其餘除開封府、南京轉運司外，例減三之一。有禄官吏被差不出本境者並罷給券，出境者以其半給之。修内司軍夫亦減其半。"②

將《百官志》與《宣宗紀》比較後，可知共同史源當爲《宣宗實錄》。據此可知，元朝史官爲補苴金末俸禄制度記載之闕失，於是設法從《宣宗實錄》中鈔撮史料，以上兩條時序儘管顛倒，但是此爲貞祐三

---

① 任文彪點校《大金集禮》卷三〇《輿服下》，第309—310頁。
② 《金史》卷一四《宣宗紀上》，第2册，第310、309頁。

年事則無疑問。

　　根據上述結論，再分析本卷《百官志四》載貞祐三年條：

> 　　監察御史田迴秀言：“國家調度，行纔數月，已後停滯，所患在支太多、收太少，若隨時裁損所支，而增其收，庶可久也。”因條五事，“一曰朝官及令譯史、諸司吏員、諸局承應人，太冗濫宜省併之。隨處屯軍皆設寄治官，徒費俸給，不若令有司兼總之。且沿河亭障各駐鄉兵，彼皆白徒，皆不可用，不若以此軍代之，以省其出”。

今檢本書卷四八《食貨志三·錢幣》謂：

> 　　（貞祐）四年正月，監察御史田迴秀言：“國家調度皆資寶券，行才數月，又復壅滯，非約束不嚴、奉行不謹也。夫錢幣欲流通，必輕重相權、散斂有術而後可。今之患在出太多、入太少爾。若隨時裁損所支，而增其所收，庶乎或可也。”因條五事，一曰省冗官吏，二曰損酒使司，三曰節兵俸，四曰罷寄治官，五曰酒稅及納粟補官皆當用寶券。詔酒稅從大定之舊，餘皆不從。尋又更定捕獲偽造寶券官賞。①

《百官志四·百官俸給》與《食貨志三·錢幣》所載内容相合，田迴秀因條五事，其中第一條“省冗官吏”、第三條“節兵俸”及第四條“罷寄治官”，即概括《百官志·百官俸給》上文。此外，《食貨志三·錢幣》云“尋又更定捕獲偽造寶券官賞”。今見《宣宗紀上》貞祐四年正月癸亥條“監察御史田迴秀條陳五事”，及癸酉條“更定捕獲偽造寶券者官賞”。② 正好與《食貨志三·錢幣》相合。據此可

---

① 　《金史》卷四八《食貨志三》，第4冊，第1084—1085頁。
② 　《金史》卷一四《宣宗紀上》，第2冊，第316頁。

知,本文所涉《百官志》、《食貨志》監察御史田迥秀條陳五事均源出《宣宗實錄》。

我們由此探明本卷《百官志四·百官俸給》卷末貞祐元年十二月條至興定二年正月條的史料來源,這樣就會明白元朝史官在編纂這篇志文時曾經剪取《宣宗實錄》,由於貞祐四年正月癸亥條監察御史田迥秀條陳五事中的"省冗官吏"、"節兵俸"、"罷寄治官"大體屬於"百官俸給"的範疇,遂採擷此文充斥篇幅。史官將上述田迥秀三條繫於貞祐三年"詔損宮中諸位歲給有差"條下的原因,或許認爲這都是討論裁損政府經費之事,故一併敘述,明顯以紀事爲主,而未考慮繫年順序問題,以上史文經考證後,其發生時間實際爲貞祐三年七月己卯、三年四月丙午、四年正月癸亥。若按修訂者意見"'三年'當爲'四年'之誤",那又如何解釋本卷《百官志四·百官俸給》貞祐三年"詔損宮中諸位歲給有差"及"四月,以調度不及,罷隨朝六品以下官及承應人從己人力輸傭錢"呢?豈不是顧此失彼!

宗室表

五十九

卷五九《宗室表》云:"右昭祖子,與景祖凡六人。什古稱昭祖曾孫,崇成稱昭祖玄孫,不稱誰子,不可以世,置之卷末。"(第5冊第1362頁)該表末具列"雖稱係出某帝,而不能世次"者(第1379頁):

什古　昭祖曾孫。東京留守。	阿魯帶　參知政事。	襄　尚書左丞相。		

原點校本舊校第三十七條(第 1383—1384 頁)認爲:

> 什古。按上文"右昭祖子"下云"什古稱昭祖曾孫",與此
> 合。本書卷九四《襄傳》,"祖什古廼",多一"廼"字。

修訂本删掉這條舊校而改移到上文"什古稱昭祖曾孫"句下,新校第八條(第 5 册第 1470 頁)謂:

> 什古稱昭祖曾孫。"什古",原作"付古",據南監本、北監
> 本、殿本、局本改。按,本表下文云"什古昭祖曾孫"。本書卷九
> 四《襄傳》稱"什古廼",係同名異譯。

同時修訂本《内族襄傳》新校第五條採納原點校本舊校(第 6 册第2225 頁)云:

> 祖什古廼從太祖平遼。什古廼,按本書卷五九《宗室表》,
> "什古"兩見,無"廼"字。

按修訂本所謂"'什古'原作'付古'"云云,該卷五九百衲本影印至正初刻本,筆者覆核版刻作**什**,當辨識"什"而非"付"字。經過對比《宗室表》和《内族襄傳》後,修訂者將"什古廼"較"什古"多一字的現象解釋爲同名異譯。與此同時,原點校本和修訂本《内族襄傳》校勘記均指出,"什古"兩見,均無"廼"字。

據筆者考證,《金史·宗室表》並無獨立史源,乃是元朝史官摘録金源歷朝皇帝諸子傳編纂而成的。[①] 具體以本卷"什古"條史源爲案例,來解釋上述論點。考今本《内族襄傳》所載祖先事迹及個人履歷,有謂:

> 丞相襄本名庵,昭祖五世孫也。祖什古廼從太祖平遼,以

---

① 陳曉偉《〈金史·宗室表〉再探》,《民族研究》2021 年第 1 期。

功授上京世襲猛安,歷東京留守。父阿魯帶,皇統初北伐有
功,拜參知政事。

襄"未幾,進拜左丞"。① 傳文所言"拜左丞"之事,見於《金史》卷八
《世宗紀下》大定二十一年閏三月癸卯條云:"右丞襄爲左丞。"②據
此可知,今本《宗室表》其實取資《內族襄傳》"什古廼"、"阿魯帶"
及"襄"祖孫三人的簡歷而編成,這樣一來兩者本末源流關係不言
自明。

具體詳情是,本卷《宗室表》"什古,昭祖曾孫,東京留守"之文,
本源於今本《內族襄傳》"丞相襄本名崦,昭祖五世孫也。祖什古廼
從太祖平遼,以功授上京世襲猛安,歷東京留守"云云。其中什古
"昭祖曾孫"顯然是據其孫襄"昭祖五世孫"的世系推定的,而原本
"祖什古廼從太祖平遼"一語,可能是元朝史官將人名中的"廼"字
從屬下文理解爲"廼從太祖平遼",故誤認爲此人名作"什古"。
《宗室表》前文"什古稱昭祖曾孫"乃同一道理,此係元朝史官按語。

最重要的一點是,我們可以確定女真人名稱"什古廼"者準確
無疑,按《金國語解·人事》釋義云:"什古乃,瘠人。"③況且,襄祖
父"什古廼"在金初活動是有迹可循的。我們注意到,《金史》卷七
二有習古廼本傳,其中提到:

　　習古廼,亦書作實古廼。嘗與銀术可俱往遼國取阿疎,還
　　言遼人可取之狀,太祖始決意伐遼矣。婆盧火取居庸關,蕭妃
　　自古北口出奔,太祖使習古廼追之,不及。後爲臨潢府軍帥,
　　討平迭剌。……天會十年,改南京路軍帥司爲東南路都統司,

---

① 《金史》卷九四《內族襄傳》,第 6 册,第 2085、2087 頁。
② 《金史》卷八《世宗紀下》,第 1 册,第 181 頁。
③ 《金史》附録《金國語解》,第 8 册,第 2893 頁。

習古廼爲都統,移治東京,鎮高麗。①

從中可見此人有從太祖伐遼及"移治東京"的經歷,這兩點與《内族襄傳》所敍"什古廼"事迹吻合。此外,《金史》記載始祖以下諸子事迹,其中胡石改條云:"宗室子也。從太祖攻寧江,敗遼兵於達魯古城,破遼主親兵,皆有功。遼軍來援濟州,胡石改與其兄實古乃以兵迎擊,敗之。"②知實古乃與胡石改爲兄弟,皆爲宗室子。還有,本書卷二《太祖紀》甲午年(1114)六月條亦載:"至是,復遣宗室習古廼、完顔銀术可往索阿踈。習古廼等還,具言遼主驕肆廢弛之狀。"③《完顔婁室神道碑》伐遼追天祚帝諸將有"宗室什古廼"。④由此充分證明,習古廼身份爲宗室,既而與《内族襄傳》"昭祖五世孫也,祖什古廼從太祖平遼"相合。

根據以上種種線索,《金史》所見金初習古廼極有可能是襄的祖父。其名"什古廼"、"實古乃"、"習古廼"皆爲同名異譯,本卷《宗室表》"什古"當是元朝史官摘録史料致誤。

交聘表

六十

卷六〇《交聘表上》宋欄天會二年四月謂:"宋始遣太常少卿連南夫等來弔。以高术僕古等充遣留國信使,高興輔、劉興嗣充告即

---

① 《金史》卷七二《習古廼傳》,第 5 册,第 1666—1667 頁。
② 《金史》卷六六《胡石改傳》,第 5 册,第 1565 頁。
③ 《金史》卷二《太祖紀》,第 1 册,第 23 頁。
④ 見羅福頤輯《滿洲金石志外編》,《石刻史料新編》第 1 輯,第 23 册,第 17494 頁下欄。

位國信使如宋。"（第 5 册 1391 頁）原點校本未出校,修訂本新校第
十二條(第 5 册第 1505 頁)認爲:

> 以高术僕古等充遣留國信使。按,《宋史》卷二二《徽宗紀
> 四》,宣和六年九月"庚子,金人遣富謨弼等以遺留物來獻"。
> 所記使臣與此異。

不過修訂本者顯然未注意到點校本《宋史·徽宗紀》第六條校勘記
已指出:"'富謨弼'。《長編紀事本末》卷一四四作'富謨古',《金
史》卷六〇《交聘表》天會二年作'僕古'。"①結合這條來看,《金
史》修訂者乃是誤校。

首先來看與《金史·交聘表》同源者,今本《太宗紀》天會二年
四月乙亥條云:"宋遣使來弔喪。以高术僕古等充遣留國信使,高
興輔、劉興嗣等充告即位國信使,如宋。"②此名亦書作"高术僕
古"。除點校本《宋史》引《通鑑長編紀事本末》卷一四四徽宗皇帝
宣和六年九月庚子條及該條下引王安中奏文作"富謨古",③此事
又見《三朝北盟會編》卷一九宣和六年正月六日乙卯"金人訃書
至,報其國主殂,爲輟朝五日"條,謂"金人遣國信大使奚人富謨
古、副使漢人李簡來"。該條引馬擴《茆齊自叙》曰:"阿骨打自燕
歸國死于半塗,吳乞買嗣立,故遣使來謝。差張璲充大使,差馬擴
充副使,至燕山,又進至薊州,接見大使富謨古、副使李簡。"以及
《三朝北盟會編》五月二十七日癸卯云:"金國大使辰州管内都孛
堇富謨古、副使清州防禦使李簡到國門。"④宋朝文獻所記"富謨

---

① 《宋史》卷二二《徽宗紀四》,第 2 册,第 419 頁。

② 《金史》卷三《太宗紀》,第 1 册,第 50 頁。

③ 楊仲良《通鑑長編紀事本末》卷一四四,《宋史資料萃編》第 2 輯,文海出版社影印廣
　　雅書局本,1967 年,第 8 册,第 4362 頁。

④ 徐夢莘《三朝北盟會編》卷一九,上册,第 133 頁上欄、第 135 頁上欄。

古”，是爲奚人，應該就是《金史》中的“高术僕古”。如果説兩者同名異譯，然而讀音差異較大，“高术僕古”或經通事口譯而訛作“富謨古”。那麽，《宋史·徽宗紀》“富謨弼”則更不準確，錯訛如此本不足據。

六十一

卷六〇《交聘表上》宋欄天會二年（宋宣和六年）十二月云：“孛菫高居慶、大理卿丘忠爲賀宋正旦使。”（第5册第1391頁）原點校本未出校，修訂本新校第十三條（第1505頁）認爲：

> （天會二年）十二月孛菫高居慶大理卿丘忠爲賀宋正旦使。本書卷三《太宗紀》略同。按，《會編》卷一九，宣和六年（金天會二年）正月“二十九日戊寅，大金賀正旦使盧州管内觀察使、都孛菫高居慶，副使大中大夫、守大理寺卿楊意朝於紫宸殿”。《宋史》卷二二二《徽宗紀四》，宣和五年（金天會元年）“十二月乙巳，金人遣高居慶等來賀正旦”。高居慶一行宣和五年十二月已至宋，賀宣和六年正旦，其出使時間應在金天會元年。

其實修訂者失檢《三朝北盟會編》所載宣和七年交聘記載，上述校勘不能成立。

按《金史·交聘表》根據諸帝實録摘編而成，實際與今本《金史》諸本紀同源。今本《太宗紀》天會二年十二月戊申條即云：“以孛菫高居慶等爲賀宋正旦使。”[1]乃與《交聘表上》上文紀事相同，這説明最初史文當如此，元朝史官編纂無誤。然而今檢《三朝北盟

---

[1]　《金史》卷三《太宗紀》，第1册，第52頁。

會編》卷一九宣和六年正月二十九日戊寅有云：“大金賀正旦使盧
州管内觀察使都孛菫高居慶，副使大中大夫、守大理寺卿楊意朝於
紫宸殿。”①《通鑑長編紀事本末》卷一四四徽宗皇帝宣和六年正月
乙卯條亦云“金國賀正旦使高居慶等辭於紫宸殿”，與《會編》上文
同，似説明同源出於李燾之書。此外，該書同卷上文宣和五年十二
月乙巳曰：“金國賀正旦使盧州觀察使都孛菫高居慶、副使太中大
夫、大理鄉楊意見于紫宸殿。奉議郎、太常少卿連南夫爲金國接伴
使、武翼大夫吳子厚副之。”②根據宋朝文獻可知，高居慶確實於宣
和六年正月賀宋正旦，然而金朝文獻失載。

　　最爲關鍵的是，《三朝北盟會編》卷二一宣和七年正月二十四
日丙申亦載：“金國賀正旦大使盧州管内觀察使孛菫高居慶、副使
大夫守大理卿楊意入見于紫宸殿。”③同書卷一九宣和六年十二月
十七日庚申謂“盧益子久館伴大金國賀正旦人使，令先次上殿”，④
既而印證上文高居慶宣和七年賀正旦事。又《通鑑長編紀事本末》卷
一四四徽宗皇帝宣和七年正月丙申條正使名字誤作“高居夔”，⑤但
紀事與《會編》相合。上述各種記載，充分證明《金史・交聘表》及
《太宗紀》天會二年復遣高居慶賀正旦無疑，不過副使名字則有分
歧，宋朝文獻名“意”，《金史》謂“丘忠”，或同爲一人的名與字。

六十二

　　本卷《交聘表上》宋欄天會三年正月辛丑曰：“宋龍圖閣直學士

---

①　徐夢莘《三朝北盟會編》卷一九，上册，第 133 頁下欄。
②　楊仲良《通鑑長編紀事本末》卷一四四，第 8 册，第 4358—4359 頁。
③　徐夢莘《三朝北盟會編》卷二一，上册，第 150 頁上欄。
④　徐夢莘《三朝北盟會編》卷一九，上册，第 139 頁下欄。
⑤　楊仲良《通鑑長編紀事本末》卷一四四，第 8 册，第 4364 頁。

許亢宗等賀即位。"（第5冊第1392頁）原點校本舊校第十條（第1415頁）指出：

> 辛丑。按《宣和乙巳奉使金國行程録》，許亢宗于是年"正月戊戌陛辭，翼日啓行"。至當年秋八月初五日"回程到闕"。其北行第三十五程至和里寨已"時當仲夏"，知此辛丑上脱"六月"二字。

修訂本新校第十四條因襲此條校勘記（第1505頁）。原點校者和修訂者均以《奉使金國行程録》（簡稱《行程録》）爲據校對《金史·交聘表》有脱誤，其論點值得商榷。

今檢《金史》卷三《太宗紀》天會三年正月乙未條"宋遣使賀即位"同，[①]即指《交聘表》"許亢宗"。宋朝文獻對此事記載非常明確，《通鑑長編紀事本末》卷一四四宣和六年七月丙戌條謂："著作佐郎許亢宗爲金國賀嗣位使，廣南西路廉訪使者董緒副之。"[②]以及《皇宋十朝綱要》卷一八宣和六年七月甲申條曰："是日，著作佐郎許亢宗、廣西路廉訪使者董緒爲賀金國嗣位使、副。亢宗等至金國來流河，虜酋悉用契丹舊禮見之。"[③]此外，《宋史·徽宗紀》宣和六年七月戊戌云："遣許亢宗賀金國嗣位。"[④]以上三書均繫許亢宗賀金太宗嗣位事於宣和六年（天會二年）七月，不過任命時間稍有差異。這樣看來，《金史·交聘表》天會三年正月辛丑條"許亢宗等賀即位"與宋朝文獻亦正相合。

綜合對比金朝、宋朝兩方文獻，可知許亢宗天會二年七月始

---

① 《金史》卷三《太宗紀》，第1冊，第52頁。
② 楊仲良《通鑑長編紀事本末》卷一四四，第8冊，第4360頁。
③ 李埴《皇宋十朝綱要校正》卷一八，燕永成校正，中華書局，2013年，下册，第533—534頁。
④ 《宋史》卷二二《徽宗紀四》，第2冊，第414頁。

行，於天會三年正月賀即位，上述結論可信無疑。然而《金史》點校者卻對此提出質疑。其所引據者，《三朝北盟會編》卷二〇引《宣和乙巳奉使行程録》末尾曰："是秋八月初五日到闕。"問題的癥結在於，所謂"到闕"具體指哪裏？是指回到宋京城，還是抵達金廷？

不妨結合該《行程録》上下文重新分析一下。據文中敍述説："於乙巳年春正月戊戌陛辭，翼日發行，至當年秋八月甲辰回程到闕。"以上當是許亢宗一行返程的確切行期。但是由於《三朝北盟會編》卷二〇卷首有謂："宣和七年正月二十日壬辰，詔差奉議郎、尚書司封員外郎許亢宗充賀大金皇帝登寶位國信使，武義大夫、廣南西路廉訪使者童緒副之。"[①]並且《行程録》附麗於此條下，結果讓人從信《三朝北盟會編》這種記載方式，於是將"陛辭"理解爲乙巳年（宣和七年）正月從汴京出發，八月抵達金廷。這種解釋顯然與本文上述結論相牴牾。實際情況則是，"陛辭"是宣和七年正月從金廷返程，至八月回京復命。上文"當年秋八月甲辰回程到闕"語義就是這個意思，按宣和七年八月庚子朔，甲辰即第五日，此與《行程録》結尾"是秋八月初五日到闕"相合。

再看《行程録》開頭云："甲辰年，阿骨打忽身死，其弟吴乞買嗣位，差許亢宗充奉使賀登位。"《大金國志》卷四〇著録《許奉使行程録》有云："宋著作郎許亢宗爲賀金主登位使，時太宗嗣立之次年，在宋爲宣和六年也。"[②]該書對於許亢宗出使時間的解釋無疑正確，而《三朝北盟會編》繫於宣和七年正月條下當誤。

綜合上文考證結果，"於乙巳年春正月戊戌陛辭，翼日發行"當是許亢宗在金廷的活動。參酌《金史·太宗紀》天會三年正月乙未云：

---

① 徐夢莘《三朝北盟會編》卷二〇，上册，第 141 頁上欄—第 147 頁下欄。

② 崔文印校證《大金國志校證》卷四〇，下册，第 559 頁。

"夏國遣使奠幣及賀即位。宋遣使賀即位。"按正月癸酉朔,乙未爲二十三日賀即位,則戊戌二十六日許亢宗辭行。由此可見,諸項時序合理。

此外,再檢討本卷《交聘表上》"宋龍圖閣直學士許亢宗等賀即位"繫於天會三年正月辛丑(二十九日),"辛丑"這一干支不僅與其同源的今本《太宗紀》歧異,而不符合《行程録》記載,似乎是史官裁剪史料不當所致。①

六十三

本卷《交聘表上》宋欄天會三年六月曰:"遣李用和等以滅遼告慶于宋。"(第5册第1392頁)原點校本未出校,修訂本新校第十五條(第1506頁)指出:

> 遣李用和等以滅遼告慶于宋。"李用和",按,《會編》卷二二載,"七月,金人以獲天祚,發告慶使渤海李孝和、王永福來"。《宋史》卷二二《徽宗紀四》亦作"李孝和"。

此據《金史詳校》卷五宋交聘表上條。上文所見"用和"、"孝和"名字歧異,兩者必有一誤,需認真辨析。

本書卷三《太宗紀》天會三年六月庚申云"以獲遼主,遣李用和等充告慶使如宋",②此與《交聘表》同源,其人名字亦作"李用和"。更爲幸運的是,我們從《大金弔伐録》中檢到《報南宋獲契丹昏主書》,有云:

---

① 此現象在本書《交聘表》中不止一例。按本卷宋欄天會七年謂:"十月丁酉,宋壽春安撫使馬世元以城降。"(第1396頁)今核對本書卷三《太宗紀》天會七年十月:"丁酉,阿里、當海、大臬破敵于壽春。己亥,安撫使馬世元以城降。"(第1册第60頁)據此可見,史官乃節取"丁酉"、"安撫使馬世元以城降"寫進《交聘表》,而漏掉干支"己亥"。

② 《金史》卷三《太宗紀》,第1册,第52頁。

　　六月　　日,大金皇帝致書于大宋皇帝闕下:大寶之尊,允歸公授;守不以道,怒集人神。故先皇帝舉問罪之師,迫眇躬盡繼述之略。尤賴仁鄰之睦,生獲昏主之身。人心既以懽和,天下得以治定。爰馳使介,庸示披陳。逖惟聞知,諒同慶慰。今差復州管內都孛堇李用和,朝散大夫、守鴻臚寺卿、知太常禮院、騎都尉、太原縣開國伯、食邑七百戶、賜紫金魚袋王永福,充告慶國信使副。有少禮物,具諸別幅。專奉書陳謝,不宣。謹白。①

這才是最原始的檔案文獻,此國書稱告慶使"李用和"。這樣看來,《交聘表》天會三年六月條既有同源文獻《太宗紀》,亦有原始《報南宋獲契丹昏主書》爲證,其書"李用和"不會有誤。

　　上引《三朝北盟會編》卷二二宣和七年七月條及《宋史·徽宗紀》宣和七年九月壬辰條金朝告慶使名字皆作"李孝和",②又《通鑑長編紀事本末》卷一四四宣和七年九月壬辰亦謂:"金國以天祚成擒,遣渤海李孝和、王永福來告慶。是日至國門,詔宇文虛中、高世則館之。"③以上當屬於同一文獻系統。然而《皇朝編年綱目備要》卷二九徽宗皇帝宣和七年九月"童貫復宣撫"條下云:"金國以天祚成擒,遣李用和等來告慶。其實虜將舉兵,懼我爲備,尚揣我決請雲中地,乃繆以好言入我。雖諜言不一,而群小欲雲中不以爲信,顧方預擇雲中守。蔡攸薦聶山,立召之。用和之來,實使覘我,且紿言於上曰:'願詔童貫至河東,當授以雲中之地。'信之不疑,詔

---

① 佚名編《大金弔伐録》卷上《報南宋獲契丹昏主書》,第10頁b—第11頁a。
② 徐夢莘《三朝北盟會編》卷二二,上冊,第160頁上欄。《宋史》卷二二《徽宗紀四》,第2冊,第416頁。
③ 楊仲良《通鑑長編紀事本末》卷一四四,第8冊,第4368頁。

貫再行宣撫。"①此外《三朝北盟會編》卷二四引《陷燕記》曰："余去
秋嘗被旨,差接伴金國告慶使李用和、王永福等。"②據此可見,宋朝
文獻亦有作"李用和"者,這與《金史·交聘表》、《太宗紀》及《報南
宋獲契丹昏主書》若合符契。據此看來,《三朝北盟會編》諸書鈔錄
史料時因"用"、"孝"字形相近而誤作"李孝和",輾轉相襲,故於
《金史》一書中不宜出校。

六十四

本卷《交聘表上》宋欄皇統元年謂:"二月,宗弼克廬州。九月,
宗弼渡淮,宋乞罷兵,宗弼以便宜與宋畫淮爲界。"(第5册第
1400—1401頁)原點校本未出校,修訂本新校第二十三條(第1507
頁)指出:

> 九月宗弼渡淮宋乞罷兵。按,《宋史》卷二九《高宗紀六》,
> 是年正月"庚申,金人渡淮",三月"壬子,金人渡淮北歸",九月
> "丙申,遣劉光遠等充金國通問使"。《要錄》卷一四一繫宋乞
> 罷兵事於九月。此處"九月"當接下文"宋乞罷兵"。"宗弼渡
> 淮"四字疑衍。

我認爲,此處不宜出校。

檢討《交聘表上》此條同源文獻,今本《熙宗紀》皇統元年二月
戊寅條曰"宗弼克廬州",以及九月是秋條謂"都元帥宗弼伐宋,渡
淮。以書讓宋,宋復書乞罷兵,宗弼以便宜畫淮爲界",③由此可見

---

① 陳均編《皇朝編年綱目備要》卷二九,許沛藻、金圓、顧吉辰、孫菊園點校,中華書局,
　 2006年,下册,第759頁。
② 徐夢莘《三朝北盟會編》卷二四,下册,第176頁下欄。
③ 《金史》卷四《熙宗紀》,第1册,第76—77頁。

兩卷紀事完全相同，史源即如此。此外本書卷七七《宗弼傳》謂此事："遂伐江南。既渡淮，以書責讓宋人，宋人答書乞加寬宥。宗弼令宋主遣信臣來稟議，宋主乞'先斂兵，許弊邑拜表闕下'，宗弼以便宜約以畫淮水爲界。"①根據上文可知，《金史》旨在敘述宗弼與宋罷兵及畫淮爲界，而所謂"渡淮"僅爲敘事前提或具體過程，無關時序。

從宋朝文獻所見，"宗弼渡淮"也是作爲事件過程來敘述的，而不是具體紀事節點。例如，《宋史·高宗紀》紹興十一年正月庚申"金人渡淮"，丙寅"兀朮陷廬州"，三月壬子"金人渡淮北歸"。② 可知"金人渡淮"作爲紹興和議的緣起，應視爲一個整體事件，而非具體所指哪一天。《金史·交聘表》、《熙宗紀》所敘"與宋畫淮爲界"，最初交涉始於《金人都元帥第一書》，起首云"皇統元年九月日，皇叔尚書左丞相兼侍中都元帥領行臺尚書省事"。之後十月，"金人陷泗州，又陷楚州"，十日乙亥有《金人元帥第二書》。③ 最終達成協議，是在十一月七日《金元帥上第三書》中，該書云："本擬上自襄陽，下至於海，以爲界。重念江南凋弊日久，如不得淮南相爲表裏之資，恐不能國。兼來使再三叩頭，哀求甚切，於情可憐，遂以淮水爲界。西有唐、鄧二州，以地勢觀之，亦是淮水北，不在所割之數。來使云歲貢銀、絹二十五萬兩、匹，既能盡以小事大之禮，貨利又何足道，止以所乞爲定。"④以上金宋交涉諸事，本卷《金史·交聘表》皆繫於一條，旨在敘述紹興和議原委始末。

---

① 《金史》卷七七《宗弼傳》，第 6 册，第 1755 頁。
② 《宋史》卷二九《高宗紀六》，第 2 册，第 548—549 頁。
③ 徐夢莘《三朝北盟會編》卷二〇六，下册，第 1485 頁下欄—第 1487 頁上欄。
④ 李心傳《建炎以來繫年要録》卷一四二紹興十一年十一月辛丑引《紹興講和録》，胡坤點校，第 6 册，第 2681 頁。

六十五

卷六二《交聘表下》高麗欄承安三年謂:"是歲,晧薨,晫嗣立,遣禮賓少卿白汝舟來奏告。"(第5册第1466頁)原點校本舊校第十二條(第1491—1492頁)認爲:

> 是歲晧薨。按《高麗史》卷二〇《明宗世家》,是歲晧廢。"薨"字誤。

本卷下文承安四年正月丁酉"高麗告哀"條,舊校第十三條(第1491頁)仍認爲:

> 正月丁酉高麗告哀。按此即上年白汝舟奏告事,王晧未薨,"告哀"是誤記,詳見本書卷一三五《高麗傳》校記〔六〕。

按《高麗傳》紀事與《交聘表》承安三年條及承安四年正月丁酉條相合,該卷舊校第六條針對所謂"晧薨"詳細辨析如下:

> 承安二年晧表自陳衰病以國讓其弟晫晫權國事是歲晧廢晫嗣立。"二"原作"三"、"廢"原作"薨"。按《高麗史》卷二一《神宗世家》,明宗二十七年九月"癸亥,崔忠獻廢明宗晧,迎王晫即位于大觀殿"。并遣使如金獻晧表曰"染于病痾","於九月二十三日以弟晫權守軍國事務"。是年,當金承安二年,非三年。又該書卷二〇《明宗世家》敘王晧死於神宗五年,即金泰和二年,是此年被廢而未"薨"。今據改。

修訂本《交聘表》新校第十八條(第5册第1584頁)、同書《高麗傳》新校第七條仍舊因襲原校勘記(第8册第3048頁),並未有改動。以上皆根據施國祁《金史詳校》卷六高麗交聘表下條,認爲《交聘表》"薨"當作"廢",並且論證説"'正月丁酉高麗告哀'八字當削。

案史,晧薨於靖孝五年,實泰和二年也。此年特疾廢耳,安得有告哀使耶,且紀亦無文。本表下文又無弔使,乃作表者自造之説,不足據"。以上論者考證王晧薨於泰和二年非《金史》所稱承安三年的結論,無可置喙。不過他們卻把一個政治史問題(具體説是一套外交説辭)試圖通過文獻校勘手段進行評判,實在有必要重新檢討。

我們先梳理王晧廢位事件之原委。按本卷《交聘表下》謂承安三年三月丙寅,"王晧以國讓其弟晫,禮賓少卿趙通來奏告,求封册晫。遣使宣問"(第1466頁)。本書卷一一《章宗紀三》承安三年三月丙寅亦曰:"高麗王王晧以弟晫權國事,遣使奉表來告。"①及卷一三五《高麗傳》有云:"承安三年,晧表自陳衰病,以國讓其弟晫。晫權國事。"②今本《交聘表》、《章宗紀》及《高麗傳》承安三年三月丙寅條王晧稱病讓國均源自金修《章宗實錄》,其實《高麗史》與之相互發明。該書《神宗世家》明宗二十七年(承安二年)十月丙子謂"遣考功員外郎趙通如金",是爲進奉"前王"王晧表,陳述遜位之理由,其中説道:"迫西山之日,忽染於病癇,一脚偏枯,而行必借於人扶,兩眼並昏,而視不過於步内","念兹雖謂之小邦,厥位難虛於一日,顧父言之在耳,須弟及而傳家","而臣母弟晫,德服人心,名高戚里,非特能保乂於下國,亦可以藩宣於上朝,乃於九月二十三日,以弟晫權守軍國事務,敢布腹心之微,用祈覆載之惠"。③據此可知,王晫於承安二年九月二十三日代兄自立爲高麗國王,但必須經

<hr>

① 《金史》卷一一《章宗紀三》,第1册,第248頁。
② 《金史》卷一三五《高麗傳》,第8册,第2888頁。原點校本和修訂本將"承安三年"改作"承安二年",當誤。(見修訂本第8册第3046頁)
③ 《高麗史》卷二一《神宗世家》,(首爾)亞細亞文化社影印延世大學藏本,上册,第422頁上下欄。

過金朝册封才具有合法性,並且要對擅自篡權之舉有所交代,理由便是前王王晧病痼以致不能理政。上文《高麗史・神宗世家》所載"前王表"云云,蓋即今本《金史・高麗傳》"晧表自陳衰病,以國讓其弟暐"記述之根源。

　　不過這樁高麗宫廷政變遠未就此畫上句號,而是經歷了頗爲複雜的多番交涉,不僅涉及高麗王朝内政,同時也牽動着金朝與高麗外交問題。尤其是,《金史・交聘表》承安三年條有謂:"是歲,晧薨,暐嗣立,遣禮賓少卿白汝舟來奏告。"以及《高麗傳》承安三年亦稱"是歲,晧薨,暐嗣立"。此記載頗值得推敲。由於王晧尚在人世,絶不應當稱"薨",施國祁《金史詳校》卷六"高麗交聘表"的解釋是:"乃作表者自造之説,不足據。"我認爲此爲臆斷之説。真實情況如何,讓我們一探究竟。

　　承前文所述,承安三年三月,金朝接到趙通所奉王晧上表,隨後回應。據《高麗史・神宗世家》神宗元年(承安三年)五月丙午條"趙通還自金,答前王表詔":

> 卿嗣爵遐陬,撫封歲久,遽退讓以去位,疑事變之非常。迫閱奏緘,備形懇切,自以衰疾之逼,難任機務之繁,且述父言,欲今弟及。久曠藩宣之寄,已從權攝之宜,雖若出於卿誠,顧未孚於朕聽。續遣信使,往咨其詳。①

從這份答復表中可以看出,金朝懷疑王晧退讓去位一事另有隱情,態度是將信將疑,故而決定"續遣信使,往咨其詳"。關於此事,《金史・章宗紀》承安三年四月丙申條有云"以侍御史孫俣爲宣問高麗王王晧使"。② 金朝遣使宣問王晧因病退位之事,今見《高麗史・

---

① 《高麗史》卷二一《神宗世家》,上册,第424頁下欄。
② 《金史》卷一一《章宗紀三》,第1册,第248頁。

神宗世家》神宗元年六月癸酉有詳細記載説："金遣宣問使大理卿
孫俁來。俁詰前王遜位事由，對如前王表意。俁曰：'有詔必見前
王親授，朝議難之。'門下侍郎趙永仁曰：'前王養疾南州，計程三十
日，乃至必欲親授詔，請留待二三月，然後可。'俁曰：'苟如是，不必
親授也。翼日，傳詔于王，詔曰：'……令母弟傳受爵封。'"①該書
《趙永仁傳》亦有記載。② 據此可見，使者孫俁本意是想親授王晧
詔書，若真如此，則王晧的整個篡國真相將被揭穿，説不定還會引
來金人的干涉。因爲這是有前車之鑒的。按大定十年，王晧廢晛
自立，次年三月以讓國奏告金朝，告曰："前王久病，昏耄不治，以母
弟晧權攝國事。"世宗指責説："讓國大事也，何以不先陳請。"高麗
於是進呈前任王晛《讓國表》，自稱傳位於弟晧而不立子乃是先王
"遺訓"。這件事在金廷引起不小波瀾，爭議甚大，紇石烈良弼認爲
"此不可信"，"是晧篡兄誣請於天子，安可忍也"。右丞孟浩則主張
曰："當詢彼國士民，果皆推服，即當遣使封册。"世宗採納良弼意見，
派遣吏部侍郎宗室靖爲宣問王晛使。當靖至高麗，王晧宣稱晛"避位
出居他所，病加無損，不能就位拜命，往復險遠，非使者所宜往"。經
百般推諉和精心粉飾，王晧才得到金朝册封，使王位合法化。③

　　大定十年以王晧名義導演的這幕讓國大戲，不料又在承安二
年重新上演，劇情何其相似，不幸王晧卻成爲這椿事件的主角，並
且別出一新橋段"王晧之死"。按上文引本卷《交聘表下》承安三年
條謂："是歲，晧薨，晫嗣立，遣禮賓少卿白汝舟來奏告。"今檢《章宗
紀》承安三年十二月丙戌條亦云"高麗權國事王晫遣使奉表來

①　《高麗史》卷二一《神宗世家》，上册，第 424 頁下欄。
②　《高麗史》卷九九《趙永仁傳》，下册，第 202 頁下欄—第 203 頁上欄。
③　《金史》卷一三五《高麗傳》，第 8 册，第 2886—2887 頁。

告"，①蓋即白汝舟告哀。可考者《高麗史·神宗世家》神宗元年七月乙卯云："遣禮部郎中白汝舟如金，請封册，侍郎鄭邦輔進方物"；二年二月甲子云："白汝舟還自金。"②以上兩條止稱白汝舟請求封册，並且獲得了金朝正式認可，《金史》所記"晧薨"卻並未提及。所幸我們在《高麗史·神宗世家》發現一條線索，明宗二十七年十月丙子條前文載"前王表"，其後還有一份"新王表"曰：

> 伏見臣兄國王臣晧，逮事先帝，至于聖朝，述職僅三十年，禮無所失，享壽餘六十載，病莫能興，藥乏萬金之良，疾同二竪之苦，欲釋重負，庶保殘齡。追述臣父國王楷遺囑，以九月二十三日令臣權守軍國事務。③

其中最關鍵的一句當數"享壽餘六十載"，這在金人看來顯然病薨訃聞，並且事先鋪墊好了各種誠懇的說辭宣佈晧已經病入膏肓。在《金史》敘述中，《交聘表下》承安四年正月丁酉"高麗告哀"，即呼應去年"晧薨"，所針對者亦即高麗一方的上表。

　　最終謎底是，王晧是在政治意義上被書寫爲"死亡"，金朝則信以爲真。這椿高麗王位之爭才徹底結束。

列傳第一

六十六

　　卷六三《后妃傳上》曰："內官制度：諸妃視正一品，比三夫人。

① 《金史》卷一一《章宗紀三》，第 1 册，第 249 頁。
② 《高麗史》卷二一《神宗世家》，上册，第 424 頁上欄—第 425 頁上欄。
③ 《高麗史》卷二一《神宗世家》，上册，第 423 頁上欄。

昭儀、昭容、昭媛、修儀、修容、修媛、充儀、充容、充媛視正二品,比九嬪。婕妤九人視正三品,美人九人視正四品,才人九人視正五品,比二十七世婦。寶林二十七人視正六品,御女二十七人視正七品,采女二十七人視正八品,比八十一御妻。"(第 5 册第 1498 頁)原點校本舊校第一條(第 1515 頁)指出:

> 比三夫人……比九嬪……比二十七世婦。按"三夫人"、"九嬪","二十七世婦"上原皆空格缺一字,今據殿本補三"比"字。

修訂本新校第三條因襲此條,並增補南監本、北監本、殿本及局本作爲版本根據(第 1611 頁)。此卷至正初刻本已亡佚,百衲本影印洪武覆刻本闕文,實際上,南監本等補"比"字乃據"比八十一御妻"一句及上下文義臆測,很難説有過硬證據。

揆諸文義,上文實爲元朝史官撰寫的序文。與之相關者,我們發現今本《金史·百官志》内命婦品條有謂:

> 元妃、貴妃、淑妃、德妃、賢妃,正一品。
>
> 昭儀、昭容、昭媛、修儀、修容、修媛、充儀、充容、充媛曰九嬪,正二品。
>
> 婕妤,正三品。美人,正四品。才人,正五品。各九員,曰二十七世婦。
>
> 寶林,正六品。御女,正七品。采女,正八品。各二十七員,曰八十一御妻。①

《百官志》所載"曰九嬪"、"曰二十七世婦"、"曰八十一御妻"顯然才是較爲原始的記載,《后妃傳》闕文應該據此補正,而不是南監本的臆測之文。

---

① 《金史》卷五七《百官志三》,第 4 册,第 1295—1296 頁。

六十七

卷六三《后妃傳上》曰："太祖嫡后聖穆生景宣,光懿生宗幹,有定策功,欽憲有保佑之功,故自熙宗時聖穆、光懿、欽憲皆祔。宣獻生睿宗,大定祔焉。故太祖廟祔四后,睿、世、顯、宣皆祔兩后,惟太宗、景宣、熙宗、章宗室祔一后。貞、慈、光獻、昭聖雖庶姓,皆以子貴。宣宗册温敦氏,乃賜姓,變古甚矣。故自初起至于國亡,列其世次,著其族里,可考鑒焉。其無與於世道者,置不録。"(第1498—1499頁)施國祁《金史詳校》卷七后妃傳上條認爲:

> "貞慈"當作"慈獻貞懿"。案海陵母大氏謚慈獻,世宗母李氏謚貞懿,及衞王母光獻李氏,宣宗母昭聖劉氏,四人皆非貴族,至哀宗母明惠王氏亦庶姓,以賜氏温敦。故下文別言之,胥手倒書脱寫,義解遂廢矣。

原點校本據此將"貞"、"慈"中間點開,意指二人,但並未出校勘記。修訂本全盤採納施國祁意見,正文從原點校本,新校第四條謂"或當爲'貞懿慈獻'"。(第1593、1611頁)

須知這句話乃是元朝史官撰寫的序文,旨在總結概括金朝諸帝后妃出身及册后、祔廟情況,應從整體語境中分析"貞慈光獻昭聖雖庶姓皆以子貴"這句話的意涵。其中"光獻"、"昭聖"二人明確可考,兹引史文如下:

第一,《金史·后妃傳》元妃李氏條云:"南陽郡王李石女。生鄭王允蹈、衞紹王允濟、潞王允德。……大定元年,封賢妃。二年,進封貴妃。七年,進封元妃。""衞紹王即位,追謚光獻皇后,贈妃弟獻可特進。貞祐三年九月,削皇后號。"

第二,《后妃傳下》昭聖皇后劉氏條曰:"遼陽人。……大定元

年,選入東宮,時年二十三。三年三月十三日,宣宗生。""宣宗即
位,追尊爲皇太后,升祔顯宗廟,追謚昭聖皇后。"①

　　總結光獻皇后、昭聖皇后經歷的特征有二:一是均爲漢人非女
真人,即所謂"庶姓";二是他們倆死後由於親生兒子當上皇帝而得
到追謚成爲皇后,母以子貴。根據這兩條線索,可檢討"貞慈"一語
論者所推擬出的慈獻皇后、貞懿皇后兩人履歷。按本卷《后妃傳
上》海陵母大氏條曰:"天德二年正月,與徒單氏俱尊爲皇太后。"貞
元三年九月,"尊謚曰慈憲皇后"(第 1507 頁)。卷六四《后妃傳
下》貞懿皇后李氏條云:"世宗母,遼陽人。……正隆六年五月,后
卒。世宗哀毀過禮,以喪去官。未幾,起復爲留守。是歲十月,后
弟李石定策,世宗即位于東京,尊謚爲貞懿皇后,其寢園曰孝寧
宮。"②通過比較來分析,海陵母大氏爲渤海人,且在世時於天德二
年正月已經尊爲皇太后;而後者李氏卒於正隆六年五月,世宗即位
大定元年十一月甲申追尊爲貞懿皇后,③這與上述光獻皇后、昭聖
皇后的經歷極其相似,非常符合元朝史官的歸類標準。

　　綜上分析,本卷《后妃傳》上文"貞慈光獻昭聖"云云,"貞慈"
未必兼稱兩位皇后,而最有可能是對"貞懿"的誤書。

列傳第二

六十八

　　卷六四《后妃傳下》世宗昭德皇后條云:"以后兄暉子天錫,爲

---

① 《金史》卷六四《后妃傳下》,第 5 册,第 1523、1526 頁。
② 《金史》卷六四《后妃傳下》,第 5 册,第 1518—1519 頁。
③ 《金史》卷六《世宗紀上》,第 1 册,第 124 頁。

太尉石土黑後,授世襲猛安。"(第 5 册第 1521 頁)原點校本標點有誤,今從修訂本改動如上文。修訂本新校第四條(第 1635 頁)認爲:

> 以后兄暉子天錫爲太尉石土黑後授世襲猛安。按,本書卷一二〇《世戚‧烏林答暉傳》,"詔以暉第三子天錫世襲納鄰河猛安親管謀克"。疑此處"世襲猛安"是"世襲謀克"之誤。

意謂《烏林答暉傳》"親管謀克"隸屬於納鄰河猛安,烏林答暉所襲者應該謀克,而非猛安。若詳檢女真猛安謀克制度並結合相關研究成果,可知修訂本上述推測不能成立。

按本書《世戚傳‧烏林答暉》云:"詔以暉第三子天錫世襲納鄰河猛安親管謀克。"①"納鄰河猛安"蓋指本卷《后妃傳下》世宗昭德皇后條"授世襲猛安"事,實際上,所謂"親管謀克"在金朝是有具體涵義和特殊地位的。兹舉例説明:

> 第一,《阿魯補附傳》云:"大定三年,贈儀同三司,詔以其子爲右衞將軍,襲猛安及親管謀克。"②
>
> 第二,《宗尹傳》曰:"録其父功,授世襲蒲與路屯河猛安,并親管謀克。"③
>
> 第三,《烏延蒲盧渾傳》謂大定十八年,"孫扎虎遷廣威將軍,襲烏古敵昏山世襲猛安,并親管謀克"。④
>
> 第四,《夾谷謝奴傳》云:"父不剌速,襲本部勃董,從太祖

① 《金史》卷一二〇《世戚傳‧烏林答暉》,第 8 册,第 2620 頁。
② 《金史》卷六八《阿魯補附傳》,第 5 册,第 1598 頁。
③ 《金史》卷七三《宗尹傳》,第 5 册,第 1674 頁。
④ 《金史》卷八〇《烏延蒲盧渾傳》,第 6 册,第 1805 頁。

伐遼，授世襲猛安，親管謀克，爲曷懶路都統。"①

　　第五，《烏延吾里補傳》曰："宋兵十萬在單父間，總管宗室移剌屋選步卒一萬、騎兵四千往討之。吾里補領其親管謀克以從，遇敵先登，力戰有功。""天眷二年，襲其父世襲猛安，授寧遠大將軍。皇統七年，益以親管謀克。"②

　　第六，《昂傳》曰："天德初，改安武軍節度使，遷元帥右都監，轉左監軍，授上京路移里閔斡魯渾河世襲猛安。海陵曰：'汝有大功，一猛安不足酬也。'益以四謀克。昂受親管謀克，餘三謀克讓其族兄弟。"③

　　第七，《烏延蒲轄奴傳》云："父忽撒渾，天輔初，追授猛安，親管謀克。"④

　　第八，《徒單克寧傳》曰："克寧至京師，復拜平章政事，授世襲不扎土河猛安兼親管謀克。"⑤

　　第九，《逆臣傳·秉德》曰："初，撒改薨，宗翰襲其猛安親管謀克。"⑥

　　第十，《徒單阿里出虎傳》云："天德二年，留守東京，加儀同三司。八月，改河間尹，世襲臨潢府路斜剌阿猛安領親管謀克。"⑦

以上列舉爲《金史》全書所見稱"親管謀克"者，阿魯補、宗尹、

①　《金史》卷八一《夾谷謝奴傳》，第 6 册，第 1817 頁。
②　《金史》卷八二《烏延吾里補傳》，第 6 册，第 1837—1838 頁。
③　《金史》卷八四《昂傳》，第 6 册，第 1887 頁。
④　《金史》卷八六《烏延蒲轄奴傳》，第 6 册，第 1919 頁。
⑤　《金史》卷九二《徒單克寧傳》，第 6 册，第 2047 頁。
⑥　《金史》卷一三二《逆臣傳·秉德》，第 8 册，第 2819 頁。
⑦　《金史》卷一三二《徒單阿里出虎》，第 8 册，第 2824 頁。

烏延扎虎、夾谷不剌速、烏延吾里補、昂、烏延忽撒渾、徒單克寧、宗翰、徒單阿里出虎十人皆并襲猛安。三上次男認爲，“親管謀克”即合札謀克，不冠有固定稱號，說明它是直屬於皇室的謀克。① 按《金史·兵志》釋義説：“禁軍之制，本於合扎謀克。合扎者，言親軍也，以近親所領，故以名焉。”②例如，上文謂詔以阿魯補子襲猛安及親管謀克，最初在皇統五年，阿魯補“爲行臺參知政事，授世襲猛安，兼合扎謀克”。③ 徒單撒合輦，“國初有功，授隆安府路合扎謀克、奪古阿隣猛安”。④ 此外，本書《完顏安國傳》叙述説：“祖斜婆，授西南路世襲合札謀克。”泰和元年，安國“特授世襲西南路延晏河猛安，兼合札謀克”。⑤ 由上述案例可見，“親管謀克”、“合札謀克”與猛安一併除授時，該術語表述通常爲“并”、“兼”、“領”等等，不過也有像不剌速、忽撒渾、宗翰並没有任何銜接詞，本卷《烏林答暉傳》“天錫世襲納鄰河猛安親管謀克”亦同此理。

六十九

卷六四《后妃傳下》世宗元妃李氏條云：“元妃李氏，南陽郡王李石女。”（第 5 册第 1523 頁）原點校本未出校，修訂本新校第六條（第 1635 頁）指出：

> 南陽郡王李石女。按，本書卷八六《李石傳》，“以太保致仕，進封廣平郡王。十六年，薨”。卷三一《禮志四·功臣配享》，亦稱李石爲廣平郡王。

---

① 三上次男《金代女真研究》，金啟孮譯，黑龍江人民出版社，1984 年，第 425—433 頁。
② 《金史》卷四四《兵志》，第 3 册，第 1001 頁。
③ 《金史》卷六八《阿魯補附傳》，第 5 册，第 1598 頁。
④ 《金史》卷一二〇《世戚傳·徒單繹》，第 8 册，第 2622 頁。
⑤ 《金史》卷九四《完顏安國傳》，第 6 册，第 2093—2095 頁。

覆檢本書《李石傳》云："對不稱旨，上表乞骸骨，以太保致仕，進封廣平郡王。十六年，薨。"①結合《金史·世宗紀》大定十四年二月庚午"以太尉、尚書令李石爲太保，致仕"可知，②李石封廣平郡王應爲十四年二月事。本書《禮志四》功臣配享條謂"至明昌四年，次序始定"，西廊有"太保尚書令廣平郡襄簡王李石"，③此稱"廣平"乃李石在世時所封王號。

而上文則云"南陽郡王李石女"，此外筆者還見到元好問《中州集》李特進獻可小傳稱其爲"太師金源郡王石之子"。④ 由此可知，兩者所載李石的郡王號均與《金史·李石傳》有別，但這顯然不是一個簡單的孰是孰非問題。筆者的解釋是，李石的"金源郡王"、"南陽郡王"應當爲衛紹王在位前後的改贈之號。其中有一條線索值得注意，本卷《后妃傳下》元妃李氏條下文云："衛紹王即位，追謚光獻皇后，贈妃弟獻可特進。貞祐三年九月，削皇后號。"（第1523頁）李氏爲衛紹王允濟生母，衛紹王即位後追謚皇后，與此同時，其弟獻可（字仲和）贈特進。元好問《中州集》亦載此事稱："衛紹王即位，以仲和元舅贈特進、道國公。"⑤父李石原本"以太保致仕"，大定十六年薨，《中州集》則稱其爲"太師"，郡王號亦抬升爲"金源"，最大可能是衛紹王時期追贈的。到了宣宗時期，不僅貶故衛王爲東海郡侯，而且還禁錮其家屬，受此影響，上文謂李氏亦削皇后號。《后妃傳下》世宗元妃李氏條所謂李石"南陽郡王"地位顯然低於金源郡王、廣平郡王，蓋即宣宗所爲。

① 《金史》卷八六《李石傳》，第6冊，第1913—1915頁。
② 《金史》卷七《世宗紀中》，第1冊，第160頁。
③ 《金史》卷三一《禮志四》，第3冊，第762—763頁。
④ 元好問《中州集》卷八《李特進獻可》，蕭和陶點校，下冊，第506頁。
⑤ 元好問《中州集》卷八《李特進獻可》，蕭和陶點校，下冊，第506頁。

綜上分析，筆者認爲，廣平郡王、金源郡王、南陽郡王乃爲李石在不同時期受封或封贈的郡王號，不宜做文獻表層的機械般勘同。

七十

卷六四《后妃傳下》敍述章宗欽懷皇后及其家族事迹（第 5 册第 1526 頁）云：

> 章宗欽懷皇后，蒲察氏，上京路曷速河人也。曾祖太神，國初有功，累階光禄大夫，贈司空、應國公。祖阿胡迭，官至特進，贈司徒、譙國公。父鼎壽尚熙宗鄭國公主，授駙馬都尉、中都路昏得渾山猛安曷速木單世襲謀克，累官至金吾衞上將軍，贈太尉、越國公。

施國祁《金史詳校》卷七后妃傳下條指出阿胡迭的贈官"譙國公"，"《阿虎迭傳》作'楚國'"。《金史》點校者盲從此説，舊校第六條謂"按'譙國公'本書卷一二〇《阿虎迭傳》作'楚國公'"。① 修訂本新校第九條從之（第 5 册第 1635 頁）。其實需要解決的首要問題是，本卷《后妃傳下》章宗欽懷皇后條所見"祖阿胡迭"是否與《阿虎迭傳》傳主同爲一人，上述諸家校勘記對此未作任何考證，僅通過人名發音勘同和部族相同，便將此兩人贈官簡單地比較異同，這種做法未免有些冒失。

按《金史·世戚傳》敍述蒲察阿虎迭一生經歷：

> 蒲察阿虎迭，初授信武將軍，尚海陵姊遼國長公主迪鉢，爲駙馬都尉。遼國薨，繼尚鄧國長公主崔哥。皇統三年，爲右

---

① 《金史》卷六四《后妃傳下》，第 5 册，第 1536 頁。按原文標點作"中都路昏得渾山猛安、曷速木單世襲謀克"，今删頓號。

副點檢。五年,使宋爲賀正旦使,改左副點檢,禮部、工部尚書,廣寧、咸平、臨潢尹,武定軍節度使,封葛王。薨年二十八。海陵親臨葬,贈譚王。正隆例贈特進、楚國公。①

從上文可見,《金史》本傳對蒲察阿虎迭的出身、子嗣後人等情況隻字未提,無法直接證明其本人與欽懷皇后蒲察氏存在着祖孫關係,必須經過一番考證辨析方可討論相關問題。所幸本卷《世戚傳》還列有一篇《蒲察鼎壽傳》:

> 蒲察鼎壽本名和尚,上京曷速河人,欽懷皇后父也。賦性沉厚有明鑒,通契丹、漢字,長於吏事。尚熙宗女鄭國公主。貞元三年,以海陵女弟慶宜公主子加定遠大將軍,爲尚衣局使,累官器物局使。大定二年,加駙馬都尉,職如故。歷符寶郎、蠡州刺史、濬州防禦使,有惠政,兩州百姓刻石紀之。遷泰寧軍節度使,歷東平府、橫海軍,入爲右宣徽使,改左宣徽,授中都路昏得渾山猛安曷速木單世襲謀克。改河間尹,號令必行,豪右屏迹。有宗室居河間,侵削居民,鼎壽奏徙其族于平州,郡內大治。卒官。上聞之深加悼惜。喪至香山,皇太子往奠,百官致祭,賻銀綵絹。②

蒲察鼎壽即欽懷皇后之父。《世戚傳》所見鼎壽履歷中的“上京曷速河人”、“尚熙宗女鄭國公主”、“授中都路昏得渾山猛安曷速木單世襲謀克”等等,皆與本卷《后妃傳下》章宗欽懷皇后條相合,可惜兩者並未交待其生父是誰。《蒲察阿虎迭傳》、《蒲察鼎壽傳》雖然均列於《世戚傳》,前者因尚迪鉢、崔哥公主入此傳,而後者則

---

① 《金史》卷一二〇《世戚傳·蒲察阿虎迭》,第 8 冊,第 2620 頁。
② 《金史》卷一二〇《世戚傳·蒲察鼎壽》,第 8 冊,第 2621 頁。

是尚鄭國公主兼適女於章宗的緣故,屬於兩篇獨立本傳,無主從隸屬關係。

　　不過有一條重要的線索值得注意,即《世戚傳・蒲察鼎壽》云"貞元三年,以海陵女弟慶宜公主子加定遠大將軍"。據此知悉鼎壽更爲詳細的身份,原來是慶宜公主的兒子。這位慶宜公主身份有迹可考,按《金史・后妃傳》附錄海陵諸嬖有云:"蒲察阿虎迭女又察,海陵姊慶宜公主所生,嫁秉德之弟特里。"①本書《海陵紀》正隆六年正月辛丑條亦載:"殺蒲察阿虎迭女义察。义察,慶宜公主出,幼鞠宮中,上屢欲納之,太后不可。至是,以罪殺之。"②按"义察"、"又察"字形相近,當有一誤。通過义察(又察)的事迹,則可以明確蒲察阿虎迭與慶宜公主的夫妻關係,從而知鼎壽爲其子。據《世戚傳・蒲察阿虎迭》所記"尚海陵姊遼國長公主迪鉢",知此人蓋即海陵姊慶宜公主。

　　此外,《金史・昨王元傳》有記載説:"皇統七年四月戊午,左副點檢蒲察阿虎特子尚主,進禮物,賜宴便殿。"③上引《世戚傳・蒲察阿虎迭》皇統五年謂"使宋爲賀正旦使,改左副點檢","阿虎特"與"阿虎迭"同名異譯,並且官職相符。"子尚主"當指娶熙宗女,《世戚傳・蒲察鼎壽》"尚熙宗女鄭國公主"與此亦正相合。

　　綜合上文種種證據,我們可以證實阿虎迭與鼎壽爲父子的假設成立,這樣本卷《后妃傳下》章宗欽懷皇后條"祖阿胡迭",亦即《金史》卷一二〇《世戚傳》有傳者——蒲察阿虎迭。惟有此結論作爲前提,方能够進一步論證阿虎迭贈官問題。不妨再看一下《世戚傳・蒲察阿虎迭》"海陵親臨葬,贈譚王。正隆例贈特進楚國公"一

①　《金史》卷六三《后妃傳上》,第 5 册,第 1515 頁。
②　《金史》卷五《海陵紀》,第 1 册,第 113 頁。
③　《金史》卷六九《昨王元傳》,第 5 册,第 1609 頁。

事之原委,此文所謂"正隆例",本書《海陵紀》正隆二年二月癸卯條詳細記載如下:

> 改定親王以下封爵等第,命置局追取存亡告身,存者二品以上,死者一品,參酌削降。公私文書,但有王爵字者,皆立限毀抹,雖墳墓碑志並發而毀之。①

卷八四《耨盌温敦思忠傳》記述此事經過説:"海陵欲定封爵制度,風思忠建白之。封王者皆降封,異姓或封公或一品、二品階。"②意謂一律降低封次等級,如"正隆例,親王止封一字王",③是故功臣貴戚或有"降王爵"者,或有"奪王爵"者,例如,宗秀於天德初封宿國公,後封廣平郡王,"正隆二年卒官,年四十二。是歲,例降二品以上封爵,改贈金紫光禄大夫"。④ 此事影響甚大,這在金朝文獻中屢見不鮮。根據這道詔令規定,阿虎迭即由王降封爲楚國公,此事無疑發生在海陵正隆二年。

此外,還要考慮到金朝封贈制度,我們可參酌金中後期情況。如泰和元年正月甲戌,"初命文武官官職俱至三品者許贈其祖"。⑤ 同年十二月頒布的《泰和律義》即有"封贈令十條"。⑥ 從具體案例中我們可以看到,皇后被册封以後,朝廷按慣例贈官其父祖。兹舉例如下:

第一,熙宗悼平皇后,裴滿氏。"熙宗即位,封貴妃。天眷元年,立爲皇后。父忽達拜太尉,贈曾祖斜也司空,祖鶻沙司徒"。⑦

---

① 《金史》卷五《海陵紀》,第 1 册,第 107 頁。

② 《金史》卷八四《耨盌温敦思忠傳》,第 6 册,第 1882 頁。

③ 《金史》卷六四《后妃傳下》睿宗欽慈皇后條,第 5 册,第 1517 頁。

④ 《金史》卷六六《宗秀傳》,第 5 册,第 1560 頁。

⑤ 《金史》卷一一《章宗紀三》,第 1 册,第 255 頁。

⑥ 《金史》卷四五《刑志》,第 3 册,第 1024 頁。

⑦ 《金史》卷六三《后妃傳上》,第 5 册,第 1503 頁。

　　第二,海陵嫡母,徒單氏。"天德二年正月,徒單與大氏俱尊爲皇太后。徒單居東宮,號永壽宮,大氏居西宮,號永寧宮。天德二年,太后父蒲帶與大氏父俱贈太尉,封王"。海陵母,大氏。"曾祖堅嗣贈司空,祖臣寶贈司徒,父昊天贈太尉、國公,兄興國奴贈開府儀同三司、衞國公"。① 本書《海陵紀》天德二年二月戊辰條"永壽、永寧兩太后父祖贈官有差"與此相合。②

　　第三,睿宗欽慈皇后,蒲察氏。"睿宗元配。……世宗即位,睿宗升祔,追謚欽慈皇后。贈后曾祖賽補司空、韓國公,祖蒲剌司徒、鄭國公,父按補太尉、曹國公"。貞懿皇后,李氏。"世宗即位于東京,尊謚爲貞懿皇后。……贈后曾祖參君司空、潞國公,祖波司徒、衞國公,父雛訛只太尉、隋國公"。

　　第四,世宗昭德皇后,烏林答氏。"大定二年,追册爲昭德皇后,立别廟。贈三代,曾祖勝管司空、徐國公,曾祖母完顏氏徐國夫人,祖术思黑司徒、代國公,祖母完顏氏、代國夫人,父石土黑太尉、瀋國公,母完顏氏瀋國夫人"。

　　第五,顯宗孝懿皇后,徒單氏。"曾祖抄,從太祖取遼有功,命以所部爲猛安,世襲之。祖婆盧火,以戰功多,累官開府儀同三司,贈司徒、齊國公。父貞尚遼王宗幹女梁國公主,加駙馬都尉,贈太師、廣平郡王"。③ 章宗大定二十九年二月癸亥,"追尊皇考爲皇帝,尊母爲皇太后"。④ 本書《逆臣傳·徒單貞》亦敘述封贈事:"章宗即位,尊母皇太子妃爲皇太后,追封貞爲太尉梁國公,貞祖抄司空魯國公,父婆盧火司徒齊國公,貞妻梁國夫人,……無何,再贈貞

① 《金史》卷六三《后妃傳上》,第 5 册,第 1504、1507 頁。
② 《金史》卷五《海陵紀》,第 1 册,第 94 頁。
③ 《金史》卷六四《后妃傳下》,第 5 册,第 1517—1524 頁。
④ 《金史》卷一一《章宗紀一》,第 1 册,第 209 頁。

太師、廣平郡王，諡莊簡。貞妻進封梁國公主。"①

　　第六，顯宗昭聖皇后，劉氏。其子宣宗即位，"追尊爲皇太后，升祔顯宗廟，追諡昭聖皇后"。② 貞祐三年十二月乙未，"敕贈昭聖皇后三代官爵"。③

　　第七，宣宗皇后，王氏。"貞祐二年七月，賜姓溫敦氏，立爲皇后。追封后曾祖得壽司空、冀國公，曾祖母劉氏冀國夫人，祖璞司徒、益國公，祖母楊氏益國夫人，父彥昌太尉、汴國公，母馬氏汴國夫人。"④

　　綜上所述，本文以《金史·后妃傳》爲線索梳理金源諸位皇后父祖贈官的案例，可知自天眷以後，制度規定封贈三代，即曾祖父母、祖父母及父母，這是冊封後惠及家族的政治待遇。章宗欽懷皇后，"帝即位，遂加追冊，仍詔告中外"。⑤ 據《世戚傳·蒲察鼎壽》載"明昌三年，以皇后父贈太尉、越國公"，可見本卷章宗欽懷皇后條"祖阿胡迭，官至特進，贈司徒、譙國公"亦當同時在明昌三年。

　　最終結論由此得出：《世戚傳·蒲察阿虎迭》"楚國公"乃是正隆二年二月從"贈譚王"降封後的爵位，而《后妃傳》"譙國公"則是章宗時期封贈之官，原本非同一事，點校本《金史》這豈不是關公戰秦瓊嗎？

七十一

　　附帶指出一條紀年問題。

　　本卷《后妃傳下》元妃李氏師兒條有云："承安五年，帝以繼嗣

---

①　《金史》卷一三二《逆臣傳·徒單貞》，第 8 冊，第 2828 頁。
②　《金史》卷六四《后妃傳下》，第 5 冊，第 1526 頁。
③　《金史》卷一四《宣宗紀上》，第 1 冊，第 315 頁。
④　《金史》卷六四《后妃傳下》，第 5 冊，第 1532 頁。
⑤　《金史》卷六四《后妃傳下》，第 5 冊，第 1527 頁。

未立,禱祀太廟、山陵。少府監張汝猷因轉對,奏'皇嗣未立,乞聖主親行祀事之後,遣近臣詣諸岳觀廟祈禱'。詔司空襄往亳州禱太清宮,既而止之,遣刑部員外郎完顏匡往焉。"(第5冊第1528頁)今細檢本書《章宗紀》承安五年無此事,不過四年八月甲戌條有謂:"以皇嗣未立,命有司祈于太廟"。① 蓋即上文禱祀太廟求嗣事,那麼本卷《后妃傳下》"承安五年"或有誤。

列傳第八

七十二

卷七〇《思敬傳》敘述大定初年履歷曰:"拜右副元帥,經略南邊,駐山東。罷爲北京留守。復拜右副元帥,仍經略山東。"(第5冊第1625—1626頁)原點校本舊校第二十一條(第1630頁)指出:

> 罷爲北京留守復拜右副元帥仍經略山東。以上十七字與下文重複,且有錯誤。按本書卷六《世宗紀》,大定二年九月"壬子,以元帥右都監完顏思敬爲右副元帥。戊午,詔思敬經略南邊"。三年"四月辛酉朔,右副元帥完顏思敬罷。"五月"乙卯,以北京留守完顏思敬復爲右副元帥"。以後至七年十二月"甲辰,以北京留守完顏思敬爲平章政事",與本傳記事相合。此"罷爲北京留守"在三年四月辛酉,"復拜右副元帥"在五月乙卯,惟此後皆在北京,無"仍經略山東"之事。

修訂本新校第二十五條沿襲此説,未有改動(第5冊第1731頁)。

---

① 《金史》卷一一《章宗紀三》,第1冊,第251頁。

不過筆者認爲,《思敬傳》"仍經略山東"一語,在《金史》本書中是可以得到證明的。

按《金史·世宗紀》記載,大定二年九月壬子"以元帥右都監完顏思敬爲右副元帥",戊午"詔思敬經略南邊",三年四月辛酉"右副元帥完顏思敬罷",即擔任北京留守,五月乙卯"以北京留守完顏思敬復爲右副元帥"。① 前引《思敬傳》與此敍述亦正相合,本傳"仍經略山東"下文有謂:

> 初,猛安謀克屯田山東,各隨所受地土,散處州縣。世宗不欲猛安謀克與民戶雜處,欲使相聚居之,遣戶部郎中完顏讓往元帥府議之。思敬與山東路總管徒單克寧議曰:"大軍方進伐宋,宜以家屬權寓州縣,量留軍衆以爲備禦。俟邊事寧息,猛安謀克各使聚居,則軍民俱便。"還奏,上從之。其後遂以猛安謀克自爲保聚,其田土與民田犬牙相入者,互易之。

金朝將山東猛安謀克與民戶分離的舉措,推行時間就是在大定三年或四年,亦即完顏思敬擔任右副元帥時期。據本書《紇石烈良弼傳》記載説,"初,山東兩路猛安謀克與百姓雜居,詔良弼度宜易置,使與百姓異聚,與民田互相犬牙者,皆以官田對易之,自是無復爭訴。"此指《思敬傳》所敍述之事,時爲大定初,在六年十一月"皇太子生日,上置酒于東宮"以前。② 此外,本卷上文"山東路總管徒單克寧"也是一條關鍵線索。今檢本書《徒單克寧傳》有謂:"治兵伐宋,右丞相僕散忠義駐南京節制諸軍,左副元帥紇石烈志寧經略邊事,克寧改益都尹,兼山東路兵馬都總管、行軍都統。"③從"伐宋"一

---

① 《金史》卷六《世宗紀上》,第 1 册,第 129—131 頁。
② 《金史》卷八八《紇石烈良弼傳》,第 6 册,第 1951 頁。
③ 《金史》卷九一《徒單克寧傳》,第 6 册,第 2045 頁。

文,可知徒單克寧兼山東路兵馬都總管爲大定三年。《思敬傳》載思敬與山東路總管徒單克寧議曰:"大軍方進伐宋"云云,亦在此時。

　　綜上所述,大定三年五月乙卯"思敬復爲右副元帥",由於金朝與南宋有戰事,姑且讓山東猛安謀克與民户雜處,而當戰事一結束,便推行異聚政策。《思敬傳》"仍經略山東"指此事,當無疑問。

列傳第九

七十三

　　卷七一《宗叙傳》履歷説:"(大定)十一年,奉詔巡邊。六月,至軍中,將戰,有疾,詔以右丞相紇石烈志寧代,宗叙還。七月,病甚,遺表朝政得失,及邊防利害,力疾,使其子上之。薨,年四十六。"(第5册第1645頁)原點校本舊校第十一條(第1648頁)云:

　　　　十一年奉詔巡邊。按本書卷六《世宗紀》,"遣參知政事宗叙北巡"在大定十年八月壬申。

此據施國祁《金史詳校》卷七宗叙傳條。修訂本新校第十六條根據上述線索,進一步判斷説"'十一年',疑當作'十年'"(第1751頁)。

　　以上諸家均未審明《宗叙傳》文義,實屬誤校。據《金史·世宗紀》大定十一年七月甲申曰:"參知政事宗叙薨。"[1]上引《宗叙傳》大定十一年七月記載與此相合。據此可知,傳文中"十一年"當承下文,其中一句謂"六月,至軍中,將戰,有疾,詔以右丞相紇石烈志

---

[1]　《金史》卷六《世宗紀上》,第1册,第149頁。

寧代,宗敍還。"這件事參酌本書《紇石烈志寧傳》可證,其謂"十一年,代宗敍北征"。[1] 設若"'十一年'疑當作'十年'",結果則會導致下文六月宗敍還及七月病薨繫年皆無所屬。這麼説來,《世宗紀上》大定十年八月壬申云"遣參知政事宗敍北巡",[2]應該是朝廷頒旨時間,而本傳謂次年"奉詔巡邊"既爲宗敍真正執行此事日期,亦作爲下文敍事之緣起。總之,《宗敍傳》與《世宗紀》上述紀事繫年並無任何牴牾。

列傳第十

七十四

卷七二《婁室傳》敍述天輔六年敗西夏事云:"夏人救遼,兵次天德,婁室使突撚、補撊以騎二百爲候兵,[3]夏人敗之,幾盡。阿土罕復以二百騎往,遇伏兵,獨阿土罕脱歸。時久雨,諸將欲且休息,婁室曰:'彼再破吾騎兵,我若不復往,彼將以我怯,即來攻我矣。'乃選千騎,與習失、拔离速往。斡魯壯其言,從之。婁室遲明出陵野嶺,留拔离速以兵二百據險守之。獲生口問之,其帥李良輔也。將至野谷,登高望之。夏人恃衆而不整,方濟水爲陣,乃使人報斡魯。婁室分軍爲二,迭出迭入,進退轉戰三十里。過宜水,斡魯軍亦至,合擊敗之。"(第 5 册第 1650 頁)原點校本舊校第三條(第1667 頁)認爲:

① 《金史》卷八七《紇石烈志寧傳》,第 6 册,第 1934 頁。
② 《金史》卷六《世宗紀上》,第 1 册,第 147 頁。
③ 原點校本作"突撚補撊",修訂本標點作"突撚、補撊",今從之。

將至野谷登高望之。原脱"谷"字。按本書卷二《太祖
紀》，天輔六年六月，"斡魯、婁室敗夏人於野谷"。又卷六
〇《交聘表》，天輔六年"六月，夏遣李良輔率兵三萬救遼，斡
魯、婁室敗之于野谷"。卷七一《斡魯傳》、卷一三四《西夏傳》
等亦記此事，皆作"野谷"。今據補。

修訂本正文及新校第三條（第 5 册第 1754、1772 頁）因襲上述校勘
意見，亦補"谷"字。不過筆者認爲《金史》點校者和修訂者舉證本
校文獻雖多，結論實則不妥。

今檢大定十七年《完顔婁室神道碑》所載天輔六年事云：

以二將與王偕行，將至耶俞水，登高以望，夏軍隊伍不整。
方濟水，遣使馳報斡魯曰："今觀敵衆而無威，易與耳，將挑戰
偈遁以致之，請速以師進。"王乃分所將爲二旅，更出□□□□
□□□□□引卻，其□繼出，進退以誘之。退凡□□過□水，
乃再整行列，奮鋭氣馳擊，敵兵遂卻退，我大軍亦至，合擊之，
敵乃大潰，追至耶俞水，殺數千人。①

該碑文所敍述的内容與《金史·婁室傳》亦正相合，其中"將至耶俞
水登高以望"及其下文即本卷《婁室傳》"將至野□□登高望之"云
云，由此可見，婁室登高望遠地點"耶俞水"實即《金史》脱文，兩詞
同名異譯，"耶"、"野"讀音一致。

所謂"野谷"者，覆檢《金史》卷二《太祖紀》天輔六年六月條，
有云"斡魯、婁室敗夏人於野谷"。② 本書《交聘表》夏欄天輔六月

---

① 見羅福頤輯《滿洲金石志外編》，《石刻史料新編》第 1 輯，第 23 册，第 17494 頁下
欄—第 17495 頁上欄。
② 《金史》卷二《太祖紀》，第 1 册，第 37 頁。

較詳細些，謂："夏遣李良輔率兵三萬救遼，斡魯、婁室敗之于野谷。"①以及《西夏傳》敘述天輔六年金朝與遼夏戰事："金破遼兵，遼主走陰山，夏將李良輔將兵三萬來救遼，次天德境野谷，斡魯、婁室敗之于宜水，追至野谷，澗水暴至，漂没者不可勝計。"②以上三者同出一源，蓋即《太祖實録》天輔六年六月條。此外，本書《斡魯傳》也記載説："夏國王使李良輔將兵三萬來救遼，次于天德之境。婁室與斡魯合軍擊敗之，追至野谷，殺數千人。夏人渡澗水，水暴至，漂溺者不可勝計。"③此與上文所敘爲同一事，亦即婁室與斡魯合軍以後敗夏人於野谷。本卷《婁室傳》"過宜水，斡魯軍亦至，合擊敗之"當係野谷之戰，耶俞水戰事則在此戰役之前。

七十五

卷七二《仲附傳》曰："仲，本名石古乃。體貌魁偉，通女直、契丹、漢字。其兄斡魯爲統軍，愛仲才，欲使通吏事，每視事，常在左右，遇事輒問之，應對如響，斡魯嘆曰：'此子必爲令器'。"（第 5 册第 1656 頁）原點校本未出校，修訂本新校第八條（第 1772 頁）認爲：

> 其兄斡魯爲統軍。按，本卷《婁室傳》，"子活女、謀衍、石古乃"，無"斡魯"。

此條校勘記當删。

今檢《完顔婁室神道碑》記述婁室子嗣：

> 子男七人：長曰活女，官至儀同三司、京兆尹、本路兵馬都

① 《金史》卷六〇《交聘表上》，第 5 册，第 1388 頁。
② 《金史》卷一三四《西夏傳》，第 8 册，第 2865 頁。
③ 《金史》卷七一《斡魯傳》，第 5 册，第 1634 頁。

總管；曰斡魯，光禄大夫、迭剌部節度使；曰謀衍，崇進、留守東京；曰什古㪽，金吾衞上將軍，留守北京。①

據《金史·婁室傳》所記婁室後代爲"子活女、謀衍、石古乃"，他們在同卷婁室本傳中均立有附傳：活女，"天眷三年，爲元帥右都監，遷左監軍。元帥府罷，改安化軍節度使。歷京兆尹，封廣平郡王，以正隆例，改封代國公，進封隋國公，諡貞濟。卒年六十一"；謀衍，大定七年，"出爲北京留守，上御便殿，賜食，及御服衣帶佩刀，謂之曰：'以卿故老，欲以均勞逸，故授此職，卿其勉之。'改東京留守，封榮國公"；仲本名石古乃（什古㪽），大定初年，"久之，起爲西北路招討使，改北京留守，卒"。（第 1653—第 1657 頁）

　　據上文可見，《金史》所載活女、謀衍、石古乃及其履歷均與大定十七年《完顏婁室神道碑》相印證。從碑文中還進一步得知，婁室次子斡魯，最幼者石古乃，故《仲附傳》稱"其兄斡魯"。

列傳第十一

七十六

　　卷七三《完顏希尹傳》記述天眷三年希尹被下詔誅殺之事："賜希尹詔曰：'帥臣密奏，姦狀已萌，心在無君，言宜不道。逮燕居而竊議，謂神器以何歸，稔於聽聞，遂致章敗。'遂賜死，并殺右丞蕭慶并希尹子同修國史把答、符寶郎漫帶。是時，熙宗未有皇子，故嫉希尹者以此言譖之。"（第 5 册第 1686 頁）原點校本舊校第六條（第 1692 頁）認爲：

---

①　見羅福頤輯《滿洲金石志外編》，《石刻史料新編》第 1 輯，第 23 册，第 17496 頁上欄。

　　帥臣密奏。"帥"原作"師",據《永樂大典》卷六七六五引
　文改。

施國祁《金史詳校》卷七完顏希尹傳條引據《金虜節要》"日者帥臣
密奏"云云,故判斷"師"當作"帥"。修訂本新校第十四條(第1798
頁)綜合上述兩家説法,亦改"師"爲"帥"。

　　帥臣密奏。"帥",原作"師"。《會編》卷一九七引《金虜
　節要·誅兀室蕭慶詔》、《永樂大典》卷六七六五"王"字韻下
　《宗室封王》二十九"陳王"條下引《完顏希尹傳》均作"帥",今
　據改。

以上這一校改,未解"師臣"之義,而妄作猜測,從史源、版本乃至史
實皆誤,筆者謹論述如下。

　　覆檢《三朝北盟會編》卷一九七金人殺兀室蕭慶條引張匯《金
虜節要》云:

　　誅兀室、蕭慶詔:朕席祖宗之基,撫有萬國,仁燾德覆,罔
　不臣妾,而帷幄股肱之舊,敢爲奸欺。開府儀同三司、尚書左
　丞相、陳王希尹,希尹,兀室之名。猥以軍旅之勞,寖備宰輔,陰
　愎險忍,出其天資,蔑視同僚,事輒異論。頃更法令之始,永作
　國朝之規,務合人情,每爲文具。比其改革,不復遵承,幾喪淳
　風,徒成苛政。至乃未稟詔諭,遽先指陳,或托旨以宣行,每作
　威而專恣,密植黨與,肆行誕謾。僭奢玉食之尊,荒怠梟鳴之
　〔構〕(廟諱)。獨擅國家之利,内暌骨肉之恩。

　　日者師臣密奏,姦狀已萌,蚤弗加誅,死不瞑目。顧雖未忍,
　灼見非誣,心在無君,言宜不道。逮燕居而竊議,謂神器以何歸。
　稔于聽聞,迄致彰敗。躬蹈前車之既覆,豈容蔓草之弗圖。

　　特進、尚書左丞蕭慶,迷國罔悛,欺天相濟,將致于理,咸

伏厥辜，嗚呼！賴天之靈，既誅兩觀之惡，享國無極，永保億年
之休。咨爾臣民，咸體予意。

據此可見本卷《完顏希尹傳》所載天眷三年賜希尹詔係節錄，《金虜
節要》所收錄者更爲翔實，對比兩者文字幾近一致。論者有謂《會
編》引《金虜節要》有作"帥臣"者，目前較爲通行和最便於利用的
許涵度刻本即爲此二字，[1]我們應該注意的是，《會編》版本系統十
分複雜，各種鈔本衆多，須綜合查證方可謹慎案斷。筆者核查中國
國家圖書館藏 A00083、08016、02106 三種鈔本、中華再造善本影印
明鈔本及光緒四年袁祖安活字本，均寫作"師臣"，實與《金史·完
顏希尹傳》相同，既而可證最初史源就是如此。

　　當然，論證"師臣"二字之成立，最關鍵的是要徹底解讀這份詔
書。所謂"師臣密奏"一語實際是確有所指的，奏告兀室謀反者仍
有線索可以追查。《三朝北盟會編》卷一九七引《金虜節要》之後，
復次徵引苗耀《神麓記》詳細敘述希尹謀逆及被誅始末：

　　初，兀朮往祁州元帥府，朝辭既畢，衆官餞於燕都檀州門
裏兀朮甲第，夜闌酒酣，皆各歸。惟悟室獨留嗜酒，嚙兀朮首
曰："爾鼠輩，豈容我嚙哉？汝之軍馬，能有幾何？天下之兵，
皆我也。"言語相及，兀朮佯醉如廁，急走騎告秦國王宗幹云：
"兄援我。"秦國王與悟室從來膠漆，及謀誅魯、宋之後，情轉相
好，遂言語遮護之："悟室實有酒，豈可信哉。"兀朮出。次早以
辭皇后爲名，泣告皇后如前，后曰："叔且行，容款奏帝爾。"兀
朮遂行。后具此言白東昏，使兀朮親弟燕京留守紀王阿魯追
兀朮，至良鄉及之，回，兀朮至密奏。帝曰："朕欲誅老賊久矣，

奈秦國王方便緩之至此。凡山後沿路險阻處令朕居止，善好
處自作捺缽。以我骨肉不附己者，必誣而去之，自任其腹心于
要務之權，此姦狀已萌，惟尊叔自裁之。"是夜，詐稱有密詔，入
兀室所居宅第，執而數之，賜死。①

據此文可知，悟室（希尹）因酒後亂言，不僅辱罵兀尤（宗弼），還揚
言自己手握重兵，結果兀尤將這件事"密奏"給熙宗（東昏王），這也
最終成爲他們進一步剷除權臣的口實。其實，詔書所載種種不過
是根據悟室酒後妄言"天下之兵皆我也"一語而羅織罪名。

　　大定十七年《完顏希尹神道碑》也記載説："天眷中，車駕幸燕。
帝當服袞冕乘玉輅以入，后欲共載。王不可，曰：'法駕所以示禮四
方，在禮無帝后同輅者。'后藏怒未有以發。□都元帥宗弼與王因
酒有隙，方辭，還軍中。帝夜遣使召至，諭之曰：'希尹嘗有奸
狀。'又召明肅諭以王罪。明肅諫曰：'希尹自太祖朝立功，且援
立陛下，亦與有力，願加聖念。'帝怒甚，至拔劍斥之。明旦，詔并
其二子賜死，諸孫獲宥。"該神道內容揭示熙宗皇后因禮儀爭端記
恨希尹，同時説"自悼后正位中宮，以巧慧當帝意，頗干預外政。
王杜遏其漸，每以正理□之，由是大忤后旨，得罪曖昧，或者以爲
后之譖，②"明肅"（此即宗幹，大定二年改謚）則極力維護，此記載
可與《神麓記》相互發明。可見宗弼正是告密者，所謂"日者師臣密
奏"即指此人。

　　《金史》雖然不載以上事件的具體細節，但仍可以佐證宗弼參
與構陷希尹這樁政治鬥争。據本書《熙宗紀》記述天眷三年事："九

---

① 　徐夢莘《三朝北盟會編》卷一九七引《神麓記》，此據中華再造善本影印明鈔本，參許
　　刻本下冊，第 1418 頁上下欄。
② 　見羅福頤輯《滿洲金石志》卷三，《石刻史料新編》第 1 輯，第 23 冊，第 17292 頁下
　　欄—第 17293 頁上欄。

月壬寅朔,宗弼來朝。戊申,上至燕京。己酉,親饗太祖廟。庚申,宗弼還軍中。"①卷七七《宗弼傳》亦謂:"宗弼入朝,是時,上幸燕京,宗弼見於行在所。居再旬,宗弼還軍,上起立酌酒飲之,賜以甲冑弓矢及馬二匹。宗弼已啓行四日,召還。至日,希尹誅。"②《神麓記》稱燕飲之所兀尤甲第在燕都檀州門裏,次日即可朝謁皇后進而直達熙宗,證明《宗弼傳》"上至燕京",宗弼原本還軍然後被召還,顯然是協助熙宗誅殺希尹。

天眷三年詔書以"師臣"指稱宗弼,正符合其身份和地位之尊崇,他身爲太祖第四子,爲熙宗叔父,於天眷元年奏請誅撻懶,因功册封爲太保,領行臺尚書省,以及任都元帥統兵。

列傳第十二

七十七

卷七四《宗望傳》曰:"(天會)五年四月,以宋二主及其宗族四百七十餘人,及珪璋、寶印、袞冕、車輅、祭器、大樂、靈臺、圖書,與大軍北還。……是月,宗望薨。"(第5册第1706頁)原點校本根據本書卷三《太宗紀》天會五年四月丙戌條於"四月"二字上校補"五年",同時"是月宗望薨"下亦有一條校勘記(第1713頁)認爲:

"是月",承上即四月。按本書卷三《太宗紀》,天會五年六月庚辰,"右副元帥宗望薨"。則"是"當作"六"爲是。

修訂本新校第十二條、第十三條採納上述校改方案(第5册第1820

①　《金史》卷四《熙宗紀》,第1册,第76頁。

②　《金史》卷七七《宗弼傳》,第6册,第1755頁。

頁）。此據施國祁《金史詳校》卷七宗望傳條謂"是"當作"六"。

以上諸家認爲《宗望傳》"是月"當作"六月"的觀點並不能成立。今檢《宗望傳》云：

> 宗望乃分諸將鎮守河北。董才降廣信軍及旁近縣鎮。宗望乃西上涼陘。詔宗望曰："自河之北，今既分畫，重念其民見城邑有被殘者，遂阻命堅守，其申諭招輯安全之。儻堅執不移，自當致討。若諸軍敢利於俘掠，輒肆毀蕩者，當底於罰。"

這段內容儘管緊接着"與大軍北還"後，但並不是天會五年四月事。按上文"董才降廣信軍及旁近縣鎮"，當即本書《太宗紀》天會五年五月庚寅條"廣信軍降"；"詔宗望曰"云云，亦見《太宗紀》天會五年六月庚申詔曰："自河之北，今既分畫，重念其民或見城邑有被殘者，不無疑懼，遂命堅守。若即討伐，生靈可憫。其申諭以理，招輯安全之。儻執不移，自當致討。若諸軍敢利於俘掠輒肆蕩毀者，底于罰。"其後該月庚辰條曰"右副元帥宗望薨"。① 將《宗望傳》與《太宗紀》結合對比，知"是月宗望薨"一句緊承六月"詔宗望"云云，決非更前面的"四月以宋二主及其宗族四百七十餘人"與大軍北還事。

列傳第十三

七十八

卷七五《李三錫傳》曰："宗望伐宋，三錫領行軍猛安，敗郭藥師

---

① 《金史》卷三《太宗紀》，第 1 冊，第 57 頁。

軍於白河。進官安州防禦使。再克汴京，三錫從闍母護宋二主北
歸。"（第5冊第1719頁）原點校本未出校，修訂本新校第四條（第
1836頁）認爲：

> 進官安州防禦使。"安州"，南監本、北監本、殿本、局本作
> "汝州"。按，本書卷二四《地理志上》，"安州，下，刺史"，非防
> 禦。又卷二五《地理志中》，"汝州，上，刺史"，"貞祐三年八月
> 升爲防禦"。疑"安州"爲"汝州"之誤。

經筆者覆核《金史》諸版本及《地理志》"安州"、"汝州"條所叙歷史
沿革，判定這條屬誤校。

最爲關鍵的一點，須考證《李三錫傳》"進官安州防禦使"的大
概時間。首先，根據"敗郭藥師軍於白河"這條線索，我們見《金
史·太宗紀》有明確記載説，天會三年十二月甲辰，"宗望諸軍及宋
郭藥師、張企徽、劉舜仁戰於白河，大破之"。本書《交聘表上》宋欄
天會三年十二月甲辰亦載此事，謂"宗望敗宋兵于白河，遂取燕山
州縣"。[1]　其次，從《太宗紀》中亦可判斷上文"再克汴京，三錫從闍
母護宋二主北歸"的具體時間，此即該卷天會四年閏十一月條"癸
巳，宗翰至汴，丙辰，克汴城"，及五年四月丙戌條"宗翰、宗望以宋
二帝歸"。[2]　據此可知，李三錫擔任安州防禦使時間當在天會三年
十二月至五年四月内。

根據上述結論，我們再檢驗修訂本校勘記所引《地理志》史文
能否成立。按本書卷二四《地理志上》中都路下轄：

> 安州，下，刺史。宋順安軍治高陽，天會七年陞爲安州，隸

---

①　《金史》卷六〇《交聘表上》，第5冊，第1392頁。
②　《金史》卷三《太宗紀》，第1冊，第54—57頁。

河北東路,後置高陽軍。①

知該"安州"於天會七年升爲州。根據張匯《金虜節要》記載説,"河間府爲河北東路,真定府爲河北西路,平陽府爲河東南路,太原府爲河東北路,去中山、慶原、信德、河中府名,復舊名"。意謂金朝將新獲的宋朝疆土重新調整行政建置,時爲天會六、七年前後,其中"順安軍爲安州"。② 如此看來,《李三錫傳》"安州"非舊宋安州,更不是修訂者所謂的"汝州"之誤。根據本書卷二五《地理志中》南京路條記述汝州沿革:"上,刺史。宋臨汝郡陸海軍節度,國初爲刺郡,貞祐三年八月升爲防禦。"③請注意汝州的入金時間,按《建炎以來繫年要録》卷一一建炎元年十二月己卯條云"是日,銀尤陷汝州","金人既陷汝州,將兵挾京西北路提點刑獄公事謝金以遁,金人擊殺之"。④《金史・太宗紀》天會五年十二月己卯記述此事云:"賽里下汝州。"⑤建炎元年即天會五年,以上兩書記述金人下汝州時間相合。通過上述分析,可以確定無論中都路安州還是南京路汝州,其實均與《李三錫傳》"安州"無涉。

　　我們討論天會初年所見"安州防禦使"的來源,不妨從遼朝地理入手加以探尋。論者指出,乾統八年(1108)《蔡志順墓誌》敘述大安三年蔡志順履歷作"遷安州防禦使";⑥天慶元年(1111)《奉爲先内翰侍郎太夫人特建尊勝陀羅尼經幢記》見有"小男安州防禦

---

① 《金史》卷二四《地理志上》,第2册,第577頁。
② 徐夢莘《三朝北盟會編》卷一三二引《金虜節要》,下册,第959頁下欄—第960頁上欄。
③ 《金史》卷二五《地理志中》,第2册,第594頁。
④ 李心傳《建炎以來繫年要録》卷一一,胡坤點校本,第1册,第293—294頁。
⑤ 《金史》卷三《太宗紀》,第1册,第58頁。
⑥ 蓋之庸編著《内蒙古遼代石刻文研究(增訂本)》,内蒙古大學出版社,2007年,第536頁。

使、知中京諸軍都虞候、開國子處溫";①天慶四年《史洵直墓誌》稱
"安州防禦使邢英";②《朝陽石函記》作"故安州防禦使□□"。③
此外《遼史·蕭文傳》"父直善,安州防禦使"能够印證上述石刻文
獻。④ 不過該書《地理志》東京道卻稱安州爲刺史州。⑤ 對於上述
歧異,余蔚認爲,安州爲刺史,所謂防禦使"安州"乃爲遥領。⑥ 康
鵬在修訂本《遼史·地理志》校勘長編(未刊稿)中則分析認爲,安
州"或初爲刺史,後升團練、防禦"。

　　上述意見爭論的前提是遼朝舊土確實有一安州,且爲金初所
沿襲,金代文獻亦可證明此事。洪皓於建炎三年(1129)使金,紹興
十三年(1143)歸宋,著有《松漠記聞》一書,詳載會寧府至燕京的驛
程,其中提到"四十五里至夾道店,五十里至安州南鋪,四十里至宿
州北鋪,四十里至咸州南鋪"。⑦ 賈敬顏先生結合王寂《遼東行部
志》明昌元年三月辛酉條"次歸仁縣,宿南城道院。歸仁,在遼時爲
安州,本朝改降爲縣",指出安州南距今開原老城鎮八十里,距今昌
圖縣昌圖鎮四十里。⑧ 即今四面城遺址所在位置。還一條最有力
的證據是,四面城遺址曾出土殘碑有云:"遼東之地爲州者,五十有
四,而安州即其一也"。從碑文"併吞遼宋一匡天下"一語,學者判
斷此爲金代所刻。⑨《元一統志》有一條佚文提到安州廢罷時間,

① 陳述輯校《全遼文》卷一一,中華書局,1982年,第314頁。
② 向南編《遼代石刻文編》,河北教育出版社,1995年,第652頁。
③ 向南、張國慶、李宇峰輯注《遼代石刻文續編》,遼寧人民出版社,2010年,第332頁。
④ 修訂本《遼史》卷一〇五《蕭文傳》,第5册,第1609頁。
⑤ 修訂本《遼史》卷三八《地理志二》,第2册,第538頁。
⑥ 余蔚《中國行政區劃通史·遼金卷》,第246頁。
⑦ 洪皓《松漠記聞》卷下,第6頁b—第8頁a。
⑧ 賈敬顏著《五代宋金元人邊疆行記十三種疏證稿》,第289—290頁。
⑨ 拓本及相關研究見王雷、趙少軍《遼寧昌圖四面城遼、金時期建置考辨》,《邊疆考古
研究》第20輯,2016年12月,科學出版社,第332頁。

有謂"歸仁縣故城,在咸平府北,舊安州,金皇統三年改爲縣,後廢,城址猶存"。① 這正好與《金史・地理志》"上京路"、"咸平路"、"東京路"、"北京路"諸條所見皇統三年將遼朝舊州改縣一事一致。筆者確信,本卷《李三錫傳》天會間"進官安州防禦使"指的就是這個安州,乃與上述石刻中所見諸例遼末"安州防禦使"相互印證。

　　本卷《李三錫傳》"安州防禦使"正確無誤,不過修訂者引據南監本、北監本、殿本、局本卻作"汝州",雖然在史實上證明並不可信,但看似有可靠的多種版本作爲依據。該卷《金史》至正初刻本尚存,百衲本據此影印,其第四葉 B 面第六行寫作"安州"。我們檢討明洪武覆刻本補版葉,其行款與初刻本雖然一致,但卻發現"安"字脫掉"宀",結果刻作"女州"(見圖十六)。南監本據此本翻刻並

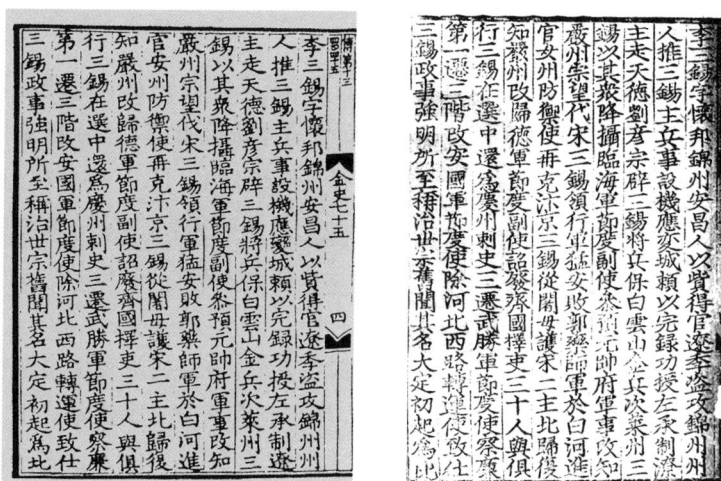

圖十六

a 中華再造善本影印至正初刻本　　　b 洪武覆刻本補版葉(國圖藏 02085)

① 見《滿洲源流考》卷一〇《疆域三・渤海國境》安州條,臺灣商務印書館影印《文淵閣四庫全書》,史部第 499 册,第 586 頁上欄。

稍作“校勘”,當時遇見“女州”殊不可解,遂臆改作“汝州”,此後凡以南監本爲底本相傳承的諸版本,皆沿襲此誤。

列傳第十四

七十九

卷七六《宗本傳》曰:“皇統九年,爲右丞相兼中書令,進太保,領三省事。海陵篡立,進太傅,領三省事。”(第5册第1731頁)原點校本未出校,修訂本新校第六條(第1859頁)指出:

> 爲右丞相兼中書令。“右丞相”,本書卷五九《宗室表》稱宗本爲“左丞相”。

原點校本的主要貢獻是,以《宗室表》所載宗室履歷及人物關係爲線索,檢討本書諸列傳詳加補苴,而修訂本則在此基礎上將《宗室表》與所涉人物列傳的歧異之處作爲異同校列出,上述《宗本傳》即如此。從這種校勘思路來看,可見他們並不曉得《宗室表》編纂體例及史源問題,尤其採取《宗室表》校正相關人物本傳,這其實是一種本末倒置的做法,極不可取。

筆者業已探明《宗室表》並無獨立史源,是元朝史官以金源歷朝皇帝“諸子傳”爲主線鈔撮而成,乃地地道道的二手文獻。下文謹以《宗本傳》“右丞相”爲例,並且整體結合《宗室表》太宗諸子的編纂思路證明筆者這一論斷。茲表列如下:

宗磐　　太師、領三省事、宋王。				

續表

宗固　左丞相、幽王。				
宗雅　代王。				
阿魯補　虞王。				
斛沙虎　滕王。				
宗懿　薛王。				
宗本　左丞相、原王。	阿里虎			
鶻懶　翼王。				
宗美　豐王。				
神土門　鄆王。				
斛孛束　霍王。				
斡烈　蔡王。				
宗哲　畢王。				
宗順　徐王。				

卷五九《宗室表》太宗諸子①

該表太宗子一欄正文謂："右太宗子十四人。史載北京留守卞、平陽尹稟皆太宗孫,不稱誰子,不可以世。"②此係元朝史官結語,後一句話參見今本《宗本傳》云："海陵遣使殺東京留守宗懿、北京留守卞。及遷益都尹畢王宗哲、平陽尹稟、左宣徽使京等,家屬分置別所,止聽各以奴婢五人自隨。既而使人要之於路,并其子男無少長皆殺之。……太宗子孫死者七十餘人,太宗後遂絕。卞本名可喜。

---

① 《金史》卷五九《宗室表》,第5冊,第1370—1371頁。
② 《金史》卷五九《宗室表》,第5冊,第1731頁。

稟本名胡离改。"①本書《海陵紀》天德二年四月戊午條亦曰："遣使
殺領行臺尚書省事秉德，東京留守宗懿，北京留守卞及太宗子孫七
十餘人。"②此外，《宗室表》"太宗子十四人"一語，當根據《太宗諸
子傳》卷首"太宗子十四人：蒲魯虎、胡魯、斛魯補、阿魯帶、阿魯補、
斛沙虎、阿鄰、阿魯、鶻懶、胡里甲、神土門、斛孛束、斡烈、鶻沙"。③

　　上表表文所列太宗十四子及其官職、封王情況，其中有宗雅代
王、阿魯補虞王、斛沙虎滕王、宗懿薛王、宗本原王、鶻懶翼王、宗美
豐王、神土門鄆王、斛孛束霍王、斡烈蔡王、宗哲畢王及宗順徐王，
這十二人封賜王爵就來自一條史料，即今本《宗固傳》有謂：

> 宗雅本名斛魯補，封代王。宗偉本名阿魯補，封虞王。宗
> 英本名斛沙虎，封滕王。宗懿本名阿鄰，封薛王。宗本本名阿
> 魯，封原王。鶻懶封翼王。宗美本名胡里甲，封豐王。神土門
> 封鄆王。斛孛束封霍王。斡烈封蔡王。宗哲本名鶻沙，封畢
> 王。皆天眷元年受封。宗順本名阿魯帶，天會二年薨，皇統五
> 年贈金紫光禄大夫，後封徐王。④

按本書《熙宗紀》天眷元年十月丙寅條有記載説："封叔宗强爲紀
王，宗敏邢王，太宗子斛魯補等十三人爲王。"⑤《宗固傳》與此正
合，太宗諸子除宗順死後追贈徐王外，十一人均於天眷元年十月封
王，由於他們無列傳及履歷，《宗室表》據上述史文止列其王爵，而
未有官封。

---

①　《金史》卷七六《宗本傳》，第5册，第1733頁。
②　《金史》卷五《海陵紀》，第1册，第94頁。
③　《金史》卷七六，第5册，第1727頁。
④　《金史》卷七六《宗固傳》，第5册，第1730—1731頁。
⑤　《金史》卷四《熙宗紀》，第1册，第73頁。

《宗室表》“宗磐”、“宗固”、“宗本”均記述官職,正好對應今本《太宗諸子傳》中的此三人列傳。首先,該表載“宗磐,太師、領三省事、宋王”,本卷《宗磐傳》云:“熙宗即位,爲尚書令,封宋國王。未幾,拜太師,與宗幹、宗翰並領三省事。”①可知表中“宋王”當爲“宋國王”脱誤。其次,該表文云“宗固左丞相、豳王”,今本《宗固傳》有謂:“宗固本名胡魯。天會十五年爲燕京留守,封豳王。……爲太保、右丞相兼中書令。”②《宗室表》作“左丞相”實誤。據本書《熙宗紀》記載説,皇統六年四月庚子,“以同判大宗正事宗固爲太保、右丞相兼中書令”;七年九月,“太保、右丞相宗固薨”。③由此可見,宗固根本沒有擔任過左丞相,皇統元年七月丙午至七年九月間,而是宗弼爲左丞相兼侍中。④根據上述思路,最後看一下《宗室表》“宗本,左丞相、原王”的記載,上引《宗本傳》云“皇統九年,爲右丞相兼中書令,進太保,領三省事”當爲其史源,“左丞相”、“右丞相”的分歧很容易解決。今檢本書《熙宗紀》皇統九年三月辛丑條曰“以司空宗本爲尚書右丞相兼中書令”,九月戊戌條云“以右丞相宗本爲太保、領三省事”,⑤直至天德二年四月戊午被殺,官職署“太傅、領三省事”。⑥足可見《宗本傳》“右丞相”是,而《宗室表》“左丞相”有誤。

筆者提倡同源文獻校勘的原則,最佳辦法是利用《宗室表》提供的線索從今本《金史》中查找同源文獻,從而相互比勘,而實際情況則是元朝史官編纂的《宗室表》疏漏種種,凡官職歧異者,大多存在訛

---

① 《金史》卷七六《宗磐傳》,第 5 冊,第 1730 頁。
② 《金史》卷七六《宗固傳》,第 5 冊,第 1730 頁。
③ 《金史》卷四《熙宗紀》,第 1 冊,第 82、83 頁。
④ 《金史》卷四《熙宗紀》,第 1 冊,第 77—83 頁。
⑤ 《金史》卷四《熙宗紀》,第 1 冊,第 85—86 頁。
⑥ 《金史》卷五《海陵紀》,第 1 冊,第 94 頁。

誤,故當於此處校對史文,而不是以《宗室表》來勘正其"祖本"
列傳。①

八十

卷七六《充傳》新校第十八條(第5冊第1861頁):

> 領三省事進拜太尉。按,本書卷一二九《佞幸·蕭裕傳》,
> "海陵弟太師充領三省事","太尉"作"太師"。下文"充爲樞
> 密使,太尉、領三省事如故"同。

今檢本書卷一二九《佞倖傳·蕭裕》敘述蕭裕謀反始末云:"裕不知
海陵意,遽見出其親表補外,不令己知之,自是深念恐海陵疑己。
海陵弟太師充領三省事,共在相位,以裕多自用,頗防閑之,裕乃謂
海陵使充備之也。而海陵猜忍嗜殺,裕恐及禍,遂與前真定尹蕭馮
家奴、前御史中丞蕭招折、博州同知遙設、裕女夫遏剌補謀立亡遼
豫王延禧之孫。"②此文稱"太師充"當誤,原點校本和修訂本《金
史》未予指出,反倒在《充傳》中出校。

　　首先須考訂上文紀事的具體時間。根據本書卷五《海陵紀》天
德二年七月己丑條:"尚書左丞蕭裕爲平章政事";貞元元年三月丙
辰條:"平章政事蕭裕爲右丞相兼中書令";二年正月庚申條:"尚書
右丞相蕭裕與前真定尹蕭馮家奴、前御史中丞蕭招折、博州同知遙
設等謀反,伏誅,詔中外。"③知"海陵弟太師充領三省事,共在相
位"一語,時段當指天德二年七月以後,最遲至四年十二月充薨。

　　據本卷《充傳》所載充仕履云:"皇統七年,爲左副點檢,轉都點

① 陳曉偉《〈金史·宗室表〉再探》,《民族研究》2021年第1期。
② 《金史》卷一二九《佞倖傳·蕭裕》,第8冊,第2791頁。
③ 《金史》卷五《海陵紀》,第1冊,第95、100、102頁。

檢。九年,爲會寧牧,改左宣徽使。海陵篡立,充使宋還,拜司徒兼都元帥,領三省事,進拜太尉。及殺太祖妃蕭氏,盡以其財產賜充。罷都元帥府,立樞密院,充爲樞密使,太尉、領三省事如故。天德四年十二月晦,薨。"(第5冊第174頁)本傳文無一字提及充曾拜太師之事。我們再進一步從《海陵紀》中諸條梳理充的履歷:天德二年三月丙戌,"以弟充爲司徒兼都元帥";四月辛酉,"司徒充領三省事,封王,都元帥如故";八月戊申,"以司徒充爲太尉,領三省事、都元帥如故";十二月己未,"都元帥充爲樞密使,太尉、領三省事如故";四年十二月庚寅,"太尉、領三省事、樞密使充薨"。① 從中可見,《充傳》與《海陵紀》亦正相合,充先最先拜司徒,最終是以太尉身份薨。

綜上所述,《佞倖傳·蕭裕》所敘"海陵弟太師充領三省事"與蕭裕共在相位確切時間爲天德二年七月至四年十二月,而此期間擔任太師者,據本書《海陵紀》記載,天德元年十二月至二年十月爲勗,此人致仕後太師懸置,直到貞元元年閏十二月癸卯徒單恭爲太師。以上考證的結果是,《佞倖傳·蕭裕》載充"太師"當爲"太尉"之誤。根據上文結論,本卷《充傳》這條校勘記應該删掉,理當在本書《佞倖傳·蕭裕》出校。

八十一

卷七六《和尚附傳》敘述和尚履歷(第5冊第1746—1747頁)云:

> 和尚封應國公,賜名樂善。左宣徽使許霖之子知彰與和尚鬪爭,其母妃命家奴捽入凌辱之,使人曳霖至第毆詈之。明

---

① 《金史》卷五《海陵紀》,第1冊,第94—100頁。

日,霖訴于朝。詔大興尹蕭玉、左丞良弼、權御史大夫張忠輔、左司員外郎王全雜治,妃杖一百,殺其家奴爲首者,餘決杖有差。霖嘗跪于妃前,失大臣體,及所訴有妄,笞二十。

修訂本新校第十九條(第5册第1861頁)指出:

> 左司員外郎王全。本書卷一〇五《劉樞傳》、卷一二九《佞幸·李通傳》稱王全爲"右司員外郎"。

按本書《劉樞傳》曰:"大定初,與左司郎中王蔚、右司員外郎王全俱出補外。"①以及《佞幸傳·李通》謂正隆六年四月,"簽書樞密院事高景山爲賜宋帝生日使,右司員外郎王全副之"。② 修訂者新校第八條(第8册第2950頁)同時指出:

> 右司員外郎王全副之。"右司員外郎",局本作"左司員外郎"。按,本書卷一〇五《劉樞傳》,"大定初,與左司郎中王蔚、右司員外郎王全俱出補外",作"右司員外郎"。卷七六《襄傳》附子《和尚傳》,"詔大興尹蕭玉、左丞良弼、權御史大夫張忠輔、左司員外郎王全雜治",作"左司員外郎"。

以上《和尚附傳》(附於《襄傳》後)《劉樞傳》、《佞幸傳·李通》皆涉及王全歷任尚書省官職,原點校本均未出校,修訂本《金史》則認爲諸列傳有歧異,前者稱"左司員外郎",而後兩者卻作"右司員外郎"。其實,這應該是王全在不同時期的任官,需要詳加辨析,切忌盲目出校。

　　從上文《劉樞傳》、《佞幸傳·李通》可見,正隆六年四月及大定初年,"右司員外郎王全",此外《佞幸傳·李通》還提到:"於是尚

①　《金史》卷一〇五《劉樞傳》,第7册,第2315頁。
②　《金史》卷一二九《佞幸傳·李通》,第8册,第2784頁。

書省使右司郎中吾補可、員外郎王全奏報：世宗即位於東京，改元大定。"①本書《和尚附傳》所載"左司員外郎王全"儘管無明確時間，但可以根據相關人物履歷判斷。和尚之父襄，天德二年，追封衞王。② 按本書《世宗紀上》大定四年七月壬辰云："故衞王襄妃及其子和尚以妖妄伏誅。"③據此可知，許知彰與和尚爭鬬以及所涉案件當在大定四年以前，具體時間也很明確，參見《海陵紀》正隆六年二月乙巳曰："杖衞王襄之妃及左宣徽使許霖。"此事即由知彰與和尚鬬爭引發。此外還有一條線索是，可考察上文"大興尹蕭玉"和"左丞良弼"，前者見《海陵紀》正隆六年正月壬午條云"以司徒、御史大夫蕭玉爲大興尹，司徒如故"，七月丁亥條曰："司徒、大興尹蕭玉爲尚書左丞相。"後者，正隆五年三月庚子條云"尚書右丞紇石烈良弼爲左丞"，④及《紇石烈良弼》云"海陵死，世宗就以良弼爲南京留守兼開封尹"。⑤ 正隆六年二月"大興尹蕭玉"和"左丞良弼"與上述所載符合，由此判定"左司員外郎王全"即此時任官。

　　按從"右司"至"左司"遷轉規則，上文考訂本卷《和尚附傳》案發時間爲正隆六年二月，再結合金源時期尚書省右司郎中、員外郎職任"掌本司奏事，總察兵、刑、工三部受事付事"判斷，⑥那麼傳文稱王全"左司員外郎"蓋即"右司員外郎"之誤，而《李通傳》正隆六年四月右司員外郎王全正確無疑。筆者注意到《三朝北盟會編》卷二四五引《族帳部曲錄》有一條關鍵的史料。據該書稱：

① 《金史》卷一二九《佞幸傳·李通》，第 8 册，第 2787 頁。

② 《金史》卷七六《襄傳》，第 5 册，第 1746 頁。

③ 《金史》卷六《世宗紀上》，第 1 册，第 134 頁。

④ 《金史》卷五《海陵紀》，第 1 册，第 111—114 頁。

⑤ 《金史》卷八八《紇石烈良弼》，第 6 册，第 1950 頁。

⑥ 《金史》卷五五《百官志一》，第 4 册，第 1218 頁。

"王全,黄龍府人,狀元劉仲淵榜及第。亮時,右司郎中。葛王立,授左司郎中。"①從中可見,王全在正隆末大定初年由右司郎中遷轉左司郎中。《金史·劉樞傳》謂"大定初,與左司郎中王蔚、右司員外郎王全俱出補外,樞爲南京路轉運使事。"此言"補外"者,今檢《曹望之傳》大定三年紀事稱"大興少尹王全"。② 本書《僕散忠義傳》大定四年後紀事謂"大興少尹王全解職"。③ 可知王全當由尚書省郎中(正五品)外遷大興府少尹(正五品)。據此判斷,《劉樞傳》記載有誤。

列傳第十五

八十二

卷七七《劉麟附傳》曰:"天會七年,豫以濟南降,麟因從軍,討水賊王江,破降之。豫節制東平,以麟知濟南府事。"(第 6 册第1762 頁)修訂本新校第十三條(第 1880 頁)認爲:

> 天會七年豫以濟南降。按,《宋史》卷四七五《叛臣傳上·劉豫傳》,建炎二年(金天會六年)冬,"率百姓降金,百姓不從,豫縋城納款"。繫年與此異。

麟即劉豫之子,其本傳附於本書《劉豫傳》之後。筆者探索到《宋史·劉豫傳》的史源爲楊堯弼《僞齊録》(亦名《僞豫傳》),該書與《金史》所載劉豫以濟南降金時間一致,據此上述校勘記當删。

---

① 徐夢莘《三朝北盟會編》卷二四五引《族帳部曲録》,下册,第 1766 頁下欄。

② 《金史》卷九二《曹望之傳》,第 6 册,第 2036 頁。

③ 《金史》卷八七《僕散忠義傳》,第 6 册,第 1939 頁。

今檢《宋史·劉豫傳》有云：

> 建炎二年正月，用慇薦除知濟南府。時盜起山東，豫不願
> 行，請易東南一郡，執政惡之，不許，豫忿而去。是冬，金人攻
> 濟南，豫遣子麟出戰，敵縱兵圍之數重，郡倅張柬益兵來援，金
> 人乃解去。因遣人啗豫以利，豫懲前忿，遂畜反謀，殺其將關
> 勝，率百姓降金，百姓不從，豫縋城納款。①

此文"殺其將關勝"一事，亦見《金史·劉豫傳》有云："撻懶攻濟
南，有關勝者，濟南驍將也，屢出城拒戰，豫遂殺關勝出降。"②除此
之外，其餘內容均載楊堯弼《僞齊錄》。最爲關鍵一句"是冬，金人
攻濟南"云云，《建炎以來繫年要錄》卷一八繫於建炎二年十二月庚
申條，注明"據《僞豫傳》增修"，③不過《三朝北盟會編》卷一八一引
楊堯弼《僞豫傳》敍此事則云：

> 建炎二年戊申，今上幸維楊，樞密院張慇與豫有河朔職司
> 之舊，力請于朝，欲與一郡。時濟南太守張悅遲留未行，使豫
> 起復代之，除中奉大夫、知濟南府，豫欲換江南一郡，而兩府厭
> 其頻數，不許謁見，乃痛憾而去。至郡惟務酷刑，以報私仇，去
> 父子隱條，犯者皆坐罪。建炎三年己酉，金虜寇山東，州郡例
> 多戰守。豫亦遣子刑曹掾、承務郎麟部兵出戰，爲金虜所圍，
> 又令郡倅張柬援之，金虜解去。遣人啗以利，俾令投拜，豫與
> 柬議，欲出城見虜酋，百姓遮道，願死守不降，豫因縋城詣軍前
> 通款。是年夏，金虜命豫節制京東兵馬，徙東平，豫遣使說汴
> 京留守上官悟叛，悟焚書以斬之，豫又略悟左右二人喬思恭、

---

① 《宋史》卷四七五《劉豫傳》，第39冊，第13793頁。

② 《金史》卷七七《劉豫傳》，第6冊，第1759頁。

③ 李心傳《建炎以來繫年要錄》卷一八，胡坤點校，第1冊，第433頁。

宋願説悟，悟亦從之。時金虜天會七年。①

由此可見，原始文獻本作"建炎三年己酉，金人至山東"，並且注明"時金虜天會七年"。可知《宋史》節取文獻失當，將劉豫降金時間誤作建炎二年（天會六年），故不足爲據。

列傳第十六

八十三

卷七八《劉筈傳》敘述筈皇統年間履歷云："九年八月，拜司空。九月，拜平章政事，封吳國公，行臺右丞相如故。"（第 6 册第 1772 頁）原點校本未出校，修訂本新校第十一條（第 1893 頁）云：

> 九年八月拜司空九月拜平章政事。本書卷四《熙宗紀》繫劉筈爲平章政事事於皇統七年九月。

我認爲《劉筈傳》並無問題，反倒是《熙宗紀》存有疑點。今檢本書卷四《熙宗紀》皇統九年八月庚申云："以劉筈爲司空，行臺右丞相如故。"九月戊戌云："司空劉筈爲平章政事。"②以上兩條紀事與本卷《劉筈傳》若合符契。據《劉筈傳》下文記載天德二年，"拜尚書右丞相兼中書令，進封鄭王"（第 1772 頁）。以及本書卷五《海陵紀》天德二年四月辛酉條云："平章政事劉筈爲尚書右丞相兼中書令。"③可知劉筈於皇統九年九月至天德二年四月擔任平章政事。

① 徐夢莘《三朝北盟會編》卷一八一引《僞豫傳》，此據中華再造善本影印明鈔本，參許刻本下册，第 1309 頁上欄。
② 《金史》卷四《熙宗紀》，第 1 册，第 86 頁。
③ 《金史》卷五《海陵紀》，第 1 册，第 95 頁。

從《熙宗紀》皇統九年八月庚申條看，劉筈此前應爲行臺右丞相，六年五月辛卯條即云“以左宣徽使劉筈爲行臺右丞相”。然而七年九月條有謂“行臺右丞相劉筈、右丞蕭仲恭爲平章政事”，劉筈所任“平章政事”或許爲行臺之宰執，或者此條記載有誤。

列傳第十七

八十四

卷七九《張中彥傳》敘述履歷説：“皇統初，恢復河南，詔徵中彦兄弟北歸，爲静難軍節度使，歷彰化軍、鳳翔尹，改尹慶陽，兼慶原路兵馬都總管、寧州刺史。”（第 6 册第 1789 頁）修訂本新校第六條（第 1910 頁）認爲：

> 皇統初恢復河南。按，本書卷四《熙宗紀》，天眷三年“五月丙子，詔元帥府復取河南、陝西地。（中略）是月，河南平。”此處繫年有誤。

修訂者未審上下文義，“皇統”紀年實乃承“詔徵中彦兄弟北歸”一句，而天眷三年五月“河南平”則是敘事緣起，故上述判斷不能成立。

按張中彦、中孚於天眷二年復降南宋，皇統二年二月金宋雙方最終達成紹興和議，畫淮爲界，互相遣返俘虜羈押的官員及其家眷。今見《金史·張中孚傳》曰：“宗弼再定河南、陝西，移文宋人，使歸中孚。”①此與本卷《張中彦傳》所載同爲歸金一事，最原始的

---

① 《金史》卷七九《張中孚傳》，第 6 册，第 1788 頁。

交涉文移現在仍保存於宋朝文獻之中，正好結合起來討論上述問題。《三朝北盟會編》卷二〇八收錄《金人元帥第六書》書曰：

> 　　少意重有奉聞，今來國朝既推異恩，許成江南和議大計，普天率土皆欲使其安樂，故其間士大夫三兩人尚須論列。據張中孚節使及其弟中彥、鄭億年資政各係汴梁及陝右人民，早歲朝廷皆嘗委以近上職任，與餘人不同。今逐家親族及居地物產俱在本鄉，此三人者幸冀指揮，并隨行家眷起發前來團聚復業。兼張孝純儀同、杜充儀同早年各居外臺相輔之任。今張既請老，而杜亦物故。然二家子弟親屬皆有留河南者。及宇文虛中銀青係是先朝特旨，更不遣還，自後已經任使，到今多歲。并去歲濠梁之破，守臣王進既已貸其生命。緣世居□州，見有親族在此，則其妻子亦當使之聚首。凡此數家，並望早賜一就津發。

> 　　外據昨復疆時，汴京留守孟庾、陳州太守李正民及有畢良史者，比審議使蕭毅等回，具言江南嘗詢訪此人，今並委沿邊官司發遣前去。所貴南北之人，無不均被德澤。仰副皇上聖人，使無一夫不獲其所之意。諒惟洞鑒此懷。悉爲施行。幸甚。

此係宗弼向宋朝索求張中彥、中孚的原始文書，並且宋方對此有詳細答復說："又諭發遣張中孚及其弟中彥，并張孝純、宇文虛中、王進等家屬，謹當一一依稟。爲各人居處，遠近不同，已令所在津遣，候到即發去次。"①金、宋兩方文移往復時間爲皇統二年五月，即和議達成以後。根據《建炎以來繫年要錄》記載，紹興十二年九月辛

---

① 　徐夢莘《三朝北盟會編》卷二〇八，下冊，第 1500 頁下欄、第 1501 頁下欄。

亥,"起復檢校少傅、寧國軍節度使、醴泉觀使張中孚開府儀同三司,起復龍神衞四廂都指揮使、清遠軍承宣使、提舉佑神觀張中彦爲靖海軍節度使。二人將北去,故特遷之"。①《三朝北盟會編》卷二一二謂紹興十二年十月,"秦檜以張中孚、張中彦歸於金國"。②據上文可知,本卷《張中彦傳》"恢復河南,詔徵中彦兄弟北歸"一文稱"皇統初"正確無疑。

附帶説一下,根據前引《金人元帥第六書》及南宋復書可以補充本卷《宇文虚中傳》的一條校勘記。《金史》傳文云:"皇統二年,宋人請和,其誓表曰:'自來流移在南之人,經官陳説,願自歸者,更不禁止。上國之於弊邑,亦乞並用此約。'於是,詔尚書省移文宋國,理索張中孚、張中彦、鄭億年、杜充、張孝純、宇文虚中、王進家屬,發遣李正民、畢良史還宋,惟孟庾去留聽其所欲。"(第1792頁)據此可知,皇統二年雙方和解以後,南宋提議相互遣返歸降者,《金人元帥第六書》源出於此,張中孚、張中彦即在此列。"孟庾"一名,原點校本第四條校勘記(第1795頁)指出:

> 惟孟庾去留聽其所欲。"庾"原作"庚"。按《大金國志》卷一〇,天眷二年,"宋西京留守孟庾至汴京"。又同書卷一一,天眷三年,兀朮分四道征南,"至是攻宋東京,孟庾率官吏迎拜,兀朮入城"。《宋史》卷二九《高宗紀》,紹興十年二月丁卯,"以孟庾知開封府,爲東京留守。五月乙酉,兀朮入東京,留守孟庾以城降"。皆作"庾"。今據改。

修訂本新校第七條未有任何改動(第6册第1910頁)。不難看出,上文所引四條史文不過隔靴搔癢而已,最多只能證明金攻陷汴京

---

① 李心傳《建炎以來繫年要録》卷一四六,胡坤點校,第6册,第2768頁。
② 徐夢莘《三朝北盟會編》卷二〇八,下册,第1525頁下欄。

時有位留守稱"孟庚"，無法證明此人就是《宇文虛中傳》所記歸朝
者"孟庚"。

　　最關鍵的證據，當數這份《金人元帥第六書》。對比可見，《金
史·宇文虛中傳》詔尚書省移文開列名單皆與《金人元帥第六書》
一一相合，知遣返者"孟庚"即汴京留守孟庚，其與陳州太守李正
民、畢良史一併回歸。按《三朝北盟會編》卷二〇八記載宋降將歸
朝一事：紹興十二年六月十一日，"金人放東京留守孟庚、知陳州李
正民還朝。孟庚掌東京鑰，一旦失節附於金人。及和議已定，上以
書請放庚還。金乃遣庚及徽猷閣待制、知陳州李正民皆還朝，於是
畢良史父子亦得歸"。① 又《宋史·高宗紀》紹興十二年六月壬午
云："金國歸孟庚、李正民。"②《建炎以來繫年要錄》卷一四五紹興
十二年六月癸未條記述此事尤詳："觀文殿學士孟庚、徽猷閣待制
李正民、右迪功郎畢良史言：'不能死節，乞正典刑。'詔並令任便居
住。"並注明所據文獻"熊克《小曆》載庚待罪在甲子，從《日曆》。"③

　　以上這些材料才是校改本卷《宇文虛中傳》"孟庚"的過硬
證據。

列傳第十九

八十五

　　卷八一《高彪傳》謂天會七年，"師至睢，彪以所部招誘京西人
民。次柘城縣，其官吏出降，彪獨與五十餘騎入城"（第 6 冊第 1823

---

① 徐夢莘《三朝北盟會編》卷二〇八，下冊，第 1501 頁下欄—1502 頁上欄。

② 《宋史》卷三〇《高宗紀七》，第 3 冊，第 556 頁。

③ 李心傳《建炎以來繫年要錄》卷一四六，胡坤點校，第 6 冊，第 2741 頁。

頁）。原點校本舊校第十三條（第 1831 頁）認爲：

> 原脱“城”字。按本書卷二五《地理志》，南京路睢州有柘
> 城，今據補。

修訂本新校第十四條（第 6 册第 1946 頁）從之。以上校勘記雖然
有《地理志》爲據，但這種改動仍需謹慎。

今細檢《金史》全書，《宣宗紀》貞祐三年九月乙酉條、興定二年
四月己未條、[1]卷九二《毛碩傳》及卷一〇〇《完顔伯嘉傳》皆作“柘
城縣”，[2]此與《地理志》相同。按柘城爲宋時行用縣名，王存《元
豐九域志·南京》地里條云：“畿，柘城。京西南八十里。七鄉。
八橋一鎮。有渙水、包水、泓水。”[3]《金史·地理志》南京路睢州
條亦曰：“柘城，古株林，首止地在焉。有渙水、泡水、泓水。”[4]不過
本卷《高彪傳》原文作“柘縣”並非孤證，王脩齡作有《黄葉行送祖
唐臣歸柘縣》一詩，可證金人確實稱用“柘縣”。[5] 此外，王惲撰
《開府儀同三司中書左丞相忠武史公家傳》敘述史天澤事迹説：
“壬辰，太宗由白坡渡河，詔公以兵由盟津會河南，至則睿宗皇帝
已破合達軍於三峰山。乃命公略地京東，遂招降太康、柘縣、瓦
崗、睢州，追殺守帥慶山奴於陽邑。”[6]《元史·史天澤傳》記此事

---

[1] 《金史》卷一四《宣宗紀上》，第 2 册，第 313 頁。卷一五《宣宗紀中》，第 2 册，第 336 頁。
[2] 《金史》卷九二《毛碩傳》，第 6 册，第 2033 頁。《金史》卷一〇〇《完顔伯嘉傳》，第 7
册，第 2210 頁。
[3] 王存《元豐九域志》卷一《南京》，上册，第 6 頁。
[4] 《金史》卷二五《地理志中》，第 2 册，第 590 頁。
[5] 元好問《中州集》卷八《王脩齡》，蕭和陶點校，下册，第 553 頁。
[6] 王惲《秋澗先生大全文集》卷四八，《元人文集珍本叢刊》，新文豐出版公司，1985
年，第 2 册，第 85 頁上欄。“白坡”原作“白波”，今據《元史·太宗紀》太宗四年正月
戊子條改。

同作“柘縣”。① 從上述金元文獻所見“柘縣”，是採用該地古稱用例，非當時行政建置稱謂，②宜保留《高彪傳》原文不動。

八十六

卷八一《高彪傳》敘述高彪仕履（第6冊第1824頁）云：

> 彪勇健絕人，能日行三百里，身被重鎧，歷險如飛。及臨敵，身先士卒，未嘗反顧，大小數十戰，率以少擊衆，無不勝捷。

> 齊國既廢，攝滕陽軍以東諸路兵馬都統，撫諭徐、宿、曹、單，滕陽及其屬邑皆按堵如故。爲武寧軍節度使，頗黷貨，嘗坐贓，海陵以其勳舊，杖而釋之。改沂州防禦使，歷安化、安國、武勝軍節度使，遷行臺兵部尚書，改京兆尹，封鄖國公。以憂去官，起復爲武定軍節度使，歸德尹。正隆例授金紫光禄大夫。久之致仕，復起爲樞密副使、舒國公，賜名彪。

該傳“改沂州防禦使”原作“改忻州防禦使”。施國祁《金史詳校》卷八上高彪傳條指出，“忻”當作“沂”。小注引據《普照寺碑》。原點校本舊校第十四條承襲此説（第1832頁）：

> “沂”原作“忻”。按《金石萃編》卷一五四，《沂州府普照寺碑》後題銜“奉國上將軍、行沂州防禦使事、兼管內安撫使、統押沂、海路萬户兵馬高召和式”。高召和式即高彪，“召和式”本卷作“召和失”，蓋同音異譯。今據改作“沂州”。

---

① 《元史》卷一五五《史天澤傳》，第12冊，第3659頁。
② 《大明清類天文分野之書》卷二二《宋分野》記述睢州柘城縣歷史沿革：“漢爲柘縣，以邑有柘溝故名。……隋開皇十六年復置，加‘城’字曰柘城縣。……金天德三年改拱州爲睢州，而縣屬仍舊。正大末，以兵火所燬，遂省入襄城。”（《四庫全書存目叢書》，子部第60冊，第732頁上欄）

修訂本新校第十五條同(第 6 册第 1946 頁)。上述校勘意見漏洞
在於,未能結合碑文具體内容及寫作時間綜合判斷。以此結論校
改史文,實在欠妥。

今檢討原點校本及修訂本引《金石萃編》所載仲汝文《沂州府
普照寺碑》云:

> 歲在丁亥,妙濟禪師覺海始來住持。入院之四年,乃議改
> 作。衆懼難成,姑欲因陋。經始之初,異論□起,拱手旁觀,待
> 其自敗。師志先定,屹如山立,終不可搖。時奉國上將軍渤海
> 高公召和式,適守是邦,與師昔於過去刧在無量佛所曾植宿
> 因,至是機緣會遇,針芥相投。……
>
> 　　時皇統四年十月二十日記。奉國上將軍、行沂州防禦使
> 事兼管内安撫使、統押沂海路萬户兵馬高召和式。沂州普照
> 禪寺住持傳法賜紫□濟大師覺海立石。①

該碑録文中"歲在丁亥",今核對國家圖書館所藏《沂州府普照寺
碑》拓本當作"歲在丁巳",《山左金石志》卷一九録文正確。② 結合
立碑時間"皇統四年十月二十日",丁巳年即天會十五年。最關鍵
一點是,碑文中有"時奉國上將軍渤海高公召和式適守是邦"云云,
可知召和式擔任沂州防禦使時間當在天會十五年以後,至遲爲皇
統四年。

再看本卷《高彪傳》所述"爲武寧軍節度使,頗黷貨,嘗坐贓,海
陵以其勳舊,杖而釋之。改忻州防禦使"云云,從中可見,高彪因坐

---

① 王昶編《金石萃編》卷一五四《金一・沂州府普照寺碑》,嘉慶十年刻本,第 5 頁 b—
8 頁 a。
② 畢沅、阮元編著《山左金石志》卷一九《金石・沂州府普照寺碑》,嘉慶二年刻本,第 5
頁 a—7 頁 a。

贓而貶官忻州顯然發生在海陵在位時期,而《沂州府普照寺碑》高召和式"行沂州防禦使事"時間早在熙宗皇統四年以前,兩事互不相涉,怎可比勘校讎。不過此處仍有疑問。據《金史·地理志》"河東北路"記載,忻州爲刺史州,①《高彪傳》原文則稱"改忻州防禦使",這也只能存疑了,若校改爲"沂州",顯然缺乏證據。

列傳第二十

八十七

卷八二《郭藥師傳》曰:"郭藥師,渤海鐵州人也。遼國募遼東人爲兵,使報怨于女直,號曰'怨軍',藥師爲其渠帥。"(第6册第1833頁)原點校本未出校,修訂本新校第二條(第1973頁)認爲:

> 渤海鐵州人也。"鐵州",據下文"遼國募遼東人爲兵",應爲遼代鐵州,非渤海國之鐵州,此處當作"鐵州渤海人也"。

修訂者根據上下文義,認爲"渤海鐵州人也"應校改爲"鐵州渤海人也",意謂郭藥師籍貫爲鐵州,族屬渤海人。這與史實有悖,是一個錯誤的判斷。

今檢討宋金兩方文獻,有稱郭藥師與渤海人身份有關者,似乎僅見《皇朝編年綱目備要》卷二七《徽宗皇帝》宣和五年正月童貫蔡攸入燕條,有云:"粘罕猶欲止割涿、易,阿骨打曰:'海上之盟,不可忘也。我死,汝則爲之。'海上初約,燕人歸南朝,奚、契丹、渤海人皆屬金國。而郭藥師等渤海人,上下方以爲撓議,欲對換。"②上文

---

① 《金史》卷二六《地理志下》,第2册,第630頁。
② 陳均編《皇朝編年綱目備要》卷二九《徽宗皇帝》,第749頁。

所謂"郭藥師等渤海人"，經筆者核查，蔡條《北征紀實》有詳細記載。按《三朝北盟會編》卷一六引此書曰："始金人約，燕地人民盡歸南朝，契丹、奚、渤海等人民皆屬金國。既議分割，則常勝軍郭藥師鐵州人，其下諸將高望等，又多渤海、契丹人，即令歸金國，上下方以爲撓，如金人則已虜掠燕地人物職官等，將携之歸。"①對比原文，可知最初實作"郭藥師鐵州人"，而"鐵州"卻被《皇朝編年綱目備要》作者改竄爲"渤海"。此外，《通鑑長編紀事本末》卷一四三宣和五年二月丙戌條與此有關，謂兀室曰："本朝欲起燕京職官、富戶、工匠亦緣元約，燕北人合歸北朝，如郭藥師常勝軍皆燕北人，藥師亦鐵州人。"②此亦稱郭藥師鐵州人，而不提渤海。

　　根據《宋史·姦臣傳二·郭藥師》所敘述其履歷云："郭藥師，渤海鐵州人也。遼之將亡，燕王淳募遼東饑民爲兵，使之報怨於女真，目曰'怨軍'，藥師爲之渠首。"③我們可知《金史·郭藥師傳》上文與此同。筆者初步判斷，《宋史·姦臣傳二·郭藥師》主要節取《中興姓氏·叛逆傳》郭藥師條，按《三朝北盟會編》卷四六節引此書謂："郭藥師，契丹將也。初遼人爲女真人所攻，召募遼東饑民。先是宜州募到者，謂之'前宜營'，後募到者，謂之'後宜營'，如前錦、後錦、乾顯大營、嚴州營，總謂之'怨軍'。"④這段文字並未交代郭藥師的具體來歷。值得注意的是，《三朝北盟會編》卷一〇有一條線索，有云："郭藥師者，渤海之鐵州人也。善戰，虜以爲裨將，領常勝軍。常勝軍，本謂之'怨軍'，遼人始以征伐女真，爲女真所敗，

①　徐夢莘《三朝北盟會編》卷一六引《北征紀實》，上冊，第114頁上欄。
②　楊仲良《通鑑長編紀事本末》卷一四三，第8冊，第4328—4329頁。
③　《宋史》卷四七二《姦臣傳二·郭藥師》，第39冊，第13737頁。
④　徐夢莘《三朝北盟會編》卷四六引《中興姓氏·叛逆傳》，上冊，第348頁上下欄。

多殺其父兄,乃立是軍,使之報怨女真,故謂之'怨軍'。"①可惜作者並未注明史源,不過我認爲"渤海之鐵州人也"是爲最妥帖的表述,《金史·郭藥師傳》"渤海鐵州人也"實際與此同義,"渤海"蓋指稱遼東地區,並非民族身份,如《三朝北盟會編》卷八七引王以寧上書曰"郭藥師者遼東一小羌爾",以及卷一五宣和五年四月十四日條謂"常勝軍郭藥師等八千餘户,元係遼東人也"②,就是這個意思,但論證郭藥師係渤海人的證據則明顯不足。

八十八

卷八二《僕散渾坦傳》曰:"世宗即位,以爲廣寧尹。窩斡反,爲行軍都統,與曷懶路總管徒單克寧俱在左翼,敗窩斡於長灤。"(第 6 册第 1845 頁)修訂本新校第十條(第 1974 頁)認爲:

> 爲行軍都統。"都統",本書卷八六《尼厖古鈔兀傳》作"副統"。

修訂本書卷八六《尼厖古鈔兀傳》新校第十條(第 6 册第 2048 頁)亦云:

> "副統",本書卷八二《僕散渾坦傳》記此事作"行軍都統"。

原點校本《僕散渾坦傳》、《尼厖古鈔兀傳》均未出校。兩者載渾坦軍職有所歧異的原因,不過是由於敘事記載時間不同而已,筆者根據《金史》對此問題稍作梳理。

本卷《僕散渾坦傳》敘述渾坦擔任行軍都統與曷懶路總管徒單

---

① 徐夢莘《三朝北盟會編》卷一〇,上册,第 68 頁下欄—第 69 頁上欄。
② 徐夢莘《三朝北盟會編》卷八七,上册,第 650 頁下欄;卷一五,上册,第 109 頁下欄。

克寧作爲左翼，敗窩斡於長灤。本書卷九二《徒單克寧傳》亦載此事云：

> 遷左翼都統。詔與廣寧尹僕散渾坦、同知廣寧尹完顏巖雅、肇州防禦使唐括烏也，從右副元帥完顏謀衍討契丹窩斡。趨濟州。謀衍用契丹降吏乣者計策襲賊輜重，克寧與紇石烈志寧爲殿，與賊遇于長灤。……左翼萬戶襄與大軍合擊之，賊遂敗，追奔十餘里，二年四月一日也。①

卷六《世宗紀上》將"右副元帥完顏謀衍等敗窩斡于長灤"繫於大定二年四月己巳條，②可知此時僕散渾坦任行軍都統，主將爲謀衍。

據本書卷八六《尼厖古鈔兀傳》紀事云："會世宗即位遼陽，鈔兀迎謁，遷輔國上將軍，與都統吾札忽、副統渾坦討窩斡。鈔兀行至宧歷，與窩斡遇，左軍小却，鈔兀挺槍馳入其陣，手殺二十餘人，賊乃退。"③我們可考證宧歷之戰詳情，根據本書《叛臣傳·移剌窩斡》記載説，正隆六年十二月己亥，窩斡稱帝，是時"世宗使元帥左都監吾札忽、同知北京留守事完顏骨只救臨潢，晝夜兼行，比至臨潢，賊已解圍去攻泰州。吾札忽追及于宧歷，兩軍已陣將戰，押軍猛安契丹忽剌叔以所部兵應賊，吾札忽軍遂敗"。此事發生在大定二年正月完顏謀衍率諸軍北征窩斡之前。④　按《世宗紀上》大定元年十一月癸未云："遣權元帥左都監吾札忽、右都監神土懣、廣寧尹僕散渾坦討契丹諸部。"⑤《尼厖古鈔兀傳》上文正與此相合，據此可知"副統渾坦討窩斡"時爲大定元年，主持討伐者係都統吾札忽。

---

①　《金史》卷九二《徒單克寧傳》，第 6 册，第 2044 頁。

②　《金史》卷六《世宗紀上》，第 1 册，第 127 頁。

③　《金史》卷八六《尼厖古鈔兀傳》，第 6 册，第 1922—1923 頁。

④　《金史》卷一三三《叛臣傳·移剌窩斡》，第 8 册，第 2852 頁。

⑤　《金史》卷六《世宗紀上》，第 1 册，第 124 頁。

綜上所述,渾坦於大定元年、二年分別從屬主將吾扎忽、完顏謀衍征討窩斡,其軍職前後有所變化,即由副都統變爲行軍都統,這是再正常不過的事情了。

八十九

卷八二《蕭仲恭傳》敘述説:"蕭仲恭,本名术里者。"(第6册第1848頁)修訂本新校第十二條(第1974頁)認爲:

> 蕭仲恭本名术里者。"术里者",《遼史》卷三〇《天祚皇帝紀四》作"术者"。

今覆檢《遼史·天祚皇帝紀》保大五年(1125)正月己丑條云:"遇雪,無禦寒具,尤者以貂裘帽進;途次絶糧,尤者進麨與棗;欲憩,尤者即跪坐,倚之假寐。尤者輩惟齧冰雪以濟饑。"①此事見於《金史·蕭仲恭傳》,内容大致相同,然其名寫作"术里者",是故修訂本出了一條異同校。

1942年於河北省興隆縣發掘出蕭仲恭墓葬,出土一盒契丹小字墓誌,詳述其生平履歷。② 契丹小字《蕭仲恭墓誌》寫於天德二年,第2行記述説:③

九火	杰	来化 与冇	北万 与	丹勿	火化	弓剡 釜
國	王	第二名	烏演	孩子	名	尤里者

上文即蕭仲恭的契丹語名字,其中孩子名寫作釜,《蕭仲恭傳》"尤

---

① 修訂本《遼史》卷三〇《天祚皇帝紀四》,第1册,第397頁。
② 鄭紹宗《興隆縣梓木林子發現的契丹文墓誌銘》,《考古》1973年第5期。
③ 墓誌録文見劉鳳翥《契丹文字研究類編》,中華書局,2014年,第3册,第991頁。

里者”正與此吻合,該名中的第二個原字**ᠰᠯ**與“里”對譯當無疑問。① 據契丹小字石刻所見,《遼史·天祚皇帝紀》保大五年正月己丑條作“尤者”當有省譯成分或脱誤,“术里者”一名才是最準確的譯音。本卷《蕭仲恭傳》正確,上述校勘記當删。

列傳第二十二

九十

卷八四《耨盌温敦乙迭(謙)附傳》敘述大定二年宮人放火事云:“初,世宗至中都,多放宮人還家,有稱心等數人在放遣之例,所司失於檢照,不得出宮,心常怏怏。大定二年閏二月癸巳夜,遂於十六位放火,延燒太和、神龍殿。”(第6册第1884頁)原點校本舊校第七條(第1894頁)認爲:

> 大定二年閏二月癸巳夜……延燒太和神龍殿。按本書卷六《世宗紀》,大定二年閏月“辛卯,太和、厚德殿火”。紀日及殿名與此不同。

修訂本新校第七條(第6册第2015頁)有所改動:

> “大定二年閏二月癸巳夜”至“延燒太和神龍殿”。“癸巳”、“神龍殿”,本書卷六《世宗紀上》作“辛卯”、“厚德殿”。

修訂本即改爲異同校,而捨棄原有論斷。與此同時,修訂本卷六《世宗紀上》大定二年閏二月辛卯條新增校勘記,第十條(第1册第169頁)云:

---

① 參見劉鳳翥《契丹文字研究類編》,第2册,第491頁。

辛卯太和厚德殿火。本書卷八四《耨盌温敦思忠傳》附子《乙迭傳》："大定二年閏二月癸巳夜,遂於十六位放火,延燒太和、神龍殿。"時間、殿名皆與此異。

此條則採納原點校本《耨盌温敦乙迭(謙)附傳》觀點。

若解決上述疑問,最關鍵在於釐清諸者史源關係。本書《蘇保衡傳》亦載此事説:"初,宮女稱心縱火十六位,延燒諸殿,上以方用兵,國用不足,不復營繕。"[1]參酌《耨盌温敦乙迭(謙)附傳》可知,稱心縱火的火源是在十六位,然後延及太和殿、神龍殿、厚德殿諸殿。筆者從本書卷二三《五行志》中檢到世宗大定二年閏二月辛卯云"神龍殿十六位焚,延及太和、厚德殿",[2]此文與今本《世宗紀上》大定二年閏二月辛卯條同源,[3]而以前者尤詳,後者節取史文止録延燒者"太和"、"厚德"。《金史》一書載大定二年縱火事所涉諸殿各有所不同,不是一種非此即彼的關係,而是諸卷敘述殿名各有所取而已。惟有歧異之處是,《世宗紀上》和《五行志》繫此事於"辛卯",而《耨盌温敦乙迭(謙)附傳》則作"癸巳",相隔一日。

此外,原點校本和修訂本《五行志》皆作"神龍殿十六位",意謂十六位從屬神龍殿,其實不然。上文《蘇保衡傳》云"宮女稱心縱火十六位",《完顏守道傳》亦謂"宮中十六位火"。[4] 再考《三朝北盟會編》卷二四四引張棣《金虜圖經》宮室門記述燕京宮闕云:"正中位曰皇帝正位,後曰皇后正位,位之東曰東内,西曰西内,各十六位,乃妃嬪所居之地也。"[5]知十六位爲諸妃嬪居所,而從《金史·

① 《金史》卷八九《蘇保衡傳》,第6册,第1974頁。
② 《金史》卷二三《五行志》,第2册,第537頁。
③ 《金史》卷六《世宗紀上》,第1册,第126頁。
④ 《金史》卷八八《完顏守道傳》,第6册,第1957頁。
⑤ 徐夢莘《三朝北盟會編》卷二四四引《金虜圖經》,下册,第1751頁上欄。

地理志》中都路條所見,神龍殿別爲一座宮殿①,是舉辦宴會之所。
據此論述,該文當標點爲"神龍殿、十六位焚"。

列傳第二十三

九十一

明昌六年五月乙未,判平陽府事鎬王永中以罪賜死。據《金史·章宗紀》泰和四年七月甲申云:"改葬鎬王永中于威州。"②上文所敘永中改葬威州之事,本書卷八五《永中傳》則記述曰:"泰和七年,詔復永中王爵,賜謚曰厲。敕石古乃於威州擇地,以禮改葬,歲時祭奠。"③此處謂泰和七年。可見以上《章宗紀四》、《永中傳》相牴牾,《金史》原點校者並没有指出來。修訂本新校第三條(第6册第2029頁)云:

> "泰和七年"至"以禮改葬"。此處繫年有誤。按,本書卷一二《章宗紀四》,泰和四年七月"甲申,改葬鎬王永中于威州"。

《金史》關於永中改葬威州時間一説泰和四年,一説泰和七年,按常理來説,本紀有明確繫年,其紀事的權威性要遠遠高於人物本傳,故修訂者做上述判斷。不過根據《金史·張行簡傳》記載來看,後者泰和七年説更具説服力。按《張行簡傳》有謂:

> (泰和)七年,上遣中使馮賢童以實封御扎賜行簡曰:"朕

---

① 《金史》卷二四《地理志上》,第2册,第573頁。
② 《金史》卷一二《章宗紀四》,第1册,第269頁。
③ 《金史》卷八五《永中傳》,第6册,第1900頁。

念鎬、鄭二王誤干天常,自貽伊戚。藁葬郊野,多歷年所,朕甚悼焉。欲追復前爵,備禮改葬,卿可詳閱唐貞觀追贈隱、巢,并前代故事,密封以聞。"又曰:"欲使石古乃於威州擇地營葬,歲時祭奠,兼命衛王諸子中立一人爲鄭王後,謹其祭祀。此事既行,理須降詔,卿草詔文大意,一就封進。"行簡乃具漢淮南厲王長、楚王英、唐隱太子建成、巢剌王元吉、譙王重福故事爲奏,并進詔草,遂施行焉。①

該傳詳細記述泰和七年遣使頒賜御扎給張行簡,其内容討論恢復鎬王、鄭王爵位及備禮改葬兩事。此事可參見本書《章宗紀四》泰和七年二月丁巳云:"詔追復永中、永蹈王爵。"②以及《衛紹王紀》亦云:"泰和元年,改判彰德府事。五年,改判平陽府。初,章宗誅鄭王永蹈、趙王永中,久,頗悔之。七年,下詔追復舊封,仍賜謚。"③這兩個本紀均與《張行簡傳》相印證。《張行簡傳》還記載説"欲使石古乃於威州擇地營葬,歲時祭奠",此語同樣出自那道"實封御扎",最後是由張行簡根據章宗旨意擬定詔書,遂降詔施行,本卷《永中傳》故云"敕"。《張行簡傳》由此與《永中傳》相發明,也就是説,泰和七年永中改葬威州説能夠成立。

據《金史·永蹈傳》記載説,"泰和七年,詔復王封,備禮改葬,賜謚曰刺,以衛王永濟子按辰爲永蹈後,奉其祭祀。"④本書卷九三《衛紹王諸子傳》引述泰和七年按辰出繼鄭王永蹈後的詔書曰:"朕追惟鄭邸,誤蹈非彝,藁窆原野,多歷歲年,怛然軫懷,有不能已,乃

① 《金史》卷一〇六《張行簡傳》,第7册,第2332頁。
② 《金史》卷一二《章宗紀四》,第1册,第280頁。
③ 《金史》卷一三《衛紹王紀》,第1册,第289頁。
④ 《金史》卷八五《永蹈傳》,第6册,第1902頁。

詔追復王爵,備禮改葬。今稽式古典,命汝爲鄭王後,守其祭祀。"①據此可知,上文《張行簡傳》"兼命衞王諸子中立一人爲鄭王後"云云,此人即按辰。《永蹈傳》和《衞紹王諸子傳》側重敘述永蹈事迹,但從中窺見詔書内容與《張行簡傳》亦正相合,知泰和七年詔書主要内容就是追復永中和永蹈二人王爵,以及根據典禮制度改葬。

由此可見,"追復王爵"和"擇地營葬"皆爲泰和七年事無疑,證明《永中傳》正確。不過《章宗紀》泰和七年二月丁巳條止記前者,卻將後者繫於泰和四年七月甲申條。不妨進一步推測致誤之緣由,筆者發現本卷《永中傳》有一條線索説:"詔賜永中死,神徒門、阿离合懣等皆棄市。敕有司用國公禮收葬永中,平陽府監護,官給葬具,妻子威州安置。"②傳文中此事繫於明昌六年"詔賜永中死"與泰和七年"詔復永中王爵"之間,實取《章宗實録》原文,《章宗紀四》泰和四年七月甲申云"改葬鎬王永中于威州"或與之同源,想必是史書編纂者誤讀詔書,將草草收葬永中事當作改葬威州,實際則是把永中妻子安置在威州。試想,如果泰和四年七月永中就已經妥當地安葬在威州,泰和七年章宗頒賜的那道"御扎"中怎麽會説"藁葬郊野,多歷年所,朕甚悼焉"這話呢?

附識

此條修改後題名《永中改葬威州小考》發表在《北方文物》(2021年第3期)。承蒙李浩楠告知,雍正《井陘縣志》卷二《坵墓》及光緒《續修井陘縣志》卷一二《邱墓》記載井陘縣(金威州)有金代鎬厲王墓,謹致謝忱。

---

① 《金史》卷九三《衞紹王諸子傳》,第6册,第2060頁。
② 《金史》卷八五《永中傳》,第6册,第1900頁。

按雍正《井陘縣志·坵墓》詳細敘述云:"魏開府儀同三司鎬厲王墓,在縣東北五里新莊北。泰和七年二月十一日欽奉詔恩,追復前爵,備禮敕葬"。小注謂"有石人四,石羊、石虎各二"。此"泰和"乃金代章宗年號,非北魏"太和"。按泰和七年二月丁未朔,十一日爲丁巳,《金史·章宗紀》泰和七年二月丁巳"詔追復永中、永蹈王爵"與方志恰好印證。《鎬厲王碑》(繆荃孫藝風堂舊拓本,現藏北京大學圖書館古籍部,編號A36345)在井陘縣東北八里鳳皇嶺墓上。碑文如下:"開府□儀同三司鎬□厲王之墓。泰和七年二月□十一日欽奉。詔恩追復前爵備禮□改□葬,□年七月二十三日敕葬。"據此坐實《永中傳》"泰和七年,詔復永中王爵,賜諡曰厲。敕石古乃于威州擇地,以禮改葬,歲時祭奠"記載當無疑問。

列傳第二十七

九十二

卷八九《翟永固傳》云:"正隆四年正月丁巳,海陵朝永壽宮,四品以上官賜宴,永固至殿門外,海陵即以致仕宣命授之,永固歸臥于家。"(第6冊第1976頁)施國祁《金史詳校》卷八上翟永固傳條指出:"'永壽'當作'壽康'。案據太后本傳稱,其地乃壽康也。"原點校本不採納此説,修訂本新校第五條(第6冊第2113—2114頁)從之:

正隆四年正月丁巳海陵朝永壽宮。按,本書卷六三《后妃傳上·海陵嫡母徒單氏傳》,太后徒單氏初居上京永壽宮。貞元三年"十月,太后至中都,海陵帥百官郊迎,入居壽康宮"。卷二四《地理志上》中都路注,"大安殿之東北爲東宮,正北列三門,中曰粹英,爲壽康宮,母后所居也"。又卷五《海陵紀》,貞元三年十二月乙未、正隆四年正月丙辰朔均記"上朝太后于壽康宮"。此"永壽宮"當爲"壽康宮"之誤。又"丁巳",《海陵紀》作"丙辰"。

以上論者指出《翟永固傳》正隆四年正月丁巳條、《海陵紀》正隆四年正月丙辰條歧異當然成立,但修訂者論證"永壽宮"當爲"壽康宮"之誤則不免臆解。

據筆者考證,《金史·地理志》記述壽康宮爲燕京宮殿,此據范成大《攬轡錄》,其原文作"中曰集英門,云是故壽康殿母后所居"。① 按本書《海陵紀》貞元三年十月丙子云:"皇太后至中都,居壽康宮。"十二月乙未云:"上朝太后于壽康宮。"② 又本書卷六三《后妃傳·海陵嫡母徒單氏》亦記此事原委:海陵遷中都以後,獨留徒單於上京,其生母大氏因思念徒單太后,臨終前囑託海陵將她迎至中都。壽康宮即徒單氏在燕京城的寢居之所。"永壽宮"一名的來源,天德二年正月,"徒單與大氏俱尊爲皇太后。徒單居東宮,號永壽宮,大氏居西宮,號永寧宮"。這樣"永壽"作爲最初所居宮殿,用來指稱徒單太后的習慣相沿不廢,例如,《后妃傳上》載大氏謂海陵曰:"永壽宮待吾母子甚厚,慎毋相忘也。"貞元元年,大氏病篤,謂海陵曰:"汝以我之故,不令永壽宮偕來中都。我死,必迎致之,事永壽宮當如事我。"③ 此外,本書《斜思阿補傳》亦謂正隆二年:

---

① 范成大《攬轡錄》,孔凡禮點校《范成大筆記六種》,第 15 頁。
② 《金史》卷五《海陵紀》,第 1 册,第 105 頁。
③ 《金史》卷六三《后妃傳上·海陵嫡母徒單氏》,第 5 册,第 1503—1505 頁。

"刾思阿補生日,海陵與永壽太后及皇后、太子光英幸東勝家。"①
據《大金集禮·追謚后》永寧宮條記載説,貞元三年十月二十一日,
"上永寧宮謚曰慈憲"。大定二年四月九日,"永壽宮贈哀皇后"。②
此指追封徒單氏,仍舊使用"永寧宮"稱呼。

　　綜合以上分析,可知《金史》所見"永壽宮"、"壽康宮"分爲徒
單太后的指稱習慣和燕京居所,兩者不相矛盾,更談不上誰對誰錯
的問題了。

列傳第二十八

九十三

　　卷九〇《楊邦基傳》敍述邦基履歷云:"天眷二年,登進士第,調
灤州軍事判官,遷太原交城令。太原尹徒單恭貪汙不法,託名鑄金
佛,命屬縣輸金,邦基獨不與,徒單恭怒,召至府,將以手持鐵拄杖
撞邦基面,邦基不動。秉德廉察官吏,尹與九縣令皆免去,邦基以
廉爲河東第一,召爲禮部主事。以兵部員外郎攝吏部差除,坐銓注
李慶之、大奉國臣,與高衎等皆貶官,邦基降坊州宜君簿。轉高密
令。"(第 6 册第 2006—2007 頁)原點校本舊校第七條(第 2010 頁)
認爲:

　　　　坐銓注李慶之大奉國臣與高衎等皆貶官。"大奉國臣"原
　　作"大興國奴"。按大興國奴見本書卷六三《海陵母大氏傳》,
　　"兄興國奴,贈開府儀同三司,衞國公"。爵高位尊,不在銓注

之列。本卷《高衎傳》，"大奉國臣者，遼陽人，永寧太后族人，先爲東京警巡院使，以臟免去，……衎與奉國臣有鄉里舊，擬爲貴德縣令"。今據改。

修訂本新校第七條同（第 6 册第 2132 頁）。論者意謂本卷原底本"大興國奴"與《海陵母大氏傳》"興國奴"身份不相符，並非一人，遂根據《高衎傳》校改爲"大奉國臣"。以上觀點需要重新檢討。

按《楊邦基傳》原文作"坐銓注李慶之、大興國奴，與高衎等皆貶官"，本書《高衎傳》詳細敘述此事始末：

> 王彥潛、常大榮、李慶之皆在吏部選中，吏部擬彥潛、大榮皆進士第一，次當在慶之上，彥潛洺州防禦判官，大榮臨海軍節度判官，慶之濬州觀察判官。左司郎中賈昌祚挾私，欲與慶之洺州，詭曰："洺雖佳郡，防禦幕官在節鎮下。"乃改擬彥潛臨海軍，大榮濬州，慶之洺州。慶之初赴選，昌祚以慶之爲會試詮讀官，而慶之弟慶雲爲尚書省令史，多與權貴游，海陵心惡之，嘗謂左右司"昌祚必與慶之善闕"。

> 大奉國臣者，遼陽人，永寧太后族人，先爲東京警巡院使，以臟免去，欲因太后求見，海陵不許。衎與奉國臣有鄉里舊，擬爲貴德縣令。海陵大怒，於是昌祚、衎、吏部侍郎馮仲等，各杖之有差，慶雲決杖一百五十，罷去。未幾，仲、昌祚、慶雲皆死，衎降爲清水縣主簿。兵部員外郎攝吏部主事楊邦基降宜君縣主簿，吏部主事宋仝降漷陰縣主簿，尚書省知除楊伯傑，降閭陽縣主簿。[1]

從上文可見，大奉國臣貪臟免官，由於與高衎同爲渤海鄉舊的緣

---

[1]　《金史》卷九〇《高衎傳》，第 6 册，第 2005—2006 頁。

故,將他注擬爲貴德縣令。海陵知悉後大怒,高衎同樣遭到貶官。而本卷《楊邦基傳》則稱"坐銓注李慶之、大興國奴",揆諸文義,其實很難斷定大興國奴即大奉國臣,遑論誰對誰錯。此外,天德二年正月,海陵母大氏尊爲皇太后:"曾祖堅嗣贈司空,祖臣寶贈司徒,父昊天贈太尉、國公,兄興國奴贈開府儀同三司、衞國公。"①本書《海陵紀》天德二年二月戊辰條"永壽、永寧兩太后父祖贈官有差"與此相合。② 天德二年封贈,表明大氏之兄興國奴已卒,顯然與《楊邦基傳》"大興國奴"和《高衎傳》"大奉國臣"無涉。

列傳第二十九

九十四

卷九一《移剌成傳》載:"陝西奏:'聞知夏國王李仁孝與其臣任得敬中分其國,發兵四萬,役夫三萬,築祈安城,殺喬家等族首領結什角。屢獲宋諜人,言宋欲結夏國謀犯邊境。'詔遣大理卿李昌圖、左司員外郎粘割斡特剌往按之,且止夏人毋築祈安城及處置喬家等族別立首領。夏國報云:'祈安本積石舊城,久廢,邊臣請設戍兵鎮撫莊浪族,所以備盜,非有他也。結什角以兵入境,以是殺之,不知爲喬家族首領也。'李昌圖等按視,殺結什角之地本在夏境,築祈安城已畢工,皆罷歸,不得宋、夏交通之狀,乃於熙秦迫近宋、夏衝要量添戍兵。"(第6册第2017—2018頁)原點校本舊校第五條(第2030頁)指出:

---

① 《金史》卷六三《后妃傳上·海陵母大氏》,第5册,第1507頁。
② 《金史》卷五《海陵紀》,第1册,第94頁。

李昌圖等按視。"圖"原作"國"。按上文"詔遣大理卿李昌圖、左司員外郎粘割斡特剌往按之",作"李昌圖"。本書卷九五《粘割斡特剌傳》記載同。又本書卷六《世宗紀》、卷一三二《徒單貞傳》皆有"大理卿李昌圖"。今據改。

此據施國祁《金史詳校》卷八上移剌成傳條,修訂本新校第五條因襲此説(第2154頁),亦將原文"李昌國"校改爲"李昌圖"。"圖"、"國"二字版刻易混,原點校本和修訂本皆以多數校改惟一出現者,這種做法其實存在着很大風險。

筆者從范成大《攬轡錄》一書中檢到有作"大理卿李昌國"者,[①]此係作者范成大於大定十年出使金廷"略得其廷臣名氏",其可信度非常之高。按《金史·粘割斡特剌傳》謂大定十年:"以夏國發兵築祁安城及襲殺喬家族首領結什角,又諜者言夏與宋人通謀犯邊,詔大理卿李昌圖與斡特剌往按其事。"[②]本卷《移剌成傳》與此事相合。此外,《金史》卷六《世宗紀上》大定十一年四月丁未條云:"大理卿李昌圖以廉問真定尹徒單貞、咸平尹石抹阿没剌受贓不法,既得罪狀,不即黜罷,杖之四十。"[③]《逆臣傳·徒單貞》記載鞫治之事:"世宗使大理卿李昌圖鞫之,貞即引伏,昌圖還奏,上問之曰:'貞停職否?'對曰:'未也。'上怒,抵昌圖罪,復遣刑部尚書移剌道往真定問之,徵其贓還主。"[④]根據上述種種線索,《金史》大定十年及大定十一年四月所見"李昌圖",即《攬轡錄》"李昌國"。據《攬轡錄》看來,凡認爲《移剌成傳》所載"李昌國"有誤的觀點未必能够成立。

---

① 　徐夢莘《三朝北盟會編》卷二四五引《攬轡錄》,下册,第1762頁下欄。
② 　《金史》卷九五《粘割斡特剌傳》,第6册,第2108頁。
③ 　《金史》卷六《世宗紀上》,第1册,第148頁。
④ 　《金史》卷一三二《逆臣傳·徒單貞》,第8册,第2827頁。

附識

大定七年《吳前鑑墓誌》謂墓主:"女一人,適中大夫、尚書刑部
郎中李昌圖。"(拓本)孫建權據此提出,"李昌圖"當是。按,
該墓誌"李昌圖"是否爲大定中大理卿李昌圖(國)尚須證明,
並且諸種明鈔本《三朝北盟會編》引《攬轡録》均作"李昌國"。
綜合判斷,《移剌成傳》可出校但不宜改字。

列傳第三十四

九十五

卷九六《李晏傳》曰:"李晏字致美,澤州高平人。性警敏,倜儻
尚氣。皇統六年,登經義進士第。"(第6册第2125頁)修訂本新校
第二條(第2268頁)指出:

> 皇統六年登經義進士第。"六年",《中州集》卷二李晏小
> 傳作"二年"。

修訂本此條據施國祁《金史詳校》卷八下李晏傳條"皇統六年登經
義進士第,《中州集》作'二年'"。論者考索金朝文獻可見,熙宗皇
統二年和六年均有設科取士之舉。① 那麼,《金史·李晏傳》、《中
州集》所載李晏登第時間孰是孰非? 施國祁未有判斷。

解決上述歧異,最關鍵的證據當數許安仁撰《李文簡公神道碑
銘》。該神道碑敘述李晏仕履,其中提到:

> 十七,舉詞賦,本高中,誤用韻失。他日,詮讀官張景仁見

---

① 參見薛瑞兆《金代科舉》,中國社會科學出版社,2004年,第97—101頁。

能誦其文,改試經義。二十三,登皇統六年第,調平陽府岳陽縣丞。……改臨汾丞,時張太師文康公爲總尹,其子仲澤隨侍,一時文士如施隰州、王器之、毛牧達輩相與爲詩友,公餘成觴詠之樂,秩終調遼陽府推官。①

這段記載較爲權威而翔實。按本卷《李晏傳》云"皇統六年,登經義進士第。調岳陽丞。再轉遼陽府推官"(第2125頁),與《李文簡公神道碑銘》上文相合,知皇統六年李晏登經義科無誤,不需要出校。據此判斷,《中州集》"致美皇統二年經義進士"一事,②乃指李晏神道碑所稱"十七舉詞賦"至"改試經義"一句,只不過敘事簡略而已。根據《李文簡公神道碑銘》,可知李晏曾兩次參加科舉,其中首次參加時間,通過"十七"一語可推算爲天眷三年,不過從目前史料來看,這一年並没有開科。若《中州集》所記皇統二年爲是,推測李晏神道碑"十七"當爲"十九"之誤,亦即皇統二年李晏本來試詞賦高中,但因故未録取,後來改試經義科。

列傳第三十五

九十六

卷九七《韓錫傳》曰:"天德元年,擢尚書工部員外郎,領燕都營繕。特賜胡礪榜進士及第。"(第7册第2149頁)原點校本舊校第二條(第2162頁)認爲:

> 特賜胡礪榜進士及第。按本書卷一二五《胡礪傳》,天會

①　成化《山西通志》卷一五《李文簡公神道碑銘》,第69頁b。
②　元好問《中州集》卷二《李承旨晏》,蕭和陶點校,上册,第123頁。

"十年,舉進士第一",則此"特賜胡礪榜進士及第"九字不當在天德元年之後,疑是衍文。

修訂本新校第四條保留原有校勘記未改(第7册第2290頁)。由於原點校本和修訂本未檢金朝科舉制度中的恩例特賜現象,故妄作上述判斷。

其實,趙翼早就在《陔餘叢考》中辨析"特賜進士"之事:"金制已爲顯官特賜進士者,又必定爲某科進士。如移刺履,明昌初禮部尚書兼翰林直學士,特賜大定三年孟宗獻榜下進士及第。韓錫,天德中爲尚書工部員外郎,特賜胡礪榜下進士及第。胥持國,拜參知政事,特賜孫用康榜下進士及第是也。"①李煜東《〈金史〉校勘商榷三則》引據趙翼之説,認爲《韓錫傳》韓錫於天德年間賜天會十年進士屬於特賜進士例,其下校勘記當删②。

筆者擬在以上兩家論述基礎上再補充三個案例,以加强説服力。

首先,按《金史·左淵附傳》云:"世宗即位,淵使其子貽慶詣東京上表,特賜貽慶任忠傑榜第三甲進士,授從仕郎。"③下文將考證任忠傑榜時間,據《三朝北盟會編》卷二四五引《族帳部曲録》記載説:"任忠傑,山西天成縣人,亮時狀元及第,是年出《賞罰之令信如四時賦》。授翰林應奉文字,同知制誥。"④值得注意的是《金史·任熊祥傳》載有海陵時期這道御試題目,該題是由任熊祥擬定的,考試時間,據其上文云:"是時,詔徐文、張弘信討東海縣,弘信逗

---

① 趙翼《陔餘叢考》卷二八《特賜進士》,中華書局,1963年,第2册,第589頁。

② 李煜東《〈金史〉校勘商榷三則》,《中國典籍與文化》2021年第3期。

③ 《金史》卷七五《左淵附傳》,第5册,第1726頁。

④ 徐夢莘《三朝北盟會編》卷二四五引《族帳部曲録》,下册,第1766頁上欄。

遒,稱疾不進,決杖二百。"①考本書《徐文傳》亦謂東海縣人徐元、張旺作亂,"張弘信行至萊州,稱疾留止,日與妓樂飲酒。海陵聞之。師還,杖弘信二百"。② 根據上述綫索,今見卷五《海陵紀》正隆五年七月壬午云:"以張弘信被命討賊,稱疾逗遒萊州,與妓樂飲燕,杖之二百。"③這樣可以根據張弘信決杖時間推知任忠傑當爲正隆五年狀元。④

其次,本書卷九《章宗紀一》明昌三年四月壬寅條謂尚書省奏:"提刑司察舉涿州進士劉器博、博州進士張安行、河中府胡光謙,光謙年雖八十三,尚可任用。""敕劉器博、張安行特賜同進士出身,胡光謙召赴闕"。其下文敘述胡光謙特賜過程:七月丁亥,"胡光謙至闕,命學士院以雜文試之,稱旨。上曰:'朕欲親問之。'"八月辛亥,"特賜胡光謙明昌二年進士第三甲及第,授將仕郎、太常寺奉禮郎"。⑤ 可知經過考察,授予胡光謙明昌二年進士榜。

第三,《章宗紀一》明昌三年十一月庚午條云:"敕魏汝翼特賜進士及第,劉震亨等同進士出身,並附王澤榜。"⑥又四年三月十二日,孔端肅應召赴闕,特賜進士及第,補將仕郎,以年老乞歸,⑦同樣"特賜王澤榜及第"。⑧ 然而金代文獻很少提及"王澤",劉祁《歸潛志》止稱"章宗時王狀元澤",⑨其登科時間僅在趙渢撰《太原府重

---

① 《金史》卷一〇五《任熊祥傳》,第 7 册,第 2310 頁。
② 《金史》卷七九《徐文傳》,第 6 册,第 1786 頁。
③ 《金史》卷五《海陵紀》,第 1 册,第 111 頁。
④ 參見薛瑞兆《金代科舉》,第 116 頁。
⑤ 《金史》卷九《章宗紀一》,第 1 册,第 221—223 頁。
⑥ 《金史》卷九《章宗紀一》,第 1 册,第 224—225 頁。
⑦ 孔元措編《孔氏祖庭廣記》卷六《族孫》,第 8 頁 a。
⑧ 參見《金史》卷一〇五《孔端甫附傳》,第 7 册,第 2312 頁。按"端甫"爲"端肅"之形訛。
⑨ 劉祁《歸潛志》卷七,崔文印點校,中華書局,1983 年,第 72 頁。

修廟學記》有明確記載説:"明昌二年,前中都路都轉運使張公大節上書告老,優詔既不允,仍許均佚出尹太原。……公乃詣學,召集諸生,諄諄勸誘,不啻如賢父兄之切至也。是年登龍飛榜者,學籍凡七人,翰林應奉王澤貢冠多士。"①由此可見,王澤係明昌二年狀元。② 明昌三年魏汝翼、劉震亨、孔端肅特賜王澤榜。

第四,按《金史·哀宗紀》正大四年六月丙辰條云:"賜詞賦經義盧亞以下進士第。"③據劉祁《歸潛志》敘述麻九疇履歷説:"近臣言其有才學,平章政事侯公摯、翰林學士趙公秉文俱薦之,特召賜進士第盧亞榜。"④根據《金史·哀宗紀》記載説,侯摯於天興元年八月至十一月擔任平章政事,⑤可知麻九疇特賜進士當在此時。

綜上所述,大定初年左貽慶特賜正隆五年任忠傑榜,明昌三年胡光謙、魏汝翼、孔端肅等附明昌二年王澤榜,天興元年麻九疇特賜正大四年盧亞榜,據此證明韓錫"特賜胡礪榜進士及第"亦同此理。

列傳第三十九

九十七

卷一〇一《承暉傳》敘述仕履云:"貞祐初,召拜尚書右丞。承暉即日入朝,妻子留滄州。滄州破,妻子皆死。紇石烈執中伏誅。進拜平章政事,兼都元帥,封鄒國公。"(第 7 册第 2225 頁)原點校

---

①　成化《山西通志》卷一三《太原府重修廟學記》,第 1 頁 b—第 2 頁 a。

②　參見薛瑞兆《金代科舉》,第 150 頁。

③　《金史》卷一七《哀宗紀上》,第 2 册,第 379 頁。

④　劉祁《歸潛志》卷二麻九疇條,崔文印點校,第 14 頁。

⑤　《金史》卷一七《哀宗紀上》,第 2 册,第 389 頁。卷一八《哀宗紀下》,第 2 册,第 394 頁。

本第一條校勘記（第 2239—2240 頁）採納施國祁《金史詳校》卷八下承暉傳條意見指出：

> 紇石烈執中伏誅。按本書卷一四《宣宗紀》，貞祐元年十月辛亥，"殺胡沙虎于其第"。十一月庚午，"承暉爲尚書右丞"。此記執中伏誅于承暉召拜右丞之後，時序既誤，且與上下文全無關係，此七字當是衍文。

修訂本新校第一條因襲此説，亦謂"'紇石烈執中伏誅'此七字當是衍文"（第 7 册第 2374 頁）。重新審讀《承暉傳》及相關記載，筆者認爲這條校勘欠妥。

按本書卷一四《宣宗紀上》至寧元年十二月丁酉條云："尚書右丞承暉進都元帥兼平章政事。"上引《承暉傳》同作："進拜平章政事，兼都元帥，封鄒國公。"根據承暉拜都元帥這條線索，今檢《宣宗紀上》至寧元年九月甲辰條"以紇石烈胡沙虎爲太師、尚書令兼都元帥，封澤王"，[①]可知承暉接替是年十月被誅殺的胡沙虎擔任都元帥。原來《承暉傳》"紇石烈執中伏誅"乃是承"承暉進都元帥"事，我們不應當把這個敘事緣由視作無關緊要的衍文。

列傳第四十

九十八

卷一〇二《僕散安貞傳》謂興定二年十二月，"以安貞爲左副元帥權參知政事行尚書省元帥府，及唐、息、壽、泗行元帥府分道各將

---

① 《金史》卷一四《宣宗紀上》，第 2 册，第 301、303 頁。

兵三萬,安貞總之,畫定期日,下詔伐宋"(第 7 册第 2246 頁)。原
點校本未出校,修訂本第五條校勘記(第 2398 頁)認爲:

> 以安貞爲左副元帥權參知政事行尚書省元帥府。按,下
> 文"唐、息、壽、泗行元帥府分道各將兵三萬,安貞總之",疑此
> "元帥府"三字爲衍文。又此處脱行省地點。

修訂者失檢文獻及金季地方行政制度,以上論述不當,此條校勘記
當删。

筆者認爲,上文所述僕散安貞"行尚書省元帥府"正確無疑,此事
亦載於卷一五《宣宗紀中》興定二年十二月癸亥條:"以樞密副使駙馬
都尉僕散安貞爲左副元帥,權參知政事,行尚書省元帥府事,伐宋。"①
最關鍵的是,《金史》所見"行尚書省元帥府"案例頗多,應爲宣宗時
期的制度。例如:

阿里不孫。據《宣宗紀中》興定元年四月己未云:"以權參知政
事遼東路行省完顏阿里不孫爲參知政事,行尚書省、元帥府于婆速
路。"②又卷一〇三《完顏阿里不孫傳》亦載此事:"興定元年,真拜
參知政事,權右副元帥,行尚書省、元帥府于婆速路,承制除拜刺史
以下。"③知阿里不孫享有自主任命地方官吏的權力。

蒲察五斤。按《宣宗紀中》興定元年四月己未云:"以權遼東路
宣撫使蒲察五斤權參知政事,行尚書省、元帥府于上京。"此外,同
年十二月庚戌條云:"元帥左監軍蒲察五斤進右副元帥,權參知政
事,充遼東行省。"④蒲察五斤兼任軍事和行政最高首腦,應該仍屬

---

① 《金史》卷一五《宣宗紀中》,第 2 册,第 341 頁。
② 《金史》卷一五《宣宗紀中》,第 2 册,第 329 頁。
③ 《金史》卷一〇三《完顏阿里不孫傳》,第 7 册,第 2281 頁。
④ 《金史》卷一五《宣宗紀中》,第 2 册,第 329、333 頁。

於"行尚書省元帥府"性質。

完顏伯嘉。據《宣宗紀中》興定二年十二月己亥曰："以御史中丞完顏伯嘉權參知政事、元帥左監軍,行河中府尚書省元帥府,控制河東南、北路便宜從事。"①卷一○○《完顏伯嘉傳》與此相同。②意謂完顏伯嘉總管河東南路、河東北路的軍事與民政,從"便宜從事"一語中足見其權力甚大。

把胡魯。根據卷一○八《把胡魯傳》敘述其履歷云:興定四年四月,"權尚書右丞、左副元帥,行尚書省、元帥府于京兆"③。此外,卷一六《宣宗紀下》興定四年四月戊辰曰："以參知政事把胡魯權尚書右丞、左副元帥,元帥左都監承立爲右監軍權參知政事,同行尚書省元帥府于京兆。"④從中可知,把胡魯與承立共同掌管京兆府路的一切事務。

宣宗時期,金廷迫於北方蒙古南下的強大壓力,於是在各地廣設行尚書省和行元帥府,作爲臨時措施,賦予地方獨斷權力,甚至有時以軍帥兼理民事,上文所舉阿里不孫、蒲察五斤、完顏伯嘉、把胡魯及僕散安貞即如此,"行尚書省元帥府"則是直接將這兩種機構合二爲一,軍事和地方行政高度劃一。修訂本《金史》認爲《僕散安貞傳》"脫行省地點"非,理由是,宣宗意圖討伐南宋,本書《宣宗紀中》興定元年十一月丁酉云:"詔唐、鄧、蔡州行元帥府舉兵伐宋",⑤僕散安貞"行尚書省元帥府"當是總攝各路兵馬和地方行政的機構,傳文所謂"及唐、息、壽、泗行元帥府分道各將兵三萬,安貞

---

① 《金史》卷一五《宣宗紀中》,第2冊,第341頁。
② 《金史》卷一○○《完顏伯嘉傳》,第7冊,第2212頁。
③ 《金史》卷一○八《把胡魯傳》,第7冊,第2390頁。
④ 《金史》卷一六《宣宗紀下》,第2冊,第352頁。
⑤ 《金史》卷一五《宣宗紀中》,第2冊,第333頁。

總之"就是這個意思。

九十九

卷一〇二《完顔弼傳》敘述貞祐三年事:"改知東平府事、山東西路宣撫副使。是時,劉二祖餘黨孫邦佐、張汝楫保濟南勤子堌,弼遣人招之,得邦佐書云:'我輩自軍興屢立戰功,主將見忌,陰圖陷害,竄伏山林,以至今日,實畏死耳。如蒙湔洗,便當釋險面縛,餘賊未降者保盡招之。'弼奏:'方今多故,此賊果定,亦一事畢也。乞明以官賞示之。'詔曰:'孫邦佐果受招,各遷五官職'。"(第 7 册第 2254 頁)原點校本舊校第八條(第 2264 頁)指出:

孫邦佐果受招各遷五官職。據文義"邦佐"下當有"等"字。

修訂本新校第十條(第 7 册第 2398 頁)則認爲:

各遷五官職。"五"下當有"品"字。按,本卷下文言"邦佐遥授同知濰州刺史",刺史爲正五品官;又本書卷一四《宣宗紀上》,貞祐三年四月,"招大沫堌渠賊孫邦佐、張汝楫以五品職"。可知此處"遷五官職"並非指升遷五階,而是升遷至五品。

如何理解"五官職"的涵義至爲關鍵,筆者的觀點與上述校勘記迥然有别。

覆檢《金史·宣宗紀》貞祐三年四月壬子條:"用山東西路宣撫副使完顔弼言,招大沫堌渠賊孫邦佐、張汝楫以五品職,下詔湔洗其罪。"[1]此處"五品職"可以有兩種解釋:一是五品職事官,根據本卷《完顔弼傳》"於是邦佐、汝楫皆降。邦佐遥授濰州刺史,汝楫遥授淄州刺史"云云,參酌本書卷五七《百官志三》諸刺史州條"刺史

---

[1] 《金史》卷一四《宣宗紀上》,第 2 册,第 309 頁。

一員,正五品,掌同府尹兼治州事",①修訂本《金史》即做上述解釋。其次,論者尚未注意《完顏弼傳》孫邦佐和張汝楫除刺史的同時,還"皆加明威將軍"。根據卷五五《百官志一》武散官條明威將軍爲正五品下,②知此二人散官品階與職事官同樣爲五品。③ 據此分析,若將《宣宗紀》貞祐三年四月壬子條標點爲"五品、職",那麼本卷《完顏弼傳》"五官、職"與此同義,其中"品"、"官"指武散官明威將軍,而"職"爲濰州刺史、淄州刺史。

　　上述解釋是合理的。金朝職官制度行用漢制,有"品階"和"職事"兩套體系,並且兩者是相輔相成的。《金史》敘述官員仕履,若遭罷免,即稱"削官解職",例如,興定二年三月戊子,"陝西行六部尚書楊貞削五官,累杖一百七十,解職"。④ 貞祐三年九月丁巳,戶部侍郎奧屯阿虎言:"國家多故,職官往往不仕。乞限以兩季,違者勿復任用。"上嫌其太重,"命違限者止奪三官,降職三等,仍永不升注"。⑤ 對於官員敘遷和獎勵,亦是將"官""職"一併抬升。按《忠義傳二·女奚烈資祿》謂興定三年:"攻破武休關,資祿功最。詔比將士遷五官、職二等外,資祿更加官、職一等。"⑥又如,元光初年,蒙古綱奏請朝廷招降李全等人,"詔擬實一品官職,封國公,仍世襲。全階正三品、職正二品。林山東西路宣撫使兼知益都府事,與全皆賜田百頃。受命往招者先授正七品官職,賜銀二十五兩,事成遷五

① 《金史》卷五七《百官志三》,第 4 冊,第 1313 頁。

② 《金史》卷五五《百官志一》,第 4 冊,第 1222 頁。

③ 李鳴飛《〈金史〉點校闕誤三則》(《中國史研究》2014 年第 3 期)指出,《完顏弼傳》"遷五官職"實爲"遷五品官職"之誤。

④ 《金史》卷一五《宣宗紀中》,第 2 冊,第 335 頁。

⑤ 《金史》卷一四《宣宗紀上》,第 2 冊,第 312 頁。

⑥ 《金史》卷一二二《忠義傳二·女奚烈資祿》,第 8 冊,第 2670 頁。

品。"①結合上述各種案例，我們再審讀《完顏弼傳》"五官職"以及《宣宗紀》貞祐三年四月壬子條"五品職"，其文義可通，意謂遷官五品、除五品職事官。

列傳第四十一

一〇〇

卷一〇三《完顏仲元傳》曰："興定元年，復爲單州經略使，敗宋人二千于鼉山，復敗步騎千餘于盱眙，敗紅襖于白里港，獲老幼萬餘人，皆縱遣之。宋人圍海州，仲元軍高橋，令提控兀顏阿隣領騎繞出其後夾擊之。宋兵解去。賜金帶，優詔獎諭。"（第7冊第2267頁）原點校本徑改"兀顏"爲"完顏"，並未出校。修訂本新校第一條（第2420頁）指出：

> 令提控兀顏阿隣領騎繞出其後夾擊之。"兀顏"，南監本、北監本、殿本、局本並作"完顏"。

今覆核百衲本及其所據至正初刻本作"兀顏"，後來的洪武覆刻本亦同，不過到南監本則改刻作"完顏"，這種校改或根據同卷《完顏阿隣傳》。然而據筆者考證，"兀顏阿隣"與"完顏阿隣"決非一人。

首先，根據本卷"敗紅襖于白里港獲老幼萬餘人"這條線索，今見《金史·宣宗紀》興定二年六月壬子條有云"紅襖賊犯沂州，官軍敗之，追至白里港"，據此判斷，提控兀顏阿隣敗宋軍應在二年六月

---

① 《金史》卷一〇二《蒙古綱傳》，第7冊，第2260頁。

以後,而同卷《宣宗紀》"主將完顏阿鄰戰没"是在此前二年三月癸巳與宋兵争奪皁郊堡戰役中。① 其次,本卷《完顏仲元傳》稱兀顏阿鄰軍職爲"提控",而同卷《完顏阿鄰傳》謂阿鄰"興定元年,遷元帥右都監",②可見兩人地位相差懸殊。總之,南監本校改作"兀顏"肯定是毫無依據的。

雖然目前無法考證"兀顏阿鄰"之事迹,但我確信該名不會有誤,因爲"兀顏"作爲白號之姓不僅見於《金史·百官志》記載,③而且《金國語解》姓氏條云"兀顏曰朱"。④ 更爲重要的是,我們從金代文獻中找到很多具體實例,例如兀顏畏可、兀顏訛出虎、兀顏抄合、兀顏阿失,等等。

列傳第四十三

一○五

卷一○五《任熊祥傳》叙述熊祥履歷云:"金人取均、房州,熊祥歸朝,復爲樞密院令史。時西京留守高慶裔攝院事,無敢忤其意者,熊祥未嘗阿意事之。其後杜充、劉筈同知燕京行省,法制未一,日有異論,熊祥爲折衷之。"(第 7 册第 2310 頁)原點校本未出校,修訂本第四條校勘記(第 2461 頁)認爲:

其後杜充劉筈同知燕京行省。按,本書卷四《熙宗紀》,天眷二年七月己丑,"杜充爲行臺右丞相",三年十一月"甲子,行

① 《金史》卷一五《宣宗紀中》,第 2 册,第 335、338 頁。
② 《金史》卷一○三《完顏阿鄰傳》,第 7 册,第 2269 頁。
③ 《金史》卷五五《百官志一》,第 4 册,第 1230 頁。
④ 《金史》附録《金國語解》,第 8 册,第 2896 頁。

臺尚書右丞相杜充薨"。本書卷七八《劉筈傳》載筈"天眷二年，改左宣徽使"；《熙宗紀》載，皇統六年五月"辛卯，以左宣徽使劉筈爲行臺右丞相"。二人實未同時任職行省。又本書卷五五《百官志一》：天眷元年，"改燕京樞密爲行臺尚書省。天眷三年，復移置於汴京"。則杜充所任或在燕京，而劉筈所任應在汴京。並非均在燕京一地。

修訂者以大量篇幅論證"其後杜充、劉筈同知燕京行省"一語不實，可惜卻存在着一大漏洞。

關於本卷所載"杜充、劉筈同知燕京行省"一事，筆者在這裏可以提供一條關鍵證據。按《建炎以來繫年要錄》卷一一八紹興八年(1138)正月乙卯條紀事説："金主亶既免喪。改元天眷。……金主改燕京樞密院爲行臺尚書省，以三司使杜充簽書樞密院事，劉筈並簽書省事。"其下小注云"以《兩國編年》、《松漠紀聞》參修"。① 以及本書卷四《熙宗紀》天眷元年九月丁酉曰："改燕京樞密院爲行臺尚書省。"②由此可見，以上兩條史料相合，可知行臺尚書省由杜充、劉筈共同執掌。杜充履歷詳見於《宋史·叛臣傳》，謂紹興七年(即金天會十五年)，"命充爲燕京三司使。八年，同簽書燕京行臺尚書省事。九年，遷行臺右丞相。"③此外《三朝北盟會編》卷一九七引張匯《金虜節要》亦云："除簽書杜充爲燕京行臺右丞相。"④經過梳理，可見杜充任職燕京行臺的經歷非常清楚。再看一下劉筈的相關仕履，按《金史·劉筈傳》云："天會十年，改彰信

<hr />

① 李心傳《建炎以來繫年要錄》卷一一八，胡坤點校，第5冊，第2195頁。
② 《金史》卷四《熙宗紀》，第1冊，第73頁。
③ 《宋史》卷四七五《叛臣傳上·杜充》，第39冊，第13811頁。
④ 徐夢莘《三朝北盟會編》卷一九七，下冊，第1420頁。

軍節度使,權簽中書省樞密院事。天眷二年,改左宣徽使。"①此
文不載天眷元年事,上引《建炎以來繫年要錄》卷一一八紹興八
年正月乙卯條"劉筈並簽書省事"可補證。總之,本卷《任熊祥
傳》記載無誤。

列傳第四十七

一〇二

卷一〇九《陳規傳》謂正大二年十一月:"上召完顏素蘭及規入
見,面諭曰:'宋人輕犯邊界,我以輕騎襲之,冀其懲創告和,以息吾
民耳。宋果行成,尚欲用兵乎。卿等當識此意。'規進曰:'帝王之
兵貴於萬全,昔光武中興,所征必克,猶言"每一出兵,頭須爲白"。
兵不妄動如此。'上善之。"(第7冊第2410頁)原點校本不出校,修
訂本新校第五條(第2557頁)指出:

> 帝王之兵貴於萬全。"貴",南監本、北監本、殿本並作"責"。

此卷至正初刻本今已亡佚,百衲本影印洪武覆刻本,作"貴"(第14
葉A面第10行)。不過洪武覆刻本補版葉該字稍微變形作責,但
仍作"貴",南監本據此翻刻則改作"責"(見圖十七)。這一改動其
實未審文義,純屬臆斷。

按本書卷一七《哀宗紀上》正大二年十月乙亥云:

> 面諭臺諫完顏素蘭、陳規曰:"宋人輕犯邊界,我以輕騎襲
> 之,冀其懲創通好,以息吾民耳。夏人從來臣屬我朝,今稱弟以

① 《金史》卷七八《劉筈傳》,第6冊,第1771頁。

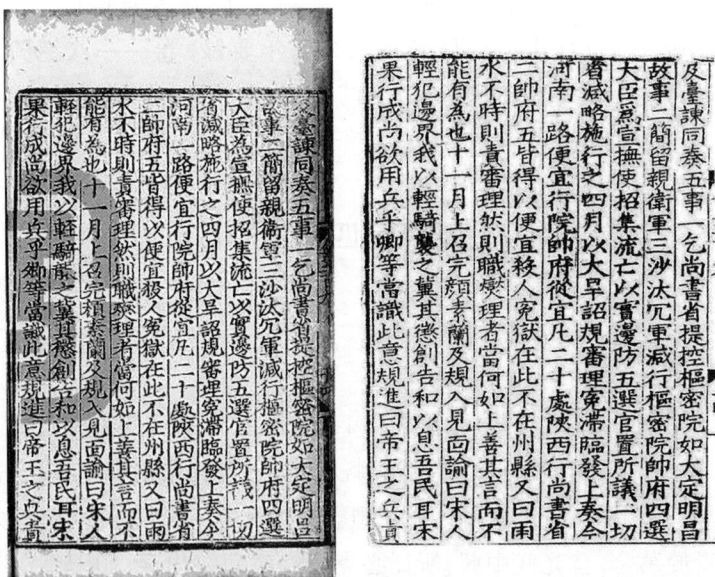

圖十七

a 洪武覆刻本補版葉（國圖藏 02085）　　　　　　b 南監本

和，我尚不以爲辱。果得和好，以安吾民，尚欲用兵乎。卿等宜悉朕意。"①

本卷《陳規傳》所載即此事，哀宗是以金夏關係爲誡，主張寧可有損些國家體面仍謹慎對外用兵，面對宋人犯邊界亦如此道，"冀其懲創告和"。陳規希迎上意，並援引光武故事加以論説，該典故源自建武八年（32）劉秀敕岑彭書曰："兩城若下，便可將兵南擊蜀虜。人苦不知足，既平隴，復望蜀。每一發兵，頭鬚爲白。"②意謂朝廷無意苦心於軍事，"帝王之兵貴於萬全"表達的正是這層含義。其實，

① 《金史》卷一七《哀宗紀上》，第 2 册，第 376 頁。
② 《後漢書》卷一七《岑彭列傳》，第 3 册，第 660 頁。

宋元時期常見這種説法。例如,《金史·移剌益傳》謂:"承安二年,邊鄙弗寧,上御便殿,召朝官四品以上入議,益謂'守爲便。天子之兵當取萬全,若王師輕出,少有不利,非惟損大國之威,恐啓敵人侵玩之心'。"①《宋史·史浩傳》云:"帝王之兵,當出萬全,豈可嘗試以圖僥倖。"②孟祺代伯顔擬《賀平宋表》曰:"帝王之兵出萬全,蠻夷敢天威之抗。"③以上案例皆可佐證《陳規傳》"帝王之兵貴於萬全"中的"貴"字爲是,而"責"當係南監本根據字形妄改。

列傳第四十八

一〇三

卷一一〇《楊雲翼傳》云:"哀宗即位,首命雲翼攝太常卿,尋拜翰林學士。正大二年二月,復爲禮部尚書,兼侍讀。詔集百官議省費,雲翼曰:'省費事小,户部司農足以辦之。樞密專制軍政,蔑視尚書。尚書出政之地,政無大小皆當總領。今軍旅大事,社稷繫焉,宰相乃不得預聞,欲使利病兩不相蔽得乎。'上嘉納之。明年,設益政院,雲翼爲選首,每召見賜坐而不名。"(第7册第2423頁)原點校本舊校第一條(第2437頁)指出:

> 正大二年二月。"二年"原作"三年"。按下文有"明年設益政院"云云,本書卷一七《哀宗紀》,正大三年八月,"詔設益政院于内廷,以禮部尚書楊雲翼等爲益政院説書官"。又卷五

---

① 《金史》卷九七《移剌益傳》,第7册,第2160頁。
② 《宋史》卷三九六《史浩傳》,第29册,第12066—12067頁。
③ 蘇天爵編《國朝文類》卷一六,第2頁b。

六《百官志》所記同。今據改。

修訂本新校第一條同（第 7 册第 2575 頁）。原點校本和修訂本根據《金史》本身互證看似釐正了《楊雲翼傳》的紀年順序，而實際情況卻是未命中問題要害。

按本卷《楊雲翼傳》改編自《内相文獻楊公神道碑銘》，[1]據碑文記載説：

> 哀宗即位，圖任舊人，首命公攝太常卿。正大元年，復翰林學士。某月，詔集百官議所以省費者。公以爲省費事小，一户部若司農官足以辦，似不足議。樞密院專制軍政，蔑視尚書省。尚書，出政之地，政無大小，當總其綱領，付外施行。今軍旅之事，宰相或不得預聞，欲使軍民利病兩不相蔽，得乎？故獨以此應詔。二月，復爲禮部尚書兼侍讀。明年，設益政院於内廷，取老成宿德充院官。極天下之選，得六人，而公爲選首。名爲經筵，實内相也。每召見，公獨得賜坐，且呼學士而不名也。[2]

經對比可知，神道碑所叙内容與《金史·哀宗紀》時間綫索相合，然而《楊雲翼傳》篡改神道碑紀年，將"正大元年"改作"正大三年"，結果卻搞亂了原有的諸事時序。以上才是問題的癥結所在，原點校本和修訂本説法不確。

---

① 參見邱靖嘉《〈金史〉纂修考》，第 205 頁。
② 元好問《遺山先生文集》卷一八《内相文獻楊公神道碑銘》，姚奠中主編、李正民增訂《元好問全集（增訂本）》，山西古籍出版社，2004 年，上册，第 423 頁。

列傳第五十三

一〇四

　　卷一一五《完顏奴申傳》記載完顏奴申出使蒙古議和事迹："（正大）五年，轉吏部侍郎。……九月，改侍講學士，以御史大夫奉使大元，至龍駒河，朝見太宗皇帝。十二月，還。明年六月，遷吏部尚書，復往。八年春，還。朝廷以勞拜參知政事。"（第 8 册第 2523 頁）此文關涉金蒙兩國交往的重要史事，歷來頗受學者重視。然而，施國祁《金史詳校》卷九完顏奴申傳條認爲這段史料繫年有誤，謂"十二月還，此上當加'六年'"。《金史》點校者引據此説，舊校第三條（第 2533 頁）指出：

　　　　十二月。按"十二月"上疑脱"六年"二字。

修訂本新校第三條亦同（第 8 册第 2675 頁）。在無任何證據的前提下，若從信以上意見臆補"六年"，那麼其下文"明年六月"則順推爲七年奴申復使蒙古，結果造成《完顏奴申傳》敘事時間紊亂，顧此失彼。此外，原點校者（舊校第二條，第 8 册第 2572 頁）還指出：

　　　　本書卷一七《哀宗紀》作"正大五年十二月壬子，完顏訥申改侍講學士，充國信使"。月份不同。

修訂新校第二條（第 2675 頁）信從此説。這條校勘記同樣也是誤讀史文而做出的判斷，與上述問題如出一轍。

　　據學者考證，《金史·完顏奴申傳》史源出自元好問《壬辰雜編》和劉祁《歸潛志》，有些内容還與《哀宗紀》有關。①　循此線索，筆者檢討《歸潛志》，該書卷六敘述完顔奴申履歷云："仕歷清要，由吏部侍郎使北朝，凡再往。"②此文與《完顔奴申傳》"復往"一語若合符契，意謂奴申有兩次出使蒙古的經歷，可惜都没有繫年。幸運的是，元朝文獻中明確記載金朝這兩次遣使議和。第一次，據《聖武親征録》戊子年（1228）云："避暑於斡思罕。金主遣使來朝。"③戊子即正大五年，可推知金人於暑月以後抵達龍駒河。第二次，《元史·太宗紀》太宗元年己丑（1229）云："是歲，金復遣使來聘，不受。"④所謂"復遣"即指去年金人曾來朝，使者無疑是完顔奴申。

　　我們通過《元史》及《聖武親征録》可以坐實完顔奴申分别於正大五年、六年出使蒙古的結論。第一次出使，據《金史·完顔奴申傳》上文稱正大五年九月擔任侍講學士旋赴蒙古，至十二月還朝。而本書《哀宗紀上》正大五年十二月壬子條則云："完顔訥申改侍講學士，充國信使。"⑤其所記當爲奴申（訥申）返回金廷復命而非出使啟程。況且漠北冬季氣候條件惡劣，道路艱難，金朝通常選擇在春夏時節派遣使節，十二月份遣使似乎有悖常理。據此分析，《哀宗紀上》正大五年十二月壬子條疑有脱文，如"還"字。再看第二次金朝與蒙古議和過程。按本卷《完顔奴申傳》云"明年六月"，無疑爲正大六年，此事有《元史·太宗紀》爲證。最終結果是雙方談判未成，《聖武親征録》記述己丑年八月二十四日太宗窩闊台即位，"遂議征收金國"，於次年庚寅春"遣軍將攻守京兆"，七月"上與太

---

① 參見陳學霖《元好問〈壬辰雜編〉探賾》，《晉陽學刊》1990 年第 5 期。
② 劉祁《歸潛志》卷六完顔奴申條，崔文印點校，第 61 頁。
③ 賈敬顔校注《聖武親征録（新校本）》，陳曉偉整理，中華書局，2020 年，第 307 頁。
④ 《元史》卷二《太宗紀》，第 1 册，第 30 頁。
⑤ 《金史》卷一七《哀宗紀上》，第 2 册，第 381 頁。該卷據本傳將"訥申"改作"奴申"。（見第 390 頁校勘記十）按此係同名異譯，不必改字。

上皇親征金國"。① 在此期間完顏奴申或有可能繼續從中斡旋,故遲於八年春還。② 姑且不論中間過程究竟如何,《完顏奴申傳》謂奴申正大六年六月往蒙古,"八年春還",在如此複雜的軍事外交環境下,並且受制於兩地遥遥數千里途中的各種自然因素,奴申花費一年半時間往還兩地當屬正常。

一〇五

卷一一五《完顏奴申傳》敘述天興元年十月哀宗出城以後汴京人事安排:"又以翰林學士承旨烏古孫卜吉提控諸王府,同判大睦親府事兼都點檢内族合周管宫掖事,左副點檢完顏阿撒、右副點檢溫敦阿里副之,户部尚書完顏珠顆兼裏城四面都總領。"(第8冊第2524頁)原點校本未出校,修訂本第六條校勘記(第2676頁)指出:

> 左副點檢完顏阿撒右副點檢溫敦阿里副之。本書卷一二四《忠義傳四·烏古孫奴申傳》:"大理裴滿德輝、右副點檢完顏阿撒、參政完顏奴申之子麻因,可知者數人,餘各有傳。"與此異。

修訂本《金史》卷一二四《忠義傳四·烏古孫奴申》第六條校勘記(第8冊第2860頁)云:

> 右副點檢完顏阿撒。本書卷一一五《完顏奴申傳》,"冬十月,哀宗議親出捍禦,以(中略)左副點檢完顏阿撒、右副點檢

---

① 賈敬顏校注《聖武親征録(新校本)》,陳曉偉整理,第310、314頁。參見《元史》卷二《太宗紀》,第1冊,第30頁。
② 據《金史·哀宗紀》記載說,天興元年七月癸未,"吏部尚書完顏奴申爲參知政事"。(第2冊第388頁)從奴申官職升遷結果來看,其談判努力是得到朝廷認可的,而不像楊居仁那樣因"奉使不職"險些下獄。

温敦阿里副之”。與此異。

修訂本於《完顏奴申傳》和《忠義傳四・烏古孫奴申》各出校記，指出完顏阿撒官職歧異，至於“左副點檢”、“右副點檢”孰是孰非並卻未做出判斷，問題尚未得到解決。

今檢本書卷一二四《忠義傳四・烏古孫奴申》云：

> 哀宗東遷，爲諫議大夫、近侍局使、行省左右司郎中、兼知宮省事，留汴京居守。崔立變之明日，同御史大夫裴滿阿虎帶自縊死於臺中。是日，户部尚書完顏珠顆亦自縊。
>
> 阿虎帶字仲寧，珠顆字仲平，皆女直進士。
>
> 時不辱而死者，奉御完顏忙哥、大睦親府事烏古孫仲端。大理裴滿德輝、右副點檢完顏阿撒、參政完顏奴申之子麻因，可知者數人，餘各有傳。[1]

上文記述天興二年正月崔立之變烏古孫奴申殉難，順帶附録一道罹難者。《金史》卷一八《哀宗紀下》天興二年正月戊辰條云：“是日，右副點檢温敦阿里，左右司員外郎聶天驥，御史大夫裴滿阿虎帶，諫議大夫、左右司郎中烏古孫奴申，左副點檢完顏阿散，奉御忙哥，講議蒲察琦並死之。”[2]本書《崔立傳》亦載此事説：“是日，御史大夫裴滿阿忽帶、諫議大夫左右司郎中烏古孫奴申、左副點檢完顏阿散、奉御忙哥、講議蒲察琦、户部尚書完顏珠顆皆死。”[3]以上兩卷均謂左副點檢完顏阿散，這與本卷《完顏奴申傳》天興元年十二月“左副點檢完顏阿撒”相合；此時擔任右副點檢者，今考《哀宗紀下》作“右副點檢温敦阿里”，《崔立傳》天興二年正月謂“馳往東華門，

---

① 《金史》卷一二四《忠義傳四・烏古孫奴申》，第 8 册，第 2702—2703 頁。
② 《金史》卷一八《哀宗紀下》，第 2 册，第 397 頁。
③ 《金史》卷一一五《崔立傳》，第 8 册，第 2527 頁。

道遇點檢溫屯阿里,見其衷甲,殺之",《完顏奴申傳》"右副點檢溫敦阿里"也與之相同。

　　從本書《哀宗紀下》和《崔立傳》可證《完顏奴申傳》"左副點檢完顏阿撒、右副點檢溫敦阿里副之"不誤,據此結論,當有必要重審《忠義傳四·烏古孫奴申》上述引文。按《金史》卷一二四是爲忠義傳,其中設立烏古孫仲端、烏古孫奴申、蒲察琦三人列傳。值得注意的是,《忠義傳四·烏古孫奴申》"崔立變之明日,同御史大夫裴滿阿虎帶自縊死於臺中。是日,戶部尚書完顏珠顆亦自縊。阿虎帶字仲寧,珠顆字仲平,皆女直進士",是附麗於烏古孫奴申事迹之後。其實《忠義傳四·烏古孫奴申》及這段文字分別取資劉祁《歸潛志》卷五吾古孫左司奴申條和裴滿御史大夫阿虎帶條。① 由於以上人物皆爲崔立之難的遇害者,元朝史官將他們視爲"忠義"。綜上所述,我們從史料編纂角度加以分析,元人修《忠義傳》蒐集當時能看到的金末史料,盡量記載和豐富這些人事迹,《忠義傳四·烏古孫奴申》謂"時不辱而死者,奉御完顏忙哥、大睦親府事烏古孫仲端。大理裴滿德輝、右副點檢完顏阿撒、參政完顏奴申之子麻因,可知者數人,餘各有傳"云云,"餘各有傳"即指凡在《忠義傳》中立傳者,其他所涉之人僅存其名並無履歷,從整體語境判斷,此文當係元朝史官之語,但是他們改纂原始史料時沒有認真分辨,②結果導致完顏阿撒官職錯書作"右副點檢"。

---

① 劉祁《歸潛志》卷五,崔文印點校,第50頁。參見邱靖嘉《〈金史〉纂修考》,第214頁。

② 例如,《金史》卷一一三《完顏賽不傳》云:"尚書左丞顏盞世魯素嫉居仁,亦以爲僭。"(第7冊第2482頁)《汝南遺事》卷四天興二年十一月二十六日徐州降敵丞相賽不死之條作:"尚書右丞世魯素嫉居仁,希旨以爲僭。"其下附錄世魯履歷云:"世魯字閏之,名天澤,姓顏盞氏。明昌五年,策論進士,從其言而以居仁使北。"(第2頁a—第3頁a)元朝史官將世魯"尚書右丞"誤寫作"尚書左丞",可見鈔錄之粗疏。

一〇六

卷一一五《完顏奴申傳》敘述崔立之變詳細經過（第 8 册第 2525 頁）：

天興二年正月丙寅，省令史許安國詣講議所言：“古者有大疑，謀及卿士，謀及庶人。今事勢如此，可集百官及僧道士庶，問保社稷、活生靈之計。”左司都事元好問以安國之言白奴申，奴申曰：“此論甚佳，可與副樞議之。”副樞亦以安國之言爲然。好問曰：“自車駕出京今二十日許，又遣使迎兩宫。民間洶洶，皆謂國家欲棄京城，相公何以處之？”阿不曰：“吾二人惟有一死耳。”好問曰：“死不難，誠能安社稷、救生靈，死而可也。如其不然，徒欲一身飽五十紅衲軍，亦謂之死耶。”阿不款語曰：“今日惟吾二人，何言不可。”好問乃曰：“聞中外人言，欲立二王監國，以全兩宫與皇族耳。”阿不曰：“我知之矣，我知之矣。”即命召京城官民，明日皆聚省中，諭以事勢危急當如之何。有父老七人陳詞云云，二相命好問受其詞。白之奴申，顧曰：“亦爲此事也。”且問副樞“此事謀議今幾日矣”？阿不屈指曰：“七日矣。”奴申曰：“歸德使未去，慎勿洩。”

或曰是時外圍不解，如在陷穽，議者欲推立荆王以城出降，是亦《春秋》紀季入齊之義，況北兵中已有曹王也。衆憤二人無策，但曰“死守”而已。忽聞召京城士庶計事，奴申拱立無語，獨阿不反覆申諭，“國家至此無可奈何，凡有可行當共議之”，且繼以涕泣。

明日戊辰，西面元帥崔立與其黨宇术魯長哥、韓鐸、藥安國等爲變，率甲卒二百橫刀入省中，拔劍指二相曰：“京城危困已極，二公坐視百姓餓死，恬不爲慮何也？”二相大駭，曰：“汝

輩有事,當好議之,何遽如是。"立麾其黨先殺阿不,次殺奴申
及左司郎中納合德暉等,①餘見《崔立傳》。

原點校本舊校第七條採納施國祁《金史詳校》卷九完顏奴申傳條意
見(第2534頁),從而指出:

> 天興二年正月丙寅。"丙寅"原作"戊辰"。按下文有"即命
> 召京城官民明日皆聚省中",又有"明日戊辰,西面元帥崔立等爲
> 變",與本書卷一八《哀宗紀》合,知"戊辰"誤。《歸潛志》卷一一
> 《録大梁事》,"二十有一日,忽聞執政召在京父老士庶計事詣都
> 堂"。是月丙午朔,見《哀宗紀》。二十一日爲丙寅。今據改。

修訂本新校第八條從之(第8册第2676頁)。然而,點校者並未注
意到《完顏奴申傳》的史源線索以及由此引發的較爲複雜問題,上
述校勘記存在漏洞。

按本卷《完顏奴申傳》贊語云:"劉京叔《歸潛志》與元裕之《壬
辰雜編》二書雖微有異同,而金末喪亂之事猶有足徵者焉。"(第
2526頁)從而提示該傳主要取資此二書。今檢《完顏奴申傳》"或
曰是時外圍不解"至"且繼以涕泣",以及明日戊辰條"西面元帥崔
立"至"納合德暉等"抄自或改録劉祁《歸潛志》所載《録大梁事》天
興二年正月條。② 其餘内容"省令史許安國詣講議所言"至"愼勿
泄"奴申等人與元好問對答之語細節甚詳,理當出自元好問《壬辰
雜編》。③ 通過内容比對可見,元朝史官將《録大梁事》和《壬辰雜
編》撮合成一篇《完顏奴申傳》,並且多有加工增損,其中"忽聞召京

---

① "納合德暉",原點校本及修訂本校改作"輝",不妥。參見本書第三章《史文輯證》
　　卷一一五完顏奴申傳條。
② 劉祁《歸潛志》卷一一《録大梁事》,崔文印點校,第127頁。
③ 參見陳學霖《元好問〈壬辰雜編〉探賾》,《晉陽學刊》1990年第5期。

城士庶計事”一句,《録大梁事》原文本來有“廿有一日”,結果卻被刪削無遺,而下文“明日戊辰,西面元帥崔立與其黨字术魯長哥、韓鐸、藥安國等爲變”云云,《録大梁事》原文並無“明日戊辰”四字。筆者推斷,《完顏奴申傳》書“天興二年正月戊辰”,其引據《壬辰雜編》原文蓋即如此。結果經元朝史官一番改編之後,《録大梁事》和《壬辰雜編》原本是兩條不同的敘述崔立之變的線索最終整合爲一體。鈔撮諸書而致時序錯亂,問題癥結在此。

列傳第五十六

一〇七

卷一一八《郭文振傳》云:“興定三年,遷遙授中都副留守,權元帥左都監,行河東北路元帥府事,刺史、從宜如故。文振招降太原東山二百餘村,遷老幼于山寨,得壯士七千,分駐營栅,防護秋穫。文振奏:‘若秋高無兵,直取太原,河東可復。’優詔許之。十月,權元帥右都監、行元帥府事,與張開合堅、臺州兵復取太原。”(第8冊第2584頁)原點校本舊校第九條(第2592—2593頁)認爲:

> 十月權元帥右都監行元帥府事。按本書卷五五《百官志》,都元帥府,“元帥左監軍一員,正三品。元帥右監軍一員,正三品。左都監一員,從三品。右都監一員,從三品”。本傳上文已云“權元帥左都監”,不合此反權右都監,疑是“右監軍”之誤。

修訂本新校第十條相同(第8冊第2735頁)。我認爲這一判斷未必能够成立。今檢《金史》卷一五《宣宗紀中》興定三年十月丁卯云:"以完顏開權元帥左都監,郭文振權右都監,並行元帥府事,謀復太原。"①本卷《郭文振傳》興定三年十月"權元帥右都監、行元帥府事"云云與此完全相同,據此可斷定這一記載無誤。至於興定三年"權元帥左都監",而十月"權元帥右都監",這是因爲所謂"權"乃臨時攝理,並未真授,不宜採用常規階秩升遷來比較判斷。

列傳第五十七

一〇八

卷一一九《完顏婁室傳》云:"完顏婁室三人,皆内族也,時以其名同,故各以長幼別之。"(第8册第2597頁)元朝史官則將金末三位同名"婁室"的事迹雜列在同一列傳中,其中本書《兵志·兵制》有謂:"宣權潼關都尉三:虎賁完顏陳兒、鷹揚内族大婁室、全節。"②此乃大婁室事迹,按《完顏婁室傳》稱"正大八年,慶山奴棄京兆,適鷹揚都尉大婁室運軍器至白鹿原,遇大兵與戰,兵刃既盡,以絛繫掉金牌,力戰而死。"王鶚《汝南遺事》評論金哀宗政績,"遴選武臣"一條説:"其將如完顏豬兒、樊澤、高英、内族大婁室皆勇鷙有謀,戰無不克,天興初皆死於王事。"③王鶚評價大婁室爲忠義死節之士。而元修《完顏婁室傳》贊語則貶稱"兩婁室讒賊人也"(第2603頁),乃指中婁室、小婁室。由於天興元年兩婁室共同與蒙古兵戰襄城,結果其事迹多相混淆。

按《完顏婁室傳》敍述哀宗奔蔡州云:天興二年六月,"及上將

① 《金史》卷一五《宣宗紀中》,第2册,第347頁。

② 《金史》卷四四《兵志》,第3册,第1000頁。

③ 王鶚《汝南遺事》卷四《總論》,第8頁 a。

幸蔡，密召中婁室引兵來迎，婁室遲疑久之，乃率所招卒奉迎"。（第2598頁）此謂自息州來迎駕者係中婁室。本書同卷《烏古論鎬傳》天興二年六月謂："壬辰，至亳。……留一日。進亳之南六十里，避雨雙溝寺中，蒿艾滿目，無一人迹，上太息曰：'生靈盡矣。'爲之一慟。是日，小婁室自息來迎，得馬二百。"（第2601頁）此傳卻稱"小婁室"。施國祁《金史詳校》卷九烏古論鎬傳條揭示兩傳之歧異，然而未作判斷。原點校本卷一一九第六條校勘記認爲，"此作'小婁室'似誤"（第2611頁）。修訂本新校第六條因襲此説（第2754頁）。上述論斷值得商榷。

　　解決該問題須從史源角度入手分析。據《四庫全書總目》史部雜史類《汝南遺事》條指出："《金史·哀宗本紀》及烏庫哩鎬（《金史》作"烏古論鎬"，今改正）、完顏仲德、張天綱等傳，皆全采用之，足徵其言皆實録矣"。[1] 任崇岳指出，《完顏婁室傳》亦是取材於《汝南遺事》，該書是王鶚在蔡州圍城時所作，皆爲親歷之事。[2] 循此線索，今檢《汝南遺事》卷一"詔蔡息帥臣來迎"條云：天興二年六月六日，"密詔蔡、息、陳、潁便宜總帥烏庫哩鎬（烏古論鎬）……及征行總帥内族羅索各遣軍馬來迎"。[3] 按"羅索"係清人改譯人名，原文應作"婁室"，小注云："時在息州。"知迎駕者婁室身份爲征行總帥。

　　按《汝南遺事》卷二"烏庫哩鎬權參政、胡土爲點檢"條詳細記述八月十五日奉迎經過：

> 滿城之敗，征行軍馬總帥内族婁室（小注：俗呼小婁室）領
> 敗亡數百騎，由徐永間濟河，時睢陽已被圍，婁室等奔蔡，鎬素

① 《四庫全書總目》卷五一史部七雜史類，中華書局，1965年，上册，第465頁下欄。
② 任崇岳《王鶚與〈汝南遺事〉》，《駐馬店師專學報（社科版）》1990年第1期。
③ 王鶚《汝南遺事》卷一，第1頁a。

知妻室跋扈，辭以無中旨弗納。內族妻室等怒，復奔息。息帥
石抹九住納之（小注：九住字漢卿，奉御出身），未幾，九住與妻
室有隙，妻室誣九住將害已，倂諸僚屬皆擅繫獄。鎬以其隸
已，數移文理辨不報，遇誅官努赦，乃釋之。及上將幸蔡，徵
蔡、息軍馬來迓，以蔡重鎮，且欲爲行在，慮有不測，詔鎬勿遠
迎，令別將領軍以來，故妻室獨得見上于雙溝。且拜且泣，屢
誣鎬罪，上雖不言，而心薄之。既到蔡，從官近侍率皆窮乏，至
於面有飢色，體無完衣者，人往往取給於鎬。鎬之妻蒲察氏素
稱鄙悍，而鎬畏之，近侍有干求不滿其意者，日夕交譖於上，甚
以尚食醬闕求之不得爲言，上愈怒，雖擢拜御史，而召見特疎。
鎬亦自知被讒，憂憤鬱抑，常稱疾在告。①

此文明確說征行軍馬總帥爲內族小妻室，戰敗後逃至息州，小妻室
與金哀宗單獨會合於雙溝，并藉此機會誣告烏古論鎬。本卷《烏古
論鎬傳》敘述"避雨雙溝寺中"及"是日小妻室自息來迓"正與《汝
南遺事》上文相合。此外，元朝史官據《汝南遺事》編寫成《金史·
烏古論鎬傳》，兹引相關傳文如下："小妻室之在息州也，與石抹九
住有隙，怨鎬爲九住辨曲直。及上幸蔡，妻室見於雙溝，因厚誣鎬
罪，上頗信之。鎬自知被讒，憂憤鬱抑，常稱疾在告。"（第2603頁）
該傳敘事稍微簡略，但可進一步坐實上述小妻室迎迓的結論。

　　問題的癥結在於，本卷《完顏妻室傳》天興二年七月（第2599
頁）有云：

　　　　是時，城中軍無幾，日有叛去者，且覘知宋人有窺息之意，
　　息帥懼，上奏請益兵爲備。朝廷以參知政事抹撚兀典行省事

---

① 王鶚《汝南遺事》卷二，第8頁a。

于息州,中夔室以同簽樞密院事爲總帥,小夔室以副點檢爲元
帥,王進爲彈壓帥,夾谷九十爲都尉,以忠孝馬軍二百、步軍五
百屬之,行省、院於息。

這裏則是稱中夔室爲總帥,顯然與上文結論牴牾。檢討此文史源,
據《汝南遺事》卷二"遣參政兀典息州行省仍諭之"條云:是年八月
十四日,"息州帥府報宋人對境重屯軍馬有窺息之意,乞益兵爲備,
詔權參政兀典,簽樞密院事夔室領忠孝軍三百,蔡州總帥府軍三
千,行省院事於息"。① 又《汝南遺事》卷一"蒲鮮等進職"條云:七
月七日,"征行元帥權總帥内族夔室簽樞密院事"。②《汝南遺事》
兩條皆未言明任總帥者是哪個夔室。《完顏夔室傳》稱"中夔室以
同簽樞密院事爲總帥"顯係元朝史官臆改,進而將雙溝迎駕事嫁接
在中夔室頭上。

列傳第五十八

一〇九

卷一二〇《世戚傳·烏古論元忠》云:"會大興府守臣闕,遂以
元忠知府事。……秩滿,授吏部尚書。以其子誼尚顯宗長女薛國
公主。"(第 8 册第 2624 頁)舊校第八條(第 2631 頁)認爲:

以其子誼尚顯宗長女薛國公主。按本卷《誼傳》,"大定二
十一年尚顯宗女廣平郡主。章宗即位,廣平郡主進封鄴國長
公主"。當世宗時不得有"顯宗""公主"等稱,此蓋修史者追

---

① 王鶚《汝南遺事》卷二,第 7 頁 a—b。
② 王鶚《汝南遺事》卷一,第 6 頁 b。

記。又"薛"字當是"鄴"字之誤。

修訂本新校第八條因襲此條意見（第 8 册第 2774 頁）。由於點校本《金史》失檢討金朝石刻文獻，其實以上論斷並不能成立。

　　1980 年，北京市豐臺區米糧屯村先後出土烏古論氏家族三盒墓誌，①於本文最爲重要的一件當數《烏古論元忠墓誌銘》，與上文内容相關者提到："秩滿，授吏部尚書。上念公親舊及忠而能力，遂以公之子誼尚□□皇帝長女，皇姊薛國長公主是也。"這方墓誌寫於泰和元年，薛國爲顯宗長女，與章宗姐弟關係，故稱其爲"長公主"。最關鍵的一點是，烏古論元忠墓誌與《金史》本傳中的内容幾近一致，説明共同取材於一個文本，亦即成文於章宗時期，而大定二十九年五月甲午已上顯宗廟號，那麼其使用"顯宗"以及稱"公主"或"長公主"當然不足爲奇了。

　　實際上，此女封號"薛國"、"鄴國"的歧異才是主要問題。本卷《世戚傳·烏古論誼》謂："章宗即位，廣平郡主進封鄴國長公主，誼改順天軍節度副使，加駙馬都尉。"（第 2625 頁）"鄴國"之名，又《金史·爽傳》亦稱："顯宗長女鄴國公主下嫁烏古論誼，賜宴慶和殿。"②據此似乎更能證實校勘記判斷正確。不過從石刻文獻中所見，除《烏古論元忠墓誌銘》作"薛國"外，大安元年《魯國大長公主墓誌銘》謂"詔其子榮禄大夫、北京留守、駙馬都尉誼"，"主子四人：長即榮禄也，尚顯宗女薛國長公主"。魯國大長公主即烏古論元忠妻，誼之母，該墓誌同作"薛國"。據本卷《世戚傳·烏古論誼》敘述説："大定二十一年，尚顯宗女廣平郡主。"大定二十四年《烏古論窩

① 拓本見北京遼金城垣博物館編《北京遼金元拓片集》，北京燕山出版社，2012 年，第 49—52 頁。
② 《金史》卷六九《爽傳》，第 5 册，第 1605 頁。

論墓誌銘》亦載窩論之孫:"曰雄名,信武將軍、尚廄局副使,尚東官長女廣平郡主。"雄名即誼,東官指"顯宗"。綜合傳世文獻與石刻資料,可知大定二十一年廣平郡主適誼,章宗即位晉封爲薛國長公主,大安元年一仍其舊。據此推斷,《世戚傳·烏古論誼》、《爽傳》"鄁國"當爲"薛國"誤書。①

最後,我們討論一下烏古論誼尚廣平郡主的時間。烏古論元忠墓誌和本傳均記載此事發生在大定十五年"韃靼進獻"與十八年"擢御史大夫"之間,而《烏古論誼傳》則明確爲"大定二十一年"。兩者歧異,孰是孰非? 幸賴《金史·爽傳》中有一條線索,傳文"顯宗長女鄁國公主下嫁烏古論誼"上文有謂"爽有疾,詔除其子符寶祗候思列爲忠順軍節度副使",②本書卷七《世宗紀中》繫此事於大定十七年六月乙未。③ 再考慮其後爽"轉太子太傅。復世襲猛安,進封榮王,改太子太師"的這段較長經歷,我認爲,鄁國公主下嫁烏古論誼時間不大可能在大定十五年與十八年間,《世戚傳·烏古論誼》所記大定二十一年説法更加可信。

列傳第五十九

一一〇

卷一二一《忠義傳一·夾古守中》叙述夾古守中殉節事(第8册第2642頁)云:

① 參見趙福生、王武鈺、袁進京《金代烏古論窩論、烏古論元忠及魯國大長公主墓誌考釋》,《北京文物與考古》第1輯,1983年4月,第73—93頁。
② 《金史》卷六九《爽傳》,第5册,第1605頁。
③ 《金史》卷七《世宗紀中》,第1册,第167頁。

大安二年，爲秦州防禦使，遷通遠軍節度使。至寧末，移彰【化】(德)軍，未行，夏兵數萬入鞏州。守中乘城備守，兵少不能支，城陷，官吏盡降，守中獨不屈。夏人壯之，且誘且脅，守中益堅，遂載而西。至平涼，要以招降府人，守中佯許，至城下即大呼曰：“外兵矢盡且遁矣，慎勿降。”夏人交刃殺之。

施國祁《金史詳校》卷九忠義傳一夾谷守中條校正説：“彰德軍，‘德’當作‘化’。案此指涇州。”按，彰德軍明昌三年升爲府，治安陽，[①]本卷《忠義傳一·夾古守中》所敘之事與此無涉，施國祁校改爲“彰化軍”正確，點校本和修訂本從之(第 2786 頁)，改正原文。不過本卷内容仍有疑點，至寧元年當年九月即改元貞祐，“至寧末”意謂是年年底。據本傳文云：“遂載而西。至平涼，要以招降府人，守中佯許，至城下。”倘若以鞏州爲始發地，平涼府位於其東面(見圖十八)，則與“遂載而西”相牴牾。孫建權據此指出，此文當改作“遂載而東”。[②] 這一校勘意見看似很有道理，實際卻與金朝文獻相關記載齟齬不合。

今檢討與本卷《忠義傳一·夾古守中》“夏兵數萬入鞏州”相歧異者，有本書卷六二《交聘表下》夏欄貞祐元年十二月癸亥云：“夏人陷涇州，節度使夾谷守中死之。”此爲百衲本影印洪武覆刻本原文，原點校本增補“鞏州”二字，遂改作：“夏人陷鞏州，涇州節度使夾谷守中死之。”舊校第三十三條考證：

> 十二月癸亥夏人陷鞏州涇州節度使夾谷守中死之。原脱“鞏州”二字。按本書卷一二一《夾谷守中傳》，“至寧末，移彰化軍，未行，夏兵數萬入鞏州，守中獨不屈”。彰化軍即涇州，

---

① 《金史》卷二五《地理志中》，第 2 册，第 606 頁。
② 孫建權《〈金史〉正誤十則》，《書品》2011 年第 3 期。

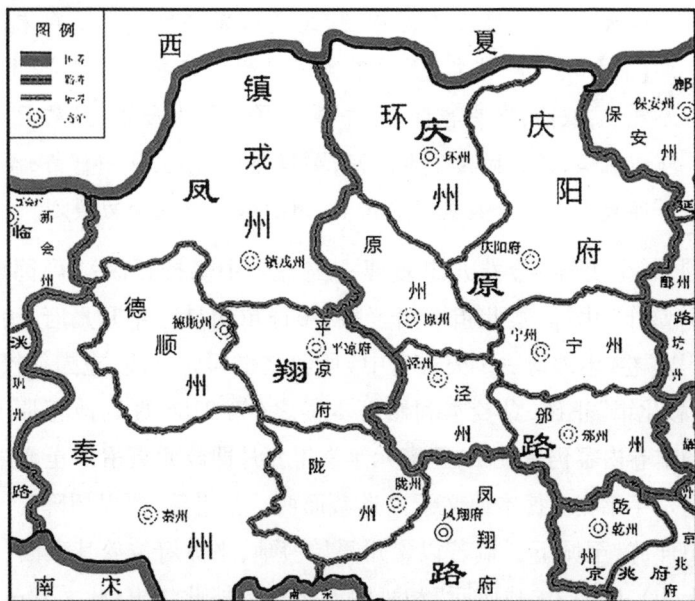

圖十八

改編自《中國歷史地圖集》第六册《宋遼金時期》"京兆府等路圖"（柴寶惠繪製）

見本書卷二六《地理志》。今據補"鞏州"二字。又此事不見于
《宣宗紀》，疑當從《夾谷守中傳》繫至寧元年。衛紹王無實録，
故卷一三《衛紹王本紀》亦失載。①

修訂本從之。② 這一改動殊誤。實際上，夏人攻陷之城暨夾古守中
守備者應爲涇州，非鞏州。據《金史·盧庸傳》記載説："至寧元年，
改陝西按察副使。夏人犯邊，庸繕治平涼城池，積芻粟，團結土兵
爲備。十一月，夏人掠鎮戎，陷涇、邠，遂圍平涼。"③從行軍路綫角

① 《金史》卷六二《交聘表下》，第 5 册，第 1481—1482、1495 頁。
② 修訂本《金史》卷六二《交聘表下》，第 5 册，第 1574、1590 頁。
③ 《金史》卷九二《盧庸傳》，第 6 册，第 2042 頁。

度略作分析,上文所涉鎮戎州、平涼府皆屬鳳翔路,涇州、邠州同隸屬慶原路,四地相毗鄰(見圖十八)。而鞏州隸屬臨洮路,與上述四地相距甚遠,大約有五百餘里,故筆者認爲至寧元年十一月份内這支夏兵似乎難以涉足此地。據此初步判斷,本書《交聘表》與《盧庸傳》亦正相合,均謂"涇州"當是。

爲坐實上述結論,不妨引述更多證據説明。檢《金史·西夏傳》,有謂貞祐元年十二月,"陷涇州"。原點校本第九條校勘記同樣認爲,"或是'鞏州'之誤"。① 修訂本新校第十條(第 8 册第 3037頁)詳細論述説:

> 十二月陷涇州。"涇州",疑當作"鞏州"。按,本書卷一二一《忠義傳一·夾谷守中傳》,"大安二年,爲秦州防禦使,遷通遠軍節度使。至寧末,移彰化軍,未行,夏兵數萬入鞏州。(中略)守中獨不屈"。通遠軍即鞏州,彰化軍即涇州。又,參本書卷六二校勘記〔六一〕。

上述校勘記當屬誤校。對比可知,此《西夏傳》與《盧庸傳》敍事相同。更爲可靠的文獻是,元好問《中州集》韓玉小傳亦載此事云:大安三年後,"夏人連陷邠、涇。陝西安撫司檄温甫,以鳳翔總管判官爲都統府募軍,旬月得萬人"。②《金史·韓玉傳》與此相同。③ 此文謂"夏人連陷邠、涇"即指至寧元年事。根據上述種種線索,可知夏人攻陷夾古守中戍守的涇州城後,便向西圍攻相隔不遠的平涼府。值得注意的一條記載是,本卷《忠義傳一·夾古守中》提到:"興定元年,監察御史郭著按行秦中,得其事以聞。"(第 2642 頁)涇

---

① 《金史》卷一三四《西夏傳》,第 8 册,第 2871、2878 頁。
② 元好問《中州集》卷八《韓内翰玉》,蕭和陶點校,下册,第 528 頁。
③ 《金史》卷一一〇《韓玉傳》,第 7 册,第 2429 頁。

州因涇水而得名,大體屬秦中地域範圍,郭著於此訪求獲得夾古守中忠義死節之事。

　　綜上所述,《忠義傳一·夾古守中》所記"至寧末,移彰化軍,未行,夏兵數萬入鞏州","鞏州"當作"涇州",這樣"遂載而西"之語反而能印證筆者這一判斷。據上述分析,筆者理解如下:夾古守中由鞏州通遠軍節度使改授涇州彰化軍節度使,其實未及履職,恰遇夏人掠取涇州。守中事迹採訪自鄉土口耳之間,由於口述不够準確,並且"未行"二字易滋歧義,施國祁《金史詳校》卷九忠義傳一夾谷守中條認爲"鞏州"是,而"《表》及西夏、盧庸等傳作'涇州',非也"。《金史》原點校本和修訂本信據此説,爲了牽就本卷《忠義傳一·夾古守中》,將全書中凡是與此相牴牾的正確記載通通校改,結果是錯中生錯。

列傳第六十一

一一一

　　卷一二三《忠義傳三·完顔陳和尚》敍述正大年間陳和尚對蒙古作戰功績云:"五年,北兵入大昌原,平章合達問誰可爲前鋒者,陳和尚出應命,先已沐浴易衣,若將就木然者,擐甲上馬不反顧。是日,以四百騎破八千衆,三軍之士踴躍思戰,蓋自軍興二十年始有此捷。奏功第一,手詔褒諭,授定遠大將軍、平涼府判官,世襲謀克。一日名動天下。……六年,有衛州之勝。八年,有倒回谷之勝。自刑徒不四五遷爲禦侮中郎將。"(第8册第2681—2682頁)原點校本未出校,修訂本第三條校勘記(第2840—2841頁)詳細考證如下:

　　（正大）五年北兵入大昌原。按，本書卷一一一《紇石烈牙
吾塔傳》，正大“七年正月，戰于大昌原，慶陽圍解”。卷一一二
《移剌蒲阿傳》，正大“七年正月，戰北兵於大昌原，北軍還，慶
陽圍解”。卷一一四《白華傳》，正大“七年正月，慶陽圍解，大
軍還”。清畢沅《續資治通鑑》卷一六五《宋紀》一六五，紹定
三年（金正大七年）正月，“金人之救慶陽，《布哈傳》、《約赫德
（舊作牙吾塔）傳》、《白華傳》載之甚詳。本紀於七年正月書
副樞布哈等解慶陽之圍，《約赫德》、《布哈傳》云，七年正月戰
於大昌原，慶陽圍解，此即陳和尚爲前鋒奏捷之事也。前人誤
分大昌原、慶陽爲二役，固宜輾轉而不得其實矣。今定作七
年”。此處“五年”當作“七年”。

　　修訂者引據畢沅説論證本卷《忠義傳三·完顔陳和尚》所記大昌原
之捷時間有誤，認爲應該是在正大七年。若據此校正史文，《忠義
傳三·完顔陳和尚》下文“六年有衞州之勝”及正大九年正月被俘
後自述“大昌原之勝者我也，衞州之勝亦我也”，則意謂敘事時間線
索明顯倒誤。

　　據筆者考證，畢沅《續資治通鑑》考證和《金史》修訂者觀點並
不能成立。今檢討《金史·忠義傳三·完顔陳和尚》之史源，當取
資元好問撰《贈鎮南軍節度使良佐碑》，[1]陳和尚字良佐，該碑原文
敘述説：

　　　　（正大）五年，北兵犯大昌原，勢甚張。平章芮國公問誰可
　　爲前鋒者，鎮南出應命。先已沐浴易衣，若將就木然者。摜甲
　　上馬，不反顧。是日，以四百騎破勝兵八千，乘勝遂北，營帳悉

---

①　邱靖嘉《〈金史〉纂修考》，第213頁。

遷而西。三軍之士爲之振奮思戰，有必前之勇。蓋用兵以來二十年，始有此勝。奏功第一，手詔褒諭，一日名動天下。……六年，有衞州之勝。八年，有倒回谷之勝。①

平章芮國公即完顏合達，②"鎮南"指稱完顏陳和尚（良佐），由此可見《金史》完顏陳和尚本傳與上述碑銘內容完全相合，最初所據即爲"五年"決無疑問。

上引《贈鎮南軍節度使良佐碑》謂"奏功第一，手詔褒諭，一日名動天下"云云，這在《金史·哀宗紀》中可以得到印證，正大六年三月乙亥條曰："忠孝軍總領陳和尚有戰功，授定遠大將軍、平涼府判官，世襲謀克。"③孫建權指出，大昌原戰役共兩次，分別爲正大五年三月和正大七年正月，《哀宗紀》所載正大六年三月條誤，當移置於正大五年三月條下。④　其實，本紀"陳和尚有戰功"當指去年獲得大昌原之捷，於正大六年三月封賞並無不妥。從而説明，《忠義傳三·完顏陳和尚》敘事邏輯自洽，諸條事件線索清晰。

此外，筆者還可以提供兩例與正大五年戰事有關的旁證：

首先，根據《金史·移剌蒲阿傳》記載，正大六年二月丙辰，"以蒲阿權樞密副使。自去年夏，北軍之在陝西者駸駸至涇州，且阻慶陽糧道"。⑤　按本書《紇石烈牙吾塔傳》亦載："（正大）五年，圍慶

---

① 元好問《遺山先生文集》卷二七《贈鎮南軍節度使良佐碑》，姚奠中主編、李正民增訂《元好問全集（增訂本）》，上冊，第575頁。
② 《金史》卷一一二《完顏合達傳》，第7冊，第2467頁。
③ 《金史》卷一七《哀宗紀上》，第2冊，第381頁。
④ 孫建權《〈金史〉正誤十則》，《書品》2011年第3期。此外，修訂本《忠義傳三·完顏陳和尚》第四條校勘記認爲："授定遠大將軍平涼府判官世襲謀克。本書卷一七《哀宗紀上》，正大六年，'授定遠大將軍、平涼府判官，世襲謀克'。時間與此異。"此條不宜出校，當刪。
⑤ 《金史》卷一一二《移剌蒲阿傳》，第7冊，第2470頁。

陽。”由於此事不載《哀宗紀》,原點校本和修訂本《金史》(第 6 册第 2603 頁)故認爲“疑此‘五年’或誤”。不妨從整體分析此條内容上下文,該傳詳細敘述説:

> (正大)四年,牙吾塔復取平陽,獲馬三千。是歲,大兵既滅夏國,進攻陝西德順、秦州、清水等城,遂自鳳翔入京兆,關中大震。五年,圍慶陽。六年十月,上命陝省以羊酒及幣赴慶陽犒北帥,爲緩師計。北中亦遣唐慶等往來議和,尋遣斡骨欒爲小使,徑來行省。十二月,詔以牙吾塔與副樞蒲阿權簽樞密院事,内族訛可將兵救慶陽。①

以上諸條紀事,均見於本書《哀宗紀上》正大四年二月條、七月條、六年十月條、十二月條,以及《元史·太祖紀》太祖二十二年(正大四年)五月條“遣唐慶等使金”、六月條“夏主李睍降”。② 孫建權注意到《大金國志》卷二六《義宗皇帝》正大五年三月條有記載説:“大軍北歸,留兵圍慶陽,主遣總(統)〔帥〕紇石烈牙吾答合留臨淄郡王張(貴)〔惠〕、恒山公武仙、都尉高英、樊澤、楊兀連等進兵數萬救慶陽,大軍失利。”③根據以上各種證據,可知《紇石烈牙吾塔傳》無誤。這也充分説明,正大五年蒙古兵鋒已抵慶原路,襲擾慶陽。

今考《元史·兵志三·屯田》陝西等處萬户府屯田條云“寧州之大昌原”,④循着這條線索,我們發現《金史·地理志》慶原路所轄寧州定平縣有大昌鎮,此地與慶陽相距百餘里。⑤ 在《金史》敘

---

① 《金史》卷一一一《紇石烈牙吾塔傳》,第 7 册,第 2459 頁。
② 《元史》卷一《太祖紀》,第 1 册,第 24 頁。
③ 崔文印校證《大金國志校證》卷二六,下册,第 361 頁。孫建權《〈金史〉正誤十則》,《書品》2011 年第 3 期。
④ 《元史》卷一〇〇《兵志三》,第 9 册,第 2568 頁。
⑤ 《金史》卷二六《地理志》,第 2 册,第 651 頁。

述中,《紇石烈牙吾塔傳》謂正大七年正月"戰于大昌原,慶陽圍解",以及《移剌蒲阿傳》載七年正月"戰北兵於大昌原,北軍還,慶陽圍解"。可見兩地戰事密切相關,又《紇石烈牙吾塔》正大五年圍慶陽,與《移剌蒲阿傳》"且阻慶陽糧道",可證《完顏陳和尚傳》"五年北兵入大昌原"準確。

其次,《忠義傳三·完顏陳和尚》謂"平章合達問誰可爲前鋒者,陳和尚出應命",結合《哀宗紀上》正大六年二月丙辰條"召平章政事完顏合達還朝",可知五年合達參與指揮大昌原戰役,然後還京復命。再分析一下此後陳和尚的活動軌跡,據《哀宗紀上》記載,正大六年二月丙辰,"移剌蒲阿率忠孝軍總領完顏陳和尚忠孝軍一千騎駐邠州"。邠州恰與寧州相鄰,説明陳和尚活動於這一帶。上引《紇石烈牙吾塔傳》、《移剌蒲阿傳》所載正大七年大昌原之戰當爲另外一回事,實際上陳和尚並没有參與其中,這在《哀宗紀上》中有明確記載,正大六年十月,"移剌蒲阿東還,令陳和尚率陝西歸順馬軍屯鈞、許"。十一月,"遣使鈞、許選試陝西歸順人,得軍二千,以藝優者充忠孝軍,次充合里合軍"。[①] 據此可知,自正大六年十月以後,陳和尚率忠孝軍從慶陽轉移到南京路鈞州和許州屯駐,而是參加了衛州及倒回谷之戰。

列傳第六十四

一一二

卷一二六《文義傳下·王庭筠》敘述庭筠履歷云:"王庭筠字子

---

① 《金史》卷一七《哀宗紀上》,第2册,第381、382頁。

端,遼東人。"(第 8 冊第 2730 頁)原點校本舊校第二條(第 2743—
2744 頁)指出:

> "遼"原作"河"。按本書卷一二八《王政傳》,"王政,辰州
> 熊岳人也","子遵古",遵古即庭筠之父。辰州熊岳縣屬東京
> 路,見本書卷二四《地理志》,自當稱"遼東"。今據改。

修訂本新校第三條採納此觀點(第 8 冊第 2894 頁),亦校改"河東"
爲"遼東"。

論者指出庭筠爲遼東人當無疑問,這裏有充足的文獻爲據。
再舉證如下:除《金史·循吏傳·王政》"王政辰州熊岳人也"外,①
《中州集》王庭筠小傳亦稱"庭筠字子端,熊岳人",②故庭筠及其家
族成員均自署"熊岳",例如大定二十一年《博州重修廟學記》碑陰
寫作"熊岳王遵古記"、"大定辛丑季夏晦男庭筠書"。③ 憲宗五年
(1255)《大蒙古國燕京大慶壽寺西堂海云大禪師碑》作者署:"燕
京編修所次二官黄華後人熊岳王萬慶撰。"④以及至治三年(1323)
九月《勝果院僧明通勒績記》也署作"黄花後人熊岳王焝焝撰書丹
并額"。⑤ 熊岳即在遼東範圍,按上引《博州重修廟學記》碑陽有
云:"公名遵古,字元仲。好學守道,天下目爲遼東夫子,其爲政也,
緣飾以儒雅,故所□稱治云。"⑥夏文彥編纂《圖繪寶鑑》記述王庭
筠履歷,即稱"號黄華老人,遼東人"。⑦

---

① 《金史》卷一二八《循吏傳·王政》,第 8 冊,第 2760 頁。
② 元好問《中州集》卷三《黄華王先生庭筠》,蕭和陶點校,上冊,第 182 頁。
③ 王昶編《金石萃編》卷一五五《金二·博州重修廟學記》,第 26 頁 a—第 28 頁 b。
④ 孫勍編著《北京佛教石刻》,宗教文化出版社,2012 年,第 142—143 頁。
⑤ 乾隆《歷城縣志》卷二四《金石考二》,第 25 頁 b。
⑥ 王昶編《金石萃編》卷一五五《金二·博州重修廟學記》,第 25 頁 b—第 26 頁 a。
⑦ 夏文彥編《圖繪寶鑑》卷四《金朝》,中華再造善本影印至正二十五年刻本,第 26 頁 a。

《金史·文義傳下·王庭筠》稱"河東人"無疑與金元文獻所見庭筠自稱遼東人或辰州熊岳人相歧異,前引《博州重修廟學記》跋文對此推測説:"或者金時之所謂河東與唐宋以晉陽爲河東者自別歟。"施國祁《金史詳校》卷一〇文義傳下王庭筠條引述此説,原點校本和修訂本《金史》乾脆校改史文,但並未解釋其所以然。筆者認爲,"河東"決不是"遼東"的誤書,我們可以通過追索《文藝傳下·王庭筠》史源既而解決上述疑惑。按本卷《文義傳下·王庭筠》主體取資元好問《王黄華墓碑》,[1]該碑文叙述王庭筠的家族譜牒頗爲翔實:

> 家牒載其三十二代祖烈,太原祁人,避漢末之亂,徙居遼東。曹公特徵,不應,隱居終身。其後遼東亦亂,子孫散處東夷。十七代孫文林,仕高麗,爲西部將,殁於王事。又八世曰樂德,居渤海,以孝聞。遼太祖平渤海,封其子爲東丹王,都遼陽。樂德之曾孫繼遠,仕爲翰林學士,因遷家遼陽。繼遠孫中作使咸飭,避大林延之亂,[2]遷漁陽。咸飭孫六宅使恩州刺史叔寧,遷白霤。六宅生永壽,居韓州。遼天慶中,遷蓋州之熊岳縣,遂占籍焉。[3]

此文追述王庭筠始祖爲王烈。按《後漢書·王烈傳》有謂:"王烈字彦方,太原人也。……察孝廉,三府並辟,皆不就。遭黄巾、董卓之亂,乃避地遼東,夷人尊奉之。太守公孫度接以昆弟之禮,訪酬政事。欲以爲長史,烈乃爲商賈自穢,得免。曹操聞烈高名,遣徵不

---

① 參見邱靖嘉《〈金史〉纂修考》,第216頁。
② 當作"大延林"。
③ 元好問《遺山先生文集》卷一六《王黄華墓碑》,姚奠中主編、李正民增訂《元好問全集(增訂本)》,上册,第393頁。

至。建安二十四年,終於遼東,年七十八。"①王庭筠"家牒"所敘王
烈事與上文大體相合,均認爲最初起源於太原。因受纂修體例所
限,史官根據元好問《王黄華墓碑》編纂《金史·文義傳下·王庭
筠》捨去家牒内容,不過記述庭筠籍貫顯然採納了"家牒載其三十
二代祖烈,太原祁人"的説法,故籠統地稱庭筠"河東人"。

以上通過回歸史源,可知"河東人"蓋即《金史》纂修者對王庭
筠祖籍的理解。此外,本卷《文義傳下·王庭筠》與《王黄華墓碑》
有兩處分歧需要指出:

首先,關於王庭筠享年問題。據《文義傳下·王庭筠》敘述
説:"泰和元年,復爲翰林修撰,扈從秋山,應制賦詩三十餘首,上
甚嘉之。明年,卒,年四十有七。"(第 2731 頁)而《王黄華墓碑》
則謂泰和二年"春秋五十有二"。分析這種歧異之緣起,我們仍
需從史源角度加以探討。《文義傳下·王庭筠》上文根據的是
《王黄華墓碑》,敘及庭筠亡故云:"泰和壬戌冬,内翰王公卒於京
師。""泰和元年,復翰林修撰。扈從秋山,應制賦詩,至三十餘
首,寵眷優異。蓋將大用。期年,罹此不幸,春秋五十有二,實二
年十月之十日也。"②但是"卒,年四十有七"一説係採納元好問《中
州集》王庭筠小傳"未幾復應奉,稍遷修撰,卒官,年四十七"之
文。③ 值得注意的是,《王黄華墓碑》有一句説"弱冠,擢大定十六
年甲科",若以大定十六年二十歲計算,則泰和二年乃爲四十七歲。
但這種算法未必能夠成立,"弱冠"不過是一種虛指而已,意在表彰

① 《後漢書》卷八一《王烈傳》,第 9 册,第 2696—2697 頁。
② 元好問《遺山先生文集》卷一六《王黄華墓碑》,姚奠中主編、李正民增訂《元好問全
集(增訂本)》,上册,第 392、394 頁。
③ 元好問《中州集》卷三《黄華王先生庭筠》,蕭和陶點校,上册,第 182 頁。

庭筠年少有爲,才華橫溢。①

　　其次,《文義傳下·王庭筠》敘述庭筠學術人脈網絡:"從游者如韓温甫、路元亨、張進卿、李公度,其薦引者如趙秉文、馮璧、李純甫,皆一時名士,世以知人許之。"(第2732頁)此文采據《王黄華墓碑》,原文寫作"張晉卿"。何者正確? 按元好問《内相文獻楊公神道碑銘》有作"張大理晉卿"者,②蓋即此人。據上述兩條史料判斷,《金史》"張進卿"之名當誤。

　　　　一一三

　　卷一二六《文義傳下·麻九疇》云:"興定末,試開封府,詞賦第二,經義第一。再試南省,復然。聲譽大振,雖婦人小兒皆知其名。及廷試,以誤紬,士論惜之。已而,隱居不爲科舉計。"(第8册第2740頁)原點校本舊校第七條(第2744頁)指出:

　　　　及廷試以誤紬。"紬"原作"出"。按《歸潛志》卷二述此事作"以誤紬"。今據改。

修訂本新校第十三條(第8册第2895頁)改動如下:

　　　　及廷試以誤黜。"黜",原作"出",據局本改。按,《歸潛志》卷二作"紬"。

修訂者以局本作爲根據,認爲該字當作"黜"。原點校本與修訂本的分歧是,版本校、他校文獻哪個證據更可靠?

<hr>

① 參見金毓黼輯《黄華集》卷八《年譜》,《遼海叢書》,遼瀋書社,1985年,第3册,第1855頁上欄。談晟廣《蘇軾體系墨竹傳派——王庭筠研究》,談晟廣《畫人畫詮》,河北教育出版社,2009年,第69—70頁。

② 元好問《遺山先生文集》卷一八《内相文獻楊公神道碑銘》,姚奠中主編、李正民增訂《元好問全集(增訂本)》,上册,第420頁。

根據邱靖嘉《〈金史〉纂修考》考證,本卷《文義傳下·麻九疇》當兼採《中州集》小傳及《歸潛志》。① 今檢《歸潛志》卷二《麻九疇》有云:"興定末,試開封府,詞賦乙,經義魁。再試南省,復然。聲譽大振,南都婦人小兒皆知名。及廷試,以誤紲,士論惜之。已而隱居,不爲科舉計。"②《金史·文義傳下·麻九疇》上文抄襲於此,原文作"紲"當是。從版本傳承線索看,南監本妄改洪武覆刻本,其以後諸版本價值逐漸降低,至於最後一個江蘇書局本,據任文彪評價説,該本子"只是將道光殿本重新刊刻,今日已無多大版本價值"。③ 此處局本作"黜"文義雖可通,但並無任何根據。

又,本卷《文義傳下·麻九疇》謂"麻九疇字知幾,易州人"云云,此同《歸潛志》"麻九疇知幾,初名文純,易州人"。④ 元好問《中州集》麻九疇小傳則稱:"九疇字知幾,莫州人。"⑤由此可見,麻九疇的籍貫"易州"、"莫州"字形相近極易混淆,其中或有一誤。目前有兩條證據支持莫州説,第一,據乾隆《任邱縣志》記載説,"麻九疇墓,在鄚州西,今子姓猶存"。⑥ 此條最初見於嘉靖《河間府志》卷三《建置志·古蹟》任丘縣條謂"麻知幾墓,在莫西,至今子姓猶存"。⑦ 第二,元好問《續夷堅志》麻神童條説,"麻九疇,字知幾,獻州人"。⑧ 由於獻州近鄰莫州,同屬河北東路,⑨故元好問對麻九疇的籍貫記載有所差異。

---

① 邱靖嘉《〈金史〉纂修考》,第 218 頁。
② 劉祁《歸潛志》卷二,崔文印點校,第 14 頁。
③ 任文彪《〈金史〉版本源流考》,《國家圖書館館刊》(臺北)2016 年第 1 期。
④ 劉祁《歸潛志》卷二麻九疇條,崔文印點校,第 14 頁。
⑤ 元好問《中州集》卷六《麻徵君九疇》,蕭和陶點校,下册,第 369 頁。
⑥ 乾隆《任邱縣志》卷一《輿地志》,第 34 頁 b。
⑦ 嘉靖《河間府志》卷三《建置志·古蹟》,第 15 頁 b。
⑧ 元好問《續夷堅志》卷二《麻神童》,常振國點校,中華書局,1985 年,第 28 頁。
⑨ 《金史》卷二五《地理志中》,第 2 册,第 600 頁。

列傳第七十一

一一四

卷一三三《叛臣傳‧移剌窩斡》與本書卷七〇《思敬傳》記述思敬將兵數目，原點校本僅於前者出校，修訂本則同時在兩卷出有校勘記：

> 卷七〇新校第二十四條：將本路兵二千。"二千"，本書卷一三三《叛臣‧移剌窩斡傳》記此事作"五千"。（第 5 冊第 1731 頁）

> 卷一三三新校十七條：以兵五千往會燕子城舊戍軍。"五千"，本書卷七〇《完顏思敬傳》作"二千"。（第 8 冊第 3021 頁）

重審這兩卷傳文內容，我認爲上述兩條校勘記當删。

按本書卷七〇《思敬傳》謂：

> 大定二年，授西南路招討使，封濟國公，兼天德軍節度使。俄爲北路都統，佩金牌及銀牌二。西北路招討使唐括孛古底副之。將本路兵二千，會孛古底，視地形衝要，或于狗灤屯駐，伺契丹賊出没之地，置守禦，遠斥候，賊至則戰，不以晝夜爲限。詔孛古底曰："爾兵少，思敬未至，不得先戰。"①

此文意謂窩斡叛亂，思敬以北路都統身份自將西南路兵二千與副使唐括孛古底會合，屯駐狗灤。本卷《叛臣傳‧移剌窩斡》記載此

---

① 《金史》卷七〇《思敬傳》，第 5 冊，第 1625 頁。

事相同,有云:

> 西南路招討使完顔思敬爲都統,賜金牌一、銀牌二,西北
> 路招討使唐括孛古底副之,以兵五千往會燕子城舊戍軍,視地
> 形衝要或于狗灤屯駐,遠斥候,賊至即戰,不以晝夜爲限。①

此言"以兵五千"蓋即思敬與孛古底所率西北路兵合併後的總數
目。若依此計算,《思敬傳》和《叛臣傳・移剌窩斡》各自所載兵力
數量並不牴牾。

列傳第七十二

一一五

卷一三四《西夏傳》敘述權臣任得敬分國及被誅殺詳細經過
(第 8 冊第 2869—2870 頁)云:

> 大定十年,乃分西南路及靈州囉龐嶺地與得敬,自爲國,
> 且上表爲得敬求封。世宗以問宰相,尚書令李石等曰:"事繫
> 彼國,我何預焉,不如因而許之。"上曰:"有國之主豈肯無故分
> 國與人,此必權臣逼奪,非夏王本意。況夏國稱藩歲久,一旦
> 迫於賊臣,朕爲四海主,寧容此邪? 若彼不能自正,則當以兵
> 誅之,不可許也。"乃却其貢物,賜仁孝詔曰:"自我國家戡定中
> 原,懷柔西土,始則畫疆於乃父,繼而錫命於爾躬,恩厚一方,
> 年垂三紀,藩臣之禮既務踐修,先業所傳亦當固守。今兹請
> 命,事頗靡常,未知措意之由來,續當遣使以詢爾。所有貢物,

---

① 《金史》卷一三三《叛臣傳・移剌窩斡》,第 8 冊,第 2856 頁。

已令發回。"

　　得敬密通宋人求助，宋以蠟丸書答得敬，夏人得之。

　　得敬始因求醫附表進禮物，欲以嘗試世宗，既不可行，而求封又不可得，仁孝乃謀誅之。

　　八月晦，仁孝誅得敬及其黨與。

　　上表謝，并以所執宋人及蠟丸書來上。

原點校本未出校，修訂本新校第六條（第3036頁）認爲：

　　仁孝乃謀誅之。據上下文，此事在大定十年八月以前。按，本書卷六《世宗紀上》記此事在大定十年十一月。《宋元通鑑》記此事在是年八月。均與此異。

這條校勘記反映出修訂者並未弄清《金史·西夏傳》編纂體例和史源問題，以致對上下文義存有誤解。

　　通檢《金史》全書，我們不難發現諸帝本紀所涉西夏交聘、《交聘表》夏欄及《西夏傳》諸條相關史文可以質證相發明，充分説明三者同源於金源歷朝實録。謹以本卷任得敬事諸條爲線索，對比如下：

　　第一，"大定十年，乃分西南路及靈州囉龐嶺地與得敬，自爲國"。按，本書卷六《世宗紀上》大定十年閏五月庚辰條云："夏國任得敬脅其主李仁孝，使上表，請中分其國。上問宰臣李石，石等以爲事繫彼國，不如許之。上曰：'彼劫於權臣耳。'詔不許，并却其貢物。"卷六一《交聘表中》夏欄大定十年閏五月乙未條云："夏權臣任得敬中分其國，脅其主李仁孝遣左樞密使浪訛進忠、參知政事楊彥敬、押進翰林學士焦景顏等上表爲得敬求封，詔不許，遣使詳問。"

　　第二，"得敬密通宋人求助，宋以蠟丸書答得敬，夏人得之"。按，《世宗紀上》不載此事。《交聘表中》夏欄大定十年七月庚子曰：

"宋人以蠟丸書遺任得敬,夏執其人并書以來。"

第三,"上表謝,并以所執宋人及蠟丸書來上"。按,《世宗紀上》大定十年十一月癸巳云:"夏國以誅任得敬遣使來謝,詔慰諭之。"①《交聘表中》夏欄大定十年十一月癸巳亦載:"夏以誅任得敬,遣其殿前太尉芭里昌祖、樞密直學士高岳等上表陳謝。"②

按,《金史》設《外國列傳》分《西夏傳》和《高麗傳》,同時撰《交聘表》分別記載金西夏、金高麗交往事。儘管《交聘表》和《外國列傳》體例各異,由不同史官分工編成,兩者的内容重合,且與諸帝本紀相印證,均採取金實録相關條文。

根據以上比較可見,三者紀事詳略有别,但同源迹象十分明顯,即同取資《世宗實録》。《西夏傳》"得敬始因求醫附表進禮物,欲以嘗試世宗,既不可行,而求封又不可得,仁孝乃謀誅之。八月晦,仁孝誅得敬及其黨與"云云,因該事純屬西夏内部政變,或許考慮到體例要求,今本《世宗紀》、《交聘表》本着叙事從簡的原則而捨去此文。以上諸條史料同出一源,並且叙述線索十分清晰,無任何牴牾之處:大定十年閏五月,任得敬向金朝求封不許,於是七月與宋人交通。李仁孝查獲此事後開始謀劃剿除叛逆,八月晦日得敬伏誅,到十一月將挫敗任得敬内變之事通報金朝。與上引《世宗紀》、《交聘表》稍有不同的是《西夏傳》删掉諸條史文的繫年而已。

修訂本未充分理解"仁孝乃謀誅之"的語義,且把"上表陳謝"當作誅殺任得敬時間。這原是一椿紀年條理順暢的史事,其中李仁孝誅任得敬於是年八月,尚有一條旁證。按吴廣成編《西夏書事》卷三七大定十年八月誅任得敬條有謂:"得敬求封不得,始有懼

---

① 《金史》卷六《世宗紀上》,第1册,第147頁。
② 《金史》卷六一《交聘表中》,第5册,第1427—1428頁。

心,與弟南院宣徽使任得仁、殿前太尉任得聰等將爲變。仁孝恃金爲助,密謀誅之,遂於月之晦日,討殺得敬,盡誅其族黨。"①這條史文當然是以《金史》爲主體改編,但敍述誅任得敬事甚詳,據此亦可旁證本卷《西夏傳》"八月晦,仁孝誅得敬及其黨與"正確無誤。

---

①　　吳廣成著《西夏書事校證》,龔世俊等校證,甘肅文化出版社,1995年,第438頁。

第三章　史文輯證

本章提要:原點校本及修訂本《金史》有些校勘記的判斷儘管正確,但論證環節和史料引用尚不夠完善,本章舉證關鍵材料補充論述,共計 31 條札記。

太宗紀

一

卷三《太宗紀》天會五年三月丁酉云:"立宋太宰張邦昌爲大楚皇帝。割地賜夏國。"(第 1 冊第 56 頁)原點校本舊校第四條(第67 頁)指出:

> 立宋太宰張邦昌爲大楚皇帝。"太宰"原作"少宰"。按本書卷七七《張邦昌傳》云"天會五年,宗望軍圍汴,……邦昌爲宋太宰,與肅王樞俱爲質以來"。《宋史》卷四七五《張邦昌傳》"欽宗即位,拜少宰,……俄進太宰"。今據改。

修訂本新校第六條沿襲未變(第 1 冊第 74 頁)。上文引據《金史》、《宋史》張邦昌本傳所敘履歷,可惜皆未談及稱帝時官稱究竟爲"少宰"還是"太宰",僅從時間和官位升遷來判斷,證據尚不够充分。

最爲關鍵的是,須探明本卷天會五年三月丁酉條册立張邦昌爲大楚皇帝所據最初史源。經查它來自《册大楚皇帝文》,該册文云:

> 維天會五年歲次丁未二月辛酉朔二十一日辛巳,皇帝若曰:
>
> ……今者國既乏主,民宜混同。然念厥初,誠非貪土,遂命帥府,與衆推賢。僉曰太宰張邦昌,天毓疎通,神姿睿哲,處位著忠良之譽,居家聞孝友之名,實天命之有歸,乃人情之所僕。擇其賢者,非子而誰。

末尾署"天會五年三月七日",①按是月辛卯朔,丁酉爲七日,正與《金史》書"三月丁酉"相合。《建炎以來繫年要錄》卷三建炎元年三月丁酉條、《三朝北盟會編》卷八四引《靖康要盟錄》等宋朝文獻亦載有這道詔書。② 此外,《高麗史·仁宗世家》仁宗五年(1127)九月丙辰條曰:"王迎詔于天成殿,詔曰:'……已於今年三月初七日宣諭元帥府差人押送趙主父子并燕王、越王、鄆王以下宗族四百七十餘人赴闕,仍備禮册。命亡宋大宰張邦昌爲大楚皇帝,都於金陵。'"③這是金朝遣使通報高麗仁宗册立大宰張邦昌爲皇帝。據《中興姓氏錄·叛逆傳》敍述張邦昌事迹說:"金人粘罕命邦昌入京,百官軍民迎拜於南薰門內。邦昌入居尚書省令廳,百官軍民會議於尚書省。時雍榜曰:'大金人已定册立張邦昌太宰,有異議者

---

①　佚名編《大金弔伐錄》卷下《册大楚皇帝文》,第35頁a—第36頁b。

②　李心傳《建炎以來繫年要錄》卷三,胡坤點校,第1册,第76頁。徐夢莘《三朝北盟會編》卷八四引《靖康要盟錄》,上册,第630頁。

③　《高麗史》卷一五《仁宗世家》,上册,第311頁上下欄。

夷三族。'軍民惟惟。"①天會五年十二月二十三日,《伐康王曉告諸路文字》元帥府頒布詔令重申:"乃立太宰張邦昌爲大楚皇帝,以主斯民。此亦朝廷有大造于宋也。"②

以上各種文獻所稱"太宰張邦昌",均與册立大楚皇帝有關,相較於《金史》、《宋史》本傳,這才是最爲原始的檔案文獻。

二

《太宗紀》敘述天會六年宋金兩方戰事:"九月辛丑,繩果等敗宋兵于蒲城。甲申,又破敵於同州。乙丑,取丹州。"(第1册第59頁)原點校本舊校第五條指出:

> 甲申又破敵於同州乙丑取丹州。按天會六年九月壬午朔,辛丑後無甲申,此"甲申"當有誤字。

按是月壬午朔,辛丑爲第二十日,甲申則爲第三日,如此排列顯然敘事順序顛倒。按修訂本將正文改作"甲辰",新校第七條(第74頁)指出:

> 甲辰又破敵於同州。"甲辰",原作"甲申",據南監本、北監本、殿本、局本改。按,天會六年九月壬午朔,辛丑後無甲申。

按"繩果"即景宣皇帝宗峻,可惜《金史·世紀補》所敘述的景宣皇帝履歷中並未提及此事。本書《婁室傳》有與之相關的記載說:"繩果等遇敵於蒲城及同州,皆破之。婁室、蒲察克丹州,破臨真,進克延安府,遂降綏德軍及静邊、懷遠等城寨十六,復破青澗城。"③揆諸

---

①　徐夢莘《三朝北盟會編》卷一〇五引《中興姓氏録》,下册,第773頁上欄。

②　佚名編《大金弔伐録》卷下《伐康王曉告諸路文字》,第53頁a。

③　《金史》卷七二《婁室傳》,第5册,第1652頁。

文義,金初諸將攻陷宋朝州郡者,按順序分別爲蒲城、同州及丹州。筆者覆核《金史》本卷至正初刻本,寫作“甲申”,但是洪武覆刻本改作“甲辰”,南監本據此翻刻亦作“甲辰”。根據干支推算,甲辰爲二十三日,“破敵於同州”,可與《婁室傳》相合。故推測“甲申”爲“甲辰”之訛誤。

熙宗紀

三

卷四《熙宗紀》天眷三年九月癸亥云:“殺左丞相完顏希尹、右丞蕭慶及希尹子昭武大將軍把搭、符寶郎漫帶。”(第 1 册第 76 頁)原點校本舊校第五條(第 88 頁)云:

> 右丞蕭慶。“右丞”原作“右丞相”。按上文天會十三年十一月己卯,“以平陽尹蕭慶爲右丞”,本書卷七三《完顏希尹傳》記賜希尹死“并殺右丞蕭慶”,皆作“右丞”。“相”字衍,今刪。

修訂本新校第十四條(第 1 册第 98 頁)相同,皆採納施國祁《金史詳校》卷一熙宗紀條意見。上述判斷儘管準確,可惜未引用更爲原始文獻作爲校改根據。今檢《三朝北盟會編》卷一九七金人殺兀室蕭慶條所引張匯《金虜節要》收錄誅兀室蕭慶詔書,有謂“開府儀同三司、尚書左丞相陳王希尹”,以及“特進、尚書左丞蕭慶迷國罔悛,欺天相濟”云云。同卷下文又引苗耀《神麓記》敘述誅殺希尹詳細經過説:“右丞蕭慶并子男亦被誅。”[1]此稱“右丞蕭慶”,與《金史·

---

① 徐夢莘《三朝北盟會編》卷一九七,下册,第 1417 頁下欄、第 1418 頁下欄。

完顏希尹傳》相合。

還有一點需要補充,《熙宗紀》天眷三年九月癸亥條謂"希尹子昭武大將軍把搭、符寶郎漫帶"同時被殺,本書卷七三《完顏希尹傳》亦云:"并殺右丞蕭慶并希尹子同修國史把答、符寶郎漫帶。"①《金史》兩處記述希尹有二子被株連,大定十七年《完顏希尹神道碑》也記載説:"詔並其二子賜死,諸孫獲宥。"②而苗耀《神麓記》則曰:"是夜,詐稱有密詔,入兀室所居宅第,執而數之,賜死。同難卧魯源、南撒瀛、虛哥漤、鐵哥滋四子遇害"。③ 此與《金史》本傳及神道碑所記不合,而且兀室四子名尚無可資參考的譯名,暫且理解標點如上文,準確與否有待檢驗。

海陵紀

四

卷五《海陵紀》正隆四年十二月乙亥曰:"太醫使祁宰上疏諫伐宋,殺之。"(第 1 册第 111 頁)原點校本舊校第十二條(第 120 頁)云:

> 太醫使祁宰上疏諫伐宋。"祁宰"原作"祈宰"。按本書卷八三《祁宰傳》,"海陵將伐宋……即上疏諫……海陵怒,命戮於市"。又本卷《海陵紀》末、卷七《世宗紀》、卷八三傳贊、卷八四《耨盌温敦思忠傳》皆作"祁宰",今據改。

---

① 　《金史》卷七三《完顏希尹傳》,第 5 册,第 1686 頁。
② 　見羅福頤輯《滿洲金石志》卷三,《石刻史料新編》第 1 輯,第 23 册,第 17292 頁下欄。
③ 　參徐夢莘《三朝北盟會編》卷一九七,明鈔本。

修訂本新校第二十八條（第 1 册第 134 頁）沿襲這條校勘記。
"祁"、"祈"異寫僅爲其中一個小問題，最關鍵的問題是，該名歧異
的原因是什麽，以及形成不同的文獻來源渠道。《金史》點校者和
修訂者均未涉及。

按《金史》卷八三設立有祁宰傳：

> 祁宰字彥輔，江、淮人。宋季，以醫術補官。王師破汴得
> 之，後隸太醫。累遷中奉大夫、太醫使。數被賞賚，常感激欲
> 自效。

> 海陵將伐宋，宰欲諫，不得見。會元妃有疾，召宰診視。
> 既入見，即上疏諫，其略言："國朝之初，祖宗以有道伐無道，曾
> 不十年，蕩遼戡宋。當此之時，上有武元、文烈英武之君，下有
> 宗翰、宗雄謀勇之臣，然猶不能混一區宇，舉江淮、巴蜀之地，
> 以遺宋人。況今謀臣猛將，異於曩時。且宋人無罪，師出無
> 名。加以大起徭役，營中都，建南京，繕治甲兵，調發軍旅，賦
> 役煩重，民人怨嗟，此人事之不修也。間者晝星見於牛斗，熒
> 惑伏於翼軫。已歲自刑，害氣在揚州，太白未出，進兵者敗，此
> 天時不順也。舟師水涸，舳艫不繼，而江湖島渚之間，騎士馳
> 射，不可驅逐，此地利不便也。"言甚激切，海陵怒，命戮於市，
> 籍其家產，天下哀之。綦戩，宰壻也，海陵疑奏疏戩爲之。辭
> 曰："實不知也。"海陵猶杖戩。召禁中諸司局官至咸德門，諭
> 以殺宰事。

> 明年，世宗即位於遼東。四年，詔贈資政大夫，復其田宅。
> 章宗即位，詔訪其子忠勇校尉、平定州酒監公史，擢尚藥局都
> 監。泰和初，詔定功臣謚，尚書省掾李秉鈞上言："事有宜緩而
> 急，若輕而重者，名教是也。伏見故贈資政大夫祁宰以忠言被

誅，慕義之士，盡傷厥心。世宗即位，贈之以官，陛下録用其子，甚大惠也。雖武王封比干之墓，孔子譽夷、齊之仁，何以異此。而有司拘文，以職非三品不在議謚之例，臣竊疑之。若職至三品方得請謚，當時居高官、食厚禄者，不爲無人，皆畏罪淟涊，曾不敢申一喙，畫一策，以爲社稷計。卒使立名死節之士，顧出於醫卜之流，亦可以少愧矣。臣以謂非常之人，當以非常之禮待之。乞詔有司特賜謚以旌其忠，斯亦助名教之一端也。"制曰："可。"下太常，謚曰忠毅。①

施國祁《金史詳校》卷八上祁宰傳條指出，"案《滏水集》有《祁忠毅傳》，即史傳所本也"。筆者將趙秉文撰《祁忠毅傳》與《金史・祁宰傳》相比勘，發現有兩處内容齟齬不合：一是《祁忠毅傳》稱"海陵朝積遷通奉大夫"，從三品中，而《金史・祁宰傳》則云"中奉大夫"，從三品下。二是《祁忠毅公傳》云："世宗即位于遼東，四年，詔贈公資德"，"伏見故贈資德祁宰。"②資德大夫正三品上，本卷《祁宰傳》作"贈資政大夫"，此爲正三品中。③ 從史料傳抄關係角度看，我們當以趙秉文《祁忠毅傳》爲準，"通奉大夫"及"資德大夫"應該是正確的。今本《金史・世宗紀》不載祁宰封贈之事，鈔録《世宗實録》的《太乙統宗寶鑑》有云大定二年二月"故通奉大夫、大醫使祁宰贈資政大夫。"④此海陵時期官階"通奉大夫"與趙秉文《祁忠毅傳》同，而贈官與本卷《祁宰傳》同。以上儘管有各種歧異，但

---

① 《金史》卷八三《祁宰傳》，第 6 册，第 1873—1875 頁。
② 趙秉文《閑閑老人滏水文集》卷一二《祁忠毅公傳》，馬振君整理《趙秉文集》，黑龍江大學出版社，2014 年，第 306 頁。
③ 參見《金史》卷五五《百官志一》，第 4 册，第 1220 頁。
④ 引自邱靖嘉《〈太乙統宗寶鑑〉所見金朝史料校注》，見氏著《〈金史〉纂修考》，第 255 頁。

都歸類爲金朝官修系統。

今檢到《大金國志・海陵煬王》正隆五年五月"祁宣直諫遭死"條,點校者指出:

> 翰林學士祁宣上封事。"祁"原作"祈"。按《建炎以來繫年要錄》卷一八四紹興三十年正月壬寅記其事作"祁宣",《三朝北盟會編》卷二四三開篇所引《煬王江上録》作"祁宰",與《金史》卷八三《祁宰傳》同,知其姓"祁"無疑,今據改。又,上引《繫年要錄》、《會編》,皆云祁氏爲翰林學士,且李心傳注云:"按大定金詔有云:'頓遺信誓,動衆興兵,醫人祁翰副陳諫不可,便行誅戮'。"似祁氏確曾爲翰林,然《金史・祁宰傳》只云其"累遷中奉大夫、太醫使",未及其它。又其名亦未詳究爲"宰"爲"宣",姑存其異,俟考。①

根據上述線索,足可見宋朝文獻對祁氏事迹記載頗詳,其中當數《三朝北盟會編》卷二四二引張棣《正隆事迹》最爲具體。該書詳細敘述直諫原委云:

> 庚辰春正月,再役天下軍民匠,不限丁而盡起之。

> ……是月二十三日,翰林醫藥使祁宣奏封事諫亮,其略曰:"臣聞民惟邦本,本固邦寧,今則北有造軍器之煩勞,南有修大内之重役,百姓以久苦轉輸,不勝疲弊。臣願陛下權罷其一,竢一成而再計之,兼來歲害氣在進,不利行師。伏望陛下以天下爲念,社稷爲心,曲隨臣請。"亮怒,令擒而殺之,祁使神色自如。因再請曰:"臣年七十,死固足矣,惟恐陛下將來不及臣。"更欲語,已爲左右刀刺其頰,以杖穿之,執縛而去。祁使

---

① 崔文印校證《大金國志校證》卷一四,上册,第198、204頁。

以朝章受刃，辭色終不改，刃行之次，烈風大作，砂石飛舞，人
面不可見者，迨三日而止。

“庚辰春正月”即正隆五年正月。明鈔本及諸本寫作“祁宣”，許涵
度刻本作“祁宰”。①　上引《大金國志·海陵煬王》正隆五年五月祁
宣直諫遭死條全文鈔錄自《正隆事迹》，亦作“祁宣”。《建炎以來
繫年要錄》卷一八四紹興三十年（正隆五年）正月壬寅條有“是日，
金主亮殺其翰林副使祁宣。先是，宣上封事”云云，此據“張棣《正
隆事迹》修入”。②　其所上疏諫與《金史·祁宰傳》互有異同。以上
繫年正隆五年正月二十三日，本卷《海陵紀》正隆四年十二月乙亥
作“祁宰”。

此外還有一種説法，按《三朝北盟會編》卷二四三引《煬王江上
錄》云：

（正隆）二年八月，在汴京，值中秋設宴，百官翫月，忽密雲
罩月，索筆作《鵲橋仙詞》曰：“停盃不舉，停歌不發，等侯銀蟾
出海。不如何處片雲來，便有許通天障礙，虬髯撚斷，星眸睜
煞，惟恨劍鋒不快。一揮揮斷紫雲根，要見嬋娥體態。”翰林學
士祁袚奏曰：“陛下棄大國官殿，遍幸諸州，敗盟興師，無故舉
事，勞役生靈，興工動土，修建兩京之內，開無用之河，勞苦軍
民，嗟怨盈路，太一出現，陛下轉以爲妖，殊不憚畏。臣食祿於
朝，焉可緘默，伏望陛下察天地之不祥，收兵罷役，通和南宋，
復還故都，四海九州感聖德，天下幸甚。”亮大怒，斬之，滅
其族。

①　徐夢莘《三朝北盟會編》卷二四二引張棣《正隆事迹》，中華再造善本影印明鈔本。
　　參許刻本，下冊，第1741頁下欄。
②　李心傳《建炎以來繫年要錄》卷一八四，胡坤點校，第8冊，第3552頁。

明鈔本及諸本作"祁祓",許刻本改作"祁宰",①而《建炎以來繫年要録》引《煬王江上録》作"翰林學士祁宣"。經比較《正隆事迹》和《煬王江上録》祁氏勸進時間,李心傳認爲後者"正隆二年八月"有誤。②

　　以上無論是金朝文獻、還是宋方文獻都極力傳播這個死諫故事,主要是爲了突出海陵王執意南伐和手段暴虐,尤其是金世宗對此事格外關心,除前引大定初年專門封贈祁氏外,苗耀《神麓記》謂大定元年十月下詔暴揚海陵罪惡,其中有一條罪狀就是"宋國講和之後,臣禮不闕,頓違信誓,欲行吞併。動衆興兵,遠近嗟怨,醫人祁翰副陳諫不可,更不循省,便行誅戮"。③《金史‧世宗紀》大定十七年十月癸未條云:上謂宰臣曰:"……昔海陵南伐,太醫使祁宰極諫,至戮於市,此本朝以來一人而已。"④泰和初,詔定功臣謚,尚書省掾李秉鈞亦上言加以表彰。

　　總之說來,"祁宰"、"祁宣"是出自不同的史源系統,趙秉文《祁忠毅公傳》選擇前者,作爲校勘而言,應該注意《正隆事迹》等書的文獻價值。

章宗紀

五

　　卷一一《章宗紀三》承安五年閏二月癸卯云:"定進納粟補官之

①　徐夢莘《三朝北盟會編》卷二四三《煬王江上録》,中華再造善本影印明鈔本。參許刻本,下册,第1746頁上欄。
②　李心傳《建炎以來繫年要録》卷一八四,胡坤點校,第8册,第3552頁。
③　徐夢莘《三朝北盟會編》卷二三三引《神麓記》,中華再造善本影印明鈔本。參許刻本,下册,第1675頁上欄。
④　《金史》卷七《世宗紀中》,第1册,第168—169頁。

家存留弓箭制。"（第1册第253頁）原點校本舊校第十二條（第263頁）指出：

> 閏月癸卯。原脱"閏月"二字。今依《長術》補。

修訂本新校第十一條（第1册287頁）有所改動：

> 閏月癸卯。"閏月"二字原脱，據局本補。殿本《考證》，宋寧宗慶元六年即金章宗承安五年，"是年二月，下接書閏月後乃書三月。據此，則癸卯之爲閏月無疑。而由此以推干支，亦皆符合"。

論者根據汪曰楨《歷代長術輯要》和《殿本考證》校補"閏月"二字，即以曆法驗算和宋朝文獻爲據，謂承安五年閏二月，證據仍嫌不足，最好是要有金代旁證文獻。今從金朝石刻中檢出兩例，臚列如下：

> （一）《晉臺耿懷義同雲中魏伸古蔣史煜敬謁林廟》時間爲"承安五年閏二月初六日"。①
>
> （二）《青蓮寺詩碣》題寫作："承安五年閏月廿六日，同張君玉、吳壽夫來遊，遂與寂公無二登鳳皇山，周覽青蓮之勝，鈞幕河間許古道真題。"②

以上兩方石刻表明，承安五年確實置閏，曆法驗算結果與此吻合。按閏二月丁亥朔，癸卯爲十七日，該條下記"上與宰臣論置相"云云所繫丁未爲二十一日。

---

① 畢沅、阮元編著《山左金石志》卷二○《晉臺耿懷義同雲中魏伸古蔣史煜敬謁林廟》，第24頁a。

② 胡聘之編《山右石刻叢編》卷二二《金·青蓮寺詩碣》，第26頁a。

哀宗紀

六

卷一七《哀宗紀上》正大二年十月乙亥云：“面諭臺諫完顔素蘭、陳規曰：‘宋人輕犯邊界，我以輕騎襲之，冀其懲創通好，以息吾民耳。夏人從來臣屬我朝，今稱弟以和，我尚不以爲辱。果得和好，以安吾民，尚欲用兵乎。卿等宜悉朕意。’”（第2册第376頁）原點校本舊校第三條（第398頁）指出：

> 今稱弟以和。“弟”原作“帝”。據殿本改。

修訂本較原點校本有所補充，新校第九條（第422頁）云：

> 今稱弟以和。“弟”，原作“帝”，據北監本、殿本改。按，本卷上文“夏國和議定，以兄事金，（中略）奉國書稱弟”。

按同卷《哀宗紀上》正大二年九月條云：“夏國和議定，以兄事金，各用本國年號，遣使來聘，奉國書稱弟。”（第376頁）根據這條線索，我們可以追索相關同源文獻，既而爲校改史文提供諸多證據。今首先檢到《金史·交聘表》夏欄謂正大二年：“九月，夏國和議定，夏稱弟，各用本國年號，遣光禄大夫吏部尚書李仲諤、南院宣徽使羅世昌、中書省左司郎李紹膺來聘。……十二月，夏使朝辭，國書報聘稱‘兄大金皇帝致書於弟大夏皇帝闕下’，遣禮部尚書奧敦良弼、大理卿裴滿欽甫、侍御史烏古孫弘毅充報成使。”[1]以及本書卷三八《禮志十一》朝辭儀條載正大二年九月：“夏國和議定，以

---

[1] 《金史》卷六二《交聘表下》，第5册，第1487—1488頁。

兄事金,各用本國年號,定擬使者見辭儀注云。蓋夏人自天會議
和,臣屬於金八十餘年,無兵革事。及貞祐之初,小有侵掠,以至搆
難十年,兩國俱敝,至是,始以兄弟之國成和。十月,遣禮部尚書奧
敦良弼、大理卿裴滿欽甫、侍御史烏古孫弘毅爲報成使。"①此文所
記金派遣報成使時間爲十月,與本卷《哀宗紀上》正大二年十月癸
亥條"遣禮部尚書奧敦良弼、大理卿裴滿欽甫、侍御史烏古孫弘毅
爲夏國報成使,國書稱兄"相同,而《交聘表》則繫於十二月。此外,
《金史·西夏傳》紀事較爲簡略:"正大元年,和議成,自稱兄弟之
國。"②根據上引《哀宗紀》及《禮志》、《交聘表》,可知《西夏傳》"正
大元年"繫年不確。

以上所引《金史》諸篇敘正大二年金夏和議事,皆稱約爲兄弟
之國。

七

天興二年正月,崔立及其黨羽韓鐸、藥安國等在汴京舉兵爲
亂,本卷《哀宗紀下》是年正月戊辰條記述官員除授,謂"尚書省掾
元好問爲左右司員外郎"(第 2 册第 397 頁)。原點校本未出校,修
訂本新校第七條(第 439 頁)認爲:

> 尚書省掾元好問爲左右司員外郎。本書卷一二六《文藝
> 傳下·元德明傳》附子《元好問傳》稱,"天興初,擢尚書省掾,
> 頃之,除左司都事,轉行尚書省左司員外郎"。與此異。

本書《文藝傳下·元好問》云:"天興初,擢尚書省掾,頃之,除左司

①　《金史》卷三八《禮志十一》,第 3 册,第 869—870 頁。
②　《金史》卷一三四《西夏傳》,第 8 册,第 2876 頁。

都事,轉行尚書省左司員外郎。金亡,不仕。"①修訂本於該卷的新
校第十五條(第 8 册第 2895 頁)同時指出:

> 　轉行尚書省左司員外郎。本書卷一八《哀宗紀下》,天興
> 二年正月,"尚書省掾元好問爲左右司員外郎"。與此異。

以上修訂本僅僅指出《哀宗紀》與《文藝傳下·元好問》所載好問授
官"員外郎"差異,孫建權則認爲,原文脱一"右"字。② 但是論者並
没有探究分歧産生之緣由,故以上説法有待補正。

　　從《金史·完顏奴申傳》和《忠義傳四·蒲察琦》記載看,天興
二年正月戊辰以前,元好問擔任左司都事一職,③這與《文藝傳下·
元好問》所載相合。據劉祁《歸潛志·録大梁事》記述崔立舉兵謀
亂之事,稱"省令史元好問爲左右司員外郎"。④ 此外,《金史·文
藝傳下·王若虚》謂:"天興元年,哀宗走歸德。明年春,崔立變。
群小附和,請爲立建功德碑,翟奕以尚書省命召若虚爲文。時奕輩
恃勢作威,人或少忤,則讒構立見屠滅。若虚自分必死,私謂左右
司員外郎元好問曰……。"⑤上述兩則史文中的元好問官職,同於
《哀宗紀下》天興二年正月戊辰條。據《歸潛志》卷一二《録崔立碑
事》敘述説:

> 　崔立既變,以南京降,自負其有救一城生靈功,謂左司員
> 外郎元裕之曰:"汝等何時立一石,書吾反狀邪?"時立國柄入

① 《金史》卷一二六《文藝傳下·元好問》,第 8 册,第 2742 頁。
② 孫建權《〈金史〉勘誤十二則》,《書品》2010 年第 1 期。
③ 《金史》卷一一五《完顏奴申傳》,第 8 册,第 2525 頁。卷一二四《忠義傳四·蒲察
　琦》,第 8 册,第 2703 頁。
④ 劉祁《歸潛志》卷一一《録大梁事》,崔文印點校,第 129 頁。
⑤ 《金史》卷一二六《文藝傳下·王若虚》,第 8 册,第 2738 頁。

手,生殺在一言,省庭日流血,上下震悚,諸在位者畏之,於是乎有立碑頌功德議。①

《歸潛志》所述之事即《金史·文藝傳下·王若虛》提到的崔立建功德碑,卻稱好問爲"左司員外郎",此係劉祁親歷見聞。

解決以上歧異,比較有説服力的證據,當數郝經撰大德碑本《遺山先生墓銘》,其敘元好問履歷云:

> 正大中,辟鄧州南陽令,南陽大縣,兵民十餘萬,帥府令兼鎮撫,甚有威惠,詔爲尚書都省掾,居無何,除左司都事,再轉爲中順大夫,行尚書省左司員外郎,兼修起居注、上都尉、河南縣開國子,食邑五百户,賜紫金魚袋。天興初,入翰林知制誥。金亡,不仕而卒。②

邱靖嘉指出,《金史·文藝傳下·元好問》主要依據《墓銘》。文中"再轉爲中順大夫,行尚書省左司員外郎"敘述失次,實爲天興二年前後授官。③ 按金朝文散官中順大夫爲正五品下,職任員外郎係正六品,故稱爲"行"。筆者還見到,元初存於咸寧縣的《金朝列大夫武騎尉賜紫金魚袋文儒武君墓碑》題作"前中順大夫、尚書省左司員外郎兼修起居注、賜紫金魚袋元好問"。④ 由此可見,元好問自署結銜與上引《遺山先生墓銘》相同。此外,危素撰《太行書院先賢祠記》有謂"爲屋于杏壇之□,以祠鄉先賢,訪其遺像,悉圖于壁間",其中有"左司員外郎元公好問"。⑤

---

① 劉祁《歸潛志》卷一二《録崔立碑事》,崔文印點校,第131頁。
② 胡聘之編《山右石刻叢編》卷二九《元·遺山先生墓銘》,第8頁a。
③ 邱靖嘉《〈金史〉纂修考》,第78—83、218頁。
④ 見駱天驤《類編長安志》卷一〇《石刻》,黄永年點校,三秦出版社,2006年,第300頁。
⑤ 危素《危太樸文集》卷五《太行書院先賢祠記》,《元人文集珍本叢刊》影印劉氏嘉業堂刊本,新文豐出版公司,1985年,第7册,第429頁上欄。

以上《文藝傳下·元好問》及其史源《遺山先生墓銘》、元好問自題、以及劉祁親見元好問最終授官皆作"左司員外郎",而《哀宗紀》及《録大梁事》"左右司員外郎"或爲其中的經歷,或衍"右"字,這兩種情況皆有可能。

地理志

八

卷二四《地理志上》中都路薊州條有:"豐潤,泰和間置。"(第 2 册第 547 頁)錢大昕《廿二史考異》指出:

> 案:衞紹王以泰和八年十一月即位,豐閏更名當即在其年,史云泰和間者,亦未大失,但改名而非創置耳。朱彝尊據《清類天文分野書》云:"洪武元年,改'閏'爲'潤',今《金》、《元史》雕本,'閏'旁均著水,非也。"[1]

施國祁《金史詳校》卷三地理志上條因襲此説,亦認爲"潤"當作"閏"。上述説法未審金元時期該州之歷史沿革,將"豐潤"、"豐閏"混爲一談。下文稍作辨析。

上引《金史·地理志》作"豐潤",目前所見本書卷一三《衞紹王紀》大安三年十一月條"豐潤"、[2]卷九二《盧庸傳》"薊州豐潤",[3]以及《改建題名碑》正大七年經義孟德淵榜下題名有一條作

---

① 錢大昕《廿二史考異》卷八四《金史一·地理志上》,方詩銘、周殿傑點校,下册,第 1172 頁。

② 《金史》卷一三《衞紹王紀》,第 1 册,第 294 頁。

③ 《金史》卷九二《盧庸傳》,第 6 册,第 2041 頁。

"盧翔,豐潤",皆可以爲證。① 再考《元史·地理志》,大都路薊州領縣:"豐閏,下。至元二年,省入玉田,四年,以路當衝要復置。二十二年,立豐閏署,領屯田八百三十七户。"②"立豐閏署"一事,該書卷一〇〇《兵志三·屯田》豐閏署條云:"世祖至元二十二年,創立於大都路薊州之豐閏縣。"③《經世大典·政典總序·屯田》宣徽院所轄"豐閏署,屯薊之豐閏縣,八百三十户,田三百五十頃。"④豐閏復置縣,《元史》卷九《世祖紀六》至元十三年十二月庚寅條曰"薊州復置豐閏縣"。⑤ 由此可見,"豐閏"乃至元以後縣名,金時作"豐潤"。

　　錢大昕論證金朝縣名爲"豐閏"的證據有二:⑥一爲至元縣尹孫慶瑜《豐潤縣記》,其云:"聞之父老云:'在昔金大定間,始改務爲縣。至大安初,避東海侯之諱,更名曰豐閏'。……我大朝開創以來,庚辰之歲,改縣爲閏州。"至元初年縣治仍舊,恢復豐閏縣。⑦ 一爲《大明清類天文分野之書·燕分野》薊州條云:"豐潤縣。金,本玉田縣之永濟務。大安初,陞爲豐閏縣。元至元三年,省入玉田縣,四年,復置縣,以屬薊州。本朝洪武元年,改閏爲潤,屬薊州。"⑧上述兩條史料最大價值在於敘述金元時期豐閏(潤)縣沿革線索,即大定永濟務改作縣,元太祖十五年庚辰(1220)改作閏州,至元年間降作豐閏縣。洪武元年將元朝縣名"豐閏"復改爲"豐潤"。然而

---

① 　王昶編《金石萃編》卷一五九《金六·改建題名碑》,第3頁a。
② 　《元史》卷五八《地理志一》,第5册,第1348頁。
③ 　《元史》卷一〇〇《兵志三》,第9册,第2563頁。
④ 　蘇天爵編《國朝文類》卷四一,第66頁a。
⑤ 　《元史》卷九《世祖紀六》,第1册,第187頁。
⑥ 　錢大昕《廿二史考異》卷八四《金史一·地理志上》,下册,第1172頁。
⑦ 　隆慶《豐潤縣志》卷一三《藝文志上》,第4頁a、b。
⑧ 　《大明清類天文分野之書》卷二三《燕分野》,國家圖書館藏洪武刻本,第13頁b。

該縣名具體稱謂用字，當以《金史》和《元史》爲準。

九

卷二五《地理中》山東東路云："海州，中，刺史。户三萬六百九十一。縣五、鎮四。"（第 2 册第 610 頁）原點校本舊校第四十九條（第 624 頁）指出：

> 縣五。下文僅胸山、贛榆本懷仁、東海、漣水四縣，數目不合。按《宋史》卷八八《地理志》，淮南東路"海州，上，東海郡，團練。建炎間入于金，紹興七年復。隆興初，割以畀金，隸山東路，以漣水縣來屬。……縣四：胸山、懷仁、沭陽、東海"。據此，金之海州當有沭陽縣。本書卷四九《食貨志·鹽》，"其行鹽之界，各視其地宜。莒之場十二，……板浦場行漣水沭陽縣"。卷一三二《紇石烈執中傳》，泰和六年"五月，宋兵犯金城，轉趨沭陽"。卷一〇八《侯摯傳》，興定二年，"摯奏曰，……仍擇沭陽之地可以爲營屯者分兵護邏"。是金有沭陽絶無可疑。今據《九域志》疑有脱文如下："沭陽有韓山、沭水。"韓山、沭水皆見《寰宇記》卷二二河南道海州沭陽縣。

修訂本新校第四十九條同（第 2 册第 669 頁）。以上據各種史料論證海州五縣脱"沭陽"成立，仍有必要補充兩條更爲直接的證據。

第一，《江北郡縣》稱海州刺史，有胸山、贛榆、東海、沭陽、漣水，[1]此與本卷所敘海州條互證。第二，金人韓道昭撰《改併五音集韵》卷一四術第二"沭"小注云："今沭陽縣在海州。"[2]以上兩條可

---

[1]　《重編群書類要事林廣記》乙集卷三《江北郡縣》，長澤規矩也編《和刻本類書集成》第 1 輯，第 224 頁上欄。
[2]　韓道昭《改併五音集韵》卷一四，成化庚寅重刊本，第 8 頁 b。

補證金朝海州轄有"沭陽"一縣。

禮志

十

卷三六《禮志九・受尊號儀》云："大定七年,恭上皇帝尊號。前三日,遣使奏告天地宗廟社稷。前二日,諸司停奏刑罰文字。百官習儀於大安殿庭。兵部帥其屬,設黃麾仗於大安殿門之內外。宣徽院帥儀鸞司,於前一日設受冊寶壇於大安殿中間。"(第3冊第832頁)原點校本未出校,修訂本新校第一條(第901頁)指出:

> 遣使奏告天地宗廟社稷。《集禮》卷二《帝號下・大定七年冊禮》,謂大定七年"正月八日,遣皇子判大興尹許王告天地,判宗正英王文告太廟",未言奏告"社稷"。似此時未奏告社稷。

以上判斷儘管正確,但可惜並未抓住問題的癥結所在以及解釋訛誤之緣由。

《金史》禮志諸篇大多取資《大金集禮》的內容。今檢該書卷二《帝號下》大定七年冊禮條云:"(大定)七年正月八日,遣皇子判大興尹許王告天地,判宗正英王文告太廟。十一日,皇帝服袞冕,御大安殿,右丞相紇石烈良弼等恭奉冊禮。"[1]《金史》卷三一《禮志四》奏告儀條謂"大定七年正月十一日,[2]上尊號。前三日,命皇子判大

---

[1] 任文彪點校《大金集禮》卷二《帝號下》,第22頁。

[2] "大定七年正月十一日",原點校本校作"大定七年正月十三日",不妥,今回改。參陳曉偉《〈金史〉本紀校讀劄記》,《西北民族論叢》第17輯,第405—406頁。

興尹許王告天地,判宗正英王文告太廟"云云,①即鈔録自於此文。
修訂本校勘記即據《大金集禮》這條史文判斷。事實上,本卷《禮志
九·受尊號儀》這條史源與上引《大金集禮·帝號下》大定七年册
禮條内容無關,而是抄自同卷的這段文字"奏定行禮節次":

> 受册前三日,合遣使奏告天地、宗廟。大定十一年儀兼奏告
> 社稷。前二日,諸司停奏刑罰文字。前二日,百官習儀於大安
> 殿庭。兵部帥其屬設黄麾杖於大安殿門之内外。宣徽院帥儀
> 鑾司於前一日設受册寶壇臺於大安殿中間。②

正月十一日上册寶儀,"受册前三日"即八日,奏告天地、宗廟者分
别爲大興尹許王永中和判宗英王文,根據小注文字,可知所謂"告
社稷"乃大定十一年事,此事參見該書同卷《帝號下》大定十一年册
禮條謂"十一月十九日,遣皇子判大興尹越王告天地,判宗壽王爽
告宗廟,樞副耶律成告社稷"。③ 由此可見,元朝史官改纂《大金集
禮》"受册前三日,合遣使奏告天地、宗廟。大定十一年儀兼奏告社
稷。",結果抄寫成本卷《禮志九·受尊號儀》中的"前三日遣使奏告
天地宗廟社稷",衍出"社稷"二字乃係節録史文失當所致。

選舉志

十一

　　卷五一《選舉志一》記述金朝興學養士之法云:"章宗大定二十

九年,上封事者乞興學校,推行三舍法,及鄉以八行貢春官,以設制舉宏詞。事下尚書省集百官議,户部尚書鄧儼等謂。……上從其議。遂計州府户口,增養士之數,於大定舊制京府十七處千人之外,置節鎮、防禦州學六十處,增養千人,各設教授一員,選五舉終場或進士年五十以上者爲之。"(第 4 册第 1133 頁)原點校本第五條校勘記(第 1153 頁)指出:

> 置節鎮防禦州學六十處。"州學"上原衍"刺史"二字。按下文"節鎮學三十九","防禦州學二十一",適合"六十處"之數。本書卷五七《百官志》,"諸節鎮"有"州教授一員","諸防禦州"有"州教授一員",而"諸刺史州"下無"州教授"。卷一二《章宗紀》,泰和四年二月"癸丑,詔刺史州郡無宣聖廟學者並增修之",知此處"刺史"二字是衍文,今删。

此據施國祁撰《金史詳校》卷四選舉志一條,修訂本新校第五條相同(第 4 册第 1234 頁)。以上論證"刺史"爲衍文正確,仍可補充兩條關鍵證據。

按本書卷九《章宗紀一》大定二十九年七月辛巳云:"詔京、府、節鎮、防禦州設學養士。"[1]此條與《選舉志》上文所述"置節鎮、防禦州學六十處"爲同一事,可知地方設學並無刺史州。此外,根據元好問撰《壽陽縣學記》記載説:"近代皇統、正隆以來,學校之制,京師有太學、國子學,縣官廩膳生徒常不下數百人,而以祭酒、博士、助教之等教督之,外及陪京、總管大尹府、節度使鎮、防禦州,亦置教官。生徒多寡,則視州鎮大小爲限員。幕屬之由左選者,率以

---

① 《金史》卷九《章宗紀一》,第 1 册,第 211 頁。

提舉繫銜。刺史州則繫籍生附于京府,各有定在。"①從中可見正隆以後金朝設置學校及教授的整體概況,其中明確説明刺史州在籍學生附於所在京府。

十二

卷五三《選舉志三·右職吏員雜選》云:"大定二年,户部郎中曹望之言,隨處胥吏猥多,乞減其半。詔胥吏仍舊,但禁用貼書。"(第 4 册第 1177 頁)今檢本書《曹望之傳》對此事亦有記載説:"望之還言,乞汰諸路胥吏,可減其半。詔胥吏如故。於是始禁用貼書云。"兩者内容互有發明,《曹望之傳》稱"望之還言",即奏求裁汰胥吏的緣起,上文有詳細説明:"(大定)三年,上曰:'自正隆兵興,農桑失業,猛安謀克屯田多不如法。'詔遣户部侍郎魏子平、大興少尹同知中都轉運事李滌、禮部侍郎李愿、禮部郎中移剌道、户部員外郎完顔兀古出、監察御史夾谷阿里補及望之分道勸農,廉問職官臧否。"②今考本書卷六《世宗紀上》大定三年三月壬寅云:"詔户部侍郎魏子平等九人,分詣諸路猛安謀克,勸農及廉問。"③由此可知,曹望之等分道勸農,《世宗紀上》和《曹望之傳》明確爲大定三年,此事爲緣起,之後才有乞減胥吏之半的具體措施,那麼本卷《選舉志三》"大定二年"當誤。

---

① 元好問《遺山先生文集》卷三二《壽陽縣學記》,姚奠中主編、李正民增訂《元好問全集(增訂本)》,上册,第 674 頁。參見胡聘之編《山右石刻叢編》卷二七《元·壽陽縣新學記》,第 34 頁 b—第 36 頁 b。
② 《金史》卷九二《曹望之傳》,第 6 册,第 2036 頁。
③ 《金史》卷六《世宗紀上》,第 1 册,第 130 頁。

附識

修訂本《選舉志三》新校第七條：大定二年户部郎中曹望之言
隨處胥吏猥多乞減其半。按，本書卷九二《曹望之傳》，大定三
年，"望之還言，乞汰諸路胥吏，可減其半"。卷六《世宗紀上》
敍此事亦在大定三年。（第4册第1273頁）

百官志

十三

卷五五《百官志一》尚書省條謂"堂食公使酒庫"："使一員，從八
品，掌受給歲賜錢，總領庫事。副一員，正九品，掌貳使事。"（第4册
第1219頁）原點校本未出校，修訂本第三條校勘記（第1333頁）指出：

> 堂食公使酒庫。按，《金代官印集》收有"堂厨公使酒庫之
> 印"，疑"堂食"爲"堂厨"之誤。

修訂本以出土文物勘正《金史·百官志》記載有誤，此説是。我們
還可以從傳世文獻中再舉出一例證據。按《三朝北盟會編》卷二四
五引范成大《攬轡録》云："曰尚書省堂厨，曰公使酒庫。"[1]此係作
者范成大記述大定二年金朝頒行的官制，由上文可知"堂厨"、"公
使酒庫"乃爲兩個機構，而《金史·百官志》作爲一個，或後期合併
或合署辦公。無論何種情況，亦可證"堂食"當"堂厨"之誤。

---

[1]　徐夢莘《三朝北盟會編》卷二四五引《攬轡録》，中華再造善本影印明鈔本，第5頁b。

交聘表

十四

　　卷六〇《交聘表上》高麗欄收國二年(1116)閏正月云:"高麗遣使來賀捷,且請保州,太祖曰:'爾自取之'。"同欄內下文復云:"高麗遣蒲馬請保州,詔諭高麗曰:'保州近爾邊境,聽爾自取'。"此事並見於今本《太祖紀》,收國二年閏正月云:"高永昌據東京,使撻不野來求援。高麗遣使來賀捷,且求保州。詔許自取之。"天輔元年八月癸亥云:"高麗遣使來請保州。"①根據《交聘表》與《太祖紀》比較看,第一條相合,然而第二條繫年時間歧異。原點校本認爲《交聘表》誤,②而修訂本則推測錯在《太祖紀》(第1冊第47頁)。我們可藉助同源文本解決爭端。《高麗傳》載兩國關於保州交涉之詳情:

　　　　(收國)二年閏月,高麗遣使來賀捷,且曰:"保州本吾舊地,願以見還。"太祖謂使者曰:"爾其自取之。"詔撒喝、烏蠢等曰:"若高麗來取保州,益以胡剌古、習顯等軍備之,或欲合兵,無得輒往,但謹守邊戍。"及撒喝、阿實賚等攻保州,遼守將遁去,而高麗兵已在城中。既而,高麗國王使蒲馬請保州,詔諭高麗王曰:"保州近爾邊境,聽爾自取,今乃勤我師徒,破敵城下。且蒲馬止是口陳,俟有表請,即當別議。"③

---

① 《金史》卷二《太祖紀》,第1冊,第29、30頁。
② 《金史》卷六〇《交聘表上》,第5冊,第1387、1414頁。
③ 《金史》卷一三五《高麗傳》,第8冊,第2884頁。

此謂"閏月高麗遣使來賀捷"及"既而,高麗國王使蒲馬請保州",乃
與《交聘表》相合,均亦繫事於收國二年。據《高麗史·睿宗世家》
記載說,睿宗十一年(金收國二年)八月庚辰,"金將撒喝攻遼來遠、
抱州二城,幾陷,其統軍耶律寧欲帥衆而逃。王遣樞密院知奏事韓
皦如招諭,寧以無王旨辭,皦如馳奏。王欲令樞密院具劄子送之。
宰臣諫官奏曰:'彼求王旨其意難測,請止之。'王乃遣使如金請曰:
'抱州本吾舊地,願以見還。'金主謂使者曰:'爾其自取之。'"①"抱
州"即保州,《高麗史》佐證《金史·高麗傳》記載成立,可見高麗兩
次遣使求取保州城,第一次在閏正月賀捷時,第二次是八月庚辰從
高麗出發的,蓋於當年抵達金。

　　最關鍵的一條史料是,據《高麗史·地理志》義州條云:"睿宗
十二年,遼剌史常孝孫與都統耶律寧等避金兵,泛海而遁,移文于
我寧德城,以來遠城及抱州歸我,我兵入其城收拾兵仗錢穀。王
悅,改爲義州防禦使。"②《睿宗世家》繫此事於十二年三月辛卯。③
意謂次年三月高麗已取得保州,不消於八月遣使復請保州。根據
同源文本並結合高麗文獻旁證看,《金史·太祖紀》天輔元年八月
癸亥條準確性令人質疑。

十五

　　卷六一《交聘表中》夏欄大定二十四年曰:"十月丙辰朔,詔上
京地遠天寒,行人跋涉艱苦,來歲賀正旦、生日、謝橫賜使,權止一
年。"高麗欄謂:"十月丙辰朔,詔上京地遠天寒,行人跋涉艱苦,來
歲高麗賀正旦、生辰、進奉使,權止一年。"宋欄亦云:"十一月甲午,

①　《高麗史》卷一四《睿宗世家三》,上冊,第285頁上欄。
②　《高麗史》卷五八《地理志三》,中冊,第314頁下欄。
③　《高麗史》卷一四《睿宗世家三》,上冊,第287頁上欄。

詔上京地遠天寒,行人跋涉艱苦,來歲宋國正旦、生日並不須遣使。"(第5册第1444頁)上述三條所述均爲一事,應該出自同一道詔令,不過三者繫年時間卻存有分歧,前兩條爲"十月丙辰朔",后一條則爲"十一月甲午",施國祁《金史詳校》卷西夏交聘表中條指出歧異,《金史》原點校本未有任何説明。

今檢《金史·世宗紀》大定二十四年十一月甲午云:"詔以上京天寒地遠,宋正旦、生日,高麗、夏國生日,並不須遣使,令有司報諭。"①本卷《交聘表中》將此事分解在宋、夏、高麗三欄内,該事紀年當作"十一月甲午",則"十月丙辰朔"誤,蓋即元朝史官從《世宗實録》中摘録交聘史料時不删"丙辰朔",而脱"甲午"。

附識

修訂本新校第五六條:十月丙辰朔。按,本書卷八《世宗紀下》,大定二十四年十一月"甲午,詔以上京天寒地遠,宋正旦、生日,高麗、夏國生日,並不須遣使,令有司報諭",上宋欄亦作"十一月甲午"。下高麗欄同。(第5册第1549頁)

列傳第十

十六

卷七二《銀术可傳》敍述天會四年五月金宋戰事説:"宋兵據太谷、祁縣,阿鶻懶、拔离速復取之。种師中出井陘,據榆次,救太原,銀术可使斡論擊之,破其軍。活女斬師中於殺熊嶺,進攻宋制置使

----

① 《金史》卷八《世宗紀下》,第1册,第188頁。

姚古軍于隆州谷,大敗之。"(第 5 冊第 1658 頁)原點校本舊校第九
條(第 1668 頁)指出:

> 進攻宋制置使姚古軍于隆州谷。"州"原作"川"。按本書
> 卷三《太宗紀》、卷七二《拔离速傳》、卷八〇《突合速傳》記此
> 事皆作"隆州谷",今據改。

修訂本新校第十二條(第 5 冊第 1773 頁)有所增補:

> 隆州谷。原作"隆川谷",據道光四年殿本、局本改。按,
> 本書卷三《太宗紀》、本卷《拔离速傳》、卷八〇《突合速傳》記
> 此事皆作"隆州谷"。

修訂者所謂版本校的校改依據無非也是以上所舉本書《太宗紀》
等。通檢《金史》全書,"隆州谷"凡三見,而"隆川谷"則惟一出現,
其實論者是遵從少數服從多數的校改原則,版刻中"州"、"川"本來
容易混淆,何者爲正字,仍需要補充過硬的材料詳加論證。

　　據洪武《太原志·兵防》記載説:"隆州谷北關,古無其名,今改
龍舟谷北關。在祁縣東南九十里,南至沁州南關三十里,北至徐溝
縣一百三十里,兩壁皆山道,傍有水名曰胡甲水。"①可知太原祁縣
有名隆州谷者。後人據其讀音改作"龍舟谷",其中"舟"則爲此地
名作"州"的重要佐證。此地稱用"隆州"之名仍可以追溯其起源,
按《資治通鑑》後周廣順元年(951)正月戊寅條云:"是日,劉崇即
皇帝位於晉陽,仍用乾祐年號,所有者并、汾、忻、代、嵐、憲、隆、蔚、
沁、遼、麟、石十二州之地。"宋白曰:"宋太宗之平太原,折御卿自府
州會兵攻劉繼元,先克岢嵐軍,次克隆州,次克嵐州,則隆州蓋晉、

---

① 　引自《永樂大典》卷五二〇三先字韻原字目,第 3 冊,第 2292 頁下欄。

漢間所置,其地在岢嵐、嵐谷之間。"①洪武《太原志·古蹟》載該隆
州城舊址尚存,在祁縣東南三十里團柏鎮。②

　　以上論證太原祁縣確實有"隆州谷",《金史》所載天會四年五
月金宋交兵就發生在這一帶,宋朝文獻亦可爲證。按《三朝北盟會
編》卷四六靖康元年四月十六條"右諫議大夫楊時論姚古不救太
原"引《林泉野記》云:

　　　　虜再圍太原,詔諸將解圍,古及种師中聞虜兵少,不知其
　　詐也。於是各率兵數萬,約古出河東,師中自河北日行四十里
　　赴太原,古至威勝軍,師中慮古先到成功,乃日行八十里。虜
　　謀知,以輕兵拒險,使古不得進,以重兵迎師中,至榆次縣,相
　　遇大戰。師中死之,後數日,古遇虜於盤陀,兵皆潰。③

該書卷四七靖康元年五月十九日甲申條云"姚古兵潰于盤陀"也詳
細敘述與金兵作戰經過説:"師中敗于榆次,死之。金人進兵迎古,
遇于盤陀,王師皆潰。"④《金史》卷三《太宗紀》天會四年五月辛未
云:"宋种師中以兵出井陘。癸酉,完顏活女敗之于殺熊嶺,斬師中
於陣。是日,拔离速敗宋姚古軍於隆州谷。"⑤經過對此可知,宋金
文獻所記姚古兵敗之地,《金史》謂"隆州谷",而《會編》則曰"盤
陀",兩者是否同在一地? 今檢成化《山西通志·驛遞(鋪舍附)》,
有謂"盤陀驛,屬祁縣,在縣東南三十五里盤陀鎮,洪武二年建,六
十里至";"盤陀遞運所,屬祁縣,在縣東南三十五里盤陀鎮,洪武七

①　《資治通鑑》卷二九〇《後周紀一》,中華書局,1956 年,第 20 册,第 9453 頁。
②　引自《永樂大典》卷五二〇四先字韻原字目,第 3 册,第 2296 頁上欄。
③　徐夢莘《三朝北盟會編》卷四六引《林泉野記》,上册,第 345 頁下欄。
④　徐夢莘《三朝北盟會編》卷四七,上册,第 356 頁下欄。
⑤　《金史》卷三《太宗紀》,第 1 册,第 55 頁。

年建,一百十里至";祁縣設有十四鋪,"盤陀鋪"即爲其一,等等,①
以上諸者均以"盤陀"命名。據顧祖禹《讀史方輿紀要》考證指出,
祁縣盤陀戍,"縣東五里。宋靖康初金人敗种師中之兵於榆次,乘
勝趨威勝軍,與姚古遇於盤陀山,兵潰,退保隆德。今爲盤陀驛。"②

　　綜上所述,天會四年(靖康元年)姚古兵潰之地,《會編》所載
"盤陀"亦在太原祁縣,既而佐證方志文獻和《金史》"隆州谷"同一
所指,其名起源於晉漢間所置隆州。通過以上考證,我們才有充分
的理由將本卷《銀术可傳》"隆川谷"校改爲"隆州谷"。

列傳第十八

十七

　　卷八〇《濟安傳》曰:"皇統二年二月戊子生於天開殿。上年二
十四始有皇子,喜甚,遣使馳報明德宮太皇太后。五日命名,大赦
天下。三月甲寅,告天地宗廟。丁巳,翦鬌,奏告天地宗廟。戊午,
册爲皇太子。"(第6册第1797頁)檢討本書卷四《熙宗紀》皇統二
年二月戊子條"皇子濟安生"、壬辰條"以皇子生,赦中外",及三月
戊午條"立子濟安爲皇太子",③《濟安傳》記載與此相合。

　　按二月乙丑朔,戊子二十四日,壬辰二十八日。按《大金集
禮·皇統二年誥授儀》云:"皇統二年二月二十八日,命皇子名曰濟
安,大赦天下"。此事與《金史·熙宗紀》、《濟安傳》相合。不過

---

① 　成化《山西通志》卷四《驛遞鋪舍附》,第29頁b、第33頁a、第35頁a。
② 　顧祖禹《讀史方輿紀要》卷四〇《山西二·太原府·祁縣》,賀次君、施和金點校,中
　　華書局,2005年,第4册,第1823頁。
③ 　《金史》卷四《熙宗紀》,第1册,第78頁。

《大金集禮》卷八所載皇統二年濟安各項册封儀式的日期均與《金史》存在分歧：

> 三月十三日，擬奏：“慶誕皇子，合於踰月或三月剪鬌之後，奏告天地、社稷、宗廟。委司天臺選定，剪鬌三月二十五日戊午巳時。奏告用三月二十八日辛酉。”敕旨從之。
>
> 十七日，命左丞勗奏告宗廟，都點檢常勝奏告天地、社稷，就赴上京行禮。
>
> 二十六日，册曰：“禮典之垂訓鑒，重世嫡，所以丕叙人倫。……”
>
> 二十六日，詔天下。敕尚書省：“廣愛惟親，爰厚人倫之化。……”①

上文謂三月十七日勗奏告宗廟、常勝奏告天地、社稷，二十五日戊午剪鬌，二十六日詔天下。按三月甲午朔，本卷《濟安傳》載“告天地宗廟”甲寅二十一日，“鬌髮”丁巳二十四日，“册爲皇太子”戊午二十五日。由此可見，《大金集禮》記載與《金史》有三處不同，應該出校指明此事。

附識

修訂本《熙宗紀》新校第十九條：戊午立子濟安爲皇太子。“戊午”，疑當作“己未”。按，《集禮》卷八：“委司天臺選定，鬌髮，三月二十五日戊午乙巳時；奏告用三月二十八日辛酉。”並將立太子的册文繫於二十六日，即己未。戊午是濟安鬌髮而非立爲太子的時間。（第1册第99頁）

---

① 任文彪點校《大金集禮》卷八，第107—111頁。

列傳第三十四

十八

卷九六《李晏傳》敘述李晏經歷說:"歷中牟令。會海陵方營汴京,運木於河,晏領之。晏以經三門之險,前後失敗者衆,乃馳白行臺,以其木散投之水,使工取於下流,人皆便之。丁內艱,服除,召補尚書省令史。"(第6册第2125頁)原點校本舊校第二條(第2140頁)指出:

> 丁內艱。按下文有"以母老乞歸養,授鄭州防禦使,未赴,母卒"。則是時其母未卒,疑此是"外艱"之誤。

此據施國祁《金史詳校》卷八下李晏傳條,修訂本新校第二條從之(第6册第2266頁)。

以上判斷正確,不過僅僅根據傳文內容推測,其實證據並不過硬。筆者注意到,許安仁撰《李文簡公神道碑銘》所敘李晏仕履最具說服力。該神道碑提到:

> 正隆之季,調開封府中牟縣令。時營汴都,公馳驛河東,督運材木,三門天下之險,前後失敗甚衆。公惻然傷之,馳至行省,白所以爲害之狀,若將大木散投而下,指要津而捉取之,物或少有失,人必無患。果如其言。未幾,以正奉君憂去官,服除,勾充省掾。①

從中不難看出,本卷《金史·李晏傳》與《李文簡公神道碑銘》敘事相合,前者謂李晏時任中牟令"丁內艱",實際是指後者"以正奉君

---

① 成化《山西通志》卷一五《李文簡公神道碑銘》,第70頁a。

憂去官”。所謂“正奉君”即李晏之父李森,因贈官正奉大夫而有此稱呼。李晏撰《先考正奉君墓誌》詳細記載李森去世之事云:“晏爲中牟令日,先人卒于廨舍之正寢,時正隆庚辰上元日。舖時,忽索盥漱云:‘上帝召我,南岳有職。’易衣畢就枕而逝,門卒皆聞車馬絲竹之音,騰空而去,享年七十有五。”①據此可知,正隆五年李晏任中牟令時丁父憂,服除補“省掾”,即尚書省令史。故本卷《李晏傳》校改作“丁外艱”殆無疑問。

列傳第三十五

十九

卷九七《張巖叟附傳》云:“巖叟字孟弼,大節子也。”(第7册第2147頁)不過,元好問《中州集》卷八張大節小傳介紹其子仕履則云:“嵓叟字夢弼,亦第進士,歷嵐、潞、懷三州節度,終於集慶軍。”②施國祁《金史詳校》卷八下張巖叟傳條指出兩書記載歧異,修訂本新校第二條同(第7册第2290頁)。論者皆未辨析正誤。

按《中州集》卷一〇收録元德明詩作,有一首題作《謝張使君夢弼餽春肉》。③此外,王惲撰《河内脩武縣重修廟學記》謂:“時人材輩出,如近代進士張夢弼、郭斅、張衮、祁文秉、趙尚賓,文彩風流,照映一時,誠不難矣。”④以上諸者皆稱“夢弼”,由此佐證《中州集》張大節小傳“夢弼”可信。

---

① 成化《山西通志》卷一五《先考正奉君墓誌》,第68頁a。
② 元好問《中州集》卷八《張代州大節》,蕭和陶點校,下册,第513頁。
③ 元好問《中州集》卷一〇《先大夫詩》,蕭和陶點校,下册,第673頁。
④ 王惲《秋澗先生大全文集》卷三八《河内脩武縣重修廟學記》,《元人文集珍本叢刊》,第1册,第516頁上下欄。

列傳第四十二

二十

卷一〇四《孟奎傳》敘述傳主履歷云："孟奎字元秀,遼陽人也。大定二十一年進士,調黎陽主簿。"(第7册第2290頁)原點校本未出校,修訂本新校第三條(第2441頁)指出:

> 大定二十一年進士。按,本書卷一〇〇《宗端脩傳》、卷一〇四《郭俣傳》、《奥屯忠孝傳》等多處皆記其人爲大定二十二年進士。又卷九〇《賈少沖傳附子賈益傳》、卷九七《張大節傳附張巖叟傳》等多處記其人爲大定十九年進士。金朝科舉爲三年一試,大定二十一年非科舉年。"二十一"當爲"二十二"之誤。

修訂者以中進士案例和金朝設科年份論證"大定二十二年"爲是,然而卻失檢最關鍵的一份文獻。

蘇天爵撰《金進士蓋公墓記》援引的《登科記》詳細記述大定二十二年榜,云:

> 大定二十二年三月二十日集英殿放進士七十六人,第一甲三人,第二甲七人,第三甲六十七人。其第一甲第一人遼陽張甫。第三甲第四人則蓋公也。……中選之士若武簡如趙渢、周昂、趙文昌、武都、蕭貢、孟奎、孫椿年、楊庭秀、路元皆有名,蓋公、昂、椿年俱真定人也。①

---

① 蘇天爵《滋溪文稿》卷四《金進士蓋公墓記》,陳高華、孟繁清點校,中華書局,1997年,第54—55頁。

檢討上述諸進士履歷,今見《金史》有謂:"趙渢字文孺,東平人。大定二十二年進士,仕至禮部郎中。"①"武都字文伯,東勝州人。大定二十二年進士,調陽穀主簿,遷商水令。"②以及"蕭貢字真卿,京兆咸陽人。大定二十二年進士,調鎮戎州判官,涇陽令,涇州觀察判官。"③均稱大定二十二年登第。《金進士蓋公墓記》所見"孟奎",即本傳傳主,大定二十二年進士。

此外,《文藝傳下·周昂》稱"昂年二十四擢第。調南和簿"。④該傳所據《中州集》常山周先生昂小傳則云:"德卿年二十一擢弟,釋褐南和簿。"⑤兩者所記登第年齡歧異,當以後者爲是。

列傳第四十七

二十一

卷一〇九《完顏素蘭傳》敘述説:"未幾,擢爲内侍局直長,尋遷諫議大夫,進侍御史。"(第7册第2401頁)此係素蘭貞祐年間的履歷。周峰《〈金史〉證誤一則》指出,此處"内侍局"應爲"近侍局"之誤。⑥ 修訂本新校第一條(第2557頁)採納此説:

> 擢爲内侍局直長。"内侍局",當爲"近侍局"之誤。按,本卷下文稱素蘭"自擢爲近侍局直長,每進言多有補益"。《歸潛

---

① 《金史》卷一二六《文藝傳下·趙渢》,第8册,第2729頁。
② 《金史》卷一二八《循吏傳·武都》,第8册,第2772頁。
③ 《金史》卷一〇五《蕭貢傳》,第7册,第2320頁。
④ 《金史》卷一二六《文藝傳下·周昂傳》,第8册,第2730頁。
⑤ 元好問《中州集》卷四《常山周先生昂》,蕭和陶點校,上册,第208頁。
⑥ 周峰《〈金史〉證誤一則》,《北方文物》1999年第2期。

志》卷六亦稱完顏素蘭“爲宣宗所知，擢任近侍局”。本書卷五六《百官志二》，内侍局置令、丞、局長，並無“直長”一職，而近侍局屬官中有“直長，正八品”。

上述論者判斷正確，但論證仍嫌不足，需要進一步補正。

　　首先，完顏素蘭任職近侍局，修訂本校勘記舉證兩條史料，今檢劉祁《歸潛志》有謂：“仕歷清要，時望甚隆，爲宣宗所知，擢任近侍局。頗直言，有補益。旋罷出，爲諫議大夫。”[1]素蘭從近侍局遷轉至諫議大夫的經歷，亦可佐證《金史·完顏素蘭傳》所敘尋遷諫議大夫前的“内侍局”當作“近侍局”。筆者還發現有一條證據，王鶚《汝南遺事》卷四《總論》“而又敦崇儒術”句下有小注云：“至於近侍亦必參用儒生，如奧屯阿虎提點近侍局、完顏素蘭□近侍局大使，賈楊庭充奉御之類。”[2]此外，《金史·抹撚盡忠傳》載：“盡忠言：‘記注之官，奏事不當迴避，可令左右司官兼之。’宣宗以爲然。盡忠奏應奉翰林文字完顏素蘭可爲近侍局。”[3]以上這些材料充分證明本卷《完顏素蘭傳》改作“擢爲近侍局直長”屬實。

　　其次，以往論者是以“直長”一職的設置來區分其所屬哪個機構，實際上，内侍局、近侍局的最大差別並不在此，而是兩者性質和選任官員的出身迥然有別。根據本書卷五六《百官志二》記載説，内侍局隸屬宣徽院，“掌正位閤門之禁，率殿位都監、同監及御直各給其事”，具體負責宮廷内侍，肯定不允許參預政事，而近侍局則不然，其“掌侍從，承敕令，轉進奏帖”。[4]　具體論及近侍局參政所發揮的作用，此見《金史·世宗紀》大定二十七年二月己丑諭宰執曰：

①　劉祁《歸潛志》卷六完顏速蘭條，崔文印點校，第 61 頁。
②　王鶚《汝南遺事》卷四，第 7 頁 b—第 8 頁 a。
③　《金史》卷一○一《抹撚盡忠傳》，第 7 册，第 2229 頁。
④　《金史》卷五六《百官志二》，第 4 册，第 1262、1255 頁。

“近侍局官須選忠直練達之人用之。朕雖不聽讒言,使佞人在側,將恐漸漬聽從之矣。”①以及同書卷一六《宣宗紀下》興定五年三月丙申諭宰臣曰:“今奉御、奉職多不留心采訪外事。聞章宗時近侍人秩滿,以所采事定升降。今亦宜預爲考覈之法,以激勸之。”②從這兩條史料可見,近侍局負有勸諫進言的職責。那麼,本卷《完顏素蘭傳》“自擢爲近侍局直長,每進言多有補益”正體現其職責所在。

前引王鶚《汝南遺事·總論》有謂“至於近侍亦必參用儒生”,關於這點我們可以舉例説明:完顏匡,大定二十五年,中禮部策論進士,“章宗即位,除近侍局直長,歷本局副使、局使,提點太醫院,遷翰林直學士”;③尼厖古鑑,“識女直小字及漢字,登大定十三年進士第,調隆安教授。改即墨主簿,召授國子助教,擢近侍局直長”。到後來,遷應奉翰林文字,“章宗立,累遷尚書户部侍郎,兼翰林直學士”。④ 結合以上案例,不妨再看一下完顏素蘭入仕經歷,“至寧元年策論進士也。貞祐初,累遷應奉翰林文字”(《完顏素蘭傳》第2397頁)。結合本文上述分析,不妨試想一下,一個科舉出身的士人怎麼會供職“内侍局”呢?

列傳第四十八

二十二

卷一一〇《馮璧傳》曰:“興定四年,以宋人拒使者於淮上,遣兵

---

① 《金史》卷八《世宗紀下》,第1册,第197頁。
② 《金史》卷一六《宣宗紀下》,第2册,第356頁。
③ 《金史》卷九八《完顏匡傳》,第7册,第2166頁。
④ 《金史》卷九五《尼厖古鑑傳》,第6册,第2119—2120頁。

南伐,詔京東總帥紇石烈牙吾塔攻盱眙,牙吾塔不從命,乃率精騎由滁州略宣化,縱兵大掠。"(第 7 册第 2432 頁)原點校本舊校第八條考證(第 2438 頁)如下:

> 興定四年以宋人拒使者於淮上遣兵南伐。原脱"興定"二字。按本書卷六二《交聘表》,"興定二年十二月甲寅,朝議乘勝與宋議和,以開封治中呂子羽、南京路轉運副使馮璧爲詳問宋國使,行至淮中流,宋人拒之,自此和好遂絶"。又卷一五《宣宗紀》,"興定三年春正月庚午,呂子羽至淮,宋人不納而還。詔伐宋"。是伐宋事在興定三年。本書列傳中,紀年之下或偶述已發生之事,而其事實在前一年。此處云"以宋人拒使者……"義尤明顯,蓋馮璧鞠牙吾塔在興定四年。今據補"興定"二字。又下文"四年"亦是興定四年。王鶚《汝南遺事》卷二,宣宗朝,阿虎帶"帥河中,以棄城應死,議親獲免"。即本卷所記之事,可爲佐證。

修訂本新校第十條(第 7 册第 2576—2577 頁)因襲舊校。以上結論當然正確,不過卻沒有解釋清楚問題的癥結所在。

原點校本《金史·馮璧傳》校補作"興定四年以宋人拒使者於淮上",而下文有謂"四年遷刑部郎中",則會造成"四年"紀年重複,導致這一問題的原因何在?論者指出,《金史·馮璧傳》當本自元好問撰《内翰馮公神道碑銘》。[1] 筆者將馮璧本傳及其神道碑所述履歷列表附後,證實其内容是完全相合的,這樣就能從兩者比較中來解決上述疑問。今檢本卷《馮璧傳》興定四年事所採取《内翰馮公神道碑銘》的内容:

---

[1]　參見邱靖嘉《〈金史〉纂修考》,第 206 頁。

　　興定初，京畿春旱，詔禮部尚書楊雲翼暨公審理在京刑獄，事竟而雨，人以爲無冤民之應。七月，遷南京路轉運副使。三年春，上以宋人利吾北難，歲幣不入者累年，假公安遠大將軍、兵部侍郎，充國信副使，副呂子羽詳問，宋人拒於淮上，使者不得行。明年，行臺兵南伐，當由壽春涉淮抵滁、揚，詔京東總帥紇石烈志攻盱眙，仍繫浮梁以備臺兵之還。志，小字牙古太，強臣之尤難制者也。臺兵且南，志以盱眙不易攻，旋領精騎由滁州略宣化，縱兵大掠。①

顯而易見，史官編纂《金史·馮璧傳》時對《内翰馮公神道碑銘》做了大幅删削，裁撤掉興定初馮璧與楊雲翼審理在京刑獄事以及七月遷南京路轉運副使、三年充國信副使的履歷，而直接從"宋人拒於淮上"寫起，並且將這段內容紀年根據"興定初"、"三年春"徑改作"四年"，卻未關照到《神道碑》下文有謂"四年，遷刑部郎中"，仍照錄原文，結果就出現了兩個"四年"。

　　最後，筆者還要解釋一下《神道碑》原文中"三年春，上以宋人利吾北難，歲幣不入者累年，假公安遠大將軍、兵部侍郎，充國信副使，副呂子羽詳問。宋人拒於淮上，使者不得行"這句話，按《金史·交聘表》宋欄興定二年十二月甲寅云："朝議乘勝與宋議和，以開封治中呂子羽、南京路轉運副使馮璧爲詳問宋國使，行至淮中流，宋人拒止之，自此和好遂絶。"②此文取資《宣宗實錄》，檢討今本《金史·宣宗紀》興定二年十二月甲寅條曰："以開封府治中呂子羽等使宋講和。"三年正月庚午曰："呂子羽至淮，宋人不納而還。詔伐宋。"③

①　元好問《遺山先生文集》卷一九《内翰馮公神道碑銘》，姚奠中主編、李正民增訂《元好問全集（增訂本）》，上册，第447頁。
②　《金史》卷六二《交聘表下》，第5册，第1485—1486頁。
③　《金史》卷一五《宣宗紀中》，第2册，第341頁。

由此可見，《交聘表》上文是將這兩條內容合併，完整敘述此事原委。據此，則證明《神道碑》無誤，不過是《金史·馮璧傳》節錄失當而已，因此理當根據筆者上述論證列傳文本形成的思路來校正本卷《馮璧傳》"以宋人拒使者於淮上遣兵南伐"一文的紀年問題。

附錄：《金史·馮璧傳》與元好問《內翰馮公神道碑銘》所載履歷對照表

金史·馮璧傳	內翰馮公神道碑銘
承安二年經義進士，制策復優等，調莒州軍事判官，宰相奏留校祕書。未幾，調遼濱主簿。	承安二年中經義乙科，制策復入優等，調莒州軍事判官。宰相以公學問該洽，奏留校秘書。丁繼母張夫人憂，去官。服闋，再調遼濱主簿。
(泰和)四年，調鄜州錄事。明年，伐蜀，行部檄充軍前檢察，帥府以書檄委之。	四年，調鄜州錄事。明年，王師伐蜀，刑部檄充軍前檢察，帥府以書檄委之。
五年，自東阿丞召補尚書省令史，用宗室承暉薦授應奉翰林文字，兼韓王府記室參軍。俄轉太學博士。	五年，借注東阿丞，召補尚書省令史。用宰相宗室承暉薦，授應奉翰林文字、同知制誥兼韓王府記室參軍。俄，以太學博士兼前職。
至寧初，忽沙虎弒逆，遂去官。	至寧初，賊臣弒逆，隨以子渭婚假去官。
貞祐三年，遷翰林修撰。時山東、河朔軍六十餘萬口，仰給縣官，率不逞葷竄名其間。詔璧攝監察御史，汰逐之。總領撒合問冒券四百餘口，劾案以聞，詔杖殺之，故所至爭自首，減幾及於半。復進一官。	貞祐初，宣宗幸汴梁。公時避兵東方，從單父渡河，詣行在所。宰相奏復前職，被樞密院檄行視河防，條上津渡、屯戍之策。二年，同知貢舉。事竟，詔公乘傳講究陝西守禦方略。三年，遷翰林修撰。山東、河朔軍六十餘萬口，率不逞葷竄名其間。詔公攝監察御史，汰逐之。公與同官立式：軍戶僑寓民家者，主人具丁口，上之官；冒增偽代，主客同坐。總領撒各門冒券四百餘口，劾案以聞，詔杖殺之。故使節所至爭自首，減幾及於半。復進一官。

六月,改大理丞。	六月,改大理丞。
（興定）四年,以宋人拒使者於淮上,遣兵南伐,詔京東總帥絃石烈牙吾塔攻盱眙,牙吾塔不從命,乃率精騎由滁州略宣化,縱兵大掠。	興定初,京畿春旱,詔禮部尚書楊雲翼暨公審理在京刑獄,事竟而雨,人以爲無冤民之應。七月,遷南京路轉運副使。三年春,上以宋人利吾北難,歲幣不入者累年,假公安遠大將軍、兵部侍郎,充國信副使,副吕子羽詳問。宋人拒於淮上,使者不得行。明年,行臺兵南伐,當由壽春涉淮抵滁、揚,詔京東總帥絃石烈志攻盱眙,仍繫浮梁以備臺兵之還。志,小字牙古太,强臣之尤難制者也。臺兵且南,志以盱眙不易攻,旋領精騎由滁州略宣化,縱兵大掠。
	再授翰林修撰。
十月,改禮部員外郎,權右司諫、治書侍御史。	十月,改禮部員外郎、權右司諫、治書侍御史。
四年,遷刑部郎中。	四年,遷刑部郎中。
冬十月,出爲歸德治中。未幾,改同知保静軍節度使,又改同知集慶軍節度使,到官即上章乞骸骨,進一官致仕。	冬十月,出爲歸德治中。未幾,改同知保静軍節度使事,又改同知集慶軍節度使事。于是,公之年甲子周矣。自衞紹王專尚吏道,繼以高琪當國,朝士鮮有不被其折辱者。公憂畏敬慎,不忽遺細微,故自釋褐至今將三十年,而公私無笞贖之玷。然其撫四方者,亦倦矣。到官不逾月,即上章請老。進通議大夫一官致仕,徑歸崧山。
正大九年,河南破,北歸,又數年卒,年七十有九。	正大壬辰,河南破,乃北歸。以庚子七月十有四日,終於家,春秋七十有九。

列傳第五十二

二十三

卷一一四《白華傳》敍述履歷云：“白華字文舉，陝州人。貞祐三年進士。”（第7冊第2503頁）原點校本舊校第一條（第2519頁）指出：

> 陝州人。“陝”原作“澳”。按本書卷二六《地理志》，河東北路有陝州，今據改。

修訂本新校第一條（第1冊第2661頁）相同。以上校改僅以《金史·地理志》爲證，可惜並未結合白華家族資料詳加訂正。

按金末蕭貢《讀火山瑩禪詩卷》序文云：“禪師陝州白氏，岐山令君舉、樞判文舉之弟。自幼日有詩名河東。”①及元人王逢《讀白寓齋詩》有序載此人履歷云：“寓齋字君舉，金之陝人，登泰和三年詞賦第，累遷樞府。棄官隱居，教授卒。名與元遺山、趙閒閒相頡頏。”②根據以上線索，再考元好問所撰《南陽縣太君墓誌銘》，有謂子男四人：

> 長曰賁，擢泰和三年進士第，官至岐山令。次曰華，擢貞祐三年進士第，今爲樞密院判官。次曰瑩，棄家爲佛子，有詩筆聞于時。次曰麟。

據此可知，岐山令賁即蕭貢、王逢所言白寓齋（字君舉）；瑩棄家爲

---

① 元好問《中州集》卷五《蕭尚書貢》，蕭和陶點校，上冊，第300頁。
② 王逢《梧溪集》卷四《讀白寓齋詩》，中華再造善本影印元至正明洪武間刻景泰七年陳敏政重修本，第51頁b—第52頁a。

佛子,蕭貢稱其爲"禪師"。兩人於白華(文舉)爲兄弟,籍貫屬河東
陝州。此外,《南陽縣太君墓誌銘》敘述志主即白華母親的出身云:
"夫人姓李氏,世家平定,父琮,宋末來火山,遂爲陝州人。"[1]可見
李琮徙居陝州,其女嫁與當地白君。該墓誌"火山"及蕭貢云"火
山"亦即陝州,按《金史·地理志》河東北路陝州條云:"下。本宋舊
火山軍,大定二十二年升爲火山州,後更今名。"[2]

列傳第五十三

二十四

卷一一五《完顏奴申傳》敘述天興二年崔立之變詳情曰:"立麾
其黨先殺阿不,次殺奴申及左司郎中納合德輝等,餘見《崔立傳》。"
(第 8 册第 2526 頁)原點校本舊校第八條(第 2534 頁)認爲:

> 次殺奴申及左司郎中納合德輝等。"輝"原作"暉"。按上
> 文作"輝"。今統一。

修訂本新校第九條從之(第 8 册第 2676 頁),亦校改正文。按,"德
輝"、"德暉"本來存在分歧,目前很難判斷何者爲正字,不宜貿然校
改。今檢《歸潛志·録大梁事》記述此事説:

> 時崔立爲西面都尉、權元帥,同其黨韓鐸等舉兵。藥安國
> 者北方人,素驍勇,爲先鋒以進,横刀入尚書省,崔立繼之。二
> 執政見而大駭曰:"汝輩有事當好議。"安國先殺習你阿不,次

---

① 元好問《遺山先生文集》卷二五《南陽縣太君墓誌銘》,姚奠中主編、李正民增訂《元
　好問全集(增訂本)》,上册,第 543 頁。
② 《金史》卷二六《地理志下》,第 2 册,第 633 頁。

殺奴申,又殺左司郎中納合德暉,擊右司郎中楊居仁、聶天驥,創甚。省掾皆四走,竄匿民家。①

此書"德暉"即本卷《完顏奴申傳》"左司郎中納合德輝"相同,並且該名有小注云"一作'德渾'"。從《歸潛志》這條記載看,《金史》原文作"德暉"須保留,出校指明各種歧異即可。

列傳第五十五

二十五

卷一一七《王賓傳》敘述天興初年亳州軍變王賓被害:"賓岸然不懼,大叫曰:'不過殺我。但殺,但殺。'乃並害之。節度副使魏節亨、節度判官孫良、觀察副使孫九住皆被害。又數日,殺節度使王進。進嘗應荊山之募,由間道入汴京納奏,賞以物不受,又散家所有濟貧民,以死自勵。至汴,以勞遷本州節度判官,賜以白金,亦不受,一時甚稱之。"(第 8 冊第 2560 頁)原點校本舊校第五條(第2569 頁)指出:

> 至汴以勞遷本州節度判官。按此處文有脫誤。上文有"前譙縣尉王進"及"授進節度使",始末甚明,則"以勞遷本州節度判官"者必非王進。上文節度判官爲孫良,疑此或敘孫良事,緣上文誤作"王進"。或本敘王進事,而有訛誤。

修訂本新校第六條因襲此條校勘記(第 8 冊第 2711 頁)。筆者通過檢討文獻發現若干條史料談及"王進",大致可以鉤沉其事迹,則

---

① 劉祁《歸潛志》卷一一《錄大梁事》,崔文印點校,第 128 頁。

有助於對《金史・王賓傳》"以勞遷本州節度判官"事主做出合理
判斷。

　　其中最重要的一條史料,當數王鶚《汝南遺事》卷一"參政張天
綱以亳州之變便宜遷授"條,該條記述天興二年六月亳州變動:"時
亳人新附未安,集慶軍節度使王進、同知節度使事王賓復爲事,不
法失軍心。鎮防軍有曰崔立者率衆攻進等殺之,城中大擾。""王
進"二字下有小字注文介紹其簡歷說:"亳之黥兵,以復亳,授世襲
千户,節度本軍。"①可知他除授亳州集慶軍節度使,《金史・哀宗
紀》天興二年六月癸巳條即見"亳州節度使王進"。②　王進由亳州
黥兵因功而授節度,本卷《王賓傳》(第2559頁)上文謂:

　　　　天興元年正月,亳州軍變,節度使粘哥荆山出走,楊春以
　　州出降。既而,自以贏兵守之。賓與前譙縣尉王進、魏節亨、
　　呂鈞約城中軍民復其州,楊春遂遁,遣節亨詣歸德以聞。哀宗
　　嘉之,授進節度使,賓同知節度使,節亨節度副使,鈞觀察
　　判官。

《中州集》卷七王亳州賓小傳亦云:"壬辰京城受圍,亳州爲單父軍
楊春所據,春以事出德卿,與故譙縣尉王進反正,朝廷授進集慶軍
節度使,德卿同知使事。"③通過分析這些材料,可見王進履歷中的
官職以及功勞確實與本卷《金史・王賓傳》附錄所敘不合。點校者
謂"疑此或敍孫良事",不過目前尚未從金朝文獻中發現"孫良"的
蛛絲馬迹,這一結論仍舊很難證實。

---

①　王鶚《汝南遺事》卷一,第2頁a—b。
②　《金史》卷一八《哀宗紀下》,第2册,第398—399頁。
③　《中州集》卷七《王亳州賓》,蕭和陶點校,下册,第473頁。

列傳第五十七

二十六

卷一一九《完顏婁室傳》謂天興二年八月壬辰："行省遣人奏中渡店之捷。初，兀典等赴息，既至之夜，潛遣忠孝軍百餘騎襲宋營於中渡。我軍皆北語，又散漫似之，宋人望之駭愕奔潰，斬獲甚眾。"（第 8 册第 2599 頁）按"捷"原作"楚"，原點校本據殿本校改，修訂本第三條校勘記（第 2753 頁）指出：

> 行省遣人奏中渡店之捷。"捷"，原作"楚"，據南監本、北監本、殿本、局本改。

百衲本影印洪武覆刻本原作"中渡店之楚"，語義不通，南監本及以後諸版本顯然是根據上下文義校改。

我們可通過探尋《完顏婁室傳》史源，從而提供更爲直接的證據。今檢《金史》卷一八《哀宗紀下》天興二年八月壬辰條云："息州行省抹撚兀典以兵襲宋人于中渡店，斬獲甚眾。"[1]再進一步追索《哀宗紀下》這條史料的來源，今見王鶚《汝南遺事》卷三"息州行省遣人奏中渡店之捷"條謂天興二年八月壬辰："息州行省遣人奏中渡店之捷。初參政兀典等赴息，既至之夜，潛遣忠孝軍百餘騎襲宋人營於中渡，宋人駭愕，望風奔潰，斬首數百，得牛馬軍食甚眾。"[2]據此可知，《金史·完顏婁室傳》天興二年八月壬辰條當作"中渡店之捷"。

---

① 《金史》卷一八《哀宗紀下》，第 2 册，第 400 頁。

② 王鶚《汝南遺事》卷三，第 2 頁 a。

列傳第五十八

二十七

卷一二〇《世戚傳·徒單銘》追述父祖及其事迹云："徒單銘字國本,顯宗賜名重泰。祖貞,別有傳。父特進、涇國公。性重默寡言,粗通經史,事母盡孝。大定末,充奉御。"(第 8 册第 2628 頁)原點校本舊校第九條(第 2632 頁)指出:

> 父特進涇國公。按此處顯有脱文,即闕其父名,下文接敍徒單銘事,亦闕一"銘"字。

修訂本新校第十一條同(第 8 册第 2774 頁)。論者僅根據上下文義推測,故其結論止於此。其實所謂"父特進涇國公"之身份仍有迹可考。

根據《世戚傳·徒單銘》所在本卷世戚叢傳及文中"祖貞別有傳"云云,很容易判斷其祖父當即《金史·逆臣傳·徒單貞》傳主。據該傳云:"徒單貞,本名特思,忒黑闕剌人也。祖抄,從太祖伐遼有功,授世襲猛安。父婆盧火,以戰功累官開府儀同三司。貞娶遼王宗幹女,海陵同母女弟也。""久之,詔誅貞及其妻與二子慎思、十六,而宥其諸孫。"徒單貞最終下場是與其二子被誅,此事亦見《金史·世宗紀》大定二十二年十一月丙子條云:"東京留守徒單貞以與海陵逆謀,伏誅。妻永平縣主,子慎思並賜死。"[①]由此可知,慎思和十六爲徒單銘父輩。

---

① 《金史》卷八《世宗紀下》,第 1 册,第 182 頁。

此外,從本書《逆臣傳·徒單貞》記載中見徒單貞仍有一子,該傳有謂:

　　　章宗即位,尊母皇太子妃爲皇太后,追封貞爲太尉梁國公,貞祖抄司空魯國公,父婆盧火司徒齊國公,貞妻梁國夫人,子陁補火、慎思、十六俱爲鎮國上將軍。無何,再贈貞太師、廣平郡王,謚莊簡。貞妻進封梁國公主。①

《后妃傳下·顯宗孝懿皇后徒單氏》云:"曾祖抄,從太祖取遼有功,命以所部爲猛安,世襲之。祖婆盧火,以戰功多,累官開府儀同三司,贈司徒、齊國公。父貞尚遼王宗幹女梁國公主,加駙馬都尉,贈太師、廣平郡王。"大定二十二年,徒單貞雖然以與海陵逆謀的罪名被誅,但由於其女爲章宗生母而後來獲得封贈,從此事中可見到他的全部三子。最關鍵的一條線索是,《后妃傳》"顯宗孝懿皇后徒單氏"條下文稱頌爲人敬儉,有謂"一日,妹幷國夫人、嫂涇國夫人等侍側"云云,②此處"涇國夫人"蓋源於徒單氏兄長涇國公封號,應係徒單銘之父。據上文指出,銘子慎思、十六早已伏誅,而章宗時期尚在世者或爲陁補火。以上根據有限史料推測一二,僅供參考。

列傳第六十二

二十八

　　卷一二四《忠義傳四·烏古孫仲端》曰:"宣宗時,累官禮部侍郎。與翰林待制安延珍奉使乞和于大元,謁見太師國王木華黎,於

---

① 《金史》卷一三二《逆臣傳·徒單貞》,第8冊,第2826、2828頁。
② 《金史》卷六四《后妃傳下》,第5冊,第1524、1525頁。

是安延珍留止,仲端獨往。並大夏,涉流沙,踰葱嶺,至西域,進見太祖皇帝,致其使事乃還。自興定四年七月啓行,明年十二月還至。朝廷嘉其有奉使勞,進官兩階,延珍進一階。"(第8册第2701頁)施國祁《金史詳校》卷九烏古孫仲端條認爲"'延'當作'廷'"。原點校本舊校第四條(第2711頁)曰:

> 與翰林待制安延珍奉使乞和于大元。按本書卷一六《宣宗紀》,興定五年十二月"丁巳,禮部侍郎烏古孫仲端、翰林待制安庭珍使北還,各遷一階"。"延"作"庭"。

修訂本新校第三條因襲於此(第8册第2859—2860頁)。以上各家僅僅指出安氏名字異同,並未加以判斷。

按上文"自興定四年七月啓行,明年十二月還至",此事見《金史·宣宗紀下》興定四年七月癸丑條曰:"以烏古論仲端等使大元。"五年十二月丁巳:"禮部侍郎烏古孫仲端,翰林待制安庭珍使北還,各遷一階。"[1]修訂本指出,前一條"烏古論仲端"當作"烏古孫仲端"(第2册第401頁)。此外,除了"延珍"、"庭珍"名字有別外,《忠義傳四·烏古孫仲端》稱仲端進官兩階,《宣宗紀下》謂此二人均進官一階,亦有所歧異。

劉祁撰《北使記》記述烏古孫仲端親身經歷,是解決名字分歧的最有力證據。該書曰:"興定四年七月,詔遣禮部侍郎吾古孫仲端使於北朝,翰林待制安庭珍副之。至五年十月復命。"[2]此謂"安庭珍",與《金史·宣宗紀》興定五年十二月丁巳條相合,據此知該名正確,而"延"字當誤。

以上《金史·宣宗紀》、《忠義傳四·烏古孫仲端》及《北使記》

---

[1]　《金史》卷一六《宣宗紀下》,第2册,第353、360頁。
[2]　劉祁《歸潛志》卷一三《北使記》,崔文印點校,第167頁。

記載仲端此次出使時間均爲興定四年七月,復命時間《金史》兩文爲次年十二月,而《北使記》記作十月。今檢《元史·太祖紀》記述如下:

> (十六年辛巳即興定五年)夏四月,駐蹕鐵門關,金主遣烏古孫仲端奉國書請和,稱帝爲兄。不允。

> (十七年壬午即興定六年)秋,金復遣烏古孫仲端來請和,見帝于回鶻國。帝謂曰:"我向欲汝主授我河朔地,令汝主爲河南王,彼此罷兵,汝主不從。今木華黎已盡取之,乃始來請耶?"仲端乞哀,帝曰:"念汝遠來,河朔既爲我有,關西數城未下者,其割付我。令汝主爲河南王,勿復違也。"仲端乃歸。①

根據上文,可知《元史·太祖紀》十六年四月條是《金史》及《北使記》所敘述事迹,而十七年秋條記錄仲端第二次謁見元太祖請和,則不見於金朝文獻,《烏古孫仲端傳》亦缺載。

列傳第六十四

二十九

卷一二六《文藝傳下·王鬱》敘述王鬱簡歷云:"王鬱字飛伯,大興人。儀狀魁奇,目光如鶻。少居釣臺,閉門讀書,不接人事。久之,爲文法柳宗元,閎肆奇古,動輒數千言。歌詩俊逸,效李白。嘗作《王子小傳》以自敍。"(第 8 册第 2735 頁)施國祁《金史詳校》卷一〇文藝傳下王鬱條云:'釣',北作'鈞',非。"北"即指北監

---

① 《元史》卷一《太祖紀》,第 1 册,第 21、22 頁。

本。修訂本第九條校勘記（第 2895 頁）指出：

> 少居釣臺。“釣臺”，北監本、殿本作“鈞臺”。

從版本傳承線索來看，北監本根據南監本翻刻，卻改作“鈞臺”，這一改動是否有道理，須檢討《金史·文藝傳下·王鬱》之史源。幸運的是，今檢《歸潛志》卷三有謂：

> 王鬱飛伯，奇士也。少余一歲，與余交最深。儀狀魁奇，目光如鶻，步武翩然，相者云：“病鶴狀貌也。”少居釣臺，閑門讀書，不接人事數載。爲文閎肆奇古，動輒數千百言，法柳柳州。歌詩飄逸，有太白氣象。……因出其所作《王子小傳》屬余曰：“兹不朽之託也。”①

可見《金史》即抄自此文，點校本《歸潛志》據《知不足齋叢書》本作“鈞臺”，然檢國家圖書館藏明鈔本（03522）及多種清鈔本均作“釣臺”，《金史》與此名相同。按《析津志》古迹條謂：“釣魚臺，在平則門西花園子，金章宗於春月釣魚之地，今雖廢，基址尚存。”②“釣臺”蓋指此地，正與王鬱“大興人”的出身吻合。

列傳第六十七

三十

卷一二九《佞幸傳·胥持國》敘述仕履云：“明昌四年，拜參知

---

① 劉祁《歸潛志》卷三王鬱條，崔文印點校，第 22 頁。“閑門”誤，當作“閉門”。

② 熊夢祥原著《析津志輯佚》，北京圖書館善本組輯佚，北京古籍出版社，1983 年，第 104 頁。

政事,賜孫用康牓下進士第。會河決陽武,持國請督役,遂行尚書省事。明年,進尚書右丞。"(第 8 冊第 2793 頁)修訂本第十二條校勘記(第 2950 頁)認爲:

> 會河決陽武。按,本書卷二七《河渠志》,河決陽武在明昌五年八月。

人物列傳敘事時間較爲粗略,"會河決陽武,持國請督役"不一定就直接承接上文"明昌四年"。由於未能搜討詳盡相關史文,這條校勘記並沒有點明問題之所在。

　　茲將上文所涉明昌間胥持國履歷及其事迹稍作梳理。按《金史·章宗紀》明昌五年八月壬子曰:"河決陽武故堤,灌封丘而東。"①同源於《章宗實録》的今本《五行志》亦記此事。② 最詳者當數《河渠志》,謂明昌五年八月"以河決陽武故堤,灌封丘而東"條下附録整個治水過程,其中有謂"時行省參知政事胥持國"。③ 此指本卷《佞幸傳·胥持國》"遂行尚書省事"。再檢本書《章宗紀二》明昌六年正月辛亥曰:"諭胥持國,河上役夫聚居,恐生疾疫,可廩醫護視之。"四月戊寅曰:"以修河防工畢,參知政事胥持國進官二階。"據此可知,明昌五年八月河決陽武,朝廷命胥持國前往規措,直至六年四月才結束。又《章宗紀二》明昌六年四月庚辰云:"參知政事胥持國爲尚書右丞。"④《佞幸傳·胥持國》"明年,進尚書右丞"即此事,而非承其上"明昌四年"之文。

---

① 《金史》卷一〇《章宗紀二》,第 1 冊,第 233 頁。
② 《金史》卷二三《五行志》,第 2 冊,第 539 頁。
③ 《金史》卷二七《五行志》,第 3 冊,第 678—679 頁。
④ 《金史》卷一〇《章宗紀二》,第 1 冊,第 234—236 頁。

列傳第七十一

三十一

卷一三三《叛臣傳·耶律余睹》敘述天會十年余睹叛亡事:"余睹亡去,其黨燕京統軍蕭高六伏誅,蔚州節度使蕭特謀自殺。"(第8冊第2849頁)本書卷三《太宗紀》天會十年九月條記此事作:"元帥右都監耶律余睹謀反,出奔。其黨燕京統軍使蕭高六伏誅,蔚州節度使蕭特謀葛自殺。"①以上傳、紀所見"蕭特謀葛"、"蕭特謀"存有歧異。本卷原點校本舊校第五條(第2861頁)和修訂本新校第五條(第3019頁)均指出此事,但均未有案斷。今檢《大金國志·太宗文烈皇帝》載天會十年事云:"蔚州守蕭特毛可殺粘罕使者,既叛而獲之。"②"特毛可"即"特謀葛"同名異譯。此外,《金史·海陵》貞元元年閏十二月乙酉有名"特謨葛"者。③據此名佐證本卷《叛臣傳·耶律余睹》或脫掉"葛"字。

---

① 《金史》卷三《太宗紀》,第1冊,第64頁。
② 崔文印校證《大金國志校證》卷七《太宗文烈皇帝五》,上冊,第118頁。
③ 《金史》卷五《海陵紀》,第1冊,第101頁。

第四章 拾遺補闕

本章提要:針對原點校本和修訂本《金史》的漏校和失察情況,筆者新撰寫 49 條札記。

金史目録

一

本書卷首《進金史表》、《修史官員》及《金史公文》無疑是了解《金史》纂修經過的重要史料,歷來深受學者重視,中華書局點校本將以上文牘列爲該書附録。然而令人遺憾的是,作爲《金史》付梓前最後一道工序——文本校勘,負責這樁差事官員的名録爲中華書局點校本所遺漏,既而喪失一項非常重要的文獻信息。

按,至正初刻本《金史目録》結尾"總一百三十五卷"下文有云:

> 校勘臣彭衡、臣倪中、臣麥濚、臣岳信、臣楊鑄、臣牟思善、臣卜勝、臣李源、臣揭模、臣丁士恒。

百衲本據此影印。該處記録十位校勘者,明洪武覆刻本原文保留,南監本及以後版本則删之。考慮到宋遼金三史同時修撰這一背景,筆者再檢百衲本《遼史目録》,亦見有:"總一百一十六卷。校勘臣彭衡、岳信、楊鑄、牟思善、卜勝、揭模。"以及《宋史目録》云:"校勘臣彭衡、倪中、麥澂、岳信、楊鑄、牟思善、卜勝、李源、揭模、丁士恒。"以上校勘官,《宋史》與《金史》相同均爲十位,《遼史》爲六人,這個班底最後完成三史校勘工作。

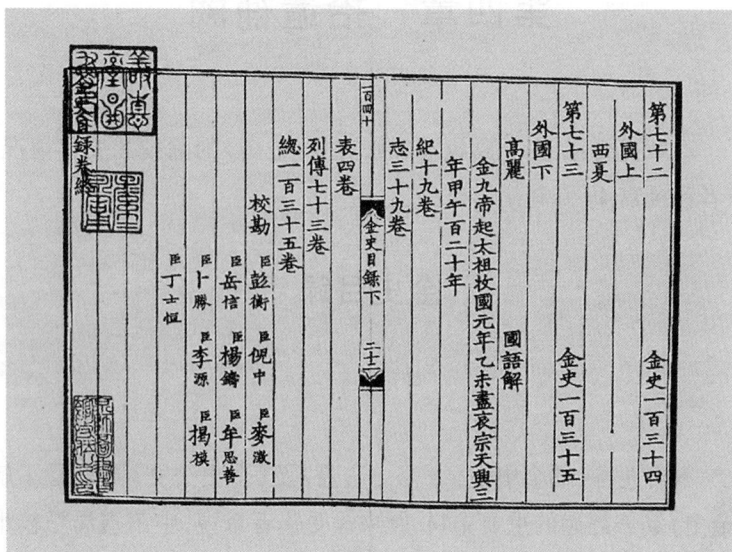

圖十九
中華再造善本影印至正初刻本

以上所見三史校勘官,清代藏書家陸心源《元槧宋史跋》、《元槧遼史跋》、①蔣光煦《金史板刻説》等均有提及。② 我們進一步考證諸位校勘官履歷,無疑有助於豐富至正年間纂修三史的諸多細

① 陸心源《儀顧堂續跋》卷六,馮惠民整理《儀顧堂書目題跋彙編》,中華書局,2009年,第330—332頁。
② 蔣光煦《東湖叢記》卷一,梁穎校點,遼寧教育出版社,2001年,第19頁。

節，儘管文獻所載這些人物事迹並不多，但仍有發掘之必要。

（一）彭衡。危素撰《送彭公權序》云：

> 皇帝即位十有一年，詔修遼金宋史，先後命中書右丞相蔑里期公爲都總裁，今右丞相阿剌納公、左丞相晏只吉觪公領三史事，中書平章政事康里公、今御史大夫秦中賀公、翰林學士承旨沛南張公、廬陵歐陽公、故侍講學士豫章揭公、今陝西行臺侍御史大名李公、翰林侍講學士長沙楊公、故禮部尚書襄陽王公爲總裁官，各辟布衣士爲校勘。史成，上進有司，議校勘爲儒學教授，一考爲流官。制可。初蔑里期公在相位，思羅置名士幕中，乃首辟廬陵彭衡公權爲校勘。及當授官，公權遂歷言於朝著之知己者，曰：“某有老母在廬陵，兹幸獲祿食以爲養，願乞近便地，以畢人子之志。”於是授黃州學教授以去，士大夫咸是公權此舉而歎羨之，能文者多賦詩以送焉。公權之在京師與余甚厚善，余亦愛公權疏直而好義。[1]

危素撰寫此文於至正六年，即三史告竣後，從中可見，根據規定，凡校勘者因功任命爲儒學教授，“一考爲流官”，彭衡（公權）授予黃州學教授。余闕《賦得君子泉送彭公權爲黃州教授》同樣爲此事而作。[2] 劉崧《跋書黃州學記後》稍略提及彭衡擔任黃州教授以後的經歷，謂：“右《黃州興學記》一首，元至正七年故翰林承旨歐陽文公之所撰也。前黃州教授彭公權以其錄本示余，請書一軸以藏於家。蓋公權以三史校勘，書成，故有是命。”[3]

---

① 危素《危太樸文集》卷七《送彭公權序》，《元人文集珍本叢刊》第 7 册，第 448 頁下欄—第 449 頁上欄。

② 余闕《青陽先生文集》卷九《賦得君子泉送彭公權爲黃州教授》，《四部叢刊》續編本，第 2 頁 a。

③ 劉崧《槎翁文集》卷一三《跋書黃州學記後》，嘉靖元年刻本，第 14 頁 a。

（二）楊鑄。《德慶路鎮遏萬户王侯政蹟碑》題作："從事郎、德慶路總管府知事、前遼金宋三史校勘楊鑄撰文。"①

（三）麥澂。《永樂大典》卷二三四二引《古藤志》敘述麥澂履歷云："麥澂，字元濬，南雄府人。中奉大夫、集賢侍講學士敬存先生猶子，以史館較勘出身，改虎賁司教授，遷静江路知事。至正二十三年，以儒林郎同知本州。二十五年，陞奉訓大夫，知州，改調賓州。澂操履端粹，在州八年，無毀無譽，始終一日。"②

綜上所見，筆者從文獻中僅梳理出彭衡、楊鑄及麥澂三人仕履及其所涉三史校勘事，其餘人有待搜討。

太祖紀

二

卷二《太祖紀》敘太祖征戰事（第 1 册第 20 頁）云：

> 烏春既死，窩謀罕請和。既請和，復來攻，遂圍其城。太祖年二十三，被短甲，免胄，不介馬，行圍號令諸軍。城中望而識之。壯士太峪乘駿馬持槍出城，馳刺太祖。太祖不及備，舅氏活臘胡馳出其間，擊太峪，槍折，刺中其馬。太峪僅得免。

此稱"太峪僅得免"，似乎有違上下文義。據本書卷六七《烏春傳》敘述此事説："太祖衣短甲行圍，號令諸軍，窩謀罕使太峪潛出城攻之。太峪馳馬援槍，將及太祖，活臘胡擊斷其槍，太祖乃得免。"③兩

---

① 道光《廣東通志》卷二一五《金石略十七·元二》，第 17 頁 a。

② 《永樂大典》卷二三四二模字韻梧字目引《古藤志》，第 1 册，第 991 頁上欄。

③ 《金史》卷六七《烏春傳》，第 5 册，第 1580 頁。

者據《太祖實録》改編。知得免者應該是太祖,《太祖紀》"太峪"
疑誤。

三

卷二《太祖紀》謂天會十三年二月辛酉,"改葬和陵,立開天啓
祚睿德神功之碑于燕京城南嘗所駐蹕之地。"(第1册第42頁)本
書卷四《熙宗紀》天會十三年二月辛酉與此同,亦云"改葬太祖于和
陵"。然而是年二月乙亥朔,該月内並無辛酉。有一條線索值得注
意,《熙宗紀》該年二月辛酉條上文有謂:

> 乙巳,追謚太祖后唐括氏曰聖穆皇后,裴滿氏曰光懿皇
> 后。追册太祖妃僕散氏曰德妃,烏古論氏曰賢妃。①

檢討此事原委,今見《大金集禮·追謚后》詳細説:"天會十三年二
月十一日,追册聖穆、光懿皇后并德妃、賢妃。"聖穆皇后、光懿皇后
兩條均謂:"二月十一日乙卯,孝孫嗣皇帝臣諱謹再拜稽首言。"②
上文指出,天會十三年二月爲乙亥朔。從以上所見"二月十一日乙
卯"來推算,本月爲乙巳朔,知當爲閏月,據此"改葬和陵"辛酉日爲
十七日。此外,參酌《大金集禮》上文,《熙宗紀》當爲"閏二月乙巳
朔",此條無記事或有脱文,本月同時脱"乙卯"這一干支。

附識

修訂本《熙宗紀》新校第二條:二月乙巳。"二月"上疑脱"閏"
字。按,《宋遼金元四史朔閏考》,是年閏二月乙巳朔。《大金
集禮》卷三《天會十三年奉上太宗謚號載册文》:"維天會十三

---

① 《金史》卷四《熙宗紀》,第1册,第70頁。
② 任文彪點校《大金集禮》卷六《追謚后》,第93—95頁。

年歲次乙卯三月甲戌朔。"則此處乙巳及下文辛酉,皆在閏二月。(第1册第96頁)

海陵紀

四

卷五《海陵紀》正隆六年十月丁未云:"大軍渡淮,將至廬州,獲白鹿,以爲武王白魚之兆。漢南道劉萼取通化軍、蔣州、信陽軍。徒單貞敗宋將王權于盱眙,進取揚州。前鋒軍至段寨,宋戍兵皆遁去,敗宋兵于蔚子橋,敗宋兵于巢縣,斬二百級,至和州。王權夜以兵千餘來襲,射却之。翼日,雨。宋人夜焚其積聚遁去。詰旦追之,宋人逆戰,猛安韓棠軍却,遂失利。"(第1册第116頁)施國祁《金史詳校》卷一海陵紀條指出:"猛安韓棠,'棠'當作'常'。"原點校本和修訂本未採納這一意見。下文擬詳細考證此説成立。

在《金史》中,"韓棠"僅此一見,而常見有作"韓常"者。例如,本書《阿魯補附傳》云:"宋兵來取河南地,宗弼召阿魯補,與許州韓常、潁州大臬、陳州赤盞暉,皆會於汴,阿魯補以敵在近,獨不赴。"① 又《宗弼傳》曰:"宗弼渡江北還,遂從宗輔定陝西。與張浚戰于富平,宗弼陷重圍中,韓常流矢中目,怒拔去其矢,血淋漓,以土塞創,躍馬奮呼搏戰,遂解圍,與宗弼俱出。"②韓常參與金初征伐南宋,宋朝文獻所載其事迹非常豐富,《大金國志》卷二七《開國功臣傳·韓常》有詳細履歷。③ 由於他屢立戰功,大定間大褒功臣,圖像衍慶

---

① 《金史》卷六八《阿魯補附傳》,第5册,第1597頁。
② 《金史》卷七七《宗弼傳》,第6册,第1753頁。
③ 崔文印校證《大金國志校證》卷二七《開國功臣傳·韓常》,下册,第390—391頁。

宮，"驃騎衛上將軍韓常幷阿离補咸著勳焉"。① 上文所言"猛安韓棠軍"，《金史·斜卯阿里傳》有"睿宗趨熙河，阿里、斜喝、韓常三猛安爲前軍"云云則可證明。②

此外，本書《兵志·兵制》漢軍條謂："正隆間，又嘗罷諸路漢軍，而所存者猶有威勇、威烈、威捷、順德及'韓常之軍'之號。"③論及這支軍隊來源，張匯《金虜節要》有云"遼東漢軍萬戶韓慶和"，④韓常即慶和之子，後來當世襲萬戶統轄遼東漢軍。⑤ 根據崔淮夫等《上兩府劄子》記述說，虜主亮簒位之後，"三路都統將軍韓常"等盡已殺戮。⑥ 及李大諒《征蒙記》明確提到："天德二年，誅廢蕭王宗本。三年，又誅斬韓常、周啓等四十餘員，內多有親立功者。"⑦據此可知，正隆六年十月丁未條"猛安韓棠軍"及正隆間"韓常之軍"，並非由本人統率，而是保存其軍事建制。通過上述證據，我認爲施國祁提出"'棠'當作'常'"的意見成立。

章宗紀

五

《金史》中關於王暉没及韑嗣立的時間記載頗爲混亂。據卷一

---

① 《金史》卷八○《阿离補傳》，第 6 册，第 1811 頁。
② 《金史》卷八○《斜卯阿里傳》，第 6 册，第 1800 頁。
③ 《金史》卷四四《兵志》，第 3 册，第 998 頁。
④ 徐夢莘《三朝北盟會編》卷一一一引《金虜節要》，上册，第 815 頁上欄。
⑤ 李心傳《建炎以來繫年要錄》卷三二建炎四年三月條有謂"遼東漢軍萬戶韓常"，胡坤點校，第 2 册，第 741 頁。
⑥ 徐夢莘《三朝北盟會編》卷二三○，下册，第 1653 頁上欄。
⑦ 徐夢莘《三朝北盟會編》卷二一五引《征蒙記》，下册，第 1552 頁下欄。

二《章宗紀四》泰和四年正月辛卯云："高麗國王王晫没,嗣子韺遣使來告哀。"(第 1 册第 269 頁)本書卷一三五《高麗傳》泰和四年記此事作"是歲,王晫薨,子韺嗣立"。① 兩者所記相吻合。不過卷六二《交聘表下》高麗欄謂泰和三年"王晫薨,子韺嗣位"。以及泰和四年三月庚寅,"禮部侍郎王永齡來告哀"。② 將諸卷對比,首先,《章宗紀》與《交聘表》所載高麗告哀時間歧異,施國祁《金史詳校》卷六高麗交聘表條爲此指出《交聘表》"三月庚寅"當作"正月辛卯"。其次,《高麗傳》與《交聘表》"王晫薨"相差一年。

據《高麗史・神宗世家》記載説,神宗七年甲子(泰和四年(1204))正月丁丑,"王移御德陽侯邸,遂薨"。《熙宗世家》神宗七年正月謂:"己巳,受内禪即位。丁丑,神宗薨。二月庚申,葬于陽陵,遣郎中任永齡如金告喪"③。據此可見,《金史・高麗傳》所記泰和三年王晫薨有誤。按泰和四年正月乙丑朔,辛卯爲二十七日,而高麗神宗薨於本月丁丑十三日,旋即有告哀使至金,殊不可信,看來《章宗紀》稱"正月辛卯"當誤,《交聘表》三月庚寅條"禮部侍郎王永齡來告哀"與《高麗史》二月庚申條"遣郎中任永齡如金告喪"相互印證。此外還知,《交聘表》"王永齡"當作"任永齡",蓋以形近致訛。

(此條根據陳曉偉整理施國祁《金史詳校》寫成,2019 年 7 月 2 日交稿。中華書局 2021 年出版)

附識

修訂本《交聘表下》新校第三七條:是歲王晫薨子韺嗣位。按,

---

① 《金史》卷一三五《高麗傳》,第 8 册,第 2888 頁。
② 《金史》卷六二《交聘表下》,第 5 册,第 1472—1473 頁。
③ 《高麗史》卷二一《神宗世家》、《熙宗世家》,上册,第 430 頁下欄。

《高麗史》卷二一《熙宗世家》，“熙宗成孝大王諱韺，(中略)七年正月己巳，受内禪即位。丁丑，神宗薨。二月庚申，葬于陽陵。遣郎中任永齡如金告哀”。高麗神宗王晫死於神宗七年，即金泰和四年。本表泰和四年欄，“三月庚寅，禮部侍郎王永齡來告哀”，即報神宗去世，唯使臣姓氏與《高麗史》異。則此條當移至後一欄末。

第四十一條：王永齡。《高麗史》卷二一《熙宗世家》作“任永齡”。(第 5 册第 1586、1587 頁)

筆者按，修訂本僅討論《交聘表下》高麗欄泰和三年條誤置及告哀使問題，未涉及《章宗紀》泰和四年正月辛卯條。

六

卷一二《章宗紀四》泰和八年四月癸卯(第 1 册第 283 頁)云：

> 日暈三重，皆内黄外赤。

本書卷二〇《天文志・日薄食煇珥雲氣》載此次天象記録更詳：“泰和八年四月癸卯，巳刻，日暈二重，内黄外赤，移時而散。”[①]兩者史料同源於《章宗實録》，則“三重”、“二重”必有一誤。

宣宗紀

七

卷一四《宣宗紀上》貞祐三年三月己丑條(第 2 册第 308

[①] 《金史》卷二〇《天文志》，第 2 册，第 422 頁。

頁）曰：

> 　　前年，京兆治中李友直私逃華州，結同知防禦使馮朝、河
> 州防禦判官郝遵甫、平涼府同知致仕楊庭秀、水洛縣主簿宿徽
> 等團集州民，號"忠義扈駕都統府"，相挺爲亂，殺其防禦判官
> 完顏八斤及城中女直人，以書約都統楊珪，爲府兵所得。珪諱
> 之，請自效，誘友直等執之，麾所招千餘人納仗阮諸城下。時
> 京師道路隔絶，安撫司以便宜族友直等，至是以狀聞。乃贈八
> 斤及被害官軍十餘人各一官，贖錢三百貫。

上文"李友直"，本書《韓玉傳》有作"李公直"者。① 施國祁《金史詳校》卷二有補正。經考證，兩人事迹相合，當爲一人。試論如下。

　　首先，"李友直私逃華州"，《韓玉傳》中有謂"華州李公直以都城隔絶"云云，可知發生叛亂地點相合。其次，李友直以書相約結構楊珪之事，最後結局如《宣宗紀》貞祐三年四月癸巳條所載"長勝軍都統楊珪伏誅"（第 335 頁），《韓玉傳》止稱"遣都統楊珪襲取之"語焉不詳。按《韓玉傳》取資元好問《中州集》韓玉小傳，該文有一段小注曰："公直書三，一與京兆宣撫，一與溫甫（韓玉），一與楊珪，故京兆軍得因書襲華州。"② 此與貞祐三年三月己丑條記載亦正相合。第三，所謂"平涼府同知致仕楊庭秀"一文，據《中州集》楊庭秀小傳記載説："庭秀，華州人。……泰和三年刺澤州，致仕後閑居鄉里，坐爲楊珪詿誤被法，士論冤惜之"。③ 楊庭秀鄉里即華州，因坐楊珪叛亂而被殺，緣起則爲李友直。

　　《宣宗紀上》貞祐三年三月己丑條載李友直叛亂應根據陝西安

---

① 　《金史》卷一一○《韓玉傳》，第 7 册，第 2430 頁。
② 　元好問編《中州集》卷八《韓内翰玉》，蕭和陶點校，下册，第 529 頁。
③ 　元好問編《中州集》卷七《楊澤州庭秀》，下册，第 437 頁。

撫司事後奏報,金朝文獻所見"李公直",皆出自元好問記載,"友"、"公"字形相近,二者必有一誤。

地理志

八

卷二五《地理志中》敘述汴京制度(第 2 册第 587 頁)曰:

> 丹鳳北曰舟橋,橋少北曰文武樓,遵御路而北橫街也。

"舟橋"之名亦見於本書《赤盞合喜傳》,其謂:"主兵者以議和之故不敢與戰,但於城上坐視而已。城中喧鬧,上聞之,從六七騎出端門至舟橋。"①不過根據其他文獻記載判斷,此名當誤。

據王岩考證,《金史·地理志》南京路條上文的史源出自楊奐《汴故宮記》。② 按楊奐於己亥年(1239)遊歷汴京,描述城內佈局稱:"丹鳳北曰州橋。橋少北,曰文武樓。遵御路而北,橫街也。"③鄒伸之《使轅日録》敘述作者紹定六年(1233)途經汴京見聞,"出相國寺往州橋,橋下水即汴河分流,往昔漕渠。"④筆者粗檢宋朝文獻,此地皆作"州橋",如孟元老《東京夢華録》稱"投西角子門曰相國寺橋,次曰州橋正名天漢橋,正對於大內御街。"⑤據此可證,汴京

---

①　《金史》卷一一三《赤盞合喜傳》,第 7 册,第 2495 頁。

②　王岩《鄒伸之〈使轅日録〉抉微》,余太山、李錦繡主編《絲瓷之路 VIII——古代中外關係史研究》,第 87—142 頁。

③　楊奐《還山遺稿》卷上《汴故宮記》,第 2 頁 b。

④　白珽《湛淵靜語》卷二,國家圖書館藏繡谷亭續藏鈔本,第 6 頁 a。此書題作《使燕日録》。

⑤　孟元老《東京夢華録注》卷一《河道》,鄧之誠注,中華書局,1982 年,第 27 頁。

州橋其實是一種俗稱,它的正式名稱爲"天漢橋",可知《金史·地理志》、《赤盞合喜傳》"舟橋"有誤。

九

卷二五《地理志中》敍述南京路開封府轄縣(第 2 册第 589 頁)云:

> 泰康,有魯溝、蔡河、渦河。鎮一,崔橋。

全書惟見此文作"泰康",疑誤。

據本書卷一四《宣宗紀上》貞祐三年十二月乙未條云:"太康縣人劉全、時溫、東平府民李寧謀反,伏誅。"①卷八五《永中傳》亦載此事:"貞祐三年,太康縣人劉全嘗爲盜,亡入衛真界,詭稱愛王。"②兩者皆作"太康"。此外,明昌二年《續修太清宮記》有謂:"自亳之外,助緣□歸德、陳、蔡、曹、單、宿、泗、潁、壽、睢州、太康等處。"③王磐撰《中書右丞相史公神道碑》記述史天澤功績説:"壬辰歲,太宗由白波渡河,疾趨陽翟,與睿宗相會,破合答軍於三峰山,命公略汴京以東諸城。公遂下太康、柘縣、瓦岡、睢州,復與大軍會。"④最關鍵的一條證據是,與《金史·地理志》有着同源關係的《江北郡縣》南京路開封府轄縣亦作"太康"。⑤ 根據以上宋元文獻所見,該縣名金時當以"太康"爲是。

---

① 《金史》卷一四《宣宗紀上》,第 2 册,第 315 頁。

② 《金史》卷八五《永中傳》,第 6 册,第 1900 頁。

③ 光緒《鹿邑縣志》卷一〇下《藝文志二》,第 16 頁 a。

④ 蘇天爵編《國朝文類》卷五八《中書右丞相史公神道碑》,第 3 頁 a—b。

⑤ 《重編群書類要事林廣記》乙集卷三《江北郡縣》,長澤規矩也編《和刻本類書集成》第 1 輯,第 222 頁上欄。

食貨志

十

卷四七《食貨志二·田制》(第 4 册第 1044 頁)云：

> 熙宗天會十四年，罷來流、混同間護邏地，以予民耕牧。

這條史文繫年疑誤。據卷四《熙宗紀》天眷元年二月己巳云：“詔罷來流水、混同江護邏地，與民耕牧。”①當以此文繫年爲準。

十一

卷五〇《食貨志五》金銀之税條(第 4 册第 1116 頁)曰：

> 墳山、西銀山之銀窟凡百一十有三。

原點校本和修訂本(第 1196 頁)將“西銀山”整體視作一座山名，且與“墳山”並舉，故其下均劃專名線，意謂兩者皆有銀窟。

按墳山即大房山。《三朝北盟會編》卷一八引苗耀《神麓記》謂太祖阿骨打“後遷於墳山，號曰泰陵”，以及卷一六五引《神麓記》稱太宗吴乞買死後“葬之墳山，號曰豫陵”。②據《大金集禮·雜祠廟》保陵公條記載説：“大定二十一年，敕旨，墳山起蓋山神堂，合封王、合封神，禮部定了奏知。……八月十七日敕旨，封公，以‘崇安’爲名，如山陵致祭，亦祭。續奉敕旨，山神本爲保護山陵，‘崇安’止

---

① 《金史》卷四《熙宗紀》，第 1 册，第 72 頁。
② 徐夢莘《三朝北盟會編》卷一八，上册，第 127 頁下欄。卷一六五，下册，第 1194 頁上欄。

是高大、安寧,無保護山陵之意。後改封保陵公。"①《金史·禮志》大房山條與上文相合,謂"大定二十一年,敕封山陵地大房山神爲保陵公"。② 以上文獻所見,墳山(大房山)尚無産銀一説。

今遍檢金朝文獻及相關史料,更無所謂"西銀山"一名。筆者注意到,《金史·食貨志》金銀之税條目下的史文諸條繫年,惟有"墳山西銀山之銀窟凡百一十有三"云云附於篇尾而無具體時間,不過這條史料來源和形成時間仍有迹可循。今本《大金集禮》第十二卷至第十七卷有闕文,這中間有一段內容提到:

> 大安元年十一月三十日,承省劄:"奏帖:'近奏差祕書監丞温迪罕胡土、三司知事邊源檢勘墳山以西銀洞事。云云。今據所差官胡土等檢勘得,止合以龍泉河爲禁限西界等,商量若准所申,是爲相應。云云'爲此,於十一月二十九日聞奏過,奉聖旨:'封堠立得分朗者,餘並准奏行。'"
>
> 一、……自陵寢紅排沙至此三十二里,以西又過烟燻嶺、松片山數重,纔是接連銀山。其墳山與銀山不是一帶山勢。
>
> 一、銀山在墳山西北,其山東西形勢,嶺南屬奉先縣,有銀洞五十四處,山嶺北屬宛平縣,有銀洞六十二處。兩縣銀洞止是一山。自陵寢紅排沙以西,最近銀洞四十二里,最遠銀洞四十八里。③

據此可知,大安元年温迪罕胡土、邊源上奏稱在墳山以西勘測到銀洞,具體位置"銀山在墳山西北",山嶺南北銀洞共計一百一十六處。前引《金史·食貨志》"金銀之税"條中的"銀窟凡百一十有

---

①　任文彪點校《大金集禮》卷三七《雜祠廟》,第363頁。
②　《金史》卷三五《禮志八》,第3冊,第820頁。
③　任文彪點校《大金集禮》,第185頁。

三”與《大金集禮》雖數目稍有不合，但能確定爲同一事。

據此，筆者重新校改如下：“墳山西銀山之銀窟凡百一十有三。”

選舉志

十二

據卷五一《選舉志一》曰：“世宗大定十一年，創設女直進士科，初但試策，後增試論，所謂策論進士也。”（第 4 冊第 1130 頁）此係元朝史官所撰寫的序論，意謂女直進士科創設於大定十一年。然而此記女真進士科開科時間與金朝文獻所載實際情況齟齬不合。

我們檢討《金史》所涉女直進士及策論考試之事，同卷《選舉志一》女直學條則云：大定十三年，“以策、詩取士，始設女直國子學，諸路設女直府學，以新進士爲教授”（第 1133 頁）。以上所言首次開科時間正確無疑，兹將證據列舉如下：

本書《温迪罕締達傳》有云：“（大定）十三年，設女直進士科。是歲，徒單鎰等二十七人登第。”①《夾谷衡傳》亦曰：“大定十三年，創設女直進士舉，衡中第四人，補東平府教授。”②此外，據《尼厖古鑑傳》記載，“識女直小字及漢字，登大定十三年進士第，調隆安教授。”該傳文還説，“世宗器其材，謂宰臣曰：‘新進士中如徒單鎰、夾谷衡、尼厖古鑑，皆可用也。’”③此語與《夾谷衡傳》世宗嘗謂宰臣曰“女直進士中才傑之士蓋亦難得，如徒單鎰、夾谷衡、尼厖古鑑皆

①　《金史》卷一〇五《温迪罕締達傳》，第 7 冊，第 2321 頁。
②　《金史》卷九四《夾谷衡傳》，第 6 冊，第 2092 頁。
③　《金史》卷九五《尼厖古鑑傳》，第 6 冊，第 2119 頁。

有用材也”的記載亦正相合。據此可知,金朝創設女直進士科爲大定十三年,徒單鎰拔得頭籌。按《徒單鎰傳》有謂:“(大定)九年八月,詔策女直進士,問以求賢爲治之道。侍御史完顏蒲涅、太常博士李晏、應奉翰林文字阿不罕德甫、移剌傑、中都路都轉運副使奚䀨考試鎰等二十七人及第。鎰授兩官,餘授一官,上三人爲中都路教授,四名以下除各路教授。”《金史》點校者指出“九年”爲“十三年”之誤,並校改正文,正確。① 上文臚列中進士者夾谷衡、尼厖古鑑、徒單鎰按規定均除授諸路教授。《選舉志》敍述文武選,“女直進士”條云:“大定十三年,皆除教授。”②即指此事。

從《金史・徒單鎰傳》可見,詔策女直進士具體時間爲大定十三年八月。根據這條線索,我們注意到本書《五行志》有云:“(大定十三年)八月丁丑,策試進士於憫忠寺,夜半忽聞音樂聲起東塔上,西達於宮。考官完顏蒲捏、李晏等以爲文運始開,得賢之兆。”③綜上多種記載可詳知此次開科取士之經過。我們再進一步追索《選舉志》序文所謂“大定十一年”說的來龍去脈,按此說源自該卷策論進士條(第1140—1141頁)云:

　　　　(大定)十一年,始議行策選之制,至十三年始定每場策一道,以五百字以上成,免鄉試府試,止赴會試御試。且詔京師設女直國子學,諸路設女直府學,擬以新進士充教授,以教士民子弟之願學者。俟行之久、學者衆,則同漢進士三年一試之制。乃就憫忠寺試徒單鎰等,……憫忠寺舊有雙塔,進士入院之夜半,聞東塔上有聲如音樂,西入宮。考試官侍御史完顏蒲

---

① 《金史》卷九九《徒單鎰傳》,第7冊,第2185—2186、2199頁第二條校勘記。
② 《金史》卷五二《選舉志二》,第4冊,第1163頁。
③ 《金史》卷二三《五行志》,第2冊,第538頁。

涅等曰:"文路始開而有此,得賢之祥也。"中選者得徒單鎰以下二十七人。

憫忠寺東塔上有聲如音樂,此與《五行志》相吻合。從上文亦可知,大定十一年其實是朝廷開始討論策選的時間。元好問撰《尚書右丞耶律公(履)神道碑》有詳細記述:

> 初議以時務策,設女直進士科。禮部以所學不同,未可概稱進士。詔公定其事。乃上議曰:"進士之科起于隋大業中,始試以策,唐初因之。至高宗時雜以箴、銘、賦、頌,文宗始專用賦。且進士之初,本專策試。今女直諸生以試策稱進士,又何疑焉?"世宗説,事遂施行。①

從上文可見,關於女直進士科的爭議歷時兩年才見分曉,耶律履參與定奪。元朝史官妄下結論,將始議行策選的時間當作真正的開科時間,實際爲大定十三年。

十三

卷五一《選舉志一》系統記載金源一朝科舉取士制度及科目,其中有謂:"明昌初,又設制舉宏詞科,以待非常之士。"(第4册第1130—1131頁)今檢本卷卷目,具列諸條目與該卷內容相對應,僅見有"制舉"並無"宏詞",諸版本正文中將"制舉有賢良方正、能直言極諫、博學宏材、達於從政等科"及"宏詞科"列爲一段,故合併作一個門類(第1150頁)。意謂前者包括後者。點校本《金史》上文云"制舉宏詞科"亦如此理解。李桂芝解釋説,宏

---

① 元好問《遺山先生文集》卷二七《尚書右丞耶律公神道碑》,姚奠中主編、李正民增訂《元好問全集(增訂本)》,上册,第585頁。參見《金史》卷九五《移剌履傳》,第6册,第2100頁。

詞也稱"博學宏詞",是金朝制舉的首科。① 都興智則認爲"制舉"和"宏詞"分別爲兩科。② 兩者是否爲同一科目,學者分歧甚大,不過僅僅依據《金史》編纂條目簡單判斷,難見分曉。下文謹結合金朝文獻與唐宋科舉發展史詳細辨析"宏詞科"與"制舉"的關係及其制度淵源。

前引《金史·選舉志》所稱"制舉宏詞科",緣起時間爲明昌初年。按,《章宗紀一》明昌元年三月乙亥條云:"初設應制及宏詞科。"③由此可知《選舉志》該條紀事之原委,"應制"當指制舉,可見它與"宏詞"分別作爲兩科來設置。值得注意的一條線索是,本卷《選舉志一》雖然整段內容先後敍述制舉、宏詞科,結尾則云"二科皆章宗明昌元年所創者也"。這樣兩者的關係就很清楚了。另外,該卷記載御試規程云:"凡御試,讀卷官,策論、詞賦進士各七員,經義五員,餘職事官各二員。制舉宏詞共三員。"揆諸文義,"共"蓋指二者關係,看來最有可能是指兩個科目。

以上是從《金史》中尋覓到的蛛絲馬跡。金朝石刻中亦見有三例旁證:其一,根據梁持勝履歷,"經甫泰和六年進士,制策優等,宏辭亦中選"。④ 成化《山西通志·人物》引作"泰和六年舉進士,中制策、宏詞兩科"。⑤ 這種理解較爲準確。其二,毛麾撰《潞州重修學記》曰:"降及節鎮,同京府教養。復經義、宏詞、制舉、添律學人試義,童子念六經諸科擢第。"此指金章宗初年事。⑥ 其三,許安仁

---

① 李桂芝《遼金科舉研究》,中央民族大學出版社,2011年,第158頁。
② 張希清等主編《中國科舉制度通史·遼金元卷》,上海人民出版社,2015年,第225頁。本書"金代卷"由都興智執筆。
③ 《金史》卷九《章宗紀一》,第1冊,第214頁。
④ 《中州集》卷五《梁太常持勝》,蕭和陶點校,上冊,第332頁。
⑤ 成化《山西通志》卷九《人物·金》,第74頁b。
⑥ 成化《山西通志》卷一三,第65頁b。

撰《李文簡公神道碑銘》曰:"今上即位,竟復經義、神童兩科,又益以宏詞、制舉,皆自公啟之。"①上述兩種文獻均涉及明昌元年初設宏詞、制舉。若制舉係宏詞等諸多科目的總稱,則當稱"制舉宏詞",即以大兼小,而上文皆稱"宏詞制舉",且文中有與"律學"、"童子"諸科相提並論者,這充分説明"宏詞"、"制舉"兩科並立,並無任何統屬關係。

　　若梳理唐宋時期科舉演變史,則可進一步釐清金代"制舉"、"宏詞科"的制度源頭。論者指出,博學宏詞科設置於開元十九年(731),《唐會要》雖然將其作爲"制科舉"記載,實際已經從當中分離出來了。② 按,洪适《重編唐登科記序》有云:"進士在唐最重,公卿達官不以是仕者,常怏然不滿。其外有宏辭、明經諸科,而制舉之名多至八十有六。"③洪邁亦稱"唐世制舉,科目猥多",並臚列各類考試名目。④ 從中可見,宏詞(辭)科當與制舉無涉。《五代會要》"制舉"、"宏詞、拔萃"即分別立爲兩科目。⑤ 據記載,到紹聖元年(1094),罷制科,乃置宏詞科。⑥ 北宋時期則是兩者相繼交替,直至南宋紹興二年正月甲午,"詔自今科場復置賢良方正、能直言極諫科"。⑦ 制科、宏詞科這才再次並立施行。《金史·選舉志》總

① 成化《山西通志》卷一五,第74頁 a。

② 吳宗國《唐代科舉制度研究》,遼寧大學出版社,1992年,第97—103頁。

③ 洪适《盤洲文集》卷三四《重編唐登科記序》,《四部叢刊》本,第7頁 a。

④ 洪邁《容齋續筆》卷一二《唐制舉科目》,孔凡禮點校《容齋隨筆》,中華書局,2005年,第366頁。

⑤ 王溥《五代會要》卷二二,上海古籍出版社,2006年,第356—357頁。

⑥ 《宋史》卷一八《哲宗紀二》紹聖元年九月庚戌條,第2冊,第341頁。參見聶崇岐《宋詞科考》,原刊《燕京學報》第25期,1939年,收入氏著《宋史叢考》,中華書局,1980年,上冊,第127—171頁。

⑦ 李心傳《建炎以來繫年要錄》卷五一紹興二年正月甲午,胡坤點校,第3冊,第1045頁。

論敘及金朝科舉制度之起源，"金設科皆因遼、宋制，有詞賦、經義、策試、律科、經童之制"（第 4 册第 1130 頁）。論及金源時期宏詞科、制舉，亦可與宋朝制度相比較，表列如下：

表一：宏詞科

	金朝	宋朝
考試内容	詔、誥、章、表、露布、檄書，則皆用四六；誡、諭、頌、箴、銘、序、記，則或依古今體，或參用四六	所試以章、表、露布、文書，用四六也；頌、銘、戒、論、序、記雜用古今體，不拘四六也
考題道數	通試四題	考官取四題，分二日試
應試資格	賜第後進士及在官六品以下無公私罪者	每科場後許進士登科人
選拔標準及待遇	分二等，遴擢之	中程者申三省看詳，仍分爲兩等，上等循兩資，中等循一資，承務郎以上比類推恩。詞格超異者臨時取旨

　　表一右欄"宋朝"詞科均爲紹興元年制度，引據《宋會要輯稿》選舉一二之一至三。[1] 據此分析，兩者惟有"應試資格"欄中金朝除賜第後進士外，擴及在官六品者有所差異外，其餘内容大體相合。

表二：制舉

	金朝	宋朝
考試科目	有賢良方正、能直言極諫、博學宏材、達於從政等科	賢良方正能直言極諫科
舉辦日期	試無常期，上意欲行，即告天下	每科場年
考試程式	則先投所業策論三十道於學士院	先具詞業繳進（策、論共五十篇），送兩省、侍從參考

---

[1]　徐松輯《宋會要輯稿》，第 5 册，第 4448 頁下欄—第 4449 頁上欄。

	金朝	宋朝
考試程式	視其詞理優者,委官以群經、子、史内出題,一日試論三道	分三等,文理優長爲上,次優爲中,平常爲下。次優以上,並召赴閣試。歲九月,命兩省、學士官考試於祕閣,御史監之,試六論(每首五百字以上),於九經、十七史、七書、國語、荀、揚、管子、文中子正文内出題,差

續表

	金朝	宋朝
考試程式		楷書祇應,四通以上爲合格,仍分五等,以試卷繳奏御前拆號
	如可,則庭試策一道,不拘常務	入四等以上,召赴殿試
應試資格	聽内外文武六品以下職官無公私過者;從内外五品以上官薦於所屬,詔試之;若草澤士,德行爲鄉里所服者,則從府州薦之	不拘已仕、未仕(命官仍以不曾犯贓私罪人充)
選拔標準及待遇	取其無不通貫者,優等遷擢之	第三等爲上,恩數視廷試第一人,第四等爲中,視廷試第三人,皆賜制科出身;第五等爲下,視廷試第四人,賜進士出身;不入等與簿、尉差遣。已上並謂白身者。若有官人,則進一官與升擢

　　表二右欄內容引自李心傳《建炎以來朝野雜記·取士選舉》制科條,[1]從中亦知紹興二年制科大抵因襲宋初舊制。從"考試科目"、"考試程式"、"應試資格"、"選拔標準及待遇"來看,金朝制舉也是效仿宋朝紹興制度而設立。不過,宋初"國初制舉,有賢良方

① 李心傳《建炎以來朝野雜記》甲集卷一三,徐規點校,中華書局,2000年,第254—255頁。

正能直言極諫、經學優深可爲師法、詳閑吏理達於教化,凡三科",①
紹興二年只保留了賢良方正能直言極諫科。據此分析,《金史·選
舉志》亦設有該科目,蓋作"賢良方正能直言極諫",不過目前在金
朝文獻中尚未找到應試此科的案例。

　　綜上所述,明昌元年三月所創設的"制舉"及"宏詞科"幾乎是
照搬宋朝科目及選拔方式,其實這兩種科目在唐宋時期迥然有別,
有着各自不同的特點,尤爲明顯的是,宋代宏詞科作爲特科止針對
"每科場後許進士登科人",遠不如制科那樣不拘資歷和出身條件
寬泛。金朝同樣將"賜第後進士"納入詞科選拔對象,其中最大特
點則是,就在職官員而言,官階六品與否也成爲選拔準繩,即六品
以上者才有資格參選宏詞科,中選者大多供職翰林院,②"文武六品
以下職官"及未仕者只能參加制舉。根據金朝文獻記載,宏詞科遠
遠要比制舉開科頻繁,應考者層次之高,且以命此科爲殊榮。③ 例
如,明昌初設宏詞科,"(盧)子達與郭黻、周詢、張復亨就試,凡七
日,並中選";④《金史·衛紹王紀》大安元年五月,"試宏詞科";⑤
趙秉文《會靈觀即事》小注云"戊寅五月十六日試宏詞",⑥即興定
二年;正大元年五月,元好問應辭科。⑦ 而制舉往往偏重下層士人,
如康熙《平陽府志·選舉志》列舉金朝舉賢良方正者陳揮、陳灝、陳

---

① 徐松輯《宋會要輯稿》選舉一〇之六,第5冊,第4448頁下欄—第4414頁下欄。
② 參見元好問《中州集》卷八《盧待制元》,蕭和陶點校,下冊,第533頁。
③ 參見薛瑞兆《金代科舉》,第58頁。
④ 元好問《中州集》卷八《盧待制元》,蕭和陶點校,下冊,第533頁。參見劉祁《歸潛
　志》卷一〇張仲淹條,崔文印點校,第114頁。
⑤ 《金史》卷一三《衛紹王紀》,第1冊,第291頁。
⑥ 趙秉文《閑閑老人滏水文集》卷四《會靈觀即事》,見馬振君整理《趙秉文集》,第
　94頁。
⑦ 元好問《遺山先生文集》卷一五《宏詞》,姚奠中主編、李正民增訂《元好問全集(增
　訂本)》,上冊,第380頁。

仲謙等人都寂寂無聞。①

　　附帶解釋一條史料。按本卷《選舉志一》（第4册第1132頁）國子學生條記述大定二十九年全國興辦學校事：

> 章宗大定二十九年，上封事者乞興學校，推行三舍法，及鄉以八行貢春官，以設制舉宏詞。事下尚書省集百官議，户部尚書鄧儼等謂："……夫制舉宏詞，蓋天子待非常之士，若設此科，不限進士，并選人試之，中選擢之臺閣，則人自勉矣。"上從其議。遂計州府户口，增養士之數。於大定舊制京府十七處千人之外，置節鎮、防禦州學六十處，增養千人。"

《章宗紀一》大定二十九年七月辛巳亦記述此事云："詔京、府、節鎮、防禦州設學養士。"②有言事者提議創設"制舉宏詞"，鄧儼云"若設此科"，可理解爲"制舉"、"宏詞"兩科。因此，《選舉志一》這條材料與上文結論並不衝突。

　　本文的結論是，金代"制舉"、"宏詞"當爲兩種科目，幾乎是照搬宋朝制度。據此，《金史·選舉志》該卷卷目"進士諸科、律科、經童科、制舉、武舉、試學士院官、司天醫學試科"，"制舉"下當有"宏詞科"。

百官志

十四

　　卷五五《百官志一》敍述黑號之姓云（第4册第1230頁）：

> 唐括、書作同古。蒲察、术甲、蒙古、蒲速、粘割、奥屯、斜卯、

---

① 康熙《平陽府志》卷二一《選舉志》，第4頁a。
② 《金史》卷九《章宗紀一》，第1册，第211頁。

準葛、諳蠻、獨虎、术魯、磨輦、益輦、帖暖、蘇孛輦皆封彭城郡。

其中，"斜卯"這個姓氏在金朝文獻中屢見不鮮，似無疑問。不過，施國祁《金史詳校》卷四百官志一條指出，此名"亦書作'斜卯'"，按明昌四年《五龍廟祈晴記》末尾官員題名中有作"斜卯温玉"者。① 陸游《老學庵筆記》載有一條掌故談及到女真"斜卯"姓氏，謂淳熙十六年（1189），謝子肅使虜回云："虜姓多三兩字，又極怪，至有姓斜卯者。"②以上兩種文獻所載之事，亦能在女真語碑刻中得到印證。正大元年《女真進士題名碑》第10行具列讀卷官通議大夫 圼甬爻 卒舌（ʃaron aiʃǐ）。據考證，此人即《金史》卷一一四有傳者斜卯愛實，"觀此三字拼合正作ʃaron，其姓似原爲'斜卯'，其後嫌不雅馴，改爲'斜卯'"。③

十五

卷五五《百官志一》（第4册第1231頁）曰：

> 猛安、謀克、翰林待制、修撰、判、推、勘事官、都事、典事、知事、内承奉押班、通事舍人、通進、編修、勾當、頓舍、部役、廂官、受給管勾、巡河官、直省直院長副、諸檢法、知法、司正、教授、司獄、司候、東宮諭德、贊善、掌寶、典儀以下，王府文學、記事參軍，並帶"充"字。

原點校本和修訂本（第1314頁）均標點作"受給管勾"，其實"受給"、"管勾"應是兩種不同的官職。

受給官大概相當於今天的會計，按本書卷五六《百官志二》修

① 胡聘之編撰《山右石刻叢編》卷二二《五龍廟祈晴記》，第10頁a。
② 陸游《老學庵筆記》卷一，李劍雄、劉德權點校，中華書局，1979年，第13頁。
③ 金光平、金啟孮《女真語言文字研究》，文物出版社，1980年，第301、304頁。

内司條云："受給官二員，正八品，掌支納諸物。"都城所條云："受給官二員，正八品，掌支納諸物及挺埴等事。"①管勾官是一種通稱，金朝從中央到地方的各級官僚機構中都設有這個職位，通常爲八品或九品。今檢卷五七《百官志三》南京提舉京城所條："管勾一員，正八品，掌佐繕治。受給官一員，掌收支之事。"②該機構同時設置管勾、受給。據此，上文應該標點爲"受給"、"管勾"。

附識

"内承奉押班"，點校本原標點作"内承奉、押班"，視爲兩種官職，當誤。據本書卷五六《百官志二》宣徽院條記載："内承奉班押班，正七品，掌總率本班承奉之事。"（第 2 册第 1259 頁）范成大《攬轡録》記述金大定官制，稱宣徽院亦有"内供奉押班"。（《金史·百官志》"承奉"乃避顯宗允恭嫌名所改）按，《金史》卷八八《移剌光祖附傳》（第 6 册第 1969 頁）云"内承奉押班"與上述記載相合。

以上觀點及材料由馮盛提供，謹致謝忱。

十六

卷五七《百官志三》宮人女官條臚列内侍人員，由於至正初刻本版刻中諸文字堆砌成文，以致諸條目雜亂無章、眉目不清。原點校本標點如下（第 4 册第 1296—1299 頁）：

宮人女官職員品秩，皆同唐制。

尚官二人，掌導引皇后，管司記、司言、司簿、司闈，仍總知

---

① 《金史》卷五六《百官志二》，第 4 册、第 1286—1287 頁。
② 《金史》卷五七《百官志三》，第 4 册、第 1306—1307 頁。

五尚須物出納等事。

司記二人、典記二人、掌記二人,掌在内諸文書出入目録,爲記審訖付行縣印等事。女史六人,掌職文簿。

司言二人、典言二人、掌言二人、女史四人,掌宣傳啓奏之事。

司簿二人、典簿二人、掌簿二人、女史六人,掌宫人名簿廩賜之事。

司闈六人、典闈六人、掌闈六人、女史四人,掌宫闈管鑰之事。

尚儀二人,掌禮儀起居,管司籍、司樂、司賓、司贊事。

司籍二人、典籍二人、掌籍二人、女史十人,掌經籍教學紙筆几案之事。

司樂四人、典樂四人、掌樂四人、女史二人,掌音樂之事。

司賓二人、典賓二人、掌賓二人、女史二人,掌賓客參見、朝會引導之事。

司贊二人、典贊二人、掌贊二人、女史二人、彤史二人,掌禮儀班序、設板贊拜之事。

尚服二人,掌管司寶、司衣、司飾、司仗之事。

司寶二人、典寶二人、掌寶二人、女史四人,掌珍寶符契圖籍之事。

司衣二人、典衣二人、掌衣二人、女史四人,掌御衣服首飾之事。

司飾二人、典飾二人、掌飾二人、女史二人,掌膏沐巾櫛服玩之事。

司仗二人、典仗二人、掌仗二人、女史二人,掌仗衛兵器之事。

尚食二人，掌知御膳、進食先嘗，管司膳、司醖、司藥、司饎事。

司膳四人、典膳四人、掌膳四人、女史四人，掌膳羞器皿。

司醖二人、典醖二人、掌醖二人、女史二人，掌酒醴。

司藥二人、典藥二人、掌藥二人、女史二人，掌醫藥。

司饎二人、典饎二人、掌饎二人、女史二人，掌宮人食并柴炭之事。

尚寢二人，管司設、司輿、司苑、司燈事。

司設二人、典設二人、掌設二人、女史二人，掌帷帳、牀褥、枕席、洒掃、鋪設。

司輿二人、典輿二人、掌輿二人、女史二人，掌輿傘扇羽儀。

司苑二人、典苑二人、掌苑二人、女史二人，掌苑囿種植蔬果。

司燈二人、典燈二人、掌燈二人、女史二人，掌燈油火燭。

尚功二人，掌女功，管司製、司珍、司綵、司計事。

司製二人、典製二人、掌製二人、女史二人，掌裁縫衣服纂組之事。

司珍二人、典珍二人、掌珍二人、女史二人，掌金珠玉寶財貨之事。

司綵二人、典綵二人、掌綵二人、女史二人，掌錦文緋綵絲帛之事。

司計二人、典計二人、掌計二人、女史二人，掌支度衣服飲食柴炭雜物之事。

官正二人，掌總知宮內格式、糾正推罰之事。司正二人，同掌。典正二人，糾察違失。女史四人。

據《大金國志·千官品列》女官職員條記載説,"尚宮、尚儀、尚服、尚食、尚寢、尚功、宮正。右六尚局,該女職一千餘員。"[1]此與本卷《百官志三·宮人女官》相吻合,上文所述内容即六尚局職掌、機構設置及人員情況。其中,點校本《金史》"宮人女官"文下小注謂:"職員品秩,皆同唐制。"據這條線索,筆者參照《唐六典》卷一二《内官》宮官條[2]及《舊唐書·職官志三》宮官條比較,[3]似可證實金朝女官制度因襲唐制,結果卻意外發現《金史·百官志三》宮人女官條整篇在《宋會要》中竟然有雷同文字,按《宋會要輯稿》后妃四之二至三内職條云:

宮人女官品:六尚書,正五品;二十四司司正、彤史,正七品;二十四掌,正八品;女史,流外勲品。

凡宮人女官職員:

尚宮二人,掌導引皇后,管司記、司言、司簿、司闈,仍總知五尚須物出納等事。

司記二人,掌在内諸司文書入出目録,爲記審訖付行監印等事,其佐有典記、掌記各二人、女史六人;

司言二人,掌宣傳啟奏事,其佐有典言、掌言各二人、女史六人;

司簿二人,掌宮人名簿廩賜之事,其佐有典簿、掌簿各二人,女史六人;

司闈六人,掌宮闈管籥之事,其佐有典闈、掌闈各六人、女史四人。

---

① 崔文印校證《大金國志校證》卷三四《千官品列》,下册,第 488—489 頁。
② 李林甫等撰《唐六典》卷一二《内官》,陳仲夫點校,中華書局,2008 年重印本,第 341—355 頁。
③ 《舊唐書》卷四四《職官志三》,第 6 册,第 1876—1869 頁。

尚儀二人，掌禮儀起居，管司籍、司樂、司賓、司贊事。

司籍二人，掌經籍教學紙筆几案之類，其佐有典籍、掌籍各二人、女史十人；

司樂四人，掌音(集)〔樂〕之事，其佐有典樂、掌(集)〔樂〕各四人、女史二人；

司賓二人，掌賓客參見、朝會引導之事，其佐有典賓、掌〔賓〕、女史各二人；

司贊二人，掌禮儀班序、設版、贊拜之事，其佐有典贊、掌贊、女史、彤史各二人。

尚服二人，掌司寶、司衣、司飾、司仗之事。

司寶二人，掌珍寶、符契、圖籍之事，其佐有典寶、掌寶各二人、女史共四人；

司衣二人，掌御衣服首飾之事，其佐有典衣、掌衣各二人、女史四人；

司飾二人，掌膏沐巾櫛服玩之事，其佐有典飾、掌飾、女史各二人；

司仗二人，掌仗衛兵器之事，其佐有典仗、掌仗、女史各二人。

尚食二人，掌知御膳進食先嘗，管司膳、司醞、司藥、司饎事。

司膳二人，掌膳羞器皿之事，其佐有典膳、掌膳、女史各四人；

司醞二人，掌酒醞之事，其佐有典醞、掌醞、女史各二人；

司藥二人，掌醫藥之事，其佐有典藥、掌藥各二人、女史四人；

司饎二人，掌宮人食及柴炭之事，其佐有典饎、掌饎各二人、女史四人。

尚寢二人,管司設、司輿、司苑、司燈事。

司設二人,掌帷帳、牀褥、枕席、洒掃、鋪設之事,其佐有典設、掌設各二人、女史四人;

司輿二人,掌輿繖扇羽儀之事,其佐有典輿、掌輿、女史各二人;

司苑二人,掌園苑種植蔬果之事,其佐有典苑、掌苑、女史各二人;

司燈二人,掌燈油火燭之事,其佐有典燈、掌燈、女史各二人。

尚功二人,掌女工,管司制、司珍、司綵、司計事。

司製二人,掌裁縫衣服纂組之事,其佐有典製、掌製各二人、女史四人;

司珍二人,掌金玉珠寶財貨之事,其佐有典珍、掌珍各二人、女史六人;

司綵二人,掌錦文縑綵絲帛之事,其佐有典綵、掌綵各二人、女史六人;

司記二人,掌支度衣服、飲食、柴炭、雜物之事,其佐有典計、掌計各二人、女史共四人。

宮正一人,掌總知內格式、糾正推罰之事。

司正二人,掌同宮正,其佐有典正、女史各四人。①

通過對比文字,可知《金史》問題較多。

第一,本卷首目録云“宮人女職”,是根據正文首行“宮人女官職員品秩皆同唐制”(見圖二十),蓋因“官”、“職”二字相屬,元朝

---

① 徐松輯《宋會要輯稿》,第1册,第266頁上下欄。

史官節取不當致誤，實應作"宮人女官"。按《宋會要輯稿》作"宮人女官職員"，及其上文云"宮人女官品"所列六尚書、二十四司、二十四掌及女史品階與唐制相同，《金史》"宮人女官職員品秩皆同唐制"蓋取資於此，原點校本和修訂本將"職員品秩，皆同唐制"改作小字注，當誤，應標點作"宮人女官職員，品秩皆同唐制。"

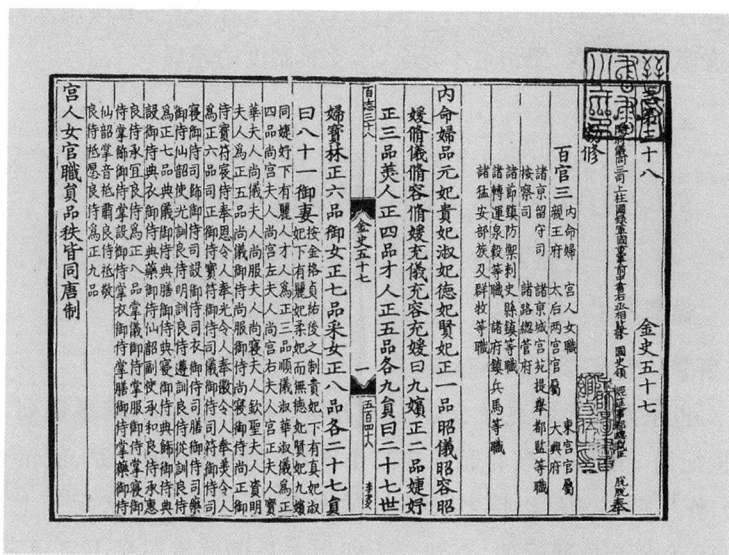

圖二十

中華再造善本影印至正初刻本

　　第二，"尚服二人，掌管司寶、司衣、司飾、司仗之事。"原點校本舊校第一條指出："原脫'管'字。按依文例'掌'下當有脫句，其文無可考，今僅補一'管'字。"（第1331頁）修訂本新校第二條同（第1418頁）。據《宋會要》該條云："尚服，二人，掌司寶、司衣、司飾、司仗之事。"知原文蓋即如此，《金史》不當補字。

　　第三，"尚寢二人，管司設、司輿、司苑、司燈事。"原點校本舊校

第三條指出："尚寢二人，按此下當有脫句述所掌某事，今無可考。"（第1331頁）新校第四條同（第1418頁）。《宋會要》該條有云"尚寢二人，管司設、司輿、司苑、司燈事"，與此文相同。今考《唐六典·內官》宮官條作"尚寢掌燕寢進御之次叙"，當可參考。

此外，《金史》所鈔錄的司言、司藥、司饎、司製、司珍、司記、司綵諸條女史及宮正、司正典正的員數，與《宋會要》均有所出入，當係文獻傳抄歧異，恐怕並不是金、宋女官制度的差異。

十七

卷五八《百官志四·印制》（第4冊第1337頁）云：

> 太子之寶。大定二十二年，世宗幸上京，鑄"守國之寶"以授皇太子。

此事繫於大定二十二年有誤。

世宗太子允恭薨於大定二十五年，未即皇帝位，其事迹列入《世紀補·顯宗》，該卷謂大定二十四年，"世宗將幸上京，詔帝守國，作'守國之寶'以授之"。[1] 今檢本書《世宗紀下》，大定二十二年行幸山後及獵近郊，直到二十四年才具體落實巡幸上京事宜。是年三月甲午，"以上將如上京，尚書省奏定'皇太子守國諸儀'。丙申，尚書省進'皇太子守國寶'，上召皇太子授之"。[2] 知本卷《百官志四·印制》太子之寶條蓋取資於此。

按《大金集禮》卷八《皇太子·守國儀》亦載此事云：

> 車駕將幸上京，擬定東宮治事儀式。大定二十三年十二

---

① 《金史》卷一九《世紀補》，第2冊，第413頁。
② 《金史》卷八《世宗紀下》，第1冊，第186頁。

月二十一日，准奏。

　　……二十四年三月十九日，奉敕旨造監國印。今擬比親王印稍大半分，以金爲之，龜紐，篆文曰“監國之寶”。准奏改“監”爲“守”，比親王印大一分。并擬，其日遣使詣東宮，皇太子具公服詣褥位立，使者稱“有敕”。兩拜，使者傳宣：“朕將巡幸上京，令卿權守國事，仍付卿‘守國之寶’，想宜知悉。”訖，授皇太子寶，又兩拜，禮畢。奏，奉敕旨，御前祗受。①

《金史·禮志四》寶玉條：

　　大定二十四年，皇太子寶，金鑄龜紐，有司定其文曰“監國”，上命以“守”易“監”，比親王印廣長各加一分。②

這條史文根據上文寫成。此外，《金史·世宗紀》謂三月丙申七日授皇太子寶，而《大金集禮》上文所云“三月十九日奉敕旨造監國印”時間疑誤，當作“二月”。該段下小注：“《雜録》云：‘三月七日，皇太子御前受寶訖。’《實録》：‘三月七日授之’。”及“三月五日擬奏下項儀禮”，③正與《金史·世紀補·顯宗》相合。

　　綜上所述，《金史·百官志》“大定二十二年”當作“大定二十四年”。

十八

　　卷五八《百官志四·印制》太子之寶條（第4册第1337頁）云：

　　貞祐三年十二月，以皇太子守緒控制樞密院，詔以金鑄“撫軍之寶”，如世宗時制，於啓稟之際用之。

---

①　任文彪點校《大金集禮》卷八《皇太子》，第138—139頁。
②　《金史》卷三一《禮志四》，第3册，第765頁。
③　任文彪點校《大金集禮》卷八《皇太子》，第138—139頁。

（第 4 册第 1337 頁）今見本書卷一四《宣宗紀上》貞祐四年二月甲申條曰“上不視朝，詔皇太子控制樞密院事”，乙酉條曰：“皇太子既總樞務，詔有司議典禮，以金鑄‘撫軍之寶’授太子，啓稟之際用之。”①據此可知，《百官志》和《宣宗紀》史料同源，然繫年歧異，應該指明此事。

交聘表

十九

卷六〇《交聘表上》高麗欄謂天會四年十一月（第 5 册第 1393 頁）：

> 遣高隨等爲賜高麗生日使。

據本書卷三《太宗紀》記載天會四年閏十一月事：“庚申，以高隨充高麗生日使。”②傳、紀史文均據《太宗實錄》，可知今本《交聘表》“十一月”上奪“閏”字。

二十

卷六一《交聘表中》高麗欄大定十七年三月辛丑朔（第 5 册第 1437 頁）云：

> 高麗遣尚書工部侍郎崔光遠賀萬春節。

今檢《高麗史·明宗世家》丁酉七年（1177）正月戊午條謂：“遣兵

---

① 《金史》卷一四《宣宗紀上》，第 2 册，第 316 頁。
② 《金史》卷三《太宗紀》，第 1 册，第 56 頁。

部侍郎崔光廷如金賀萬春節。"①可見兩書紀事相合,此處"崔光遠"當從《高麗史》作"崔光廷"。

二十一

卷六一《交聘表中》宋欄大定二十二年九月(第 5 冊第 1442 頁)曰:

> 以殿前左衛將軍宗室禪赤、翰林直學士呂忠翰爲賀宋生日使。

呂忠翰,我們在金朝文獻中屢見其名。例如,《孔氏祖庭廣記·歷代崇重》金朝條謂:"大定二十三年二月,國學成,祀先聖於國子監之廟,以尚書右丞張汝弼攝太尉,行事稱'上謹遣'。直學士呂忠翰攝祭酒,充亞獻官,待制任偶攝司業,充終獻官。"②《大金集禮》卷三六《宣聖廟·祀儀》紀事相同,亦云大定二十三年二月二十三日,"省差直學士呂忠翰攝祭酒,充亞獻官"。③ 此事見《金史·世宗紀》大定二十三年二月戊申條,止稱"以尚書右丞張汝弼攝太尉,致祭于至聖文宣王廟"。④ 并未記載呂忠翰事。總之,以上文獻皆稱呂氏其名爲"忠翰",任翰林直學士。

不過我們注意到《族帳部曲錄》有記載説,"呂宗翰字周卿,⑤燕人。亮時,狀元及第,是年出《王業艱難賦》。葛王立,除翰林修撰。"⑥知呂宗翰爲海陵時期狀元,至世宗朝時擔任翰林修撰。那

---

① 《高麗史》卷一九《明宗世家一》,上冊,第 398 頁上欄。
② 孔元措編《孔氏祖庭廣記》卷五《歷代崇重》,第 12 頁 b—第 13 頁 a。
③ 任文彪點校《大金集禮》卷三六《宣聖廟》,第 351 頁。
④ 《金史》卷八《世宗紀下》,第 1 冊,第 183 頁。
⑤ "周卿"原作"周蕖",今據明鈔本校改。
⑥ 徐夢莘《三朝北盟會編》卷二四五引《族帳部曲錄》,下冊,第 1765 頁下欄。

麼,此人是否與上文所見大定二十年、二十三年翰林直學士吕忠翰
同爲一人呢? 可惜上文並未寫明海陵朝哪次開科取士,故"是年"
一語不知其所指年份。幸賴根據"出《王業艱難賦》"這條線索,我
們發現《歸潛志》卷一〇有如下記載:

> 趙翰林可獻之,少時赴舉,及御簾試《王業艱難賦》。程文
> 畢,於席屋上戲書小詞云:"趙可可,肚裏文章可可。三場捱了
> 兩場過,只有這番解火。恰如合眼跳黄河,知他是過也不過。
> 試官道王業艱難,好交你知我。"時海陵庶人親御文明殿。①

上文記述翰林直學士趙可於海陵時期參加殿試之逸聞,當年所試
題目即《王業艱難賦》,恰好與《族帳部曲録》所敘相同。再考《中
州集》趙可小傳及《金史·趙可傳》,皆有云"貞元二年進士,仕至翰
林直學士"。② 由此可知,趙可與《族帳部曲録》吕宗翰所試《王業
艱難賦》係貞元二年事。

　　再檢上文"翰林直學士吕忠翰"之履歷,《金史·張汝霖傳》有
云:"貞元二年,賜吕忠翰牓下進士第,特授左補闕,擢大興縣令,再
遷禮部員外郎、翰林待制。"③該書《楊伯仁傳》敘述吕忠翰及第唱
名事:

> 進士吕忠翰廷試已在第一,未唱名,海陵以忠翰程文示伯
> 仁,問其優劣,伯仁對曰:"當在優等。"海陵曰:"此今試狀元
> 也。"伯仁自以知忠翰姓名在第一,遂宿諫省,俟唱名乃出,海
> 陵嘉其慎密。

---

① 劉祁《歸潛志》卷一〇趙可條,第116—117頁。
② 元好問編著《中州集》卷二《趙内翰可》,蕭和陶點校,上册,第93頁。《金史》卷一
　二五《趙可傳》,第8册,第2719頁。
③ 《金史》卷八三《張汝霖傳》,第6册,第1865頁。

據此可見,呂忠翰爲貞元二年牓狀元。《楊伯仁傳》還引述世宗語對呂氏評價謂:"呂忠翰草降海陵庶人詔,點竄再四終不能盡朕意,狀元雖以詞賦甲天下,至於辭命未必皆能。"①照這樣看來,貞元二年牓見有"呂忠翰"、"呂宗翰",②不過兩者名字僅一字之差而已,其中之歧異緣由,須從金朝避諱制度中加以解釋。

　　趙翼《金一人二名》論及金源避諱御名,謂"其避諱之法,則專避漢名,而國語之名不避,蓋國語本有音而無正字也。章宗避睿宗宗堯諱,凡太祖諸子以'宗'字排行者,皆加山爲'崇'。民間宗姓者,悉改姬氏"。③ 按,金朝文獻中睿宗諱例很多,見《金史·宗室表》序云"大定以前稱'宗室',明昌以後避睿宗諱稱'內族'"。④據泰和元年三月辛巳頒布詔令,"敕官司、私文字避始祖以下廟諱小字,犯者論如律"。⑤ 有證據表明,徹底推行避諱"宗"字當爲泰和六年。例如,是年以避睿宗諱,宗州改用唐時舊名瑞州。⑥ 大宗正府,"泰和六年避睿宗諱,改爲大睦親府"。⑦ 據《金史·孫即康傳》記載,泰和六年,上問即康、參知政事賈鉉曰:"太宗廟諱同音字,有讀作'成'字者,既非同音,便不當缺點畫。睿宗廟諱改作'崇'字,其下却有本字全體,不若將'示'字依《蘭亭帖》寫作'未'字。"⑧宗端脩,改"宗"氏爲"姬"氏。⑨ 程卓《使金錄》嘉定五年

① 《金史》卷一二五《楊伯仁傳》,第8冊,第2723—2725頁。
② 張希清等主編《中國科舉制度通史·遼金元卷》,第274頁。
③ 趙翼《廿二史劄記校證(訂補本)》卷二八《金一人二名》,王樹民校證,中華書局,2001年,第624頁。
④ 《金史》卷五九《宗室表》,第5冊,第1359頁。
⑤ 《金史》一一《章宗紀三》,第1冊,第256頁。
⑥ 《金史》卷二四《地理上》北京路條,第2冊,第559頁。
⑦ 《金史》卷五五《百官志一》,第4冊,第1240頁。
⑧ 《金史》卷九九《孫即康傳》,第7冊,第2196頁。
⑨ 《金史》卷一〇〇《宗端脩傳》,第7冊,第2203頁。

（1212）正月十三日辛酉條：“午至沙河，道左唐山，即堯山也，金國諱宗堯，改爲唐山。”①

　　以上舉證各種避“宗”字諱案例，可證明吕宗翰諱改“吕忠翰”説之成立。② 這種改動：一種可能是章宗時期吕宗翰仍在世，他自行更名。另一種是泰和六年追改世宗朝文獻中的觸諱人名。像上引《孔氏祖庭廣記》“直學士吕忠翰”，當是正大四年十月孔元措編書時所據官修文獻即如此。

列傳第七

二十二

　　卷六九《爽附傳》（第 5 册第 1605 頁）記載傳主大定年間仕履云：

> 　　未幾，判大宗正事，太子太保如故。爽有疾，詔除其子符寶祗候思列爲忠順軍節度副使。爽入謝，上曰：“朕以卿疾，使卿子遷官，冀卿因喜而愈也。思列年少，未閑政事，卿訓以義方，使有善可稱，別加升擢。”爽疾少間，將從上如凉陘，賜錢千萬，進封英王，轉太子太傅。復世襲猛安，進封榮王，改太子太師。

傳文敘述爽“進封英王”時間竄亂，《金史》點校者和修訂者未有校

---

① 李德輝輯校《晉唐兩宋行記輯校》，遼海出版社，2009 年，第 476 頁。

② 泰和元年《吕嗣延墓誌》稱嗣延孫“忠翰舉貞元進士第一”（孫勐《北京石景山出土金代吕嗣延墓誌考釋》，《北方文物》2009 年第 3 期），此是最直接的一條證據。承蒙孫建權賜教。

勘。據《金史·世宗紀》大定十七年六月乙未條記載説："以英王爽之子思列爲忠順軍節度副使。爽入謝，上曰：'朕以卿疾故，特任卿子，所冀卿因喜而愈也。欲即加峻授，恐思列年幼，未閑政事。汝當訓之，使有善可觀，更當升擢。'"①《爽附傳》與上文亦正相合，知爽子思列除忠順軍節度副使乃係大定十七年六月事，根據這種敘述順序，傳文中"爽進封英王"則當在該年六月以後。

不過《爽傳》上述敘事時間卻與金朝文獻相牴牾。按，該書七四《齊傳》云：大定十五年，"上召英王爽謂曰：'卿於諸公主女子中爲斁住擇婚，其禮幣命有司給之'"。② 此稱"英王爽"。此外，據《大金集禮·別廟》孝成舊廟條載：大定十五年四月十七日，"夏享太廟，同時行禮。命判宗英王爽攝太尉，充初獻"。③《金史·禮志六》別廟門記事與此相同，亦稱"命判宗正英王爽"。④ 綜上可見，爽已於大定十五年四月以前封爵英王。

我們想進一步追問，進王具體時間是哪一年？ 由於《爽附傳》限於列傳體例，各種敘事時間都比較粗略，只能根據傳文中提供的蛛絲馬迹推測一二。今檢本卷《爽附傳》上文云："母憂，尋起復，遷太子太保，進封壽王。"（第1605頁）所幸此事可考知大概。按，《金史·世紀補·顯宗》謂大定十年八月："帝在承華殿經筵，太子太保壽王爽曰……"⑤此外，據《大金集禮·帝號》大定十一年冊禮條載世宗上尊號禮儀，此謂"十一月十九日，遣皇子判大興尹越王告天地，判宗正壽王爽告宗廟，樞副耶律成告社稷"。⑥ 知大定十一年

①　《金史》卷七《世宗紀中》，第 1 册，第 167 頁。

②　《金史》卷七四《齊傳》，第 5 册，第 1707 頁。

③　任文彪點校《大金集禮》卷二二《別廟》，第 232 頁。

④　《金史》卷三三《禮志六》，第 3 册，第 796 頁。

⑤　《金史》卷一九《世紀補》，第 2 册，第 412 頁。

⑥　任文彪點校《大金集禮》卷二《帝號下》，第 33 頁。

十一月前爽稱作壽王。據此推測，"進封英王"時間應該介於大定十一年十一月以後至大定十五年四月間。

前引《爽附傳》敘述晉封英王之緣起云："將從上如涼陘，賜錢千萬，進封英王。"根據這條線索，不妨再梳理一下世宗該期間内的巡幸活動。兹將本書《世宗紀中》引述如下：大定十二年六月甲寅"如金蓮川"，九月丙子"至自金蓮川"。十四年五月甲午"如金蓮川"，八月丁巳"次幺里舌"，癸亥"獵于彌離補"，九月丁亥"還都"。① 本書《地理志上》記載金蓮川位於西京路桓州，具體詳情是："曷里滸東川，更名金蓮川，世宗曰：'蓮者連也，取其金枝玉葉相連之義。'景明宫，避暑宫也，在涼陘，有殿、揚武殿，皆大定二十年命名。"②《爽附傳》所云"上如涼陘"即指金世宗駐夏活動。照此看來，爽進封英王最有可能是大定十二年或十四年。

綜上所述，《爽附傳》將"進封英王"云云置於大定十七年六月思列除忠順軍節度副使之後，則敘事時間淆亂。

列傳第十五

二十三

卷七七《劉豫傳》（第6册第1760頁）記載僞齊政權改元立制曰：

> 天會八年九月戊申，備禮册命，立豫爲大齊皇帝，都大名，仍號北京，置丞相以下官，赦境内。復自大名還居東平，以東

---

① 《金史》卷七《世宗紀中》，第1册，第156、157、161頁。
② 《金史》卷二四《地理志上》，第2册，第566頁。

平爲東京，汴州爲汴京，降宋南京爲歸德府，降淮寧、永昌、順昌、興仁府俱爲州。張孝純等爲宰相，弟益爲北京留守，母翟氏爲皇太后，妾錢氏爲皇后。錢氏，宣和內人也。以辛亥年爲阜昌元年。以其子麟爲尚書左丞相、諸路兵馬大總管。宋人畏之，待以敵國禮，國書稱大齊皇帝。豫宰相張孝純、鄭億年、李鄴家人皆在宋，宋人加意撫之。阜昌二年，豫遷都于汴。睿宗定陝西，太宗以其地賜豫，從張邦昌所受封略故也。

論者根據阜昌碑刻和宋朝文獻考證出《劉豫傳》“以辛亥年爲阜昌元年”誤，阜昌元年當爲庚戌年（1130），即宋建炎四年、金天會八年。[1] 修訂本新校第八條據此出校（第 6 册第 1879 頁）。庚戌年十一月改元並無疑問，《金史·劉豫傳》全文以阜昌年號紀事則有可能發生系統性紊亂，需要徹底清理一番。

　　其中問題的癥結在於，如何解釋“阜昌二年豫遷都于汴”的記載及前後諸事繫年問題。元修《宋史》將劉豫編入《逆臣傳》，傳文建炎四年十一月云“改明年元阜昌”，此語中的“明年”指辛亥年，同樣有誤。[2] 不過《宋史·劉豫傳》先以“建炎”次年便以“紹興”年號繫事，紀年敘事顯然沒有問題。該傳云：

　　　　（紹興元年）六月，豫以麟爲兵馬大總管、尚書左丞相。置招受司于宿州，誘宋逋逃。金人既立豫，以舊河爲界，恐兩河民之陷没者逃歸，下令大索，或轉鬻諸國，或繫送雲中，實防豫也。

---

[1]　參見黃會奇《劉豫改元“阜昌”年代考》，《宋史研究論叢》第 10 輯，河北大學出版社，2009 年，第 75—86 頁。許正弘《劉齊阜昌改元始年小考》，《中國史研究》2011年第 2 期。
[2]　參見許正弘《劉齊阜昌改元始年小考》，《中國史研究》2011 年第 2 期。

（二年）四月丙寅，豫遷都汴。因奉祖考于宋太廟，尊其祖曰徽祖穀文皇帝，父爲衍祖睿仁皇帝。親巡郊社。①

上文紹興二年四月丙寅"豫遷都汴"，今見《建炎以來繫年要錄》卷五三紹興二年四月庚寅亦云：

偽齊劉豫移都汴京，士民震駭。豫乃下詔以撫之，因與民約曰："自今更不肆赦，不用宦官，不度僧道。文武雜用，不限資格。"豫偽尊其祖忠曰穀文皇帝，廟號徽祖。父曰睿仁皇帝，廟號衍祖。②

按四月壬戌朔，丙寅爲五日，庚寅爲二十九日。《宋史·高宗紀》是年四月庚寅條亦云："劉豫徙居汴京。"③上述諸書均將劉豫遷汴京繫於阜昌三年。

徐夢莘《三朝北盟會編》卷一八一引《偽豫傳》更具説服力。該書記載阜昌三年四月，"遷都于汴"。④《宋史·劉豫傳》、《高宗紀》及《建炎以來繫年要錄》與此相合。《金史·劉豫傳》則是以辛亥年起元，故云壬子阜昌二年"豫遷都于汴"，實際應爲"阜昌三年"事。

再檢討一下本卷《劉豫傳》載"睿宗定陝西，太宗以其地賜豫，從張邦昌所受封略故也"的具體時間。此事見於《金史·太宗紀》天會九年十一月己未條云："以陝西地賜齊。"十年正月己酉條云："齊表謝賜地。"⑤知陝西地賜劉豫爲辛亥阜昌二年。《劉豫傳》則

① 《宋史》卷四七五《劉豫傳》，第 39 冊，第 13795—13796 頁。
② 李心傳《建炎以來繫年要錄》卷五三，胡坤點校，第 3 冊，第 1094 頁。
③ 《宋史》卷二七《高宗紀四》，第 2 冊，第 497 頁。
④ 徐夢莘《三朝北盟會編》卷一八一引《偽豫傳》，下冊，第 1310 頁下欄。
⑤ 《金史》卷二《太宗紀》，第 1 冊，第 63、64 頁。

繋此事於壬子年之後，其紀年紊亂如此。

列傳第十九

二十四

卷八一《夾谷謝奴傳》云（第 6 冊第 1817 頁）傳主爲：

> 隆州納魯悔河人也。國初，祖阿海率所部來歸，獻器用甲仗。父不剌速，襲本部勃菫，從太祖伐遼，授世襲猛安，親管謀克，爲曷懶路都統。

謝奴之子名夾谷查剌，《金史》卷八六有傳，敘述此人出身云：“夾谷查剌，隆州失撒古河人也。祖不剌速，國初授世襲曷懶兀主猛安、曷懶路總管。”①《夾谷謝奴傳》、《夾谷查剌傳》所載世系相合，但世居之所則歧異，前者作“納魯悔河”，後者稱“失撒古河”，恐非同名異譯。

列傳第二十一

二十五

卷八三《耶律安禮傳》敘述安禮履歷（第 6 冊第 1871 頁）說：

> 天德間，罷行臺尚書省，入爲工部侍郎，累遷本部尚書。明年冬，爲宋國歲元使。

---

① 《金史》卷八六《夾谷查剌傳》，第 6 冊，第 1925 頁。

其實，此文"明年冬爲宋國歲元使"並非承"天德間"一語。按本書卷六〇《交聘表》宋欄貞元二年四月辛卯云："工部尚書耶律安禮、吏部侍郎許霖爲賀宋生日使。"①今檢《宋史·高宗紀》紹興二十四年（貞元二年）五月辛未，有謂"金遣耶律安禮等來賀天申節"。②及《建炎以來繫年要録》卷一六六紹興二十四年五月辛未亦記此事説："金主遣金吾衞上將軍、工部尚書耶律安禮，正議大夫、尚書吏部侍郎許霖來賀天申節。"③據此證明，耶律安禮於貞元二年四月出使宋朝賀天申節，此時擔任官職爲工部尚書。

再考《亨傳》之記載，該傳有謂：

> 工部尚書耶律安禮、大理正忒里等鞫之，亨言嘗論鐵券事，實無反心，而六斤亦自引伏與妾私通，亨嘗言欲殺之狀。安禮等還奏，海陵怒，復遣與老僧同鞫之。與其家奴並加榜掠，皆不伏。老僧夜至亨囚所，使人蹴其陰間殺之。④

《耶律安禮傳》下文亦載此事云："被詔鞫治韓王亨獄于廣寧。亨無反狀，安禮還奏。海陵怒，疑安禮梁王宗弼故吏，乃責安禮曰：'亨迭有三罪。其論阿里出虎有誓券不當死，既引伏。其謂不足進馬，及密遣刺客二者，安得無之？汝等來奏，欲測我喜怒以爲輕重耳。'乃遣安禮再往，與李老僧同鞫之。老僧由是殺亨于獄。"⑤由此可見《亨傳》、《耶律安禮傳》相合，知耶律安禮鞫治韓王亨時任工部尚書。據《金史》卷五《海陵紀》記載説，貞元二年十月庚辰，"殺廣寧

---

①　《金史》卷六〇《交聘表上》，第5冊，第1408頁。
②　《宋史》卷三一《高宗紀八》，第2冊，第579頁。
③　李心傳《建炎以來繫年要録》卷一六六，胡坤點校，第3冊，第330頁。
④　《金史》卷七七《亨傳》，第6冊，第1757—1758頁。
⑤　《金史》卷八二《耶律安禮傳》，第6冊，第1871—1872頁。

尹韓王亨"。①　綜上所述,耶律安禮貞元初年任工部尚書,二年夏五月"爲宋國歲元使",本傳"明年"即指此時,而"冬"字表述時間不確。

列傳第二十三

二十六

卷八五《璹附傳》(第 6 冊第 1904 頁)云:

> 璹本名壽孫,世宗賜名字仲實,一字子瑜。資質簡重,博學有俊才,喜爲詩,工真草書。大定二十七年,加奉國上將軍。明昌初,加銀青榮禄大夫。衛紹王時,加開府儀同三司。貞祐中,封酆國公。正大初,進封密國公。

據邱靖嘉指出,《金史》璹本傳"似兼採《如庵詩文叙》、《中州集》小傳及《歸潛志》"。②　按元好問撰《如庵詩文叙》記載密國公履歷云:"璹字子瑜,越王長子而興陵之諸孫也。明昌初已受封,公以例授金紫光禄大夫。衛紹王時,除開府儀同三司。宣宗南渡後,封酆國公。哀宗正大初,進封密。"③據此可知,《金史·璹附傳》與《如庵詩文叙》具有文獻淵源,然而明昌初散官"銀青榮禄大夫",《如庵詩文叙》實作"金紫光禄大夫"。

---

①　《金史》卷五《海陵紀》,第 1 冊,第 103 頁。

②　邱靖嘉《〈金史〉纂修考》,第 193 頁。

③　元好問《遺山先生文集》卷三六,姚奠中主編、李正民增訂《元好問全集(增訂本)》,上冊,第 756 頁。

列傳第二十六

二十七

卷八八《紇石烈良弼傳》(第 6 册第 1951 頁)云：

> 《太宗實録》成，賜良弼金帶、重綵二十端，同修國史張景仁、曹望之、劉仲淵以下賜有差。

按本書《世宗紀上》大定七年八月癸丑條云："尚書右丞相監修國史紇石烈良弼進《太宗實録》，上立受之。"①記事相同。

卷九二《曹望之傳》亦記載此事説："《太宗實録》成，監修國史紇石烈良弼賜金帶一、重綵二十端。同修國史張景仁、劉仲淵、望之皆賜銀幣有差。"②據此可知，本卷《紇石烈良弼傳》載"賜良弼金帶"下脱"一"字。

列傳第二十七

二十八

卷八九《蘇保衡傳》敘述簡歷(第 6 册第 1973 頁)云：

> 蘇保衡字宗尹，雲中天成人。

保衡之籍貫，今檢成化《山西通志》卷九《人物·金》蘇保衡條曰：

---

① 《金史》卷六《世宗紀上》，第 1 册，第 139 頁。
② 《金史》卷九二《曹望之傳》，第 6 册，第 2037 頁。

"蘇保衡,渾源人。初負識量,不爲妖怪所惑。天會舉進士,累官至參知政事,進右丞,以疾致仕。素負忠直,爲其主所稱。"①將這段文字與《蘇保衡傳》比對,筆者確認其當別有史料來源,並非抄襲自《金史》本傳。據成化《山西通志》卷五《陵墓》記載説,"蘇丞相墓,在渾源州西北七里。金右丞名保衡,見《人物》。"②從方志所見,蘇保衡乃是渾源人,非天成人,與《金史》記載不同。

列傳第二十九

二十九

卷九一《趙興祥傳》敍述祖先事迹(第 6 册第 2026 頁)云:

> 六世祖思温,遼燕京留守,封天水郡王。父瑾,遼静江軍節度使。

王惲撰《盧龍趙氏家傳》詳細記載這支家族譜系,縱貫整個遼金元時期,其中提到:

> 仲曰公謹,龍虎衛上將軍、静江軍節度使。四子,孟曰興祥,賢而多材,仕金海陵、世宗兩朝,以德望門地,致仕途顯赫,官至開府儀同三司、左宣徽使、太子少傅、申國公,封鉅鹿郡王,葬良鄉回城劉李里蔡家凹,迄今以"趙大王墳"目之,翰林待制趙攄所撰神道碑在焉。③

---

① 成化《山西通志》卷九《人物·金》,第 72 頁 b。
② 成化《山西通志》卷五《陵墓》,第 38 頁 a。
③ 王惲《秋澗先生大全文集》卷四八《盧龍趙氏家傳》,《元人文集珍本叢刊》,第 2 册,第 82 頁上欄。

王惲所記趙興祥事迹可補正《金史·趙興祥傳》，尤其是其父名"公謹"，與《金史》作"謹"者相歧異。

列傳第三十二

三十

卷九四《夾谷清臣傳》敘述夾谷清臣大定初從征窩斡經歷（第6冊第2083頁）：

> 從右副元帥紇石烈志寧爲管押萬户，接應左都監完顏思敬，逐窩斡餘黨，敗之柔遠，至抹拔里達悉獲之。

本書卷八七《紇石烈志寧傳》亦載此事，謂：

> 當是時，窩斡屢敗，其下亦各有心，稍合住乃與賊帥神獨斡執窩斡，詣右都監完顏思敬降。志寧與萬户清臣、宗寧、速哥等，追捕餘黨至燕子城，盡得所畜善馬，因至抹拔里達之地，悉獲之。逆黨既平，入朝爲左副元帥，賜以玉帶。①

抹拔里達之戰中紇石烈志寧的軍職，其本傳並未説明，上文《夾谷清臣傳》明確稱"右副元帥紇石烈志寧"，並稱"左都監完顏思敬"（第2083頁）。此事當有誤，原點校本和修訂本《金史》均未指出。

按《金史·世宗紀》大定二年九月庚子云："元帥右都監完顏思敬獲契丹窩斡，餘衆悉平。"乙巳云："以移剌窩斡平，詔中外。"②據此可知，抹拔里達之戰作爲窩斡叛亂的餘緒，當在大定二年九月左

---

① 《金史》卷八七《紇石烈志寧傳》，第6冊，第1931頁。
② 《金史》卷六《世宗紀上》，第1冊，第129頁。

右。通檢本書《世宗紀上》梳理紇石烈志寧官職除授：大定二年五月己亥，以臨海軍節度使紇石烈志寧爲元帥右監軍；十月丙戌，以元帥左監軍紇石烈志寧爲左副元帥；直到五年五月壬子，紇石烈志寧爲平章政事，從未領過右副元帥。而右副元帥一職，大定二年先後實際由完顏謀衍、僕散忠義、完顏思敬擔任。

此外，據《世宗紀上》大定二年六月壬辰云：“以西南路招討使完顏思敬爲元帥右都監。”九月壬子云：“以元帥右都監完顏思敬爲右副元帥。”三年四月辛酉云：“右副元帥完顏思敬罷。”①可知《夾谷清臣傳》“左都監完顏思敬”的“左都監”當作“右都監”。

列傳第三十九

三十一

卷一〇一《李英傳》曰：

> 貞祐初，攝左司都事，遷監察御史。右副元帥术虎高琪辟爲經歷官，乃上書高琪曰……。

根據其下文“二年正月”云云（第7冊第2235頁），推知李英辟爲經歷官係貞元元年事，不過此稱“右副元帥术虎高琪”有誤。

根據本書卷一四《宣宗紀上》記載，貞祐元年十月辛亥，“元帥右監軍术虎高琪戰于城北，凡兩敗績而歸，就以兵殺胡沙虎于其第，持其首詣闕待罪。赦之，仍授左副元帥”。②《术虎高琪傳》與

---

① 《金史》卷六《世宗紀上》，第1冊，第128—130頁。
② 《金史》卷一四《宣宗紀上》，第2冊，第302頁。

上文相合,亦謂"宣宗赦之,以爲左副元帥,一行將士遷賞有差"。①
由此可見,貞祐元年十月高琪授左副元帥當無疑問。根據《术虎高
琪傳》和《宣宗紀》所敘述术虎高琪履歷説:大安三年累官泰州刺
史,貞祐元年,初遷元帥右監軍,十二月丁酉,"左副元帥术虎高琪
進平章政事兼前職",四年十二月辛亥,"平章政事术虎高琪加崇
進、尚書右丞相"。② 從《金史》記載中可見,高琪從未擔任過右副
元帥。而貞祐元年任右副元帥者爲胡沙虎,③自十月被殺後,今見
《宣宗紀上》貞祐三年正月丁丑條曰:"右副元帥蒲察七斤以其軍降
於大元。"④《元史‧太祖紀》太祖十年(1215)乙亥正月亦載:"金右
副元帥蒲察七斤以通州降,以七斤爲元帥。"⑤根據這條線索,筆者
推測蒲察七斤自貞祐元年十月以後有可能任右副元帥。

列傳第四十

三十二

卷一〇二《完顏弼傳》敘述置秦州榷場設置原委(第 7 册第
2388 頁):

> 大名軍變,殺蒲察阿里,詔弼鎮撫之。未幾,改陝西路統
> 軍使、京兆兵馬都總管。宣撫副使烏古論兗州置秦州榷場,弼
> 以擅置,移文問之。兗州曰:"近日入見,許山外從宜行事。秦

---

① 《金史》卷一〇六《术虎高琪傳》,第 7 册,第 2341 頁。
② 《金史》卷一四《宣宗紀上》,第 2 册,第 303、322 頁。
③ 《金史》卷一三《衛紹王紀》,第 1 册,第 296 頁。
④ 《金史》卷一四《宣宗紀上》,第 2 册,第 306 頁。
⑤ 《元史》卷一《太祖紀》,第 1 册,第 18 頁。

州自宋兵焚蕩榷場，幾一年矣，今既安帖，復宜開設，彼此獲
利，歲收以十萬計。對境天水軍移文來請，如俟報可，實慮後
時。"弼奏其事，宰臣以兗州雖擅舉而無違失，苟利於民，專之
亦可。宣宗曰："朕固嘗許其從宜也。"

此事爲貞祐三年以前，在"大名軍變"貞祐二年以後。① 本書《食貨
志五·榷場》與《完顏弼傳》記載相一致，有謂"宣宗貞祐元年，秦州
榷場爲宋人所焚。二年，陝西安撫副使烏古論兗州復開設之，歲所
獲以十數萬計"。② 兩者所載同爲一事，但是烏古論兗州的官職
"宣撫副使"、"安撫副使"卻有分歧。

　　據本書《完顏賽不傳》所述賽不履歷云：

　　　　（貞祐）三年，遷知臨洮府事，兼陝西路副統軍。上召見諭
　　曰："卿向在西京盡心爲國，及治華州亦嘗宣力，今始及三品。
　　特升授汝此職者，以陝西安撫副使烏古論兗州不遵安撫使達
　　吉不節制，多致敗事。"③

達吉不即上文完顏弼，貞祐三年稱"安撫副使"及"安撫使"，此與
《食貨志五·榷場》上文相同。據《百官志一》宣撫司條敘述機構變
化云："泰和六年置陝西路宣撫使，節制陝西右監軍、右都監兵馬公
事，八年，改陝西宣撫司爲安撫司。"④由此可知，貞祐二年應當稱
"安撫"，那麼《完顏弼傳》作"宣撫"誤。

①　參見《金史》卷一〇三《蒲察阿里傳》，第 7 冊，第 2275 頁。
②　《金史》卷五〇《食貨志五》，第 4 冊，第 1115 頁。
③　《金史》卷一一三《完顏賽不傳》，第 7 冊，第 2480 頁。
④　《金史》卷五五《百官志一》，第 4 冊，第 1242—1243 頁。

列傳第四十二

三十三

卷一〇四《王擴傳》（第 7 册第 2296 頁）云：

> 興定三年，卒，謚剛毅。

對於王擴謚號"剛毅"，金朝文獻中則有不同記載。元好問撰《嘉議大夫陝西東路轉運使剛敏王公神道碑銘》，此即王擴神道碑，其所稱謚號曰"剛敏"，該碑文云："先患疽發背，至是增劇，以閏三月十有五日，薨於私第之正寢。越三日，權殯於長安南慈恩寺。太常考行，謚曰'剛敏'。"並且碑銘解釋這個謚號的意涵説："剛以作彊，敏以赴功。"[1]據此判斷，王擴謚號似以"剛敏"爲是。

列傳第四十六

三十四

卷一〇八《師安石傳》（第 7 册第 2393 頁）云：

> 師安石字子安，清州人，本姓尹氏。

今考劉祁《歸潛志》敘述師參政安石履歷，卻稱作其"字仲安"，[2]並且還有很多證據支持此説。

---

① 元好問《遺山先生文集》卷一八《嘉議大夫陝西東路轉運使剛敏王公神道碑銘》，姚奠中主編、李正民增訂《元好問全集（增訂本）》，上册，第 433、434 頁。

② 劉祁《歸潛志》卷六師安石條，崔文印點校，第 59 頁。

第一，據元好問《趙閑閑真贊》記載説：興定五年，"乃得以科第出公之門。公又謂當有所成就也，力爲挽之。獎借過稱，旁有不平者。宰相師仲安班列中倡言，謂公與楊禮部之美、雷御史希顔、李内翰欽叔爲元氏黨人，公不之恤也"。① 按師安石於正大三年權左參政，四年進尚書右丞，故元好問此文稱之爲"宰相"。

第二，元初王惲撰《御史箴後記》，謂"此帖閑閑公爲師中丞仲安所書"。② "中丞"這一官稱來自安石在元光二年（1223）"累遷御史中丞"及正大二年"復御史中丞"。

第三，元人魏初撰寫《先君墓碣銘》，其中記述魏珏事迹云："不幸七赴殿選，終於貞祐三年恩賜而已。用是絶仕進意，養心守道，澹乎其世味也。右丞尹公仲安、尚書曹公仲寬、大司農張公維賢欲薦於朝，不應。"③按師安石於正大四年七月任尚書右丞，魏初亦稱其名爲"仲安"。

綜上所見，師安石的表字，以上諸種金元文獻皆作"仲安"，那麽《金史》作"子安"疑誤，或者"一字子安"？ 這種可能性似乎也存在。

列傳第四十八

三十五

卷一一〇《楊雲翼傳》敍述貞祐四年戰事（第 7 册第 2422 頁）：

---

① 元好問《遺山先生文集》卷三八《趙閑閑真贊》，姚奠中主編、李正民增訂《元好問全集（增訂本）》，上册，第 798 頁。
② 王惲《秋澗先生大全文集》卷三八《御史箴後記》，《元人文集珍本叢刊》，第 1 册，第 516 頁下欄。
③ 魏初《青崖集》卷五《先君墓碣銘》，臺灣商務印書館影印《文淵閣四庫全書》本，集部第 1198 册，第 775 頁下欄。

大元及西夏兵入鄜延,潼關失守,朝議以兵部尚書蒲察阿里不孫爲副元帥以禦之。雲翼言其人言浮於實,必誤大事。不聽,後果敗。

本書《楊雲翼傳》主要取資元好問《内相文獻楊公神道碑銘》,該段史文原作:"四年,西北兵由鄜延内侵,潼關失守,朝議以兵部尚書蒲察阿里不孫爲副元帥以禦之。公奏阿里不孫言浮于實,必誤大事。不聽,兵交而敗,卒如所料。"①仔細對此楊雲翼本傳和神道碑後不難發現,"大元及西夏兵"本來作"西北兵",或係元朝史官所改。

今考《金史·宣宗紀》貞祐四年十月己未條云:"命元帥左監軍必蘭阿魯帶守潼關,遥授知歸德府事完顏仲元軍盧氏。大元兵攻潼關。西安軍節度使泥厖古蒲魯虎戰没。"以及十一月乙酉條曰:"大元兵至澠池,右副元帥蒲察阿里不孫軍潰而逃,失其所佩虎符。"②此事可以在《元史》中得到印證,該書《太祖紀》太祖十一年(1216)秋謂:"撒里知兀觡三摸合拔都魯率師由西夏趨關中,遂越潼關,獲金西安軍節度使尼厖古蒲魯虎,拔汝州等郡,抵汴京而還。"③據此可知,貞祐四年,蒙古兵取道西夏,八月丙子,"大元兵攻延安",④此即鄜延路治所,最後攻陷潼關。

結合上文論證,元好問《内相文獻楊公神道碑銘》"西北兵由鄜延内侵,潼關失守"是指蒙古兵犯境,兵敗者蒲察阿里不孫在《金史》中屢被提及。現舉證如下:本書《完顏伯嘉傳》稱:"貞祐四年十

---

① 元好問《遺山先生文集》卷一八《内相文獻楊公神道碑銘》,姚奠中主編、李正民增訂《元好問全集(增訂本)》,上册,第422頁。
② 《金史》卷一四《宣宗紀上》,第2册,第320、321頁。
③ 《元史》卷一《太祖紀》,第1册,第19頁。
④ 《金史》卷一四《宣宗紀上》,第2册,第319頁。

月,詔以兵部尚書、簽樞密院事蒲察阿里不孫爲右副元帥,備禦潼關、陝州。次澠池土濠村,兵不戰而潰。阿里不孫逸去,亡所佩虎符,變易姓名,匿柘城縣。"①又《必蘭阿魯帶傳》載:"是歲,潼關失守。……阿魯帶行次澠池,右副元帥蒲察阿里不孫敗績,逃匿不知所在。"②《术虎高琪傳》亦謂貞祐四年十月,"大元大兵取潼關,次嵩、汝間",御史臺爲此建言:"請以陝西兵扼拒潼關,與右副元帥蒲察阿里不孫爲掎角之勢。"③以上各種文獻所載均謂潼關失守而蒲察阿里不孫敗逃。據此可復原貞祐四年十月及十一月金蒙交戰經過,實與西夏無涉,《金史・楊雲翼傳》上文"大元及西夏兵"似誤。

三十六

卷一一〇《楊雲翼傳》記載雲翼履歷(第 7 冊第 2422 頁)云:

> 興定元年六月,遷翰林侍講學士,兼修國史,知集賢院事,兼前職。

然而《楊雲翼傳》的史源《內相文獻楊公神道碑銘》則謂貞祐六年,"遷翰林侍讀學士、同修國史,禮部、司天兼職如故"。④ 前者作"翰林侍講學士",後者作"翰林侍讀學士",兩者雖一字之差並且同爲從三品,但仍舊有別,是兩個不同的職銜。⑤ 這應歸咎於元朝史官鈔錄之誤,當從神道碑。

---

① 《金史》卷一〇〇《完顏伯嘉傳》,第 7 冊,第 2210 頁。

② 《金史》卷一〇二《必蘭阿魯帶傳》,第 7 冊,第 2262 頁。

③ 《金史》卷一〇六《术虎高琪》,第 7 冊,第 2343 頁。

④ 元好問《遺山先生文集》卷一八《內相文獻楊公神道碑銘》,姚奠中主編、李正民增訂《元好問全集(增訂本)》,上冊,第 422 頁。

⑤ 參《金史》卷五五《百官志一》翰林學士院條,第 4 冊,第 1246 頁。

此外，《楊雲翼傳》作"司天有以《太乙新歷》上進者"（第
2425 頁）。經筆者核查，《内相文獻楊公神道碑銘》原文寫作
"太一新歷"，再參《金史·張行簡傳》泰和六年"祕書監進《太
一新曆》，詔行簡校之"。①

列傳第五十一

三十七

卷一一三《完顔賽不傳》敘述履歷（第 7 册第 2479 頁）云：

> 完顔賽不，始祖弟保活里之後也。狀貌魁偉，沉厚有大
> 略。初補親衛軍，章宗時，選充護衛。

按該傳部分見於王鶚《汝南遺事》天興二年十一月二十六日"徐州
降敵右丞相賽不死之"條小注曰：

> 丙寅，徐州降敵，右丞相賽不死之。賽不狀貌魁偉，沉厚
> 有大略。初補親軍，章宗即位，選充護衛。本姓完顔氏，宣宗
> 朝自陳元出始祖懿憲景元皇帝之後，乃附屬籍。②

《汝南遺事》稱賽不出身"懿憲景元皇帝"，即始祖函普，《金史·完
顔賽不傳》與此條同源，但史文卻存在歧異，作"保活里"應該出校
指出。

---

①　《金史》卷一〇六《張行簡傳》，第 7 册，第 2332 頁。
②　王鶚《汝南遺事》卷四，第 2 頁 a。

列傳第五十四

三十八

卷一一六《徒單兀典傳》天興元年九月（第 8 册第 2540 頁）云：

> 鞏昌知府元帥完顏忽斜虎入陝州，詔拜參知政事，行尚書省事。以河中總帥府經歷李獻能充左右司員外郎。獻能字欽叔，貞祐三年進士。復立山寨，安撫軍民。

該傳文所載李獻能在陝州行省擔任的官職，本書卷一二六《李獻能傳》敘述簡歷云：“正大末，以鎮南軍節度副使充河中帥府經歷官。大元兵破河中，奔陝州，行省以權左右司郎中，值趙三三軍變遇害，年四十三。”①《金史》的這篇《李獻能傳》見於《中州集》李右司獻能小傳，原文亦謂“就權陝府行省左右司郎中”。② 據此可見，關於李獻能行省所任官職，《金史》一書中《徒單兀典傳》“左右司員外郎”與《李獻能傳》“左右司郎中”歧異。

列傳第五十六

三十九

卷一一八《武仙傳》提及魏璠事迹（第 8 册第 2579 頁）云：

> 是時，哀宗走歸德，遣翰林修撰魏璠間道召仙。行至裕

---

① 《金史》卷一二六《李獻能傳》，第 8 册，第 2737 頁。
② 元好問編《中州集》卷六《李右司獻能》，蕭和陶點校，下册，第 406—407 頁。

州,會仙敗于柳河,璠矯詔招集潰軍以待仙,仙疑璠圖己。二年正月,仙閱兵,選鋒尚十萬,璠曰:"主上旦夕西首望公,公不宜久留於此。"仙怒,幾殺璠。璠及忽魯剌還歸德,仙乃奏請誅璠,哀宗不聽,以璠爲歸德元帥府經歷官。璠字邦彥,渾源人,貞祐二年進士云。

此事亦載王鶚《汝南遺事》卷一"詔答恒山公仙請誅魏璠"條,稱:"璠字邦彥,渾源人,貞祐三年詞賦進士。"①此外,元好問撰《資善大夫武寧軍節度使夾谷公神道碑銘》也提到魏璠籍貫:"初,自聊城居宣德,惟渾源魏內翰邦彥,以簡重得登公門,與之考論文藝。"②以上諸書均稱魏璠(邦彥)爲渾源人。

今檢《元史·魏初傳》載有魏璠履歷,據此可補正金末史實:

> 魏初字大初,弘州順聖人。從祖璠,金貞祐三年進士,補尚書省令史。金宣宗求直言,璠首論將相非人,及不當立德陵事,疏奏,不報。後復上言:"國勢危逼,四方未聞有勤王之舉,隴右地險食足,其帥完顏胡斜虎亦可委仗,宜遣人往論大計。"大臣不悦而止。閱數月,胡斜虎兵來援,已無及,金主悔焉。
>
> 金將武仙軍次五埊山不進。求使仙者,或薦璠,即授朝列大夫、翰林修撰,給騎四人以從。至則仙已遁去,部曲亦多散亡,璠撫循招集,得數千人,推其中材勇者爲帥長,仍制符印予之,以矯制自劾,金主謂其處置得宜。繼聞仙率餘衆保留山,璠直趣仙所宣諭之。或讒於仙,謂璠欲奪其軍,仙怒,命士拔刃若欲鏦璠然,且引一吏與璠辨。璠不爲動,大言曰:"王人雖

---

① 王鶚《汝南遺事》卷一,第7頁b。
② 元好問《遺山先生文集》卷二〇《資善大夫武寧軍節度使夾谷公神道碑銘》,姚奠中主編、李正民增訂《元好問全集(增訂本)》,上册,第472頁。

微，序于諸侯之上，將軍縱不加禮，奈何聽讒邪之言，欲以小吏置對耶！且將軍跳山谷，而左右無異心者，以天子大臣故也，苟不知尊天子，安知麾下無如將軍者。不然，吾有死，無辱命。”仙不能屈。璠復激使進兵，不應，比還，金主已遷歸德，復遷蔡州。金亡，璠無所歸，乃北還鄉里。

庚戌歲，世祖居潛邸，聞璠名，徵至和林，訪以當世之務。璠條陳便宜三十餘事，舉名士六十餘人以對，世祖嘉納，後多采用焉。以疾卒于和林，年七十，賜謚靖肅。①

《元史》該傳見於王逢撰《題金故翰林修撰魏公狀表後有序》，上文稱魏初籍貫“弘州順聖人”即根據王逢謂“公諱璠，字邦彥，弘之順聖人也”而來。② 從中可見，元朝文獻別有魏璠弘州順聖人一說。另外，據王惲《中堂事記》記載說，“魏初，字太初，順聖人”。③ 今存有魏初《青崖集》，其中該書卷二《許左丞哀挽》、卷三《遜齋先生詩集序》、《送殷侍郎獻臣使日本序》、《素庵先生事言補序》，以及卷五《書傅氏家傳後》、《書崔正言傳後》作者皆自署作“順聖魏初”。④ 金元時期魏氏籍貫“順聖”乃出於魏璠及其子孫自述，似乎更具有權威，此說較爲可信。

四十

卷一一八《張開傳》敘述元光年間事（第 8 册第 2590 頁）云：

---

① 《元史》卷一六四《魏初傳》，第 13 册，第 3856—3857 頁。
② 王逢《梧溪集》卷六《題金故翰林修撰魏公狀表後有序》，第 15 頁 a。
③ 王惲《秋澗先生大全文集》卷八〇《中堂事記上》，《元人文集珍本叢刊》，第 2 册，第 361 頁下欄。
④ 分別見魏初《青崖集》，臺灣商務印書館影印《文淵閣四庫全書》本，集部第 1198 册，第 714 頁下欄、第 727 頁上下欄、第 728 頁上欄、第 785 頁下欄、第 786 頁上下欄。

　　　　林州羲尖寨衆亂，逐招撫使康瑭，推杜仙爲招撫使，開請以
　　盧芝瑞爲副，代領其衆。

此文稱"盧芝瑞"。根據王惲撰《南郾王氏家傳》所記載金末元初王
天澤事迹云：元光二年，"上黨公開壁馬武京，爲河朔藩扞"，"自是
大爲省參康瑭、郎中盧芝所賞識，曰：'會見驥足騰驤，一日千里
也'"。該文有小注云："瑭字良輔，芝字建瑞，二人號精吏事。"王惲
撰《金故忠顯校尉尚書戶部主事先考府君墓誌銘》内容同，亦稱"自
是爲省參康瑭、郎中盧芝所器識"。① 兩文謂盧芝字建瑞，據此判
斷，《金史·張開傳》"盧芝瑞"或衍"瑞"字，或作"建瑞"。

　　此外，本卷《武仙傳》謂天興二年事：

　　　　八月，乃由荊子口東還，自内鄉將入聖朵寨，至峽石左右
　　八疊秋林，聞總領楊全已降宋，留秋林十日乃遷大和。九月，
　　至黑谷泊，進退失據，遂謀北走，行部尚書盧芝、侍郎石玠不
　　從。芝字庭瑞，河東人，任子補官，以西安軍節度使行尚書。
　　玠字子堅，河中人，崇慶二年進士，以汝州防禦使行侍郎。二
　　人相與謀曰："吾等知仙不卹國家久矣。諫之不從，去之未可，
　　事至今日，正欠蔡州一死耳。假若不得到蔡州，死於道中猶勝
　　死於仙也。"既去，仙始覺，追玠殺之。芝走至南陽，爲土賊
　　所害。②

本書卷一八《哀宗紀下》天興二年七月辛酉條云："武仙劫將士，謀
取宋金州，至淅水衆潰。行六部尚書盧芝、侍郎石玠謀歸蔡州，仙

① 王惲《秋澗先生大全文集》卷四九，《元人文集珍本叢刊》，第 2 册，第 93 頁上欄、第
　96 頁下欄。
② 《金史》卷一一八《武仙傳》，第 8 册，第 2581 頁。

追芝不及,遂殺玠。"①兩文所述武仙陰謀投蒙古及石玠死事,繫事月份有所歧異。另外《武仙傳》還提到,盧芝字庭瑞,或即上文所論盧芝(字建瑞)。

列傳第五十七

四十一

卷一一九《烏古論鎬傳》敘述天興二年六月哀宗逃奔事(第8冊第2601頁):

> 己亥,入蔡。蔡之父老千人羅拜於道,見上儀衞蕭條,莫不感泣,上亦歔欷者久之。

該文見於王鶚《汝南遺事》卷一天興二年六月二十五日"上入蔡"條:

> 戊戌,上入蔡。蔡之父老千餘羅拜於道,伏地呼萬歲,見上儀衞蕭條,無不涕泣,上亦歔欷者久之。②

兩者所載哀宗抵蔡州日期不同,即《汝南遺事》作"戊戌",而《烏古論鎬傳》則繫於"己亥",可能是摘録史料不慎導致的。

按天興二年六月甲戌朔,戊戌二十五日,己亥二十六日。今見《金史》卷一八《哀宗紀》天興二年六月己亥條有云:"上入蔡州,詔尚書省爲書召武仙會兵入援。"③《烏古論鎬傳》採納"己亥"説或許

---

① 《金史》卷一八《哀宗紀下》,第2冊,第399頁。
② 王鶚《汝南遺事》卷一,第3頁b。
③ 此句"上入蔡州"下原爲句號,今據文義改爲逗號。

根據本紀。從史源分析,《哀宗紀》這則紀事同樣見於王鶚《汝南遺事》,該書卷一六月二十六日"詔尚書省約會征進"條云:"己亥,詔尚書省爲書寄恒山公仙約會征進之期上。"[1]由此可見,《哀宗紀》"己亥上入蔡州"承下文"詔尚書省"云云,乃指召武仙會兵事,並非到達蔡州時間。

綜上所述,《汝南遺事》作"戊戌"爲是,本卷《烏古論鎬傳》"己亥入蔡"誤。

四十二

卷一一九《烏古論鎬傳》謂天興二年九月汴京軍事布防(第8册第2602頁):

> 大兵圍蔡,鎬守南面,忠孝軍元帥蔡八兒副之。

此文云蔡八兒爲鎮守南面烏古論鎬的副手。今檢同書卷一二四《忠義傳四·蔡八兒》云:

> 上令分軍防守四城,以殿前都點檢兀林答胡土守西面,八兒副之。[2]

知蔡八兒本乃係守西面兀林答胡土的副將,而不是副之於南面烏古論鎬。由此可見,兩傳所載內容歧異。

從史源上追索其中之緣由,據本書卷一八《哀宗紀下》天興二年九月庚辰曰:

> 分軍防守四面及子城,以總帥孛术魯婁室守東面,內族承麟副之;參知政事烏古論鎬守南面,總帥元志副之;殿前都點

---

① 王鶚《汝南遺事》卷一,第3頁b。
② 《金史》卷一二四《蔡八兒傳》,第8册,第2704頁。

檢兀林答胡土守西面,忠孝軍元帥蔡八兒副之。①

今檢到該史文取資王鶚《汝南遺事》卷三"分軍防守四面并子城"
條。② 由此可見,今本《烏古論鎬傳》節録史文失當,即漏掉"總帥
元志副之"及"殿前都點檢兀林答胡土守西面"之文,"鎬守南面"
直接承接"忠孝軍元帥蔡八兒副之"。

四十三

卷一一九《張天綱傳》敘述履歷(第 8 册第 2603 頁)云:

> 張天綱字正卿,霸州益津人也。至寧元年詞賦進士。

按王鶚《汝南遺事》卷一天興二年六月十八日"參政張天綱以亳州
之變便宜遷授"條謂:"張天綱字正卿,固安人。"③知兩書所載張天
綱籍貫不同。

四十四

卷一一九《完顏仲德傳》記載天興二年七月定進馬遷賞格事
(第 8 册第 2608 頁):

> 每甲馬一匹或二匹以上,遷賞有差。自是,西山帥臣范
> 真、姬汝作等各以馬進,凡得千餘匹,以末撚阿典領之。

本書卷一八《哀宗紀下》天興二年七月丁卯曰:"定進馬遷賞格,又
定括馬罪格,以簽樞密院事權參政抹撚兀典領其事。"④由此可見,

---

① 《金史》卷一八《哀宗紀下》,第 2 册,第 401 頁。
② 王鶚《汝南遺事》卷三,第 6 頁 a—b。
③ 王鶚《汝南遺事》卷一,第 2 頁 a。
④ 《金史》卷一八《哀宗紀下》,第 2 册,第 399 頁。

典領括馬者其名"阿典"、"兀典"存在歧異。

據筆者判斷,《金史·完顏仲德傳》與《哀宗紀》的這條史文同源無疑,見王鶚《汝南遺事》卷二天興二年七月二十五"定進馬遷賞格"條,該書原文作:"凡得馬千餘疋,以簽樞密院事權參政抹撚兀典統領之。兀典,世襲毛克,護衛出身,國亡歸宋矣。"[1]此外,《汝南遺事》卷二天興二年八月十四日"遣參政兀典息州行省仍諭之"條、卷三八月二十日"息州行省遣人奏中渡店之捷"、十一月十七日"徵諸道兵會戰"及《金史》相應條皆作"兀典"。據此判斷,《完顏仲德傳》寫作"阿典"蓋誤。

四十五

卷一一九《完顏仲德傳》敘述軍兵月俸(第8冊第2609頁):

> 初,有司定減糧,人頗怨望。上聞之,欲分軍爲三,上軍月給八斗,中七斗,下六斗,人復怨不均。乃立射格,而上中軍輒多受賞,連中者或面賜酒,人益爲勸,且陰有所增而人不知,仲德之謀也。

按本書《哀宗紀上》天興二年十月辛卯云:"上閱射于子城,中者賞麥有差。"[2]然其具體賞賜內容記述不詳,此條亦見王鶚《汝南遺事》卷三"教射於子城"條,其中有謂:"欲分軍爲三:上軍月支糧八斗,中軍月支糧六斗,下軍月支糧五斗。"[3]從中可見,《完顏仲德傳》"中七斗"、"下六斗",與《汝南遺事》作中軍"六斗"、下軍"五斗"均存在差異。

---

①　王鶚《汝南遺事》卷二,第1頁b—第2頁a。

②　《金史》卷一八《哀宗紀上》,第2冊,第401頁。

③　王鶚《汝南遺事》卷三,第7頁b。

列傳第六十六

四十六

卷一二八《循吏傳・石抹元》（第 8 册第 2769 頁）敘述簡歷云：

> 石抹元字希明，懿州路胡土虎猛安人。

該文稱"胡土虎猛安"所在駐地爲"懿州路"，不過本書《石抹仲温傳》及《奧屯忠孝傳》皆作"懿州胡土虎猛安"，並無"路"字。[1] 據本書《地理志上》北京路條敘述懿州沿革，"下，寧昌軍節度使。遼嘗更軍名慶懿，又爲廣順，復更今名。金因之，先隸咸平府，泰和末來屬"。[2] 可知金朝無"懿州路"之設置，但此地名也並非史官無中生有。今檢《元史・地理志》遼陽路條有記載説，"懿州，下。初爲懿州路。至元六年爲東京支郡，所領豪州及同昌、靈山二縣省入順安縣，入本州"。[3] 該書《順帝紀》至正十九年正月丙午條云："遼陽行省陷，懿州路總管吕震死之。"[4]元人編修《金史》稱"懿州路"大概受到當時地理建置情況影響。

---

[1] 《金史》卷一〇三《石抹仲温傳》，第 7 册，第 2274 頁。卷一〇四《奧屯忠孝傳》，第 7 册，第 2298 頁。
[2] 《金史》卷二四《地理志上》，第 2 册，第 560 頁。
[3] 《元史》卷五九《地理志二》，第 5 册，第 1396 頁。
[4] 《元史》卷四五《順帝紀八》，第 4 册，第 946 頁。

列傳第七十

四十七

卷一三二《逆臣傳·紇石烈執中》（第 8 冊第 2638 頁）謂崇慶二年（即至寧元年，1213）九月戊申：

> 執中侍朝，宣宗賜之坐，執中就坐不辭。無何，執中奏請降衛紹王爲庶人，奏再上，詔百官議于朝堂。太子少傅奧屯忠孝、侍讀學士蒲察思忠附執中議，衆相視莫敢言，獨文學田廷芳奮然曰：“先朝素無失德，尊號在禮不當削。”於是從之者禮部張敬甫、諫議張信甫、戶部武文伯、龐才卿、石抹晉卿等二十四人。宣宗曰：“譬諸問途，百人曰東行是，十人曰西行是，行道之人果適東乎、適西乎。豈以百人、十人爲是非哉？”既而曰：“朕徐思之。”數日，詔降爲東海郡侯。

本書卷一三《衛紹王紀》至寧元年九月丁未云：

> 詣邸臨奠，伏哭盡哀。敕以禮改葬。胡沙虎請廢爲庶人，詔百官議于朝堂，議者二百餘人。太子少傅奧屯忠孝、侍讀學士蒲察思忠請從廢黜，戶部尚書武都、拾遺田庭芳等三十人請降爲王侯，太子太保張行簡請用漢昌邑王、晉海西公故事，侍御史完顏訛出等十人請降復王封。胡沙虎固執前議，宣宗不得已，乃降封東海郡侯。[①]

兩者所載內容相合，即宣宗與臣僚討論是否聽從執中奏請降衛紹

[①]　《金史》卷一三《衛紹王紀》，第 1 冊，第 297 頁。

王爲庶人，"文學田廷芳"與"拾遺田庭芳"當爲一人，但人名和官職均存有歧異。據《大金德運圖説》彙編宣宗貞祐年間議論德運的案牘，貞祐二年二月初三日省劄署作"右拾遺田庭芳"，此外還有《右拾遺田庭芳議》。①

由此可見，《逆臣傳·紇石烈執中》"田廷芳"的"廷"字當誤，崇慶二年九月庭芳或以右拾遺兼王府文學，這點倒不矛盾。

列傳第七十二

四十八

卷一三四《西夏傳》敘述西夏奉表稱藩事（第 8 册第 2866頁）曰：

> 天會二年，始奉誓表，以事遼之禮稱藩，請受割賜之地。宗翰承制，割下寨以北、陰山以南、乙室耶刮部吐禄濼之西，以賜之。

本書卷三《太宗紀》天會二年正月甲戌條云："夏國奉表稱藩，以下寨以北、陰山以南、乙室耶剌部吐禄濼西之地與之"。② 卷六〇《交聘表》夏欄謂天會二年正月，"夏人奉誓表，請以事遼之禮稱藩"。③ 據筆者考證，以上三者史料同源，然而割賜之地所涉部族名稱"耶刮部"、"耶剌部"歧異，由於"刮"、"剌"字形相近，其中必有一誤。

---

① 《大金德運圖説》（不分卷），臺灣商務印書館影印《文淵閣四庫全書》本，史部第 648册，第 314 頁上欄、第 320 頁下欄。
② 《金史》卷三《太宗紀》，第 1 册，第 49 頁。
③ 《金史》卷六〇《交聘表上》，第 5 册，第 1391 頁。

四十九

卷一三四《西夏傳》載興定元年兩方戰事(第 8 册第 2874 頁):

> 夏人圍羊狼寨,都統党世昌與戰,完顏狗兒遣都統夾谷瑞夜斫夏營,遂解其圍,猶駐近地,左都監白撒發定西鋭兵、龕谷副統包孝成緋翩翅軍,合擊走之。

本書卷一五《宣宗紀中》興定元年七月乙巳條亦云:"夏人圍羊狼寨,帥府發諸鎮兵擊走之。"[1]可見同源史料卻有"羊狼寨"、"羊狼寨"之差別,其中必有一誤。

---

[1] 《金史》卷一五《宣宗紀中》,第 2 册,第 331 頁。

第五章　舊本正誤

本章提要:本章 24 則札記是筆者在整理施國祁《金史詳校》和審讀修訂本《金史》樣稿過程中提出的疑問,其中部分觀點已爲修訂本所吸收,今略作增補一併收入本書。

太宗紀

一

卷三《太宗紀》天會三年二月丁卯曰:"以厖葛城地分授所徙烏虎里、迪烈底二部及契丹民。"(第 1 册第 52 頁)施國祁《金史詳校》卷一太宗紀條指出,"烈'下當加'底'"。本卷第二條校勘記採納此説(第 66—67 頁):

> 分授所徙烏虎里迪烈底二部及契丹民。原脱"底"字。按上文天會二年閏三月"己丑,烏虎里、迪烈底兩部來降",本書卷七二《習古廼傳》,"以厖葛城地分賜烏虎里、迪烈底二部及契丹人",皆稱"迪烈底",今據補。

按《金史》全書中屢見"迪烈底",此即遼時期所稱迪烈得、敵烈德、迪烈德、迭烈德者,是駐守北部邊境的一支重要部族,因與烏古部相毗鄰或者有可能雜居在一起,在文獻中兩部通常連稱。論者指出,該詞詞尾"德"、"得"、"底"均爲複數形。① 契丹小字石刻中該部族的名稱,大多寫作𘲛或𘲞(義爲"迪烈德之"),其詞根爲𘱳𘲀(𘲑𘲀),遼金文獻一般音譯爲"迪烈";而作爲表示複數詞綴的𘱳(𘲀)的音值早已擬定爲 t/t˙,②漢語讀作"德"、"得"、"底"。③ 此外,遼大安三年(1087)《蕭興言墓誌》④及《大金國志·太宗文烈皇帝》皆稱"迪烈子",⑤其中"子"亦當爲複數詞綴。今檢本書卷五《海陵紀》天德四年十一月辛丑作"烏古迪烈部",貞元元年閏十二月癸卯作"烏古迪烈司招討";⑥卷四四《兵志·大將府治之稱號》亦作"烏古迪烈部";⑦及卷二四《地理志上》有云"烏古迪烈,統軍司,後升爲招討司"。⑧ 諸卷則採用部族名稱的單數形式。由此可見,"迪烈"以多種譯法且單、複數兩種並見於遼金文獻,本卷《金史·太宗紀》天會三年二月丁卯條宜遵從底本原貌,不補"底"字亦可。

　　(此條原載陳曉偉《〈金史〉本紀校讀劄記》,《西北民族論叢》第 17 輯,2018 年)

---

① 參見孟廣耀《遼代烏古敵烈部初探》,中國蒙古史學會編《中國蒙古史學會成立大會紀念集刊》,呼和浩特,1979 年 8 月,第 243 頁。

② 清格爾泰、劉鳳翥、陳乃雄、于寶林、邢復禮《契丹小字研究》,中國社會科學出版社,1985 年,第 69、105 頁。

③ 參見高路加《契丹小字複數符號探索》,《內蒙古大學學報》1988 年第 2 期。愛新覺羅烏拉熙春《契丹蒙古劄記》,氏著《遼金史與契丹、女真文》,京都大學東亞歷史文化研究會,2004 年,第 110 頁。

④ 該墓誌拓本及錄文見劉鳳翥、唐彩蘭、青格勒編著《遼上京地區出土的遼代碑刻匯輯》,社會科學文獻出版社,2009 年,第 31、100 頁。

⑤ 崔文印校證《大金國志校證》卷六《太宗文烈皇帝四》,上冊,第 106 頁。

⑥ 《金史》卷五《海陵紀》,第 1 冊,第 99、102 頁。

⑦ 《金史》卷四四《兵志》,第 3 冊,第 1003 頁。

⑧ 《金史》卷二四《地理志上》,第 2 冊,第 553 頁。

附識

修訂本恢復底本原文,删原點校本校勘記。(第 1 册第 58 頁)
據筆者最新研究,《習古廼傳》主幹内容分别見於《太祖紀》和
《太宗紀》相關條文,知此傳根據太祖、太宗實録逐條拼合而
成。具體到《習古廼傳》"以厖葛城地分賜烏虎里、迪烈底二部
及契丹人,其未墾者聽任力占射"與《太宗紀》天會三年二月丁
卯"以厖葛城地分授所徙烏虎里、迪烈二部及契丹民"關係,同
源於《太宗實録》。由此可見,實録底本應有"底"字,《太宗
紀》改編時脱漏。

二

卷三《太宗紀》天會四年正月庚午條云:"宗望使吴孝民等入
汴,問宋取首謀平山者童貫、譚稹、詹度及張覺等。"(第 1 册第 54
頁)原點校本第三條校勘記(第 67 頁)認爲:

> 問宋取首謀平山者童貫譚稹詹度及張覺等。原脱"者"字。
> 按本書卷六〇《交聘表》,天會四年"正月己巳,宗望諸軍渡河,
> 使吴孝民入汴,問宋取首謀平山者",[1]有"者"字。今據補。

邱靖嘉指出,"《交聘表》的史料來源主要應是金實録及《國史》本
紀"。[2] 具體説來,天會四年正月庚午這條吴孝民持書問罪宋朝
招納平山叛將張覺事,本書《太宗紀》和《交聘表》同源,並且筆者
發現其原始檔案今存於《大金弔伐録》一書中,既而能辨明此事
之原委。

茲將《大金弔伐録》卷上《次事目劄子》與本文有關的記載節引

---

[1] 　《金史》卷六〇《交聘表上》,第 5 册,第 1392—1393 頁。

[2] 　邱靖嘉《〈金史〉纂修考》,第 178 頁。

如下：

> 前月二十九日，師次邯鄲，才有使人李鄴等將到三省樞
> 密院所奉聖旨文牒，歸罪邊臣，全非當理。洎審求的意，方
> 云：「前主自省愆尤，不敢枝負大變，前月二十三日，當已傳
> 禪。」兩項歸過，特有不同，難爲准信。又奈使人悃愊辭酸，懇
> 言「本國君臣，深自責恨前日之非」。但念「人誰無過，過而
> 能改，善莫大焉」；兼所奉宣旨，「如趙主深自悔過，再乞懽
> 和，仰就便酌中施行」，宜加恕道，用存大義。若不能誠心悔
> 罪，重乞懽盟，可囚縛首先謀取平山童貫、譚稹、詹度，并逆賊
> 張覺、李石、衛甫、趙仁彦等來詣軍前，謝天下罪。應自北界
> 亂離來，及南京叛亡諸職官、工匠、教坊、百姓續次發遣前來。
> 仍以黄河爲界。

這篇《次事目劄子》儘管無明確繫年，不過該卷目下有小注云「係差
字董吴孝民等持去」，[①]此與本卷天會四年正月庚午條「宗望使吴
孝民等入汴」云云相合，據此可知，所引《大金弔伐録》上文即《太
宗紀》和《交聘表》最初的史料來源和文獻根據。吴孝民所持詔
書原文作「可囚縛首先謀取平山童貫、譚稹、詹度，并逆賊張覺、
李石、衛甫、趙仁彦等來詣軍前，謝天下罪」，從中可見《太宗紀》
節録的原文，其中並無「者」字。此外，《金史·宗望傳》亦敘事此
事說：天會四年正月己巳，「諸軍渡河，取滑州。使吴孝民入汴，以
詔書問納平州張覺事，令執送童貫、譚稹、詹度，以黄河爲界，納質
奉貢。」[②]

　　根據《大金弔伐録》所載《次事目劄子》，可知《金史·交聘表》

---

① 佚名編《大金弔伐録》卷上《次事目劄子》，第 17 頁 a—b。
② 《金史》卷七四《宗望傳》，第 5 冊，第 1705 頁。

"問宋取首謀平山者"中的"者"字,是爲了行文需要而省略掉了金
方索求的童貫等六人的名字,顯然不能據此來校改本卷《太宗紀》
天會四年正月庚午條。

附識

修訂本恢復底本原文,删原點校本校勘記。(第1册第60頁)

熙宗紀

三

卷四《熙宗紀》天會十四正月丁丑云:"太皇太后紇石烈氏崩。"
二月癸卯云:"上尊謚曰欽憲皇后,葬睿陵。"(第1册第71頁)原點
校本第一條校勘記(第88頁)指出:

上尊謚曰欽憲皇后。"憲"原作"獻"。按本書卷六三《太
祖欽憲皇后傳》,"欽憲"之稱凡五見,又卷六九《太祖諸子傳》
亦作"欽憲",今據改。

施國祁《金史詳校》卷一熙宗紀條謂:"上尊謚曰欽獻皇后。'獻',
《傳》作'憲'。"可見施氏爲求穩妥,並未作判斷。

按,大定二十一年《大金故太保兖國公墓誌》,此墓主即太祖第
八子窩魯歡(宗雋),稱"妣欽憲皇后紇石烈氏",[1]與《后妃傳》、
《太祖諸子傳》相合。而據《大金集禮》卷六《追謚后》欽獻皇后條
記載説:"天會十四年二月五日,上欽獻皇后尊謚。"其下小注釋

---

① 梅寧華主編《北京遼金史迹圖志》,北京燕山出版社,2004年,下册,第198頁。

義説:"威德悉備曰'欽',聰明睿知曰'獻'。"此文不僅與本卷《熙宗紀》相合,並且還解釋了爲何取用"欽獻"二字的緣由。金源一朝將"獻"字作爲謚號的用例還有,大定二年四月,追册睿宗生母,謚號曰"宣獻",小注有云:"聖善周聞曰'宣',聰明睿智曰'獻'。"①又皇統五年閏十一月十五日,上謚曰"獻敏恭簡皇帝",並解釋説"取聰明睿智曰'獻',應事有功曰'敏'之意"。② 按蔡邕《獨斷》和蘇洵《謚法》總結尊謚,臚列用字,均稱"聰明睿智曰'獻'"。③

（此條原載陳曉偉《〈金史〉本紀校讀劄記》,《西北民族論叢》第 17 輯,2018 年）

附識

修訂本《熙宗紀》新校第四條:上尊謚曰欽獻皇后。"欽獻",《集禮》卷六同。本書卷六三《后妃傳上·太祖欽憲皇后傳》作"欽憲",凡五見,卷六九《太祖諸子傳》亦作"欽憲"。（第 1 册第 96—97 頁）

四

卷四《熙宗紀》皇統元年記述祭祀孔廟諸事曰:"（二月）戊子,上親祭孔子廟,北面再拜。退謂侍臣曰:'朕幼年游佚,不知志學,歲月逾邁,深以爲悔。孔子雖無位,其道可尊,使萬世景仰。大凡爲善,不可不勉。'自是頗讀《尚書》、《論語》及《五代》、《遼史》諸

---

① 任文彪點校《大金集禮》卷六《追謚后》,第 95、100 頁。
② 任文彪點校《大金集禮》卷三《追加謚號上·皇統五年增上祖宗尊謚》,第 55 頁。
③ 蔡邕《獨斷》卷下《帝謚》,《四部叢刊》本,第 14 頁 a。蘇洵《謚法》卷一,叢書集成初編本,中華書局,1985 年,第 6 頁。

書,或以夜繼焉。三月己未,上宴群臣于瑶池殿,適宗弼遣使奏捷,侍臣多進詩稱賀。"(第1册第76—77頁)原點校本於本卷二月戊子條、三月己未條各出了一條校勘記(第88頁):

　　　第六條:戊子上親祭孔子廟。"戊子"原作"戊午"。按二月庚午朔有戊子無戊午。《大金集禮》卷三六《宣聖廟》,"皇統元年二月戊子日,帝詣文宣王廟奠祭,北面再拜,謂儒臣曰:'爲善不可不勉,孔子雖無位,以其道可尊,使萬世高仰如此。'"與此記事相合,今據改。

　　　第七條:三月己未。原脱"三月"二字。按是年二月庚午朔,三月庚子朔,己未當在三月,今據補。

皇統元年二月下諸條繫事,其中有戊午、己未兩條,原點校者根據干支推算認爲"戊午"爲"戊子"之誤,而己未條上脱"三月",遂據此校改文字。這樣一來,《金史》中凡與之同源的記載相應改動。本書卷三五《禮志八·宣聖廟》云:"皇統元年二月戊子,熙宗詣文宣王廟奠祭,北面再拜,顧儒臣曰:'爲善不可不勉。孔子雖無位,以其道可尊,使萬世高仰如此。'"該卷第一條校勘記曰:

　　　皇統元年二月戊子。"子"原作"午"。按皇統元年二月庚午朔,無戊午。《大金集禮》卷三六《宣聖廟》爲本志'宣聖廟'之所本,首記此事作"二月戊子日"。今據改。①

本書卷一〇五《孔璠傳》與《熙宗紀》內容相同,應該同源,其文謂:"天眷三年,詔求孔子後,加璠承奉郎,襲封衍聖公,奉祀事。是時,熙宗頗讀《論語》、《尚書》、《春秋左氏傳》及諸史、《通曆》、《唐律》,乙夜乃罷。皇統元年三月戊午,上謁奠孔子廟,北面再拜,顧

---

① 《金史》卷三五《禮志八·宣聖廟》,第3册,第815、828頁。

謂侍臣曰：'朕幼年游侠，不知志學，歲月逾邁，深以爲悔。大凡爲善，不可不勉，孔子雖無位，其道可尊，萬世高仰如此'。"該卷第四條校勘記認爲：

> 皇統元年三月戊午上謁奠孔子廟。按《大金集禮》卷三六《宣聖廟祀儀》作"皇統元年二月戊子日，帝詣文宣王廟奠祭"。考本書卷三五《禮志》云："歲春秋仲月上丁日釋奠于文宣王。"則作"二月"是。①

由此可見，《金史》全書凡涉及皇統元年熙宗親祭孔子廟事具體日子皆作"戊午"，並且史料均出自同一系統。《金史·熙宗紀》至正初刻本已佚，今檢陳桱《通鑑續編》卷一六金皇統元年二月"金主親祀孔子"條下有云："戊午，金主親祭孔子廟，北面再拜。"②此文取資《熙宗紀》，據此可知陳桱所據至正初刻本即作"戊午"。

筆者《〈金史〉衍聖公家族事迹叢考》一文已指出：

> "戊午"，點校本《金史》校改作"戊子"（詳見第1册第88頁校勘記六）。當從《孔璠傳》作"三月戊午"。③

《金史》一書中的干支紀日"戊午"是正確的，實際錯在"二月"，應當爲"三月"。按本卷《熙宗紀》皇統元年二月戊寅條至四月丙子條間，依次有乙酉、戊午、己未三條，"戊午"上脫掉"三月"二字無疑。《金史》本紀多有脫掉月份者，如卷五《海陵紀》貞元二年三月戊辰條、五月癸丑條間有丙戌條，實際奪"四月"。④ 若根據《孔璠傳》"皇統元年三月戊午"作爲判斷依據，那麼是月庚子朔，則戊午爲十

---

① 《金史》卷一〇五《孔璠傳》，第7册，第2311、2325頁。

② 陳桱《通鑑續編》卷一六，至正刻本，第20頁a。

③ 陳曉偉《〈金史〉衍聖公家族事迹叢考》，《文史》2018年第2期。

④ 《金史》卷五《海陵紀》，第1册，第102、119頁。

九日,己未爲二十日。據此,可在《熙宗紀》戊午條上補“三月”,問題自然迎刃而解。

　　不妨總結一下原點校者校改的根據:第一條《大金集禮》卷三六《宣聖廟》爲本志(《禮志》)宣聖廟之所本,首記此事作“二月戊子日”;第二條《金史》卷三五《禮志八》云:“歲春秋仲月上丁日釋奠于文宣王。”實際上,以上兩條史料皆不足爲據。兹辨證如下:

　　首先,覆檢《大金集禮·宣聖廟·祀儀》有謂:“皇統元年二月戊午日,帝詣文宣王廟奠祭,北面再拜,謂儒臣曰:‘爲善不可不勉,孔子雖無位,以其道可尊,使萬世高仰如此。’”此條即《金史·禮志八·宣聖廟》之史源,亦作“皇統元年二月戊午”,《熙宗紀》與此文相同。任文彪校改作“三月戊午日”,指出“‘三月戊午日’,原作‘二月戊午日’,曹本、文淵閣本、廣雅本同。按是年二月庚午朔,戊午日在三月,又據《金史》卷一〇五《孔璠傳》,知此事實在三月戊午,今據改”。① 意謂《大金集禮》諸版本中並無作“二月戊子日”者,同時肯定《金史·孔璠傳》記載正確。由此可見《金史》點校者實則是徵引文獻有誤。此外,《孔氏祖庭廣記·學廟親祠》也有完全相同的記載,謂:“金熙宗皇統元年二月戊午日,帝謁文宣王廟奠祭,北面再拜,謂儒臣曰:‘爲善不可不勉,孔子雖無位,以其道可尊,使萬世高仰如此’。”②從而可進一步證實《金史》及《大金集禮》“戊午”二字無誤。

　　其次,其實原點校本校勘記所引《金史·禮志八·宣聖廟》原文是這麼記述的:大定十四年,國子監言:“歲春秋仲月上丁日,釋奠於文宣王。”③該《禮志八·宣聖廟》所據者爲《大金集禮·宣聖

---

①　任文彪點校《大金集禮》卷三六,第344頁。
②　孔元措編《孔氏祖庭廣記》卷四《學廟親祠》,第6頁a。
③　《金史》卷三五《禮志八·宣聖廟》,第3册,第815頁。

廟·祀儀》,其云:"大定十四年正月六日,以國子監申請:'每年春秋仲月上丁日釋奠於文宣王'。"①《孔氏祖庭廣記·歷代崇重》亦記述此事:"金世宗大定十四年正月六日,禮官議:'國子監春秋仲月上丁日釋奠於文宣王'。"②揆諸文義,"以國子監申請"或"禮官議"意指大定十四年討論裁定恢復傳統的丁祭,並非指金初以來的制度,實際上與皇統元年釋奠毫無干係。《金史·禮志八·宣聖廟》乃節取史文,而《金史》點校者則斷章取義。況且,皇統元年二月庚午朔,上丁日在丁丑第八日,這也無法證明所謂"二月戊子日"祭祀的合理性。

綜上所述,關於皇統元年奉祀宣聖王,金朝文獻皆出自一源,《金史·熙宗紀》、《禮志八·宣聖廟》及《大金集禮》、《孔氏祖庭廣記》皆謂"二月戊午",我們可根據《金史·孔璠傳》"皇統元年三月戊午"校正,這樣《金史》諸卷的矛盾就完全釋解了。若按照原點校者的思路,系統性地校改《金史》全書繫事紀年,史文雖然統一相協,但毫無文獻依據。

附識

修訂本卷四《熙宗紀》正文改作"三月戊午,上親祭孔子廟"(第1冊第85頁)。新校第十五條云:"三月戊午上親祭孔子廟。'三月'二字原脫。按,二月庚午朔,無戊午。本書卷一〇五《孔璠傳》:'皇統元年三月戊午,上謁奠孔子廟',今據補。另,《集禮》卷三六《宣聖廟》作'皇統元年二月戊子日',與此異。"(第98頁)

---

① 任文彪點校《大金集禮》卷三六,第344頁。
② 孔元措編《孔氏祖庭廣記》卷五《歷代崇重》,第12頁a。

筆者按，《大金集禮》諸版本中並無作"二月戊子日"者，乃係原點校者誤引，修訂本亦從之。

修訂本卷三五《禮志八・宣聖廟》正文作"皇統元年二月戊午，熙宗詣文宣王廟奠祭，北面再拜"（第3冊第871頁）。新校第一條云："皇統元年二月戊午。按，皇統元年二月庚午朔，無'戊午'，'戊午'在三月。本書卷一〇五《孔璠傳》記此事作'三月戊午'，似是。"（第883頁）

海陵紀

五

卷五《海陵紀》正隆二年四月戊戌云："追降景宣皇帝爲豐王。"（第1冊第107頁）原點校本第九條校勘記（第119頁）指出：

> "豐王"原作"遼王"。按本書卷一九《景宣紀》，"海陵弒立，降帝爲豐王"，今據改。

此據施國祁《金史詳校》卷一海陵紀條及卷二世紀補景宣皇帝條。不過施氏僅列出《金史》上述兩卷景宣皇帝封號的異同，未言孰是孰非。

據《大金集禮》記載説，大定二十年三月，有司奏請："景宣皇帝於閔宗時追謚，（至）〔正〕隆二年四月，海陵庶人批劄贈太師、追封遼王。"①這樣看來，這道奏文與《海陵紀》亦正相合。況且《金史・熙宗紀》天會十三年九月壬申已稱"追尊皇考豐王爲景宣皇帝"，②

---

① 任文彪點校《大金集禮》卷四《雜録》，第75頁。
② 《金史》卷四《熙宗紀》，第1冊，第70頁。

由此證明,正隆二年四月所追降封號當爲遼王無疑。覆檢本書卷
一九《世紀補》景宣皇帝事蹟,有謂"海陵弑立,降熙宗爲東昏王,降
帝爲豐王"。[1] 再結合根據《海陵紀》天德二年二月庚戌條"降前帝
爲東昏王"的記載,[2]推測降景宣皇帝爲豐王亦在此時。

（此條原載陳曉偉《〈金史〉本紀校讀劄記》,《西北民族論叢》
第 17 輯,2018 年）

附識

修訂本卷五《海陵紀》新校第二十一條:追降景宣皇帝爲遼王。
"遼王",本書卷一九《世紀補·景宣皇帝紀》:"海陵弑立,（中
略）降帝爲豐王。"與此異。（第 1 册第 133 頁）

修訂本《世紀補》新校第一條:降帝爲豐王。按,《集禮》卷四
《雜録》:"大定二十年三月有司奏請,景宣皇帝於閔宗時追諡,
至（正）隆二年四月,海陵庶人批劄,贈太師、追封遼王。"本書
卷五《海陵紀》:"追降景宣皇帝爲遼王。"同作"遼王",與此
異。（第 2 册第 453 頁）

六

《海陵紀》正隆六年十月丁未條敘述海陵南征（第 1 册第 116
頁）,謂:

> 前鋒軍至段寨,宋戍兵皆遁去,敗宋兵於蔚子橋,敗宋兵
> 於巢縣,斬二百級,至和州。王權夜以兵千餘來襲,射卻之。

《金史詳校》卷一海陵紀指出,"蔚",《阿鄰傳》作"渭"。按本書卷

---

① 《金史》卷一九《世紀補·景宣皇帝》,第 2 册,第 407 頁。
② 《金史》卷五《海陵紀》,第 1 册,第 94 頁。

七三《阿鄰附傳》云:"是歲十月,至廬州,與宋將王權軍十餘萬戰于柘皋鎮、渭子橋,敗之。"①該卷針對該地名的差異寫法列出一則校勘記,即採取《金史詳校》上述觀點。其實,從宋朝文獻所見,本書《海陵紀》"蔚子橋"、《阿鄰附傳》"渭子橋"皆不確。

宋朝文獻詳細記述此次戰鬥的經過,茲舉例如下:

《建炎以來繫年要錄》卷一九三紹興三十一年十月丙辰條云:

> 左武大夫、建康府駐劄御前破敵軍統制姚興與金人戰于尉子橋,死之。先是,王權既屯昭關,將士猶有欲戰之心。權引兵先遁,金以鐵騎追及尉子橋,興以所部三千人力戰,權置酒僊宗山上,以刀斧自衛,殊不援興。自辰至申,興出入三四,殺虜數百。統領官戴皋下道避虜,虜遂假立權幟以誘興。興奮入,與其徒拱衞大夫、忠州防禦使鄭通等五十人俱陷,死之。事平,贈興容州觀察使,即其地立廟。②

《宋史·忠義傳八·姚興》也記載説:

> 初,金主亮在壽春,江淮制置使劉錡命權將兵迎敵,權怯懦不進,錡督戰益急,權不得已守廬州,及金兵渡淮,權遣興拒之,而退保和州。興與金人遇于尉子橋。③

《三朝北盟會編》卷二三五云:

> 知樞密院事督視江淮軍馬葉義問劄子奏:契勘建康府破敵軍統領右武大夫姚興,十月十七日,隨王權與賊戰於尉子

---

① 《金史》卷七三《阿鄰附傳》,第 5 冊,第 1682、1692 頁。
② 李心傳《建炎以來繫年要錄》卷一九三紹興三十一年十月丙辰,胡坤點校,第 8 冊,第 3762 頁。
③ 《宋史》卷四五三《忠義傳八·姚興》,第 38 冊,第 13326—13326 頁。

橋，以兵四隊當虜陣數萬衆，鏖戰數合，手殺數百餘人，以援兵
不至，於陣戰殁。①

上述多種記載，可與《金史·阿鄰附傳》相印證。由此可見，"渭子
橋"及"蔚子橋"乃是金人得自口耳間，其實皆應作"尉子橋"。此
外，景定《建康志·建康表》紹興三十一年辛巳條及《祠祀志》引詔
令及禮部省劄也寫作"尉子橋"。② 這裏當以宋朝文獻爲據。

（此條原載陳曉偉《〈金史〉本紀校讀劄記》，《西北民族論叢》
第 17 輯，2018 年）

附識

修訂本卷五《海陵紀》新校第三十五條：敗宋兵于蔚子橋。"蔚
子橋"，《宋史》卷三二《高宗紀九》、卷四五三《忠義傳八·姚
興傳》，《要録》卷一九三皆作"尉子橋"。本書卷七三《宗雄
傳》附子《阿鄰傳》："是歲十月，至廬州，與宋將王權軍十餘萬
戰于柘皋鎮、渭子橋，敗之。"與此異。（第 1 册第 135 頁）

修訂本卷七三《阿鄰傳》新校第十二條：與宋將王權軍十餘萬
戰于柘皋鎮渭子橋。"渭子橋"，本書卷五《海陵紀》正隆六年
十月丁未記此事作"蔚子橋"，《宋史》卷三二《高宗紀九》、卷
四五三《忠義傳八·姚興傳》、《要録》卷一九三作"尉子橋"。
（第 5 册第 1798 頁）

---

① 徐夢莘《三朝北盟會編》卷二三五，下册，第 1690 頁下欄。
② 景定《建康志》卷一四《建康表十》，南京出版社，2009 年，第 2 册，第 309 頁；卷四四
《祠祀志》，第 4 册，第 1096 頁。

世宗紀

七

卷六《世宗紀上》大定元年十一月甲申（第 1 册第 124 頁）云：

> 群臣上尊號曰仁明聖孝皇帝。

甲申即十六日。據《大金集禮》卷二《帝號·大定七年册禮》追述故事謂：“大定元年十月□日，上即位東京，大赦改元。十一月十六日，有司奉表備禮上尊號‘聖明仁孝皇帝’。”其下有小注云：“初群臣上十有二字，上止受四字。”[1]經比較發現，兩書敘述乃同一件事，不過世宗所上尊號不同，分別作“仁明聖孝”、“聖明仁孝”，其中當有一誤。

首先，《金史》中多次提及世宗尊號，卷六《世宗紀上》開篇“世宗光天興運文德武功聖明仁孝皇帝，諱雍，本諱烏禄”，[2]及卷八《世宗紀下》大定二十九年三月辛卯條、[3]卷九《章宗紀一》大定二十九年四月乙酉條、[4]卷三二《禮志五·上尊謚》均記作“光天興運文德武功聖明仁孝皇帝”，[5]其中該尊號最後“聖明仁孝”四字係大定元年所上。其次，據《大金集禮》記載，大定三年增上睿宗尊謚，左平章元宜等奏：“聖明仁孝皇帝陛下。”[6]又《金史·僕散忠義傳》

---

[1]　任文彪點校《大金集禮》卷二《帝號下》，第 20 頁。

[2]　《金史》卷六《世宗紀上》，第 1 册，第 121 頁。

[3]　《金史》卷八《世宗紀下》，第 1 册，第 203 頁。

[4]　《金史》卷九《章宗紀一》，第 1 册，第 209 頁。

[5]　《金史》卷三二《禮志五》，第 3 册，第 784 頁。

[6]　任文彪點校《大金集禮》卷四《追加謚號下》，第 64 頁。

收録一道大定五年正月南宋致金朝國書,曰:"姪宋皇帝眘,謹再拜致書于叔大金聖明仁孝皇帝闕下。"①此即行用大定元年尊號。從以上諸例可見,"聖明仁孝皇帝"當是,那麽《世宗紀》大定元年十一月甲申條"仁明聖孝"則明顯倒誤。

(此條原載陳曉偉《〈金史〉本紀校讀劄記》,《西北民族論叢》第 17 輯,2018 年)

附識

修訂本《世宗紀上》新校第三條:群臣上尊號曰仁明聖孝皇帝。"仁明聖孝",《集禮》卷二《帝號下·大定七年册禮》作"聖明仁孝"。本書卷八七《僕散忠義傳》亦作"聖明仁孝"。(第 1 册第 168 頁)

八

卷六《世宗紀上》大定七年正月壬子(第 1 册第 138 頁)云:

上服衮冕,御大安殿,受尊號册寶禮。

原點校本未出校。按本月庚子朔,壬子爲十三日。本書卷三一《禮志四·奏告儀》則云:"大定七年正月十一日,上尊號。"兩文所載世宗上尊號時間有差。《金史詳校》卷三下禮志四條指出:"一"當作"三"。意謂《世宗紀》正確。原點校本據此校改《禮志四·奏告儀》"正月十一日"爲"正月十三日"。②

按《大金集禮·帝號》記載大定七年册禮翔實,有云"七年正月八日,遣皇子判大興尹許王告天地,判宗正英王文告太廟。十一

---

① 《金史》卷八七《僕散忠義傳》,第 6 册,第 1939 頁。
② 《金史》卷三一《禮志四》,第 3 册,第 753 頁及第 769 頁校勘記三。

日,皇帝服袞冕,御大安殿,右丞相紇石烈良弼等恭奉册禮"。此外,"上册寶儀"小注亦作"正月十一日"。① 今檢《金史·禮志四·奏告儀》"前三日,命皇子判大興尹許王告天地,判宗正英王文告太廟"云云,此謂"前三日"即八日及上文"正月十一日",②乃與《大金集禮》所記亦正相合。此外,按《大金集禮》卷二四《赦詔·御樓宣赦》云:"大定七年正月十一日,上尊册禮畢。"③據此判斷,本卷《金史·世宗紀》"受尊號册寶禮"大定七年正月壬子或有誤,蓋即十一日。

（此條原載陳曉偉《〈金史〉本紀校讀劄記》,《西北民族論叢》第 17 輯,2018 年）

附識

修訂本卷六《世宗紀上》新校第二十三條:壬子上服袞冕御大安殿受尊號册寶禮。"壬子",按,大定七年正月庚子朔,壬子爲十三日。《集禮》卷二《大定七年册禮》謂正月"十一日,皇帝服袞冕,御大安殿,右丞相紇石烈良弼等恭奉册禮"。下文"上册寶儀"文下小字注亦作"正月十一日"。時間與此異。（第 1 册第 171 頁）

修訂本《禮志四》新校第三條:大定七年正月十一日上尊號。"十一日",《集禮》卷二《大定七年册禮》記載同。本書卷六《世宗紀上》,大定"七年正月庚子朔,(中略)壬子,上服袞冕,御大安殿,受尊號册寶禮",壬子爲十三日。所記與此異。（第 3 册第 821 頁）

---

① 任文彪點校《大金集禮》卷二《帝號下》,第 22、25 頁。
② 《金史》卷三一《禮志四》,第 3 册,第 753 頁。
③ 任文彪點校《大金集禮》卷二四《赦詔·御樓宣赦》,第 239 頁。

章宗紀

九

卷一二《章宗紀四》泰和七年五月丙申條（第 1 册第 281 頁）云：

> 四川安撫使安丙遣西和州安撫使李孝義率步騎三萬攻秦州，圍皂角堡。术虎高琪以兵赴之，七戰而解其圍。

原點校本第十三條校勘記指出："按此事又見本書卷一〇六《术虎高琪傳》，所記與此同。惟《宋史》卷四〇二《安丙》、《李好義傳》，'李孝義'作'李好義'。"（第 287 頁）

事實上，在宋朝文獻中，"李孝義"、"李好義"兩名並見。據《宋史·叛臣傳上·吴曦》記載說：諸將討逆，預誅殺叛將吴曦，"會李好義與兄好古、李貴等皆有謀，交相結納"。[1] 該書《李好義傳》提到："好義夜饗士，麾衆受甲，與好古、好仁及子姓拜決於家廟。"[2]據此可知，李氏兄弟名諱好古、好仁，那麼從行輩派字推測，其名當作"好義"。

（此條原載陳曉偉《〈金史〉本紀校讀劄記》，《西北民族論叢》第 17 輯，2018 年）

附識

修訂本卷一二《章宗紀四》新校第二十條：四川安撫使安丙遣

---

① 《宋史》卷四七五《叛臣傳上·吴曦》，第 39 册，第 13813 頁。
② 《宋史》卷四〇二《李好義傳》，第 35 册，第 12199 頁。

西和州安撫使李孝義率步騎三萬攻秦州。"李孝義",疑當作"李好義"。按,《宋史》卷四〇二《李好義傳》、《安丙傳》並作"李好義"。(第1册第313頁)

修訂本卷一〇六《术虎高琪傳》新校第十條:宋安丙遣李孝義率步騎三萬攻秦州。"李孝義",《宋史》卷四〇二《李好義傳》、《安丙傳》作"李好義"。(第7册第2487—2488頁)

衞紹王紀

十

卷一三《衞紹王紀》謂大安二年十二月乙卯朔,"日有食之"。(第1册293頁)原點校本第五條校勘記(第299頁)指出:

> "乙卯"原作"辛酉"。按下文"三年正月乙酉朔",依《長術》二年十二月當爲乙卯朔。《高麗史》卷四七《天文志》,"熙宗六年即金大安二年十二月乙卯朔日食",正與之合。今據改。

上述這條校改方案採納的是施國祁《金史詳校》卷二衞紹王紀條。這一校改是否成立? 兹將本卷《衞紹王紀》所載天文現象與卷二〇《天文志》對比如下:大安元年正月辛丑、二月乙丑、十月乙丑、二年正月庚戌、二月、三年正月乙酉、二月、閏月、十月癸巳、至寧元年三月十條皆與《天文志·月五星凌犯及星變》相符;大安三年三月辛酉、十月己卯兩條與《天文志·日薄食煇珥雲氣》同,其中有兩條齟齬不合:①

---

① 《金史》卷二〇《天文志》,第2册,第422—423、432—433頁。

《衞紹王紀》	《天文志》
（大安二年四月），北方有黑氣，如大道，東西亘天。	衞紹王大安元年四月壬申，北方有黑氣如大道，東西竟天，至五更散。
十二月辛酉朔，日有食之。	十二月辛酉朔，日食。

　　上表紀、志兩條天文記錄的敘事内容及月份完全相同，惟有繫年各相差一年。分析兩者史料來源，按本卷《衞紹王紀》贊曰"身弑國蹙，記注亡失，南遷後不復紀載"（第 298 頁），以及本書《西夏傳》明確提到"衞紹王無實錄"。① 此外，王惲《玉堂嘉話》載列王鶚《金史綱目》帝紀衞紹王目下小注云"實錄闕"。② 根據今本《金史・衞紹王紀》贊可知，本卷内容其實是雜抄諸家日錄或據私人口述而成。不過，《天文志》衞紹王年間天文記錄則有所本，或即司天提點張正之寫災異十六條，其史源頗爲可信。上述兩條天文記錄作"大安元年"是，則"十二月辛酉朔"亦不誤。

　　根據上述分析結論，原點校本《天文志》第三條校勘記云："衞紹王大安元年四月壬申……十二月辛酉朔日食。按《宋志》不載是年十二月朔日食。據《高麗史》卷四七《天文志》，次年十二月乙卯朔日食，參見本書卷一三校記〔五〕。此處誤。"此條當删。

　　（此條原載陳曉偉《〈金史〉本紀校讀劄記》，《西北民族論叢》第 17 輯，2018 年）

附識
修訂本卷一三《衞紹王紀》新校第四條：北方有黑氣如大道東西亘天。按，本書卷二〇《天文志》記此事在"衞紹王大安元年

① 　《金史》卷一三四《西夏傳》，第 8 册，第 2871 頁。
② 　王惲《玉堂嘉話》卷八，楊曉春點校，第 181 頁。

四月壬申”，繫年與此異。（第1册第325頁）

新校第五條：十二月辛酉朔日有食之。此處繫於大安二年。按，依《長術》二年十二月當爲乙卯朔。《高麗史》卷四七《天文志》，“熙宗六年（即金大安二年）十二月乙卯朔，日食”。本書卷二〇《天文志》，衛紹王大安元年“十二月辛酉朔，日食”。疑此句當繫於大安元年。（第1册第325頁）

宣宗紀

十一

卷一六《宣宗紀下》元光二年七月戊午條宣宗因謂宰臣曰：“章宗秋獵，聞平章張萬公薨，歎曰：‘朕回將拜萬公丞相，而遂不起，命也’。”（第2册第367頁）原點校本第十一條校勘記（第372頁）指出：

> 章宗秋獵，“秋”下原空格缺一字。按本書卷九五《張萬公傳》，“泰和七年薨”。卷一二《章宗紀》，泰和七年秋九月，“丙戌，獵於近郊，壬辰，還宮”。萬公之卒蓋在此時，與此處所敘合。今據補一“獵”字。

此據《金史詳校》卷二宣宗紀下條校補文字。

筆者認爲，以上徑補文字及其理由皆不成立。按，與上述校勘記所引《金史·張萬公傳》紀事相比，元好問撰《平章政事壽國張文貞公神道碑》記述萬公之卒尤爲詳細：

> （泰和）七年冬十月，寢疾。一日，令具湯沐，灑掃庭內，曰：“吾將逝矣。”命子益執筆書遺戒，戒子孫以貴薄尚儉而已。尋薨，春秋七十有四。上聞之震悼，輟視朝，賻贈加等，祭葬皆

用詔書從事。①

由此可知，張萬公實際薨於冬十月，亦即在秋九月壬辰章宗還宮之後，絕非章宗秋獵期間事，故本卷《宣宗紀》元光二年七月戊午條"章宗秋□"校補"獵"字當誤。

　　按此卷至正初刻本已佚，洪武覆刻本及補版葉皆闕一字，南監本、北監本及殿本《金史》於此處皆作"章宗秋還"（見圖二十一），其實也是一種猜測，不過確實有些道理，意謂自秋山還朝，次月聞

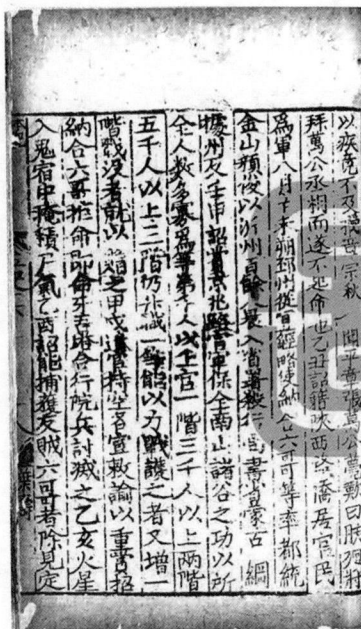

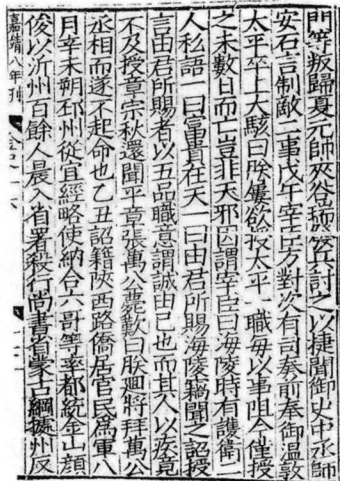

圖二十一

a 洪武覆刻本（國圖藏 02085）　　　　　　　　　　b 南監本

① 元好問《遺山先生文集》卷一六《平章政事壽國張文貞公神道碑》，姚奠中主編、李正民增訂《元好問全集（增訂本）》，上冊，第389—390頁。

萬公薨。

（此條原載陳曉偉《〈金史〉本紀校讀劄記》，《西北民族論叢》第 17 輯，2018 年）

附識

送審稿《宣宗紀下》第十一條：章宗秋獵。“秋”下原空格缺一字。按本書卷九五《張萬公傳》，“泰和七年薨”。卷一二《章宗紀》，泰和七年秋九月“丙戌，獵于近郊，壬辰，還宮”。萬公之卒蓋在此時，與此處所敍合。今據補一“獵”字。

修訂本《宣宗紀下》新校第十八條：章宗秋還。“還”原作一字空格，據南監本、北監本、殿本、局本補。按，本書卷九五《張萬公傳》，“泰和七年薨”。《平章政事壽國張文貞公神道碑》，“（泰和）七年冬十月，寢疾。（中略）上聞之震悼，輟視朝”。卷一二《章宗紀四》，泰和七年秋九月“丙戌，獵于近郊，壬辰，還宮”。萬公之卒蓋在此時，與此處所敍合。（第 2 册第 403 頁）

地理志

十二

金源時期瀋州建置沿革，變動較爲頻繁，問題稍顯繁複。王頲指出《金史》卷二四《地理志上》東京路瀋州，“收國二年，仍立瀋州，昭德軍節度，隸遼陽府路，治樂郊縣。明昌四年，更軍事（《金史·地理志》：‘明昌四年，改瀋州【昭德軍】節度爲刺史’）。貞祐三年,陷".① 余蔚的考證結論是,"遼瀋州昭德軍節度,天慶六年女真得之,仍其舊。明昌四年,降爲刺史,爲遼陽府支郡。泰和八年爲中等刺史州。約貞祐三年,蒲鮮萬奴叛,瀋州遂不再爲金所有".② 上述觀點皆根據《金史・地理志》,均未提及更名顯德軍一事。李昌憲根據《大明清類天文分野之書》卷二四載瀋陽路"金改爲昭德軍節度,大定中,又改曰顯德軍",③並結合金朝文獻認爲,瀋州改軍額顯德爲大定前事,大定中行用此名。④

　　《元史・地理志》中記載一條材料,值得我們重視。該卷敘述"遼陽等處行中書省"所轄路分曰:

　　　　瀋陽路,本挹婁故地,渤海大氏建定理府,都督瀋、定二州,此爲瀋州地。契丹爲興遼軍,金爲昭德軍,又更顯德軍,後皆毀於兵火。⑤

顧祖禹《讀史方輿紀要》追溯瀋陽中衛在金元時期的建置情況即引據此文。⑥ 錢大昕《廿二史考異》對《元史・地理志》上述記載準確性持懷疑態度,指出"案《遼志》,瀋州,太宗置興遼軍,後更名昭德。《金史》亦爲瀋州昭德軍,無更名顯德軍之事".⑦ 這一意見比較中肯,僅言《金史》未載,至於金源一代是否存在顯德軍未加判斷。

① 王頲《完顏金行政地理》"建置録三",香港天馬出版有限公司,2005 年,第 139 頁。
② 余蔚《中國行政區劃通史・遼金卷》,第 637 頁。
③ 《大明清類天文分野之書》卷二四《遼東都指揮司》,《四庫全書存目叢書》,子部第 60 册,第 756 頁下欄。
④ 李昌憲《金代行政區劃史》,上海古籍出版社,2015 年,第 234 頁。
⑤ 《元史》卷五九《地理志二》,第 5 册,第 1399 頁。
⑥ 顧祖禹《讀史方輿紀要》卷三七《山東八》"遼東都指揮使司",賀次君、施和金點校,第 4 册,第 1736 頁。
⑦ 錢大昕《廿二史考異》卷八八《元史三・地理志二》,方詩銘、周殿傑校點,下册,第 1236 頁。

《元史》點校者根據錢氏提供的綫索則認爲，“按《金史》卷二四《地理志》，瀋州昭德軍刺史，中。遼太宗置軍曰興遼，後爲昭德軍。按‘昭德軍’爲遼稱，此處‘金’當誤”。① 意謂昭德軍當係遼代專稱，而金代無此軍名。這樣看來，我們只有徹底釐清遼金元時期瀋州歷史沿革問題，上述疑問才能迎刃而解。

今檢討《遼史·地理志》東京道有云：“瀋州，昭德軍，中，節度。本挹婁國地。渤海建瀋州，故縣九，皆廢。太宗置興遼軍，後更名。”②根據《遼史·太宗紀》記載説，大同元年（947）二月辛未，詔“高唐英爲昭德軍節度使”。③ 知更名爲昭德軍不得晚於大同元年，即在太宗時期，自此相沿不廢。接着看一下《金史·地理志》東京路條下的記載：

> 瀋州，昭德軍刺史，中。本遼定理府地，遼太宗時置軍曰興遼，後爲昭德軍，置節度。明昌四年改爲刺史，與通、貴德、澄三州皆隸東京。④

問題的關鍵是，上文“後爲昭德軍，置節度”一語是專指遼朝而言，還是兼及明昌四年以前的金中前期建置？上引《元史·地理志》校勘記明確斷爲前者。施國祁《金史詳校》卷三上地理志上條補證曰：“‘後’當作‘金’。‘度’下當加‘後更爲顯德軍’。”意指後者。

張棣《金虜圖經》詳細記述金朝京府、節鎮、防禦、州軍等全國行政地理，其中設置節鎮三十八處，即列有“瀋州昭德軍”一名。⑤ 據孫建權考證，作者張棣乃紹熙年間（1190—1194）的歸明人，其書

① 《元史》卷五九《地理志二》校勘記三，第 5 册，第 1419 頁。
② 修訂本《遼史》卷三八《地理志二》，第 2 册，第 528 頁。
③ 修訂本《遼史》卷四《太宗紀下》，第 1 册，第 64 頁。
④ 《金史》卷二四《地理志上》，第 2 册，第 555 頁。
⑤ 徐夢莘《三朝北盟會編》卷二四四引《金虜圖經》，下册，第 1755 頁下欄。

《金虜圖經》記事下限斷在明昌三年（1192）。① 這説明，金初潞州確實稱作昭德軍。兹舉例如下：

第一，移剌斡里朵：皇統二年，授大理正，歷同知昭德軍節度使事，以廉升孟州防禦使。②

第二，隈可：天德四年，出爲昭德軍節度使。③

第三，宗永：貞元三年，復爲興平軍節度使，歷昭德軍、臨洮、鳳翔尹。④

上述《金史》列傳中的移剌斡里朵、隈可、宗永三人履歷能夠印證《金虜圖經》記載屬實，由此證明金朝初年沿襲遼代潞州昭德軍之設，則《元史·地理志》謂潞州“金爲昭德軍”正確。

不過《元史·地理志》所稱金朝潞州“又更顯德軍”一事，《金史·地理志》卻無明文。王頲、余蔚均未提及此事，錢大昕將其作爲疑點予以指出。儘管潞州昭德軍更名顯德軍尚無明確時間，但金朝文獻中卻多有稱“顯德軍”者，李昌憲已經注意到這個問題。今舉例如下：

《金史·世宗紀》大定元年十月丙午條云：以“盧萬家奴顯德軍節度使”。⑤

《温敦蒲剌傳》正隆末大定初年，“歷鎮西、胡里改、顯德軍節度使”。⑥

《僕散渾坦傳》稱世宗即位大定初年，“徙顯德軍、慶陽尹”。⑦

---

① 參見孫建權《關於張棣〈金虜圖經〉的幾個問題》，《文獻》2013 年第 2 期。

② 《金史》卷九〇《移剌斡里朵傳》，第 6 册，第 2002 頁。

③ 《金史》卷六六《隈可附傳》，第 5 册，第 1561 頁。

④ 《金史》卷六五《宗永附傳》，第 5 册，第 1547 頁。

⑤ 《金史》卷六《世宗紀上》，第 1 册，第 123 頁。

⑥ 《金史》卷六七《温敦蒲剌傳》，第 5 册，第 1581 頁。

⑦ 《金史》卷八二《僕散渾坦傳》，第 6 册，第 1845 頁。

《烏延胡里改傳》云：大定十年，"移鎮顯德"。①

《王翛傳》謂大定二十四年歲餘，"改顯德軍節度使"。②

大定二十九年《劉長生靈虛宮倡和詩刻》末尾題名作："驃騎衛上將軍、前顯德軍節度使兼濬州管內觀察使、上護軍、廣平郡開國侯、食邑一千户食、實封一百户，致仕孛术魯孝忠立石。"③

《紇石烈桓端傳》謂大安三年以後，"改興平軍節度副使，遥授顯德軍節度副使，徙遼東路宣撫司都統"。

《紇石烈桓端傳》亦載貞祐四年，"婆速路温甲海世襲猛安、權同知府事温蒂罕哥不霭遷顯德軍節度使，兼婆速府治中"。④

《忠義傳二·梁持勝》載貞祐三年蒲鮮萬奴叛命，梁持勝等人被害，"詔贈持勝中順大夫、韓州刺史、賽不鎮國上將軍、顯德軍節度使"。⑤

綜上所見，盧萬家奴、温敦蒲剌、僕散渾坦、烏延胡里改、王翛、孛术魯孝忠、温蒂罕哥不霭等人均擔任過顯德軍節度使，紇石烈桓端遥授、賽不封贈顯德軍節度使，時間從大定元年至貞祐四年。據此，金朝文獻所見"顯德軍"與《元史·地理志》記載相吻合。

從《金史》上述記載看，昭德軍節度使迄於貞元三年，而顯德軍節度使則始見於大定元年，可知濬州軍號改易可能發生在此期間。那麽，爲何將"昭德"改作"顯德"呢？論及其中之緣由，施國祁《金史詳校》卷三地理志上濬州條提出："案昭德爲太祖謚號，又爲世宗后廟號，皆當避者。"該避諱説雖然置而未論，但卻提供了一條極有

---

① 《金史》卷八二《烏延胡里改傳》，第 6 册，第 1836 頁。

② 《金史》卷一〇五《王翛傳》，第 7 册，第 2316 頁。

③ 畢沅、阮元編著《山左金石志》卷二〇《金石·劉長生靈虛宮倡和詩刻》，第 3 頁 b。

④ 《金史》卷一〇三《紇石烈桓端傳》，第 7 册，第 2278 頁。

⑤ 《金史》卷一二二《忠義傳二·梁持勝》，第 8 册，第 2666 頁。

價值的綫索。

　　讓我們考察一下太祖謚號追封及其避諱情況。據《大金集禮》記載，天會三年十二月二十五日，"恭上尊謚曰'大聖武元皇帝'，廟號'太祖'"。[1] 後來增加太祖尊謚，皇統五年十月十九日，上謚號曰"應乾興運昭德定功睿神莊孝仁明大聖武元皇帝"。[2]《金史·太祖紀》亦記此事相合。[3] 據此可知，太祖謚號中"昭德"二字的追封時間爲皇統五年。關於金源避諱謚號之規定，《大金集禮》有着明確記載：

　　　　大定四年二月六日批降：禮官引《宋事實》，真宗謚號有"文明武定"字，詔改武定軍額，并文明殿學士爲紫宸殿學士。今來官民名稱及州軍縣鎮、官司名額犯睿宗皇帝尊謚內連用兩字者，並迴避。并八月五日批降，始祖以下帝后尊謚內相連兩字亦合迴避。九年八月批降，武元正連姓及下一字犯太祖尊謚二字，亦迴避。[4]

上文"睿宗皇帝"即世宗之父宗輔，大定四年二月頒旨迴避其父尊號，州軍縣鎮地名亦在其中之列。是年八月又明確要求避諱始祖以下諸帝后尊謚，并且於九年八月專門申明"武元正"觸諱太祖尊謚"武元"二字案例，此即人名避諱例。

　　至於迴避太祖尊號"昭德"二字，《金史》中確有實例。按，世宗皇后烏林荅氏，據《大金集禮·追謚后·昭德皇后》記載説：

　　　　大定二年四月二十六日，詔曰："國家之體，典故俱存，正

---

① 　任文彪點校《大金集禮》卷三《追加謚號上·天會三年奉上太祖謚號》，第 38 頁。

② 　任文彪點校《大金集禮》卷三《追加謚號上·皇統五年增上太祖尊謚》，第 53 頁。

③ 　《金史》卷二《太祖紀》，第 1 册，第 42 頁。

④ 　任文彪點校《大金集禮》卷四《雜錄》，第 77 頁。

位居尊,必緣情而及伉儷;懷昔追遠,亦備禮以盡哀榮。爰舉
潘章,用慰窀穸。下逮褆寢,悉使正名,庶幾有知,欽承休命。
故妃烏林答氏可追謚爲昭德皇后。"①

該書卷七《妃‧追封》亦云:大定二年四月二十六日,"詔追謚昭德
皇后"。② 追封昭德皇后謚號,是在頒降迴避祖宗尊謚詔令的前兩
年,此後也未涉及避諱太祖尊謚問題,直至章宗時期才更改謚號。
據《金史‧后妃傳‧世宗昭德皇后》記載:"章宗時,有司奏太祖謚
有'昭德'字,改謚明德皇后。"③《世紀補‧顯宗》即稱"世宗第二
子,母曰明德皇后烏林答氏",大定十九年,"改葬明德皇后于坤厚
陵"。④ 本書《永中傳》亦謂大定十九年,"改葬明德皇后于坤厚
陵"。⑤ 由此可見,《世紀補‧顯宗》和《永中傳》已經根據有關避諱
規定追改"昭德皇后"爲"明德皇后"。

　　我們從《金史‧后妃傳》所見追改昭德皇后謚號事,進而揭示
避諱太祖尊號"昭德"的事實。再結合《大金集禮》引述避諱詔令,
從中能够推知,大定四年八月批降迴避太祖尊謚中的用字,潘州軍
額中由於"昭德"二字相連,自然需要迴避,遂改作"顯德軍"。附帶
解釋一下,上文大定元年十月丙午條稱"盧萬家奴顯德軍節度使",
該文出自《金史‧世宗紀》,其所據史源當爲章宗時期纂修的《世宗
實錄》。此謂"顯德軍節度使",當係追改後的軍號。這樣就可以判
斷,昭德軍改名顯德軍最有可能是在大定四年八月。

　　然而更爲複雜的是,從昭德到顯德軍號改易過程中的潘州改

---

①　任文彪點校《大金集禮》卷六《追謚后》,第 100 頁。
②　任文彪點校《大金集禮》卷七《妃》,第 105 頁。
③　《金史》卷六四《后妃傳下》,第 5 册,第 1522 頁。
④　《金史》卷一九《世紀補》,第 2 册,第 410、413 頁。
⑤　《金史》卷八五《永中傳》,第 6 册,第 1899 頁。

刺問題。據本卷《地理志上》記載瀋州路説："明昌四年改爲刺史，與通、貴德、澄三州皆隸東京。"（第555頁）本書《孛术魯德裕傳》恰有一條材料佐證於此，謂"明昌末，修北邊壕塹，立堡塞，以勞進官三階，授大理正。丁母憂，起復廣寧治中，歷順州、濱州刺史。坐前在順州市物虧直，遇赦，改刺瀋州"。① 孛术魯德裕擔任瀋州刺史肯定在明昌四年後，不過具體時間仍無法判定。

綜上分析，本文將有金一代瀋州沿革情況總結如下：金初踵遼舊制，仍稱昭德軍，直至大定四年（1164）因迴避太祖尊謚始更名顯德軍；明昌四年（1193）改降爲刺史州，大安三年（1211）前後再度升爲節度州，恢復舊稱顯德軍。以上便是筆者根據現有文獻鈎沉出的初步結論，以期新發現出土石刻再詳細論證。

（此條原題《金代瀋州考》，載余太山、李錦繡主編《絲瓷之路VII——古代中外關係史研究》，商務印書館，2019年，第75—83頁）

十三

卷二四《地理志上》北京路興州興化條曰："倚。遼舊縣，皇統三年降興化軍置，隸大定府，承安五年建興州於縣，爲倚郭。舊有白檀鎮。"（第2冊第563頁）施國祁《金史詳校》卷三上地理志上興州條認爲："興州，本遼北安州興化軍興化縣，《遼志》無興化縣。"原點校本舊校第三十六條據此指出（第583頁）：

興化倚遼舊縣。按《遼史》卷三九《地理志》，"北安州興化軍，上，刺史"，"統縣一，利民縣"。無興化縣。且此下明言"皇統三年降興化軍置"，則"遼舊縣"三字當是衍文。

---

① 《金史》卷一〇一《孛术魯德裕傳》，第7冊，第2237頁。

原點校者以《遼史》爲據，其實並不可取。

今檢《遼史·地理志》中京道北安州條謂："興化軍，上，刺史。"
"統縣一：利民縣。本漢且居縣地。"①錢大昕《廿二史考異》辨證
如下：

> 按《金史·地理志》，興州本遼北安州興化軍興化縣，承安
> 五年，陞爲興州，領興化、宜興二縣，興化爲倚郭，遼舊縣；又有
> 利民縣，承安五年，以利民寨升，泰和四年廢。蓋遼之北安州
> 有興化縣，無利民縣，惟金承安中嘗升利民寨爲縣，未久旋廢。
> 作《遼史》者，乃以金所置之利民爲遼時舊縣，而不及興化，
> 誤矣。②

《金史·地理志》載利民縣承安五年以利民寨升，錢大昕意謂遼北
安州有興化縣，無利民縣。修訂本《遼史》從遼代石刻中檢出一條
關鍵證據論證此説。③ 按太平六年（1026）《宋匡世墓誌》首行題
"故儒林郎、前守北安州興化縣令"，正文謂統和十六年以後，"特奏
授將仕郎、北安州興化縣令"。④ 此條石刻文獻爲遼代存在興化縣
的鐵證，知《金史·地理志》北京路興州條"遼舊縣"無誤，據此，原
點校本中的校勘記當删。

附識

修訂本卷二四《地理志上》已删原點校本舊校第三十六條。
（第2册第603頁）

---

① 修訂本《遼史》卷三九《地理志三》，第2册，第548頁。
② 錢大昕《廿二史考異》卷八三《遼史·地理志》，方詩銘、周殿傑校點，下册，第1138頁。
③ 修訂本《遼史》卷三九《地理志三》校勘記十一，第2册，第555—556頁。
④ 向南編《遼代石刻文編》，第180—181頁。

十四

卷二六《地理志下》記述河東北路所轄石州之歷史沿革（第 2 冊第 631 頁）説：

> 石州，上，刺史。舊昌化軍，興定五年復隸晉陽，從郭文振之請也。

按此文前半句，百衲本影印至正初刻本原作"石州，上，舊昌化軍，刺史"，施國祁《金史詳校》卷三下地理志下條指出："刺史"二字當改入"舊"字上。《金史》原點校者遵從施氏的校勘意見，遂據地理志的文例乙正上述史文（第 657 頁）。然而，本卷石州條這一記載所存在的問題並不止於敘事體例這麼簡單，其中，石州舊稱"昌化軍"及"興定五年復隸晉陽"，才正是目前最大的兩個疑點。

本卷《金史・地理志》上文明確説，石州"舊昌化軍"。按照本卷《地理志下》敘述行政地理演變之通例，這裏所謂的"舊"字乃指北宋時期的地名，並且河東北路的石州原來確實屬於宋朝的轄地，至天會四年十月，"婁室克汾州，石州降"，①自此以後該州納入金朝版圖。這意謂金代之石州在北宋時或以前曾被稱作"昌化軍"。

我們進一步檢討中原地理文獻，知宋朝前後凡稱"昌化軍"者有二：其一，後晉天福七年（942）四月，"降雄州爲昌化軍，警州爲威肅軍，其軍使委命本道差補"。②《舊五代史・晉書・高祖紀》天福七年四月戊辰條亦記此事。③ 此軍號爲"昌化軍"的雄州當位於河北地區，顯然與河東地區石州"昌化軍"毫無相涉。其二，宋朝廣南

---

① 《金史》卷三《太宗紀》，第 1 冊，第 55 頁。
② 王溥《五代會要》卷二四《軍》，第 387 頁。
③ 《舊五代史》卷八○《晉書六・高祖紀六》，第 4 冊，第 1060 頁。

西路亦有一"昌化軍",據《宋史·地理志》記載:"南寧軍,舊昌化軍,同下州。本儋州,熙寧六年,廢州爲軍。紹興六年,廢昌化、萬安、吉陽三軍爲縣,隸瓊州。十三年,爲軍使。十四年復爲軍,以屬縣還隸本軍。後改今名。"①據此可知,這個"昌化軍"與《金史》所稱河東之"昌化軍"更是風馬牛不相及。

綜上所述,北宋及此前的後晉確曾設置過"昌化軍",但並不在河東地區,也就與石州無涉了,由此看來《金史·地理志》稱石州舊名"昌化軍"愈加顯得可疑。值得注意的是,《元史·地理志》記載此石州地理沿革情況,卻稱"唐初改離石郡爲石州,又改昌化郡,又仍爲石州。宋、金因其名"。②《大元混一方輿勝覽》卷上冀寧路石州條亦謂"郡名昌化"。③ 石州在金元兩朝名稱使用方面尚未有過更變,尤其提到該州曾名"昌化郡",這無疑是一條關鍵的線索。

根據上述分析,石州之舊稱,《金史·地理志》作"昌化軍",《元史·地理志》卻作"昌化郡",兩者雖僅一字之差,然而"軍"、"郡"卻分屬不同的政區地理概念,其意義自然也有很大差距。那麼,究竟哪一個字是正確的呢?

幸運的是,河東地區石州的建置沿革見於多種地理文獻,且能追溯其發展源流,其中《舊唐書·地理志》敘述石州地理沿革云:

> 石州,隋離石郡。武德元年,改爲石州。五年,置總管府,管石、北和、北管、東會、嵐、西定六州。貞觀二年,廢都督府。三年,復置都督。六年,又廢。天寶元年,改爲昌化郡。乾元元年,復爲石州。④

① 《宋史》卷九〇《地理志六》廣南西路條,第7冊,第2245頁。
② 《元史》卷五八《地理志一》,第1378頁。
③ 《大元混一方輿勝覽》卷上,郭聲波整理,四川大學出版社,2003年,上冊,第90頁。
④ 《舊唐書》卷三九《地理志二》河東道條,第4冊,第1486頁。

宋初地理總志《太平寰宇記》所記隋唐時期石州的變遷過程亦相同，且稱北宋"石州，昌化郡，今理離石縣"，"元領縣五：離石、臨泉、平夷、方山、定胡"。①《宋史·地理志》亦有詳細記載説：

> 石州，下，昌化郡，軍事。舊帶嵐、石、隰三州都巡檢使。元豐五年，置葭蘆、吳堡二砦，隸州，因置二砦沿邊都巡檢使，遂令三州各帶沿邊都巡檢使。初領縣五，元符二年，升葭蘆砦爲晉寧軍，以州之臨泉縣隸焉。大觀三年，復以定胡縣隸晉寧軍。②

由此可知，石州曾於天寶元年(742)改名爲昌化郡，北宋亦沿稱此名，又因其位於宋夏邊界，屬於軍事州，但從未使用過"昌化軍"這一稱號。

《金史·地理志》所謂石州舊爲"昌化軍"實乃"昌化郡"之誤，而此名最初得自唐天寶元年，後來一直爲北宋一朝所承襲。

前引《金史·地理志》還提到另外一事，即石州"興定五年復隸晉陽，從郭文振之請也"。施國祁《金史詳校》卷三下地理志下條認爲，此"十五字當削。案《文振傳》，與古里甲蒲察分治諸州，故有改隸事，與州郡割屬不同"。儘管施氏意識到此段史文存在着某些疑點，但並沒有進一步詳加申説，且石州是"分治"還是"割屬"之情況，并非問題關節所在。實際上，問題的癥結在於，所謂"晉陽"與石州到底是什麼關係。

"晉陽"作爲古地名，大致相當於金代太原府治，③然而，金朝實際行政區劃建置中並無"晉陽"一名，且金代文獻鮮少提及。這

---

① 樂史《太平寰宇記》卷四二《河東道三》，王文楚等點校，第 2 册，第 884—885 頁。
② 《宋史》卷八六《地理志二》河東路條，第 7 册，第 2134 頁。
③ 參見《金史》卷二六《地理志下》河東北路條，第 2 册，第 630—631 頁。

樣看來,《金史·地理志》所稱"興定五年復隸晉陽"一事不免啟人
疑竇。追索此議倡導者郭文振之履歷,此人"累官遼州刺史",興定
三年,"遷遙授中都副留守,權元帥左都監,行河東北路元帥府事,
刺史、從宜如故"。① 從日常軍政運作角度來講,郭文振完全可以
"行河東北路元帥府事"的身份管轄石州,但實際在前一年,蒙古兵
已經攻克金太原府及河東北路諸州縣,②鑒於這種危局,金朝不得
不採取"九公封建"的權宜之計試圖收復失地。③ 興定四年,郭文
振"封晉陽公,河東北路皆隸焉",其中有一項重要舉措,郭氏於五
年奏曰:

> 臣所統嵐、管、隩、石、寧化、保德諸州,境土闊遠,不能周
> 知利害,恐誤軍國大計。伏見葭州刺史古里甲蒲察智勇過人,
> 深悉河東事勢,乞令行元帥府事,或爲本路兵馬都總管,與臣
> 分治。

結果朝廷並未採納上述建議,而是"詔文振就擇可者處之便地,仍
受文振節制"。然而時隔不久郭文振重申此議:

> 文振復申前請,以葭州刺史古里甲蒲察分治嵐、管以西諸
> 州,制可,仍令防秋後再度其宜。④

石州接近葭州,與嵐、管一樣同屬於"以西諸州",它由郭文振名下
轉交給葭州刺史古里甲蒲察分治。上述施國祁即針對此事提出校

---

① 《金史》卷一一八《郭文振傳》,第 8 册,第 2584 頁。
② 參見《金史》卷一五《宣宗紀中》,第 2 册,第 339 頁。《元史》卷一《太祖紀》,第 1
册,第 20 頁。
③ 詳見《金史》卷一一八《苗道潤傳》,第 8 册,第 2573—2575 頁。相關研究成果參見
都興智《論金宣宗"九公封建"》,《北方文物》2009 年第 1 期。
④ 《金史》卷一一八《郭文振傳》,第 8 册,第 2586 頁。

勘意見,然未中鵠的。

　　不過此後數月内,石州的統領權再次發生更迭,據《金史·郭文振傳》記載説,"頃之,詔以石州隸晉陽公府"。① 由此可知,《金史·地理志》所記石州"興定五年復隸晉陽,從郭文振之請也",當指此事。綜上所述,由於興定四年郭文振以晉陽公的名義領石州,五年則將該州"分治"給古里甲蒲察,稍後郭氏再次收歸已有,故《地理志上》曰"復隸"。實際指的是,石州復屬晉陽公府。

　　此"晉陽公府"之由來,乃與金末"九公封建"有關。按《金史·苗道潤傳》記述此事原委:

　　　　(興定)四年二月,封滄州經略使王福爲滄海公,河間路招撫使移剌衆家奴爲河間公,真定經略使武仙爲恒山公,中都東路經略使張甫爲高陽公,中都西路經略使靖安民爲易水公,遼州從宜郭文振爲晉陽公,平陽招撫使胡天作爲平陽公,昭義軍節度使完顔開爲上黨公,山東安撫副使燕寧爲東莒公。九公皆兼宣撫使,階銀青榮禄大夫,賜號"宣力忠臣",總帥本路兵馬,署置官吏,徵斂賦税,賞罰號令得以便宜行之。②

揆諸史文,上述九人獲得的封號皆與現任官職及籍貫有着密切關係,其中郭文振爲"太原人",③遂取此地之古稱,名曰"晉陽公",復得開府專制之特權,由此形成"晉陽公府",總領河東北路,石州亦歸其統轄。

　　上文詳細分析了石州的隸屬改置經過,及其與郭文振晉陽公府名義上的隸屬關係,可知《金史·地理志》所稱石州"復隸晉

---

① 《金史》卷一一八《郭文振傳》,第 8 册,第 2586 頁。
② 《金史》卷一一八《苗道潤傳》,第 8 册,第 2574 頁。
③ 《金史》卷一一八《郭文振傳》,第 8 册,第 2584 頁。

陽”一語,源于《郭文振傳》所見“頃之,詔以石州隸晉陽公府”一
事,然史官斷章取義,以致造成石州與“晉陽”具有隸屬關係的
印象。

綜上所述,《金史·地理志》“昌化軍”當爲“昌化郡”之誤;興
定五年復隸之“晉陽”,然金朝行政區絶無此名稱,據《郭文振傳》,
實際是作“晉陽公府”,意謂石州復歸金末“九公封建”之一郭文振
所領。

（此條原題《金代“石州”考辨》,載《北方文物》2015 年第 4 期）

附識

修訂本《地理志下》新校第九條:石州上刺史舊昌化軍。“刺
史”二字原在“軍”字下,今據本志文例乙正。又,“昌化軍”,
疑當作“昌化郡”。按,《元豐九域志》卷四《河東路》、《太平寰
宇記》卷四二《河東道》、《宋史》卷八六《地理志二》均作“昌化
郡”。（第 2 册第 703 頁）

食貨志

十五

卷四六《食貨志一》敘述金代户口情況（第 4 册第 1028 頁）曰:

> 其爲户有數等,有課役户、不課役户、本户、雜户,正户、監
> 户、官户、奴婢户、二税户。

對於上文中的“奴婢户”性質,目前學界存在争議:第一種觀點,王
曾瑜《金朝户口分類制度和階級結構》認爲,金朝奴婢在總人口中

佔有一個相當大的比例,確實存在所謂"奴婢户"。① 宋立恒承襲
此説,謂"奴婢户確實是金代國有奴婢的一個獨立户類"。② 第二
種觀點,劉浦江《金代户籍制度芻論》指出,"奴婢户"一詞在《金
史》中僅此一見,其它金代文獻中也極少使用這一含混的稱呼,把
它當作一個正式户名顯然是不恰當的。"奴婢户"在當時只是泛稱
或習稱,既非金朝實際存在的户類,亦非户籍制度中的正式户名。③
第三種觀點是張博泉、武玉環《金代的人口與户籍》提出的,謂奴婢
户是《金史》作者所概括出,無中生有,《金史》正文中無一處旁證,
不應視爲金代户之一種。④ 修訂本《食貨志一》新校第一條云:"金
代奴婢均稱口,不稱户,没有奴婢户一説。本書稱'奴婢户',僅此
一見。"(第4册第1116頁)足見學界對金代是否"奴婢户"問題分
歧甚大。之所以爭論不休,這是因爲諸家各舉史料論證己説,而未
能從史源與文獻編纂角度徹底揭示問題癥結所在。

　　今檢本卷《食貨志一》云"國之有食貨,猶人之有飲食也"至"咸
著于篇,以備一代之制云",乃元朝史官概述之文,其中"其爲户有數
等,有課役户、不課役户,本户、雜户,正户、監户、官户、奴婢户、二税
户"這段文字,與其説是總結金代"户等"種類,不如説是對本篇《食
貨志》内容的簡單概述。不妨對此説所據史料的來源做一檢討:

　　一、課役户、不課役户。按本卷户口條有云:"金制,男女二歲
以下爲黄,十五以下爲小,十六爲中,十七爲丁,六十爲老,無夫爲
寡妻妾,諸篤廢疾不爲丁。户主推其長充,内有物力者爲課役户,

① 　王曾瑜《金朝户口分類制度和階級結構》,《歷史研究》1993年第6期。
② 　宋立恒《關於金代奴婢的幾個問題》,《内蒙古社會科學(漢文版)》,2010年第4期。
③ 　劉浦江《金代户籍制度芻論》,原刊《民族研究》1995年第3期,收入氏著《遼金史
論》,中華書局,2019年,第164—171頁。
④ 　張博泉、武玉環《金代的人口與户籍》,《學習與探索》1989年第2期。

無者爲不課役户。"（第 1031 頁）

二、本户、雜户。今檢本卷户口條謂："明昌六年二月，上謂宰臣曰：'凡言女直進士，不須稱女直字。卿等誤作迴避女直、契丹語，非也。今如分別户民，則女直言本户，漢户及契丹，餘謂之雜户'。"（第 1036 頁）

三、正户、監户、官户。該卷户口條曰："凡漢人、渤海人不得充猛安謀克户。猛安謀克之奴婢免爲良者，止隸本部爲正户。凡没入官良人，隸宫籍監爲監户，没入官奴婢，隸太府監爲官户。"（第 1032 頁）

四、二税户。該卷户口條曰："世宗大定二年，詔免二税户爲民。初，遼人佞佛尤甚，多以良民賜諸寺，分其税一半輸官，一半輸寺，故謂之二税户。遼亡，僧多匿其實，抑爲賤，有援左證以告者，有司各執以聞，上素知其事，故特免之。"（第 1033 頁）

以上通過對《食貨志》所謂"户有數等"整體考察，筆者揭示全部内容源自本卷户口條諸年繫事。其中與"奴婢户"一詞相關者，上文户口條有云："凡漢人、渤海人不得充猛安謀克户。猛安謀克之奴婢免爲良者，止隸本部爲正户。凡没入官良人，隸宫籍監爲監户，没入官奴婢，隸太府監爲官户。"（第 1032 頁）按徐元端《吏學指南》良賤孳産條亦謂："官監户，謂前代以來配隸相生，或今朝配役，屬諸司州縣無貫者，即今之斷按主户是也。其斷没者，良人曰監户，奴婢曰官户。"[1]"前代"指金朝，意謂斷没者根據身份之區別，良人爲監户，奴婢則爲官户，這與《食貨志》上文意思一致。元朝史官或據"没入官奴婢，隸太府監爲官户"提出説法，而謂"奴婢户"，實際是對史文的理解有誤。

---

[1]　徐元端《吏學指南（外三種）》，楊訥點校，浙江古籍出版社，1988 年，第 103 頁。

百官志

十六

卷五七《百官志三》統軍司條下有小注云："河南，山西，陝西，益都。"（第4册第1327頁）原點校本第三十四條校勘記（第1334頁）指出：

> "山西"原作"山東"。按本書卷四四《兵志》，天德二年"九月，罷大名統軍司，而置統軍司于山西、河南、陝西三路"。卷七二《彀英傳》，"天德二年，遷右監軍，元帥府罷，改山西路統軍使，領西南、西北兩路招討兵馬"。又卷二五《地理志》，山東東路益都府，"大定八年置山東東西路統軍司"。是益都即山東統軍司，而山西有統軍司確無可疑。今據改。

以上考證山西路統軍司之存在，意謂金朝在漢地下設四個統軍司。有學者重新檢討此説。① 問題關鍵在於，若將底本校改爲"河南，山西，陝西，益都"，前三者皆爲路分一級的行政區概念，諸統軍司正式稱呼便是如此，而"益都"則係路治，不宜與上述三個路名並稱，且金朝文獻實謂"山東路統軍司"。

下文將通過分析金朝統軍司設置及其變化來解決上述疑問。根據《金史·兵志》大將府治之稱號條敍述云：

> 及海陵天德二年八月，改諸京兵馬都部署司爲本路都總

---

① 參見王崢《〈金史·百官志〉統軍司條探析》，《齊齊哈爾師範高等專科學校學報》，2011年第6期。

管府。九月,罷大名統軍司,而置統軍司于山西、河南、陝西三路,以元帥府都監、監軍爲使,分統天下之兵。①

知金朝於天德二年將整個漢地軍事總體劃分爲三:山西路、河南路、陝西路統軍司。本書《地理志》亦可佐證此事,開封府條云"天德二年置統軍司",此即河南統軍司;②京兆府條云"天德二年置陝西路統軍司";③山西路統軍司於此則無明文記載。不過,本書卷七二《穀英傳》明確提到説:"天德二年,遷右監軍。元帥府罷,改山西路統軍使,領西南、西北兩路招討兵馬,坐無功,降臨海軍節度使,歷平陽、太原尹。"④按天德二年十二月己未,"改都元帥府爲樞密院"。⑤ 此外,《海陵紀》貞元元年閏十二月條有"西京路統軍撻懶",⑥亦即山西路統軍。

　值得注意的是,《金史·世宗紀》大定三年五月己亥云:"罷河南、山東、陝西統軍司,置都統、副統。"⑦意謂大定三年以前曾設有河南、山東、陝西三路統軍司,再與前引《兵志》"山西、河南、陝西三路"統軍司相比較,由此可見此前已無山西路,而新增山東路。據譚其驤先生判斷,山西路統軍司"殆不久即罷,故貞元元年后不見記載"。⑧ 按《夾谷胡剌傳》有謂:"正隆末,山東盜起,胡剌爲行軍猛安討賊,遇賊千五百人於徐州南,敗之。山東

① 《金史》卷四四《兵志》,第 3 册,第 1003 頁。
② 《金史》卷二五《地理中》,第 2 册,第 589 頁。
③ 《金史》卷二六《地理志下》,第 2 册,第 641 頁。
④ 《金史》卷七二《穀英傳》,第 5 册,第 1662 頁。
⑤ 《金史》卷五《海陵紀》,第 1 册,第 96 頁。
⑥ 《金史》卷五《海陵紀》,第 1 册,第 101 頁。
⑦ 《金史》卷六《世宗紀上》,第 1 册,第 131 頁。
⑧ 譚其驤《金代路制考》,史念海主編《中國歷史地理論叢》第 1 輯,陝西人民出版社,1981 年,第 102—103 頁。

路統軍司選諸軍八百人作十謀克,胡剌將之,與驍騎軍皆隸點檢司。"①以及《兵志》亦載:"正隆末,復陞陝西統軍司爲都統府。"②綜上分析,山西路統軍司爲山東路統軍司所取代,時間大概可明確在正隆間。③

筆者將《金史·百官志》與《三朝北盟會編》卷二四五引范成大《攬轡録》通盤比較後,發現兩者所敘金朝官制整體框架結構大體一致,據後者稱:

> 今虜主既端坐得國,其徒益治文,爲以眩之。始則大修官制,見其大定二年十二月詔書,略曰:"建官咸則於三代,分職仍總於六卿。宣化邇遐,服采内外。卑高以序,名位有倫。舊或舛差,理宜增損。冗散者併其任,繁劇者益其聯。悉命有司,存革從允。"當其新定官制,令尚書省鏤行。

即知此書所録内容來自大定二年制度。其中有云:"諸州刺史、同知,防禦、同知,統軍,招討,都監,猛安謀克、群牧。"④儘管《攬轡録》未詳細列出諸刺史、防禦、統軍等名稱,但是可以斷定,本卷《百官志三》統軍司條同於《攬轡録》所載大定二年官制。最關鍵一條線索是,《大金國志·京府州軍》稱:

> 統軍司三處:南京路南京置司、陝西路京兆置司、山東路益都置司。⑤

---

① 《金史》卷八六《夾谷胡剌傳》,第6冊,第1924頁。
② 《金史》卷四四《兵志》,第3冊,第1003頁。
③ 參見余蔚《中國行政區劃通史·遼金卷》,第506—507頁。
④ 徐夢莘《三朝北盟會編》卷二四五引《攬轡録》,下冊,第1759頁下欄、第1760頁下欄。
⑤ 崔文印校證《大金國志校證》卷三八,下冊,第538頁。

據錢大昕指出,該《京府州軍》係"大定之制"。① 施國祁《金史詳校》卷三地理志上條亦持此觀點。孫建權通過分析具體内容,認爲《京府州軍》記録的實際是明昌六年的政區建置。② 此説較爲可信。據此進一步明確,金世宗大定以後設立的三統軍司一直是南京路(河南路)、陝西路及山東路,而山西路統軍司已不復存在。

據上文考證,《金史·百官志》所載核心機構以大定二年制度爲藍本編纂,其統軍司條原文云"河南,山東,陝西,益都"反映的顯然是當時實際建置。所謂"益都"二字,最有可能是元朝史官剪裁史料不當造成的,參酌上文《大金國志·京府州軍》統軍司條,謂南京路"南京置司",陝西路"京兆置司"、山東路"益都置司",此外《金史·地理志》開封府條云"天德二年置統軍司",京兆府條云"天德二年置陝西路統軍司",益都府條"大定八年置山東東西路統軍司"。③ 按于欽《齊乘·沿革》云:"金人初入中原,詭立宋濟南知府劉豫爲齊帝,兼八州之地。八年廢之,置益都、濟南二府。立山東東路統軍司于益都,轄十三州焉。"④據此則可窺見《百官志》所據史源當記述有三個統軍司治所,"益都"蓋係遺文,施國祁《金史詳校》卷四百官志三條謂"統軍司注'益都'二字當削"。

本文的結論是,山西路統軍司於正隆時期廢罷,而新設山東路統軍司。《金史·百官志》"統軍司"如是記載大定二年制度,所據史料當有河南路、山東及陝西治所,正如《大金國志·京府州軍》那樣,"益都"二字則是元朝史官删削不當所遺漏下來的。

---

① 錢大昕《廿二史考異》卷八四《金史一·地理志上》,方詩銘、周殿傑校點,下册,第1170—1171頁。
② 孫建權《〈大金國志·京府州軍〉記事繫年辨正》,《東北史地》2014年第3期。
③ 《金史》卷二五《地理中》,第2册,第609頁。
④ 于欽《齊乘校釋》卷一《沿革》,劉敦願、宋百川、劉伯勤校釋,第5頁。

附識

修訂本《百官志三》新校第四十二條：河南山東陝西益都。按本書卷二五《地理志中》，山東東路益都府，"大定八年置山東東西路統軍司"，益都爲山東統軍司治所。"益都"二字疑爲衍文。（第 4 册第 1422 頁）

筆者按，此條即採納施國祁《金史詳校》卷四官志三條。

修訂本《兵志》新校第二十三條：而置統軍司于山西河南陝西三路。按，本書卷六《世宗紀上》，大定三年五月"罷河南、山東、陝西統軍司"。《大金國志》卷三八《統軍司三處》載，"統軍司三處，南京路南京置司，陝西路京兆置司，山東路益都置司"。與此異。（第 3 册第 1084 頁）

筆者按，《兵志》與《世宗紀上》所載乃係不同時期制度，不宜做如此簡單的文字比較，此條校勘記當删。

交聘表

十七

卷六二《交聘表下》宋欄明昌六年八月己卯曰："宋試吏部尚書汪義端、福州觀察使韓侂胄賀天壽節。"（第 5 册第 1464 頁）原點校本第九條校勘記（第 1491 頁）認爲：

> 宋試吏部尚書汪義端。按《宋史》卷三七《寧宗紀》，慶元元年六月"己未，遣汪義瑞賀金主生辰"。"端"作"瑞"。

此據施國祁《金史詳校》卷六宋交聘表下條即引作"汪義瑞"。筆者通檢宋朝文獻發現無一作"汪義瑞"者，今覆核《宋史·寧宗紀》慶元元年(1195)六月己未條實作:"遣汪義端賀金主生辰。"①又《宋史全文》宋寧宗慶元元年六月己未云:"遣起居舍人汪義端賀金主生辰。"②以上兩書皆作"汪義端",實與本卷《金史·交聘表》相合。

由此看來,原點校本未認真核對引文而純屬誤校。

列傳第六

十八

卷六八《訛古乃附傳》敘述訛古乃之仕履,云"皇統元年,以功授寧遠大將軍,迭剌唐古部節度使"(第 5 册第 1599 頁)。按"迭剌"二字,百衲本影印洪武覆刻本,以及南監本、北監本、殿本《金史》原作"豪剌"。此名在金朝文獻中頗爲罕見,故施國祁《金史詳校》卷七訛古乃傳條在無任何證據的前提下,理校斷定"'豪'當作'迭'"。原點校者張政烺先生全盤採納施國祁的校勘意見,於是將正文"豪剌"改作"迭剌",並對此做了非常詳盡的考證,第六條校勘記(第 1601 頁)云:

以功授寧遠大將軍迭剌唐古部節度使。"迭"原作"豪"。按本書卷二四《地理志》,西京路"部族節度使"有"唐古部族"及"迭剌女古部族"。卷四四《兵志》,"東北路部族乣軍曰迭剌部,曰唐古部"。卷四六《食貨志》,"迭剌、唐古二部五乣,户五千五百八十五"。又卷一〇《章宗紀》,"以北邊糧運,括迭剌唐古部諸抹馱充之",皆稱"迭剌唐古部"。今據改。

① 《宋史》卷三七《寧宗紀一》,第 3 册,第 719 頁。
② 汪聖鐸點校《宋史全文》卷二九上《宋寧宗一》,第 8 册,第 2443 頁。

張政烺先生利用本校方法得出的結論,認爲是"豪剌"爲"迭剌"之
訛,意謂訛古乃一身兼任西京路境內的迭剌和唐古二部族節度使,
此論斷似乎無懈可擊。

　　然檢討《金史·地理志》,部族節度使條下分別有"唐古部族,
承安三年改爲部羅火扎石合節度使";"迪烈(又作迭剌)女古部族,
承安三年改爲土魯渾扎石合節度使"。① 關於此二部部族節度使設
置情況,又見《金史·兵志·兵制》云"東北路部族糺軍曰迭剌部"
小注云:"承安三年改爲土魯渾扎石合節度使。"以及"曰唐古部"小
注云:"承安三年改爲部魯火札石合節度使。"②由此可見,一直以
來,唐古部、迭剌部分別設立節度使管轄。

　　這一結論可以在金朝文獻中得到充分證明。據《金史·獨吉
義傳》,獨吉義於天會十五年以後"遷迭剌部族節度使",貞元元年
"改唐古部族節度使"。③ 此外,宗尹、④烏延吾里補、⑤移剌毛得⑥
也都先後擔任過"唐古部族節度使"之職;另任"迭剌部族節度使"
的官員有完顏沃側、⑦完顏海里、⑧完顏撒改。⑨ 上述種種證據都表
明,雖然唐古部和迭剌部地域鄰近,金朝文獻常常將兩個部族名連
稱,但於行政建置而言,金代"諸部族節度使,節度使一員,從三品,
統制各部,鎮撫諸軍",⑩意即每個邊境部族分別設節度使一員,

① 《金史》卷二四《地理志上》,第2冊,第570頁。
② 《金史》卷四四《兵志》,第3冊,第996頁。
③ 《金史》卷八六《獨吉義傳》,第6冊,第1917頁。
④ 《金史》卷七三《宗尹傳》,第5冊,第1674頁。
⑤ 《金史》卷八二《烏延吾里補傳》,第6冊,第1838頁。
⑥ 《金史》卷七《世宗紀中》大定十五年十一月乙卯條,第1冊,第163頁。
⑦ 《金史》卷七二《沃側附傳》,第5冊,第1664頁。
⑧ 《金史》卷七二《海里傳》,第5冊,第1657頁。
⑨ 《金史》卷九一《完顏撒改傳》,第6冊,第2011頁。
⑩ 《金史》卷五七《百官志三》,第4冊,第1329頁。

"唐古部族節度使"、"迭剌部族節度使"當是兩個分立的官職,金朝文獻中從未出現過"迭剌唐古部節度使"這一職名。由此張政烺先生上述判斷的可靠性存疑。①

其實,若把唐古部的歷史追溯至遼代,上述疑問便能迎刃而解。據《遼史·營衛志》記載說,聖宗三十四部中有"鶴剌唐古部","節度使屬西南面招討司"。② 鶴剌唐古部的居地鄰近西夏,基本屬於後來的金朝西京路轄區,大概位於今内蒙中部及河套地區一帶。據此初步判明,《金史》所見"豪剌唐古部"蓋即遼代"鶴剌唐古部"。

更能説明問題的是,我們從契丹小字石刻中找了"鶴剌唐古"的原詞形式,由此可以坐實上述推論。

近年發表的咸雍四年(1068)契丹小字《蕭圖古辭墓誌銘》第8行記墓主蕭圖古辭的仕履云:③

介夾　　　令怱　　　火火　　　仝伞　　　午列
亚亐　　　化冇　　　甬　　　　　　　　　夲

　鶴剌　　　　唐古之

另外,早年發表的咸雍八年契丹小字《耶律仁先墓誌銘》也提供了一條十分關鍵的證據。該墓誌第9—10行介紹耶律仁先的履歷説:④

---

① 參見愛新覺羅烏拉熙春、吉本道雅《新出契丹史料の研究》,松香堂書店,2012年12月,第132頁。
② 《遼史》卷三三《營衛志下》,中華書局,1974年,第2冊,第391頁。
③ 劉鳳翥、梁振晶《契丹小字〈蕭奮勿膩·圖古辭墓誌銘〉考釋》,《文史》2008年第1輯,第206頁。
④ 劉鳳翥《契丹小字解讀四探》,《第三十五届世界阿爾泰學會會議記録》,臺北聯合報國學文獻館,1993年,第551頁。墓誌録文見劉鳳翥《契丹文字研究類編》,第3冊,第697頁。

〔契丹小字〕	〔契丹小字〕	〔契丹小字〕	〔契丹小字〕
鶴剌	唐古之	度	使

據《遼史·耶律仁先傳》記載,仁先於重熙間"改鶴剌唐古部節度使",[1]此與契丹文石刻所記仕履若合符契。[2] 由此得知,契丹小字〔契丹小字〕即指遼朝漢文文獻中的"鶴剌唐古"。[3]

用契丹小字〔契丹小字〕對譯"豪剌"一詞,是沒有任何問題的。我們知道,〔契丹小字〕的詞首原字〔契丹字〕常出現在漢語借詞中,如〔契丹字〕(皇太后)及〔契丹字〕(皇后),即用來表示"后"的讀音。[4] 另一個例子,是契丹小字《耶律副署墓誌》第10行所見〔契丹字〕〔契丹字〕〔契丹字〕一詞,爲西夏國主"李元昊"的契丹小字譯名,故〔契丹字〕讀若"昊",[5]且原字〔字〕與〔字〕的發音比較接近,契丹小字〔契丹字〕自然可以音譯爲"豪"。

通過《遼史》"鶴剌唐古"和契丹小字石刻〔契丹小字〕提供的漢文、契丹文雙重證據,充分説明本卷《金史·訛古乃傳》原作"豪剌唐古"是正確無誤的,並非張政烺先生所認爲的"迭剌唐古"。金初,女真政權承襲遼朝舊制,對其西部邊地的唐古部族設置部族節度使進行統轄,這裏"豪剌唐古部節度使"只是沿襲故稱而已。

---

① 《遼史》卷九六《耶律仁先傳》,第5册,第1395頁。

② 參見即實《〈糺鄰墓誌〉釋讀》,《謎林問徑——契丹小字解讀新程》,遼寧民族出版社,1996年,第221頁。

③ 參見陳曉偉《契丹語中的"鶴剌"與"春"——關於〔契丹字〕的音值構擬問題》,契丹遼文化研究會主編《首届契丹學國際研討會論文集》,2012年8月23日。

④ 清格爾泰、劉鳳翥、陳乃雄、于寶林、邢復禮《契丹小字研究》,第57—58頁。

⑤ 參見蓋之庸、齊曉光、劉鳳翥《契丹小字〈耶律副部署墓誌銘〉考釋》,《內蒙古文物考古》2008年第1期。

（此條原題《釋〈金史〉"豪剌唐古"》，原發表於《民族研究》2014 年第 1 期，作者署名陳曉偉、孫昊）

附識

修訂本卷六八《訛古乃附傳》已刪原校勘記，恢復底本原文。（第 5 册第 1699 頁）

列傳第十六

十九

卷七八《時立愛傳》敘述祖先事迹曰："父承謙，以財雄鄉里，歲飢發倉廩賑貧乏，假貸者與之折券。"（第 6 册第 1775 頁）原點校本校勘記第六條（第 1780 頁）指出：

> 父承謙，按程卓《使金録》引金李晏《時立愛墓誌銘》作"公父諱承諫"。

按南宋程卓充賀金國正旦國信使，於嘉定四年（金大安三年）十一月五日癸丑"陛辭"，至次年二月一日返回，將其沿途頓宿之見聞編撰成書曰《使金録》。程敏政編《新安文獻志》卷三四《雜著》收録該書全文，[1]後來亦有若干種單行本流傳。然而吊詭的是，筆者通檢程卓《使金録》全文，並未發現該書引述《時立愛墓誌銘》，遑論"承諫"一名。

根據經驗，《金史》點校者經常引用施國祁《金史詳校》爲據，今

---

[1] 程敏政輯撰《新安文獻志》，何慶善、于石點校，黄山書社，2004 年，第 1 册，第 721—735 頁。

見該書卷七時立愛傳條校勘意見如下：

> 父承謙，"謙"當作"諫"。程卓《使金録》：時諫，墓在縣東
> 北二里，本遼人，金贈鎮東節度使兼侍中。金李晏《時立愛墓
> 誌銘》："公父諱承諫，積累巨萬，發倉貸人，每折其券，負郭沮
> 洳，常阻行路，創石爲界，人得平步，善慶攸鍾，是生我公。"案
> 《遼史拾遺》引《新城縣志》本此。

上述本卷《金史·時立愛傳》即採納此文觀點。我們不妨進一步檢
討施國祁所據文獻之來源，按厲鶚《遼史拾遺·地理志》補注南京
道新城縣是這樣説的：

> 新城縣"白溝河"（補），《時承諫墓》（補）。
> 程卓正惠公《使金録》曰：嘉定四年十二月二十三日，過白
> 溝河，昔與遼人分界。又十里過大白溝河，亦名巨馬河。
> 何濟《新城縣志》曰：白溝河，在縣南三十里，出山西代郡
> 淶山，由淶水、定興爲巨馬河，至新城南爲白溝河，即宋遼分界
> 處。又曰：時承諫，墓在縣東北二里，本遼人，金贈鎮東節度使
> 兼侍中。金李晏《時立愛墓誌銘》云：公父諱承諫，積累巨萬，
> 發倉貸人，每折其券，負郭沮洳，常阻行路，創石爲梁，人得平
> 步，善慶攸鍾，是生我公。鶚案《金史·時立愛傳》"承諫"作
> "承謙"，誤。①

厲鶚原文内容表述非常清楚，白溝河條注釋引據程卓《使金録》，今
核這段引文與《新安文獻志》無異，而《時立愛墓誌銘》及時承諫墓
的兩條信息其實則出自何濟《新城縣志》。按《遼史拾遺》成書於乾
隆八年（1743），卷首《鈔撮群書目録》曰"《新城縣志》何濟"。據黄

---

① 厲鶚《遼史拾遺》卷一四《地理志四》，廣雅書局本，第16頁a。

虞稷《千頃堂書目》著録説，"何濟等《新城縣志》，萬曆乙酉修，教諭"。① 知厲鶚引《新城縣志》即萬曆十三年（1585）編修本。

　　可惜這部萬曆《新城縣志》今已亡佚，②按民國《新城縣志序》敍述歷代修志情況云："新城之有志，始於明萬曆十三年，知縣扶溝王好義所創修。萬曆四十五年，知縣鄧州張棟繼修。康熙十四年，知縣嘉興高基重三修。道光十七年，知縣濟南李廷榮四修。光緒二十一年，知縣萊陽張丙嘉五修。今所存者，惟四修、五修二志，餘皆亡佚，不可得見矣。"③儘管我們没法核對厲鶚引述的萬曆《新城縣志》，但幸運的是通過現存較早的道光《直隸新城縣志》仍能找到關於時立愛父子的詳細記載。該書《古迹志》時林秋色條云："按時立愛墓碑亦在城北板築里。李晏撰銘曰：'時氏之先，鉅鹿爲氏'。"以及時碑條詳述曰："邑西北里許，有金鄭國公時立愛墓，縣邑八景所謂時林秋色也。今墓已平没，有碑巍然獨存。學士承旨李晏撰文，禮部郎中趙渢書，學士承旨党懷英篆額。"④該書卷一七《藝文志》節録李晏撰《榮國時公神道碑銘》。⑤ 據民國《新城縣志》描述稱："此碑歷久完好，無一摩滅者。"同時將全文收録其中：

　　　　金故崇進榮國公致仕謚忠厚時公神道碑銘并序。

　　　　碑在縣西北里許，首三行爲撰文、書篆人姓名。第一行爲通奉大夫、昭義軍節度使兼潞州管内觀察使、提舉學校常平倉事、上護軍、隴西郡開國侯、食邑一千户、食實封壹伯户李晏

①　黄虞稷撰《千頃堂書目》卷六《地理類上》，瞿鳳起、潘景鄭整理，上海古籍出版社，2001 年，第 155 頁。

②　參見來新夏主編《河北地方志提要》，天津大學出版社，1992 年，第 251 頁。

③　民國《新城縣志》卷首，第 1 頁 a—b。

④　道光《直隸新城縣志》卷四《古迹志》，第 9 頁 b、第 5 頁 a。

⑤　道光《直隸新城縣志》卷一七《藝文志》，第 21 頁 a。

撰。第二行爲承務郎、守祕書丞兼翰林院修撰同知制誥、驍騎
尉、賜緋魚袋趙渢書。第三行爲翰林侍講學士、朝列大夫、知
制誥兼同修國史、護軍、馮翊郡開國侯、食邑一千户、食實封壹
伯户党懷英篆額。

　　……末一行爲明昌六年二月二十日建,永安宫濟摹勒。①

據此可知,《遼史拾遺》所謂"金李晏時立愛墓誌銘",當爲《時立愛
神道碑》。② 而《時立愛墓誌銘》則是皇統三年由宇文虚中撰寫的,
1958年秋,河北省文化局文物工作隊發掘於新城縣北場村。③

　　上文釐清了文獻所記李晏《時立愛神道碑》文獻著録所見流傳
過程,從中可知施國祁《金史詳校》誤讀屬鶚《遼史拾遺》文字,不加
辨析地將萬曆十三年《新城縣志》中關於時立愛父子的記載移植到
程卓《使金録》頭上。再看本卷《金史·時立愛傳》云:"父承謙。"
今覆核對明昌六年《時立愛神道碑》(拓本)及皇統三年《時立愛墓
誌銘》(録文)皆作"承諫"。此外,皇統三年《時豐墓誌銘》亦云:
"贈鎮東軍節度使兼侍中諱承諫之孫。"④通過石刻文獻可證《金
史》寫作"承謙"有誤。

　　根據前引時立愛本傳、墓誌銘及神道碑,均提及時承諫事迹,
仍可進一步補充。《遼史拾遺》引萬曆《新城縣志》稱當時存有《時
承諫墓》,"墓在縣東北二里"。萬曆《保定府志·選舉表》列有新
城時承諫,謂"金以子立愛,贈平章"。⑤ 道光《直隸新城縣志·選

---

① 民國《新城縣志》卷一五《地物篇·金石》,第8頁a—第11頁a。
② 拓本見河北省文化局文物工作隊《河北新城縣北場村金時立愛和時豐墓發掘記》,
　《考古》1962年第12期。
③ 河北省文化局文物工作隊《河北新城縣北場村金時立愛和時豐墓發掘記》,《考古》
　1962年第12期。
④ 同上。
⑤ 萬曆《保定府志》卷一一《選舉表》,第11頁a。

舉志》贈封條記亦載説："金，時承謙，字子正，以子立愛貴，贈鎮東
節度使、同中書門下平章事。"同書卷一二《人物志》義行條謂："時
承謙，板築里人。天會間，大饑，散粟米巨萬，所賴以全活者以萬
計。嘗修橋數十，私券悉焚之。生子九，一校書郎，四殿班中丞，奉
職子孫合三十餘人，多顯耀，僉以爲種德之報。"①此外，萬曆《保定
府志》卷四〇《雜志》僧智通條所載一則軼聞云：

> 僧智通，不知何方人也，盛暑破衲杖錫而行。大定間，適
> 至涿州新城縣板築里時承謙家，見立愛即曰："此兒當大顯貴，
> 善保養之。"言訖，出門，無覓其迹，人以爲異。後立愛果登大
> 康九年進士第，仕至中書令，封開封、郡王。卒如僧言。②

這一故事可與《時立愛神道碑》載"始生之夕，環居赤氣，又遇異僧，
指公相貴"相互發明。以上皆是時承謙及其家族事迹，輯録於此，
以補充正史之闕失。

附識
修訂本卷七八《時立愛傳》新校第十二條：父承謙。"承謙"，金
宇文虛中《時立愛墓誌銘》(《考古》一九六二年第十二期《河
北省新城縣北場村金時立愛和時豐墓發掘記》)作"承諫"。
(第6册第1893頁)

---

① 　道光《直隸新城縣志》卷一一《選舉志》，第33頁a；卷一二《人物志》，第18頁a。
② 　萬曆《保定府志》卷一一《選舉表》，第11頁a；卷四〇《雜志》，第9頁b。

列傳第四十三

二十

卷一〇五《孔璠傳》敍述傳主孔璠履歷(第7册第2311頁)云：

> 孔璠字文老，至聖文宣王四十九代孫，故宋朝奉郎襲封端
> 友弟端操之子。齊阜昌三年補迪功郎，襲封衍聖公，主管祀
> 事。天會十五年，齊國廢。熙宗即位，興制度禮樂，立孔子廟
> 於上京。天眷三年，詔求孔子後，加璠承奉郎，襲封衍聖公，奉
> 祀事。是時，熙宗頗讀《論語》、《尚書》、《春秋左氏傳》及諸
> 史、《通曆》、《唐律》，乙夜乃罷。皇統元年三月戊午，上謁奠孔
> 子廟，北面再拜，顧謂侍臣曰："朕幼年游俠，不知志學，歲月逾
> 邁，深以爲悔。大凡爲善，不可不勉，孔子雖無位，其道可尊，
> 萬世高仰如此。"皇統三年，璠卒，子拯襲封，加文林郎。

本傳謂孔璠卒於皇統三年。不過《金史》卷四《熙宗紀》皇統二年正
月壬子條卻記載説："衍聖公孔璠薨，子拯襲。"[1]施國祁《金史詳校》
卷八下孔璠傳條及本卷《金史·孔璠傳》校勘記五(第2325頁)指出
了上述紀、傳記載兩相牴牾問題，都傾向於《熙宗紀》正確。明中葉，
陳鎬所編《闕里志》稱孔璠亡故時間，"皇統二年卒，年三十八"。[2]　當
今大多數學者相信孔璠卒年爲皇統二年，[3]一律採信《金史·熙宗

① 《金史》卷四《熙宗紀》，第1册，第78頁。
② 陳鎬《闕里志》卷二《世家·歷代宗子封爵》，嘉靖三十一年刻本，第43頁a。
③ 參見蔡美彪主編《中國歷史大辭典·遼夏金元史卷》孔璠條，上海辭書出版社，1986
　　年，第89頁。陳高華《金元二代的衍聖公》，《文史》第27輯，1986年12月，第134
　　頁。牛貴琥、楊鐮編著《金代人物傳記資料索引》，三晉出版社，2012年，第97頁。

紀》的説法。然而該觀點似是而非,經筆者考證,孔璠實際卒於天眷三年。

按大定十三年《四十九世孫迪功郎權襲封墓》(今存山東曲阜孔廟)云:"公諱璠,字文老。曾祖諱宗願,比部員外郎,襲封衍聖公。祖諱若蒙,贈朝奉郎,襲封衍聖公。父諱端操。享年三十有八,娶萊蕪李氏。二子:長子拯,承直郎,襲封衍聖公,早亡,無嗣。次子摠,今承務郎,襲封衍聖公。"①該《孔璠墓碑》止云"享年三十有八",可惜并無生卒年記載。所幸《孔氏祖庭廣記》卷一《世次》孔璠條有云:"四十九代璠,字文老,端友弟端操之子。廢齊阜昌二年,補迪功郎,權襲封,管勾祀事。天眷三年卒,年三十八,葬祖墓西南。生拯,及摠。贈榮禄大夫。"②此稱璠卒於天眷三年。根據這條線索,筆者進一步發現,《孔氏祖庭廣記》中還有兩個有力證據印證此説。

首先,上文指出孔璠次子名"摠",據《孔氏祖庭廣記·世次》孔摠條記載:"明昌元年,卒,五十三。"③党懷英撰《故贈正奉大夫襲封衍聖公孔公墓表》明言孔摠:"公三歲而孤。"④將這兩條史料結合起來,便可推算出孔摠喪父時間爲天眷三年,亦即孔璠卒年。

其次,檢討《金史·熙宗紀》皇統二年正月壬子條"衍聖公孔璠薨,子拯襲"事,筆者發現《孔氏祖庭廣記·世次》孔拯條與之密切相關:

> 五十代拯,字元濟,璠之長子也。金熙宗皇統二年三月,

---

① 駱承烈彙編《石頭上的儒家文獻——曲阜碑文録》,齊魯書社,2001 年,上册,第188—189 頁。

② 孔元措編《孔氏祖庭廣記》卷一《世次》,第 14 頁 a。

③ 孔元措編《孔氏祖庭廣記》卷一《世次》,第 14 頁 a—b。

④ 孔元措編《孔氏祖庭廣記》卷一二,第 30 頁 b。

> 行省咨:"文宣王四十九代孫璠已襲封,未施行間身故,令長男孔拯次當襲封,照依天眷官制,合除文林郎,合封衍聖公。自古襲封不限年齒,奏奉敕旨准奏行。"時年七歲,補文林郎,襲封衍聖公,管勾祀事,終承直郎。大定元年卒,年二十六。在祖墓西南,無嗣,弟揔繼世。①

《金史·熙宗紀》天眷三年十一月癸丑云:"以孔子四十九代孫璠襲封衍聖公。"②但實際結果卻是"未施行間身故",蓋即當年年底亡故。上引《故贈正奉大夫襲封衍聖公孔公墓表》也提到揔兄孔拯的簡歷:"皇統二年三月,補文林郎,襲封衍聖公。"③據此可知,皇統二年正月乃是朝廷頒旨敕封孔拯爲"襲封衍聖公"的日期,或於是年三月執行此事或頒發到本人手中,實與孔璠亡故時間無涉。

根據《孔氏祖庭廣記》提供的多條證據,我們解決了孔璠卒年問題,由此得知《金史·熙宗紀》及本卷《孔璠傳》均誤。值得注意的是,《孔璠傳》並書"皇統元年三月"及"皇統三年",同一個人物本傳中熙宗同種年號凡兩見,拼湊痕迹相當明顯,不妨進一步來分析其史源構成:

《孔璠傳》	史料來源
孔璠字文老,至聖文宣王四十九代孫,故宋朝奉郎襲封端友弟端操之子。齊阜昌三年,補迪功郎,襲封衍聖公,主管祀事。	《孔氏祖庭廣記·世次》:四十九代璠,字文老,端友弟端操之子。廢齊阜昌二年,補迪功郎,權襲封,管勾祀事。天眷三年卒,年三十八。

---

① 孔元措編《孔氏祖庭廣記》卷一《世次》,第14頁a。
② 《金史》卷四《熙宗紀》,第1册,第78頁。
③ 孔元措編《孔氏祖庭廣記》卷一二,第30頁b。

續表

《孔璠傳》	史料來源
天會十五年,齊國廢。熙宗即位,興制度禮樂,立孔子廟於上京。	筆者按:此條今無考。
天眷三年,詔求孔子後,加璠承奉郎,襲封衍聖公,奉祀事。	《熙宗紀》天眷三年十一月癸丑:以孔子四十九代孫璠襲封衍聖公。
是時,熙宗頗讀《論語》、《尚書》、《春秋左氏傳》及諸史、《通曆》、《唐律》,乙夜乃罷。皇統元年三月戊午,上謁奠孔子廟,北面再拜,顧謂侍臣曰:"朕幼年游佚,不知志學,歲月逾邁,深以爲悔。大凡爲善,不可不勉,孔子雖無位,其道可尊,萬世高仰如此。"	《熙宗紀》皇統元年二月戊午:①上親祭孔子廟,北面再拜。退謂侍臣曰:"朕幼年游佚,不知志學,歲月逾邁,深以爲悔。孔子雖無位,其道可尊,使萬世景仰。大凡爲善,不可不勉。"自是頗讀《尚書》、《論語》及《五代》、《遼史》諸書,或以夜繼焉。
皇統三年,璠卒,子拯襲封,加文林郎。	《熙宗紀》皇統二年正月壬子:衍聖公孔璠薨,子拯襲。
	《孔氏祖庭廣記·世次》:五十代拯,字元濟,璠之長子也。金熙宗皇統二年三月行省咨:文宣王四十九代孫璠已襲封,未施行間身故,令長男孔拯次當襲封,照依天眷官制,合除文林郎,合封衍聖公。自古襲封,不限年齒,奏奉敕旨准奏行。時年七歲,補文林郎,襲封衍聖公,管勾祀事,終承直郎。

　　根據金朝修史制度,"金諸臣三品以上方許立傳",②可見元修《金史·孔璠傳》并没有編纂現成的傳記文獻可供鈔錄,意味着其

史源多元。經比較不難發現,上表《孔璠傳》與《孔氏祖庭廣記》、今本《熙宗紀》內容大體相合。今本《金史·孔璠傳》史源當爲《孔氏祖庭廣記》和金修《熙宗實錄》。元朝史官立《孔璠傳》,涉及傳主履歷中的卒年時,并未取《孔氏祖庭廣記》"天眷三年卒,年三十八"之文,而是直接引據《熙宗實錄》,或雜糅《熙宗實錄》和《孔氏祖庭廣記》孔拯條寫成。①

附帶再談一下四個與金代孔璠家族相關的問題。

第一個是《金史》所見"孔總"名諱用字問題。按《金史·孔拯傳》云:"弟總襲封,加文林郎。"及《孔總附傳》亦云:"總,字元會。"②稱其名爲孔總者,亦見《金史·世宗紀》大定三年七月庚戌,"以孔總爲襲封衍聖公";大定二十年十二月癸卯,"特授襲封衍聖公孔總兗州曲阜令,封爵如故"。③ 不過,党懷英撰《故贈正奉大夫襲封衍聖公孔公墓表》卻記載説:"至聖文宣王五十代孫,諱摠,字元會。"④《孔氏祖庭廣記·世次》亦稱:"摠,字元會。"⑤大定二十一年正月,《重建郕國夫人殿記》正文有:"襲封公摠躍然喜曰:'祖庭之復,此其時乎。'"末尾署作:"五十代孫承務郎、兗州曲阜縣令、襲封衍聖公管勾先聖祀事、武騎尉、賜緋魚袋摠立石。"⑥又據《孔氏祖庭廣記·崇奉雜事》記載説,大定二十一年,"召襲封衍聖公摠赴闕,奉敕旨特授曲阜縣令"。⑦ 該書《鄉官》金鄉官謂:"摠,大定

---

① 參見邱靖嘉《〈金史〉纂修考》,第160—161頁、第203頁。
② 《金史》卷一〇五,第7册,第2311—2312頁。
③ 《金史》卷六《世宗紀上》,第1册,第132頁;卷七《世宗紀中》,第1册,第176頁。
④ 孔元措編《孔氏祖庭廣記》卷一二,第30頁a。
⑤ 孔元措編《孔氏祖庭廣記》卷一《世次》,第14頁a。
⑥ 孔元措編《孔氏祖庭廣記》卷一一,第17頁a—19頁a。
⑦ 孔元措編《孔氏祖庭廣記》卷三《崇奉雜事》,第19頁a。

二十一年,授曲阜縣令。"①此外,大定十三年《四十九世孫迪功郎權襲封墓》記述:孔璠"次子摠,今承務郎,襲封衍聖公"。② 參照墓碑用字"摠",其名寫作"摠"爲是。

再考察孔氏同輩兄弟的名字,凡可考見者如下:《孔氏祖庭廣記·世次》云"五十代拯,字元濟,璠之長子也"。③ 同書卷六《族孫》"擢,字用之,五十代孫",以及《世系別録》"摭,字伯順,五十代,廟學録";"摯,字莘夫,五十代,廟學正"。④ 從孔氏第五十代行輩派字皆爲"扌"來分析,《金史》亦當名從主人作"孔摠"。

第二個是貞祐三年孔元措散階問題。按《金史·宣宗紀》貞祐三年十月壬子條云:"召中奉大夫、襲封衍聖公孔元措爲太常博士。"該卷校勘記第十三條指出:"按本書卷五五《百官志》吏部,從三品下曰'中奉大夫'。品階太高。卷一〇五《孔璠附孫元措傳》作'超遷中議大夫',疑是。"⑤

這條校勘記明顯忽略了孔元措散官階次因時間而遷轉變化。檢上引《孔元措附傳》記載,明昌三年四月詔曰:"衍聖公視四品,階止八品,不稱。可超遷中議大夫,永著于令。"⑥檢討其史源,蓋即《孔氏祖庭廣記·世次》五十一代孔元措條,並且此書還提到,明昌四年,"超授中議大夫,仍賜四品勳,封其誥"。⑦ 此外,黨懷英《金重修至聖文宣王廟碑》亦云:"特命自五十一代孫元措首階中議大

① 孔元措編《孔氏祖庭廣記》卷九《鄉官》,第 9 頁 b。
② 駱承烈彙編《石頭上的儒家文獻——曲阜碑文録》,上册,第 188—189 頁。
③ 孔元措編《孔氏祖庭廣記》卷一《世次》,第 14 頁 a。《金史》卷一〇五《孔拯傳》同。
④ 孔元措編《孔氏祖庭廣記》卷六,第 8 頁 b、第 13 頁 b。
⑤ 《金史》卷一一四《宣宗紀上》,第 2 册,第 314、324 頁。
⑥ 《金史》卷一〇五《孔元措附傳》,第 7 册,第 2312 頁。
⑦ 孔元措編《孔氏祖庭廣記》卷一《世次》,第 15 頁 b。

夫,職視四品,兼世宰曲阜。"①記載孫元措官階亦同。那麼,《孔元措附傳》稱"中議大夫"實乃明昌四年授官,不宜與貞祐三年十月壬子所見"中奉大夫"簡單對比。

筆者注意到以下幾條材料,均涉及孔元措散官官階之升遷。

據《孔氏祖庭廣記·崇奉雜事》記載:承安元年十二月一日,"降襲封四品印記"。② 上文指出,明昌四年爲中議大夫(正五品上),到承安元年時掌四品印記,蓋即少中大夫(從四品下)。③ 又見《完顏璹昭告至聖文》(今存山東曲阜孔廟)結銜署作"承安四年三月廿一日,五十一代孫,中大夫、襲封衍聖公管勾先聖祀事兼世襲曲阜縣令孔元措",④中大夫爲從四品中。到承安五年正月,"奉特旨襲封衍聖公,兼世襲曲阜縣令,五年内祀事不闕,縣事修舉,特轉官一階"。⑤ 此時元措散官遷轉一階,當爲大中大夫(從四品上)。我們發現《孔氏祖庭廣記引》作者孔元措官銜署作"正大四年歲次丁亥十月望日,資政大夫、襲封衍聖公、知集賢院兼行太常丞"。⑥ 根據《金史·百官志》,可知資政大夫則係正三品中。⑦ 綜上所述,孔元措的散階由明昌四年(1193)中議大夫到承安四年(1199)中大夫,再轉官至正大四年(1227)資政大夫,在從正五品上晋升正三品中的過程中,那麼,這期間貞祐三年(1215)十月孔元措

---

① 孔元措編《孔氏祖庭廣記》卷一一,第 21 頁 b。
② 孔元措編《孔氏祖庭廣記》卷三《崇奉雜事》,第 22 頁 a。
③ 本文所涉散階與品級對應關係,參見《金史》卷五五《百官志一》,第 4 册,第 1220—1221 頁。
④ 駱承烈彙編《石頭上的儒家文獻——曲阜碑文録》,上册,第 205—206 頁。該碑録文"曲阜"原作"四□",按《孔氏祖庭廣記》卷三《崇奉雜事》云:承安五年正月,"奉特旨,襲封衍聖公,兼世襲曲阜縣令"。(第 22 頁 a)今據此校改。
⑤ 孔元措編《孔氏祖庭廣記》卷三《崇奉雜事》,第 22 頁 a。
⑥ 孔元措編《孔氏祖庭廣記》卷首《孔氏祖庭廣記引》,第 2 頁 a。
⑦ 《金史》卷五五《百官志一》,第 4 册,第 1220 頁。

官階爲从三品下的中奉大夫,完全符合金朝文官遷轉序列。

　　第三個問題是本卷《孔璠傳》云:"齊阜昌三年,補迪功郎,襲封衍聖公,主管祀事。"而《孔氏祖庭廣記·世次》孔璠條卻説:"廢齊阜昌二年,補迪功郎,權襲封,管勾祀事。"兩書記載歧異,《金史·孔璠傳》抄自《孔氏祖庭廣記》,"阜昌三年"或爲"阜昌二年"之誤。

　　第四個問題是《孔拯傳》有云:"天德二年,定襲封衍聖公俸格,有加于常品。是歲立國子監。"①此文意謂國子監創設於天德二年。按《海陵紀》天德二年十二月丙午曰:"初定襲封衍聖公俸格。"此與《孔拯傳》相合。再檢討本書《海陵紀》,天德三年正月甲午云:"初置國子監。"②《選舉志一》亦云:"凡養士之地曰國子監,始置於天德三年。"③據此可知,《孔拯傳》所記有誤,"是歲"當爲天德三年。

　　(此條原題《〈金史〉衍聖公家族事迹叢考》,發表於《文史》2018年第2期。今有所增補修訂)

附識

按修訂本卷四《熙宗紀》新校第十八條:衍聖公孔璠薨子拯襲。

按,本書卷一〇五《孔璠傳》:"皇統三年,璠卒。子拯襲封。"與此處繫年異。(第1冊第98頁)

按修訂本卷一〇五《孔璠傳》新校第六條:皇統三年璠卒。"三年",局本作"二年"。按,本書卷四《熙宗紀》記孔璠薨在皇統二年正月壬子。(第7冊第2461頁)

送審稿《宣宗紀上》第十四條校勘記:召中奉大夫。"中奉大夫",按本書卷五五《百官志》吏部,从三品下曰"中奉大夫"。

①　《金史》卷一〇五《孔拯傳》,第7冊,第2311頁。

②　《金史》卷五《海陵紀》,第1冊,第96頁。

③　《金史》卷五一《選舉志一》,第4冊,第1131頁。

　　品階太高。卷一〇五《孔璠附孫元措傳》作"中議大夫"。
　　疑是。

　　筆者按，修訂本已删此條。

附錄：《孔氏祖庭廣記》金朝史料輯錄

孔氏祖庭廣記引

先聖傳世之書，其來久矣。由略積詳，愈遠而益著，蓋聖德宏博，殆
有不可撢者。爰自四十六代族祖知洪州軍州事、柱國纂集所傳，板
行四遠，於是乎有《家譜》，尚冀講求，以俟佗日。逮四十七代從高
祖邠州軍州事、朝散，克承前志，推原譜牒，參考載籍，摘拾遺事，復
成一書。值宋建炎之際，不暇鏤行。至四十九代從祖主祥符縣簿
承事，懼其亡逸，證以舊聞，重加編次，遂就完本，布之天下，於是乎
有《祖庭記》。二書並行，凡縉紳之流，靡不家置，獲覽聖迹，與夫歷
代褒崇之典，奕葉繼紹之人，如登崑崙而披日月，咸快瞻仰。比因
兵災，闕里家廟半爲灰燼，中朝士大夫家藏文籍多至散没，豈二書
獨能存歟？元措託體先人，襲封世嗣，悼斯文之將泯，恐祖牒之久
湮，去聖愈遠，來者難考，迺與太常諸公討尋傳記及諸典禮，於二書
之外，得三百二事，皆往古尊師之懿範，皇朝重道之宏規，前此所未
見聞者。於是增益二書，合爲一編，及圖聖像、廟宇、山林、手植檜
等，列於篇首，題曰《孔氏祖庭廣記》。其兩漢以來，林廟碑刻，舊書
止載名數，今併及其文而錄之，蓋慮久而磨滅，不可復得。且先聖
生於周靈王二十一年庚戌，迄今凡一千七百七十八歲，其間經世變
亂，不知其幾，而聖澤流衍，無有窮已，固不待紙傳而可久也。然所
以規規爲此者，特述事之心不得不然。是書之出也，不惟示訓子
孫，脩身慎行，不墜先業，流芳萬古，是亦學者之光也。正大四年歲
次丁亥十月望日，資政大夫、襲封衍聖公、知集賢院兼行太常丞五

十一代孫元措謹記。

孔氏祖庭廣記引

古之君子皆論撰其先祖之德,明著之後世。蓋先世有美而不知者,不明也,知而不傳,不仁也。明足以見,仁足以顯,然後爲君子。故素王之孫穆公,師事子思,首論祖述憲章之道。魏相子順,稱相魯之政化。漢博士安國,復推明所修六經垂世之教,當世莫不賢之。自夢奠兩楹之後,迄今千七百載,傳家奉祀者數赢五十,繼繼公侯。象賢載德,如聯珠疊璧,輝映今古,嗚呼休哉。聖人之流光如此,後之人能奉承不墜又如此,宜有信書。廣記備言,顯揚世美,以示于將來,傳之永久。於是襲封、資政公因《家譜》、《庭記》之舊,質諸前史,參以傳記,并録林廟累代碑刻,兼述皇統、大定、明昌以來崇奉先聖故事,博採詳考,正其誤,補其闕,增益纂集,共成一書,凡一十二卷,名曰《孔氏祖庭廣記》。應祖庭事迹、林廟族世、古今名號、典禮沿革之始末,並列於篇,粲然完備。於國則累朝尊師重道之美,靡所不載;於家則高曾祖考保世承祧之美,靡所不揚。故先聖配天之德,愈久而愈彰。噫! 若資政公者可謂仁明君子,能世其家者也。資政公嘗以書示予,予斂衽觀之。既欽仰其世德,又嘉公之用心,得繼志述事之義,乃磨鈍雕朽,爲之題辭焉。正大四年歲次丁亥十月丁未朔,資政大夫、前尚書右丞致仕張行信。

卷一《世次》

四十九代,璠字文老,端友弟端操之子。廢齊阜昌二年,補迪功郎、權襲封管勾祀事。天眷三年,卒,年三十八。葬祖墓西南。生拯,及揔。贈榮禄大夫。

五十代,拯字元濟,璠之長子也。

金·熙宗皇統二年三月行省咨：文宣王四十九代孫璠已襲封，未施行間身故，令長男孔拯次當襲封，照依天眷官制，合除文林郎，合封衍聖公。自古襲封不限年齒，奏奉敕旨，准奏行。

時年七歲，補文林郎，襲封衍聖公，管勾祀事，終承直郎。大定元年，卒，年二十六。在祖墓西南。無嗣，弟摠繼世。

摠字元會，大定三年七月，補文林郎，襲封衍聖公，管勾祀事。至二十一年十一月，世宗召赴闕下，欲留任用，力辭，請專祀事，於是特授曲阜縣令。襲爵之後，嚴緊祭祀，敦睦親族。一日，即仰瞻廟庭，私自言曰：“生爲子孫，而繆當嗣職，坐觀隘陋，寧不愧乎？”乃親率佃户之東山採代良材，增崇林廟、尼山、防山殿當廊廡五十餘楹。明昌元年，卒，五十三。贈光禄大夫。葬祖墓西南。碑見碑文卷後。昔年歷四十，雖得數子不育，一日，夜夢異人，衣冠偉然，告曰：“今此非爾子，①後丑年庚月丁日所生則真是爾子矣，當名‘元措’。”後如其言，遂以所告名之。次子元紘。

五十一代，元措字夢得，摠之長子。年十一，章宗明昌二年四月，補文林郎，襲封衍聖公、管勾祀事，特旨令視四品。其誥云：

聖謨之大，遺範百王，德祚所傳，垂光千祀。蓋立道以經世，宜承家之有人。文宣公五十一代孫元措，秀阜衍祥，清洙流潤，芝蘭異稟，蔚爲宗黨之英。詩禮舊聞，夤服父兄之訓，語年雖妙，論德已成，肆疏世爵之封，仍換身章之數，非獨增華於爾族。固將振耀於斯文，勉嗣前修，用光新命。

三年四月，奉特旨襲封衍聖公，孔元措然已令視四品，其散官係八品，仰超授中議大夫，已後襲封並准此例。明年，超授中議大夫，仍賜四品勳封。其誥：

---

① “子”字原脱，今據《孔氏祖庭廣記》卷一二《故贈正奉大夫襲封衍聖公孔公墓表》補。

夫子既没千八百年，後人相承五十一世，自近古以公其爵，顧
散階如彼其卑，必也正名，難於仍舊。是以興百世之曠典，峻
五品之華資，以爾有成人之風，繼將聖之後，當余定格，會爾疏
封。噫！廟貌存焉，克謹歲時之祀。家聲久矣，無忘詩禮之
傳。學有餘師，善將終譽。

明昌二年十一月二十三日，章宗親行郊禮，召赴闕侍祠位，在終獻
之次。承安二年二月，敕襲封衍聖公，年及十七兼曲阜縣令，仍世
襲，不得別行差占，於是世襲曲阜令。宣宗貞祐二年，車駕巡幸汴
京，七月，趨赴闕下，時方丁母憂。三年七月，起復，遥授東平府判
官。初有旨授東平府判，俟來春，令尚書省奏，若擬正授是職，緣目
今多事之際，未赴間，恐曠廢本職事務，有無姑且遥授，至春乃正
授，令往管勾祀事，兼元措見丁母憂，有無特恩起復，於是遥授，仍
起復焉。十月二十五日，上曰："東平府判元措，與隨朝除授。"平章
高琪奏曰："可"。有旨：

初與這職事時，我曾尋思，待與隨朝職事來，爲象多得、勝奏，
孔聖墳塋見在河北，若與本人隨朝，恐廢祭祀，可與附近州府
職事，以此不得已與了東平府判。我思目今土寇未寧，若謂廢
祭祀與河北職事，儻因而被害，卻是絕了聖人之後，永廢了祭
祀也，如今與隨朝職事者。

遂授太常博士，其年實十一月二十九日也。興定三年，秩滿復任。
四年七月二十三日，改行太常丞。元光元年十一月，授同知集賢院
兼行太常丞。正大二年三月秋，知集賢院兼行太常丞。四年，秩滿
復任。六年十二月，又任前職。至天興元年八月，通歷三考，九月
一日，改除遥授太定軍節度使、兗州管内觀察使，兼行太常少卿。
天興二年正月，遷光禄大夫事，改太常卿。

卷三《崇奉雜事》

叔祖父昔年編此既成,欲鏤板藏於祖庭。值建炎之事,廟宇與書籍俱爲灰燼。後二十餘年,或見於士大夫家皆無完本,甚可惜。瓛宣和間嘗預檢討,輒因公暇,考諸傳記,證以舊聞,重加編次,僅成完書。比之舊本,又取其事繫於先聖而非祖庭者,及以聖朝,皆纂集而附益之,遂鏤版流傳。非特成叔祖父之志,將使歷代尊師重道優異之典,昭昭可見,不其韙歟。正隆元年丙子歲五月甲午初一日辛丑朔,四十九代孫瓛謹識。

以上款,係舊文相續

金·天會五年,睿宗爲右副元帥,駐燕京,雖戎馬未息,首建太學,修國子監。七年,大軍入山東兗州,堅壁而守。是時,睿宗爲都元帥,次城下,諭以禍福,戒軍士以夫子所生之地不得剽奪。十八日,撫定,退師。十九日,命曲阜知縣衡雄與縣吏等引詣宣聖廟,既至,廟庭以建炎群寇之火皆爲灰燼,而殿火猶未息,元帥乃登杏壇,望殿火奠拜訖,詣聖林。時有軍人發掘二代泗水侯墓,方深六尺餘,又伐破四十六代孫宋刑部侍郎墓。元帥親見,遽命執縛,乃奠拜先聖陵下,周覽久之,以伐墓十二人隨行,至廟南十餘里,盡殺之。

熙宗皇統二年,禁官私占先聖廟者載於制條,爲不刊之典。又敕行臺支撥錢一萬四千餘貫修宣聖殿,仍委四十九代孫曲阜縣主簿瓛監督工役,皆從權襲封端棻之請也。

四年,行省支降錢一萬四千五百貫,筏南京八作司見材,修完本廟,刱蓋大成殿。至正隆二年以羨錢修兩廊及齊國公殿。

天德初,定禮儀,凡職官到任謁廟,先詣宣聖廟,奠拜訖,方許詣以次神廟,於是著之甲令。

正隆五年二月一日,都省批:隨處宣聖廟宇多有損壞,官司不用心提點修完,致有如此,委隨路轉運司佐貳或幕官一員,專一管勾,遇有損壞，即便檢修。

世宗大定十四年正月十六日，國子監起請：孔子廟大成殿聖像，冠十二旒，服十二章；兗國公像，冠九旒，服九章。檢到《唐郊祀錄》，開元二十七年八月，詔追謚孔子爲文宣王，仍内出王者袞冕之服以衣之。按《周禮》，王者之服，袞冕十有二旒，其服十有二章；諸公之鷩斿九就。今文宣王冠服已依典故。其兗國公、鄒國公一體，粧塑九章服。擬遷鄒國公像於宣聖之右，與兗國公相對，准上冠服粧塑。宋崇寧四年，賜孔子冠服，冠十二旒，服九章，故金所賜章數於禮爲備。

十八年，以皇統修廟羨錢付本廟修郓國夫人殿。是年，給降襲封衍聖公印。

二十一年，召襲封衍聖公揔赴闕，奉敕旨，特授曲阜縣令。

二十二年十二月十三日，奏立宣聖廟碑。

章宗明昌元年三月奉特旨，比聞曲阜縣孔聖廟興蓋多年，門廡位次阤陋損壞，差彼處官提控修補，所用錢於東嶽香錢内支，如已後更有損壞，委本縣逐旋申部支錢修補。續奉特旨，夫子廟以係省錢修蓋，又降到錢八萬三千貫有奇，修建樓殿、廊廡等四百餘間，仍設廟學教授。六月十三日，有司以特旨修蓋宣聖廟宇，令本廟具隨代支給地土增損數目。本廟言，舊有賜田二百大頃，因值兵火，除見在外，不知下落四十八大頃八十六畝已申上司，後承户部符，於徐州豐縣區村、張村、新村、潘村、李村、慕義六處貼撥數足計，准今時官畝一百二十三頃二畝一分五釐七毫。

泰和六年五月二十四日，給到按察轉運司憑驗所得物，並入祭祀庫，衍聖公掌其出納。

是年七月，尚書省令置下馬牌於廟門首。四年歲次癸丑十一月十有一日，四十九代孫省差權襲封管勾祀事璪謹續録。

是年，提刑司降到尚書禮部符，該奏行條理節文，刺史州已上，無宣聖廟處，許依自來朷行起蓋，舊有廟處，若有損壞，亦許修完。今緣隨處廟學，官司多不爲意，以致傾壞。兼照得明昌三年七月再定奏行提刑司條理内該，委提刑司勉勵學校，宣明教化，若廟宇傾頹，學舍弊壞，即生員何以勉勵，恐無以上副興崇學校之意，行下各路運司照驗，依應施行。如廟學有損壞去處，支贍學錢修完。如不足或全闕，據合用錢數疾速行移本運司，關支省錢應副修完，無得疏駁。

五年，修廟功畢，羨錢一萬四千有奇，申乞回納。奉特旨別置事產爲已久添修之用，置到地六十大頃，房屋四百餘間，俱隸曲阜，悉蠲稅力，所收入縣倉庫，衍聖公與縣次官同掌出納。

是年，修廟功畢，兗州節判張斅以尼山先聖所生之地，廟宇頹毁幾盡，遂聞于上，於是出羨錢四千有奇，以曲阜簿劉燁、奉符丞郭仲容、奉符令劉格監修，踰年告成。惟正殿雖加修葺，而舊制卑陋，有所未稱。崇慶元年孟春亦新作之，工畢於貞祐元年之季秋，其錢稱已費之數。

六年，敕翰林學士党懷英撰修廟碑文，及書丹、篆額。文見碑門。

是年，有司講定儀禮，檢舉《唐開元禮》褒聖侯位於文官三品之下，《禮閣新編》元祐間襲封奉聖公，《開寶禮》在寺監長官之下別作一班，今儀亦列於寺監長官之下。

七年十一月，承省部符，廟學生移籍太學，同品子例。

承安元年十二月一日，降襲封四品印記。

五年正月，奉特旨襲封衍聖公，兼世襲曲阜縣令，五年内祀事不闕，縣事修舉，特轉官一階。

泰和元年二月十日，有司以先聖廟東南泮宮地六十四畝一分二厘以充釋奠之費。

是年十一月二十四日，行山東路尚書六部申明條格云：襲封衍聖公止合管勾祭祀兼縣事，自餘軍儲等務，皆次官掌之。

大安元年十月八日，兗州下曲阜縣襲封衍聖公明有條理管勾祀事兼縣事外，不得別行差占，亦不合巡捕螟蝗，若已後但有橫泛差遣有妨祀事，逐旋申覆。

宣宗興定四年十一月十七日，京師完中城遷立宣聖廟，尚書省委襲封衍聖公，以董其役。未幾告成，廟宇、廊廡、講堂、學舍煥然一新，道蔡水以圜，其廟取辟水之制云。

元光二年，襲封衍聖公元措時任同知集賢院事，申請詳定侍朝班次。禮官議依前代典故，當視襲封衍聖公四品職，班寺監長官之下。

卷四《學廟親祠》

金·熙宗皇統元年二月戊午日，帝謁文宣王廟奠祭，北面再拜，謂儒臣曰："爲善不可不勉。孔子雖無位，以其道可尊，使萬世高仰如此。"

章宗明昌四年八月丙午，諭旨宣徽院曰："明日親釋奠，有司擬肅揖，朕以宣聖萬世帝王之師，恐汝等未諭，可備拜裀，朕將拜焉。"丁未，上詣文宣王廟，行釋奠之禮，北面再拜，親王、百僚及六學生員陪拜，詔從祀官分奠七十二弟子。初議定上親奠謁，不宜用牲牢，既而禮官云："籩豆、脯醢之數，既係中祀，若止用二籩、二豆似太疎簡，禮體未稱，擬全用十籩、十豆。"於是備數。

卷五《歷代崇重》

金·世宗大定十四年正月六日，禮官議國子監春秋仲月上丁日釋奠於文宣王，依唐《開元禮》合用祭器：文宣王、兗國公、鄒國公每位籩、豆各十，犧尊一，象尊一、①簠、簋各二，俎二，祝板各一，皆設案。

---

① "一"字原脱，今據《大金集禮》卷三六《宣聖廟》祀儀條補。

七十二賢、二十一先儒每位各籩一，豆一，爵一，兩廡各設象尊二。
總用籩、豆各一百二十三，簠、簋各六，俎六，犧尊三，象尊七，爵九
十四。尊皆有坫。罍二，洗二，篚、勺各二，冪六。正位并從祀籩尊
罍俎豆等席三十領。尊席用葦，俎、豆席用莞。祭用羊三、豕三、酒二
十瓶。及用登歌、雅樂曲，迎神，三奏，送神同。沽洗宮；初獻盥洗，
沽洗宮；初獻升殿，降殿同，其曲與盥洗同。南呂宮；奠幣，沽洗宮；正
配位酌獻，與亞終獻通用沽洗宮。樂工三十九人，並於大樂署借
用。獻官，祭酒、司業、博士充，時或以禮部、太常寺、國子監官攝。

大定二十三年二月，國學成，祀先聖於國子監之廟，以尚書右丞張
汝弼攝太尉，行事稱“上謹遣”。直學士呂忠翰攝祭酒，充亞獻官，
待制任偁攝司業，充終獻官。

章宗明昌二年五月二十一日，有司言典禮所載，州郡通祀宣聖廟，
今隨州府雖亦循例於春秋仲月釋奠，然別無官破錢物，其所用牲
幣、酒醴等，往往滅裂，乞除刺郡已上，無宣聖廟處，自來已許剏行
起蓋，其春秋釋奠，無贍學公用錢處，並官爲應副。

是年六月，以國學釋奠祭器名數，頒下曲阜廟，從兗州節度副使高
鎮之請也。

三年四月，尚書省奏定國學釋奠依典故，三獻官以祭酒、司業、博士
充，祝辭稱：“上謹遣”。配位祝文稱尊號，“皇帝遣”。登歌用太常樂
工。其獻官并執事預享者並法服，陪位學官公服，學生儒服。

五年六月初四日，禮官議曲阜縣夫子廟修蓋已畢，自來祭享，行三
獻之禮，其獻官衍聖公止用公服，親族二人各止儒服，及別無音樂。
即目國學釋奠依古禮，用法服，及登歌、雅樂。宋政和間曾賜本廟
三獻官祭服及登歌之樂，令族人及學生閱習。方今尊崇聖道，度越
前昔，其襲封衍聖公特授中議大夫，爵視四品，更新廟貌所費鉅萬，
而三獻止用常服及無雅樂，恐未相稱緣係朝廷尊師重道，特恩異

禮,合取敕裁下議有司。

六年四月八日,敕有司賜衍聖公以下三獻法服,亞終獻以本族最長人充,仍給登歌樂一部,歌二、籥一、篪一、笛一、塤一、巢笙二、和笙二、簫一、編鐘一、編磬一、一絃琴一、三絃琴一、五絃琴一、七絃琴一、九絃琴一、瑟一、柷一、敔一、搏拊一、麾幡一。

迎神,沽洗宮《來寧之曲》,其詞云:

有功者祀,德厚流光。猗歟將聖,三綱五常。百代之師,久而愈芳。靈宮對越,神其鑒饗。

盥洗,沽洗宮《淨寧之曲》:

楚楚祀儀,昕徵奠綴。爰清其持,斲玄扰悅。非持之清,精誠是況。神之來思,式欽嘉齊。

降升,南呂宮《肅寧之曲》:

衣冠襲封,玄王之宗。春秋陳祀,玄王之宮。清洙或涓,東山或童。此封此祀,承承無窮。

奠幣,沽洗宮《溥寧之曲》:

仰惟聖猷,宏賜尊顯。宿燎設懸,展誠致奠。旅幣申申,於粲洗腆。崇報孔明,不墜敬典。

酌獻先聖,沽洗宮《德寧之曲》:

巍巍堂堂,道德孰儷。屈於一時,信平聲於萬世。王號尊崇,公封相繼。涓辰之良,潔嚴以祭。

酌獻兗國公,宮調同前。

好學潛心,簞瓢樂內。具體而微,人進我退。洙泗之鄉,神之所在。其從聖師,廟食作配。

酌獻鄒國公,宮調同前。

醇乎其醇,優入聖域。祖述唐虞,力排楊墨。思濟斯民,果行其德。祀爲上公,茲宜配食。

亞終獻、酌獻，宮調同前。

法施於人，修經式誨。如明開盲，如聲破聵。棲遲衰周，光華昭代。儼然南面，門人列配。

送神，沽洗宮《歸寧之曲》：

籩豆威儀，孔將孔惠。三獻備成，四方所視。神保是饗，永光闕里。神之聿歸，貽厥孫子。

仍遣太常樂工教孔氏子弟，各執其藝，以備祭祀。

是年八月二十七日，命兗州節度使孫即康行一獻之禮，策祝告成，其文曰：“國家禮重儒術，道尊聖師，闕里廟貌，于以新之。雅樂具舉，法服彰施，庶幾鑒格，永集繁禧。”初有司奏定，二十三年修國子監宣聖廟畢，命右丞張汝弼祭奠，今乞差本處長官致祭，依釋奠禮，其祝板告以修崇廟宇，頒降法服雅樂之意，從之。至是行禮。

是年，有司奏定衍聖公初獻法服依四品，用六梁冠；亞獻、終獻七品，用三梁冠；登歌用二十五人，將太常寺附餘鐘磬、笙竽等修整降下，令本廟親族、子弟及學生等閱習。

明昌間，朝廷刊定《釋奠先聖禮冊》，頒降州郡。

元光初，京師先聖廟成，復粧飾先聖、十哲塑像，其賢像欲圖之於壁，慮久而易壞，朝廷特命以素縑繪之，而各成以軸，遇祭懸展。

正大二年，詔改開封府學爲太學，增置儒生，奏定釋奠，先聖三獻以祭酒、司業、博士充，祝辭稱“上謹遣”。登歌用太常寺樂工，獻官及監祭、監禮並法服，執事陪位官公服；學生儒服。次年，行禮始復舊制。禮樂器備。

大蒙古朝皇帝聖旨節文：

據襲封孔元措奏告，燕京、南京等處尚有太常禮樂官及工人等乞行拘刷事，准奏。若有前項人等并家屬，用鋪頭口起移赴東平府地分住坐,分付孔元措收管,令本路課稅所量給口糧養濟,就於本廟閱習,聽候朝廷不測用度。并自來有底禮册、詞章、樂器、鐘磬等物,盡行拘刷見數申奏。一各處若有未見人數,逐旋拘刷。

扎魯火赤也可那演胡都虎、斡魯不衆扎魯火赤那演言語:據襲封衍聖公孔元措來申,宣聖子孫歷代並免賦役,見有一十五家,歷代舊有地土六百頃,免賦役,供給祭祀。又看林廟戶,舊設百戶,見有十戶,不搆洒掃等事。如文字到日,仰孔元措依舊襲封衍聖公,主奉先聖祀事,仍提領修完祖廟。據孔氏子孫一十五家、亞聖顔子後八家、鄒國公後二家,廟戶依舊百戶,計一百二十五戶,奉上絲線顔色、稅碩、軍役大小差發,並行蠲免。上項戶計,盡行豁除,不屬州縣所管。諸路曆日銀,一半修宣聖廟,益都、東平兩路盡數分付襲封孔元措修完曲阜本廟。宣差東平路萬戶嚴實、課稅所長官張瑜申稟朝省,丞相領省耶律楚材,重道出于特意。古燕義士蕭元素,與朝廷斷事官丞相耶律丑山爲師友,獨蕭公親詣以爲先容,具道其所以然,儒教由此復興。

卷六《族孫》

金入仕

端肅字肅之,四十八代孫,篤志好學,不樂進仕。翰林侍講党懷英舉端肅閑居鄉里,年德俱高,雖不習科舉,其讀書養道,該通古學,堪任國子小學教授。明昌四年三月十二日,召赴闕,特賜進士及第,補將仕郎,以年老乞歸。

瑭字德純,四十九代孫,博學才優,尤工翰墨,常爲廟學正。貞祐二年,以四舉終場,賜同進士第,萊州招遠縣主簿。

擢字用之,五十代孫,通貫經術,性質純古,登大定二十二年進士第,待闕萊州掖縣令。章宗皇帝以聖人後,特授太學助教,俄丁内艱,服除補省掾,秩滿,授右三部司正,終於刑部主事。

《世系別録》

琰字粹老,四十九代,中順大夫、忻州同知,金初從事太師梁王麾下,以功補官,王以聖人後特授文資。

璟,四十九代,承事郎,行開封府祥符簿。

瑀字湯光,四十九代,承直郎。

摭字伯順,五十代,廟學録。

摯字莘夫,五十代,廟學正。

元順字存之,五十一代,廟學録。

卷七《澤及子孫》

金·熙宗皇統二年四月一日,敕免孔子子孫賦役。初尚書省奏:權襲封孔端立言孔子子孫漢唐以來並免賦役、身丁等事。與其餘免丁之家不同,謂自古免充軍役。臣等參詳孔子之後,舉天下止有一家,他人難以攀例有無,依前代體例施行,從之。故有是命。

五年,准行臺尚書户部符,兗州申孔子廟宅賜田二百大頃,自宋時不曾輸納税役,至廢齊阜昌五年斷勒拘摧二税并役錢,故金天眷元年孔若鑑等陳狀乞將本廟賜田蠲免税役,後來孔端立等陳狀又該宋承唐後亦免本家賦役。尚書省奏奉敕旨,依前代體例施行。本部看詳,孔子廟宅賜田,合依前代體例施行。

章宗明昌元年三月,敕旨夫子廟以係省錢修蓋,仍設教授一員,於四舉、五舉終場進士出身人内,選博通經史、衆所推服者充,生員許孔宅子孫,不限人數,年十三已上,願習業者皆聽就學。已習詞賦、經義,准備應試人,依州府養士例,每人每月支官錢二貫,米三斗,小生減半支給。如兗州管下進士,欲從學者聽,曾得府薦者試補,終場舉人免試入學,仍限二十人爲額。庶孔宅生員等,有講授養育成就人材,委是有益於治,并給賜監書各一部。合用人力,於兗州射糧軍內選差,常令數足,不摘差打減所須什物,並依太學例,官爲應副,仍令本縣官以時點檢。若有闕少損壞,畫時申依本州添修,委本州進士出身官提控學校事,據所屬應副,生員請給人力所須等物,委提刑官點檢有無,奉行滅裂。

卷九《給灑掃廟户·金》
廟户食直官爲應副。

《鄉官·金鄉官》
若鑑,天會八年,以迪功郎任仙源縣主簿。
瑀,皇統二年,以登仕郎任曲阜縣主簿。
瓛,皇統五年,以將仕郎任曲阜縣主簿。
淵,天德二年,以承直郎任兗州司法參軍。
玖,天德二年,以忠勇校尉任曲阜縣尉。
摠,大定二十一年,授曲阜縣令。見《世次》。
元措,承安二年二月,敕襲封衍聖公,兼曲阜縣令,仍今世襲。同上。

《廟中古迹》
貞祐甲戌春正月,兵火及曲阜,焚我祖廟,延及三檜,幸收灰燼之餘,攜至闕下,分遺妻弟省知除開封李世能,乃命工刻爲先聖容暨從祀賢像,召元措瞻仰,追悼之極,再拜,以識其歲月云。正大甲申仲秋望日,五十一代嗣孫,太常博士衍聖公元措議述。
天地否而復泰,日月晦而復明。聖人之道,厄而復亨,六籍厄於秦,至漢而復興,正道厄於晉宋齊梁陳隋之間,至唐而復興,此自然之理也。貞祐初,兵革擾曲阜,焚孔庭檜。聖道之廢興,固不繫於一木之存亡,新宮火,三日哭,重先祖之居也。況聖師之手植乎,衍聖公收其煨燼之餘,李侯刻而像之,知尊事矣。若夫茂其德,封而植之,是聖道常在也,豈特一木哉。三年六月晦,門弟子趙秉文謹記。

《林中古迹》

仙人腳,明昌元年,有異人履玄白舄,瞻拜先聖於廟門外,竚立石上,甚有喜色,既去,其石足迹存焉。有文曰"仙人腳",次年奉敕修廟,此亦金朝崇奉先聖修廟之應也。

泰和八年八月二十七日,以先聖降誕之辰,前期一日率闔族敬詣尼山廟祭奠,日方午刻,俄聆殿上當空有樂振作,比金石絲竹之聲,凡在一舍間皆聞之而駭然,蓋朝廷崇奉德感所致也。

金修廟制度

正殿廊廡、大中門、大成門、鄆國夫人殿,自皇統、大定以來建之,其制猶質素。至明昌初,增後位城殿,殿廡皆以碧瓦爲緣,外柱以石,刻龍爲文,其藻栱之飾,塗以青碧。每位皆有閣,至於欄檻簾櫳並朱漆之。齊國公位僅與正位同,又剏二代三代祖殿、毓聖侯殿、五賢堂、奎文閣之屬,煥然一新,與夫廳堂齋舍門廡凡四百餘楹,方之前古,於此爲備。

貞祐二年正月二十四日,兵災及本廟,殿堂廊廡,灰燼什五。祖檜三株,亦遭厄數,適有四十九世孫廟學正瑭泊族人避於其間,俄有五色雲覆其上,中有群鶴翔鳴,良久而去,田夫野老,無不見之。

卷十一《廟中古碑·金碑四》

重建鄆國夫人殿記

先聖之夫人曰亓官氏,子孫祀於寢宮舊矣。宋祥符初,既封鄆國,始增大其殿像，季末毀焉。國家皇統九年，始以公錢修復正殿，後八年，又營兩廊，而積羨錢二百萬，將以爲鄆國殿之用，而未給也。大定間，天子留意儒術，建學養士，以風四方，舉遺禮，興廢墜，曠然欲以文致太平。襲封公揔躍然喜曰："祖庭之復，此其時乎。"乃以殿之規橅白有司，而有司吝於出納，乃更破廣爲狹，劓崇爲庳，緜是才得故時羨錢爲殿費。襲封公蹴然曰："是規橅者，豈能稱前殿爲王寢乎？吾獨以奉祀事，守林廟爲職，顧不得以專達，雖然我其可不力。"乃與族祖端脩親率廟丁，載斤斧，走東蒙，深入數百里，歷戲險，冒風雨，與役者同其勞，得貞松中梂橑者以千數。又與族兄播市材于費于丞，凡梵櫨棋栱之屬，皆取足焉。會祖林大槐數十，一旦皆檆死，適可爲楹棟之材。而二百萬者，止足以充瓦甓壋甃與夫梓匠備直而已。時劉公瑋爲節度副使，實董其役，趙公天倪爲判官，二公廉直而幹，吏不敢擾以私，而襲封公得以盡其力。粵十九年冬，殿成。奉安之日，士庶咸會，顒首聚觀，邦人族戚，更贊迭助，父老嗟歎，至或感泣，以爲復見太平之舉也。於是襲封公以書走京師，屬懷英爲之記。懷英孂惰多故，未暇作也。居逾年，襲封公被召至闕下，未幾，得以舊爵宰鄉邑，將歸，固索鄙文，則叙其修殿本末而爲之説曰。

嗚呼！聖人道極中和而與天地並，有天地而夫婦之道立，道立而父子君臣之教達於天下。古先哲王所以御家邦、風動教化，皆由此始。吾夫子出，著之六經，實綱而紀之，以垂憲百代，故後世推尊以爲人倫之首。而闕里舊宅，四方於是觀禮，然則所謂作合聖靈者，其奉事之禮，安可以不稱。今夫浮屠，無夫婦，絕父子，廢人倫，其空言幻惑，且不足以爲教。然貪得而畏死者，奔走敬事，至傾其家貲，非有命令賦之也。而其雄樓傑閣，窮極侈靡，僭越制度，耗蠹齊民，有司者不以禁。而吾夫子之宮，教化所從出，而有司乃以爲不急。一殿之建,至於身履勤苦,然猶積年而僅成,何其難也,嗟乎!
夫子萬世之師也,今休明之代,不患其不崇。吾獨惡夫悖人倫者,
方起而害名教,故因是殿之役,有以發是言。君歸其并刻之,庶幾
貪畏而惑於異端者,知所復焉。

二十一年春正月十有二日,承務郎、應奉翰林文字、同知制誥兼充
國史院編脩官、武騎尉、賜緋魚袋党懷英記并書。奉政大夫、中都
路都轉運支度判官、驍騎尉、賜緋魚袋趙天倪篆額。五十代孫承務
郎、兗州曲阜縣令、襲封衍聖公、管勾先聖祀事、武騎尉、賜緋魚袋
揔立石。

金重修至聖文宣王廟碑

翰林學士、朝散大夫、知制誥兼同修國史、上護軍、馮翊郡開國侯、
食邑一千户、食實封一百户、賜紫金魚袋臣党懷英奉敕撰,并書丹、
篆額。

皇朝誕受天命,累聖相繼,平遼舉宋,合天下爲一家,深仁厚澤,以
福斯民。粵自太祖暨于世宗,撫養生息,八十有餘年,庶且富矣,又
將教化粹美之。主上紹休祖宗,以潤色洪業爲務,即位以來,留神
政機,革其所當革,興其所當興,飭官厲俗,建學養士,詳刑法,議禮
樂,舉遺修舊,新美百爲,期與萬方同歸文明之治,以爲興化致理,
必本於尊師重道。於是奠謁先聖,以身先之,嘗謂侍臣曰:"昔者夫
子立教於洙泗之上,有天下者所當取法,廼今遺祠久不加葺,且其
隘陋,不足以稱聖師之居,其有以大作新之。"有司承詔,度材庀工,
計所當費,爲錢七萬六千四百餘千,詔並賜之。仍命選擇幹臣,典
領其役,役取於軍,匠傭於民,不責亟成,而責以可久,不期示侈,而
期於有制。凡爲殿堂、廊廡、門亭、齋厨、黌舍,合三百六十餘楹,位
敘有次,像設有儀,表以傑閣,周以崇垣,至于楄座、欄楯、簾擴、罘
罳之屬,隨所宜設,莫不嚴具。三分其役,因舊以完葺者才居其一,

而增刱者倍之。蓋經始於明昌二年春，踰年而土木苟構成，越明年而髹漆彩繪成，先是群弟子及先儒像畫於兩廡，既又以揑索易之，又明年而衆功皆畢，罔有遺制焉。上既加恩闕里，則又澤及嗣人，以其雖襲公爵，而官職未稱，與夫祭祀之儀不備，特命自五十一代孫元措首階中議大夫、職視四品，兼世宰曲阜。六年，又以祭服、祭樂爲賜，遣使策祝，以崇成之意告之。方役之興也，有芝生於林域及尼山廟與孔氏家園，凡九本，典役者采圖以聞，且言瑞芝之生，所以表聖德之致。廟成之日，宜有刊紀，敢請并書于石。又廟有層閣，以備皮書，願得賜名，揭諸其上，以觀示四方，詔以“奎文”名之，而命臣懷英記其事。臣魯人也，杏壇舊宅，猶能想見其處，今幸以諸生備職藝苑，其可飾固陋之辭，絜楹計工，謹諸歲月而已乎。敢竊叙上之所以褒崇之實，備論而書之，而後系之以銘。臣嘗謂唐虞三代致治之君，皆相授以道，至周末世不得其傳。而夫子載六經以俟後聖，降周訖漢，異端並起，儒墨道德，名法陰陽，分而名家，而以六藝爲經，傳章句之學，歸之儒流，不知六藝者。夫子所以傳唐虞三代之道，衆流之所從出，而儒爲之源也。後世偏尚曲聽，沿其流而莫達其本，用其偏而不得其醇，自是歷代治績，常與時政高下。洪惟聖上，以天縱之能，典學稽古，游心於唐虞三代之隆，故凡立功建事，必本六經爲正，而取信於夫子之言。夫惟信之者篤，則其尊奉之禮，宜其厚歟。臣觀漢魏以來，雖奉祠有封，洒掃有户，給賜有田，禮則修矣，未有如今日之備也。初廟傍得魯廢池，發取石甃，以爲柱礎釦砌之用，浚井得銅，以爲鋪首浮漚諸飾，緜是省所費錢以千□計者，萬四千有奇，方復規畫，爲他日繕治無窮之利。然則非獨今日之新，蓋將愈久而無弊也。銘曰：

維古治時，以道相繼。不得其傳，粵自周季。天生將聖，遭世不綱。垂統六經，以俟後王。六經維何，爲世立道。有王者興，是惟治要。

於鑠我皇,聖性自天。玩意稽古,傳所不傳。建學弘文,崇明儒雅。
躬禮聖師,率先天下。乃睠闕里,祠宇弗治。矧其舊制,既隘且庳。
乃詔有司,乃疏泉府。撲材庀工,衆役具舉。梓人獻技,役夫効功。
隘者以閎,庳者以崇。崇焉有制,閎焉惟法。即舊以新,增其十八。
植植其正,翼翼其嚴。魯人來思,歎息仰瞻。魯人有言,惟今非昔。
豈伊魯人,四方是式。瞻彼尼山,及其林園。有芝煌煌,表我聖恩。
聖恩之隆,施于世嗣。顯秩峻階,視舊加異。廟樂以雅,祭服有章。
錫爾奉祠,名教是光。有貞斯石,有銘斯勒。揚厲鴻休,以詔無極。

祝文

維明昌六年歲次乙卯八月癸丑朔二十七日己卯,上以謹遣朝列大
夫、知泰定軍節度使兼兗州管内觀察使、提舉學校常平倉事、護軍、
富春郡開國侯、食邑一千户、食實封一百户、賜紫金魚袋孫即康,敢
昭告于至聖文宣王。今重儒術,益尊聖師。闕里廟見,于以新之。
雅樂具舉,澀服章施。庶幾鑒格,永集繁禧。尚饗。

前同云云,敢昭告于兗國公:

宅廟告成,神之式燕。肆頒樂服,以焕聲明。殊別上儀,表章崇教。
儼惟亞聖,作配先師。春秋二時,祀祭百世。

鄒國公祭文:

國家思弘文治,崇禮聖師。廼詔有司,一新祠廟。祀以法服,奏以
雅音。惟公侑食,是用詔昭告。

孔聖杏壇二字碑,承旨學士党懷英篆銘,開州刺史高德裔撰。

周室下衰,王綱解紐。非大聖人,狂瀾莫救。天挺夫子,生民未有。
立言範世,木舌金口。三千之徒,義由此受。我瞻遺壇,實爲教首。
萬代護持,天長地久。

卷十二《族孫碑銘·金》

故贈正奉大夫、襲封衍聖公孔公墓表

至聖文宣王五十代孫諱摠，字元會。曾祖諱若蒙，襲封奉聖公，贈朝奉郎。伯祖諱端友，朝奉郎、直祕閣、襲封衍聖公。宋建炎二年冬祀大禮，赴楊州陪位，值兵火隔絕。其弟端操之子璠，已襲封訖。長子拯，皇統二年三月，補文林郎、襲封衍聖公，無嗣。其弟摠，大定三年七月，補文林郎，襲封衍聖公、管勾先聖祀事。公三歲而孤，幼穉警悟，及長，力學自强，通《春秋左氏》，尤喜韓愈詩文，談論簡尺，多引二書，先輩多稱譽之。公職在嚴奉林廟草木，居人無敢輒犯，宗族之間，少長有禮，人敬其勤，復畏且愛。一日，顧瞻郓國夫人殿，私自言曰："生爲子孫，而謬當其職，使之隘陋如此，寧不愧於心乎？"乃親率佃户，攜斤斧之具，東之蒙山，躬親指畫，採伐中椽桷者，旬有餘日，連車接軫以歸。起西廟、尼山兩處，郓國夫人殿及大中門、家廟、齋廳、祭祀庫，計五十餘楹，彩飾圖繪畢備。朝廷聞公名，召赴闕，欲留隨朝任用。公力辭，職專祠事，不宜妨職任之不專，則特授曲阜縣令。未到任，歲大旱，既到任，甘雨三日而止。稼穡益茂，歲仍大熟。公精勤吏事，縣署至所居往返十五餘里，及曉治縣，無一日稍闕。差科甚勻，訴訟無滯，親族有訟，即移佐官，無少看向意。諸村當首人，舊驗物力差當，公預令定奪相次，明以公文告示，比至，其人已自承認交替，不復更至庭下。每歲夏絹，凡丈尺小户，舊例合併全疋，輸納隨材，首目皆自斂掠。公止令依市價積算和買，使併起納，盡革舊弊。縣城摧壞，官計工修築，公戒董役者曰："慎毋圻廬舍，壞冢墓。若廬舍有礙，當隨地築之；冢墓頹壞，當以己俸完之。二者既安，吾心亦安矣。其有不成葬穴，無主暴露枯骨，當遣使厚葬之。"有碑曰"叢冢"，邑人春冬祀之。葬畢，是夜夢衆人來謝，内一人稍前云嗟哉，莫雲之弗及。既寤，遣人搜求，又得千餘副，復夢來謝。公年歷四十，得數子不育。一日夜夢異人，衣冠偉然，告曰："今此非爾子，後丑年庚月丁日所生，則真爾子矣，當名'元措'。"公儉於奉己，厚於賓客，周惠困窮，不問家之有無。娶泗水孫氏，□宋副樞孫□之孫，後贈魯郡太夫人。又娶泗水侯氏。二子，長即元措，今襲封衍聖公；次元紘，業進士。後封魯郡太夫人。女一人，適兗州宣武韓昺。公享年五十三，終奉直大夫，以子貴，贈正奉大夫。嗚呼！孔子之澤，及於無窮，國家褒崇之恩，方自此始。又豈止五十傳哉。

翰林學士承旨、嘉議大夫、知制誥兼同修國史、上護軍、馮翊君開國侯、食邑一千戶、食實封一伯戶致仕党懷英撰書丹，并篆額。

中奉大夫、同知集賢院事兼翰林修撰、同知制誥史公奕補亡。

大蒙古國領中書省耶律楚材奏准，皇帝聖旨於南京特取襲封孔元措令赴闕里奉祀，來時不能挈負《祖庭廣記》印板，今謹增補校正，重開以廣其傳。壬寅年五月望日。門生曹國王恕重校，門生冀州伊莘重校。

列傳第五十三

二十一

　　卷一一五《聶天驥傳》云："哀宗遷歸德，天驥留汴中。崔立變，天驥被創甚，臥一十餘日，其女舜英謁醫救療，天驥嘆曰：'吾幸得死，兒女曹乃爲謁醫，尚欲我活耶。'竟鬱鬱以死。"（第8冊第2531頁）原點校本第十六條校勘記（第2535頁）指出：

　　　　臥一十餘日。"一"疑是"二"字之誤。

原點校者僅憑藉臆測,其實未提供任何依據。

關於聶天驥(元吉)死事,劉祁《歸潛志》卷五聶左司天驥條亦有記載説:"天興改元,末帝東遷,留二執政居守,元吉與焉。崔立之變,二執政死,元吉亦被創甚,歸卧于家,旬日不食,卒。"[1]初看最後一句"旬日",似乎與《金史·聶天驥傳》"卧一十餘日"相合,不過通過考察本卷《聶天驥傳》史源,可知此説並不成立。按《金史·聶天驥傳》取資元好問《聶元吉墓誌銘》,其中記述崔立之變云:"車駕東遷,公在留中。賊殺二相,兵及元吉,卧創二十許日。醫言可治,公誓之以死。死之二日,權厝某所。"[2]由此可見,元朝史官所據最初原文作"卧創二十許日",本卷《聶天驥傳》則改寫爲"卧一十餘日"當誤。

附識

修訂本已删此條校勘記。(第8册第2673頁)

列傳第五十九

二十二

卷一二一《忠義傳一·粘割韓奴》(第8册第2637頁)云:

> 是歲,粘拔恩君長撒里雅、寅特斯率康里部長孛古及户三萬餘求内附,乞納前大石所降牌印,受朝廷牌印。詔西南招討

---

[1]　劉祁《歸潛志》卷五聶天驥條,崔文印點校,第49頁。

[2]　元好問《遺山先生文集》卷二一《聶元吉墓誌銘》,姚奠中主編、李正民增訂《元好問全集(增訂本)》,上册,第491頁。

　　司遣人慰問，且觀其意。

本卷粘拔恩君長之名，修訂本標點作"撒里雅寅特斯"，則認爲是一人（第2781頁）。根據本卷《忠義傳》序言云："聖元詔修《遼》、《金》、《宋史》，史臣議凡例，凡前代之忠於所事者請書之無諱，朝廷從之。"今檢《三史凡例》有云："金、宋死節之臣，皆合立傳，不須避忌。"①由此可見，本書四卷《忠義傳》爲至正修史時新創，諸列傳史料來源渠道各式各樣，這篇《忠義傳一·粘割韓奴》應取資《世宗實錄》。

　　按《金史》卷七《世宗紀中》大定十五年七月丙午云："粘拔恩與所部康里孛古等內附。"②知《忠義傳一·粘割韓奴》言"是歲"即大定十五年，隨後禿里余睹、通事阿魯帶至粘拔恩部招降，"還奏，并奏韓奴事。世宗嘉韓奴忠節，贈昭毅大將軍，召其子永和縣商酒都監詳古、汝州巡檢婁室諭之曰：'汝父奉使萬里，不辱君命，能盡死節，朕甚閔之。'以詳古爲尚輦局直長，遷武義將軍，婁室爲武器署直長。"（第2638頁）今考本書《世宗紀中》大定十六年十一月甲子條云："以粘割韓奴之子詳古爲尚輦局直長，婁室爲武器直長。初，韓奴被旨招契丹大石，後不知所終，至是因粘拔恩部長撒里雅寅特斯等來，詢知其死節之詳，故録其後。"③根據《忠義傳一·粘割韓奴》和《世宗紀》內容高度契合，可知粘割韓奴事迹附麗於《世宗實錄》，兩者具有共同出處。今本《世宗紀中》作"粘拔恩部長撒里雅寅特斯"，而修訂本則改作"粘拔恩部長撒里雅、寅特斯"（第1冊第183頁）。論者已指出原點校本對粘拔恩部長的名字理解存

①　修訂本《遼史》附録《三史凡例》，第5冊，第1717頁。
②　《金史》卷七《世宗紀中》，第1冊，第163頁。
③　《金史》卷七《世宗紀中》，第1冊，第165頁。

有歧異，其中必有一誤，但未作判斷。① 修訂本仍未統一，而且與原
點校本意見正好相反。對於同一史源所見"粘拔恩部長撒里雅寅
特斯"，我認爲應該爲兩人。理由如下：

按本書《世宗紀中》大定十六年十一月甲子條有云："因粘拔恩
部長撒里雅寅特斯等來"，或可認爲"等"蓋指多人，但並不是一條
有力證據。最爲重要的一條線索，是本卷《忠義傳一·粘割韓奴》
"禿里余睹、通事阿魯帶至其國見撒里雅，具言願歸朝廷"云云，此
謂"撒里雅"，那麼"寅特斯"顯然是另外一人。由於史料太少，以上
論述，姑備參考，不過筆者揭示《世宗紀》和《忠義傳一·粘割韓奴》
所載粘拔恩部長内附事同源於《世宗實錄》當無任何疑問，無論是
理解爲一人還是二人，至少人名標點必須統一。

列傳第六十四

二十三

據卷一二六《文藝傳下·王庭筠》敘述庭筠子嗣情況（第 8 册
第 2732 頁）云：

> 子曼慶，亦能詩并書，仕至行省右司郎中，自號"澹游"云。

後來至正二十五年（1365）夏文彦編撰《圖繪寶鑑》收錄金源時期畫
家："王曼慶，字禧伯，號澹游。"其上王庭筠小傳亦稱"曼慶，子"。②
王曼慶以文藝而著名，明清時期編纂的各類書畫文獻多著録其履

① 鄧進榮《中華書局點校本〈金史〉獻疑數則》，《西部蒙古論壇》2017 年第 1 期。
② 夏文彦編《圖繪寶鑑》卷四《金朝》，第 26 頁 a。

歷及作品，例如，顧復《平生壯觀》收録"《寒歲三友圖》，宋紙中卷"，稱作者"王曼慶，字禧伯，號澹游"。① 上述所謂"曼慶"者，由於源自元朝官修《金史》，向來被視爲權威的記載，然而根據筆者考證卻是錯誤的。

　　探究《文藝傳下·王庭筠》所附曼慶事迹之史源，我們發現元好問《中州集·黃華王先生庭筠》有謂"子萬慶，字禧伯，詩筆、字畫俱有父風，仕爲行尚書省左右司郎中"。② 由此可見，《金史》曼慶附傳蓋據《中州集》王庭筠小傳成文，然後者原文卻寫作"萬慶"。康熙時期，郭元釪編纂《全金詩》注意到王氏名諱歧異問題，增補王萬慶小傳云："萬慶，字禧伯，史作'曼慶'。"③金毓黻大力蒐集王庭筠文章，輯佚成書《黃華集》，其中卷七《雜記》作《王曼慶傳》，該書卷五《紀事》則稱"王萬慶"。④ 意謂曼慶別名萬慶。劉曉《〈全元文〉整理質疑》亦做上述判斷，稱"王萬慶，一名曼慶"。⑤ 不過有賴根據論者提供的諸條線索，我們能夠判斷兩者孰是孰非。

　　筆者發現，元好問撰《王黃華墓碑》有一條非常關鍵的線索：

　　　　夫人張氏，亦太師女孫。子男三人：萬安、萬孫、萬吉，皆
　　　　蚤卒。……公既無子，以弟庭揆之次子萬慶爲之後，以蔭補
　　　　官，至行尚書省左右司郎中。文章字畫，能世其家。

此外有云："癸丑夏六月，某客燕中，萬慶爲言：'先公之歿，五十餘

① 顧復撰《平生壯觀》卷八，林虞生點校，上海古籍出版社，2011年，第301頁。
② 元好問《中州集》卷三《黃華王先生庭筠》，蕭和陶點校，上册，第183頁。
③ 郭元釪編《御訂全金詩增補中州集》卷五一，康熙五十年刻本，第8頁a。
④ 金毓黻編《遼海叢書》，第3册，第1845頁下欄、第1836頁下欄。
⑤ 劉曉《〈全元文〉整理質疑》，《文獻》2002年第1期。

年矣。"①《王黄華墓碑》敘事較《金史・文藝傳下・王庭筠》及《黄
華王先生庭筠》詳細很多。經過一番核對，確認元修《文藝傳下・
王庭筠》絕大部分内容根據該碑文寫成，②從中亦知庭筠與萬慶實
爲伯侄關係。③　根據《中州集》王遵古小傳記載説：

> 遵古，字元仲。父政，金吾衞上將軍，三子，遵仁、遵義，元
> 仲其季也。元仲四子，庭玉字子温，内鄉令，終於同知遼州軍
> 州事。庭堅字子貞，有時名。庭筠字子端，庭揆字子文。④

從王氏家族祖輩"遵"字和父輩"庭"字可以看出，該家族排行派字
嚴格規範，王庭筠子名萬安、萬孫、萬吉，皆爲"萬"字輩，庭揆子取
名"萬慶"正好符合這種意旨。⑤

我們可進一步坐實上述結論，並且能稽考王萬慶相關事迹。⑥

首先，大典本《雙溪醉隱集》跋文作者署名"王萬慶"。另外，檢
討該文集卷五有《答王澹游冬日二色桃花詩》及卷六有《春日懷王
澹游禧伯》。⑦　兩首詩題中的"禧伯"、"澹游"分别爲萬慶的字和
號，足見他與耶律鑄關係密切，上述文集跋文作者亦即此人。

其次，憲宗五年(1255)《大蒙古國燕京大慶壽寺西堂海雲大禪

① 元好問《遺山先生文集》卷一六《王黄華墓碑》，姚奠中主編、李正民增訂《元好問全
集(增訂本)》，上册，第394、395頁。
② 參見邱靖嘉《〈金史〉纂修考》，第216頁。
③ 參見金毓黻輯《黄華集》卷八《年譜》，《遼海叢書》，第3册，第1856頁上欄。
④ 元好問《中州集》卷八《王内翰遵古》，蕭和陶點校，下册，第504頁。
⑤ 參見談晟廣《蘇軾體系墨竹傳派——王庭筠研究》，談晟廣《畫人畫詮》，第77頁。
⑥ 金毓黻編《黄華集》卷四《家集》輯録有王萬慶詩文，可資參考。《遼海叢書》，第3
册，第1832頁。另參閻海《金毓黻對王萬慶資料的收集與研究》，《渤海大學學報
(哲學社會科學版)》2017年第6期。
⑦ 耶律鑄《雙溪醉隱集》，臺灣商務印書館影印《文淵閣四庫全書》本，集部第1199册，
第463頁下欄、第475頁下欄、第491頁下欄。

師碑》作者："燕京編修所次二官黃華後人熊岳王萬慶撰。"①今考《元史·太宗紀》太宗八年（1236）六月條云："耶律楚材請立編修所於燕京，經籍所於平陽，編集經史，召儒士梁陟充長官，以王萬慶、趙著副之。"②據此，"燕京編修所次二官"亦即該機構的副貳。可見元朝文獻及石刻皆名"王萬慶"。

第三，《元一統志》大都路山川覺山條引《中都覺山清泠湇至泉記》，作者題名曰"翰林脩撰同知制誥黃華王庭筠子萬慶撰"。③ 這是一條最爲直接的材料，稱"萬慶"。

第四，美國弗利爾美術館今藏李山《風雪杉松圖》（編號F1961.34，縱29.7釐米，橫79.2釐米），其中有一則跋文云："癸卯六月廿有二日，萬慶謹書。"④（見下圖二十二）癸卯即公元1243年。此外，乾隆官修《石渠寶笈》著錄唐柳公權《書蘭亭詩并後序》一卷，有云"歲壬戌夏四月六日，澹游老人王萬慶題於潛玉堂"。⑤ 壬戌即公元1262年。通過這兩件法書題跋中亦可證明王氏之名諱。

第五，前引本卷《文藝傳下·王庭筠》曼慶"仕至行省右司郎中"，元好問撰《王黃華墓碑》、《黃華王先生庭筠》敘述此人官職亦同。檢討《金史·完顏賽不傳》謂天興二年七月："復詔行尚書省事於徐州。既至，以州乏糧，遣郎中王萬慶會徐、宿、靈璧兵取源州，令元帥郭恩統之。"⑥據此判斷，上文所言"行省"蓋即徐州行尚書

① 孫勐編著《北京佛教石刻》，第142頁。
② 《元史》卷二《太宗紀》，第1冊，第34頁。
③ 孛蘭肹等撰《元一統志》卷一，趙萬里校輯，中華書局，1966年，第13頁。
④ 美國弗利爾美術館收藏，典藏號F1961.34a-c；https://www.freersackler.si.edu/object/F1961.34a-c/#object-content，2018年11月5日訪問。
⑤ 張照等編撰《石渠寶笈》卷一三《貯·養心殿四》，上海古籍出版社，1991年，第1冊，第348頁。
⑥ 《金史》卷一一三《完顏賽不傳》，第7冊，第2483頁。

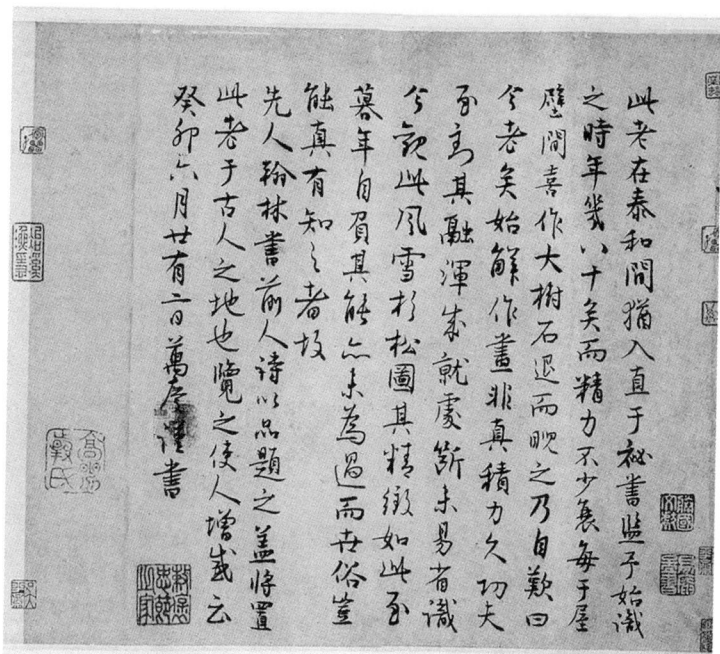

圖二十二

李山《風雪杉松圖》(局部)

省，其名字在《完顏賽不傳》中亦寫作“萬慶”。

　　附帶討論一下王萬慶與其別號同名作品《澹游集》之關係。薛瑞兆《金代藝文敘錄》稽考王萬慶之履歷，稱此人著作有《澹游集》，理由如下：“明楊士奇等《文淵閣書目》卷一〇、明葉盛《菉竹堂書目》卷四《詩詞集》均著錄‘一冊’。”又《金代藝文新編》集部據此列入“《澹游集》，王萬慶撰”。① 不過，至少肯定金元文獻多讚許王萬慶的書畫技藝及相關法帖，並未提及曾有詩文結集，筆者由此對上

① 薛瑞兆《金代藝文敘錄》，中華書局，2014 年，下冊，第 790—791、1522 頁。

述結論産生懷疑。

今覆核《文淵閣書目》,同類書籍基本按創作年代排序,收録詩詞集如下:"劉容窗《太史集》一部一册闕、《張孟兼詩》一部一册闕、《關隴行稿》一部一册闕、《澹游集》一部一册闕、孟伯真《漫遊集》一部二册闕。"①由此可見,這部《澹游集》前後所列詩文集皆爲元末明初作品,然而王萬慶卻是金末元初人,即便有文集傳世,也不當著録於這個位置。值得注意的是,元末明初,釋來復著有《澹游集》,輯録元人及本人詩作,至正二十四年劉仁本序云:"第觀諸作,皆情趣高遠,辭氣清朗,如大羹玄酒、醍醐甘露,雋永存焉,奚以'澹'云? 上人曰:"《傳》言君子之交澹於水,則斯集名之'澹游'亦宜。"②這篇序文解釋該文集採用"澹游"之緣由。從成書時間、書目編排序次及收録詩詞判斷,《文淵閣書目》著録《澹游集》作者實際爲釋來復,絶非王澹游(萬慶)。

綜上所述,金元時期各類文獻均證明"萬慶"爲是,本卷《文藝傳下·王庭筠》曼慶附傳取資《中州集》王庭筠小傳,其源出於元好問撰《王黄華墓碑》,由於"萬"字形相近或讀音相同"曼",元朝史官遂妄下雌黄寫作"曼慶"。

附識

修訂本新校第四條:子曼慶亦能詩并書仕至行省右司郎中。

按,《遺山先生文集》卷一六《王黄華墓碑》,"公既無子,以弟庭淡之次子萬慶爲之後,以蔭補官,至行尚書省左右司郎中"。"子"作"弟次子","曼慶"作"萬慶","右司郎中"作"左右司

---

① 楊士奇《文淵閣書目》卷一〇《詩詞》月字號第二厨書目,《國學基本叢書》,商務印書館,1937 年,第 133 頁。

② 釋來復《澹游集》卷首,國家圖書館藏清鈔本(善本書號 03629),第 3 頁 a。

郎中”，皆與此異。（第 8 册第 2894 頁）

列傳第七十一

二十四

卷一三三《叛臣傳・移剌窩斡》（第 8 册第 2856 頁）謂：

> 詔居庸關、古北口譏察契丹姦細，捕獲者加官賞。萬户温迪罕阿魯帶以兵四千屯古北口，薊州、石門關等處各以五百人守之。

修訂本標點相同（第 3014 頁）。該文“薊州”、“石門關”中間斷開，將其視作兩地，與古北口一樣，均係屯兵駐守。

　　據《金史》卷六《世宗紀上》大定二年六月條記載説：“戊寅，詔居庸關、古北口譏察契丹姦細，捕獲者加官賞。己卯，詔守禦古北口及石門關。”①本卷《叛臣傳・移剌窩斡》與此亦正相合，己卯條止稱守禦古北口和石門關，恐非遺漏“薊州”，不過省稱而已，亦即石門關隸屬薊州。本書卷二四《地理志》中都路薊州遵化縣條云：“遼景州清安軍。鎮一石門。”②從石門鎮一名推測，石門關應該位於此地。明朝官修《大明一統志・順天府》古蹟條云：“石門，在遵化縣西北，山峽嶄絶壁立，其中洞開，俗呼爲石門口。”③足可見這是一處形勢險要、扼守關津之地。

　　綜上分析，本卷《叛臣傳・移剌窩斡》應標點作“薊州石門關等處各以五百人守之”。

---

① 《金史》卷六《世宗紀上》，第 1 册，第 128 頁。
② 《金史》卷二四《地理志上》，第 2 册，第 574 頁。
③ 《大明一統志》卷一《順天府》，天順五年（1461）刻本，第 30 頁 a。

第六章　結語：《金史》史源、纂修及校勘問題的檢討與反思

　　本章提要：本文以源與流的二分視角，通過典型案例討論正史文本生成過程，指出《金史》諸表、志、傳絶不是一個孤立的個體，據此鉤沉出文獻傳承的脈絡。我們重新審查元朝史官的纂修工作，可以進一步整合出多條線索，從而深入瞭解《金史》成書過程中的諸多細節。本章最後一部分，是對《金史》校勘現狀的批判與總結，並檢討其得失，主要從文獻源流、層次、系統諸層面進行討論。實踐證明，將探索史源和編纂思路作爲首要前提，有助於我們拿捏好文獻校勘的尺度和標準，真正揭示問題的癥結所在。總之，只有牢固樹立史源意識，才能够對這部書徹底有一番整體性的認知。

　　《金史》是我們探索金源一朝歷史問題最核心、最權威的史書，關於其文獻學研究則構成整個金史領域的根基與前提，一方面是從事《金史》校勘與整理，自錢大昕《廿二史考異》始，到施國祁《金史詳校》是爲集大成之作，後來有中華書局點校本和修訂本問世，無疑代表着當今金代文獻整理的最高水平。另一方面針對《金史》編纂及史源諸問題相繼展開討論，陳學霖《〈金史〉的纂修

及其史源》、①王明蓀《金修國史及金史源流》、②曾震宇《〈金史〉的史料來源》、③邱靖嘉《〈金史〉纂修考》都是重要成果。④ 這兩類研究並非孤立自成一體,而應是緊密結合、相輔相成的,正如邱靖嘉指出,"欲探明《金史》之史源,理應對包括紀、志、表、傳在內的各卷内容逐條逐句地查找相關文獻記載,仔細比較分析,深入研究,最終才能充分認識《金史》各卷及全書的史源狀況"。⑤ 要之,我們要開啟顯微鏡模式剖析《金史》文本及其來源,此乃正史史源研究的必經之途,同時立足於史源學的整體視野,這必然有助於《金史》點校質量的巨幅提升。本文以源與流的二分視角討論《金史》編纂思路、文獻傳承脈絡乃至文本生成過程,同時以該書所涉校勘問題作爲解析對象,探討這條技術路線在正史研究中的意義。

一、正史文本探源中的"源流"概念

"正史"乃是史源學實踐的絕佳試驗標本。就《金史》一書學術現狀而言,其文獻學研究的核心目標就是文本探源,釐清各卷内在關聯及外部取材渠道,可惜通過校勘記揆度,原點校本和修訂本對整部書的編纂細節和史源認識相當模糊,並且也對既有研究成果消化不足,自然難以與點校工作有效配合起來。不過這種現狀反倒給後來學者提供一個拓展議題的空間。

論及至正初年纂修《金史》之取材範圍,據蘇天爵《三史質疑》

---

① Chan Hok-Lam(陳學霖),"The Compilation and Sources of the Chin-Shih", *Journal of Oriental Studies*, VOL. VI, 1961–1964, Numbers, 1 and 2.

② 王明蓀《金修國史及金史源流》,《書目季刊》第22卷1期,1988年6月。

③ 曾震宇《〈大金國志〉研究》,香港大學碩士論文,2002年7月,第774—796頁。

④ 邱靖嘉《〈金史〉纂修考》,中華書局,2017年。

⑤ 邱靖嘉《〈金史〉校注示例》,氏著《〈金史〉纂修考》,第267頁。

指出,"國亡之後,元好問述《壬辰雜編》,楊奐《天興近鑑》,王鶚
《汝南遺事》,亦足補義宗一朝之事"。① 後來《金史》編纂者稱元好
問"今所傳者有《中州集》及《壬辰雜編》若干卷。年六十八卒。纂
修《金史》,多本其所著云";③劉祁"值金末喪亂,作《歸潛志》以紀
金事,修《金史》多採用焉"。③ 具體落實到《金史》内容中,全書明
確標注來源者,最多只有《天興近鑑》、《士民須知》及《泰和令》若
干種書。由於以上諸書大多亡佚,故《金史》探源的常規做法,是從
現存傳世文獻中核查該書諸卷相關篇目,尤其在今天數據庫檢索
極大便利的條件下,這條線索逐漸被揭示出來,變得越來越清晰。
綜合相關研究,在傳世文獻中,元好問《中州集》和《遺山先生文
集》、④劉祁《歸潛志》、⑤王鶚《汝南遺事》都是《金史》金末人物列
傳的重要取材對象。⑥ 又《金史》禮樂四志共計十六卷,今存《大金
集禮》保留着一手材料。⑦ 這種史源探索方式是從現存文獻中查證
《金史》的材料來源,重點考察的是,從原始文獻到正史傳抄過程中
的文本信息變異情況,辨析由此造成的史實失真。實現上述目的,
須落實到真正的文本閱讀,在這裏試舉三例。

　　例一,據《大金集禮·帝號下》大定七年册禮條"奏定行禮節

---

① 蘇天爵《滋溪文稿》卷二五《三史質疑》,第 422 頁。

② 《金史》卷一二六《文藝傳下·元好問》,第 8 册,第 2743 頁。

③ 《金史》卷一二六《文藝傳下·劉祁》,第 8 册,第 2734 頁。

④ 參見張博泉、程妮娜、武玉環《〈中州集〉與〈金史〉》,陳述主編《遼金史論集》第 3
輯,書目文獻出版社,1987 年,第 261—278 頁。王明蓀《金修國史及金史源流》,《書
目季刊》第 22 卷 1 期,1988 年 6 月。程妮娜《〈遺山文集〉與史學》,《史學集刊》
1992 年第 2 期。

⑤ 陳學霖《劉祁〈歸潛志〉與〈金史〉》,原刊《大陸雜誌》第 25 卷第 8 期,收入氏著《金
宋史論叢》,香港中文大學出版社,2003 年,第 253—271 頁。

⑥ 參見邱靖嘉《〈金史〉列傳史源蠡測表》,氏著《〈金史〉纂修考》,第 156—224 頁。

⑦ 參見任文彪《〈大金集禮〉研究》,任文彪點校《大金集禮》附錄四,第 545—579 頁。

次"記載:

> 受册前三日,合遣使奏告天地、宗廟。大定十一年儀兼奏告
> 社稷。前二日,諸司停奏刑罰文字。前二日,百官習儀於大安
> 殿庭。兵部帥其屬設黄麾杖於大安殿門之内外。宣徽院帥儀
> 鑾司於前一日設受册寶壇臺於大安殿中間。①

《金史·禮志九·受尊號儀》鈔録上文内容,卻謂"前三日,遣使奏
告天地、宗廟、社稷"。元朝史官顯然把《大金集禮》大定十一年這
段注文當作大定七年册禮内容一併鈔録進《金史》。可知"社稷"二
字衍出,係節録史文失當所致。

　　例二,元好問撰《内相文獻楊公(雲翼)神道碑銘》敘述貞祐四
年戰事云:"西北兵由鄜延内侵,潼關失守,朝議以兵部尚書蒲察阿
里不孫爲副元帥以禦之。公奏阿里不孫言浮于實,必誤大事。不
聽,兵交而敗,卒如所料。"②《金史·楊雲翼傳》鈔録自楊氏神道
碑,卻將"西北兵由鄜延内侵"逕改作"大元及西夏兵入鄜延"。③
經筆者考證,貞祐四年,蒙古兵取道西夏,八月丙子"攻延安",④此
即鄜延路治所,最後攻陷潼關,實則與"西夏兵"無涉。

　　例三,元好問撰《閑閑公墓銘》記述趙秉文履歷云:

> 泰和二年,改户部主事,遷翰林修撰。考滿,留再任。衛
> 紹王大安初,北兵入邊,召公與待制趙資道論邊備。公言:"今
> 大軍聚宣德,宣德城小,列營其外,夏暑雨,器械弛敗,人且病。

① 任文彪點校《大金集禮》卷二《帝號下》,第 24 頁。
② 元好問《遺山先生文集》卷一八《内相文獻楊公神道碑銘》,姚奠中主編、李正民增訂
　《元好問全集(增訂本)》,上册,第 422 頁。
③ 《金史》卷一一○《楊雲翼傳》,第 7 册,第 2422 頁。
④ 《金史》卷一四《宣宗紀上》,第 2 册,第 319 頁。

迫秋敵至,我不利矣。可遣臨潢一軍深入搗其虛,則山西之圍
可解。兵法所謂'出其不意,攻其所必救'者也。"王不能用。
其秋,宣德帥以敗聞。十月,出爲寧邊州刺史。二年,改平定
州。前政苛於用刑,盜賊無大小,皆掊殺之。聞赦將至,先掊
賊死,乃拜赦。而盜愈繁。公爲政,每從寬厚。不旬月,盜賊
屏迹,終任無犯者。歲饑,出俸粟爲豪民倡,以振貧乏,賴以全
活者甚衆。及受代,老幼攀送,戀戀不忍訣。已出郭,復遮留
之再三,乃得去。入爲兵部郎中兼翰林修撰。俄,提點司天
臺。崇慶二年春,太白經天。公上奏:"歲八月,當有人更王之
變。"當國者以爲妖言,置章不通。及期,王出居衛邸,如公言。
俄,轉翰林直學士。[1]

趙秉文於泰和二年(1202)改户部主事,遷翰林修撰,大安元年
(1209)與趙資道討論邊備禦敵之策,十月出任寧邊州刺史,二年改
刺平定州。按,趙秉文《黃河九昭》序文云"大安元年,余出守寧
邊",以及《湧雲樓記》載"大安二年夏四月,余來蒞平定,登城樓而
樂",[2]由此印證《閑閑公墓銘》所載諸事繫年正確。元修《金史》所
設立《趙秉文傳》書作"泰和二年,召爲户部主事,遷翰林修撰。十
月,出爲寧邊州刺史。三年,改平定州",[3]而將大安元年趙秉文議
邊策事單獨移置下文。這樣一來,原來大安年間"寧邊州刺史"和
"改平定州"就變成了泰和初年的仕履,結果導致《金史》敘事失次

[1]　元好問《遺山先生文集》卷一七《閑閑公墓銘》,姚奠中主編、李正民增訂《元好問全
集(增訂本)》,上册,第401—402頁。
[2]　趙秉文《閑閑老人滏水文集》卷一《黃河九昭》,馬振君整理《趙秉文集》,第9頁。
卷一三《湧雲樓記》,第315頁。
[3]　《金史》卷一一〇《趙秉文傳》,第7册,第2426頁。

淆亂。①

　　以上探源方式是一種最爲切實可行的操作手段。總結以上三個案例，從《大金集禮·帝號下》大定七年册禮條到《金史·禮志》衍出"社稷"，《内相文獻楊公神道碑銘》"西北兵"被改爲"大元及西夏兵"，元修《趙秉文傳》改編《閑閑公墓銘》不當造成敘事淆亂，由文本細節變異而導致禮儀制度、軍事事件及人物仕履錯訛。通過這類典型示範，我們提倡抓住源流這條線索，最終的旨趣，並非只是簡單地訂正訛誤，而是要從文獻流傳的過程中摸清《金史》文本形成脈絡。

　　我們需要關注各類文獻進入正史系統的條條路徑，特别是經過史官編纂之後文本信息的訛變，揭示問題之癥結，知其然且有能力解釋其所以然。這種研究理路，一般是以現存同源文獻與《金史》相關文本比較，此乃正史探源的基礎層次。而更爲複雜的難點其實在於，正史文本之"源"早就絶迹，也就是説，可資比勘的祖本文獻亡佚，當前條件下只能看到各支"流"，在這種文獻環境下，我們惟有通過鈎沉諸條線索，釐清流與流之親緣關係，進而實現祖本的構建與還原。在筆者看來，這種正史探源方法才是史源學的魅力所在。

　　做到這點，我們必須把握《金史》的整體文獻構架，最重要一項當數紀、傳、表、志的史源構成情況，及其諸者間的内在同源關係。以往研究《金史》史源時，多是拘泥於元朝史官的説法。謹以志書爲例，據《天文志》序文："金、宋角立，兩國置曆，法有差殊，而日官之選亦有精粗之異。今奉詔作《金史》，於志天文，各因其舊，特以

_____

① 　參見《金史》卷一一〇校勘記四，第 7 册，第 2437 頁。

春秋爲準云。"①又《五行志》謂："金世未能一天下，天文災祥猶有
星野之説，五行休咎見於國内者不得他諉，乃彙其史氏所書，仍前
史法，作《五行志》。"②關於以上兩志的史料取材，由於此係元朝新
創篇什，學者多喜從金朝文獻中尋繹相應專題書目以解釋史源問
題。實際上，經筆者初步檢討，除《地理志》、禮樂四志、《百官志》及
《選舉志》(部分)這類取資專題文獻的規模較大的志書外，《金史》
其餘若干篇章摘編自實録，與諸帝本紀具有同源關係。元朝史官
最初以金源實録爲藍本，經過加工整合，分門別類，將編年體改作
紀傳體，由此分化出不同的支流，即形成"同源文本"。循着從具體
細節到整體史源的思路，下文擬重新檢討《世紀補》、《天文志》、
《宗室表》、《交聘表》及《外國列傳》，希望逐步從個案研究提升到
對《金史》編纂的總體認知。

　　(一)卷一九《世紀補》。元朝史官根據《祖宗實録》編成卷首
《世紀》，與此相對應，又將死後追尊爲帝的徽宗宗峻、睿宗宗堯和
顯宗允恭一併列爲《世紀補》。邱靖嘉認爲，"睿宗、顯宗皆有實録
傳至元代，必當爲元人修史所據。而徽宗宗峻無實録，《世紀補》的
記述甚爲簡略，除世系、追贈謚號等基本信息外，僅有其天輔末襲
遼主、攻西京及擁立太宗之事，估計是從《太祖實録》及《國史》太
宗、熙宗本紀中抄撮零星史料而來的"。③筆者認爲，除《世紀補·
顯宗》源自《顯宗實録》一説成立外，其他兩人事迹的文獻來源説仍
需要仔細斟酌。

　　首先，關於《世紀補·徽宗》的史料來源，我們從《金史·太祖

---

①　《金史》卷二〇《天文志》，第 2 册，第 420 頁。
②　《金史》卷二三《五行志》，第 2 册，第 533 頁。
③　參見邱靖嘉《〈金史〉纂修考》，第 159 頁。

諸子傳》發現一條線索。按該傳篇首簡要概述諸王履歷説：

> 太祖聖穆皇后生景宣帝、豐王烏烈、趙王宗傑。光懿皇后
> 生遼王宗幹。欽憲皇后生宋王宗望、陳王宗雋、瀋王訛魯。宣
> 獻皇后生睿宗、齒王訛魯朵。元妃烏古論氏生梁王宗弼、衞王
> 宗强、蜀王宗敏。崇妃蕭氏生紀王習泥烈、息王寧吉、莒王燕
> 孫。娘子獨奴可生鄆王斡忽。宗幹、宗望、宗弼自有傳。①

今檢太祖諸子有傳者宗雋、宗傑、宗强及宗敏，均在該傳中，其餘宗
幹等三人則分散在其他卷帙中。值得注意的是，該《太祖諸子傳》
最後一篇傳主爲“胙王元，景宣皇帝宗峻子也”。② 根據《三史凡
例》列傳條例規定，“人臣有大功者，雖父子各傳。餘以類相從，或
數人共一傳”。③ 據此體例設置原則，本卷宗强附録其子爽、可喜、
阿璸三人列傳，“胙王元”乃太祖孫而非子，其作爲附傳於該卷中實
際則無所屬，對此現象較爲合理的解釋應該是，《太祖諸子傳》中原
本有《宗峻傳》，元朝史官爲編《世紀補》將這部分内容抽出，結果遺
留下宗峻子元的附傳在此。這裏有兩例旁證：第一，按《世紀補·
徽宗》最後一句話説“子合剌、常勝、查剌。合剌是爲熙宗”，④此文
與卷六九《胙王元附傳》“本名常勝，爲北京留守。弟查剌爲安武軍
節度使”正相呼應，⑤恰好透漏兩者本爲一整體相銜接。第二，論者
認爲《世紀補·徽宗》抄撮零星史料而成。我們若將宗峻與卷六九
宗雋、宗傑、宗强三人列傳比較，不難發現諸者風格一致，篇幅簡
短，大略敘述封王、歷官及征遼事迹，從這點亦能佐證原書存在獨

---

① 《金史》卷六九《太祖諸子傳》，第 5 册，第 1603 頁。
② 《金史》卷六九《太祖諸子傳》，第 5 册，第 1609 頁。
③ 修訂本《遼史》附録《三史凡例》，第 5 册，第 1717 頁。
④ 《金史》卷一九《世紀補·徽宗》，第 2 册，第 407 頁。
⑤ 《金史》卷六九《太祖諸子傳》，第 5 册，第 1609 頁。

立的《宗峻傳》即出自《太祖諸子傳》的結論。

　　其次，《世紀補・睿宗》謂："初諱宗輔，本諱訛里朵。"①上引
《金史・太祖諸子傳》稱此人"宣獻皇后生睿宗、幽王訛魯朵"，我們
儘管無法論證宗輔是否同樣出自《太祖諸子傳》，或者像宗幹等"自
有傳"，但卻可以質疑其來自《睿宗實錄》的可能性不大。通觀整篇
《世紀補》所敍睿宗事迹，整體敍事風格更似列傳體裁，顯然與實錄
諸條史料繫年具體到月日的編纂體例大不相符。從細節分析，《世
紀補・睿宗》宗輔主體内容僅天輔六年、天會五年、十一月、六年正
月、二月五條有明確時間，檢今本《太祖紀》天輔六年十二月甲
午、②《太宗紀》天會五年八月丙戌、十二月丙寅、六年正月甲寅、十
月庚辰、十二月丁卯、八年九月癸亥逐條繫宗輔事。③ 與根據實錄
改編成的本紀對照一看，《世紀補・睿宗》總體框架以敍事爲主線，
不拘時間細節，明顯屬於列傳體例。

　　不過有一大反證，即《金史・世宗紀》大定十一年十月丙寅
條分明有"尚書左丞相紇石烈良弼進《睿宗實錄》"的記載，④《紇
石烈良弼傳》亦可證明。⑤ 並且蘇天爵《三史質疑》稱《睿宗實
錄》十卷。⑥ 對於上述情況需要斟酌反思的是，蘇天爵是否親見過
這部《睿宗實錄》，抑或此書爲翰林國史院實藏？ 甚至説，元修《金
史》利用與否？ 以上皆成疑問。至少從今本《世紀補・睿宗》體裁
及内容上絲毫看不出脱胎於十卷本《睿宗實錄》的痕迹，與此形成

---

① 《金史》卷一九《世紀補・睿宗》，第 2 册，第 408 頁。
② 《金史》卷二《太祖紀》，第 1 册，第 39 頁。
③ 《金史》卷三《太宗紀》，第 1 册，第 57—62 頁。
④ 《金史》卷六《世宗紀上》，第 1 册，第 150 頁。
⑤ 《金史》卷八八《紇石烈良弼傳》，第 6 册，第 1953 頁。
⑥ 蘇天爵《滋溪文稿》卷二五《三史質疑》，陳高華、孟繁清點校，第 422 頁。參見邱靖
　　嘉《〈金史〉纂修考》，第 34—35 頁。

鮮明對比的則是，同卷下文"顯宗"內容確實改編自地地道道的實錄。按《世紀補·顯宗》全篇以事繫日，史料逐條編年，據筆者粗略統計，大定二年五月壬寅、六年十月甲申、七年七月己未、八年正月庚辰、九年九月甲寅、十一年十一月丁亥、十二年五月壬子、十四年四月乙亥、十九年十一月壬戌、二十二年四月乙卯、二十四年三月丙申、二十四年五月己丑、二十五年六月庚申、庚午、戊寅、七月戊申、九月己酉、二十六年十一月庚申等十八條並見於今本《世宗紀》和《世紀補·顯宗》，其餘諸條紀事爲《世紀補·顯宗》所獨有，此外《世宗紀》大定三年五月乙未、己亥、四年六月己巳、七年十月辛酉、十一年十一月戊寅、十四年四月戊辰、十六年三月戊午七條記皇太子則不載《世紀補·顯宗》，這説明今本《世紀補·顯宗》和《世宗紀》分別有兩個不同的文獻來源渠道，亦即《顯宗實錄》、《世宗實錄》。

　　然而《金史》對上述兩部實錄記載卻成懸疑，按《章宗紀二》明昌四年（1193）八月辛亥云："國史院進《世宗實錄》，上服袍帶，御仁政殿，降座，立受之"。① 然而《章宗紀三》泰和三年十月庚申復見："尚書左丞完顏匡等進《世宗實錄》。"該卷校勘記指出，"此又重見，故錢大昕《元史·藝文志》、施國祁皆以完顏匡所進爲《顯宗實錄》。"②邱靖嘉駁斥此説，認爲編修《世宗實錄》工作任務非常繁重，耗時較長，泰和三年進呈者應爲《世宗實錄》。③《顯宗實錄》確實存在無疑，它與《世宗實錄》編成時間次序，筆者從《世紀補·顯宗》和《世宗紀》文本比較中注意到這樣一條信息：

① 《金史》卷一〇《章宗紀二》，第 1 冊，第 230 頁。
② 《金史》卷一一《章宗紀三》，第 1 冊，第 261、265 頁。
③ 邱靖嘉《〈金史〉纂修考》，第 43—44 頁。

　　《世紀補·顯宗》:大定十九年十一月,"改葬明德皇后于
坤厚陵,帝徒行輓靈車,遇大風雪,左右進雨具,帝却之,比至
頓所,衣盡霑濕,觀者無不下淚"。

　　　卷七《世宗紀中》大定十九年十一月壬戌,"改葬昭德皇
后,大赦"。

兩者所載同爲一事,但是皇后烏林答氏的謚號則存有分歧。據《金
史·后妃傳·世宗昭德皇后》記載:"章宗時,有司奏太祖謚有'昭
德'字,改謚明德皇后。"①再檢《世紀補·顯宗》還有"母曰明德皇
后烏林答氏"、帝曰"陛下以明德皇后之故未嘗見責"、"葬明德皇后
于坤厚陵,諸妃皆祔"三條,可見全篇皆稱用諱改謚號,從而説明
《顯宗實録》修成於章宗頒布"改謚明德皇后"之後,蓋因《世宗實
録》進呈於此前,則採用原來謚號"昭德"。據此可推測兩者成書時
間的先後關係。②

　　(二)卷二〇《天文志》。③此係元朝史官新修篇帙,關於其資
料來源,四庫館臣根據《玉堂嘉話》引王鶚"太史張中順,金一代天
變皆有紀録"一語指出,"《金史·天文志》出於太史張中順"。④ 邱
靖嘉亦推測,今本《金史》天文、五行二志應有比較系統的史料來
源,那就是太史張中順對於金代天變災異的詳細記録。⑤ 筆者經過
系統檢討《天文志》諸條天象記録,認爲以上説法難以成立。按《天

① 《金史》卷六四《后妃傳下》,第 5 册,第 1522 頁。
② 據孫建權考證,章宗爲避諱父親"允恭"的"允"字嫌名,將"少尹"改作"治中",應在
　泰和元年七月至二年四月之際,而《世宗紀》中仍見"尹"字,故推定其所據《世宗實
　録》成書必早於泰和前,是在明昌四年八月。(孫建權《試析金代"治中"出現之原
　因——兼論金朝對"尹"字的避諱》,《中華文史論叢》2015 年第 3 期)
③ 《金史》卷二〇《天文志》,第 2 册,第 419—435 頁。
④ 《四庫全書總目》卷一二二子部三十二雜家類六《玉堂嘉話》,上册,第 1051 頁中欄。
⑤ 邱靖嘉《〈金史〉纂修考》,第 163—165 頁。

文志》分爲"日薄食煇珥雲氣"和"月五星凌犯及星變"兩篇,其中上篇"日薄食煇珥雲氣"共有90餘條,該篇與今本諸帝本紀比對的結果是,只有21條未找到相應記載,由此揭示兩者可能具有一個同源祖本。最能説明問題的,當數下篇"月五星凌犯及星變"。今本《金史》帝紀從太宗至衛紹王近80餘條天象主要以記録"太白"爲主,同樣與下篇一一相合,然而鮮有五星凌犯及星變紀事,但這並不意味着金朝實録中無此類記録。今檢《宣宗紀》有貞祐二年十一月辛巳、三年七月庚申、戊寅、四年十一月丙戌、興定元年九月癸巳、十一月癸未、二年十月癸亥、三年八月丁卯、戊辰、四年三月甲寅、十一月壬辰、五年九月庚戌、六年三月丙寅、元光二年八月乙亥、正大元年四月癸酉、天興元年七月乙巳十六條五星天象記録,《天文志》亦與此吻合。以上對比數據,初步證明《天文志》應是直接從金朝實録中逐條摘録的。①

證據一,根據今本《金史》闕文這條線索探索《天文志》與《世宗紀》同源。按《天文志·月五星凌犯及星變》記述:

> (大定)二十一年二月戊子,月犯鎮星。戊戌,太白晝見。三月甲子,太白晝見。四月壬申,熒惑掩斗魁第二星,十有四日。六月甲戌,客星見于華蓋,凡百五十有六日滅。七月乙亥朔,熒惑順入斗魁中,五日。以下史闕。二十二年五月甲申,太白晝見,六十有四日伏。

今檢《世宗紀下》大定二十一年二月戊戌"太白晝見",三月甲子"太白晝見",二十二年五月甲申"太白晝見",②《天文志》與此三條

①　曾震宇《〈大金國志〉研究》,第784頁。
②　《金史》卷八《世宗紀下》,第1册,第179—182頁。

記錄契合。"以下史闕"四字非常關鍵,①據此再核查《世宗紀下》,
該卷闕大定二十一年九月至十二月以及二十二年正月、二月共計
五個月紀事,而在《天文志》中正好就沒有從大定二十一年八月至
次年三月的天象記載,足可見兩者缺載情況高度一致。循這一思
路,再檢《天文志·月五星凌犯及星變》謂:

> 十四年三月辛丑,太白歲星晝見,十有八日伏;丙辰,二星
> 經天,凡二日。六月己未,太白晝見,三十有九日;八月己卯,
> 晝見,又百三十二日乃伏。庚辰,熒惑犯積尸氣。十月丙寅,
> 歲星晝見,六日。(十五年)十一月甲子,太白晝見,八十有六
> 日伏。十二月乙丑,月掩井西扇北第一星。十六年三月庚申,
> 月食。

按《世宗紀中》大定十五年十一月甲子云:"太白晝見。"據此,原點
校本於"十一月甲子"條上補"十五年"。《天文志》脫掉該紀年的
原因,絕不能簡單地歸咎於史官鈔錄之疏忽。筆者注意到,《世宗
紀中》"十五年正月"下有小注云"此下闕",即此條至七月丙午條
共有六個月的闕文,②換而言之,"十五年正月此下闕"當係元朝史

---

① 邱靖嘉《〈金史〉纂修考》解釋説:"張居中所掌握的這些史料,從金初直到金末天興
年間皆有記錄,其來源有的可能摘自實録、《國史》,有的則是其個人在職期間的觀
測筆録,不過有一處地方張居中或有所闕失。《天文志》載月五星凌犯及星變,於大
定二十一年七月乙亥朔'熒惑順入斗魁中,五日'下有小注曰'以下史闕',諸本皆
同,緊接着下一條是二十二年五月甲申'太白晝見',其實僅缺幾個月的天變記載。
若按元末修三史草率粗疏的行事風格,完全可以直接忽略,不必注明此處有闕,而
今本《金史》卻恰恰在此留下了這條注記,筆者認爲這可能是在張居中最初提供的
資料中原本注明的,後爲史官徑直移録於此。因爲記録天變災異乃是張居中的本
職工作,所以他對於大定二十一年至二十二年間的史料闕佚較爲重視,特意説明,
這也是比較容易理解的。"(第164頁)
② 《金史》卷七《世宗紀中》,第1冊,第162頁。

官的説明文字。由此透漏出《世宗實録》原文已然如此，其内容從大定十四年十二月直接到十五年七月。元朝史官根據實録諸條摘録，由於闕文緣故，便直接從十月丙寅條跳到十一月甲子條，實録並未書"十五年正月"，以致抄進《天文志》時並無該紀年。綜上所見，作爲元朝史官編修工作流程中的兩項細節《天文志》"以下史闕"和《世宗紀中》"此下闕"，上下文條目恰好分別在與其對應的《世宗紀下》、《天文志》中得到印證，兩者如此之高的契合度，證明具有同源關係。①

　　證據二，通過馬貴中事迹分析《天文志》、《五行志》與今本《海陵紀》同源。據《天文志·月五星凌犯及星變》記載説：

　　　　（正隆）五年正月，海陵問司天提點馬貴中曰："朕欲自將伐宋，天道如何?"貴中對曰："去年十月甲戌，熒惑順入太微，至屏星，留退西出。《占書》熒惑常以十月入太微庭，受制出伺無道之國。又去年十二月，太白晝見經天，占爲兵喪，爲不臣，爲更主。又主有兵兵罷，無兵兵起。"

　　　　六年七月乙酉，月食。九月丙申，太白晝見。先是，海陵問司天馬貴中曰："近日天道何如?"貴中曰："前年八月二十九日太白入太微右掖門，九月二日至端門，九日至左掖門出，並歷左右執法。太微爲天子南宮，太白兵將之象，其占：兵入天子之庭。"海陵曰："今將征伐，而兵將出入太微，正其事也。"貴中又言："當端門而出，其占爲受制，歷左右執法爲受事，此當有出使者，或爲兵，或爲賊。"海陵曰："兵興之際，小賊固不能無也。"是歲，海陵南伐，遇弒。

———————————

① 　參見常磊《金代的日食記載與〈金史·天文志〉的史源》（提綱），未刊稿，2019 年 4 月。

正隆五年正月條和六年九月丙申條敘述馬貴中根據天象預知南伐成敗事,與今本《金史·方伎傳·馬貴中》所載內容雷同,①該傳六年二月甲辰朔"日有暈珥戴背",別見於《天文志·日薄食煇珥雲氣》"六年二月甲辰朔,日有暈珥,戴背"。此外,《方伎傳·馬貴中》有謂:"鎮戎軍地震大風,海陵以問,貴中對曰:'伏陰逼陽,所以震也。'又問曰:'當震,大風何也?'對曰:'土失其性則地震,風爲號令,人君命令嚴急則有烈風及物之災'。"此與今本《五行志》正隆五年二月辛未條同。② 據考訂,元修《金史·五行志》無獨立史源,而是以諸帝實錄爲主幹雜鈔諸書而成。③ 具體到"鎮戎軍地震大風"這條,並不是說今本《五行志》源出舊本《方伎傳·馬貴中》,而是表明兩者來自同一種文獻。

綜上所見,《方伎傳·馬貴中》作爲中間文本,其所載天象、地震記錄在此與今本《天文志》、《五行志》構成一種多線索的傳抄網絡,表面看似較爲複雜,實際則是諸者同源於《海陵實錄》。若審視這種編纂思路,元朝史官修史時以實錄爲藍本,根據紀、志、傳不同體例的需要對文本加以摘錄、多番分解,最後諸條支流分散到今本《金史》之中。

(三)卷五九《宗室表》。根據元朝史官序文稱:"貞祐以後,譜牒散失,大概僅存,不可殫悉,今掇其可次第者著于篇。其上無所係、下無所承者,不能盡錄也"。④ 元人編纂《宗室表》,論者幾乎一

---

① 《金史》卷一三一《方伎傳·馬貴中》,第 8 册,第 2813 頁。

② 《金史》卷二三《五行志》,第 2 册,第 536—537 頁。

③ 曾震宇《〈大金國志〉研究》,第 785 頁。楊瑞《〈金史·五行志〉探源——兼論中古以降正史〈五行志〉書寫傳統之轉變》,2019 年 10 月 19 日,未刊稿。

④ 《金史》卷五九《宗室表》,第 5 册,第 1359 頁。

致認爲此據金朝譜牒資料。① 我們逐條核查《宗室表》內容後,即知該序文乃一大陷阱。

不妨先看一下《宗室表》的整體結構,橫向以始祖以下諸帝、太祖、太宗、景宣、熙宗、海陵王、睿宗、世宗、顯宗、章宗、衛紹王及宣宗爲主線,縱向記述他們五世子孫,同時每位皇帝欄後附錄有元朝史官考訂補敍之詞。值得注意的是,今本《金史》卷六五《始祖以下諸子》、卷六九《太祖諸子傳》、卷七六《太宗諸子傳》、卷八〇《熙宗諸子傳》,卷八二《海陵諸子傳》、卷八五《世宗諸子傳》、卷九三《顯宗諸子傳》、《衛紹王諸子傳》及《宣宗諸子傳》,各傳篇首均有總序文概括諸子的母系及官封情況,該《宗室表》主體框架即鈔錄於此,具體世次及子嗣官封則補充以有關列傳內容。今擇要舉證兩個典型案例,足以摸清元朝史官的編纂思路。

《宗室表》世宗子一欄:②

昊 本名斜也。諳班勃極烈、遼王。	宗義 本名孛吉。平章政事。		
	蒲馬 龍虎衛上將軍。		
	孛論出 龍虎衛上將軍。		
	阿魯 龍虎衛上將軍。		

---

① 參見王明蓀《金修國史及金史源流》,《書目季刊》第 22 卷 1 期,1988 年 6 月。李玉君《金代宗室研究》,科學出版社,2016 年,第 46 頁。邱靖嘉《〈金史〉纂修考》,第 176—177 頁。

② 《金史》卷五九《宗室表》,第 5 冊,第 1364—1365 頁。

續表

偎喝　龍虎衛上將軍。			
阿虎里　襲猛安。			

　　據《金史·始祖以下諸子傳》記載説:"世祖翼簡皇后生康宗,次太祖,次魏王斡帶,次太宗,次遼王斜也。次室徒單氏生衛王斡賽,次魯王斡者。次室僕散氏生漢王烏故乃。次室术虎氏生魯王閣母。次室术虎氏生沂王查剌。次室烏古論氏生郱王昂。"①《宗室表》表文依次爲斡帶、杲、斡賽、斡者、烏故乃、閣母、查剌、昂諸王及其子嗣,②與《始祖以下諸子傳》序次及王號亦正相合。具體分析一下第二位"杲",細檢卷七六《杲傳》云:"杲本名斜也,世祖第五子,太祖母弟。收國元年,太宗爲諳班勃極烈,杲爲國論昃勃極烈。……正隆例封遼王。"上表杲"本名斜也。諳班勃極烈、遼王"同此。又據同卷《宗義附傳》云:"宗義本名孛吉,斜也之第九子。天德間,爲平章政事。""斜也有幼子阿虎里,……後封爲王,授世襲千户。大定初,追復宗義官爵,贈特進。弟蒲馬、孛論出、阿魯、隈喝並贈龍虎衛上將軍。"③由此可見,《宗室表》宗義及其弟等人簡歷即取資舊本《宗義附傳》。

　　其實從《宗室表》編纂錯訛中更能洞察清楚其文獻來源渠道。按康宗子謀良虎(宗雄)一欄:

① 　《金史》卷六五《始祖以下諸子傳》,第 5 册,第 1545 頁。
② 　《金史》卷五九《宗室表》,第 5 册,第 1364—1365 頁。
③ 　《金史》卷七六,第 5 册,第 1737、1740、1741 頁。

| 謀良虎 | 余里也 | | 蒲帶　上京路提刑使。 | |
| | 蒲魯虎　襲猛安。 | 桓端　金紫光禄大夫。 | 裊頻 | |

　　檢卷七三《宗雄傳》謂宗雄子蒲魯虎:"初,蒲魯虎襲猛安。蒲魯虎卒,贈金紫光禄大夫,子桓端襲之,官至金吾衛上將軍。桓端卒,子裊頻未襲而死。章宗命宗雄孫蒲帶襲之。"①這句話中的"蒲魯虎卒贈金紫光禄大夫子桓端襲之",《宗室表》編纂者未審上下文義,竟把蒲魯虎死後贈官金紫光禄大夫視作桓端的官職。②

　　無論根據《宗室表》與金朝歷代皇帝諸子傳整體比較結果,還是通過以上兩個範例細節論證,無不證實元朝史官編纂《宗室表》決非引據宗室譜牒,而是從宗室人物列傳中摘録相關條目拼湊成篇,顯然屬於"二手文獻"。

　　(四)卷六〇至六二《交聘表》、卷一三四《外國傳上·西夏》及一三五《外國傳下·高麗》。有學者指出,三卷《交聘表》的史料來源主要應是金實録、《國史》本紀及相關外交檔案;兩卷《外國列傳》蓋主要採録諸帝實録及《國史》本紀的相關記載,並與時修《遼史》《宋史》互有參考。③以上論斷大體正確,但其中參考《遼史》《宋史》的説法難以成立。儘管兩者體例各異且由不同史官分工編成,但是可以將他們內容互相參證,進而與諸帝本紀相發明。將三者整合起來,整體考察,則更有挖掘餘地。通過諸流交錯而探知文本發展脈絡,這對於討論《金史》編纂問題具有典型示範意義。

①　《金史》卷七三《宗雄傳》,第 5 册,第 1681 頁。
②　《金史》卷五九《宗室表》,第 5 册,第 1366、1367、1381 頁。
③　曾震宇《〈大金國志〉研究》,第 791 頁。邱靖嘉《〈金史〉纂修考》,第 178、224 頁。

　　最爲常見者,《交聘表》、《外國傳》與本紀記載互見,僅詳略不一。例如:卷六〇《交聘表上》西夏欄天會二年謂"三月,夏使把里公亮等來上誓表。""閏三月,遣王阿海、楊天吉賜誓詔于夏。"①卷三《太宗紀》天會二年三月辛未云:"夏國王李乾順遣使上誓表。""閏月戊寅朔,賜夏國誓詔。"②以上兩者記述相合,但都相當簡略,按《西夏傳》天會二年謂:"乾順遣把里公亮等來上誓表曰";"太宗使王阿海、楊天吉往賜誓詔曰",這兩條照録誓表詳細内容。③ 以上三者内容同出一源,即《太宗實録》。總體而言,從今本《金史》中,我們利用經過元朝史官剪裁後的三種分流文本,論證其爲同源關係,諸者相參證可進一步窺測祖本原始狀態,而同源文本彼此間的參差則構成問題之關節。

　　綜上討論,金源實録作爲今本《金史》的主體纂修檔案,不僅用來編撰常規的帝紀,上文所見《天文志》、《五行志》及《交聘表》、《外國列傳》同樣對其再利用。此外,實録附載諸列傳則被改編成《世紀補》、《宗室表》等等。諸多證據證明,《金史》諸表、志、傳絶不是一個孤立的個體,它們不僅與今本諸帝本紀互證,而且彼此間也有瓜葛,更多的則構成同源文本。要之,最初文獻藍本,不過是經元朝史官精細拆分後,而分化出多條支流線索,這樣則可總體着眼於文獻總源頭——金朝實録。我們關注點應在於如何發掘"同源文本"及其文獻價值。事實上,由於以往對諸志、諸表,甚至是列傳編纂思路及史源問題認識不到位,結果導致種種誤校。面對史文歧異,我們傳統的校勘思路通常做非此即彼的惟一選擇,或所謂異同校,其實問題真正的解決之道在於,歧異原因的探索與解釋,探索史料編纂的具體情境。總之,從今本《金史》中探尋同源綫索,以源流爲視角討論文本傳承關係,據此重審文獻校勘與編纂問題。因此,以探索史源作爲首要目標,對於我們討論正史文獻編纂至爲關鍵,既而逐步更新校勘理念。

二、同源視角:元修《金史》編纂思路一窺

我們通過討論正史史源問題,將今本《金史》所見諸多同源文本相互參照,據此鉤沉出文獻傳承脈絡。只有牢固樹立史源學意識,才能對這部書徹底有一番認知。根據這一思路,我們重新討論元朝史官的纂修工作,則可以進一步整合出多條綫索,從而深入了解《金史》成書過程中的諸多細節,以及整體流程。

統覽全書,我們至少可以總結出四種纂修模式:第一,史官的基本技藝和套路——剪刀加漿糊;第二,通過拼織與編造,元朝史官用新瓶裝“舊酒”;第三,鈔撮宋元朝文獻以成金源之制;第四,三史同修相互關照條件下的諸史雜糅。

元修《金史》最大特色,就是對金朝諸帝實錄反復利用,按傳統做法,將編年體實錄改編爲紀傳體。其中一項:從實錄中剪輯史料湊出人物小傳,以編撰成正史人物列傳,這與實錄所見傳統固有附傳有所不同,因拼接粗糙而漏洞頗多。金朝實錄儘管早已亡佚,相關文獻相對單薄,所幸在今本《金史》中仍留下若干條蛛絲馬迹可查,下文謹以《忠義傳》爲例。按,《金史》卷一二一至一二四共設立《忠義傳》四卷,此係元人新創篇什,諸人物列傳史料來源渠道相當廣泛。① 例如《忠義傳一·曹珪》云:

> 曹珪,徐州人。大定四年,州人江志作亂,珪子弼在賊黨

---

① 參見邱靖嘉《〈金史〉纂修考》,第210—215頁。

中,珪謀誅志,并殞殺之。尚書省議,當補二官雜班敍。詔曰:
"珪赤心爲國,大義滅親,自古罕聞也。法雖如是,然未足以當
其功,更進一官,正班用之。"①

細檢本書《世宗紀上》大定四年正月乙巳云:"尚書省奏'徐州民曹
珪討賊江志,而子殞亦在賊中,并殺之。法當補二官,敍雜班'。上
以所奏未當,進一官,正班用之。"②本紀與列傳所敍曹珪平定江志
叛亂及賞功爲正班相同,從而斷定今本《忠義傳一·曹珪》摘抄自
《世宗實錄》大定四年正月乙巳條無疑。

不過有時史官拼接史文不夠嚴謹難免會留下罅隙。按《忠義
傳一·魏全》敍述:

> 魏全,壽州人。泰和六年,宋李爽圍壽州,刺史徒單義盡
> 籍城中兵民及部曲厮役得三千餘人,隨機拒守堅甚。義善撫
> 御,得眾情,雖婦人皆樂爲用。同知蒲烈古中流矢卒,義益勵
> 不衰,募人往研爽營,全在選中,爲爽兵所執。爽謂全曰:"若
> 爲我罵金主,免若死。"全至城下,反罵宋主,爽乃殺之,至死罵
> 不絕口。

> 僕散揆遣河南統軍判官乞住及買哥等以騎二千人救壽
> 州,去壽州十餘里與爽兵遇,乞住分兩翼夾擊爽兵,大破之,斬
> 首萬餘級,追奔至城下,拔其三柵,焚其浮梁。義出兵應之,爽
> 兵大潰,赴淮死者甚眾。爽與其副田林僅脱身去,餘兵脱者十
> 之四。詔遷義防禦使、乞住同知昌武軍節度使事、買哥河南路
> 統軍判官。

> 贈蒲烈古昭勇大將軍,官其子圖剌。

---

① 《金史》卷一二一《忠義傳一》,第8册,第2638頁。
② 《金史》卷六《世宗紀上》,第1册,第133頁。

　　　　贈全宣武將軍、蒙城縣令，封其妻爲鄉君，賜在州官舍三
間、錢百萬，俟其子年至十五歲收充八貫石正班局分承應，用
所贈官蔭，仍以全死節送史館，鏤版頒諭天下。①

該列傳並非敘述魏全本人完整履歷，僅爲片段事迹，可見其與曹珪
取材手法頗爲相似，其中"泰和六年"四字是爲關鍵線索。今查該
傳諸條紀事皆見於同書卷一二《章宗紀四》，泰和六年六月辛亥、壬
子、壬戌、戊辰及七年正月乙酉五條。最後一條七年正月乙酉謂
"贈故壽州死節軍士魏全宣武將軍、蒙城令，封其妻鄉君，子俟年至
十五收充八貫石正班局分承應，仍賜錢百萬"，其下附録魏全封贈
之原委，原本敘事該貫，元朝史官卻將此條拆分爲二，首尾割裂，中
間補進其餘四條宋將李爽圍壽州及刺史徒單義拒守諸事，②亦即
《忠義傳一·魏全》"僕散揆遣河南統軍判官乞住"至"官其子圖
刺"内容，實際與魏全全然無關，元朝史官有拼湊篇幅之嫌。

　　《忠義傳一》所列僕忽得、酬斡二人傳記來源更爲獨特。本書
卷二《太祖紀》謂天輔四年九月，"燭隈水部實里古達等殺孛董酬
斡、僕忽得以叛"。③筆者發現卷七一《斡魯傳》載斡魯之平叛功
績，其中敘述實里古達叛亂之始末，酬斡、僕忽得事迹遂附麗於此。
根據比較結果，我們確認《忠義傳一·酬斡·僕忽得》總體均不出
今本《斡魯傳》範圍之内，兩者内容幾近一致，詳略稍微有别。據此
推測，元朝史官通過裁剪舊本實録編寫列傳，《斡魯傳》和《忠義傳》
均出自一處。按照纂修體例，元修《金史》中既已有《忠義傳》，今本
《斡魯傳》理當删削或簡化其中的酬斡、僕忽得事，但由於主持編修

———————————

① 《金史》卷一二一《忠義傳一》，第8册，第2641—2642頁。
② 《金史》卷一二《章宗紀四》，第1册，第276、280頁。
③ 《金史》卷二《太祖紀》，第1册，第34頁。

《金史》總裁官統稿粗疏,便呈現上述結果,亦可判定其爲"複文"(參施國祁《金史詳校》卷七)。

以上四人傳文在《金史》中皆有同源文本可資比較,此外,還有些人物有線索可循。例如,《忠義傳一·粘割韓奴》提到説:"是歲,粘拔恩君長撒里雅、寅特斯率康里部長孛古及户三萬餘求内附,乞納前大石所降牌印,受朝廷牌印。詔西南招討司遣人慰問,且觀其意。"①今考《金史》卷七《世宗紀中》大定十五年七月丙午有云:"粘拔恩與所部康里孛古等内附。"②十六年十一月甲子條云:"以粘割韓奴之子詳古爲尚輦局直長,婁室爲武器直長。初,韓奴被旨招契丹大石,後不知所終,至是因粘拔恩部長撒里雅、寅特斯等來,詢知其死節之詳,故録其後。"③傳、紀若合符契,可見傳文內容取資《世宗實録》。

上文以曹珪、魏全、僕忽得、酬斡、粘割韓奴爲線索考察史官編纂《忠義傳》的基本思路,同時也爲我們討論今本《金史》大量人物列傳與實録的關係提供借鑒。蘇天爵《三史質疑》中有"金諸臣三品以上方許立傳"的説法,④若以此説作爲分類標準,曹珪等人頂多算是附録於實録之中的人物事迹,惟有粘割韓奴官階武義將軍從六品上,"以護衛從宗弼征伐"到皇統六年"奉使大石"履歷完備,當可視爲實録中的真正小傳。文獻所載最爲明確者,當數耶律鑄稱"金源氏實録,孟參政鑄無傳,添壽榮禄有傳",《密谷行》序文引述如下:

> 金崇慶間,添壽榮禄領驍果駐京畿爲聲援,聞聖朝太祖皇

---

① 　《金史》卷一二一《忠義傳一》,第8册,第2636—2638頁。
② 　《金史》卷七《世宗紀中》,第1册,第163頁。
③ 　《金史》卷七《世宗紀中》,第1册,第165頁。
④ 　蘇天爵《滋溪文稿》卷二五《三史質疑》,陳高華、孟繁清點校,第422頁。

帝圍守西京,東海遂命添壽將諸路兵八十餘萬,號稱百萬,援
之,仍賜手詔曰:"今悉國力,當清北方。"次密谷口時,太祖皇
帝親率大軍,先以前騎三千當之,大軍繼至,未鼓,敵潰,全軍
覆没。①

據考證,添壽即《金史》卷一〇三奧屯襄。②"榮禄"係添壽散階(從
二品上),非人名。據該傳云:"奧屯襄本名添壽,……崇慶改元,爲
元帥左都監,救西京,至墨谷口,一軍盡殪,襄僅以身免,坐是除
名。"③《奧屯襄傳》與《密谷行》若合符契,地名"墨谷口"即"密谷
口",出自同一文本,明顯爲字訛。此外《元史・太祖紀》太祖七年
秋亦記此事:"圍西京。金元帥左都監奧屯襄率師來援,帝遣兵誘
至密谷口逆擊之,盡殪。復攻西京,帝中流矢,遂撤圍。"④耶律鑄
《密谷行》、今本《奧屯襄傳》同源於金朝實録,並且仍能推測其具體
出處。據《金史・宣宗紀》貞祐三年春正月乙亥記載説:"北京軍
亂,殺宣撫使奧屯襄。"⑤《奧屯襄傳》所載亦同。根據傳統實録以
官員卒附載小傳之慣例,奧屯襄生平履歷蓋源於《宣宗實録》貞祐
三年正月乙亥條。

　　以上所論諸例都是從今本《金史》中鈎稽的元朝史官摘録實録
的證據。這種手段應用屢見不鮮,甚至僅僅利用實録中的兩條材
料就編造出一篇列傳。按《金史・孔端甫附傳》云:"四十八代端甫
者,明昌初,學士黨懷英薦其年德俱高,讀書樂道,該通古學。召至

---

① 耶律鑄《雙溪醉隱集》卷二《密谷行》,臺灣商務印書館影印《文淵閣四庫全書》本,
　　集部第 1199 册,第 400 頁上下欄。
② 參見邱靖嘉《〈金史〉纂修考》,第 54 頁。
③ 《金史》卷一〇三《奧屯襄傳》,第 7 册,第 2275—2276 頁。
④ 《元史》卷一《太祖紀》,第 1 册,第 16 頁。
⑤ 《金史》卷一四《宣宗紀上》,第 2 册,第 306 頁。

京師,特賜王澤榜及第,除將仕郎、小學教授,以主簿奉致仕。"①今
檢討構成該傳諸條史料,均見於今本《金史·章宗紀》,實際只有明
昌三年十一月庚午條及四年三月丙子條。②

　　另外一條輔助途徑就是蒐集其他文獻,改編成正史列傳,儘管
手段高明,彌合逼真,總會留下些許線索。卷一一五《完顏奴申傳》
敘述崔立之變詳細經過:"天興二年正月丙寅,省令史許安國詣講
議所言……明日戊辰,西面元帥崔立與其黨李术魯長哥、韓鐸、藥
安國等爲變。"第七條校勘記指出:"'丙寅'原作'戊辰'。"並詳細
予以論證。③　實際上,點校者並未注意到《完顏奴申傳》的史源線
索以及由此引發的較爲複雜問題。按本卷《完顏奴申傳》贊語云:
"劉京叔《歸潛志》與元裕之《壬辰雜編》二書雖微有異同,而金末
喪亂之事猶有足徵者焉。"從而提示該傳主要取資此二書。今檢
《完顏奴申傳》"或曰是時外圍不解"至"且繼以涕泣",以及明日戊
辰條"西面元帥崔立"至"納合德暉等"抄自或改編劉祁《歸潛志》
所載《録大梁事》天興二年正月條。④　其餘內容"省令史許安國詣
講議所言"至"慎勿泄"奴申等人與元好問對答之語細節甚詳,理當
出自元好問《壬辰雜編》。⑤　通過內容比對可見,元朝史官根據《録
大梁事》和《壬辰雜編》撮合成一篇《完顏奴申傳》,並且有所增損,
其中"忽聞召京城士庶計事"一句,《録大梁事》原文本來有"廿有
一日",結果卻被刪削無遺,而下文"明日戊辰,西面元帥崔立與其

①　《金史》卷一〇五《孔端甫附傳》,第 7 册,第 2312 頁。
②　《金史》卷九《章宗紀一》,第 1 册,第 224—225 頁;卷一〇《章宗紀二》,第 1 册,第
　　228 頁。
③　《金史》卷一一五《完顏奴申傳》,第 8 册,第 2525、2534 頁。
④　劉祁《歸潛志》卷一一《録大梁事》,崔文印點校,第 127 頁。
⑤　參見陳學霖《元好問〈壬辰雜編〉探賾》,《晉陽學刊》1990 年第 5 期。

黨字术魯長哥、韓鐸、藥安國等爲變"云云,《録大梁事》原文並無
"明日戊辰"。筆者推斷,《完顏奴申傳》書"天興二年正月戊辰",
其引據《壬辰雜編》原文蓋即如此。結果經元朝史官一番改編之
後,《録大梁事》和《壬辰雜編》原本是兩條不同的敘述崔立之變的
線索最終整合爲一體,鈔撮諸書而致時序錯亂。這才是問題的
源頭。

　　以上讓我們清楚地看到,元朝史官如何運用剪刀加漿糊對實
録和金朝文獻多番改編而形成今本《金史》列傳的。只有認識到修
史過程中的這一關鍵環節,我們才能對《金史》中許多被判定爲"錯
誤"的史文從根本上做出合理解釋。例如,《忠義傳一·鶴壽》云:

　　　鶴壽,鄆王昂子,本名吾都不。五院部人老和尚率衆來招
　　鶴壽與俱反,鶴壽曰:"吾宗室子,受國厚恩,寧殺我,不能與賊
　　俱反。"遂與二子皆被殺。

該卷校勘記五指出,"按卷六五《昂傳》,'鄆王昂,本名吾都補'。
'不''補'同音異譯,疑此處'子'字當在'吾都不'之下。"[1]需要思
考的是,這一訛誤的根源在哪裏呢? 今檢卷一三三《叛臣傳·移剌
窩斡》云:"迪斡群牧使徒單賽里、耶魯瓦群牧使鶴壽等皆遇害,語
在《鶴壽傳》中。"[2]而今本《昂傳》則謂:"子鄭家、鶴壽。鶴壽累官
耶魯瓦群牧使,死于契丹撒八之難,語在《忠義傳》。"[3]根據該傳所
附鄭家傳,筆者推測《鶴壽傳》亦當附麗於《昂傳》之後,上文"語在
《鶴壽傳》中"乃指最初出處,元朝史官後來將此內容剪切到《忠義
傳》中,傳文敘及出身作"鶴壽,鄆王昂子,本名吾都不",即從舊本

---

①　《金史》卷一二一《忠義傳一》,第 8 册,第 2639、2655 頁。
②　《金史》卷一三三《叛臣傳·移剌窩斡》,第 8 册,第 2849 頁。
③　《金史》卷六五《昂傳》,第 5 册,第 1553 頁。

《昂傳》"鄆王昂本名吾都補"節取而敘述失當。

再看一個更爲明顯的例子。卷一一九《烏古論鎬傳》謂天興二年九月汴京軍事布防:"大兵圍蔡,鎬守南面,忠孝軍元帥蔡八兒副之。"①此文云蔡八兒爲鎮守南面烏古論鎬的副手。今檢卷一二四《忠義傳四·蔡八兒》則云:"上令分軍防守四城,以殿前都點檢兀林荅胡土守西面,八兒副之。"②知蔡八兒本乃係守西面兀林荅胡土的副將,而不是副之於南面烏古論鎬。由此可見,兩傳所載内容歧異。須從史源上追索其中之緣由,據本書卷一八《哀宗紀下》天興二年(1233)九月庚辰曰:

> 分軍防守四面及子城,以總帥孛术魯婁室守東面,内族承麟副之;參知政事烏古論鎬守南面,總帥元志副之;殿前都點檢兀林荅胡土守西面,忠孝軍元帥蔡八兒副之。③

今檢到該史文詳見王鶚《汝南遺事》卷三"分軍防守四面并子城"條。④ 這樣我們就找到了答案,今本《烏古論鎬傳》節錄史文失當,即漏掉"總帥元志副之"及"殿前都點檢兀林荅胡土守西面"之文,"鎬守南面"直接承接"忠孝軍元帥蔡八兒副之"。

元修三史在體例上的最大創新,即仿照《史記》《漢書》及《新唐書》設表,《宋史》兩表三十二卷,《遼史》八表八卷,《金史》兩表四卷,都佔有相當大部頭。然而頗爲棘手的是,三朝舊有國史文獻中並無成品可供採擷,於是應體例之需,元朝史官靠網羅、改造與主題對應的史料填充表格。⑤《金史·宗室表》、《交聘表》即循此

---

① 《金史》卷一一九《烏古論鎬傳》,第8冊,第2602頁。
② 《金史》卷一二四《忠義傳四》,第8冊,第2704頁。
③ 《金史》卷一八《哀宗紀下》,第2冊,第401頁。
④ 王鶚《汝南遺事》卷三,第6頁a—b。
⑤ 參見苗潤博《契丹國舅別部世系再檢討》,《史學月刊》2014年第4期。

思路編纂,上文已對兩者史源做出説明。具體落實到文獻編纂與校勘層面,原點校本費力搜討諸列傳所涉宗室成員補苴《宗室表》,以彌補所謂"表失載"之缺憾,實際不過是爲元朝史官捉刀代筆。而修訂本更是在此基礎上將《宗室表》與相關人物列傳的歧異之處作爲異同校列出,甚至會以《宗室表》爲據,校正本傳。這種做法是否妥當?

按,卷五九《宗室表》云:"什古稱昭祖曾孫,崇成稱昭祖玄孫,不稱誰子,不可以世,置之卷末。"該表末具列"雖稱係出某帝,而不能世次"者,其中一欄:①

什古　昭祖曾孫。東京留守。	阿魯帶　參知政事。	襄　尚書左丞相。		

修訂本新校第八條謂:

> 什古稱昭祖曾孫。"什古",原作"付古",據南監本、北監本、殿本、局本改。按,本表下文云"什古昭祖曾孫"。本書卷九四《襄傳》稱"什古殟",係同名異譯。②

同時修訂本《内族襄傳》新校第五條採納原點校本舊校云:

> 祖什古殟從太祖平遼。什古殟,按本書卷五九《宗室表》,"什古"兩見,無"殟"字。③

經過對比《宗室表》和《内族襄傳》後,修訂者將"什古殟"較"什古"多一字的現象解釋爲同名異譯。與此同時,原點校本和修訂本《内

---

① 《金史》卷五九《宗室表》,第5册,第1362、1377頁。
② 修訂本《金史》卷五九《宗室表》,第5册,第1470頁。
③ 修訂本《金史》卷九四《内族襄傳》,第6册,第2225頁。

族襄傳》校勘記指出,"什古"兩見,均無"廼"字。以上說法無疑代
表着《金史》點校者對《宗室表》性質的認識及其價值評判。

　　據筆者考證,《宗室表》並無獨立史源,乃是元朝史官摘錄金源
歷朝皇帝諸子傳編纂而成的。具體一點說,我們探明本卷"什古"
條史源,通過這個案例當有助於判斷修訂本全書利用《宗室表》校
對本傳的做法是否合理。考今本《内族襄傳》所載祖先事迹及個人
履歷,其中提到:

> 丞相襄本名淹,昭祖五世孫也。祖什古廼從太祖平遼,以
> 功授上京世襲猛安,歷東京留守。父阿魯帶,皇統初北伐有
> 功,拜參知政事。

襄本人"進拜左丞",①即大定二十一年閏三月癸卯。② 據此可知,
今本《宗室表》實際取資《内族襄傳》所載"什古廼"、"阿魯帶"及
"襄"祖孫三人的簡歷而編成,這樣一來兩者本末源流關係不言自
明。最重要的一點是,"什古廼"一名準確無疑,此人蓋即《金史》卷
七二有傳的習古廼(實古廼),從本傳敘述中可見他有從太祖伐遼
及"移治東京鎮高麗"的經歷,③這兩段仕履與《内族襄傳》所敘什
古廼事迹吻合。此外,《金史・胡石改傳》作"實古乃"④卷二《太祖
紀》甲午年(1114)六月條亦載"宗室習古廼"。⑤ 由此可知,習古廼
身份爲宗室子,與《内族襄傳》"昭祖五世孫也"相合。根據以上種
種線索,證明"什古廼"、"實古乃"、"習古廼"同爲一人,同名異譯。

　　再審查本卷《宗室表》"什古,昭祖曾孫,東京留守"之文,本源

---

① 《金史》卷九四《内族襄傳》,第 6 册,第 2085、2087 頁。
② 《金史》卷八《世宗紀下》,第 1 册,第 181 頁。
③ 《金史》卷七二《習古廼傳》,第 5 册,第 1666—1667 頁。
④ 《金史》卷六六《胡石傳改》,第 5 册,第 1565 頁。
⑤ 《金史》卷二《太祖紀》,第 1 册,第 23 頁。

於《内族襄傳》"丞相襄本名唵,昭祖五世孫也。祖什古廼從太祖平遼,以功授上京世襲猛安,歷東京留守"。表中"昭祖曾孫"顯然據什古廼孫襄"昭祖五世孫"的世系推定,而原本"祖什古廼從太祖平遼"一語,極有可能是元朝史官將人名中的"廼"字從屬下文理解爲"廼從太祖平遼",故誤認爲此人名作"什古"。《宗室表》元朝史官按語"什古稱昭祖曾孫"是同一道理。

以上點校者的校勘方法與思路,顯示出對於《宗室表》編纂過程及史源問題認識不足。整理《金史》的總前提,必須要有文本源流概念,我們提倡同源文本校勘的原則,最佳辦法是利用《宗室表》提供的人物身份信息從今本《金史》中查找同源文獻,相互比勘,而實際情況往往是元修《宗室表》存在着各種疏漏,凡表中人物與列傳官封歧異者,大多存在訛誤,故當於此處校對史文,而不是在尚未弄清《宗室表》史源的情況下來勘正人物本傳。探求今本《金史》中的同源文獻,解釋《宗室表》訛誤之來龍去脈,此爲正途。同時提示我們,應該在《金史》纂修的整體視角下重新評估《宗室表》的文獻價值,須審慎利用。

與新設《宗室表》相比,《五行志》的編纂則有歷史傳統。它主要記錄災異及奇異事件,一直是正史中的重要志書,用以勸誡帝王,但是自宋以後的《五行志》變成爲災害物異的彙編,體例仍舊按水、火、木、金、土分類編排,①而《金史·五行志》卻頗爲另類,據序文云:"至於五常五事之感應,則不必泥漢儒爲例云。"②"漢儒"當指班固及其創立《漢書·五行志》規範。③《金史·五行志》雖然宣

---

① 參見游自勇《試論正史〈五行志〉的演變——以"序"爲中心的考察》,《首都師範大學學報》2006年第2期。

② 《金史》卷二三《五行志》,第2册,第533頁。

③ 游自勇《論班固創立〈漢書·五行志〉的意圖》,《中國史研究》2007年第4期。

稱"仍前史法",不過冠有其名而已,楊瑞的考證結論是,它實際並
不具備專記祥瑞災異之獨立的史料來源,其中大宗史料摘取實
錄。① 諸條目問題甚多,通常一種情況是,《五行志》與帝紀相歧
異,原點校本大多根據本紀校正,修訂本除因襲舊校外,諸多歧異
條目分別於《五行志》和諸本紀兩邊同時出校。這種做法看似穩
妥,實質卻是沒有弄清史料源流關係,對元修《五行志》的編纂流程
缺乏應有的認識。

第一,《五行志》云:"(皇統)三年七月丙寅,太原進獬豸及瑞
麥。"修訂本新校第五條認爲:"'丙寅',本書卷四《熙宗紀》記此事
時間作'庚辰'。"同時在《熙宗紀》該條下校勘指出:"本書卷二三
《五行志》:皇統三年'七月丙寅,太原進獬豸及瑞麥',繫日與此
異。"②兹引今本《熙宗紀》皇統三年紀事曰:

> 七月丙寅,上致祭太皇太后。庚辰,太原路進獬豸并
> 瑞麥。

據此可見,元朝史官直接節取舊本"七月丙寅"和"太原路進獬豸并
瑞麥",卻忽略掉"庚辰"這個繫日干支。故《五行志》誤作"丙寅"。

第二,《五行志》泰和四年"十一月丁卯,陰。木冰凡三日"。原
點校本和修訂本根據《章宗紀》記載均懷疑"丁卯陰"下似有脫文。
且看今本《章宗紀》泰和四年十一月條:

> 十一月丁卯,以殿前右副都點檢烏林答毅等爲賀宋正旦
> 使。癸酉,木冰,凡三日。③

---

① 楊瑞《〈金史·五行志〉探源——兼論中古以降正史〈五行志〉書寫傳統之轉變》,
　2019 年 10 月 19 日,未刊稿。
② 修訂本《金史》卷四《熙宗紀》,第 1 册,第 99 頁。
③ 《金史》卷一二《章宗紀四》,第 1 册,第 270 頁。

從中可知《章宗實錄》原書中"丁卯"條有繫事,並見卷六二《交聘表下》,①而今本《五行志》獨取"丁卯"和"陰木冰凡三日"合作一條,實際丟掉"癸酉"二字。這樣若以"木冰"作爲記錄對象的話,"丁卯"應該爲衍文。以上兩個例子證明,《五行志》與本紀參差,是由於元朝爲應付體例而編撰《五行志》,率爾成章,鈔撮實錄而節取失當。這才是問題的真正根源。

今本《金史》莫大隱患無疑是鈔撮宋元朝文獻以成金源之制,筆者在該書中發現有三例非取資金朝文獻者,甚至與金源制度毫無關係,均見於志書。

元修《曆志》採據趙知微《重修大明曆》編成,②共計兩卷,不過《曆志下》渾象條史源卻稍顯特殊,據邱靖嘉推測説,"渾儀"這部分可能是從金實錄、《國史》抑或張居中提供的司天臺史料而來的。③我們首先分析一下該條內容的整體結構,按"金既取汴"至"貞祐南渡,二漏皆遷于汴,汴亡廢毀,無所稽其製矣"僅七分之一篇幅暨三條史料記載金章宣時期天文儀器,而"古之言天者有三家"至"總而名之曰渾天儀"則佔據主體,④概述歷代渾象演變,重頭在北宋制度,其實主要抄自蘇頌《紹聖新儀象法要》(下文簡稱《法要》),並雜鈔他書。

詳細情況如下:第一,元朝史官所撰序言應改編自《宋書·天文志》序。⑤ 第二,主幹內容鈔録元祐元年(1086)十一月蘇頌《進儀象狀》,《金史》編者根據進狀時間改寫作"元祐時,尚書右丞蘇頌

① 《金史》卷六二《交聘表下》,第 5 册,第 1473 頁。
② 《金史》卷二一《曆志上》,第 2 册,第 441—442 頁。
③ 邱靖嘉《〈金史〉纂修考》,第 165—166 頁。
④ 《金史》卷二二《曆志下》,第 2 册,第 519—524 頁。
⑤ 《宋書》卷二三《天文志一》,中華書局,1974 年,第 3 册,第 673 頁。

與昭文館校理沈括奉敕詳定渾儀法要",再經過一番精心改編,這樣上下文從漢代追述到宋太平興國、景德、景祐及元祐時期,由此巧妙地整合出一條渾象演變的歷史脈絡,以接續金朝制度。第三,《金史》對儀器構造及原理的細節描述如下:"公廉之制則爲輪三重"六合儀、三辰儀及四游儀取資《法要》卷上《渾儀》;"公廉乃增損隋志制之"至"蓋出于王蕃制也"源自卷中《渾象》;第一重曰天輪至第五重曰報刻司辰輪,引自卷下《木閣晝夜機輪》;"五輪之北又側設樞輪"一段,見於卷下《水運儀象臺》。此外,《金史》"景德中,曆官韓顯符依倣劉曜時、孔挺、晁崇之法,失之簡略。景祐中,冬官正舒易簡乃用唐梁令瓚、僧一行之法,頗爲詳備,亦失之於密而難爲用"一句,最初源頭爲《夢溪筆談·象數》。① 綜上所見,《金史》渾象條不過以三條金朝史料爲噱頭而摻雜進大量記述宋代渾儀之制的文字。

今本《金史·地理志》三卷當有系統的金朝地理文獻來源,至少泰定二年(1325)刊行的《事林廣記》中《江北郡縣》所載金朝整體政區框架已有所呈現,②周立志考訂兩者有着同源關係,③具體內容再補充徵引《金初州郡志》、《正隆郡志》及《士民須知》等。④若細檢正文,則會認識到《地理志》並非牢不可破的一塊鐵板,其中宮闕制度的拼湊痕迹就相當明顯。如卷二四《地理志上》中都路條下小注乃是鈔撮不同文獻而成。⑤ "天德三年始圖上燕城宮室制

---

① 沈括撰《夢溪筆談》卷八《象數二》,金良年點校,中華書局,2015 年,第 84 頁。

② 《重編群書類要事林廣記》乙集卷三《江北郡縣》,長澤規矩也編《和刻本類書集成》
第 1 輯,第 221—226 頁。

③ 周立志《事林廣記〈江北郡縣〉與金朝行政區劃研究》,劉寧、齊偉編《遼金史論集》
第 15 輯,第 201—218 頁。

④ 參見邱靖嘉《〈金史〉纂修考》,第 173—176 頁。

⑤ 《金史》卷二四《地理志上》,第 2 冊,第 572—573 頁。

度"至"營建宮室及涼位十六"一段,元末熊夢祥編《析津志》有一條佚文相合。① 據此證明,元朝史官編纂《金史》時鈔録自《析津志》的同源文獻,或與《大元一統志》有關,不過《析津志》所抄原書作"改門曰清怡,曰光泰",《金史·地理志》遺漏"清怡",又將"光泰"列作北面城門,結果改寫成十三門。再檢范成大《攬轡録》,可知《金史》中都路條"應天門十一檻"至"應天門舊名通天門"二百九十餘字據此鈔録。② 另外,據王岩考證,卷二五《地理志中》南京路條載汴京規制的史源出自楊奐《汴故宮記》,幾乎是通篇抄襲。③《汴故宮記》係楊奐於己亥年(1239)遊歷汴京所作,反映的是金亡以後元初的城市制度。④

綜上所論,元修《曆志下》渾象條抄襲蘇頌《紹聖新儀象法要》,及《地理志》注文雜取范成大《攬轡録》、楊奐《汴故宮記》等書尚有開脱的餘地,但下面這個例子則有抄襲宋制之嫌。按卷五七《百官志三》宮人女官職員條臚列六尚局職掌、機構設置及屬官,⑤據《大金國志·千官品列》女官職員條記載説,"尚宮、尚儀、尚服、尚食、尚寢、尚功、宮正。右六尚局,該女職一千餘員。"⑥此與上述宮人女官職員條相吻合。值得注意的是,該宮人女官職員條還提到:"皆同唐制。"據這條線索,筆者核檢《唐六典》卷一二《内官》宮官條⑦及《舊唐書·職官志三》宮官條比較,⑧試圖探尋金承唐制之淵源,

① 于敏中撰《日下舊聞考》卷三七《京城總紀》引《析津志》,第 586—587 頁。
② 范成大《攬轡録》,孔凡禮點校《范成大筆記六種》,第 15 頁。
③ 王岩《鄒伸之〈使韃日録〉抉微》,余太山、李錦繡主編:《絲瓷之路 VIII——古代中外關係史研究》,第 87—142 頁。
④ 楊奐《還山遺稿》卷上《汴故宮記》,嘉靖元年宋廷佐刻本,第 2 頁 b。
⑤ 《金史》卷五七《百官志三》,第 4 册,第 1296—1299 頁。
⑥ 崔文印校證《大金國志校證》卷三四《千官品列》,下册,第 488—489 頁。
⑦ 李林甫等撰《唐六典》卷一二《内官》,第 341—355 頁。
⑧ 《舊唐書》卷四四《職官志三》,第 6 册,第 1876—1869 頁。

結果卻發現《金史·百官志》整篇與《宋會要輯稿》后妃四之二至三
內職條雷同。① 對於這一查證結果,與其讓我相信金朝女官制度照
搬宋制,還不如認爲是元朝史官盜取宋朝官修文獻以充篇帙,最終
被僞裝成金制。

元朝史官如此行事,主要緣於纂修《金史》時有條件利用宋朝
官修史書,在三史同修的總體文獻背景下,諸史館資料共享互通。②
《金史》《宋史》相互關照的地方很多,如《金史·張邦昌傳》稱"張
邦昌,《宋史》有傳",止書天會間臣屬金朝事。③《宋史·叛臣傳
上·張邦昌》中詳細記述其履歷。④ 最典型的當數《劉豫傳》,其中
阜昌年號問題是一大焦點,學界討論很多。按《金史·劉豫傳》載
金人册立豫爲大齊皇帝,"以辛亥年爲阜昌元年",⑤及《宋史·叛
臣傳上·劉豫》謂建炎四年"十一月,改明年元阜昌"。⑥ 論者結合
阜昌碑刻和《僞齊録》(亦名《僞豫傳》)等書考證出《金史》、《宋
史》記載均誤,阜昌立元始於當年庚戌年(1130,天會八年、建炎四
年)非次年。⑦ 但誰都沒有徹底解決癥結在哪裏。若系統比較一
下,不難看出《金史》、《宋史》兩書《劉豫傳》具有同源文本,兹列表
如下:

---

① 徐松輯《宋會要輯稿》,第 1 册,第 266 頁上下欄。
② 參見苗潤博《〈遼史〉探源》,中華書局,2020 年,第 3—4 頁。
③ 《金史》卷七七《張邦昌傳》,第 6 册,第 1758—1759 頁。
④ 《宋史》卷四七五《叛臣傳上·張邦昌》,第 39 册,第 13789—13793 頁。
⑤ 《金史》卷七七《劉豫傳》,第 6 册,第 1760 頁。
⑥ 《宋史》卷四七五《叛臣傳上·劉豫》,第 39 册,第 13794 頁。
⑦ 參見外山軍治《金朝史研究》,李東源譯,黑龍江朝鮮民族出版社,1988 年,第四章第
21 條注釋"關於建元阜昌的年代",第 211—212 頁;黃會奇《劉豫改元"阜昌"年代
考》,《宋史研究論叢》第 10 輯,2009 年,第 75—86 頁;許正弘《劉齊阜昌改元始年小
考》,《中國史研究》2011 年第 2 期。

《金史·劉豫傳》	《宋史·劉豫傳》	《會編》引《僞豫傳》①
劉豫字彥游,景州阜城人。	劉豫字彥游,景州阜城人也。	劉豫字彥游,景州阜城人也。
宋宣和末,仕爲河北西路提刑。	宣和六年,判國子監,除河北提刑。	
徙浙西,抵儀真。喪妻翟氏,繼值父憂。	金人南侵,豫棄官避亂儀真。	遂黜爲兩浙廉訪。……抵儀真,喪妻翟氏,繼丁父憂,因家焉。
康王至揚州,樞密使張愨薦知濟南府。是時,山東盜賊滿野,豫欲得江南一郡,宰相不與,忿忿而去。	豫善中書侍郎張愨,建炎二年正月,用愨薦除知濟南府。時盜起山東,豫不願行,請易東南一郡,執政惡之,不許,豫忿而去。	建炎二年戊申,今上幸維揚,樞密院張愨與豫有河朔職司之舊,力請於朝,欲與一郡。時濟南太守張悦遲留未行,使豫起復代之,除中奉大夫,知濟南府。豫欲換江南一郡,而兩府厭其頻數,不許謁見,乃痛憾而去。
撻懶攻濟南。有關勝者,濟南驍將也,屢出城拒戰,豫遂殺關勝出降。	是冬,金人攻濟南,豫遣子麟出戰,敵縱兵圍之數重,郡倅張柬益兵來援,金人乃解去。因遣人啗豫以利,豫懲前忿,遂畜反謀,殺其將關勝,率百姓降金,百姓不從,豫縋城納款。	建炎三年己酉,金虜寇山東,州郡例多戰守。豫亦遣子刑曹掾、承務郎麟部兵出戰,爲金虜所圍,又令郡倅張柬援之,金虜解去。遣人啗以利,俾令投拜,豫與柬議欲出城見虜酋,百姓遮道,願死守不降,豫因縋城詣軍前通款。
遂爲京東東、西、淮南安撫使,知東平府兼諸路馬步軍都總管,節制河外諸軍。以豫子麟	三年三月,兀朮聞高宗渡江,乃徙豫知東平府,充京東西、淮南等路安撫使,節制大名開	是年夏,金虜命豫節制京東兵馬,徙東平。……時金虜天會七年。

---

① 徐夢莘《三朝北盟會編》卷一八一引《僞豫傳》,此據中華再造本影印明鈔本,并參考許刻本下冊,第 1308 頁下欄—1310 頁上欄。

續表

《金史·劉豫傳》	《宋史·劉豫傳》	《會編》引《僞豫傳》
知濟南府,撻懶屯兵衝要,以鎮撫之。	德府、濮濱博棣德滄等州,以麟知濟南府,界舊河以南,俾豫統之。	
初,康王既殺張邦昌,自歸德奔揚州,詔左右副元帥合兵討之,詔曰:"俟宋平,當援立藩輔,以鎮南服,如張邦昌者。"及宋主自明州入海亡去,宗弼北還,乃議更立其人。衆議折求、劉豫皆可立,而豫亦有心。撻懶爲豫求封,太宗用封張邦昌故事,以九月朔旦授策,受策之後,以藩王禮見使者。臣宗翰、臣宗輔議:"既策爲藩輔,稱臣奉表,朝廷報諭詔命,避正位與使人抗禮,餘禮並從帝者。"詔曰:"今立豫爲子皇帝,既爲鄰國之君,又爲大朝之子,其見大朝使介,惟使者始見躬問起居與面辭有奏則立,其餘並行皇帝禮。"	四年七月丁卯,金人遣大同尹高慶裔、知制誥韓昉册豫爲皇帝,國號大齊,都大名府。先是,北京順豫門生瑞禾,濟南漁者得鱣,豫以爲己受命之符,遣麟持重寶賂金左監軍撻辣求僭號。撻辣許之,遣使即豫所部咨軍民所宜立,衆未及對,豫鄉人張浹越次請立豫,議遂決,乃命慶裔、昉備璽綬寶册以立之。	建炎四年庚戌,濟南有漁人得鱣者,豫妄謂神物之應,乃祀之。夏五月,附豫姦人言北京順豫門下生禾五穗同本,以爲豫受命之符,於是齊魯之間僉會推戴。豫亦遣子麟以重寶賂虜酋闍辣左右,求僭立,而闍辣遂注意立豫,詭辭乞立張孝純。虜主遂遣使就豫治所,問軍民、士大夫所欲立者,時獨豫鄉人張浹應之,曰願立豫。
天會八年九月戊申,備禮册命,立豫爲大齊皇帝,都大名,仍號北京,置丞相以下官,赦境內。	九月戊申,豫即僞位,赦境內,奉金正朔,稱天會八年。以張孝純爲丞相,李孝揚爲左丞,張柬爲右丞,李儔	是月戊申,金虜遣西京留守高慶裔、禮部侍郎、知制誥韓昉備禮,以璽綬立豫,册之曰:"册命爾爲皇帝,國號大齊,都于大名,世脩子禮。

《金史·劉豫傳》	《宋史·劉豫傳》	《會編》引《僞豫傳》
	爲監察御史，鄭億年爲工部侍郎，王瓊爲汴京留守，子麟爲太中大夫、提領諸路兵馬兼知濟南府。孝純始堅守太原，頗懷忠義，高宗以王衣雅厚孝純，俾衣招之，會粘罕遣人自雲中送歸豫，遂失節於賊。	永貢虔誠，付爾疆封，並同楚舊。"豫遂僭立於北京。……以前宗正寺丞李孝揚權左丞，濟南道判張東權史部侍郎兼右丞，子麟太中大夫、提領諸路兵馬、知濟南府，以延康殿學士、前宣奉大夫、前太原尹張孝純依前宣奉大夫，封開國公，守尚書右丞相，弟益爲北京留守，都水使者王爲汴京留守。
復自大名還居東平，以東平爲東京，汴州爲汴京，降宋南京爲歸德府，降淮寧、永昌、順昌、興仁府俱爲州。張孝純等爲宰相，弟益爲北京留守。	豫還東平，升爲東京。改東京爲汴京，降南京爲歸德府。以弟益爲北京留守，尋改汴京留守。復降淮寧、永昌【潁昌】、順昌、興仁府悉爲州。自以生景州，守濟南，節制東平，僭位大名，乃起四郡丁壯數千人，號"雲從子弟"。下僞詔求直言。	升東平府以爲東京，以東京爲汴京，改南京爲歸德府。豫生於景州，守濟南，節制東平，僭位大名，起四部强壯爲雲從子弟，應募者數千人。
母翟氏爲皇太后，妾錢氏爲皇后。錢氏，宣和內人也。以辛亥年爲阜昌元年。	十月，册其母翟氏爲皇太后，妾錢氏爲皇后。錢氏，宣和內人也，習宮掖事，豫欲有所取則，故立之。十一月，改明年元阜昌。	冬十月甲午，遣孝純等奉寶册，册前妻翟氏爲皇太后。妾錢氏爲皇后，民間房緒以五釐納官。十一月改阜昌元年。

《金史・劉豫傳》	《宋史・劉豫傳》	《會編》引《僞豫傳》
以其子麟爲尚書左丞相、諸路兵馬大總管。宋人畏之,待以敵國禮,國書稱大齊皇帝。豫宰相張孝純、鄭億年、李鄴家人皆在宋,宋人加意撫之。	紹興元年六月,豫以麟爲兵馬大總管、尚書左丞相。	阜昌二年,封子麟爲梁國公,除尚書左丞相。
阜昌二年,豫遷都于汴。睿宗定陝西,太宗以其地賜豫,從張邦昌所受封略故也。	二年四月丙寅,豫遷都汴。	三年夏四月遷都于汴。

上表以《金史》的《劉豫傳》爲主線,將其内容與《宋史・劉豫傳》對此,並參照《會編》所引楊堯弼《僞豫傳》,大致結果是:"宋宣和末仕爲河北西路提刑"及"遂殺關勝"兩條,《宋史》有,《會編》引《僞齊録》無;"喪妻翟氏繼值父憂",《僞齊録》有,而《宋史》無;《宋史》"孝純始堅守太原"一事,《金史》和《僞齊録》均無記載。總體來説,三書載劉豫事相合者佔主體,《金史》敘事較爲簡略,《宋史》相對詳細,然而敘事線索混亂,《僞齊録》雖闕失若干條内容,仍最爲全面,由此證明諸書爲同源關係。須知,今見《僞齊録》係《會編》節引本,而至正修史應當有一足本,或者與徐夢莘所據版本不同。按,袁桷《修遼金宋史搜訪遺書條列事狀》謂"徽、欽圍城受辱,北行遭幽,正史不載。所有雜書野史可備編纂,今具于後",這份書單中就有《僞齊録》,①綜合判斷,元修《金史》、《宋史》均採據《僞齊録》

---

① 袁桷《清容居士集》卷四一《修遼金宋史搜訪遺書條列事狀》,《四部叢刊》本,第33頁 b。

編寫《劉豫傳》。有此結論作爲基礎，我們再重新檢討阜昌年號之記載，《金史》"以辛亥年爲阜昌元年"實與《宋史》"十一月改明年元阜昌"同義，今核查原始詔書，《會編》引《僞豫傳》收録建元阜昌榜曰：

> 十一月二十三日奉聖旨，王者受命，必建元以正始。近古以來，仍紀嘉號，以與天下更新。乃者即位之初，有司請尊舊制，朕以大國之好，逃避未遑，而使命逼臨，促立别號，一臨受命之元，用新我齊民之耳目，嘉與諸侯，共承天休，其以十一月二十三日建元爲阜昌元年，布告天下，咸使聞知。①

《會編》引《僞豫傳》正文敘册封劉豫事寫作"十一月改阜昌元年"，而今存單行本《僞齊録》記此事則全文照録十一月阜昌建元詔書，内容儘管與《會編》上文大致相合，不過其中"其以十一月二十三日以後爲阜昌元年"一句卻有明顯差異。②《大金國志》卷三一《齊國劉豫録》引述相同。③ 何謂"以後"？在這一模糊語境中，《宋史》改編《僞齊録》未細審上下文，或許對此文理解發生歧義，遂書作"十一月改明年元阜昌"，《金史》乾脆改作"以辛亥年爲阜昌元年"，此舉動則造成"阜昌二年豫遷都于汴"及前後諸事繫年系統性紊亂。

筆者以解釋阜昌起元問題爲切入點，論證《金史》部分内容與《宋史》同採據《僞齊録》，另外《金史·劉豫傳》"初康王既殺張邦昌"到"其餘並行皇帝禮"這一段中，"臣宗翰、臣宗輔議"的"臣"字未經删削，維持檔案原貌，此文顯然來自《太宗實録》所載奏議内容。這樣看來，《金史·劉豫傳》當屬三史同修文獻互用條件下的

① 徐夢莘《三朝北盟會編》卷一八二引《僞豫傳》，下册，第 1314 頁下欄。
② 楊堯弼《僞齊録》卷上，第 2 頁 b。
③ 崔文印校證《大金國志校證》卷三一《齊國劉豫録》，下册，第 434 頁。

一篇代表作,由於該傳史源多元,頭緒頗爲複雜,史文節錄、拼接及
粘合諸多環節都存在着紕漏。

綜上所述,我們根據典型事例分析《金史》成書過程中的種種
細節,對元朝史官編纂思路有了初步了解,根據筆者理解現總結爲
以下三點:首先是對金朝實録的多番拆解、重複利用,最後整合出
諸多篇帙;其次,根據《三史凡例》總則要求,新創和假借傳統體例,
以手頭現存金源官修文獻填充其中,實際不過是改頭換面;第三,
元朝史官爲充實《金史》内容搜討他方文獻,此舉本無可厚非,但像
《曆志下》渾象條將蘇頌著作攘爲己有、《百官志》宫人女官職員條
疑似抄襲《宋會要》一類的宋朝官修文獻冒充金制,則成爲一大
陷阱。

三、文獻的源流、系統、層次與校勘原則

本文通過尋繹《金史》同源文本,從諸志、表、傳到具體片段討
論正史史源問題,在基於《金史》本書内證的基礎上,然後跳出全書
文本細節,既而以同源視角總覽元朝史官的編纂工作,這樣"内"與
"外"有機結合,以期把握這部書的整體文獻框架。於文獻整理而
言,只有將探索史源和編纂思路作爲基礎,才能够拿捏好校勘的尺
度和標準,更有望徹底揭示問題的癥結所在,解釋致誤之由。

陳垣提出"校法四例"概念(對校法、本校法、他校法、理校
法),[1]後世將其奉作經典。這一校勘法則與古籍整理實踐怎樣做
到有效結合,必因書而異,但其中一條——同源校勘,逐漸成爲一
種共識觀念。黄永年論述"本校"原則曾指出,"古籍不出一手不能

---

[1]　陳垣《校勘學釋例》,中華書局,2004年,第129—133頁。

本校”、“史源不同不能本校”。① 孟彦弘以修訂本《隋書》爲例,强調説:“本校、他校的前提,是所校者確係同一史源。切忌用本校、他校的手段,將不同的記載‘統一’成爲相同的記載。倘如此,那無異於校書而書亡了。”② 苗潤博根據《遼史》修訂經驗,總結指出:“從陳垣的四校法開始,校勘學都在提‘他校’,但是真正最有用的他校是什麽呢? 是同源文本的校勘,而不是隨隨便便使用不同系統的文獻來校勘。”③以上校勘理念之日漸成熟與深化,與中華書局二十四史修訂工作密切相關,諸家在實踐中逐步總結經驗與教訓。

本文謹結合《金史》談談對“校法四例”的具體理解。首先,筆者針對《金史》版本校問題已有詳細論證,認爲版本異文對校到何種程度主要取決於具體版本系統情況,《金史》現存初刻本與其後衍諸多版本並存,版本脈絡總體是一種單線流程,這樣須充分尊重至正初刻本或最早期洪武覆刻本,而對後期南監本及諸本的利用務必謹慎。其次,所謂“理校”,陳垣解釋其適用範圍:“遇無古本可據,或數本互異,而無所適從之時,則須用此法。”④通檢《金史》點校本,該書亦不乏採用理校者,長篇考證頗耗精力,可惜很多結論都站不住腳。這與其説是一種校法,還不如視作考據手段之一種,更突出個人學術觀點,實在過於冒險。第三,其餘兩種“本校”“他校”,正與本文討論正史文本史源及編纂成書密切相關,兩者可謂是互爲表裏,下文擬從文獻源流、層次、系統等諸層面討論這個

① 黄永年《古籍整理概論》,陝西人民出版社,1985 年,第 129—133 頁。

② 孟彦弘《本校與他校釋例——古籍校勘中的“史源”問題》,《隋唐遼宋金元史論叢》第 3 輯,上海古籍出版社,2013 年,第 105—112 頁。

③ 苗潤博《〈遼史〉與史源學》,《上海書評》2020 年 5 月 30 日。(文章電子版見 ht-tps://www.thepaper.cn/newsDetail_forward_7598530)

④ 陳垣《校勘學釋例》,第 133—134 頁。

問題。

（一）文本的相對原始性與年代性

至正初年所修三史，我們討論《金史》編纂問題的文獻資料比"宋"嚴重不足而比"遼"則綽綽有餘，其文本形成線索有迹可循者衆多，這能使探源手段得以充分發揮。首要一點，我們應充分發掘"原始"文書的意義。其中分爲三種類型：

第一類，金朝詔書仍傳世可資利用者，構成最根本的文本源頭。按卷三《太宗紀》天會四年正月庚午條云："宗望使吳孝民等入汴，問宋取首謀平山者童貫、譚稹、詹度及張覺等。"①原點校本校勘記認爲：

> 問宋取首謀平山者童貫譚稹詹度及張覺等。原脱"者"字。按本書卷六〇《交聘表》，天會四年"正月己巳，宗望諸軍渡河，使吳孝民入汴，問宋取首謀平山者"，②有"者"字。今據補。

今本《太宗紀》和《交聘表》天會四年正月庚午條同源。該原始文移今存於《大金弔伐録》一書中，則能辨明此事之原委。該書卷上《次事目劄子》云：

> 若不能誠心悔罪，重乞懽盟，可囚縛首先謀取平山童貫、譚稹、詹度，並逆賊張覺、李石、衞甫、趙仁彥等來詣軍前，謝天下罪。

《次事目劄子》儘管無明確繫年，據卷目小注云"係差字董吳孝民等

---

① 《金史》卷三《太宗紀》，第 1 册，第 54、67 頁。
② 《金史》卷六〇《交聘表上》，第 5 册，第 1392—1393 頁。

持去",①《金史·太宗紀》天會四年正月庚午條"宗望使吳孝民等入汴"與此相合。根據這份最初文獻,可知《太宗紀》節録詔書,原文並無"者"字,而《交聘表》"問宋取首謀平山者"中的"者"字,是爲行文需要省略掉金方索求童貫等六人的名字,顯然不能據此來校改《太宗紀》。

第二類,今本《金史》志書中同源文本翔實,通常會清晰敘述事件原委,凡遇本紀不通之文可與此檢校參證。卷八《世宗紀下》大定二十八年三月戊申云:"命隨朝六品、外路五品以上職事官,舉進士已在仕、才可居翰苑者,試制詔等文字三道,取文理優贍者補充學士院職任。"原點校本校勘記指出:"外路五品以上職事官。原脱'上'字,據文義補。"②這一理校僅爲猜測,並無任何根據。筆者從《金史·選舉志》中檢出一條與此同源的記載,該卷試學士院官條云:

> 大定二十八年,敕設科取士爲學士院官。禮部下太常,按唐典,初入學士院例先試,今若於進士已仕者,以隨朝六品、外路五品職事官薦,試制詔誥等文字三道,取文理優者充應奉。由是翰苑之選爲精。③

此文敘翰苑選拔已仕進士之法。參酌此條,可知《世宗紀下》大定二十八年三月戊申條節取史文失當,點校者補"上"字雖文從字順,但未必符合原文本義。

第三類,金朝官修文獻之流傳,大體分化爲兩條路線:主流當然是正統的官方保存收藏,經金入元,由此奠定元修《金史》之資料

---

① 《大金弔伐録》卷上《次事目劄子》,第 17 頁 a—b。
② 《金史》卷八《世宗紀下》,第 1 册,第 200、205 頁。
③ 《金史》卷五一《選舉志一》,第 4 册,第 1152 頁。

基礎,但歷經多次戰亂劫難,到元末明初絕大數散佚殆盡;餘脈則
是,通過私家鈔録、節引、編寫而輾轉傳遞,這種本不起眼的形式卻
維持着恒久的生命力,如徐夢莘和李心傳書所引《金太祖實録》、
《金虜節要》、《金虜圖經》、《神麓記》等文獻。例如,天眷三年希尹
被下詔誅殺之事,即由多種文獻互證相發明。《金史·完顔希尹
傳》載:"賜希尹詔曰:'帥臣密奏,姦狀已萌,心在無君,言宣不道。
逮燕居而竊議,謂神器以何歸,稔於聽聞,遂致章敗。'遂賜死。"①
這其中有一大爭議是,《完顔希尹傳》本作"師臣",原點校本和修訂
本據《永樂大典》引文改作"帥臣"。

以上這一校改,從史源、版本乃至史實皆誤。今檢《三朝北盟
會編》卷一九七金人殺兀室蕭慶條引張匯《金虜節要》,收録"誅兀
室、蕭慶詔"曰:

> 日者帥臣密奏,姦狀已萌,蚤弗加誅,死不瞑目。顧雖未
> 忍,灼見非誣,心在無君,言宣不道。逮燕居而竊議,謂神器以
> 何歸。稔於聽聞,迄致彰敗。躬蹈前車之既覆,豈容蔓草之
> 弗圖。②

對比可知,《金虜節要》收録者更全面,與《完顔希尹傳》文字幾近一
致。修訂本謂《會編》引《金虜節要》有作"帥臣"者,③目前較爲通
行和最便於利用的許涵度刻本即爲此二字(見上引文)。④《會編》
版本系統十分複雜,鈔本衆多,須綜合查證後謹慎案斷。筆者核查
中國國家圖書館藏 A00083、08016、02106 三種鈔本、中華再造善本

---

① 《金史》卷七三《完顔希尹傳》,第 5 册,第 1686、1692 頁。
② 徐夢莘《三朝北盟會編》卷一九七,下册,第 1417 頁下欄。
③ 修訂本《金史》卷七三《完顔希尹傳》,第 5 册,第 1798 頁。
④ 徐夢莘《三朝北盟會編》卷一九七引《金虜節要》,下册,第 1417 頁下欄。

影印明鈔本及光緒四年袁祖安活字本，無不寫作"師臣"，正與《金史·完顏希尹傳》相同，既而可證最初史源就是如此。最關鍵的一點是，所謂"師臣密奏"一語確有所指。據《會編》卷一九七引苗耀《神麓記》記載說，希尹（悟室）因酒後亂言，不僅辱罵宗弼（兀朮），還揚言自己手握重兵，結果引發："兀朮遂行。后具此言白東昏，使兀朮親弟燕京留守紀王阿魯追兀朮，至良鄉及之，回，兀朮至密奏。"①可知，原來是兀朮向熙宗（東昏）告發希尹。天眷三年詔書中以"師臣"指稱宗弼，正符合其身份和地位之尊崇，他身爲太祖第四子，爲熙宗叔父，並且於天眷元年奏請誅撻懶，因功册封爲太保，領行臺尚書省，兼任都元帥統兵，等等。

以上三種類型探討的都是今本《金史》文本及其據此牽涉出的原始文獻，兩者具有源流關係或構成同源文本，其所載事件年代一致，此爲校勘學的不二法門。若逾越此條規誡，將文獻時間層次擾亂、雜糅，忽略制度變化的時代性，往往會導致"關公戰秦瓊"式的尷尬。下文檢舉修訂本《金史》三個此類誤校案例，引以爲戒。

例一，卷三一《禮志四·功臣配享》謂大定八年："上命圖畫功臣於太祖廟，有司第祖宗佐命之臣，勳績之大小、官資之崇卑以次上聞。"右廡最後一名"右丞相金源郡王紇石烈志寧"。② 修訂本校勘記認爲：

> 右丞相金源郡王紇石烈志寧。按，錢大昕《考異》卷八四："案《百官志》，紇石烈姓例封廣平郡，《志寧傳》亦云封廣平郡王，此稱金源郡，疑誤。"③

<hr>

① 徐夢莘《三朝北盟會編》卷一九七引《神麓記》，下册，第 1418 頁上下欄。
② 《金史》卷三一《禮志四·功臣配享》，第 3 册，第 762 頁。
③ 修訂本《金史》卷三一《禮志四·功臣配享》，第 3 册，第 823 頁。

修訂本有錢大昕背書,①乍讀感覺言之鑿鑿。事實上,論者並未考
慮到金朝郡王封册制度源流及演變過程而妄加案斷。紇石烈志寧
封"金源郡王",這在本傳中有明確記載。② 金源一代,非完顏氏的
女真人封册"金源郡王",也並不是只有紇石烈志寧一個人,筆者在
《金史》中檢到兩例:大定十八年六月庚午,紇石烈良弼薨,"追封金
源郡王";③《章宗紀一》大定二十九年七月丁卯謂徒單克寧"改封
金源郡王"。④ 以上三人,良弼與志寧同爲紇石烈氏,徒單克寧與他
們同樣對應卷五五《百官志一》"白號之姓"中的廣平郡。⑤

　　如何解釋《百官志》所載制度規定與實際册封看似矛盾的現象
呢? 我認爲須檢討《百官志》所載"白號之姓"、"黑號之姓"郡望形
成定制的年代。按該卷僅僅敘述白號、黑號兩大類涵蓋姓氏及其
所封册的郡望,可惜這項制度的具體頒布時間不詳。⑥ 我們從姚燧
撰《布色君神道碑》中找到了關鍵線索。碑文稱:"金有天下,諸部
各以居地爲姓。章廟病其書以華言爲文不同,敕有可定著而一之。
凡白姓,金源郡三十有六,廣平郡三十,皆白書;隴西郡二十有八,
彭城郡十有六,皆黑書。其等而别者甚嚴。布色氏于金源次居五,
其素爲華望之家,不言可喻。"⑦"白書"、"黑書"即指《金史·百官
志》"白號之姓"、"黑號之姓"。⑧ 今考證《布色君神道碑》詳細敘

---

① 此條見錢大昕《廿二史考異》卷八四《金史一·禮志四》,方詩銘、周殿傑點校,上海
　古籍出版社,2004年,下册,第1173頁。
② 《金史》卷八七《紇石烈志寧傳》,第6册,第1934頁。
③ 《金史》卷八八《紇石烈良弼傳》,第6册,第1956頁。
④ 《金史》卷九《章宗紀一》,第1册,第211頁。
⑤ 《金史》卷五五《百官志一》,第4册,第1230頁。
⑥ 《金史》卷五五《百官志一》,第4册,第1229—1230頁。
⑦ 姚燧《牧庵集》卷一七《南京兵馬使贈正議大夫上輕車都尉陳留郡侯布色君神道
　碑》,查洪德編輯點校《姚燧集》,第275—276頁。
⑧ 參見賈敬顏《女真姓氏》,氏著《民族歷史文化萃要》,第74—77頁。

述祖先世系傳承與《金史·僕散忠義傳》亦正相合,①據此確認"布色"係清人改譯自僕散氏。前引《布色君神道碑》云"布色氏于金源次居五",今見《百官志》"白號之姓"金源郡中的第五位正是"僕散"。按《金史·章宗紀》明昌二年十一月丙午云"制諸女直人不得以姓氏譯爲漢字",②蓋即碑文所載章宗釐定郡望事。據此可知,《百官志》乃係明昌初年制度,而紇石烈志寧、紇石烈良弼及徒單克寧的金源郡王皆爲世宗大定年間封賜,也就是說,彼時紇石烈志寧不一定非要冊封"廣平郡"。

　　例二,《兵志》謂天德二年九月,"罷大名統軍司,而置統軍司于山西、河南、陝西三路,以元帥府都監、監軍爲使,分統天下之兵"。③修訂本《兵志》校勘記認爲:

　　　　按,本書卷六《世宗紀上》,大定三年五月"罷河南、山東、陝西統軍司"。《大金國志》卷三八《統軍司三處》載,"統軍司三處,南京路南京置司,陝西路京兆置司,山東路益都置司"。與此異。④

以上諸條史料所述非同一時期制度,不宜做如此簡單的文字比較。

　　對於筆者上述論點,下文將簡略分析金朝統軍司設置及其變化情況。據《兵志》記載,天德二年漢地軍事劃分爲三:山西路、河南路、陝西路統軍司。同書《地理志下》佐證此事,開封府條"天德二年置統軍司",即河南統軍司;⑤京兆府條"天德二年置陝西路統

---

① 《金史》卷八七《僕散忠義傳》,第6冊,第1935頁。
② 《金史》卷九《章宗紀一》,第2冊,第219頁。
③ 《金史》卷四四《兵志》,第3冊,第1003頁。
④ 修訂本《金史》卷四四《兵志》,第3冊,第1084頁。
⑤ 《金史》卷二五《地理中》,第2冊,第589頁。

軍司";①山西路統軍司則無明文記載。不過卷七二《殼英傳》明確提到天德二年,"改山西路統軍使"。② 筆者將《金史・百官志》與《三朝北盟會編》卷二四五引范成大《攬轡録》通盤比較後,發現兩者所敘金朝官制整體框架結構大體一致,據後者記載,書中所録係大定二年制度。按《攬轡録》云:"諸州刺史、同知,防禦、同知,統軍,招討、都監,猛安謀克、群牧。"③儘管書中未詳細列出諸刺史、防禦、統軍等名稱,但可以斷定,《金史・百官志》統軍司條"河南,山東,陝西,益都"亦即大定二年官制。④ 再參考《世宗紀上》大定三年五月己亥條云:"罷河南、山東、陝西統軍司,置都統、副統。"⑤此時所罷三統軍司的名稱與《百官志》正合。這樣參酌《兵志》"山西、河南、陝西三路"統軍司,可見大定初年時已罷山西路,而新增山東路。⑥ 要之,統軍司設置,《兵志》載天德二年制度,而《百官志》則爲大定二年新變動,《大金國志》抄自《金虜圖經》,實係明昌之制,各書所敘制度時代不同,決不可做文本校勘。

　　例三,卷六四《后妃傳下》世宗元妃李氏條云:"元妃李氏,南陽郡王李石女。"⑦修訂本"本校"指出:

　　　　按,本書卷八六《李石傳》,"以太保致仕,進封廣平郡王。十六年,薨"。卷三一《禮志四・功臣配享》,亦稱李石爲廣平郡王。⑧

① 《金史》卷二六《地理志下》,第 2 册,第 641 頁。
② 《金史》卷七二《殼英傳》,第 5 册,第 1662 頁。
③ 徐夢莘《三朝北盟會編》卷二四五引《攬轡録》,下册,第 1759 頁下欄、第 1760 頁下欄。
④ 《金史》卷五七《百官志三》,第 4 册,第 1327 頁。按"益都"二字爲衍文。
⑤ 《金史》卷六《世宗紀上》,第 1 册,第 131 頁。
⑥ 參見余蔚《中國行政區劃通史・遼金卷》,第 506—507 頁。
⑦ 《金史》卷六四《后妃傳下》,第 5 册,第 1523 頁。
⑧ 修訂本《金史》卷六四《后妃傳下》,第 5 册,第 1635 頁。

覆檢同書《李石傳》云:"對不稱旨,上表乞骸骨,以太保致仕,進封廣平郡王。十六年,薨。"①我們結合《世宗紀中》大定十四年二月庚午"以太尉、尚書令李石爲太保,致仕"這條記載可知,②李石封廣平郡王應爲十四年二月事。本書《禮志四·功臣配享》謂"至明昌四年,次序始定",西廊有"太保尚書令廣平郡襄簡王李石",③此稱"廣平"乃李石在世時所封郡王號。而上文則云"南陽郡王李石女",此外筆者還見元好問《中州集》李特進獻可小傳稱其爲"太師金源郡王石之子"。④　由此可知,兩者所載李石的郡王號均與《金史》本傳不同,但這顯然不是一個簡單的孰是孰非問題。

　　筆者的解釋則是,李石的"金源郡王"、"南陽郡王"應當爲衛紹王在位前後改贈之郡王號。其中有一條線索特別需要注意,本卷《后妃傳下》元妃李氏條下文云:"衛紹王即位,追諡光獻皇后,贈妃弟獻可特進。貞祐三年九月,削皇后號。"⑤李氏爲衛紹王允濟生母,衛紹王即位後便追諡皇后號,與此同時,李氏弟獻可(字仲和)贈特進。元好問《中州集》亦載此事稱:"衛紹王即位,以仲和元舅贈特進、道國公。"⑥父李石原本"以太保致仕",大定十六年薨,《中州集》則稱其爲"太師",郡王號亦抬升爲"金源",這些應該都是衛紹王時期追贈的。到宣宗即位執政,不僅將衛王貶爲東海郡侯,而且還禁錮其家屬,受此影響,上文謂李氏亦削皇后號。《后妃傳下》世宗元妃李氏條所載李石"南陽郡王"地位顯然低於金源郡王、廣平郡王,蓋即宣宗所爲。綜上分析,廣平郡王、金源郡王、南陽郡王

①　《金史》卷八六《李石傳》,第 6 冊,第 1914 頁。
②　《金史》卷七《世宗紀中》,第 1 冊,第 160 頁。
③　《金史》卷三一《禮志四》,第 3 冊,第 762—763 頁。
④　元好問《中州集》卷八《李特進獻可》,蕭和陶點校,下冊,第 506 頁。
⑤　《金史》卷六四《后妃傳下》,第 5 冊,第 1523 頁。
⑥　元好問《中州集》卷八《李特進獻可》,蕭和陶點校,下冊,第 506 頁。

應係李石在不同時期受封或兩次改贈的郡王號,不宜做文獻表層
的機械般勘同。

（二）文獻系統的分合

正史點校的一項基礎工作,必須要整合各類文獻,力求竭澤而
漁,構築起龐大的史料群。其真正應用於史文校勘、考訂,肯定不
能不加辨析地堆砌,或將平行史料雜糅在一起,而應該在細節上以
源流爲標尺釐清文本關係,大處則着眼於文獻系統。一般而論,史
料群大體有兩種歸類方式:一是傳世文獻與石刻文獻,此以歷史記
述的物質載體來劃分;二是本朝文獻與他方文獻,乃以本者與他者
的主客關係作爲判斷標準。

元修三史纂修雜取各類文獻,其中一項,廣泛蒐集和利用最終
要見諸於石刻的材料,即構成所謂"碑刻系統"。按袁桷《修遼金宋
史搜訪遺書條列事狀》提出,"纂修史傳,必當先以實録小傳,附入
九朝史傳,仍附行狀、墓誌、神道碑,以備去取"。[1] 蘇天爵《三史質
疑》也强調説:"遼、金大族如劉、韓、馬、趙、時、左、張、吕,其墳墓多
在京畿,可模碑文,以備採擇。"[2]本文討論《金史》文本流傳曾舉
《内相文獻楊公神道碑銘》、《閑閑公墓銘》爲例,説明它們與《趙秉
文傳》、《楊雲翼傳》的史源關係,現存金代碑傳資料主要見於元好
問、趙秉文等人文集,近代以來出土石刻總數雖然頗爲豐富,但能
與《金史》比勘的墓誌卻極少。據《金史·文藝傳上·王競》記載
説:"皇統初,參政韓昉薦之,召權應奉翰林文字,兼太常博士。詔
作金源郡王完顔婁室墓碑,競以行狀盡其實,乃請國史刊正之,時
人以爲法。"[3]從該文窺測,金代達到一定級别官員的行狀、碑誌與

①　袁桷《清容居士集》卷四一《修遼金宋史搜訪遺書條列事狀》,第37頁a。
②　蘇天爵《滋溪文稿》卷二五《三史質疑》,陳高華、孟繁清點校,第423頁。
③　《金史》卷一二五《文藝傳上·王競》,第8册,第2722—2723頁。

國史本傳的撰寫像是有一套成熟制度,可能與今本《金史》列傳的來源關係密切。

今本《金史》設有《婁室傳》,王競奉敕作《完顔婁室墓碑》,採據行狀,可惜今無考,所幸大定十七年王彦潛撰《神道碑》可資參考。今本《婁室傳》敘述天輔六年敗西夏事云:

> 夏人救遼,兵次天德,婁室使突撚、補撚以騎二百爲候兵,①夏人敗之,幾盡。阿土罕復以二百騎往,遇伏兵,獨阿土罕脫歸。時久雨,諸將欲且休息,婁室曰:"彼再破吾騎兵,我若不復往,彼將以我怯,即來攻我矣。"乃選千騎,與習失、拔离速往。斡魯壯其言,從之。婁室遲明出陵野嶺,留拔离速以兵二百據險守之。獲生口問之,其帥李良輔也。將至野谷,登高望之。夏人恃衆而不整,方濟水爲陣,乃使人報斡魯。婁室分軍爲二,迭出迭入,進退轉戰三十里。過宜水,斡魯軍亦至,合擊敗之。

原點校本舊校第三條認爲:

> 將至野谷登高望之。原脱"谷"字。按本書卷二《太祖紀》,天輔六年六月,"斡魯、婁室敗夏人於野谷"。又卷六〇《交聘表》,天輔六年"六月,夏遣李良輔率兵三萬救遼,斡魯、婁室敗之于野谷"。卷七一《斡魯傳》、卷一三四《西夏傳》等亦記此事,皆作"野谷"。今據補。②

點校者徵引同書《太祖紀》等記載追索天祚帝與夏兵作戰經過,本校文獻雖多,並且有"野"字爲痕迹,但是由於它們並不是同源文

① 原點校本作"突撚補撚",修訂本標點作"突撚、補撚",今從之。
② 《金史》卷七二《婁室傳》,第5册,第1650、1667—1668頁。

本,其結論難以坐實。今檢《婁室神道碑》天輔六年事:

> 　　以二將與王偕行,將至耶俞水,登高以望,夏軍隊伍不整。
> 方濟水,遣使馳報斡魯曰:"今觀敵眾而無威,易與耳,將挑戰
> 僞遁以致之,請速以師進。"王乃分所將爲二旅,更出□□□□
> □□□□□引卻,其□繼出,進退以誘之。退凡□□過□水,
> 乃再整行列,奮銳氣馳擊,敵兵遂卻退,我大軍亦至,合擊之,
> 敵乃大潰,追至耶俞水,殺數千人。①

該碑文内容與《婁室傳》亦正相合,即爲同源文獻,其中"將至耶俞
水登高以望"及其下文即《婁室傳》"將至野□□登高望之"云云。
據此證明,婁室登高望遠地點"耶俞水"實即《金史》脱文,"耶"、
"野"讀音一致,兩詞同名異譯。揆諸文義,野谷之戰發生於耶俞水
戰鬥之後,《金史》所載"野谷"者,《太祖紀》天輔六年六月條②與
《交聘表》、③《西夏傳》④相同,源於《太祖實錄》,此與"耶俞水"分
屬不同的文獻脈絡。

　　儘管列傳與碑誌並無直接傳抄關係,若是構成同源關係,則具
備比勘的基礎。例如,卷九六《李晏傳》敘述李晏經歷説:"歷中牟
令。……丁内艱,服除,召補尚書省令史。"原點校本指出:"丁内
艱。按下文有'以母老乞歸養,授鄭州防禦使,未赴,母卒'。則是
時其母未卒,疑此是'外艱'之誤。"⑤以上判斷正確,不過僅僅根據
傳文内容推測,證據並不過硬。筆者注意到,許安仁撰《李文簡公

---

① 　見羅福頤輯《滿洲金石志外編》,《石刻史料新編》第 1 輯,第 23 册,第 17494 頁下
　　欄——第 17495 頁上欄。
② 　《金史》卷二《太祖紀》,第 1 册,第 37 頁。
③ 　《金史》卷六〇《交聘表上》,第 5 册,第 1388 頁。
④ 　《金史》卷一三四《西夏傳》,第 8 册,第 2865 頁。
⑤ 　《金史》卷九六《李晏傳》,第 6 册,第 2125、2140 頁。

神道碑銘》所敍李晏仕履才最具説服力。該神道碑提到：

> 正隆之季，調開封府中牟縣令。時營汴都，公馳驛河東，督運材木，三門天下之險，前後失敗甚衆。公惻然傷之，馳至行省，白所以爲害之狀，若將大木散投而下，指oct津而捉取之，物或少有失，人必無患。果如其言。未幾，以正奉君憂去官，服除，勾充省掾。①

不難看出，本卷《李晏傳》與《李文簡公神道碑銘》敍事契合，前者謂李晏時任中牟令"丁内艱"，實際是指後者"以正奉君憂去官"。所稱"正奉君"即晏之父李森。李晏撰《先考正奉君墓誌》詳細記載森去世云："晏爲中牟令日，先人卒于廨舍之正寢，時正隆庚辰上元日。餔時，忽索盥漱云：'上帝召我，南岳有職。'易衣畢就枕而逝，門卒皆聞車馬絲竹之音，騰空而去，享年七十有五。"②據此可知，正隆五年李晏任中牟令時丁父憂，服除所充"省掾"即尚書省令史。故將本卷《李晏傳》校改作"丁外艱"殆無疑問。

　　根據以上兩個校勘釋例，筆者在此再做進一步補述，按照一般理解，陳垣本校法"以本書前後互證"，他校法"以他書校本"，實際是以點校者徵引文獻的載體途徑内與外論定，卻恰恰割裂了史源線索，譬如《婁室傳》之脱文以"本校"勘正結果失敗，他引石刻《婁室神道碑》無疑正確，《李晏傳》"丁内艱"據上下内證的確不足，最終要靠同源文本《李文簡公神道碑銘》得以坐實。有鑒於此，我們似不應以所引校勘文本歸屬於書籍彼、此劃分，而是以同源與否爲准的，"本校"與"他校"都是相對的，尤其要慎重處理本朝文獻與敵國文獻之歧異，這是由於兩方或多方政權的文化背景、史學傳統、

---

① 　成化《山西通志》卷一五《李文簡公神道碑銘》，第 70 頁 a。
② 　成化《山西通志》卷一五《先考正奉君墓誌》，第 68 頁 a。

政治立場等方方面面迥然有別,它們對同樣事件的記載往往參差
不齊,甚至有時會針鋒相對,這種現象在金宋政權並立的客觀環
境下格外突出。典型一例,皇統二年,金宋簽訂紹興和議,雙方文
獻記載合約主幹文本並無二致,但是最重要的明確表述兩者地位
關係的內容,亦即《金史・宗弼傳》所載誓表中的"臣構言"、"世
世子孫,謹守臣節"等敏感文字,①則被宋朝文獻編纂者删削殆
盡。② 當然這不是一個單純的文獻節略問題,更涉及極爲複雜的政
治史。③

　　與此相關者,《金史・交聘表》是一份系統記述金宋雙方使節
往來及兩國交往的資料。校勘此表,必然會牽涉到宋方文獻,通常
據此辨證相關史實。按《交聘表》天輔元年十二月"宋遣登州防禦
使馬政來聘",二年正月"遣散覩報聘于宋",三年六月"宋遣馬政及
其子宏來聘",四年四月"宋復遣趙良嗣以書來議燕京、西京之地",
以及與此同源的《太祖紀》諸條目,點校本《金史》均引據徐夢莘
《三朝北盟會編》校證《金史》,認爲其所記宋方遣使時間有誤。④
論者將兩個不同文獻系統的史料勘正,這説明對金朝文獻官書系
統缺乏了解,其結果是徒勞的。《交聘表》與本紀同源於實錄,所不
同者,通常前者詳載正副使,後者僅記錄正使。太祖天輔年間的交
聘記錄稍有特殊,今列表如下:

①　《金史》卷七七《宗弼傳》,第 5 册,第 1755—1756 頁。
②　參見李心傳《建炎以來繫年要錄》卷一四二紹興十一年十一月庚申,胡坤點校,第 6
　　册,第 2685—2686 頁。
③　參見樊文禮《"紹興和議"中宋方文獻諱載的幾個情節》,《文獻》1999 年第 4 期。
④　《金史》卷六〇《交聘表上》,第 5 册,第 1414—1415 頁。卷二《太祖紀》,第 1 册,第
　　43—44 頁。

《交聘表》	《太祖紀》	《大金弔伐録》①
天輔元年十二月,宋遣登州防禦使馬政來聘,請石晉時陷入契丹漢地。	是月,宋使登州防禦使馬政以國書來,其略曰:"日出之分,實生聖人。竊聞征遼,屢破勍敵。若克遼之後,五代時陷入契丹漢地,願畀下邑。"	《與宋主書》:天輔元年十二月,宋主遣登州防禦使馬政來,曰:"日出之分,實生聖人。竊聞征遼,屢敗勍敵,若克遼之後,五代時所取燕雲兩京地土,願畀下邑。"
二年正月,遣散覩報聘于宋,所請之地,與宋夾攻得者有之,本朝自取,不在分割之議。	正月庚寅,使散覩如宋報聘,書曰:"所請之地,今當與宋夾攻,得者有之。"	《與宋主書》:二年正月乙巳,宋使馬政回。遣撒覩報聘,與宋約夾攻燕西二京,隨得者取其地,若出國所取,即不在分割。
三年六月,宋遣馬政及其子宏來聘。	六月辛卯,散覩還自宋。宋使馬政及其子宏來聘。散覩受宋團練使,上怒,杖而奪之。宋使還,復遣孛菫辭列、曷魯等如宋。	《與宋主書》:三年夏四月丙子朔,使南宋撒覩回,同宋使趙良嗣及其子宏來。撒覩受宋國團練使官,上命杖而削之。南使回,遣孛菫廝勒、曷魯等同往。
	四年二月,辭列、曷魯還自宋。	《與宋主書》:四年二月己亥,使南宋廝勒等回。
四年四月,宋復遣趙良嗣以書來議燕京、西京之地。	宋使趙良嗣、王暉來議燕京、西京地。	《與宋主書》:四年二月己亥,使南宋廝勒等回,同宋使趙良嗣、王暉,復以祈請燕西二京地界書來。
	十二月,宋復使馬政來請西京之地。	十二月丁卯朔,宋使馬政復來請燕地,命如前約。
	六年四月壬辰,遣徒單吳甲、高慶裔如宋。	《與宋主書》:六年夏四月壬寅,遣徒單烏賈、高信哥使于宋。

---

① 佚名編《大金弔伐録》卷上,第1頁a—第7頁a。

續表

《交聘表》	《太祖紀》	《大金弔伐録》
七年正月,宋復遣趙良嗣來議燕京、西京地,答書如初約,合攻隨得者有之,今自我得,理應有報。趙良嗣言,奉命若得燕京,即納銀、絹二十萬匹、綾二萬匹,以代燕地之租税。	七年正月己卯,宋使來議燕京、西京地。	《與宋主書》:七年正月己卯,與宋書。……是以宣諭趙良嗣等,合取時貢銀絹共准一百萬貫。良嗣等言:"奉旨并請西京路地界,若不從所請,止得燕京,即納二十萬匹兩;設猶未允,更加綾二萬正,外不敢擅加。今相度燕京諸州土廣人衆,今取與未決,豈可輕易便行分付? 請抽退臨邊士卒。"
二月,宋復遣趙良嗣來定議,加歲幣代燕地租税,并議畫疆、遣使、置榷場、復請西京等事。	二月癸巳,宋使趙良嗣來,請加歲幣以代燕税,及議畫疆與遣使賀正旦生辰、置榷場交易,并計議西京等事。	天輔七年二月十九日《答宋主書》:二月癸卯,遣字菫銀尤可、鐸剌爲宋使副,以烏林答贊謀爲議事。……來書云:"所言代税物貨,并事目所載色數價值,交割月日處所,與畫定界至,遣使賀正旦生辰及置榷場事,並如來示所諭。" 《白劄子》(與書同封): 今來又令良嗣等計議西京,欲一就收復。
癸卯,遣字菫銀术可、鐸剌報聘於宋,許以武、應、朔、蔚、奉聖、歸化、儒、嬀等州,其於西北一帶接連山川及州縣,不在許與之限。	癸卯,銀术哥、鐸剌如宋。	天輔七年二月十九日《答宋主書》:今差字菫銀尤可、鐸剌爲國信使副,及贊謀充議事。 《白劄子》:今特許與西京武、應、朔、蔚、奉聖、歸化、儒、嬀等州,并地土民户。其已西並北一帶接連山後州縣地土人民,不在許與之限。

續表

《交聘表》	《太祖紀》	《大金弔伐錄》
戊申，詔平州官與宋使一同分割所與燕京六州之地。	戊申，詔平州官與宋使同分割所與燕京六州之地。	
三月，宋使盧益、趙良嗣、馬宏以誓書來。	三月戊午，宋使盧益、趙良嗣、馬宏以國書來。	《南宋回書》：三月戊午，命馬同權管勾燕京事，將以其地付宋故也。丙寅，宋使盧益、趙良嗣、馬擴以回書來。
四月，復誓書于宋。	四月壬辰，復書于宋。	《回南宋國書》：夏四月壬辰復誓書。癸巳，以宋所增銀絹令于燕地交付。壬辰係初九日。

　　對於同一條交聘記錄，《交聘表》與《太祖紀》若合符契，僅僅詳略有所不同而已，證明同出自《太祖實錄》。此外，天輔四年二月"辭列、曷魯還自宋"，十二月"宋復使馬政來請西京之地"及六年四月壬辰"遣徒單吳甲、高慶裔如宋"，《交聘表》缺載。以上諸條內容，除天輔七年二月戊申條外，均見於《大金弔伐錄》，並且載錄原始交聘文書十分詳備，《金史》天輔元年十二月、正月庚寅、三年六月辛卯、四年二月、十二月、六年四月壬辰、七年正月己卯七條與《與宋主書》相合；七年二月癸巳、癸卯兩條與天輔七年二月十九日《答宋主書》及其所附《白劄子》同，三月戊午條內容見於《南宋回書》，四月壬辰條對應《回南宋國書》，據此可知《太祖實錄》所記交聘事採據兩朝文移改編，此爲金朝外交文書體系。《金史》載雙方使節情況與徐夢莘書有所出入的根源在於兩套不同話語體系下的歷史敘事。尤其是，《三朝北盟會編》的史料來源及權威性仍需要進一步釐清、辨別，此書政和到宣和間記載有關《交聘表》中的金天

輔紀事,如涉及馬政、趙良嗣者,蓋根據馬擴《茅齋自序》及趙良嗣
《燕雲奉使錄》等語錄編寫。說到底,文獻系統的記載歧異,一方爲
金方官書檔案,一方爲宋使語錄,究竟孰是孰非呢?

　　我們主張同源文獻校勘的原則,陳垣校讎四法的具體實踐,最
終要看文獻系統情況:無論是石刻史料還是傳世文獻,都不過是文
本的物質載體和傳播媒介,着眼點在於是否"同源";本校、他校文
獻,尤其本朝文獻與他方文獻齟齬不合,關節之處不是討論對錯問
題,而是釐清文獻脈絡和史源譜系。總之,整個校勘的核心精神
是:源與流。

　　(三)破解元朝史官製造的迷局

　　以上所述,元朝史官纂修《金史》以各種手段剪裁、摘錄史料充
當編者角色,也同時存在對史文總結與解釋的情況,無形中還作爲
評論者闡釋對金朝歷史的認知。史官據蒙元時期當下知識解讀金
朝史料,由此寫進今本《金史》,甚至給我們造成不小困惑。

　　一是,史料剪裁過程中的改編失誤,致張冠李戴,須通過核對
史源仔細加以甄別。

　　卷一一九《完顏婁室傳》云:"完顏婁室三人,皆内族也,時以其
名同,故各以長幼別之。"《金史》將金末這三位同名"婁室"的事迹
雜列在同一本傳中,傳文稱"正大八年,慶山奴棄京兆,適鷹揚都尉
大婁室運軍器至白鹿原,遇大兵與戰,兵刃既盡,以絛繫掉金牌,力
戰而死。"[1]王鶚《汝南遺事》評論哀宗"遴選武臣"一條稱讚大婁室
等人說"天興初皆死於王事",[2]元修《完顏婁室傳》贊語所貶稱"兩
婁室讒賊人也",乃指中婁室、小婁室,由於天興元年兩婁室作爲主

------

①　《金史》卷一一九《完顏婁室傳》,第 8 册,第 2597—2600 頁。

②　王鶚《汝南遺事》卷四《總論》,第 8 頁 a。

帥一同與蒙古兵戰襄城，結果其事迹多混淆。按《完顏婁室傳》敘述哀宗奔蔡州云：天興二年六月，“及上將幸蔡，密召中婁室引兵來迓，婁室遲疑久之，乃率所招卒奉迎”。此謂自息州來迎駕者係中婁室。論者指出，該《完顏婁室傳》亦是取材於《汝南遺事》。① 循此線索，今檢《汝南遺事》卷一“詔蔡息帥臣來迓”條云：天興二年六月六日，“密詔蔡、息、陳、潁便宜總帥烏庫哩鎬（烏古論鎬）⋯⋯及征行總帥内族羅索各遣軍馬來迓”。按遭清人改譯的“羅索”即“婁室”，小注云：“時在息州。”②知迎駕者婁室身份爲征行總帥。據《汝南遺事》卷二“烏庫哩鎬權參政、胡土爲點檢”條詳細記述八月十五日奉迎經過：

> 滿城之敗，征行軍馬總帥内族婁室（小注：俗呼小婁室）領敗亡數百騎，由徐永間濟河，時睢陽已被圍，婁室等奔蔡，鎬素知婁室跋扈，辭以無中旨弗納。内族婁室等怒，復奔息。息帥石抹九住納之。⋯⋯及上將幸蔡，徵蔡、息軍馬來迓，以蔡重鎮，且欲爲行在，慮有不測，詔鎬勿遠迎，令别將領軍以來，故婁室獨得見上于雙溝。且拜且泣，屢誣鎬罪。③

這裏明確説征行軍馬總帥爲内族小婁室，他與哀宗單獨會合於雙溝，并藉此機會誣告烏古論鎬。《金史·烏古論鎬傳》敘述“避雨雙溝寺中”及“是日小婁室自息來迓”與《汝南遺事》亦正相合。④ 此外，《汝南遺事》卷一蒲鮮等進職條云：七月七日，“征行元帥權總帥内族婁室簽樞密院事”。⑤ 原書並未言明任總帥者是哪個婁室。

① 　任崇岳《王鶚與〈汝南遺事〉》，《駐馬店師專學報（社科版）》1990 年第 1 期。
② 　王鶚《汝南遺事》卷一，第 1 頁 a。
③ 　王鶚《汝南遺事》卷二，第 8 頁 a。
④ 　《金史》卷一一九《烏古論鎬傳》，第 8 册，第 2600—2601 頁。
⑤ 　王鶚《汝南遺事》卷一，第 6 頁 b。

《完顏婁室傳》則稱"中婁室以同簽樞密院事爲總帥",顯係元朝史官臆改,進而將雙溝迎駕事嫁接在中婁室頭上。

二是,元朝史官閲讀史料粗疏,對上下文義理解有誤,甚至無中生有,金代"奴婢户"問題之爭議就相當典型。

卷四六《食貨志一》曰:"其爲户有數等,有課役户、不課役户,本户、雜户,正户、監户、官户、奴婢户、二税户。"①對於所謂"奴婢户"的性質,目前學界分歧甚大:王曾瑜《金朝户口分類制度和階級結構》認爲,金朝奴婢在總人口中佔有一個相當大的比例,確實存在"奴婢户"。② 宋立恒承襲此説。③ 劉浦江《金代户籍制度芻論》指出,"奴婢户"一詞在《金史》中僅此一見,在當時只是泛稱或習稱,既非金朝實際存在的户類,亦非户籍制度中的正式户名。④ 張博泉、武玉環《金代的人口與户籍》提出,"奴婢户"乃是《金史》作者概括出的。⑤ 諸家各舉史料論證己説,而未能從史源與文獻編纂角度徹底揭示問題的源頭。

今檢《食貨志一》云"國之有食貨,猶人之有飲食也"至"咸著于篇,以備一代之制云",主體係元朝史官概述之文,其中"其爲户有數等,有課役户、不課役户,本户、雜户,正户、監户、官户、奴婢户、二税户"這段文字,與其説是敘述金代"户等"種類,不如説是對本篇《食貨志》内容的簡要總結。通過對《食貨志》所謂"户有數等"整體考察,筆者揭示其全部内容源自本卷户口條繫事。其中與"奴婢户"一詞相關者,有謂:"凡漢人、渤海人不得充猛安謀克户。

---

① 《金史》卷四六《食貨志一》,第 4 册,第 1028 頁。
② 王曾瑜《金朝户口分類制度和階級結構》,《歷史研究》1993 年第 6 期。
③ 宋立恒《關於金代奴婢的幾個問題》,《内蒙古社會科學(漢文版)》2010 年第 4 期。
④ 劉浦江《金代户籍制度芻論》,原刊《民族研究》1995 年第 3 期,收入氏著《遼金史論》,第 164—171 頁。
⑤ 張博泉、武玉環《金代的人口與户籍》,《學習與探索》1989 年第 2 期。

猛安謀克之奴婢免爲良者,止隸本部爲正户。凡没入官良人,隸宫籍監爲監户,没入官奴婢,隸太府監爲官户。"①元朝史官蓋據"没入官奴婢,隸太府監爲官户"提出,而謂"奴婢户"一説,實際是對史文理解有誤。

三是,與上述兩種類型相反,我們宜從今本《金史》既有疑點中揣度纂修者的想法。

卷一二六《文義傳下·王庭筠》敍述庭筠履歷云:"王庭筠字子端,遼東人。"原點校本指出:"'遼'原作'河'。按本書卷一二八《王政傳》,'王政,辰州熊岳人也','子遵古',遵古即庭筠之父。辰州熊岳縣屬東京路,見本書卷二四《地理志》,自當稱'遼東'。今據改。"②庭筠爲遼東人當無疑問,金元文獻所見該家族成員皆以辰州熊岳籍貫自居。問題是,《金史》爲何書作"遼東"? 我們可以通過追索《文藝傳下·王庭筠》史源和編纂過程解決上述疑惑。按《文義傳下·王庭筠》主體取資元好問《王黄華墓碑》,③碑文敍述王庭筠的家族譜牒頗爲翔實:"家牒載其三十二代祖烈,太原祁人,避漢末之亂,徙居遼東。曹公特徵,不應,隱居終身。其後遼東亦亂,子孫散處東夷。"④王庭筠追述始祖爲王烈。筆者檢《後漢書·王烈傳》有謂:"王烈字彦方,太原人也",⑤王庭筠"家牒"所敍王烈事迹與此大體相合,認爲最初起源於太原。因受纂修體例所限,元朝史官根據《王黄華墓碑》改編《文義傳下·王庭筠》捨去家牒内容,敍述庭筠籍貫大概採納了"太原祁人"的説法,籠統地稱"河東

---

① 《金史》卷四六《食貨志一》,第4册,第1031—1032頁。
② 《金史》卷一二六《文義傳下·王庭筠》,第8册,第2730、2743—2744頁。
③ 參見邱靖嘉《〈金史〉纂修考》,第216頁。
④ 元好問《遺山先生文集》卷一六《王黄華墓碑》,姚奠中主編、李正民增訂《元好問全集(增訂本)》,上册,第393頁。
⑤ 《後漢書》卷八一《王烈傳》,第9册,第2696—2697頁。

人"。

　　附帶指出,元朝史官個人的當下意識不自覺地攙和到《金史》
編修之中,也是一個值得注意的問題。地理知識概念滲透尤其明
顯。筆者粗檢全書,臚列如下:

　　　　卷一三《衛紹王紀》大安三年十一月謂:"是時,德興府、弘
　　州、昌平、懷來、縉山、豐潤、密雲、撫寧、集寧,東過平、灤,南至
　　清、滄,由臨潢過遼河,西南至忻、代,皆歸大元。"①

　　　　卷一一一《康錫傳》敘述履歷云:"轉右司都事、京南路司
　　農丞,爲河中路治中。河中破,從時帥率兵南奔,濟河,船
　　敗死。"②

　　　　卷一二五《文藝上・党懷英》謂:"大定十年,中進士第,調
　　莒州軍事判官,累除汝陰縣尹、國史院編修官、應奉翰林文字、
　　翰林待制、兼同修國史。"③

　　　　卷一二八《循吏傳・李瞻》:"宋王宗望嘉之,承制以爲興
　　平府判官。"④

　　　　同卷《循吏傳・孫德淵》謂德淵"興中州人也"。⑤

　　　　同卷《循吏傳・石抹元》敘述簡歷云:"石抹元字希明,懿
　　州路胡土虎猛安人。"⑥

今本《金史》所見"懷來"、"河中路"、"興平府"、"興中州"、"懿州
路"皆非金時地理建置,以及"汝陰縣尹"亦無"尹"這種官職。點

---

① 《金史》卷一三《衛紹王紀》,第1册,第294頁。
② 《金史》卷一一一《康錫傳》,第7册,第2461頁。
③ 《金史》卷一二五《文藝上・党懷英》,第8册,第2726頁。
④ 《金史》卷一二八《循吏傳・李瞻》,第8册,第2762頁。
⑤ 《金史》卷一二八《循吏傳・孫德淵》,第8册,第2766頁。
⑥ 《金史》卷一二八《循吏傳・石抹元》,第8册,第2769頁。

校者認爲以上這些都是錯誤的,指出"是此時懷來當作媯川",正文將"興中州"改作"興中府","汝陰縣尹"改作"汝陰縣令"以符合金朝制度。金代歷史知識的錯位僅爲表面現象,我們需要思考上述地名及職官背後所反映出的共同一致的特徵是什麽?

　　我們從史源入手並結合元代文獻來分析導致問題的原因。現分爲兩類進行梳理:第一類,《康錫傳》稱"河中路治中",檢元好問撰《大司農丞康君墓表》謂康錫"因以飛語中之,出爲河中府治中"。①《文藝上·党懷英》"累除汝陰縣尹",其本傳所據趙秉文《翰林學士承旨文獻党公碑》原作:"大定十年,中進士優等,調城陽軍事判官,汝陰令。十八年,充史館編修、應奉翰林文字、翰林修撰、翰林待制。"②元好問撰党懷英小傳同上,亦書作"汝陰令"。③第二類,按《衛紹王紀》大安三年十一月條稱"懷來",明昌六年早就更名"媯川"。按《元史·地理志》龍慶州條稱"延祐三年,割縉山、懷來來隸大都","領一縣:懷來"。④《循吏傳·李瞻》"興平府判官",據《元史·地理志》永平路條記載說,"金爲興平軍。元太祖十年,改興平府"。⑤《循吏傳·孫德淵》"興中州",《元史·地理志》興中州條敘述沿革說:"元初因舊爲興中府,後省。至元七年,又降府爲州。"⑥特別是,《循吏傳·石抹元》這條則能綜合以上兩種情況討論,按該文稱"胡土虎猛安"所在駐地爲"懿州路",而本書《石

① 元好問《遺山先生文集》卷二一《大司農丞康君墓表》,姚奠中主編、李正民增訂《元好問全集(增訂本)》,上册,第489頁。

② 趙秉文《閑閑老人滏水文集》卷一一《翰林學士承旨文獻党公碑》,馬振君整理《趙秉文集》,第294頁。

③ 元好問《中州集》卷三《承旨党公》,蕭和陶點校,下册,第162頁。

④ 《元史》卷五八《地理志一》,第4册,第1349頁。

⑤ 《元史》卷五八《地理志一》,第4册,第1351頁。

⑥ 《元史》卷五九《地理志二》,第4册,第1397頁。

抹仲温傳》及《奥屯忠孝傳》皆作"懿州胡土虎猛安",並無"路"
字。① 據本書《地理志上》可知,金朝無"懿州路"之設置,②但此地
名也並非史官捏造。今檢《元史·地理志》遼陽路條有記載說,"懿
州,下。初爲懿州路"。③ 今見《順帝紀》至正十九年(1369)正月丙
午條云:"遼陽行省陷,懿州路總管吕震死之。"④以上證據表明,元
朝史官引據原始文獻卻按當時地理知識改寫,無形中給《金史》史
文打上了時代烙印。

　　《金史》校勘工作,從錢大昕開始,經歷施國祁、張元濟到中華
書局點校本,凝聚數代學人心血,取得了重要成績,但尚未接近圓
滿,仍有可進步的空間。這是因爲,《金史》整理是一項綜合立體工
程,作爲核心議題的史源、纂修、校勘相互聯動,缺一不可。若能把
握《金史》整體文獻構架,摸清紀、傳、表、志的史源構成情況,以及
諸文本間内在的同源關係,抓住元朝史官將"金實録"改編爲紀傳
體《金史》這條主綫,在處理文本時,要牢固樹立文獻源流意識,這
樣能有助于把握校勘的尺度和徹底揭示問題的癥結所在。

①　《金史》卷一〇三《石抹仲温傳》,第7册,第2274頁。卷一〇四《奥屯忠孝傳》,第7
　　册,第2298頁。
②　《金史》卷二四《地理志上》,第2册,第560頁。
③　《元史》卷五九《地理志二》,第5册,第1396頁。
④　《元史》卷四五《順帝紀八》,第4册,第946頁。

參考文獻

一、基本古籍

《金史》版本：

中華書局點校本，1975 年。

中華書局點校本二十四史修訂本，2020 年。

中華再造善本影印國家圖書館藏至正初刻本。

國家圖書館藏洪武覆刻本。

國家圖書館藏洪武覆刻本補版葉。

百衲本二十四史影印本，臺灣商務印書館，1988 年（臺第六版）。

嘉靖八年南京國子監刻本，臺北國家圖書館藏，索書號 201.257 01616。

萬曆二十四年北京國子監刻本，復旦大學古籍部藏；康熙二十五年重修本，中華書局藏。

《後漢書》，中華書局點校本，1965 年。

《舊唐書》，中華書局點校本，1975 年。

《新唐書》，中華書局點校本，1975 年。

《遼史》,中華書局點校本,1974年;中華書局點校本二十四史修訂本,2017年。

《宋史》,中華書局點校本,1977年。

《元史》,中華書局點校本,1976年。

《高麗史》,(首爾)亞細亞文化社影印延世大學藏本,1972年。

司馬光《資治通鑑》,中華書局標點本,1956年。

徐夢莘《三朝北盟會編》,上海古籍出版社影印許涵度刻本,2008年第2版;中華再造善本影印明鈔本。

佚名編《大金弔伐録》,《四部叢刊》三編本。

崔文印校證《大金國志校證》,中華書局,2011年修訂本。

洪皓《松漠記聞》,陽山顧氏文房本。

楊堯弼《僞齊録》,藕香零拾本。

劉祁《歸潛志》,崔文印點校,中華書局,1983年。

王鶚《汝南遺事》,《中國野史集成》影印《畿輔叢書》本,第10册,巴蜀書社,1993年。

汪聖鐸點校《宋史全文》,中華書局,2016年。

陳均編《皇朝編年綱目備要》,許沛藻、金圓、顧吉辰、孫菊園點校,中華書局,2006年。

楊仲良《通鑑長編紀事本末》,《宋史資料萃編》第2輯,文海出版社影印廣雅書局本,1967年。

李壔《皇宋十朝綱要校正》,燕永成校正,中華書局,2013年。

李心傳《建炎以來繫年要録》,胡坤點校,中華書局,2013年。

《建炎以來朝野雜記》,徐規點校,中華書局,2000年。

熊克《皇朝中興紀事本末》,國家圖書館藏清鈔本。

賈敬顔校注《聖武親征録(新校本)》,陳曉偉整理,中華書局,2020年。

陳桱《通鑑續編》,至正刻本。

吳廣成著《西夏書事校證》,龔世俊等校證,甘肅文化出版社,1995 年。

厲鶚《遼史拾遺》,廣雅書局本。

《滿洲源流考》,影印《文淵閣四庫全書》本,臺灣商務印書館,1986 年。

蔡邕《獨斷》,《四部叢刊》本。

蘇洵《謚法》,《叢書集成初編》本,中華書局,1985 年。

李林甫等撰《唐六典》,陳仲夫點校,中華書局,2008 年重印本。

王溥《唐會要》,上海古籍出版社,2006 年。

杜佑《通典》,王文錦等點校,中華書局,1988 年。

鄭樵《通志二十略》,王樹民點校,中華書局,1995 年。

王涇《大唐郊祀録》,《適園叢書》本。

徐松輯《宋會要輯稿》,中華書局影印本,1957 年。

馬端臨《文獻通考》,上海師範大學古籍研究所、華東師範大學古籍研究所點校,中華書局,2011 年。

任文彪點校《大金集禮》,浙江大學出版社,2019 年。

《大金德運圖説》,影印《文淵閣四庫全書》本,臺灣商務印書館,1986 年。

陳高華、張帆、劉曉、党寶海點校《元典章》,中華書局、天津古籍出版社,2011 年。

徐元端《吏學指南(外三種)》,楊訥點校,浙江古籍出版社,1988 年。

王存《元豐九域志》,王文楚、魏嵩山點校,中華書局,1984 年。

樂史《太平寰宇記》，王文楚等點校，中華書局，2007 年。

孟元老《東京夢華録注》，鄧之誠注，中華書局，1982 年。

《景定建康志》，南京出版社，2009 年。

孛蘭盻等撰《元一統志》，趙萬里校輯，中華書局，1966 年。

郭聲波整理《大元混一方輿勝覽》，四川大學出版社，2003 年。

駱天驤《類編長安志》，黄永年點校，三秦出版社，2006 年。

熊夢祥原著《析津志輯佚》，北京圖書館善本組輯佚，北京古籍出版社，1983 年。

于欽《齊乘校釋》，劉敦願、宋百川、劉伯勤校釋，中華書局，2012 年。

《大明清類天文分野之書》，《四庫全書存目叢書》，子部第 60 册，齊魯書社，1997 年；國家圖書館藏洪武刻本。

《大明一統志》，天順五年刻本。

成化《山西通志》，成化十年刻本，北圖甲庫舊藏，臺北國家圖書館藏（索書號 3656）。

陳鎬《闕里志》，嘉靖三十一年刻本。

顧祖禹《讀史方輿紀要》，賀次君、施和金點校，中華書局，2005 年。

于敏中等編纂《日下舊聞考》，北京古籍出版社，1985 年。

金棨輯《泰山志》，陶莉、趙鵬點校，山東人民出版社，2019 年。

王士點《禁扁》，康熙棟亭藏書十二種本。

李德輝輯校《晉唐兩宋行記輯校》，遼海出版社，2009 年。

韓道昭《改併五音集韻》，成化庚寅重刊本。

《重編群書類要事林廣記》，長澤規矩也編《和刻本類書集成》第 1 輯，上海古籍出版社，1990 年。

《永樂大典》，中華書局，1986年。

楊士奇《文淵閣書目》，《國學基本叢書》，商務印書館，1937年。

黃佐《南廱志》，民國二十年江蘇省立國學圖書館影印嘉靖二十三年刻本。

陳第《世善堂藏書目録》，《知不足齋叢書》本。

《四庫全書總目》，中華書局，1965年。

黃虞稷撰《千頃堂書目》，瞿鳳起、潘景鄭整理，上海古籍出版社，2001年。

陸心源《儀顧堂續跋》，馮惠民整理《儀顧堂書目題跋彙編》，中華書局，2009年。

王昶編《金石萃編》，嘉慶十年刻本。

畢沅、阮元編著《山左金石志》，嘉慶二年刻本。

胡聘之編《山右石刻叢編》，光緒二十七年刻本。

羅福頤輯《滿洲金石志外編》，《石刻史料新編》第1輯第23冊，新文豐出版公司，1977年。

向南編《遼代石刻文編》，河北教育出版社，1995年。

向南、張國慶、李宇峰輯注《遼代石刻文續編》，遼寧人民出版社，2010年。

劉鳳翥《契丹文字研究類編》，中華書局，2014年。

蓋之庸編著《內蒙古遼代石刻文研究（增訂本）》，內蒙古大學出版社，2007年。

北京遼金城垣博物館編《北京遼金元拓片集》，北京燕山出版社，2012年。

梅寧華主編《北京遼金史迹圖志》，北京燕山出版社，2004年。

劉鳳翥、唐彩蘭、青格勒編著《遼上京地區出土的遼代碑刻匯輯》,社會科學文獻出版社,2009 年。

汪學文主編《三晉石刻大全·臨汾市洪洞卷》,三晉出版社,
2009 年。

楊衛東、黄滚生主編《涿州貞石録》,北京燕山出版社,2005 年。

駱承烈彙編《石頭上的儒家文獻——曲阜碑文録》,齊魯書社,
2001 年。

孫勐編著《北京佛教石刻》,宗教文化出版社,2012 年。

林寶《元和姓纂》,岑仲勉校記,中華書局,1994 年。

沈括《夢溪筆談》,金良年點校,中華書局,2015 年。

洪邁《容齋續筆》,孔凡禮點校《容齋隨筆》,中華書局,
2005 年。

陸游《老學庵筆記》,李劍雄、劉德權點校,中華書局,1979 年。

周密《癸辛雜識》,吳企明點校,中華書局,1988 年。

王惲《玉堂嘉話》,楊曉春點校,中華書局,2006 年。

白珽《湛淵静語》,國家圖書館藏繡谷亭續藏鈔本。

范成大《攬轡録》,孔凡禮點校《范成大筆記六種》,中華書局,
2002 年。

元好問《續夷堅志》,常振國點校,中華書局,1985 年。

陶宗儀《南村輟耕録》,中華書局標點本,1959 年。

顧宏義、李文整理標校《金元日記叢編》,上海書店出版社,
2013 年。

蔣光煦《東湖叢記》,梁穎校點,遼寧教育出版社,2001 年。

蘇頌《紹聖新儀象法要》,國家圖書館藏乾隆四十年影宋鈔本。

夏文彦編《圖繪寶鑑》,中華再造善本影印至正二十五年刻本。

張照等編撰《石渠寶笈》,上海古籍出版社,1991 年。

顧復撰《平生壯觀》,林虞生點校,上海古籍出版社,2011 年。

浙江大學中國古代書畫研究中心編《宋畫全集》第三卷,浙江大學出版社,2009 年。

蘇頌《蘇魏公文集》,王同策等點校,中華書局,1988 年。

洪皓《鄱陽集》,影印《文淵閣四庫全書》本,臺灣商務印書館,1986 年。

洪适《盤洲文集》,《四部叢刊》本。

樓鑰《攻媿先生文集》,中華再造善本影印北京大學圖書館藏宋四明樓氏家刻本。

元好問《中州集》,蕭和陶點校,華東師範大學出版社,2014 年。

《元好問全集(增訂本)》,姚奠中主編、李正民增訂,山西古籍出版社,2004 年。

趙秉文《趙秉文集》,馬振君整理,黑龍江大學出版社,2014 年。

耶律鑄《雙溪醉隱集》,影印《文淵閣四庫全書》本,臺灣商務印書館,1986 年。

王惲《秋澗先生大全文集》,《元人文集珍本叢刊》第 1—2 册,新文豐出版公司,1985 年。

姚燧著《姚燧集》,查洪德點校,人民文學出版社,2011 年。

蘇天爵《滋溪文稿》,陳高華、孟繁清點校,中華書局,1997 年。

蘇天爵《國朝文類》,《四部叢刊》本。

楊奐《還山遺稿》,嘉靖元年宋廷佐刻本。

袁桷《清容居士集》,《四部叢刊》本。

王逢《梧溪集》,中華再造善本影印元至正明洪武間刻景泰七年陳敏政重修本。

余闕《青陽先生文集》,《四部叢刊》續編本。

魏初《青崖集》,影印《文淵閣四庫全書》本,臺灣商務印書館,1986 年。

釋來復《澹游集》,國家圖書館藏清鈔本。

劉崧《槎翁文集》,嘉靖元年刻本。

危素《危太樸文集》,《元人文集珍本叢刊》第 7 册,新文豐出版公司,1985 年。

林文俊《方齋存稿》,影印《文淵閣四庫全書》本,臺灣商務印書館,1986 年。

黄鳳翔《田亭草》,萬曆三十九年刻本。

程敏政輯撰《新安文獻志》,何慶善、于石點校,黄山書社,2004 年。

郭元釪編《御訂全金詩增補中州集》,康熙五十年刻本。

張金吾編纂《金文最》,中華書局,1990 年。

陳述輯校《全遼文》,中華書局,1982 年。

二、研究論著

安家瑶《唐長安城的圜丘及其源流》,中國社會科學院考古研究所編著《21 世紀中國考古學與世界考古學》,中國社會科學出版社,2002 年。

愛新覺羅烏拉熙春《遼金史與契丹、女真文》,京都大學東亞歷史文化研究會,2004 年 6 月。

愛新覺羅烏拉熙春、吉本道雅《新出契丹史料の研究》,松香堂書店,2012 年 12 月。

蔡美彪主編《中國歷史大辭典·遼夏金元史卷》,上海辭書出版社,1986 年。

陳垣《二十史朔閏表》，中華書局，1962 年。

陳垣《校勘學釋例》，中華書局，2004 年。

陳高華《金元二代的衍聖公》，《文史》第 27 輯，1986 年 12 月。

陳學霖《劉祁〈歸潛志〉與〈金史〉》，《大陸雜誌》第 25 卷第 8 期。

Chan Hok-Lam（陳學霖），"The Compilation and Sources of the Chin-Shih"，*Journal of Oriental Studies*，VOL. VI，1961－1964，Numbers，1 and 2.

陳學霖《元好問〈壬辰雜編〉探賾》，《晉陽學刊》1990 年第 5 期。

陳學霖《金宋史論叢》，香港中文大學出版社，2003 年。

陳曉偉《契丹語中的"鶴剌"與"春"——關於**介夵**的音值構擬問題》，契丹遼文化研究會主編《首屆契丹學國際研討會論文集》，2012 年 8 月 23 日。

陳曉偉、孫昊《釋〈金史〉"豪剌唐古"》，《民族研究》2014 年第 1 期。

陳曉偉《〈金史〉本紀校讀劄記》，《西北民族論叢》第 17 輯，社科文獻出版社，2018 年。

陳曉偉《〈金史〉衍聖公家族事迹叢考》，《文史》2018 年第 2 期。

陳曉偉《金代瀋州考》，載余太山、李錦繡主編《絲瓷之路 VII——古代中外關係史研究》，商務印書館，2019 年。

陳曉偉《〈金史·宗室表〉再探》，《民族研究》2021 年第 1 期。

陳曉偉《金〈宣宗實錄〉考——再議王鶚〈金史稿〉爲元修〈金史〉底本説》，《文史》2022 年第 2 輯。

常磊《〈金史·天文志〉校注》，未刊稿，2019 年 9 月 8 日。

程妮娜《〈遺山文集〉與史學》,《史學集刊》1992 年第 2 期。

崔文印編《金史人名索引》,中華書局,1980 年。

鄧進榮《中華書局點校本〈金史〉獻疑數則》,《西部蒙古論壇》2017 年第 1 期。

都興智《論金宣宗"九公封建"》,《北方文物》2009 年第 1 期。

樊文禮《"紹興和議"中宋方文獻諱載的幾個情節》,《文獻》1999 年第 4 期。

樊玉蘭整理,《遼金元三史校點工作座談紀要》,《書品》2011 年第 2 期。

傅樂焕《〈金史〉校點工作進行情況與問題》,王芳軍整理,《書品》2011 年第 5 期。

高路加《契丹小字複數符號探索》,《内蒙古大學學報》1988 年第 2 期。

蓋之庸、齊曉光、劉鳳翥《契丹小字〈耶律副部署墓誌銘〉考釋》,《内蒙古文物考古》2008 年第 1 期。

顧炎武《歷代宅京記》,中華書局,1984 年。

龔延明編著《宋代官制辭典》,中華書局,1997 年。

河北省文化局文物工作隊《河北新城縣北塲村金時立愛和時豐墓發掘記》,《考古》1962 年第 12 期。

黄會奇《劉豫改元"阜昌"年代考》,《宋史研究論叢》第 10 輯,河北大學出版社,2009 年。

即實《謎林問徑——契丹小字解讀新程》,遼寧民族出版社,1996 年。

賈敬顔《五代宋金元人邊疆行記十三種疏證稿》,中華書局,2004 年。

賈敬顔《民族歷史文化萃要》,吉林教育出版社,1990 年。

金光平、金啟孮《女真語言文字研究》,文物出版社,1980 年。

金毓黼輯《黃華集》,《遼海叢書》第 3 册,遼沈書社,1985 年。

金鑫《正隆大定之交契丹人起義若干細節問題的再思考》,《大連民族學院學報》2009 年第 4 期。

來新夏主編《河北地方志提要》,天津大學出版社,1992 年。

李桂芝《遼金科舉研究》,中央民族大學出版社,2011 年。

李鳴飛《〈金史〉點校闕誤三則》,《中國史研究》2014 年第 3 期。

李輝《中華書局點校本〈金史〉正誤二則》,《中國史研究》2006 年第 4 期。

李玉君《金代宗室研究》,科學出版社,2016 年。

李煜東《〈金史〉校勘商榷三則》,《中國典籍與文化》2021 年第 3 期。

劉浦江《金代户籍制度芻論》,《民族研究》1995 年第 3 期。

劉浦江《金代户口研究》,《中國史研究》1994 年第 2 期。

劉浦江《遼金史論》,中華書局,2019 年。

劉曉《〈全元文〉整理質疑》,《文獻》2002 年第 1 期。

劉鳳翥《契丹小字解讀四探》,《第三十五屆世界阿爾泰學會會議記錄》,臺北聯合報國學文獻館,1993 年。

劉鳳翥、梁振晶《契丹小字〈蕭奮勿膩・圖古辭墓誌銘〉考釋》,《文史》2008 年第 1 輯。

馬曉林《蒙漢文化交會之下的元朝郊祀》,《中國史研究》2019 年第 4 期。

孟廣耀《遼代烏古敵烈部初探》,中國蒙古史學會編《中國蒙古史學會成立大會紀念集刊》,呼和浩特,1979 年 8 月。

孟彦弘《本校與他校釋例——古籍校勘中的"史源"問題》,

《隋唐遼宋金元史論叢》第 3 輯,上海古籍出版社,2013 年。

　　繆荃孫《藝風堂文集》,張廷銀、朱玉麒主編《繆荃孫全集·詩文》(1),鳳凰出版社,2014 年。

　　苗潤博《契丹國舅別部世系再檢討》,《史學月刊》2014 年第 4 期。

　　苗潤博《〈遼史〉探源》,中華書局,2020 年。

　　苗潤博《〈遼史〉與史源學》,《上海書評》2020 年 5 月 30 日。

　　聶崇岐《宋詞科考》,原刊《燕京學報》第 25 期,1939 年,收入氏著《宋史叢考》,中華書局,1980 年。

　　牛貴琥、楊鐮編著《金代人物傳記資料索引》,三晉出版社,2012 年。

　　錢大昕《廿二史考異》,方詩銘、周殿傑點校,上海古籍出版社,2004 年。

　　錢大昕《潛研堂文集》,陳文和主編,鳳凰出版社,2016 年。

　　清格爾泰、劉鳳翥、陳乃雄、于寶林、邢復禮《契丹小字研究》,中國社會科學出版社,1985 年。

　　邱靖嘉《〈金史〉纂修考》,中華書局,2017 年。

　　任文彪《〈金史〉版本源流考》,《國家圖書館館刊》(臺北)2016 年第 1 期。

　　三上次男《金代政治制度の研究》,《金史研究》二,中央公論美術出版,1970 年。

　　三上次男《金代女真研究》,金啟孮譯,黑龍江人民出版社,1984 年。

　　施國祁《金史詳校》,陳曉偉點校本,中華書局,2021 年。

　　宋立恒《關於金代奴婢的幾個問題》,《內蒙古社會科學(漢文版)》,2010 年第 4 期。

孫勐《北京石景山出土金代吕嗣延墓誌考釋》,《北方文物》2009 年第 3 期。

孫紅梅《金代漢制封爵研究》,吉林大學文學院博士學位論文,2014 年 6 月。

孫紅梅《金代封國之號與國號王爵類型》,《史學月刊》2015 年第 5 期。

孫紅梅《金代金源郡王封爵研究》,《内蒙古社會科學》2020 年第 2 期。

孫建權《〈金史〉勘誤十二則》,《書品》2010 年第 1 期。

孫建權《〈金史〉正誤十則》,《書品》2011 年第 3 期。

孫建權《關於張棣〈金虜圖經〉的幾個問題》,《文獻》2013 年第 2 期。

孫建權《〈大金國志・京府州軍〉記事繫年辨正》,《東北史地》2014 年第 3 期。

沈家本《歷代刑法考》,鄧經元、駢宇騫點校,中華書局,1985 年。

談晟廣《蘇軾體系墨竹傳派——王庭筠研究》,談晟廣《畫人畫詮》,河北教育出版社,2009 年。

譚其驤《金代路制考》,《中國歷史地理論叢》第 1 輯,陝西人民出版社,1981 年。

譚其驤《中國歷史地圖集》第六册《宋遼金時期》,中國地圖出版社,1982 年。

唐雯《從兩〈五代史〉、〈舊唐書〉的修訂説新時代的古籍整理》,《隋唐遼宋金元史論叢》第 8 輯,上海古籍出版社,2018 年。

佟建榮《西夏姓氏輯考》,寧夏人民出版社,2013 年。

外山軍治《金朝史研究》,李東源譯,黑龍江朝鮮民族出版社,

1988 年。

王雷、趙少軍《遼寧昌圖四面城遼、金時期建置考辨》,《邊疆考古研究》第 20 輯,科學出版社,2016 年 12 月。

魏影《明代〈金史〉南北監本刊刻考述》,《古籍整理研究學刊》2016 年第 4 期。

王弘力《契丹小字墓誌研究》,《民族語文》1986 年第 4 期。

王嶠《〈金史·百官志〉統軍司條探析》,《齊齊哈爾師範高等專科學校學報》,2011 年第 6 期。

王曾瑜《金朝戶口分類制度和階級結構》,《歷史研究》1993 年第 6 期。

王岩《鄒伸之〈使輶日録〉抉微》,余太山、李錦繡主編《絲瓷之路 VIII——古代中外關係史研究》,商務印書館,2021 年。

王明蓀《金修國史及金史源流》,《書目季刊》第 22 卷 1 期,1988 年 6 月。

王慶生《金代文學家年譜》,鳳凰出版社,2005 年。

王頲《完顔金行政地理》,香港天馬出版有限公司,2005 年。

王紹曾《商務印書館校史處的回憶》,原刊《商務印書館館史資料》第 32、33 輯,收入氏著《目録版本校勘學論集》,上海古籍出版社,2005 年。

尾崎康《以正史爲中心的宋元版本研究》,陳捷譯,北京大學出版社,1993 年。

尾崎康《正史宋元版之研究》,喬秀岩、王鏗編譯,中華書局,2018 年。

吳宗國《唐代科舉制度研究》,遼寧大學出版社,1992 年。

徐鐵生編著《中華姓氏源流大辭典》,中華書局,2014 年。

許正弘《劉齊阜昌改元始年小考》,《中國史研究》2011 年第

2 期。

薛瑞兆《金代藝文叙録》,中華書局,2014 年。

薛瑞兆《金代科舉》,中國社會科學出版社,2004 年。

閆海《金毓黼對王萬慶資料的收集與研究》,《渤海大學學報(哲學社會科學版)》2017 年第 6 期。

楊瑞《〈金史·五行志〉探源——兼論中古以降正史〈五行志〉書寫傳統之轉變》,2019 年 10 月 19 日,未刊稿。

余蔚《中國行政區劃通史·遼金卷》,復旦大學出版社,2012 年。

游自勇《試論正史〈五行志〉的演變——以"序"爲中心的考察》,《首都師範大學學報》2006 年第 2 期。

游自勇《論班固創立〈漢書·五行志〉的意圖》,《中國史研究》2007 年第 4 期。

周立志《事林廣記〈江北郡縣〉與金朝行政區劃研究》,劉寧、齊偉編《遼金史論集》第 15 輯,科學出版社,2017 年。

張博泉《宗翰和金初的派系鬥争》,《史學集刊》1982 年第 3 期。

張博泉、武玉環《金代的人口與户籍》,《學習與探索》1989 年第 2 期。

張博泉、程妮娜、武玉環《〈中州集〉與〈金史〉》,陳述主編《遼金史論集》第 3 輯,書目文獻出版社,1987 年。

張元濟《校史隨筆》,商務印書館,1990 年影印本。

張元濟《百衲本二十四史校勘記·金史校勘記·新五代史校勘記》,王紹曾等整理,商務印書館,2004 年。

《張元濟全集》第 10 卷《古籍研究著作》,商務印書館,2010 年。

張希清等主編《中國科舉制度通史·遼金元卷》,上海人民出版社,2015 年。

趙福生、王武鈺、袁進京《金代烏古論窩論、烏古論元忠及魯國大長公主墓誌考釋》,《北京文物與考古》第 1 輯,1983 年 4 月。

趙翼《廿二史劄記校證(訂補本)》,王樹民校證,中華書局,2001 年。

趙翼《陔餘叢考》,中華書局,1963 年。

鄭紹宗《興隆縣梓木林子發現的契丹文墓誌銘》,《考古》1973年第 5 期。

周峰《〈金史〉證誤一則》,《北方文物》1999 年第 2 期。

中國社會科學院考古研究所西安唐城工作隊《陝西西安唐長安城圓丘遺址的發掘》,《考古》2000 年第 7 期。

曾震宇《〈大金國志〉研究》,香港大學碩士論文,2002 年 7 月。